男の子 & 女の子

はじめての贈りもの

赤ちゃんの幸せ名前事典

監修 ── 京都大学名誉教授 阿辻哲次　(株)感性リサーチ代表取締役 黒川伊保子

ナツメ社

はじめに

赤ちゃんの誕生は、人生の中で何ものにもかえがたい喜びです。**名前は、大事な赤ちゃんに、パパ、ママが贈るはじめてのプレゼント。**赤ちゃんは名前を与えられてはじめて、社会の一員として歩みはじめることができるのです。

思いやりのある子に育ってほしい、〇〇ちゃんと呼びたい、夏にちなんだ漢字を使おう、人生を切りひらけるような運のいい名前に……。この本を手にされたあなたは、赤ちゃんへのあふれる思いをどうやって名前に託《たく》すか、頭がいっぱいになっているのでは？

その思いをぜひ名づけに活かしてください。子どもは、名前を呼ばれたり書いたりするとき、そして由来を知ったときに、幸せを願う親の深い愛情を感じとることでしょう。

本書は、**漢字研究の第一人者である阿辻哲次先生、語感研究のパイオニアである黒川伊保子先生の監修のもと、名前の音、イメージや願い、漢字、開運（画数）の四つの手がかりから名づけを考えてみました。**名前の例が満載のうえ、読んでも楽しい一冊です。

名前の音については、データをもとに印象を解説。また、四季や自然、なってほしい性格などのイメージや願いから、名前を探すこともできます。漢字はすべてに意味を明記し、人気のある漢字は名前の例をふやしています。開運から名づけたい場合は、姓から考えられるように工夫しました。先輩パパ・ママの名づけストーリーや名前にまつわるエピソードも、きっと参考になるでしょう。

幸せを願って最高のプレゼントを準備する〝名づけ〟は、赤ちゃんにとっても親にとっても、たった一度きり。その大切な名づけに、本書を活用していただければ幸いです。

みんなどうやって決めたの？

先輩パパ・ママの ネーミングストーリー

先輩パパ・ママはどんなふうにして
わが子に贈る名前を決めたのでしょうか？
音から、イメージ・願いから、漢字から、画数から……
名づけのストーリーを紹介します。

音から命名

好きな音を使ったり、呼んでもらいたい音から考えたり……。愛されるひびきを考えて。

(→PART2)

凛《りん》ちゃん 瑛斗《えいと》くん

妻の直感を信じて

長女は、凛とした女性になってほしいという思いと、音のひびきから。長男は、生まれる前は「かんた」の予定でしたが、生まれて顔を見たら「えいと」だと妻は直感したそうです。（大輔パパ）

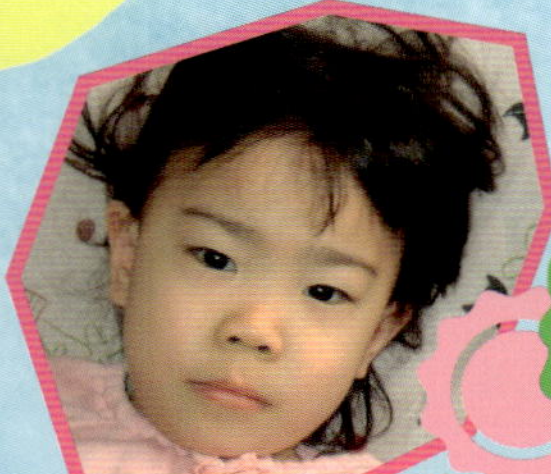

悠菜《ゆうな》ちゃん

僚人《りょうと》くん

フィーリングで気に入った音に

二人とも音から決めました。フィーリングです。夫婦二人でなんとなくよさそうな感じのひびきの名前を出し合って決めました。読みやすい漢字を選びました。（三知ママ）

花実ちゃん（はな み）

「はなちゃん」と呼びたくて

「はなちゃん」と呼びたかったので、「花」に合う止め字を考えて「花実」に。事前にインターネットで、変な人はいないかなど確認しましたが、数年後ゆるキャラ「はなみちゃん」が登場。それを見た本人が「ヒトじゃない……」とつぶやいたのがおかしかったです。（万里ママ）

真志くん（しん じ）　**千嘉ちゃん**（ち ひろ）

音や呼び名をはじめに決めて

長男は、「しんじ」という音を気に入ったので、真に人を思いやれる（志）ように。長女は、「ちーちゃん」と呼びたかったので、「ち」のつく名前に。「千」＝大変「嘉」＝よいこと、の願いをこめました。（宇顕パパ）

悠ちゃん（ゆ う）　**怜ちゃん**（りょう）　**快斗くん**（かい と）

シンプルなひびきにこだわって

3人とも生まれてくるまで性別を聞かないことにしていたため、男女どちらでもよく、呼びやすくシンプルな名前を考えていました。漢字は、3人とも同じ「心（部首）」を使おうと決めました。（省太パパ）

茉尋くん（ま ひろ）

夢に出てきた「まひろ」のひびき

ひと工夫あって、中性的な雰囲気のある名前という方針。出産した次の日の夢に「まひろ」という名前が出てきたのです。漢字は「尋」がすぐ決まり、「ま」の漢字に悩んだのですが、夫の意見で「茉」になりました。（紫保ママ）

イメージ・願い
から命名

思い出の情景、子どもに託す願い……
いろんなイメージや願いをヒントに。
（→PART3）

紗雪《さゆき》ちゃん

雪のような、天からの贈り物

中谷宇吉郎（物理学者）の「雪は天から送られた手紙」ということばのように、娘は私たちにとって天からの贈り物です。薄い衣の意味がある「紗」には、暑いときには日除けとなり、寒いときには人を温められるようにという願いをこめました。

（智恵ママ）

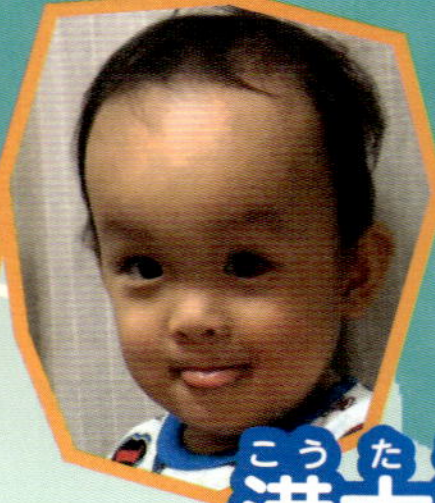

あかりちゃん

港太郎《こうたろう》くん

「港」で光を届ける「あかり」

多くの船が立ち寄り、疲れを癒《いや》して次の目的地に向かっていく港のようでありたい、というのが私たちの思い。長女には、嵐の夜でも遠くまで光を届け、困った人の道しるべになる灯台のような存在になってほしいと思いました。（綾子ママ）

日本の心を大切にした名前

兄妹で「日本の心、ひびきを大切にした名前」です。「和」には大和魂、人との和のイメージをこめて。「義」には「仁義」の心。「凪紗」は穏やかな海のような女性にと「凪」を決め、ママの字の衣と関連づけて「紗」の字にしました。（麻衣ママ）

凪紗《なぎさ》ちゃん

和義《かずよし》くん

綾乃《あやの》ちゃん

結介《ゆうすけ》くん

糸へんのイメージから

人と人とのつながりを大切にできる人間になってほしいという思いから、糸へんを使おうと決めました。よいことを結《ゆ》いとめられる糸のように、という由来もあります。画数を見て、それぞれの漢字を選びました。（敦子ママ）

凛《りん》ちゃん

『美女と野獣』のベルのように

凛とした子に育つように。私が好きな『美女と野獣』のヒロインのベル→鈴→りん→「凛」となりました。ベルのように聡明で自分の考えをきちんともち、そして自ら素敵な人を見つけ幸せな人生を送ってほしいです。（美緒ママ）

海琉《かいる》くん

芽生《めい》ちゃん

イメージから派生させて

「海琉」はサーフィンをするパパの希望で、「海」の字を使うことに。Kai はハワイ語でも海の意味をもち、海外でも発音しやすい名前。「芽生」は出産予定が５月だったので、妊娠中の愛称でした。実際は４月生まれですが、そのまま名づけました。（美沙恵ママ）

文音《あやね》ちゃん

涼太《りょうた》くん

生まれ月から

名づけは夫に任せることに。２人とも７月生まれなので、７月の和名の文月、涼月からとりました。最初は「文太」も案にありましたが、生まれたときの顔を見て、ちょっと違うかな、と思ったそうです。（恵ママ）

花《はな》ちゃん

さまざまな言語圏で通じる名前

桜の季節に生まれたこと、どの言語圏でも親しみをこめて呼んでもらえる名前にしたかったことから決定。ハナは、西洋では「恩恵」「恵み」を意味するヘブライ語起源の名前、アラビア語では「至福」という意味の女の子の名前です。（恵ママ）

「漢字」から命名

お気に入りの漢字や、家族にゆかりのある漢字を使いました。
(→PART4)

和音《かずと》くん
奏美《かなみ》ちゃん

姉弟で音にちなんだ漢字を

夫婦ともに音楽が好きなので、音にちなんだ名前に。「奏」の字は楽器はもちろんのこと、場の雰囲気を和ませ、美しい心をもって欲しいという願いから。「和」は平和、和やかなイメージ、和をもって人と接して欲しいという願いをこめました。(久美子ママ)

紗良《さら》ちゃん

理紗《りさ》ちゃん

5つの条件から

長女は、①誰でも読める②優しい音③見ためのバランスがとれている④海外でも通りやすい⑤周囲に同じ音の知人がいない、ということで決定。次女も、まったく同じ条件でしたが、「紗」の字を長女から、「理」の字を妻からもらいました。(崇パパ)

悠正《ゆうせい》くん

俊和《としかず》くん

父親の名前から1文字ずつ

父親の「和正」から1文字ずつ使いました。おおらかに、自分のペースで人生をまっすぐ歩んでほしいと「悠正」。人の和を大切に、行動力のある人になってほしい「俊和」。私の気質の「ゆったり」「おだやか」の意味がある漢字が入り、父親の名前と母親の気質を合わせもつ名前です。(玲子ママ)

幸衡《ゆきひら》くん

幸せをはかり、つなぐように

夫婦それぞれの父の名前に「幸」があり、幸せになってほしいと漢字を決めました。「衡」の字には「はかる、つなぐ」という意味があるので、「自分の幸せや人の幸せをはかり、つなぐことができますように」の願いをこめています。(千尋ママ)

浩暉《こうき》くん

夫の名前の１字の読みを変えて

夫が、夫の父のすすめで「自分の名前から１字を」と言いだしたことからスタート。「ひろ」から「こう」に読み方を変えて、ひびきの良さ、画数から名前を選びました。「暉」と合わせて「のびのびと輝け」という願いをこめています。（敦子ママ）

心春《こはる》ちゃん

実春《みはる》ちゃん

祖父から「春」の字をもらって

長女が生まれる前日に夫のお父さんが亡くなりました。義父は「春」がつく名前で、夫もこの字を受け継いでいたので、娘も使うことに。みんなの心に春を、という意味の名前です。次女の名前には、春を実らせるという意味があります。（宏子ママ）

遼《りょう》くん

圭吾《けいご》くん

運勢データをエクセルでマトリクス化

シンプルに呼びやすい、漢字を万人に正しく読んでもらえる、英語でも言いやすい、日本人らしいなどを意識して命名。次男のときにはインターネットから画数と運勢のデータを集めて、エクセルでマトリクス化しました。画数は完璧です。（宗稔パパ）

美乃《はるの》ちゃん

啓真《ひろまさ》くん

画数、陰陽五行も考慮して

数冊の名づけ本と漢和辞典を用いて、出産前に夫婦で名前決め会議を行いました。一人めは休日に朝から晩まで食事も宅配にして、じっくりと検討。二人めは、早朝から営業しているカフェで。画数、陰陽五行をベースに、漢字の形のバランスと音のひびきから決定しました。（祐子ママ）

画数から命名

運のいい名前を贈るため、名前の画数にこだわって名づけました。（→PART5）

もくじ

PART 1

まず、ここから始めよう　名づけの基礎知識

PART 2

音から名づける

ひびきで変わる名前の印象

この音のイメージは？ 50音のもつ語感

赤ちゃんにぴったりの音を見つけよう

名前にふさわしい 音と名前のリスト

ひびきから考える名前

PART 3

赤ちゃんへ託したい思いは イメージや願いから

イメージ

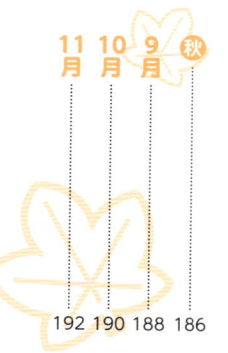

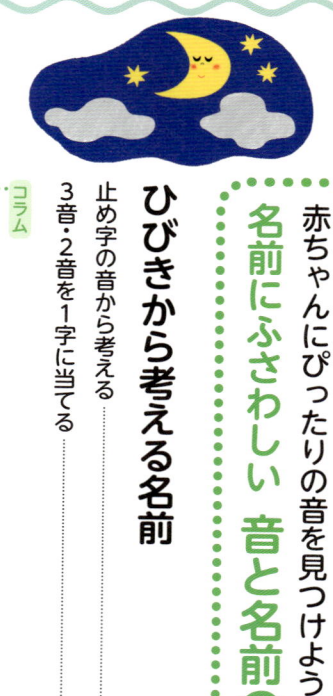

PART 4

使いたい文字にこだわって 漢字から名づける

PART 5

姓名の画数をもとにして 開運から名づける

名づけのお役立ち情報　文字資料

＊本書は『最新版　赤ちゃんの「幸せ」名づけ事典』（２０１１年２月発行）をもとに作成しています。
＊名前は男の子、女の子に限定ではなく、それぞれ多い例です。

PART 1

まず、ここから始めよう

名づけの基礎知識

名づけのすすめ方

幸せな名前を贈る四つの手がかり

何を手がかりに考える？

2人の思い出の曲の歌詞から名づけようか
新婚旅行のハワイで見た朝日、きれいだったな～
みんなに愛される子になってほしい
個性的な名前にしたい
3文字がいいな

名前は赤ちゃんへの最初の贈り物。
パパとママでよく相談して名づけよう

赤ちゃんの名づけは四つの手がかりから

赤ちゃんが生まれるのは、人生で最上の喜びのひとつです。明るい子に育ってほしい、将来は社会で活躍するように……。いろいろな期待や願いで頭がいっぱいでしょう。

うれしさの一方で、悩んでしまうのが、わが子の名づけ。どこから考えたらいいか、見当もつかないかもしれません。

本書では、四つの手がかりから名づけの方法や名前を紹介していきます。どの方法でも、どの順番からでもかまいません。最高の名前を考えてあげてください。

赤ちゃんは名前が決まることでほかのだれとも違う存在になり、人生を歩きはじめます。名前はその人そのものなのです。

名づけの四つの手がかり

音

〇〇な印象の
名前にしたい
「〇〇ちゃん」と呼びたい

→ PART 2へ
（P47～166）

イメージ願い

〇〇の思いを
子どもに託《たく》したい
〇〇な子に育ってほしい

→ PART 3へ
（P167～248）

漢字

あの漢字を使いたい！
「〇」の漢字に
思い入れがある

→ PART 4へ
（P249～400）

開運

運のいい名前にしたい
画数によって
運が開けるかも！

→ PART 5へ
（P401～478）

すすめ方の例

音を決める → イメージ願いを確認 → 漢字を当てはめる → 画数を確認 → 決定

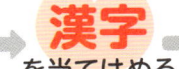

手がかり 1

音から名づける
——どんな名前を呼びたい？

STEP 1

何を手がかりに考える？

・愛称から・　・呼んだときの印象から・

けんちゃん
って
呼びたいな
知的な印象
にしたいね

「50音のもつ語感」をチェック
→P56〜68

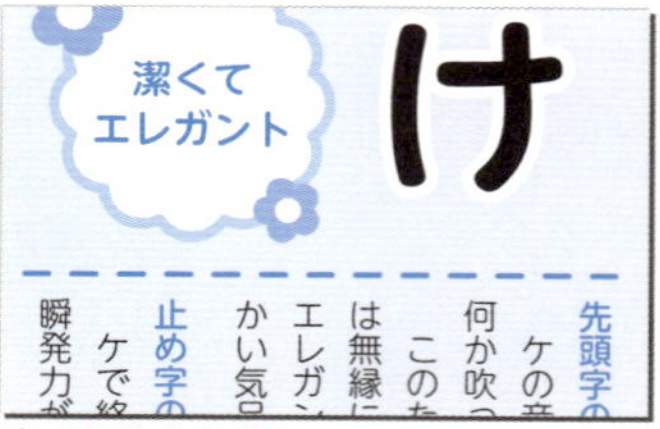
潔くて
エレガント
け

音の語感を調べる

「け」を使うことに決定！

まず音を決めてから表記のしかたを考える

名前を呼ぶときには、口の中に息を通したり空間を広げたりして音をつくり出しています。このとき、音を発した人や聞いた人が感じる感覚を「語感《ごかん》」といいます。語感は脳の奥深くに働きかけ、人の印象を左右する力があります。

そこで、語感がもたらす効果を利用して、印象のいい名前にすることができます。また、自分たちが考えた名前の音が、どのような印象になるのかも、本書で確認することができます。

呼び方や愛称《あいしょう》など、音を決めてから名前を考えるのは、最近人気が高まってきた名づけ法です。音が決まったら名前を考え、漢字やかなでの書き表し方（表記《ひょうき》）を決めます。

STEP2 選んだ音から名前を考える

方法①
「名前にふさわしい音と名前のリスト」をチェック→P69～145

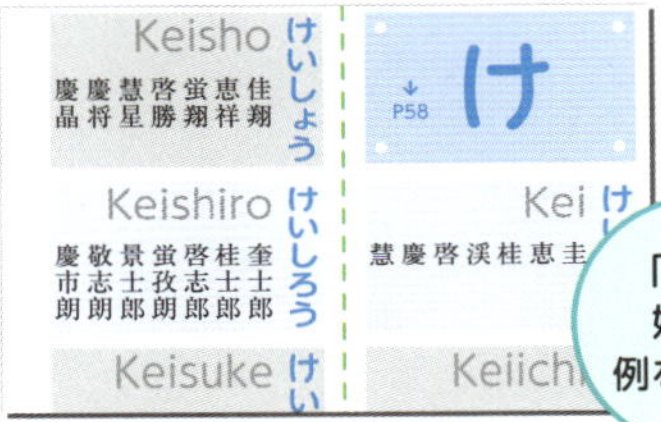

「け」で始まる例を見よう

名前の音を決める

方法②
「ひびきから考える名前」をチェック→P146～166

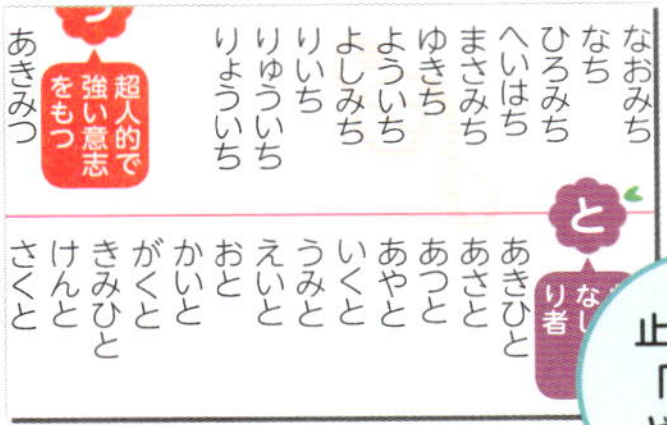

止め字は「と」でどうかな

止め字や音の数から決める方法も

方法③
「イメージワードや将来イメージから選ぶ名前の音」をチェック→P216～231も参考に

方法④
50音を駆使する→P531
画数表を利用して

「けいと」もいいかも

STEP3 表記のしかたを決める

方法①
「名前にふさわしい音と名前のリスト」をチェック→P69～145
（STEP 2 方法❶で使うリスト）
名前の表記を参考に

「けんと」でも7例のってるよ

方法②
「漢字一覧」をチェック
→P480～527

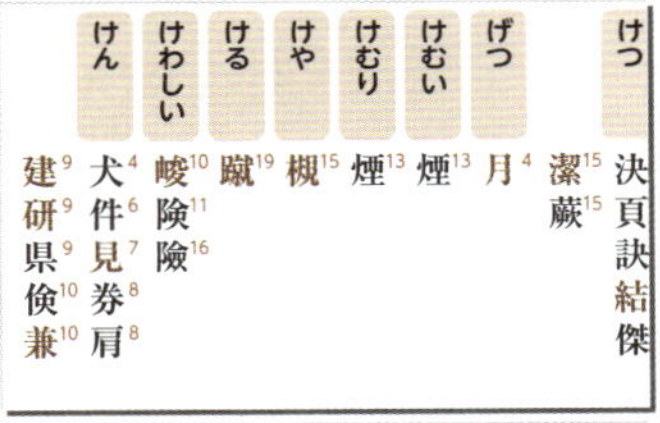

「けん」と「と」にあたる漢字を選ぶ

使う漢字を決めたら画数をみて、「名前にふさわしい漢字と名前のリスト」（→P257～393）をチェック

手がかり 2

イメージや願いから名づける
——自由に思いをこめて

STEP 1

キーワードを挙げてみる

イメージ　　願い

こんなイメージから
- 好きな動物や草花
- 生まれた季節や時間
- 夫婦の思い出の場所
- 文化や芸術

こんな願いから
- 〇〇な子になってほしい
- グローバルな活躍を
- 歴史上の人物にあやかる
- 夢や希望を大切に

思い出や願い、趣味などから考える

自分たちの好きなことや趣味、赤ちゃんが生まれた季節や場所、将来〇〇な子になってほしいといったイメージや願いから名前をつける方法です。想像力をフルに働かせて、パパとママのイメージや願いを一致させましょう。

生まれてきた赤ちゃんの顔を見ると、パッとイメージがわくこともあります。雰囲気や個性がすでに表れているからで、それが名前につながることもあります。

イメージや願いをもとにキーワードを挙げ、候補が絞られたら表記《ひょうき》を考えます。キーワードが「優しい」「さわやか」などの語感《ごかん》なら、音から決める方法（左記のSTEP2）を参考にしてください。

STEP 2 漢字や名前の例をさがす

春の名前

漢字

芽 8 若 8 青 8 咲 9 春 9 桜 10
桃 10 梅 10 皐 11 爽 11 萌 11 菫 11
晴 12 陽 12 暖 13 蕗 16 蕾 16 麗 19

男の子
青葉 あおば
暖春 あつはる

女の子
陽菜 あきな
彩萌 あやめ

春のイメージにしたい

周囲から愛され、信頼される人になるように。一生つきあえる友とめぐりあうことを願って。

漢字

睦 渉 信 和 佑 加 与
親 結 奏 皆 協 共
頼 湊 祐 厚 朋 助

「協」や「朋」もいいな

「イメージ」「願い」からキーワードをチェック
→P170〜215
→P232〜243
使う漢字や名前の例を見よう

音から決める

「イメージワードや将来イメージから選ぶ名前の音」をチェック
→P216〜231

イケメン

名前を聞くだけで
「どんなイケメンが現れるんだろう!?」
と思わず期待。

名前例

けいすけ けんすけ しゅん しゅんすけ たくや つばさ はる ひかる りょう りょうへい

「たくや」だとイケメンなのか…

イメージに合う語感から音を決めよう

STEP 3 漢字の意味や読みを確認

「名前にふさわしい漢字と名前のリスト」をチェック
→P257〜393

桜

オウ さくら
名 お さ

旧 櫻（→P391）

樹木のサクラの意味を表す。日本を代表する花で、春のシンボルでもある。美しく心の温かい人になるように。

ヒント 「さくら」の音は、気さくで華やかな美人のイメージ。周囲を包むような「お」「おう」の音でも。

男の子
桜雅 おうが
桜季 おうき
悠桜 ゆうさく
竜桜 りゅうおう
桜太郎 さくたろう

桜 さくら
愛桜 あいさ
有桜 ありさ
桜香 おうか

「桜」を使う名前を見よう

以後は漢字から（P24〜25）と同じ

「50音のもつ語感」をチェック
→P56〜68

さ

颯爽《さっそう》としたリーダー

「さ」の音をチェック

以後は音から（P20〜21）と同じ

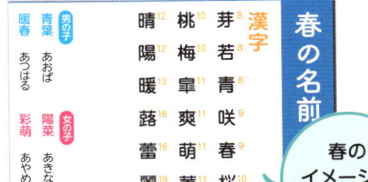

手がかり 3
漢字から名づける
——使いたい漢字がある？

STEP 1
使いたい漢字をいくつか挙げてみる

いい印象の文字がある
家族の名前から1字とって

STEP 2
漢字の意味と読みをそれぞれ調べる

「名前にふさわしい漢字と名前のリスト」をチェック
→P257～393

音
オン　イン
おと　ね
名 おと
なり

音、音楽のほかにとば、訪れなどのがある。芸術、特楽、文学方面の才恵まれるように。
ヒント 定番の止やすらぎのある「彼方に広がるよ

画数から漢字を探す。画数は「漢字一覧」（→ P480～527）でも調べられる

「音」を使うことに決定！

おとは 音□？

かのん □音？

漢字の意味を知り、読み方を考える

印象のいい漢字や、家族の名前から一文字とるなど、使いたい漢字からアプローチする名づけ法です。漢字には、一文字ずつ意味や成り立ちがあります。まして日本は漢字文化の国。表意文字《ひょういもじ》である漢字の特徴を存分に活かしたいものです。

漢字は一文字だけでも名前になります。また、ほかの漢字と組み合わせることでも、豊かなイメージを表現できます。使いたい漢字を先頭字にしたり、止め字（最後の字）にしてもいいでしょう。

読み方は音訓だけでなく、「名乗《なの》り」といって、自由に読ませることもできます。

読みの当て方、漢字の組み合わせ方は、センスの見せどころです。

STEP3

組み合わせる漢字を決める

方法❶
「漢字一覧」をチェック
→P480～527

か

か

哉 9	科 9	果 8	伽 7	甲 5	加 5	力 2
耶 9	架 9	河 8	花 7	瓜 6	可 5	下 3
珈 9	珂 9	茄 8	芳 7	仮 6	禾 5	化 4
神 9	迦 9	庚 8	価 8	圭 6	叶 5	火 4
夏 10	香 9	郁 9	佳 8	何 7	乎 5	日 4

「は」「か」と読める漢字をさがす

方法❷
「名前にふさわしい漢字と名前のリスト」をチェック
→P257～393

女の子

莉音	百音	魅音	小音	琴音	花音	音和	音芭	絢音
りと	ももね	みおん	こなり	ことね	かのん	おとわ	おとは	あやね

ほかにも音と組み合わせられる漢字はないか

方法❸
万葉仮名風の当て字をチェック→P532～533

く	ぎ			き	が		か
九 2	伎 6	幾 12	来 7	己 3	牙 4	迦 9	甲 5
久 3	技 7	稀 12	季 8	木 4	何 7	香 9	加 5
丘 5	岐 7	貴 12	城 9	生 5	我 7	耶 9	可 5
功 5	芸 7	暉 13	紀 9	気 6	芽 8	珈 9	伽 7
玖 7	宜 8	綺 14	帰 10	伎 6	賀 12	夏 10	花 7
来 7	祇 9	毅 15	記 10	吉 6	雅 13	華 10	佳 8
紅 9	義 13	輝 15	起 10	妃 6	駕 15	賀 12	果 8

STEP4

読み方を決める

組み合わせる漢字の読みをチェック
→P257～393

花
カ　はな
名 はる　みち　もと

の
華やかな
1字でも、
としても人
ヒント「
ライなアネ
ージ。「は
とふっくら
の人を和ま

かのん、
おとか、
おとは…

「50音のもつ語感」をチェック
→P56～68

「かのん」の読みなら、
先頭字の「か」、
止め字の「ん」の語感をチェック

か

まっすぐで
快活な
リーダー

先頭字の
カの音
り、軽や
ばやい行
く、クー
くから、
止め字の
正義感
悩みも軽
て突き進

「花《か》音《のん》」に決定!

手がかり 4

開運から名づける
——画数をもとに幸せな名前を

STEP 1

姓の画数を確認する

「漢字一覧」や漢和辞典で確認する

→P480～527

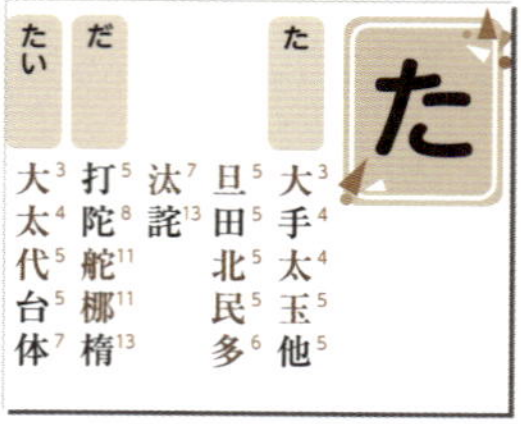
た

た			だ	たい
大 3	旦 5	汰 7	打 5	大 3
手 4	田 5	詫 13	陀 8	太 4
太 4	北 5		舵 11	代 5
玉 5	民 5		梛 11	台 5
他 5	多 6		楕 13	体 7

STEP 2

姓に合う名前の画数を調べる

「姓の画数でわかる名前の吉数リスト」をチェック

→P426～478

姓の画数と例	姓に合う名の画数
5+14 田端 田嶋 など	1字名 なし
	2・3字名 1+(12) 4+(2) 11+(27) 19+(19) 23+(16) 2+(27) 7+(11) 15+(3) 21+(12) 3+(3) 11+(2) 17+(1) 23+(6)

「田端」なら「5＋14」のリストを見て名前の吉数を選ぶ

まず姓の画数を見て運のいい画数を知る

使う文字の画数によって運勢を占う姓名判断は、いまも根強い人気があります。

画数から考える名づけ法は、使える漢字を制限するので、名前の候補を絞ることができ、逆に名前を考えやすい面もあります。画数を気にするかどうかは、人それぞれですが、気にするなら早いうちに確認することをおすすめします。

まず自分の姓の画数を調べ、その数に合う吉数を調べます。その後は、音を決めて吉数の漢字をさがしたり、画数に合う漢字をまず決めてから読み方を当てたりします。

ただ、画数にこだわりすぎて、無理のある名前にならないよう、くれぐれも注意してください。

STEP 4

姓と名前の組み合わせを確認

無理な名づけをしていないかチェック

→P38～41

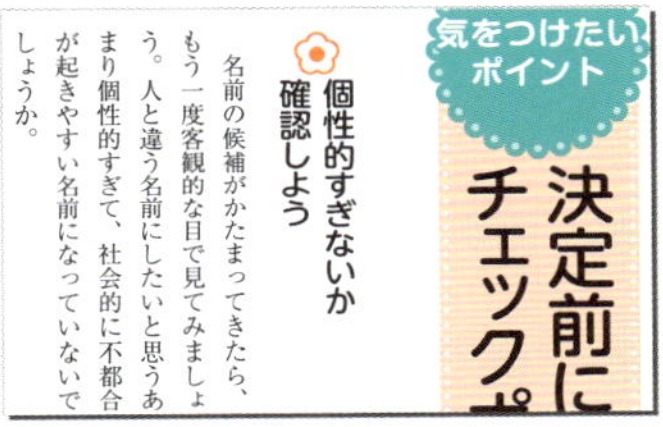

「50音のもつ語感《ごかん》」をチェック

→P56～68

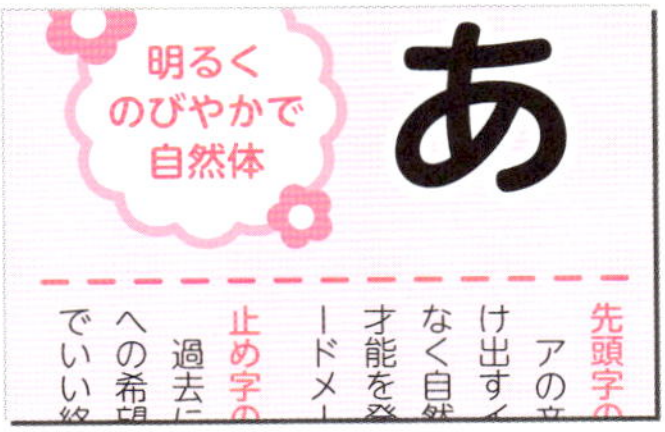

「杏菜《あんな》」に決定!

STEP 3

使う漢字を決める

方法❶
名前の例から選ぶ

「姓の画数でわかる名前の吉数リスト」をチェック

→P426～478

「7+11」の例を見てみよう

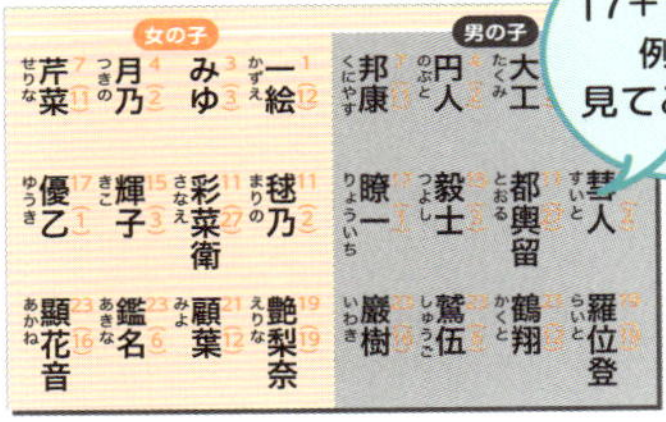

方法❷
音から考える

「漢字一覧」をチェック

→P480～527

「あんな」の「な」で11画は

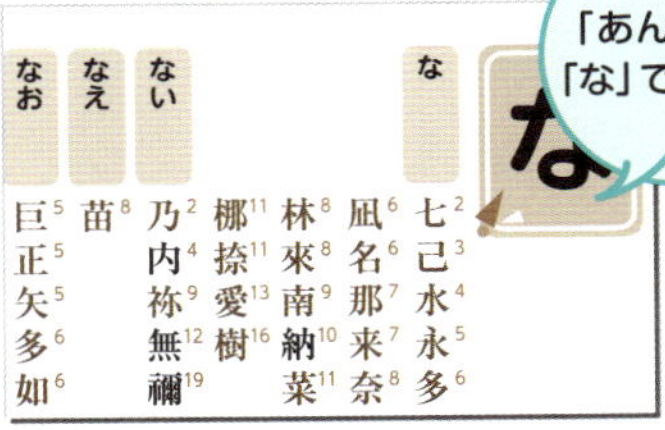

方法❸
画数から漢字をさがす

「名前にふさわしい漢字と名前のリスト」をチェック

→P257～393

7画は281ページからだ

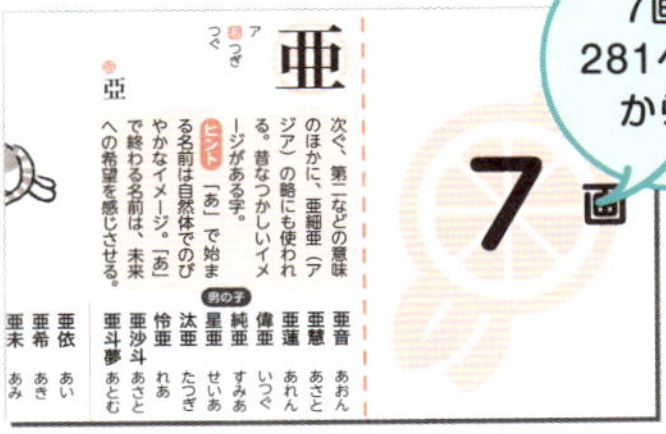

名づけのルール

名前のつけ方には「決まり」がある

生まれたことと、赤ちゃんの名前を書いた「出生届《しゅっしょうとどけ》」を役所に提出します（→P538～542）。この書類が受《じゅ》理《り》されて、ようやく赤ちゃんは社会の一員となります。

法律で決まっているルールが二つある

名前に使える文字は法律で決められています（左記のルール1）。漢字は常用漢字と人名用漢字の二種類。そして、ひらがな、カタカナ、一部の記号です。アルファベットなどは使えません。

名前を決めたら、使える文字かどうか、必ず確認しましょう。

もうひとつのルールは届け出る期間が決まっていること。赤ちゃんが生まれたら二週間以内に、子どもが

column

ミドルネームはつけられるの？

欧米の人には、「名・〇〇・姓」のように、姓と名の間に名前が入っていることがあります。これをミドルネームといいます。

欧米の人と結婚した場合などに、ミドルネームをつけたいと考えることもあるでしょう。

日本では、法律上認められるのは姓と名だけです。ミドルネームは登録できません。ですから、ミドルネームは名前に含めて届け出ることになります。

たとえば、田中さんがミドルネームを「トム」、名前を「大輝」としたいなら、姓を「田中」、名前を「トム大輝」と届け出ます。それが戸籍《こせき》上の正式な名前になります。

最初におさえておきたい名づけの基本

ルール1 使える文字が決まっている

使える文字

- 常用漢字2136字
- 人名用漢字863字
- ひらがな、カタカナ
- 繰り返し記号（々、ゝなど）
- 長音記号（ー）

使えない文字

- アルファベット
- 算用数字
- ローマ数字（Ⅰ、Ⅱなど）
- 記号（！、？、＠など）

名前に使えない文字を使うと、出生届（→P538～542）を受理されないことも。表記《ひょうき》を決めたら、使える文字かどうか確認しよう。

ルール2 名乗《なの》り（読み方）は自由

使える範囲の文字なら、読み方は、法律上は自由。陽を「ひなた」「たいよう」と読ませることもできます。ただし、「いい名前をつけるための３か条」（→P30）を意識して、常識の範囲内で。

名乗りって？ 漢字には名前の場合だけに使われる「名乗り」という読み方がある。たとえば「愛」の名乗りには「あ・え・な・のり・まな・めぐむ・よし・より・ら」など。

ルール3 長さも自由

使える範囲の文字なら、名前の長さは自由。ただし、ルール２と同様、常識の範囲内に。

ルール4 つけた名前は変えられない

幼名《ようめい》や通称《つうしょう》を用いていた江戸時代までの人と違い、現代人の名前は実名《じつめい》ひとつだけ。よほどのことがない限り、改名はできない。心して名づけよう。

いい名前をつけるための3か条

下記の3か条を念頭に置いて名づければ、
しぜんにいい名前になるはずです。
最高の名前は、ここから生まれるのです。

親が気に入る名前

大事なわが子には、心から愛せる名前をつけましょう。画数や吉凶《きっきょう》、周囲の意見から、いやいや名前をつけるのは、おすすめできません。

本人が愛着をもてる名前

自分の好みを伝えられない赤ちゃんのかわりに、赤ちゃんの立場になって考えましょう。からかわれる原因になったり、立派すぎたりする名前は、いずれ本人の負担になりかねません。

いい名前

社会に受け入れられる名前

長い人生をともにする名前は、社会に受け入れられやすいものにしましょう。言いやすく、聞きとりやすく、説明しやすい名前がいちばんです。

本人も親も愛着がもてる名前に

名づけは、法律さえ守ればいいというものではありません。

名前は一生使うもの。本人が愛着をもてることが大切です。また、子どもの名前をいちばん呼ぶのは親です。名前を呼ぶたびに愛情が深まるような、自分たちが本心から納得できる名前をつけましょう。

column

親子の絆を深める名づけストーリー

子どもに名づけの由来や名前にこめた思いを話してあげてください。劇的だったり変わった経緯《けいい》である必要はありません。一生懸命考えてくれた名前だと伝われば十分です。

最近人気の名前は？

赤ちゃんの名前ベスト10

まずは最近の傾向をチェック。
2016年生まれの赤ちゃんに人気の名前と主な読み方を挙げました。
男の子は広い世界へ強く羽ばたくイメージの名前。
女の子は和風の名前が上位にくる傾向に加え、
2音の呼び方の名前も人気があります。

男の子

		読み方の例
1位	大翔	ひろと やまと
2位	蓮	れん
3位	悠真	ゆうま はるま
4位	陽翔	はると ひなと
5位	朝陽	あさひ
6位	樹	いつき たつき
7位	悠	ゆう はる
8位	陽太	ひなた ようた
9位	湊	みなと
	新	あらた
	葵	あおい

女の子

		読み方の例
1位	葵	あおい
2位	さくら	
3位	陽菜	ひな はるな
4位	凛	りん
5位	結菜	ゆいな ゆな
	咲良	さくら さら
	莉子	りこ
8位	結衣	ゆい
9位	結愛	ゆあ
10位	花	はな

出典：明治安田生命ホームページ
2016年度データ

さまざまなアプローチを よりよい名前にする名づけのコツとテクニック

名前の書き方——表記を工夫する

考えた名前が、どうもピンとこないとか、悩んでしまって決まらないという場合に役立つ、ちょっとしたコツやテクニックを紹介します。

名前の書き表し方を「表《ひょう》記《き》」といいます。これがポイント。近年は、気に入った音を考えてから、漢字の組み合わせや読み方を考える方法が人気になっています。「名《な》乗《の》り」といって、読み方は自由に考えられます。

漢字のアレンジや有名人の名前から

音を決めてから表記をアレンジするには、当て字や万葉《まんよう》仮《が》名《な》を使う方法もあります。漢字の使い方によっては、個性的な名前にすることもできます。逆に、漢字を決めてから読み方を工夫してもいいでしょう。

何もアイデアが出ないときには、人気の名前や、歴史上の人物、好きな有名人の名前をヒントに発展させていくうちに、赤ちゃんにぴったりの名前になることもあります。

大切なのはわが子のもつイメージ

最近は「れお」や「けんと」のような、海外でも通じる名前がふえているようです。逆に「和」の雰囲気が漂《ただよ》う古風な名前も、根強い人気があります。

最も大切なのは「わが家の赤ちゃんにぴったり」の名前であること。まず赤ちゃんをじっくり見て。いま風か、ありきたりでないかなどは、そのあとで考えましょう。名づけに正解はないのです。

いろいろな表記を試してみる

気に入った音を決めてから、どんなふうに書き表すかを考えます。「ひろと」ならば、「ひろ」や「と」と読める漢字を順々に当てて、しっくりくる字をさがします。

「比呂斗」のように、万葉仮名風に、1音ずつ漢字を当てても個性的です。

「ひろと」「ヒロト」のように、ひらがなやカタカナにする手も。特に男の子の場合は新鮮です。

陽《ひろ》斗《と》

- 漢字1字を変える：洋斗　陽登　拓斗　陽人
- ひらがなでカタカナで：ひろと　ヒロト
- ひらがな＋漢字：ひろ斗　陽ろ斗
- 2字とも変える：博人　宏杜　弘都　栄梳
- 漢字3字で：比路斗　飛呂登

読み方を変えてみる

使いたい漢字を中心に考えます。「英」を使いたいなら、まず組み合わせる漢字「輝」を決め、この2字の読み方をアレンジしてみます。「名乗り」を使えば「英」は「てる」「とし」「ひで」「よし」とも読めます。

英輝

- ひでき
- としき
- よしてる
- としてる

旧字、異体字を用いる

漢字には、旧字《きゅうじ》や異体字《いたいじ》があります。をもっている字がありますが、表記《ひょうき》を考えるうえでアレンジテクニックのひとつになるでしょう。また、開運を考えるとき、旧字や異体字を使うことで、希望の画数に合わせることもできます。（旧字や異体字があるものはPART4のリストで漢字の左に旧として表しています。）

●「名前に使える旧字」（→P534～535）も参考にしてください。

止め字から決める

人気の漢字（→P256）にランクインしている字の中には「菜」や「美」のように、止め字（名前の最後の文字）として使えるものもあります。止め字から先に決めてしまうのもひとつの手です。

●「名前に使われる止め字」（→P528～531）
●「万葉仮名風の当て字」（→P532～533）も参考にしてください。

もえ菜　こと菜　ゆき菜

菜

ゆり菜　あき菜　あい菜

夫婦で名づけの方針を再確認しよう

名づけのヒントは音、イメージ・願い、漢字、開運の四つ。いろいろ考えるうちに、夫婦で名づけの方針がずれていないでしょうか。よい名前をつけるには、夫婦の思いがひとつであること。ここで方針を再確認してみましょう。

思いついたらすぐにメモを

いつもメモをそばに置いて、名前を思いついたらすぐに書きとめておきましょう。

心にとまったことばや、テレビやインターネット、名簿などを見て気になった名前があったら、どんどんメモして。思わぬところでヒントになるかもしれません。

当て字をうまく用いて独自の名前に

最近は、漢字の当て字を使うことがふえています。ただし、名前が読めないと困ることが多いので、漢字からある程度推測できるような読み方にしておくのが無難です。

当て字でも、意味の悪い字は避けるなど、意味をふまえてセンスよく組み合わせてみましょう。

●音読みの一部を利用

南央（なお←ナン＋オウ）
凜克（りく←リン＋コク）
裕錦（ゆうき←ユウ＋キン）

●共通する読みを合体

玲偉（れい←レイ＋イ）
平羅（たいら←たいら＋ラ）
汐音（しおん←しお＋オン）

●訓読みや名乗りの一部を利用

渚生（なお←なぎさ＋おう）
希空（のあ←のぞむ＋あく）
匠音（たくと←たくみ＋おと）

●意味から連想する当て字

月（るな←ローマ神話の月の女神の名前）
宇宙（こすも←宇宙の英語ｃｏｓｍｏから）
海音（しおん←海の英語ｓｅａから）

生まれるまで候補をいくつか残しておこう

生まれる前に名前を考えるのなら、ひとつに絞らないほうが無難です。せっかく名前を決めておいても、生まれたわが子を見て、どうもピンとこないということはあるもの。生まれてすぐでも、それぞれ個性があるからです。初めて赤ちゃんを抱いたとき、突然名前が思い浮かんだという人も。

名前の候補を二つか三つ考えておき、わが子に呼びかけてみてもいいでしょう。

姓とのバランスで字面を整える

名前を決める前に考えたいのが、姓とのバランスです。決めたと思っても、姓と組み合わせると、どうもしっくりこない場合があるので、要注意です。

名前はフルネームで完成。自分の姓の特徴を念頭に置いてすすめましょう。紙に書いて確認することをおすすめします。

1 長さをチェック

姓と名の長さのバランスを見ます。紙に書いたり、読んでみたりしてチェックしましょう。

頭でっかち（3字姓＋1字名）

曽我部 文

← 2字の名前に

曽我部 文那

長すぎる（3字姓＋3字名）

五十嵐 悠之介

← 2字の名前に

五十嵐 悠介

短すぎる（1字姓＋1字名）

北 円

← 2、3字の名前に

北 真戸香

2 難易度をチェック

書いてみて、姓と名が簡単すぎないか、難しすぎないかをチェックします。よくある姓の人は凝った名に、珍しい姓の人はシンプルな名に、を基本にするといいでしょう。

平凡（よくある姓＋人気の名前）

山本 美咲

← 万葉《まんよう》仮名《がな》などを使って漢字を工夫

山本 美沙貴

難しすぎる（姓も名も難しい）

刀禰 宙嗣

← すんなり読める漢字かひらがなの名前に

刀禰 弘継

3 画数をチェック

姓と名の画数が多すぎると重く見え、少なすぎると軽く見えてバランスがとれないことも。よくある姓でも、「齋藤」「渡邊」のように、字面《じづら》の印象が重い場合もあります。名の画数で整えてもいいでしょう。

軽く見える（姓も名も画数が少ない）

小川 一花

← 名前に画数の多い文字を入れる

小川 逸華

重く見える（姓も名も画数が多い）

齋藤 歳樹

← 名前に画数の少ない文字を入れる

齋藤 俊己

4 意味をチェック

何らかの意味を感じさせる姓なら、名前と合わせたときに、ちぐはぐにならないように注意します。逆に、意味がそろいすぎているのも、違和感があります。

姓と名で矛盾している

冬川 春水

← 意味がぶつからない漢字に

冬川 遥奈

意味がそろいすぎ

朝日 昇

← 意味を感じさせない漢字に

朝日 登琉

漢数字が多い

三宅 四郎

← 漢数字以外の漢字を使う

三宅 志郎

5 タテ割れをチェック

姓名を書いたとき、漢字のへんとつくりが真ん中から割れていないかどうかチェックします。

タテ割れになる

杉林 沙稀

← タテ割れしない止め字を使う

杉林 沙希

6 部首をチェック

姓名を書いてみて、部首がそろいすぎていると違和感があることが多いようです。

部首がそろいすぎ

渋沢 湘汰

← 部首の異なる漢字を使う

渋沢 翔太

気をつけたいポイント

決定前に確認したいチェックポイント

個性的すぎないか確認しよう

名前の候補がかたまってきたら、もう一度客観的な目で見てみましょう。人と違う名前にしたいと思うあまり個性的すぎて、社会的に不都合が起きやすい名前になっていないでしょうか。

難しい漢字を使ったり、当て字や名乗り《なの》で読ませようとする名前を考えているときは、そのマイナス面もよく考えたうえでつけるようにしましょう。

慎重に万全にチェックして

出生届《しゅっしょうとどけ》（P538～542）を出す前に、音、字面《じづら》、漢字、イメージなど、あらゆる点から慎重にチェックしましょう。姓と名のバランスも見てください。書いて、読んで、パソコンに表示して、わが子の顔を見て、チェックは万全に。名づけにやり直しはききません。

P39～41にチェックポイントをまとめました。ぜひ参考にしてみてください。

column

何度も名前が変わった昔の貴族や武士

昔の貴族や武士は、成長とともに名前を変えていきました。

まず「幼名《ようめい》」。成人して実名《じつめい》を名乗るようになるまでの、子ども時代の名前です。源義経《みなもとのよしつね》の「牛若丸《うしわかまる》」や徳川家康《とくがわいえやす》の「竹千代《たけちよ》」が有名でしょう。成人してからは「実名」になります。しかし、実名は尊《とうと》いものでむやみに使わない慣習があり、普段用の「通称《つうしょう》」をもちました。坂本《さかもと》龍馬《りょうま》の「龍馬」は通称で、実名は「直柔《なおなり》」でした。

その後の明治維新《めいじいしん》で幼名や通称が廃止されました。現代は、一度つけた名前を一生使うことになります。名前は一人にひとつで、その人そのものなのです。

呼びにくい名前になっていないか

CHECK 1 同音や濁音が多くなっていない？

「あいだ・あいか」「ささき・きさら」のように、姓と名の最初や最後の音がだぶると発音しにくくなります。

「柳葉紅佳（やなぎば・べにか）」のように濁音が多いのも発音しにくい原因に。濁音は姓名全体で２音までを目安にしましょう。

CHECK 2 似たひびきが多い名前になっていない？

あ行とや行は聞き間違いやすい名前の筆頭。「みあ」と「みや」、「みなお」と「みなよ」のように、ひびきが似ている名前は、呼び間違いのもとになります。

●呼び間違い、聞き間違いしやすい名前の例

みあ・みや・みわ
みう・みゆ
ゆな・ゆうな
りお・りほ・いよ・りょう
あきみ・あけみ
まほ・まお

難しすぎる名前になっていないか

CHECK 3 画数や文字数が多すぎない？

全部が画数の多い漢字や、難しい旧《きゅう》字《じ》は、書くのに苦労したり、人に説明したりするのが大変になります。長すぎる名前も同様です。姓の画数や文字数の多い人は、特に注意を。

CHECK 4 パソコンなどで表示しにくくない？

パソコンなどでの表示のしやすさも考えたほうがいい要素です。難しい旧字や、「辻」「逗」などの２点しんにょう（辶）の字などは、機器によっては正確な字形が表示されないこともあります。

●表示しにくい漢字の例

祇　葛　琢　曾　凛

●参考

「表示しやすい漢字、しにくい漢字」→P366
「名前に使える旧字」→P534～535

おかしな意味になっていないか

CHECK 5 からかわれやすい名前になっていない？

「便（びん）」は、ひびきはよくても、漢字から排泄物《はいせつぶつ》を連想する人も。「羽音（わお）」は、ひびきはりりしくても、昆虫の名前のあだ名をつけられるかも。

逆に、漢字の意味はよくても、ひびきが意味のよくないことばと似ている場合も、からかわれる原因に。

「いさくらなお」のように、反対から読むとへんな意味になる名前にも注意しましょう。

名前を考えたら、インターネットで検索して、へんな予測ワードが出ないかどうかなどをチェックしてみるといいでしょう。

CHECK 6 へんな熟語になっていない？

意味のよさそうな漢字を組み合わせているうちに、いつのまにか熟語になっていることがあります。候補名を決めたら、辞典などで確認しておきましょう。

●注意したい例

心太（しんた）→ところてん
早世（さよ）→早死にすること
海星（みほ）→ひとで
海月（うづき）→くらげ
徳利（とくのり）→とっくり
信士（しんじ）→○○信士（戒名）
信女（みちこ）→○○信女（戒名）

姓と続けて呼ぶとへんになっていないか

CHECK 7 姓と名の切れ目はわかりにくくない？

「かじ・のりお」は「かじの・りお」と聞こえる場合が。「浜・奈美江」は「浜奈・美江」と誤解されるかもしれません。

１字姓や３字姓の人は、特に名前の１字目の音や漢字に注意して。

CHECK 8 続けるとへんな意味になっていない？

フルネームは声に出して音をチェックしましょう。姓と続けると問題があることもあるので注意して。たとえば「木下徹（＝木の下通る）」のように、続けて読んでみると、名前としては違和感のある意味になることもあります。

●注意したい例

秋葉　圭→アキバ系
金田聖矢→金出せや
柴　健　→柴犬
大場佳代→大バカよ
五味広恵→ゴミ拾え
原　真希→腹巻き

使う漢字を間違えていないか

CHECK 10 似た字、悪い意味の字では？

漢字には似た字があるので、間違えて出生届《しゅっしょうとどけ》を出さないように注意しましょう。凜と凛のように、どちらも名前にふさわしい字もありますが、自分が考えていた字と違っていた、ということにならないように。また、一見よさそうでも、実は意味を知ると後悔しそうな字もあります。「名づけには避けたい漢字」（→P536）も参考にしてください。

●注意したい例（意味に注意）

寡（か）　徳が少ない王様
矯（きょう）　事実をいつわる
唆（さ）　そそのかす
迭（てつ）　犯す、逃げる
批（ひ）　ふれる、おしのける
勃（ぼつ）　にわかに、急に
慄（りつ）　ぞっとする

あやかり名をつけてだいじょうぶか

CHECK 9 ネットで検索してみよう

歴史上の人物など、評価の定まった人ならともかく、現在生きている人の名前からつける場合、要注意。よもや不祥事など起こしていないか、調べてからのほうが無難です。

名前エピソード

大河《たいが》くん　陽菜《ひな》ちゃん

きょうだいで同じ「ひなた」の名前にひかれて

お正月に実家で集まったとき。間もなく生まれてくる男の子に「ひなた」とつけたいと話したところ、1か月違いで出産予定の妹も女の子に同じ名前を考えていると判明。自然に関する名前にしたかったので、うちは「大河」にしました。妹はひだまりに咲く菜の花のような「陽菜」に。いとこで同じ年齢、同じ名前だったら混乱していたでしょうね。

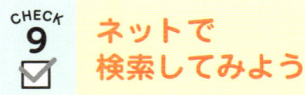

1歳になるまでに

赤ちゃんのお祝いごととマナー

赤ちゃんの誕生と成長をみんなで祝う

待ちに待った赤ちゃんの誕生。これからすくすくと元気に成長していってほしい――。子どものお祝いごとには、そんな願いがこめられています。

特に生まれてから1歳までは、さまざまなお祝いごとがあり、新米のパパやママは戸惑うことも多いでしょう。お祝いごとのやり方は地域によって違いがあります。ここでは、一例を紹介します。

お七夜と命名書

「お七夜《しちや》」は、赤ちゃんが生まれて7日目に、赤ちゃんの誕生と健やかな成長を願って行います。

実際には退院の時期にあたるので、退院祝いを兼ね、双方の親を招いて食事をすることが多くなっています。名前が決まっていたら、命名書《めいめいしょ》（名前を書いた紙）を用意して部屋に貼り（下記参照）、名前のおひろめを行います。

お返しは

出産祝いへのお返しは後日行います（→P43）。

命名書とは？

正式には奉書紙《ほうしょがみ》という上質の和紙に赤ちゃんの名前などを書いて三方《さんぼう》に載せ、神棚か床の間の中央に置いて供えます。略式では、半紙や市販の命名書に書きます。神棚などがなければ、ベビーベッドの近くなどに貼ります。

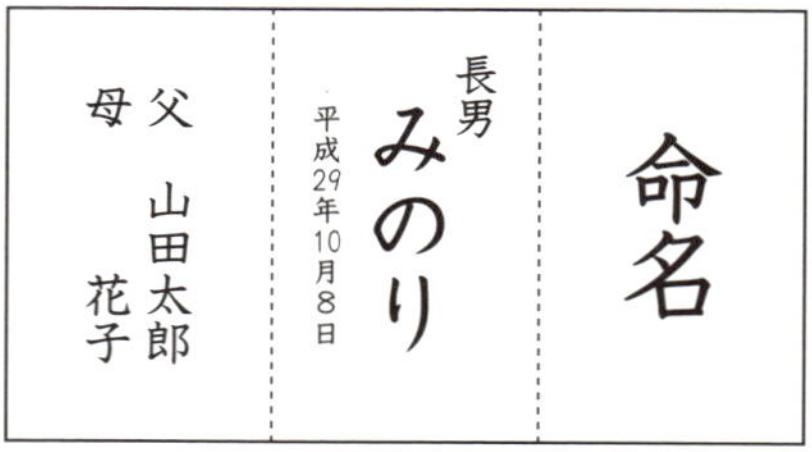

正式な命名書。奉書紙を３等分に折り、赤ちゃんの名前、生年月日、両親の名前を書く

お宮参り

生後1か月になったら、神社にお宮参りをしましょう。男の子は誕生から31日目、女の子は33日目とされますが、体調や気候によって調整を。特に赤ちゃんにとっては初めての本格的な外出になるので、1か月健診で外出の許可をもらってからにしてください。

赤ちゃんには白い内着《うちぎ》やベビードレスを着せます。父方の祖母が赤ちゃんを抱き、その上から祝い着をかけます。祝い着は母方の実家から贈るのが一般的です。

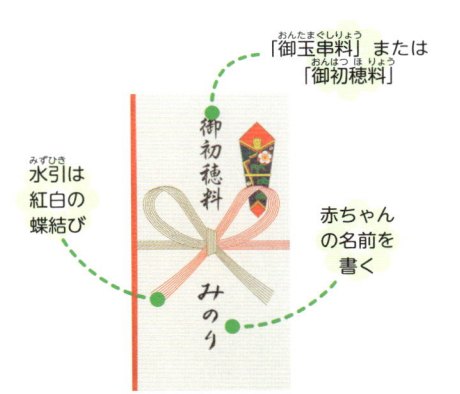

母親や祖母は訪問着やつけ下げ、色無地《いろむじ》など。最近はワンピースも多くなっています。父親や祖父はスーツが正式です。

祝い着は赤ちゃんの上からかける

お金の包み方

神社で祝詞《のりと》をあげてもらう場合は、お金包み（左記）を用意します。

「御玉串料《おんたまぐしりょう》」または「御初穂料《おんはつほりょう》」
水引《みずひき》は紅白の蝶結び
赤ちゃんの名前を書く

お返しは

それぞれの両親を招いて会食をすることが多いようです。赤ちゃんがゆっくりできそうな飲食店に皆で行くのもいいでしょう。

マメ知識
このころに出産祝いのお返しを

出産祝いへのお返しは、生後1か月ごろにします。お祝い金の半分～3分の1を目安にします。

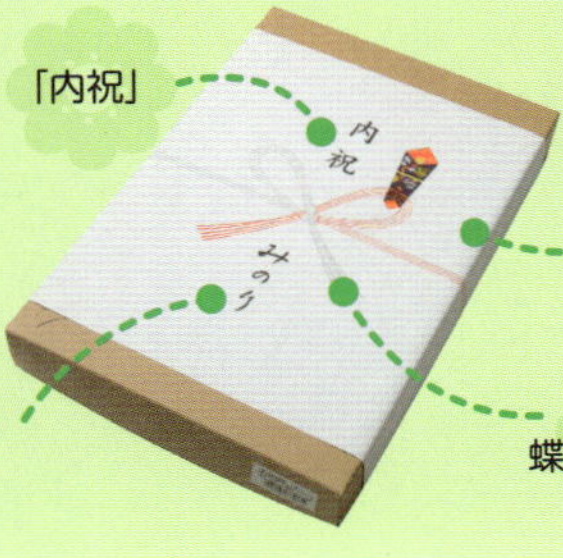
お返しの品にはのし紙をかける
赤ちゃんの名前を書く
紅白の蝶結びの水引

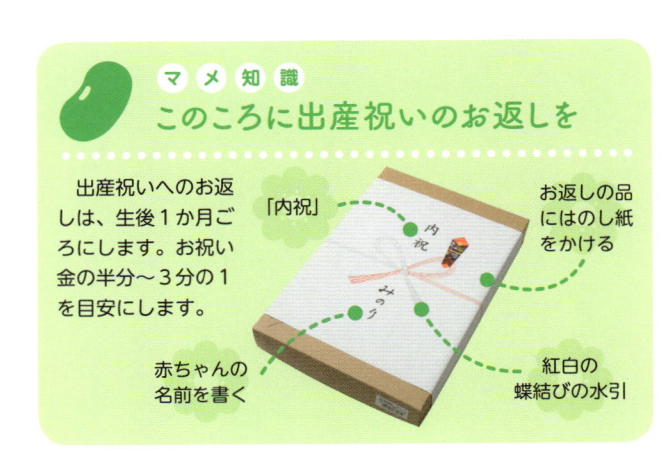

お食い初め

「お食《く》い初《ぞ》め」は、赤ちゃんが一生食べるものに困らないようにという願いをこめて行う行事です。生後100日目に行いますが、離乳食を食べはじめる時期に合わせてもよいでしょう。

　新しい食器で祝い膳《ぜん》を用意し、赤ちゃんに食べさせるまねをします。祝い膳の献立は地域によって違いがありますが、赤飯、尾頭つき焼き魚、煮物、なます、お吸い物の一汁三《いちじゅうさん》菜《さい》が基本です。塗り物の食器に盛りますが、離乳食用の食器でもかまいません。

　このほか、歯固めの石を載せた小皿を用意します。これは赤ちゃんに丈夫な歯が生えるようにという願いをこめたもの。食べ物と同様、赤ちゃんの口につけます。

　赤ちゃんの口に食べ物を運ぶ人のことを「箸役《はしやく》」といいます。長寿にあやかるように、赤ちゃんと同性の、親戚の中の年配者にお願いするとよいでしょう。

焼き魚は鯛《たい》でなくてもいい。頭と尾がついていれば◎

お返しは

基本的にお返しは不要です。食器をもらったときなど、気になるならお礼状を出すか、会食をしてもいいでしょう。

column

節目ごとに思い出を残そう

赤ちゃんのお祝いごとを行うときには、祖父母や親戚に、赤ちゃんの成長の報告を兼ねて、写真を撮って贈るといいでしょう。写真を入れたデジタルフォトフレームやアルバムを作り、いただいたお祝いへのお返しとしても喜ばれます。

　写真のほか、お祝いごとを行うときや折々の節目に、手形や足形をとるのも、いい思い出になります。

初節句

「初節句《はつぜっく》」は、赤ちゃんが初めて迎える節句です。男の子は5月5日の端午《たんご》の節句（こどもの日）、女の子は3月3日の桃の節句（雛《ひな》まつりの日）に、健やかな成長を祝います。お食い初めがすんでいない場合は、1年後に延期してもかまいません。

お祝いには、男の子には五月人形や鯉《こい》のぼり、女の子には雛人形といった伝統的な品物を母方の実家から贈るのがならわしです。一夜飾《いちやかざ》りは縁起《えんぎ》が悪いので、1か月前から飾れるように贈ります。

飾るスペースも考えておこう

お返しは

両親の祖父母や近しい人を招いて食事をします。ちまき、柏餅も用意するとよいでしょう。

初誕生

赤ちゃんが満1歳になる最初の誕生日が「初誕生《はつたんじょう》」です。ここまで元気に育ったお祝いをします。両親や祖父母など近親者で赤ちゃんを囲んで食事をするなど、内輪《うちわ》で祝うのでよいでしょう。

祝い膳に決まりはありません。赤ちゃんの好きなものやケーキを用意し、楽しく祝ってください。

また、最近は生後6か月を「ハーフバースデイ」として、お祝いをする人もふえているようです。

お返しは

特に必要ありません。

マメ知識

餅を背負わせる風習

初誕生のお祝いごととして、赤ちゃんに餅《もち》を背負わせて歩かせる、昔ながらの風習があります。地域によっては餅をふませます。「一生」にかけて「一升餅《いっしょうもち》」と呼ばれます。餅は切り餅でなく、1個で一升ぶんの餅。最近はふろしき付きの市販品もあります。

餅はふろしきで包んだり、リュックに入れて背負わせる

名づけの疑問、お悩みQ&A

Q なんとなく決めた名前。ちゃんとした由来がなくてもいい?

A あとづけでもいいので考えて

子どもが成長したときに、自分の名前に興味をもつことがあります。どうしてこの名前をつけたのか尋ねたとき「べつに」「特にないよ」では悲しむでしょう。「その名前で呼びかけたら笑ったから」「顔を見たら天からふってきた」でもいいし、あとづけでもかまいません。名づけの理由や思い、いきさつなどを説明できるようにしておきたいものです。

Q 夫婦でつけたい名前の意見が食い違ったら?

A ゆずれないポイント以外は分担して

名づけでこだわる部分が夫婦で違うのでしょう。自分がこだわるポイントはどこでしょうか。ポイントは漢字、音、イメージ・願い、開運。どうしてもこれだけはゆずれないポイントをひとつ、お互いに表明して、そこは相手に任せ、それ以外のポイントを受けもちます。たとえば、漢字は夫に、音は妻に、といったように役割を分担するのも一案です。

Q あまりにもかわいい名前やキラキラネームは、年をとったとき、おかしな感じになる?

A 周りの人も同じなので大丈夫

キラキラネームや子どもっぽいかわいい名前が、大人には合わないように感じるかもしれませんが、最近は多くの人が同じような考え方で、名づけをする傾向です。子どもたちが年をとって大人になったころには、珍しい名前ではなくなっていると考えられます。べつにおかしいとは感じないでしょう。

Q 両親に、代々使っている漢字を入れるように言われたら?

A さまざまな根拠を示して相談

父親か母親の名前にその漢字が使われているのでしょうから、否定はしづらいもの。画数による開運、音による印象、漢字の意味など、さまざまな根拠を示して、自分たちが考えた名前に納得してもらいましょう。また、子どもの名前をいちばん呼ぶのは親です。最終的には、夫婦がいちばんいいと思える名前に決めるといいでしょう。

PART
2

ひびきで変わる名前の印象

音
から名づける

基礎知識

名前の音は生き方や印象の決め手になる

それぞれのことばの音にはイメージがある

マルとミルということばのうち、片方が大きなテーブル、片方が小さなテーブルを表すことばだとすると、たいていの人は「大きなテーブルのほうがマル」と答えるのだそうです。この質問は、海外の研究者が考え出したもので、マルもミルも架空《かくう》の単語です。

マルとミルは、よく似たことばですが、明らかに違うイメージをもっています。マルには開放感があり、ミルには愛らしさがあります。子犬の名前だとしたら、マルからはほんわかした雰囲気の子犬を、ミルからはいたずら好きの子犬を思い浮かべるでしょう。

また、ゴジラ、ガメラ、キングギドラ……など、怪獣の名前にガ行音が多いのも偶然ではありません。ガ行音は、エネルギッシュな破壊力を感じさせ、特に男の子を熱狂させるひびきがあります。

このように、ことばの音には、人間が普遍的に感じるイメージが隠されているのです。

ことばを発するときの体感がイメージをつくる

ことばのイメージをつくり出しているのは、発音体感《はつおんたいかん》です。発音体感は、ことばの意味とは関係ありません。音そのものが潜在《せんざい》意識に及ぼすイメージで、ことばを発音するときや、視覚や聴覚でとらえるときに、その都度《つど》脳に深く届いています。

音には母音《ぼいん》と子音《しいん》があり、それぞ

れの音にイメージがあります。たとえば、アは、口腔《こうくう》を高く上げて出す開放感の母音。このため、ア段音＝「アカサタナハマヤラワ」には開放感があり、広々としたイメージがあります。

これに対しイは、口腔を小さく使い、舌のつけ根から中央に向かって強い前向きの力をつくる母音です。このため、イ段音＝「イキシチニヒミリ」は、コンパクトさ（愛らしさ）と一途《いちず》さを感じさせます。

ア段音マのもつ広々とした開放感が「大きなテーブル」や「ほんわかした子犬」を、イ段音ミのもつ愛らしさと一途さが「小さなテーブル」や「いたずら好きの子犬」をほうふつとさせるのでしょう。

ちなみに、マとミに共通の子音Mは、赤ちゃんがお母さんのおっぱいをくわえたときの口腔形で出す音。

ことばのイメージは発音のしかたで決まる

母音　口腔の形で印象が決まる

母音は、口腔の空間のつくり方によって、意識を生み出します。アは開放感、イは前向きの意志、ウは内向する力、エは俯瞰《ふかん》する視点、オは包みこむ閉空間を感じさせます(→P84)。

子音　ことばに質感を与える

子音は、音にさまざまな質感を与えます。S音は口腔内をすべる風で、さわやかな印象を与えます。K音は喉《のど》の筋肉を硬くして強い息で破裂させ、強く、ドライでスピード感のある印象を与えます。

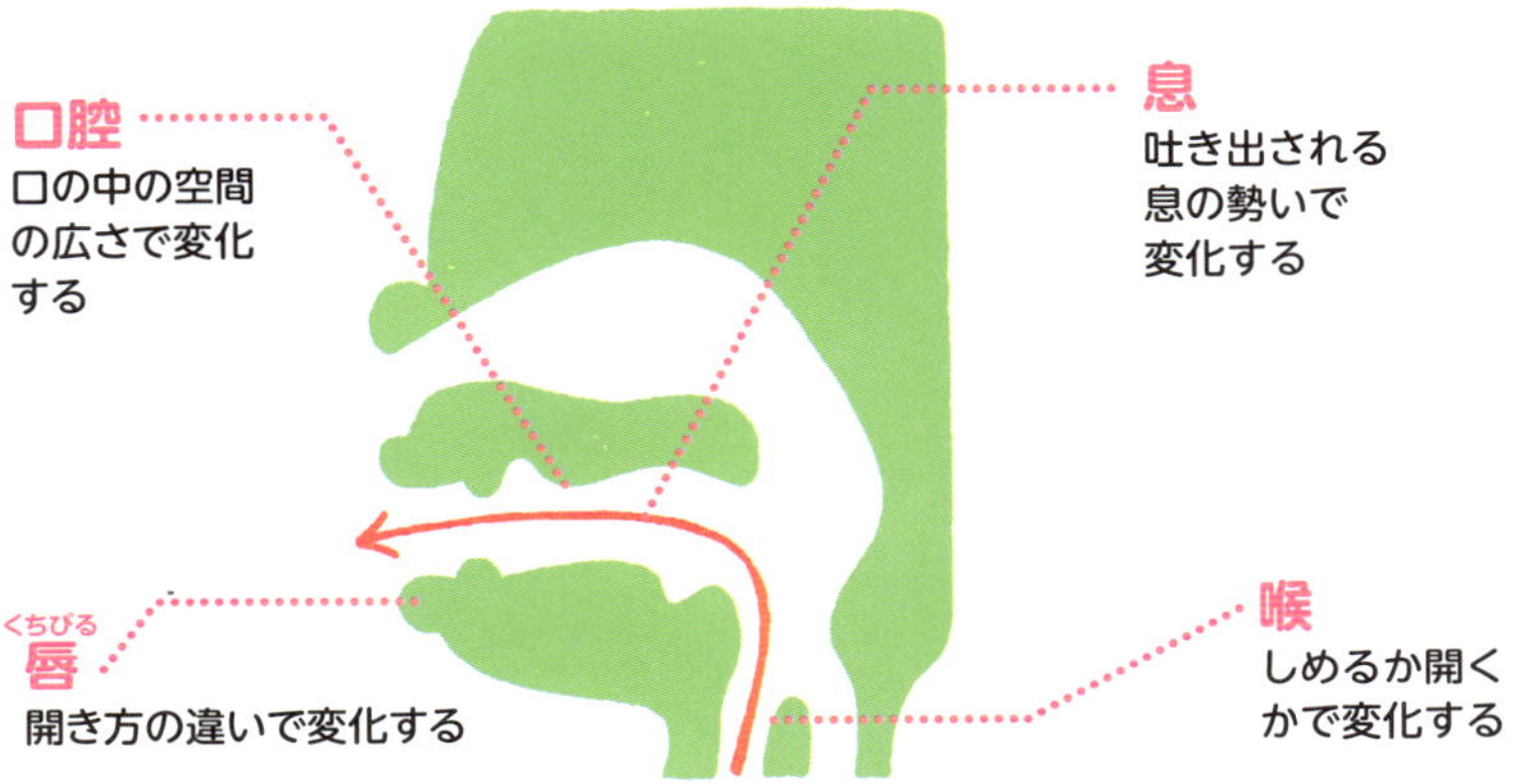

甘く、やわらかく、包容力のある印象をつくり出しています。口の中にやわらかな息を含み、甘えたように鼻を鳴らすと、M音になります。

まったり、まどろみ、満足、満ちる、ママ、マリア……M音のことばには、甘く満ち足りたイメージを感じさせることばが多く存在します。

こうした発音体感《はつおんたいかん》に基づいたことばのイメージは、気づかぬうちにわたしたちに「魔法」をかけているのです。

名前は人生の方向性を決める

ことばを話せない赤ちゃんのうちから、最も多く繰り返して耳にする単語は、自分の名前です。

どの名前も、その発音体感で、「周囲の暗黙の期待感」を自らつくり出しています。人は、名前を呼ばれるたびに、その名前のもつイメージを再確認し、「周囲の暗黙の期待感」にこたえようと振る舞います。

期待感どおりに振る舞えば、人間関係のストレスが生じなくてすみます。そのため、多くの人は名前の期待感どおりに育ち、人生を開花させていくことになるのです。

子どもに名前を授《さず》けるということは、「周囲の暗黙の期待感」を授けるということにほかなりません。それはとりもなおさず、子どもに人生の方向性を授けるということなのです。名前は、その子の人生のために用意された、特別な祈りのことばなのです。

先頭字・中字・止め字の見分け方

名前のイメージの大部分を決めるのは、先頭字と止め字です。「けいご」なら、先頭字は「け」、止め字は「ご」となります。中字の拗音《ようおん》（ゃ、ゅ、ょ）と、促音《そくおん》（っ）は省略。止め字の長《ちょう》音《おん》（～ろうの「う」、～へいの「い」など）も省略します。

先頭字	中字	止め字
け	い	ご
と	し	ろ う（長音省略）
あ	んじ	ゅ
き ょ（拗音省略）	う	こ
て っ（促音省略）		た

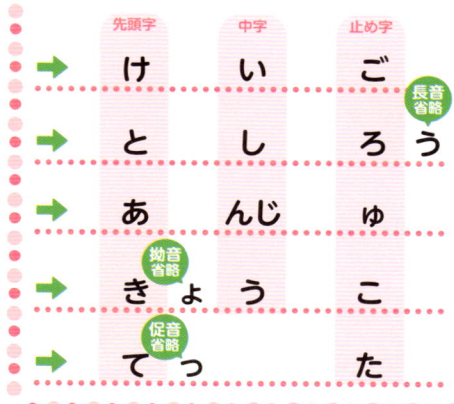

メインのイメージは先頭字が決める

名前のイメージを確認するには、まず、つけたい名前をかなで書いてみてください。

最も大切なのは先頭字。発音の体勢を長くとるので、ほかのどの音よりも印象が強くなります。次に印象が強いのは、最後の口の動きが余韻《よいん》として残る止め字。この二つを見ると、名前のイメージの大部分がわかります。もちろん、そのほかの文字（中字）も印象を左右しますから、P56～68の先頭字の欄を参考に確認しましょう。

音のイメージがわかったら、実際にその名前を声に出し、何度も呼んでみてください。呼ぶ親たちが、気持ちよく、しっくりと感じるものが、いい名前です。

ヒント 迷ったら1文字ずつ変えてみる

イメージの主役 **先頭字**	脇役だけど無視できない **中字**	強い余韻を残す準主役 **止め字**
ま	**り**	**か**
「ま」を「ゆ」に変える ↓ **ゆりか**	「り」を「ゆ」に変える ↓ **まゆか**	「か」を「な」に変える ↓ **まりな**
「まりか」なら 天真爛漫《てんしんらんまん》な印象、 「ゆりか」なら 優美で優しい印象に。	「まりか」なら しっかりした強さ、 「まゆか」なら やわらかく温かい強さが。	「まりか」なら まっすぐで快活な印象、 「まりな」なら 親密感あふれる印象に。

音の決め方

子どもに会った瞬間のひらめきを信じよう

インスピレーションを大切に

50音のもつ語感《ごかん》の解説（↓P56〜68）を見ていただければわかるように、どの音にも魅力があります。したがって、この音を使えば必ず幸せになるという絶対的なルールはありません。

いい名前の条件とは、その名前のもち主の個性に合っていることなのです。

赤ちゃんたちは、お腹《なか》にいるときから、個性をはなっています。ママたちは、胎動《たいどう》からも「動きはおっとりしているけど、力強くて、いつまでもがんばれる子みたい」とか「おおらかで優しい子みたい」などと感じているはず。パパも、ママの表情などから、赤ちゃんの意識の波動を感じとっているようです。

そんな二人が「この子はシュンって感じがする」とか「女の子ならユウカだな」と思ったのなら、そのインスピレーションを大事にしてください。

妊娠中はピンとこなかったけれど、生まれてきた顔を見たとたん名前が決まったというケースも多いものです。新生児期はその子の個性がきわだつとき。赤ちゃんのいのちの色あいを感じてください。

それでもインスピレーションが浮かばなかったら、ご両親の「そうなってほしいイメージ」の名前を選んでください。

遺伝子の配合とは不思議なもので、ほとんどの赤ちゃんが、親の望む性質のうちのいくつかをちゃんともって生まれてきます。したがって「こういう子になってほしい」という名前をつければ、ほぼ間違いがありません。

発音のしやすさもチェックポイント

注意点もあります。それは、いちじるしく発音しにくい名前は避けること。いいにくい名前や聞きとりにくい名前は、発音体感《はつおんたいかん》の恩恵《おんけい》を得られないからです。

また、名前を名乗ったときの口元の形にも気を配ってあげてほしいものです。つばが飛びすぎたり、口が開きっぱなしになったりしていないかどうか、よく確認するようにしてください。

ヒント

名前の音を決めるには

STEP 1　思いつくままに声に出す

生まれる前でも生まれてきて顔を見たときでも、少しでもピンときた名前は必ずメモしておいて、実際に何度も声に出してみてください。直感を大切にしましょう。

STEP 2　候補の名前を分析する

まず、STEP 1 で候補に挙がった名前の音を、先頭字・中字・止め字に１音ずつ分解（→P50）。それぞれの音の印象を調べます。特に先頭字の印象に注目してください。

STEP 3　音を変えてみる

候補の名前の先頭字・中字・止め字を、それぞれほかの音に入れかえてみましょう（→P51）。印象が変わります。音を変えた名前も声に出してみると、よりしっくりくる名前が見つかるかもしれません。

日本語ならではの特徴も参考に

日本語は、文字のない音だけの時代が長かった言語です。先に名前の音（読み）を決め、あとから漢字を当てはめる方法は、現代的であると同時に、昔からの伝統を受けついだ、ことばの本質にのっとった方法だともいえるのです。

また、日本語の表記と音には、下記のような特徴があります。名前の音や漢字の読みを決めるときに参考にしてください。

知っておきたい日本語の表記と音の関係

「ぢ」「づ」は「じ」「ず」と読まれる。語感《ごかん》も同じ

例　いづみ＝いずみ
ゆづき＝ゆずき

＊本来の発音では「ぢ」「づ」のほうが奥まった音で、しとやかな印象になる。

「はひふへほ」は「あいうえお」と読まれることがある

例　かほる→かおる／かほる
ゆふた→ゆうた／ゆふた
（そのまま読む場合もある）

＊先頭字は変わらない。
ふきと→ふきと（×うきと）

「○」＋「おん」が「○のん」となることがある

例　は（葉）＋おん（音）
→はのん／はおん

り（理）＋おん（苑）
→りのん／りおん

２つの語が結びつくとき、あとの語の最初が濁音《だくおん》になることがある

例　はな（花）＋ひ（火）→はなび

み（美）＋つき（月）
→みづき／みつき
（そのまま読む場合もある）

最近人気の語感は？

赤ちゃんの名前の音ベスト10

最近人気の名前の音（読み）と表記の例を紹介します。
男の子では、軽やかながらもしっかりした「はると」くんが、
女の子では、ほのぼのした「はな」ちゃんが人気です。

男の子

順位	名前の音	表記の例
1位	はると	大翔／陽翔
2位	そうた	奏太／颯太
3位	ゆうと	悠人／悠翔
4位	はるき	悠／陽輝
5位	そうすけ	湊介／颯介
6位	りく	陸／理玖
7位	ゆうま	悠馬／優真
8位	ゆいと	結斗／結翔
9位	あおい	葵／蒼
	たくみ	匠／拓海

女の子

順位	名前の音	表記の例
1位	はな	花／羽那
2位	さくら	さくら／咲良
3位	ゆい	唯／結衣
4位	りお	莉央／凛緒
5位	あかり	あかり／明莉
6位	あおい	葵／碧衣
7位	こはる	心春／心陽
	ほのか	帆花／穂香
9位	いちか	一花／一華
10位	さな	咲那／紗奈
	りこ	莉子／璃子

出典：明治安田生命ホームページ
2016年度データ

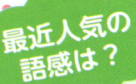

この音のイメージは？

50音のもつ語感

名づけをはじめる前に、50音がどのような語感《ごかん》をもっているのか、知っておきましょう。

各音の語感は、先頭字と止め字に分けて解説しています。中字は先頭字の欄で確認してください。

あ

明るくのびやかで自然体

先頭字の「あ」 **アツシ、アイ、アキ**など

アの音は、「素の自分」を飾らずにさらけ出すイメージ。幼いころから、飾ることなく自然体で、のびやかに自己表現をし、才能を発揮します。どこにいても明るいムードメーカーになるでしょう。

止め字の「あ」 **トア、ユリア**など

過去にこだわらない印象で、転じて未来への希望を感じさせます。口を開けた状態でいい終わるので、あどけない印象も。

い

一途《いちず》ながんばり屋さん

先頭字の「い」 **イチロー、イズミ、イヨ**など

イは、前向きの強いパワーをもつ音。周囲もつい応援したくなる、一途ながんばり屋さんです。楽しそうに取り組み、どこかユーモアがあるため、周囲はつい応援したくなります。

止め字の「い」 **カイ、マイ、ミライ**など

きっぱりした潔さを感じさせます。いいたいことを躊躇《ちゅうちょ》なくいえる人。正義の人として頼られるでしょう。

う

内に力を秘めたクリエイター

先頭字の「う」 **ウキョウ、ウノ、ウララ**など

ウの音のもつ内向きに集中する強い力から、独自の世界観を熟成させる傾向が。芸術、科学などの分野で早くから才能を発揮します。人づきあいはやや苦手ですが、素《そ》朴《ぼく》さと豊かな才能で周囲を魅了します。

止め字の「う」 **ショウ、リョウ、ミウ**など

パワーを内に秘めた印象があり、周囲から期待されます。繊細《せんさい》な印象も与えるため、人に大切にされるでしょう。

え

洗練された懐《ふところ》の深い人

先頭字の「え」 **エイタ、エイコ、エリ**など

遠くはるかな感じがあるエの音。エレガントで、少し距離を置きながらも、温かく見守ってくれる懐が深い人です。物事の本質を見抜くのが得意なので、さまざまな分野で「達人」と呼ばれます。

止め字の「え」 **サカエ、ヒサエ、リエ**など

最後がエで終わる名前は、知的な印象を残します。洗練され、自立した人として一目置かれる存在になるでしょう。

お

おおらかで包容力のある人

先頭字の「お」 **オウタ、オサム、オトハ**など

オは、包みこむような優しさや素朴《そぼく》な存在感をもつ音。おおらかで包容力があり、おっとりと居心地のいい感じがします。器用なタイプではありませんが、安定した存在感があり、しぜんと人の輪ができます。

止め字の「お」 **アキオ、マサオ、ナオ**など

落ち着きのある存在感をかもし出します。面倒見がよく、信頼感があり、人の上に立つ風格があります。

か

まっすぐで快活なリーダー

先頭字の「か」 **カオル、カケル、カナ**など

カの音は、硬く、強く、スピード感があり、軽やかで開放感にあふれています。すばやい行動力をもち、まっすぐで快活。強く、クールでかっこいいリーダーです。早くから、都会派のクールさも身につけます。

止め字の「か」 **ミチタカ、サヤカ**など

正義感が強く、快活な印象。悶々《もんもん》とした悩みも軽やかに笑い飛ばし、目標に向かって突き進みます。

人の目をひく個性派

き

先頭字の「き」　キョウタ、キコ、キヌカなど

キは、息の発射力が最も強い音。生命力にあふれ、突出《とっしゅつ》した個性を感じさせます。ときに孤立するのも、自己主張が強いため。人目をひくパフォーマンスが得意で、ほしいものを鮮やかに手に入れていきます。

止め字の「き」　マサキ、ユウキ、ミサキなど

自分をしっかりもっている人。他人の評価に左右されず、思いをつらぬく人です。潔く、わが道を進むでしょう。

キュートでミステリアス

く

先頭字の「く」　クウガ、クニヒロ、クミなど

息が前に向かうKと、力が後ろに向かうウから成るク。強引なのに繊細《せんさい》、大人なのに無邪気、知的なのにセクシー……。相反する要素をもつことから、バランスのとれた印象が。それが気品につながります。

止め字の「く」　イサク、タク、ミクなど

最後がしっかりとまとまるクで終わる名前は、周囲に安心感を与えます。それでいて、いじらしくキュートな印象も。

潔くてエレガント

け

先頭字の「け」　ケイスケ、ケン、ケイコなど

ケの音は、息を下に噴射《ふんしゃ》するイメージ。何か吹っ切れたような感じがします。このため、ドライな印象で、恨《うら》みや欲とは無縁に生きているよう。さらに母音エのエレガントさもあわせもっているため、温かい気品も感じさせます。

止め字の「け」　ケンスケ、ノリタケなど

ケで終わる名前は、潔さを感じさせます。瞬発力があり、出世するイメージも。

機敏《きびん》で若々しい

こ

先頭字の「こ」　コウ、コウタ、コユキなど

コの音は、小柄《こがら》で愛らしくキュート。一方、機敏さも感じさせます。機敏な少年剣士やキュートでやりくり上手なお嫁さんといった印象で、目上の人などに愛されるでしょう。いつまでも若々しい感じがするのも、この名前の特徴です。

止め字の「こ」　アツヒコ、ユウコ、リコなど

機敏で愛らしい印象。周囲からは頼りにされつつ、かわいがられる存在に。

さ

颯爽《さっそう》としたリーダー

先頭字の「さ」　サトシ、サトコ、サヤカなど

サは、憧《あこが》れを誘うスター性をもつ音です。困難にも笑顔で挑戦するスポーツマン、人の先頭に立つ颯爽としたリーダー、そんなイメージがぴったり。スポーツも勉強もがんばり、国際的にも活躍するでしょう。

止め字の「さ」　アキヒサ、アリサ、ミサなど

スター性を感じさせます。颯爽としていて、いつも先頭に立っている人。笑顔で、困難なことに挑戦する姿は、憧れの的。

し

さわやかなスター

先頭字の「し」　シュウジ、ショウ、シオリなど

シの音は、まぶしい光のイメージ。キラキラした生命力にあふれています。人目をひく華やかなパフォーマンスが得意で、周囲の憧《あこが》れの的に。スター性ゆえに、押しが強くても、周囲の支持を得られます。

止め字の「し」　サトシ、タカシなど

最後がシで終わる名前は、強い意志を感じさせます。努力をいとわず、颯爽《さっそう》と活躍していく姿に、周囲は憧れを抱きます。

す

フレッシュなはにかみ屋

先頭字の「す」　スグル、スズナ、スミカなど

颯爽とした印象のSと、とまどう印象のウの組みあわせは、シャイなスイートボーイやいじらしい可憐《かれん》な少女の印象です。この名前のもち主に何か頼まれると断れません。ほしいものを手に入れていく人生に。

止め字の「す」　ハルヤス、アリスなど

最後がスで終わる名前は、涼しげでフレッシュな印象。生活感や疲れが見えず、停滞したところに風を起こす人に。

せ

エレガントな知性派

先頭字の「せ」　セイ、セイヤ、セナなど

セが起こす風は、慎重で、あまねく行き渡るイメージ。繊細《せんさい》な配慮を感じさせる、ソフトな知性派です。全体を見渡せる才能があり、仲間はずれになっている人や陰の功労者に気づいてあげられる人。気品と優しさで、周囲の敬愛を集めます。

止め字の「せ」　ナナセ、リセなど

繊細な感じがします。物事を俯瞰《ふかん》する印象から、科学に強い理知的なイメージも。

そ

なでるような癒《いや》しの魔法

先頭字の「そ」 **ソウマ、ソノカ、ソヨカ**など

ソを発音すると、口腔《こうくう》の内側を、やわらかな風がなでるように吹き渡ります。やわらかな手のひらで、頬《ほお》をそっと包みこんでもらったような、なんとも心地よい優しさを感じるはず。

このため、ソではじまる名前のもち主には、優しい包容力ですべてを包みこむ印象があります。人を癒す魔法のような名前なのです。

た

タフなチャレンジャー

先頭字の「た」 **タイガ、タイキ、タカコ**など

充実感とアグレッシブなパワーあふれるタの音。高みを目指すタフなチャレンジャーの印象があり、着実に成功していきます。誇り高く、社会貢献を目指す姿は、周囲の尊敬を集めます。

止め字の「た」 **カンタ、ショウタ**など

若々しく元気。タフで頼りになるがんばり屋さんで、みんながダメだと思ったことをやり遂げるような奇跡《きせき》を起こします。

ち

パワフルでキュート

先頭字の「ち」 **チカラ、チハヤ、チホ**など

チの音は、充実感と躍動《やくどう》するパワーが特徴。生命力にあふれる一方、少年らしさや愛らしさの印象もあります。パワフルなのに、子どものようなキュートさも失わず、周囲からも引き立てられるでしょう。

止め字の「ち」 **ケンイチ、ダイチ、サチ**など

自分を上手にアピールできる人。初対面の相手にも、友達のように振る舞えるのが魅力です。

つ

芯《しん》が強くて神秘的

先頭字の「つ」 **ツカサ、ツヨシ、ツキホ**など

ツの音は、超人的なほどに強い集中力を感じさせます。ツではじまる名前のもち主は、芯が強い人。物静かなのに、とんでもないことをやってのけるミステリアスパワーを内に秘めています。

止め字の「つ」 **タカミツ、ナツ、リツ**など

ツの音で終わる名前の人は、強い意志と集中力を感じさせます、物静かなのに、普通ではないことをやり遂げます。

て

ひるまない行動派

先頭字の「て」 **テツヤ、テルキ、テルミ**など

テの音には、舌打ちをしたときのような、うざったさを吹き飛ばす爽快《そうかい》感が。はつらつとした行動派です。みんなが迷っているときに「まず、やってみようよ」といえる人。みんなのムードメーカーになり、頼られる存在になります。

止め字の「て」 **ハヤテ**など

機動力を感じさせます。スタートダッシュのように、ひるまず前に進む人に。

と

優しい包容力の人

先頭字の「と」 **トオル、トシキ、トモカ**など

トの音には、包容力があり、おおらかで、しっかりした印象があります。優しさと頼りがいがあり、女の子なら母性を感じさせる人。口腔《こうくう》を高く使うので理想が高く、舌が硬くなるのでここ一番で踏ん張れます。人の面倒見もよく、政治家や起業家の器《うつわ》も。

止め字の「と」 **アキヒト、ヤマト、ミサト**など

しっかりとした包容力を感じさせます。おおらかで頼りがいのある人に。

な

のびやかで親しみやすい

先頭字の「な」 **ナオキ、ナツキ、ナナ**など

やわらかな手のひらで頭をぽんぽんとされたような、温かい親密感をつくるナの音。初対面でも家族のような親密感があり、やわらかく、のびやかです。幼いころから、周囲に愛されていることを実感し、人と人とをつなぐ役割に。

止め字の「な」 **セナ、モナ、ワカナ**など

心地よい親密感を抱かせます。多くの友達に囲まれて、明るく面倒見のいい人に。

に

人なつっこいはにかみ屋

先頭字の「に」 **ニイナ、ニジカ、ニチカ**など

ニの音は、親密で秘密主義的な印象。人なつっこいのに、はにかむ感じが愛らしい人です。時間や空間、人の気持ちを大切にし、周囲からも大切にされます。デザインや工芸などのクリエイティブな才能を発揮。

止め字の「に」 **クニ、ミクニ**など

はにかみ屋さんの印象。それでいて人なつっこく、友人や恋人と大切にしあう関係を築く人です。

ぬ

温かくて
マイペース

先頭字の「ぬ」 **ヌイ、ヌノカ**など

ヌの音には、プライベートな空間に招き入れられたような居心地のよさと同時に、少し得体の知れない感じも。温かくマイペースで、少し得体の知れないイメージです。不思議な温かさで、周囲を慰撫《いぶ》する人。

止め字の「ぬ」 **アンヌ、キヌ**など

優しい包容力を感じさせます。感情的にならず穏《おだ》やかで、着実に社会に貢献《こうけん》していくでしょう。

ね

人情に
あつい
リーダー型

先頭字の「ね」 **ネロ、ネンジ、ネネ**など

ネの音は、やわらかく温かく、親密。体を覆《おお》う毛布のようなやすらぎがあります。

一方で、人をあまねく支配する感じも。生まれつき、周囲を自分の思いどおりに動かす術《すべ》に長《た》けています。グループのリーダー格になるでしょう。

止め字の「ね」 **アカネ、コトネ、タカネ**など

やすらぎと温かさを感じさせる一方、押しが強い一面も。人情のあついリーダーに。

の

包みこむ
優しさ

先頭字の「の」 **ノゾム、ノブヤ、ノドカ**など

ノは、やわらかなもので、大切に包みこまれたような音。大好きな人に、頬《ほお》を手のひらでそっと包まれたような安心感があります。牧歌的なのどかさもあり、何事にもあわてない、感情的にならない人格に。

止め字の「の」 **ユキノ、リノ**など

優しさとともに、のどかで、レトロな印象。あわてず騒がず、淡々と自分の責任を果たす人になります。

は

軽快で潔い
人情家

先頭字の「は」 **ハジメ、ハルト、ハナ**など

ハは、肺の中の息があっという間に口元に運ばれ、はかなく散る音。このため、ハではじまる名前の人には、軽快で、温かく、あと腐《くさ》れがない印象があります。気風《きっぷ》がよくて、恩を着せない人情家です。

止め字の「は」 **オトハ、コノハ**など

フットワークが軽く、潔い印象です。働き者で華があり、事業家や芸事の師匠など、表舞台に立つ人に。

ひ

情熱的なカリスマ

先頭字の「ひ」 ヒデアキ、ヒロ、ヒカルなど

ヒは、肺からの熱い息が歯でこすられ、冷たくなって出る、パワフルな音。情熱と冷静をあわせもち、カリスマ性を感じさせるのがこの名前の特徴です。カリスマ性があり、独特の強い魅力をはなちます。

止め字の「ひ」 アサヒ、ハルヒなど

最後がヒで終わる名前は、パワフルでドライな印象。情熱的でタフ、かつ物事に執着しないドライさは、事業家や格闘家向き。

ふ

生活感のない不思議な魅力

先頭字の「ふ」 フウマ、フミト、フユカなど

フは、唇《くちびる》の摩擦《まさつ》音。すぼめられ弛緩《しかん》した唇でこすられた息は、ふわっとしたかたまりになって、口元に出され霧散《むさん》します。ふんわり浮かび、はかなく消える夢幻《ゆめまぼろし》のよう。現実感がなく、せつないほど魅力的で、富裕イメージにもつながります。

周囲の人は、この名の人のとりこに。この人には苦労させたくないと思わせて、貢《みつ》がせてしまう不思議な人です。

へ

割り切りのよい行動派

先頭字の「へ」 ヘイゾウ、ヘイタ、ヘレンなど

へは、肺の中の息をすばやく口元に運ぶHに、口腔《こうくう》を低く使う母音エの組みあわせ。息が下向きに噴射《ふんしゃ》されて、吹っ切れたような爽快《そうかい》感をともないます。

このため、へではじまる名前の人は、やんわりしているのに、割り切りがいい人。ぐずぐずしたり、根回ししたり、嘘《うそ》や秘密は大嫌い。単刀直入な物いいが信頼につながり、グローバルに活躍する人です。

ほ

癒《いや》しを与える自由人

先頭字の「ほ」 ホクト、ホナミ、ホタルなど

居心地のよい家庭でほっとくつろぐような、ホの音の印象どおりの名前。競争の列には加わらず、いつも温かく、どんな大舞台でも緊張しません。マイペースで自分の好奇心を追求し、独自の立場を確立します。

止め字の「ほ」 ヒデホ、マホ、ミズホなど

温かなくつろぎを感じさせます。息の音で終わるので、ちょっと実体のない感じ。自由人でいることを許される人生に。

ま

心優しい優等生

先頭字の「ま」 マサヒロ、マアサ、マミなど

マは、甘くやわらかく、満ち足りたMの印象が最も強い音。満ち足りた雰囲気の名前です。競争意識がなく、人にも分け与えたい気持ちにあふれています。成績も優秀。面倒見がよく、弱者に優しい人です。

止め字の「ま」 カズマ、ショウマ、エマなど

満ち足りた雰囲気の名前。口腔《こうくう》を大きく開け、鼻腔《びくう》をひびかせるマは、宇宙全体を包みこむような幻想感もともないます。

み

みずみずしくフレッシュ

先頭字の「み」 ミキヤ、ミツル、ミカなど

ミの音は、果実のようにみずみずしいミの音。フレッシュ&スイートな名前です。イキイキ、キラキラしていて周囲が愛さずにはいられません。多少ナルシストですが、それゆえ早いうちから才能を発揮します。

止め字の「み」 ヨシフミ、タミ、トモミなど

ミで終わる名前は、みずみずしい印象。年下からもかわいがられる、最強のアイドルネームです。

む

思慮深く信頼できる人

先頭字の「む」 ムサシ、ムネタ、ムツミなど

ムの音は、思慮深さを感じさせると同時に、黙って何かたくらんでいるような手ごわい印象があります。この名前をもつ人のイメージは、物静かな達人。プロの道を究《きわ》めていく人生になります。

止め字の「む」 アツム、オサム、エムなど

信頼感があります。語尾のムは広げたものをすっと結んだ感じがするため、とりなし上手で任せておけば安心なイメージ。

め

品のある成功者

先頭字の「め」 メイタ、メイ、メグミなど

メの音は、豊饒《ほうじょう》＝恵み、上流のイメージ。貴族的な印象で、おっとりしているのに、勉強や身だしなみなど、自分を高めることに手を抜きません。それをアピールする才覚も。品のある成功者になるでしょう。

止め字の「め」 オトメ、ユメなど

メで終わる名前は、まさに乙女チック。夢見る少女の印象です。おっとりしていますが、自分の夢を実現していきます。

人当たりがよい できた人

も

先頭字の「も」 モトヒロ、モトヤ、モエなど

モは、果実やお餅《もち》を頬張《ほおば》ったようなイメージの音。まったりとした感じが特徴です。人当たりがよく、おっとりしていますが、ねばり強さで勝ちぬいていきます。面倒見がよく、周囲の状況によく目が届きます。迫力や品のある「できた人」。

止め字の「も」 マサトモ、マリモ、モモなど

豊かなイメージ。甘い愛らしさと、堂々とした存在感がミックスし、高貴な印象に。

やわらかな 清潔感

や

先頭字の「や」 ヤスヒロ、ヤマト、ヤエなど

ヤは、障子越しの春の光のような、優しく清潔な開放感に満ちた音。この名前の人は親切で清潔感にあふれています。押しつけがましさは一切ないのに、周囲はこの人の指示を仰ぎたがります。

止め字の「や」 タクヤ、マサヤ、アヤなど

優しい開放感にあふれています。扉を開けて迎え入れてくれるウェルカムな印象。無邪気なあどけなさもともないます。

悠々とした 大《たい》器《き》晩成《ばんせい》型

ゆ

先頭字の「ゆ」 ユウキ、ユウスケ、ユイなど

ユは、ゆらぎと許容のイメージをあわせもつ音。ゆらぎから生じる優美な華やかさと、許しの優しさにあふれています。いきなり決断はせず、熟慮してから着手します。思慮深く、ゆったり大成するタイプです。

止め字の「ゆ」 アユ、アンジュ、ミユなど

ユで終わる名前は、優美な女らしさにあふれています。内に秘めて熟成する感じは、いじらしさにも見えます。

懐《ふところ》が深い 学者肌

よ

先頭字の「よ」 ヨウイチ、ヨシキ、ヨシノなど

ヨは、容認の印象をもつ音。「よーし」といわれると、しっかりと認められた感じがしますよね。懐深く人を受け入れ、やわらかく包みこむ人です。何事もまず受け入れて吟味《ぎんみ》する、学者肌の一面も。

止め字の「よ」 カヨ、サヨなど

懐深く人を受け入れ、包みこむイメージ。女性名に多く、この人のもとでほっとしたいと思わせる名前です。

ら

しなやかで
華やか

先頭字の「ら」 **ライキ、ライト、ララ**など

ラは、大輪の花のような華やかさと、作為的で合理的、クレバーな雰囲気をもつ音。この名前の人には、華やかで颯爽《さっそう》とした印象があります。感情に流されず、賢く生きる合理性をもっています。

止め字の「ら」 **アキラ、サクラ、クララ**など

ラで終わる名前の特徴は、強さと華やかさ。ドラマチックな印象もあり、格闘家や宝塚の男役のようなりりしさがあります。

り

りりしくて
理知的

先頭字の「り」 **リョウマ、リカ、リサコ**など

リの口腔《こうくう》形は、細長い筒《つつ》の先に花開くユリの花のよう。花開くまでの努力や、思いの深さを感じさせます。また、ラ行音は作為的で合理的で、クレバー。思慮深く理知にあふれ、凜《りん》とした人です。

止め字の「り」 **アキナリ、カオリ、サオリ**など

リで終わる名前は、りりしく強い印象。努力をいとわず、社会に役立ちたいという意志も強い人です。

る

可憐《かれん》な
はにかみ屋

先頭字の「る」 **ルイ、ルミ、ルリコ**など

ルは、可憐さとセクシーさをもちあわせ、力をしっかりとためる印象の音。この名前の人は、可憐で、ちょっと思わせぶりです。一方で、たゆまぬ努力をして成功者になるでしょう。

止め字の「る」 **カオル、ワタル、リル**など

華やかで力強い印象。口腔《こうくう》内に力がみなぎる語尾のルには、黙々《もくもく》と努力して、多くの実りを手に入れるイメージがあります。

れ

洗練された
憧《あこが》れの人

先頭字の「れ」 **レイジ、レイ、レナ**など

レの音は、遠くはるかな印象があります。この名前の人は、遠く憧れる人、高嶺《たかね》の花というイメージ。また、本人も憧れに向かって、旅をいといません。洗練されたイメージもあり、デザインやスポーツなどの才能で国際的に活躍します。

止め字の「れ」 **スミレ、ミレ**など

華やかで洗練された名前。一方、控えめな可憐さももちあわせています。

地に足ついたロマンチスト　ろ

先頭字の「ろ」　ロイ、ロクヤ、ロマンなど

ロは、心に秘めた大きな夢を感じさせます。また、中身の濃い、落ち着いた印象も。この名前の人は、華麗さと落ち着きをあわせもち、いぶし銀の魅力をはなちます。ロマンチストなのに、地に足のついた本格派です。

止め字の「ろ」　タカヒロ、ヒロ、ミロなど

華やかさと落ち着きの印象。中身のある、しっかりした、いぶし銀の魅力です。

エスプリ満載、楽しい人　わ

先頭字の「わ」　ワタル、ワカバ、ワコなど

ワの音は、膨張《ぼうちょう》のイメージ。ワクワク感は、まさに膨張していく期待感です。ささいなこともおもしろく表現できる、生まれつきのエンターテイナー。悲惨な事態でも飄々《ひょうひょう》としていられる人です。

止め字の「わ」　トワ、サワ、ミワなど

ワクワクする楽しげな気分を残します。どんなときにも飄々と愉快に過ごせる人。シャンソンの似合うステキな大人に。

朗《ほが》らか、盛り上げ上手　ん

中字の「ん」　カンタ、ケンタ、リンカなど

ンの音は、スキップしたときのような高《こう》揚感《ようかん》をつくり出します。朗らかで快活。人の輪の真ん中で、みんなを明るい気分にさせます。おしゃべり上手で、盛り上げ上手。自虐的《じぎゃくてき》なくらいユーモアもたっぷりです。

止め字の「ん」　ケン、ジン、リンなど

甘えん坊な印象。語尾のンのもつ密着感が、依頼心の強さを感じさせ、周囲は放っておけません。

迫力がありチャーミング　が行

先頭字の「が」行　ガク、ゲンキ、ギンコなど

ガ行の音は、迫力あふれる音。Gの名を呼ぶと、その相手が偉大に感じられます。一方で、甘えん坊の印象もともないます。迫力と愛嬌《あいきょう》をあわせもつ、不思議な魅力をはなつ人に。

止め字の「が」行　ケンゴ、コウガ、メグなど

ゴージャスでスイートな印象。迫力がありながら、甘い印象をともなうため、胸キュンの人気者になるでしょう。

育ちのいい品のある人　ざ行

先頭字の「ざ」行　**ジョウジ、ジュリ**など

ザ行のZ・J音には、何かを大切に育てた印象や、歴史の長さや財を成す印象があります。この名前の人は、お金もちの旧家で大切に育てられた、育ちのよいお坊ちゃま、お嬢様のよう。さばけた口をきいても、なぜか品を感じさせる人です。

止め字の「ざ」行　**カズ、コウジ、シズ**など

大切に育てられたお坊ちゃま、お嬢様のイメージ。立ち居振る舞いに品があります。

堂々としてセクシー　だ行

先頭字の「だ」行　**ダイキ、ダイチ、ドレミ**など

ダ行音は、豊かでなめらかな潤《うるお》いと、充分なくつろぎを感じさせる音。この名前の人は、深いくつろぎを感じさせ、堂々とした存在感をはなちます。なめらかな潤いは、セクシーさにもつながります。

止め字の「だ」行　**ヒデ、カエデ**など

ダ行音で終わる名前は、堂々としてセクシーな印象。早くから周囲の人に一目置かれ、努力して一流になっていきます。

パワフルで魅力いっぱい　ば行・ぱ行

先頭字の「ば・ぱ」行　**ブンタ、ベニオ、パリス**など

バ行をつくるB音と、パ行をつくるP音は、割り切りのよさと、強いパワー、人間的アピールを感じさせます。この音ではじまる名前の人は、人間的魅力にあふれ、パワフル。割り切りのよさで、ボス役に。

止め字の「ば・ぱ」行　**マナブ、フタバ**など

バ・パ行音で終わる名前は、元気で割り切りのいい印象。人間的な魅力で、歯に衣着せぬ物いいをしても遺恨《いこん》を残しません。

赤ちゃんにぴったりの音を見つけよう

名前にふさわしい
音と名前のリスト

赤ちゃんの名前にふさわしい音と、
それぞれの音に漢字やかなを当てた表記の例を載せました。
50音のもつ語感《ごかん》とあわせてイメージを広げたり、
目当ての名前の表記を考えたりするのに役立ちます。

リストの見方

男の子、女の子の名前とも、リストは50音順に並んでいます。

その音の語感の説明が載っているページを示します。

ローマ字表記

ヘボン式のローマ字表記（→P537）を掲載。

名前の例

音に漢字やかなを当てた表記の例です。漢字の意味を知りたいときは、文字資料（→P479）から漢字の読みで知りたい漢字の画数を調べてPART4へ。運勢を知りたいときは文字資料から漢字の画数を調べてPART5へ。

＊中性的な音の名前については、異性の名前のページもチェックしてみてください。

男の子の名前

あ

↓ P56

あいき Aiki
合揮 亜粋 愛生 愛輝 藍玖 藍樹 亜依季

あいと Aito
亜絃 愛斗 愛門 愛翔 藍人 藍都 吾依仁

あおい Aoi
青 葵 蒼 碧 蒼泉 碧生 亜和維

あおと Aoto
亜音 吾響 青人 青翔 蒼士 蒼翔 碧斗

あきお Akio
秋保 昭雄 秋緒 朗広 晃央 彬夫 暉生

あきと Akito
日翔 旭登 秋仁 哲斗 煌人 彰杜 亜希人

あきとし Akitoshi
明俊 昂紀 明舜 秋季 秋慧 哲峻 晃敏

あきなり Akinari
壮斉 秋成 朗成 章也 暁成 暁斉 彰哉

あきのぶ Akinobu
旭延 壮展 尭伸 明信 秋信 朗允 陽喜

あきひこ Akihiko
日彦 明彦 秋彦 晃彦 晶彦 暁彦 秋比古

あきひさ Akihisa
明寿 秋久 哲久 朗尚 彬久 暁尚 聖永

あきひと Akihito
旭人 明史 淳一 章仁 彪仁 暁仁 煌人

あきひろ Akihiro
昂洋 明紘 晃広 章弘 皓大 暁宏 陽宙

あきら Akira
旭 明 玲 陽 慧 壮等 明良

あさと Asato
旭登 亜慧 麻人 麻翔 朝登 朝翔 諒斗

あさひ Asahi
旭 旭飛 旭緋 朝日 朝陽 諒比 亜佐陽

あたる Ataru
中 勾 能 与瑠 中塁 亜善 能瑠

あつき Atsuki
充輝 亜槻 淳己 敦紀 蒼月 暖生 篤希

あつし Atsushi
純 淳 篤 惇史 敦司 温矢 篤志

あつと Atsuto
充仁 厚人 淳斗 温登 敦人 篤人 篤翔

あつのり Atsunori
充則 充教 孜功 厚徳 温範 睦規 篤典

あつひこ Atsuhiko

陸彦 淳彦 温彦 睦人 篤彦 春飛来 敦比古

あつひろ Atsuhiro

充寛 厚浩 淳宏 敦大 渥尋 睦博 篤弘

あつむ Atsumu

侑 集 充務 惇武 温武 諄夢 篤務

あつや Atsuya

孝弥 春矢 厚哉 淳也 惇弥 淳哉 諄也

あつろう Atsuro

功朗 充朗 陸郎 淳朗 温郎 敦郎 篤郎

あもん Amon

安紋 亜文 亜門 吾紋 阿門 阿聞 愛聞

あやき Ayaki

文城 紋毅 彩希 彩紀 絢生 絢希 綾暉

あやと Ayato

文都 紋仁 彩人 絢士 絢都 綾人 亜矢登

あゆむ Ayumu

歩 歩武 歩夢 歩睦 鮎武 あゆむ 吾有夢

あらた Arata

改 新 嵐太 新大 新太 亜良大 阿良太

ある Aru

在 有 有流 亜留 亜琉 歩琉 愛瑠

あんり Anri

安吏 杏利 杏里 杏理 晏理 庵李 鞍里

い

P56

いお Io

庵 伊央 伊緒 依和 惟生 偉雄 維於

いおり Iori

庵 伊織 依織 庵利 偉織 威雄理 偉央利

いくと Ikuto

生翔 育士 育都 郁人 郁登 幾斗 維久都

いくや Ikuya

育矢 育弥 郁也 郁矢 郁哉 幾哉 伊久矢

いさみ Isami

勇 功巳 功実 勇巳 勇実 勲美 伊沙海

いずみ Izumi

泉 一純 伊清 伊澄 和泉 泉実 唯澄

いたる Itaru

至 周 到 格 至流 到瑠 緯善

いちご Ichigo

一悟 一期 一護 市伍 壱呉 壱護 偉知悟

いちろう Ichiro

一郎 一朗 一龍 市郎 壱朗 伊智郎 伊知朗

いつき Itsuki

樹 一樹 五喜 伊月 逸生 樹季 威都樹

いっき Ikki

一季 一輝 一騎 壱喜 壱貴 逸希 逸樹

いっけい Ikkei

逸逸一一一一一
慧桂慶継啓恵圭

いっこう Ikko

逸壱壱一一一一
恒行功興倖好光

いっしん Isshin

逸逸壱壱一一一
慎伸真信進芯心

いっせい Issei

逸壱一一一一一
星成誓誠清晟成

いっと Itto

逸逸壱壱一一一
翔人門斗翔登都

いな Ina

緯偉威威依伊一
七南梛奈那那那

いぶき Ibuki

威伊息依伊生生
武武吹吹吹蕗吹
揮喜

う

↓ P57

うきょう Ukyo

羽有有宇宇右右
響卿梗響経郷京

うしお Ushio

有宇有宇右潮汐
志潮潮汐栞
央

うたき Utaki

謡歌詠詠唱唱唄
樹生輝基喜希起

うみと Umito

宇羽洋海海海海
深海翔渡翔都人
士人

え

↓ P57

えい Ei

恵栄叡瑛映栄英
偉生

えいき Eiki

瑛恵栄映英英永
輝粋喜希紀気輝

えいご Eigo

衛瑛瑛映英英永
吾胡冴悟悟吾護

えいし Eishi

詠瑛瑛栄英英永
詩紫士志資史司

えいじ Eiji

瑛詠栄映栄英永
次士児二二慈路

えいしん Eishin

栄映栄栄英英英
進真伸心辰臣心

えいすけ Eisuke

瑛詠映栄英永永
輔介祐輔介輔亮

えいた Eita

叡衛詠瑛栄英英
太大汰大汰多太

えいたろう Eitaro

衛瑛詠栄映英永
多汰大太太太太
朗良朗郎郎郎朗

えいと Eito

瑛瑛栄栄映英英
斗人翔門斗翔仁

Etsuya えつや

恵 謁 越 越 悦 悦 悦
津 也 哉 矢 哉 弥 也
弥

Emon えもん

慧 笑 映 英 衣 衣 永
門 門 聞 文 紋 門 門

お

P57

Oga おうが

凰 桜 桜 皇 旺 央 王
牙 雅 芽 我 雅 芽 賀

Oki おうき

鷗 應 凰 桜 皇 旺 央
希 樹 生 輝 城 気 暉

Osuke おうすけ

應 凰 桜 皇 旺 央 王
介 亮 佑 祐 輔 輔 助

Osei おうせい

應 凰 桜 旺 央 王 王
正 星 聖 成 晴 聖 誠

Ota おうた

雄 鷗 應 桜 皇 旺 央
宇 太 大 大 大 太 汰
大

Otaro おうたろう

鷗 凰 桜 皇 旺 央 王
太 太 太 太 太 大 汰
郎 朗 郎 郎 朗 朗 郎

Osamu おさむ

統 修 長 理 修 紀 治
眸 夢 武

Oto おと

雄 雄 於 央 大 響 音
翔 士 都 人 都

か

P57

Kai かい

嘉 佳 櫂 開 海 快 介
唯 伊

Kaiki かいき

櫂 魁 開 海 海 海 河
輝 貴 希 輝 生 己 粋

Kaishu かいしゅう

櫂 魁 開 海 海 快 快
州 秀 秀 周 舟 秀 州

Kaisei かいせい

魁 開 海 快 快 快 介
星 世 青 聖 晴 世 聖

Kaita かいた

嘉 櫂 魁 堺 桧 海 海
以 汰 大 太 大 汰 太
太

Kaito かいと

櫂 魁 魁 開 海 海 介
士 杜 斗 杜 渡 人 門

Kaiya かいや

櫂 魁 魁 海 界 快 介
也 弥 也 矢 也 哉 椰

Kaiyo かいよう

魁 桧 海 界 海 海 海
耀 葉 鷹 耀 陽 遥 洋

Kairi かいり

珂 櫂 魁 桧 海 海 浬
維 理 利 理 里 吏
浬

Kairu かいる

夏 開 堺 海 界 海 海
依 瑠 留 塁 琉 琉 流
瑠

Kaoru かおる

賀 香 芳 馨 薫 郁 香
織 琉 瑠

Kakeru かける

駈 駆 架 懸 駆 翔 架
蹴 流 琉

かずひろ Kazuhiro
和紘 和洋 和寛 千宙 千宏 一博 一紘

かずと Kazuto
葛人 和翔 和都 和門 千翔 千登 一翔

かずあき Kazuaki
和暁 和旭 寿明 主章 一彰 一晃 一秋

かずふみ Kazufumi
葛芙実 一二三 数史 和史 和文 一史 一文

かずとし Kazutoshi
数隼 和寿 和利 千年 一敏 一俊 一寿

かずお Kazuo
葛夫 和郎 和旺 和生 千保 一凰 一雄

かずま Kazuma
数馬 和磨 千真 一磨 一麻 一馬 一真

かずなり Kazunari
数也 萬成 紀成 和成 千生 一成 一也

かずき Kazuki
和輝 和喜 和希 寿紀 千喜 千貴 一輝

かずや Kazuya
和耶 和弥 和也 寿八 一哉 一弥 一矢

かずひこ Kazuhiko
和飛来 加瑞彦 千比古 一陽児 和彦 千彦 一彦

かずし Kazushi
数史 数士 和詞 和史 千詩 一獅 一志

かずゆき Kazuyuki
和幸 和行 和之 千幸 千之 一行 一之

かずひで Kazuhide
一陽祢 数秀 葛英 和英 和秀 一英 一秀

かずたか Kazutaka
和鷹 和貴 和隆 和孝 千峻 一岳 一孝

ネーミングストーリー

直《なお》哉《や》くん

産声を聞いた瞬間にひらめいた

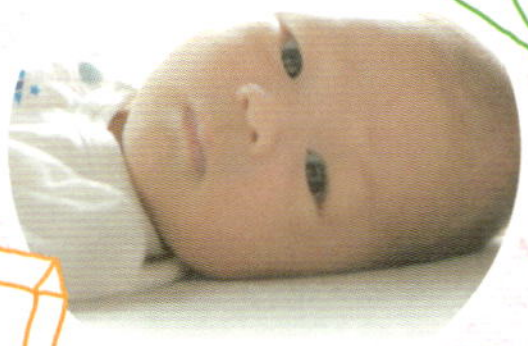

出産前に、候補はいくつか考えていました。しかし、産声を聞いた瞬間、「この子は“なおちゃん”だな」と確信。当時2歳だった長女に「なおやくん、なおきくん、なおとくんの、どれがいい？」と聞いたところ「なおや」で大きくうなずいたので、音は「なおや」に、画数を長女とそろえて「直哉」と名づけました。（麻由美ママ）

Kantaro かんたろう

鑑太郎 環大朗 歓多郎 敢汰朗 貫太郎 栞多朗 冠太郎

き
↓ P58

Kiichi きいち

輝一 喜壱 貴一 基市 紀一 季一 希一

Kippei きっぺい

橘兵 橘平 鋒平 亀平 桔兵 桔平 吉平

Kyogo きょうご

響悟 響冴 喬吾 恭吾 京梧 享悟 匡護

Kyosuke きょうすけ

響亮 響介 郷允 恭祐 亨介 共輔 匡亮

Kyosei きょうせい

響生 恭成 香惺 京誠 享征 京世 共生

Kyota きょうた

喬太 恭太 京汰 杏大 亨太 匡太 共太

Kanata かなた

佳那多 夏向 要汰 奏汰 奏多 彼方 叶太

Kanato かなと

彼方人 鼎人 奏音 哉音 叶翔 叶登 叶斗

Kaname かなめ

彼方夢 要明 奏明 奏芽 叶夢 叶芽 要

Kanki かんき

環己 寛樹 寛喜 幹基 敢起 貫己 栞貴

Kankuro かんくろう

歓久朗 幹玖郎 寛九郎 貫久朗 勘久郎 柑琥朗 冠久郎

Kango かんご

観悟 環冴 幹悟 寛吾 貫悟 莞吾 柑瑚

Kanji かんじ

鑑至 寛慈 寛智 寛二 貫路 貫二 莞治

Kanta かんた

幹太 幹大 寛汰 寛大 貫汰 栞太 冠汰

Kazuyoshi かずよし

和佳 和芳 和好 千能 千良 一善 一好

Katsuki かつき

勝輝 活輝 活気 香月 克樹 克槻 克希

Katsuta かつた

勝多 勝太 葛大 活汰 活大 克汰 克太

Katsuto かつと

勝斗 葛斗 桂人 活斗 克翔 克迅 克人

Katsunari かつなり

勝斉 勝成 葛成 活哉 克哉 克成 克也

Katsuhisa かつひさ

勝恒 勝尚 勝寿 桂寿 活久 克寿 克久

Atsuto かつまさ

豪優 勝将 勝正 克将 克政 克昌 且雅

Katsuya かつや

勝矢 雄也 桂弥 活也 克哉 克也 且哉

きょうへい Kyohei

響郷恭恭京亨匡
平平兵平平平平

きょうや Kyoya

響響恭恭京京匡
哉也弥哉弥矢哉

きら Kira

輝輝綺希煌晄晃
來良羅来

きらと Kirato

綺希煌煌晃晄晄
良来仁人翔斗人
士音

く

↓ P58

くうが Kuga

玖空空空空久久
生雅臥我牙駕我
雅

くうご Kugo

玖空空空久久久
生胡吾冴護梧吾
冴

くうま Kuma

駈駆空空空久久
馬馬舞馬真磨真

くにひろ Kunihiro

國国国邦邦邦州
宏紘洋博容宏広

くにまさ Kunimasa

國國郁郁国国邦
将昌政雅将正優

くらのしん Kuranoshin

蔵蔵椋椋倉倉倉
乃ノ之の之之乃
辰心慎伸真信慎

け

↓ P58

けい Kei

慧慶啓渓桂恵圭

けいいち Keiichi

慶慧景敬啓恵圭
壱一一一市一一

けいいちろう Keiichiro

景渓啓恵京佳圭
一一一一壱一市
朗郎郎朗郎郎郎

けいき Keiki

慧慶慶渓啓蛍圭
輝喜紀樹暉希輝

けいご Keigo

馨慧敬啓桂恵京
五悟梧冴呉五胡

けいし Keishi

慧慶啓渓恵恵圭
矢士史士嗣資史

けいじ Keiji

慶景渓啓恵佳圭
二治路二滋治次

けいしょう Keisho

慶慶慧啓蛍恵佳
晶将星勝翔祥翔

けいしろう Keishiro

慶敬景蛍啓桂奎
市志士孜志士士
朗朗郎朗郎郎郎

けいすけ Keisuke

慧敬啓啓恵佳圭
介助祐亮侑祐佑

けいた Keita

慶慧敬啓渓桂恵
多大太太大汰汰

けいたろう Keitaro

慶敬蛍啓恵奎圭
大大汰太多太太
郎郎朗朗朗朗郎

Kento けんと
建都 拳斗 剣門 健人 健翔 賢斗 謙士

Kennosuke けんのすけ
建乃輔 研之介 健之助 絢之亮 憲之介 賢之介 顕ノ佑

Kenya けんや
兼弥 剣野 健也 硯弥 賢也 憲哉 謙哉

こ
↓ P58

Ko こう
光 孝 倖 紘 耕 航 煌生

Koichi こういち
公一 光一 孝市 幸一 皇壱 航一 鴻一

Koichiro こういちろう
孝市郎 皇一朗 耕一郎 紘一朗 航一浪 皓一朗 興一狼

Koei こうえい
功瑛 広衛 恒栄 虹映 浩永 康栄 煌英

Kenshiro けんしろう
建士朗 建資朗 剣士郎 拳士朗 健司郎 憲司郎 賢志郎

Kenshin けんしん
剣信 健心 健伸 堅信 賢伸 賢進 謙信

Kensuke けんすけ
研介 研輔 健介 絢介 硯助 憲佑 顕佑

Kensei けんせい
兼征 剣清 剣誓 健成 健誠 賢星 謙正

Kenzo けんぞう
研造 健蔵 賢三 憲蔵 謙三 謙蔵 顕造

Kenta けんた
拳汰 健大 健太 堅太 絢太 絢多 献大

Kentaro けんたろう
研太朗 拳太狼 剣汰郎 健大浪 健太郎 憲大朗 謙太朗

Keito けいと
圭人 恵人 渓斗 啓杜 蛍翔 敬人 稀絃

Ken けん
研 剣 健 堅 賢 謙 顕

Kenichi けんいち
建一 拳一 剣市 健一 健壱 憲一 謙一

Kenichiro けんいちろう
研一郎 剣一郎 拳一朗 健壱郎 賢一郎 憲壱朗 謙一朗

Kengo けんご
兼吾 剣護 健吾 硯冴 堅梧 憲悟 賢悟

Kenshi けんし
拳士 剣矢 剣仕 健志 健嗣 絢史 賢史

Kenji けんじ
研二 建次 研慈 拳児 健二 憲嗣 謙司

Kensho けんしょう
研晶 剣生 健生 健祥 硯将 堅笑 賢勝

こうが Koga

広河 光雅 幸賀 航河 晄雅 煌我 興牙

こうき Koki

光喜 光輝 孝騎 幸来 幸喜 皓揮 煌希

こうげん Kogen

光玄 光源 宏元 昂原 航玄 康元 鴻玄

こうざぶろう Kozaburo

幸三郎 浩三朗 康三朗 鉱三郎 滉三浪 興三郎 鴻三郎

こうし Koshi

光至 向志 洸志 耕史 紘矢 晃史 煌士

こうじ Koji

宏次 孝治 孝慈 晃二 耕児 航路 康二

こうしろう Koshiro

功士郎 甲子郎 光矢朗 孝史郎 幸志郎 皓至朗 煌士郎

こうじろう Kojiro

功侍郎 広慈郎 晃二郎 浩二郎 倖次朗 康二朗 皓次朗

こうしん Koshin

光真 孝心 孝慎 昂伸 航進 耕深 鴻臣

こうすけ Kosuke

公亮 功典 光祐 孝介 浩佑 航輔 晄輔

こうせい Kosei

宏靖 幸成 恒星 洸星 虹晴 皇聖 興世

こうた Kota

向太 好汰 幸多 洸太 航大 耕太 康太

こうだい Kodai

広大 功大 向大 航大 康大 鉱大 煌代

こうたろう Kotaro

公多郎 光太郎 孝太朗 浩太郎 耕大路 晃汰朗 梗太郎

こうのすけ Konosuke

孝之助 昂之介 幸之助 康之介 皓乃典 興之助 鴻乃介

こうへい Kohei

公平 昂平 洸平 浩平 航平 滉平 鉱兵

こうま Koma

光馬 孝真 幸真 幸満 洸摩 恒磨 煌馬

こうめい Komei

孔明 弘盟 広銘 幸明 昊明 恒銘 皓名

こうや Koya

広椰 光哉 昊也 虹矢 倖弥 耕哉 鴻也

こうよう Koyo

向陽 宏暢 幸陽 昊陽 昊鷹 恒遥 航洋

こじろう Kojiro

小次郎 虎二郎 虎次郎 虎侍郎 胡二朗 琥次郎 鼓次朗

こたろう Kotaro

己太郎 小太朗 虎太郎 胡太郎 湖大朗 琥汰朗 鼓太郎

こはく Kohaku

己博 虎伯 湖白 湖珀 琥珀 鼓博 光波玖

さ

↓ P59

さきと Sakito
岬登 岬渡 咲人 咲翔 閃斗 魁士 佐紀翔

さく Saku
作 朔 策 早玖 早駆 咲玖 索久

さくたろう Sakutaro
作汰郎 咲大朗 咲多路 桜大朗 索太郎 朔太郎 佐久太郎

さくと Sakuto
作登 咲士 咲都 桜仁 索斗 朔門 朔翔

さくはる Sakuharu
作治 咲春 咲遥 朔晴 朔陽 早駆遥 桜葉光

さくや Sakuya
作也 咲椰 桜夜 索弥 朔哉 佐久弥 紗久也

さすけ Sasuke
早輔 佐介 佐助 紗亮 皐丞 颯介 瑳祐

さちや Sachiya
幸也 幸弥 倖八 祥也 倖哉 早智也 沙智也

さつき Satsuki
五月 早槻 冴月 冴槻 咲月 倖希 颯生

さとし Satoshi
怜 智 聡 慧 賢 智史 聡士

さとる Satoru
知 悟 哲 聡 怜光 聖流 慧琉

さやと Sayato
爽人 清人 爽音 早矢斗 早哉都 彩耶人 瑳也翔

し

↓ P59

しおん Shion
史穏 汐音 至遠 志温 志穏 紫苑 詞音

しげと Shigeto
茂斗 茂登 重人 滋斗 慈人 繁仁 樹人

しげひこ Shigehiko
成彦 茂彦 重彦 滋彦 慈彦 繁彦 滋比古

しげひろ Shigehiro
茂広 茂尋 重広 重博 滋宏 慈大 繁紘

しどう Shido
士道 志堂 志道 紫萄 獅堂 獅童 詩瞳

しもん Shimon
士聞 史門 史紋 志門 梓文 紫紋 獅門

しゅう Shu
秀 周 秋 柊 祝 修 脩生

しゅういち Shuichi
州一 秀一 秀逸 宗一 周壱 修一 修市

しゅういちろう Shuichiro
州一郎 秀一朗 宗一郎 周市郎 柊一朗 修一朗 脩市郎

しゅうご Shugo
州胡 秀冴 宗吾 宗悟 周護 柊吾 修梧

しゅうじ Shuji
秀司 秀児 秋二 柊二 修司 修嗣 脩史

しゅうじろう Shujiro
州治朗 秀士郎 宗二郎 周二郎 祝二朗 秋次朗 脩司郎

しゅうすけ Shusuke
舟侑 州輔 秀資 秀輔 柊介 修介 修亮

しゅうせい Shusei
秀征 宗誠 周誓 柊生 柊星 秋清 修成

しゅうた Shuta
州汰 秀太 周大 宗太 修太 脩汰 鷲大

しゅうと Shuto
舟斗 秀斗 秀翔 秋人 修十 修迅 蹴翔

しゅうへい Shuhei
秀平 周平 秋平 柊平 修平 脩平 就平

しゅうま Shuma
主馬 秀真 周磨 宗磨 柊馬 修馬 脩真

しゅうや Shuya
秀八 秀哉 宗也 柊也 秋哉 修也 脩矢

しゅん Shun
旬 俊 隼 竣 舜 駿 瞬

しゅんいちろう Shunichiro
旬一郎 俊一郎 春市朗 隼一郎 峻壱郎 駿一郎 瞬一朗

しゅんき Shunki
俊貴 俊輝 春樹 隼紀 駿希 駿騎 瞬希

しゅんじ Shunji
旬二 俊次 春慈 峻士 隼史 竣二 駿司

しゅんすけ Shunsuke
俊介 俊祐 俊輔 隼助 竣介 舜丞 駿介

しゅんた Shunta
旬太 俊太 春汰 隼太 隼多 駿太 瞬大

しゅんたろう Shuntaro
俊太郎 春太朗 隼太郎 隼汰郎 竣大郎 舜多朗 駿太朗

しゅんと Shunto
旬人 隼人 隼斗 峻登 舜士 駿人 瞬斗

しゅんのすけ Shunnosuke
春乃亮 俊之輔 峻乃佑 隼之介 竣乃介 舜之介 駿乃助

しゅんぺい Shumpei
旬平 春平 俊平 峻平 隼兵 駿平 瞬平

しゅんや Shunya
俊也 春也 峻矢 隼弥 舜弥 駿矢 駿哉

しょう Sho
匠 祥 将 翔 奨 照 頌

しょういちろう Shoichiro
正一郎 尚市郎 祥一郎 将一郎 章壱朗 清逸郎 翔一郎

しょうえい Shoei
匠栄 祥栄 将衛 唱詠 翔瑛 照永 彰英

しょうき Shoki
正生 昭喜 祥希 祥喜 将貴 勝毅 翔輝

しょうご Shogo

匠吾 青瑚 将吾 渉吾 翔梧 奨悟 彰悟

しょうじ Shoji

正二 正司 正治 昇二 昭二 将司 奨司

しょうすけ Shosuke

尚介 昌介 省輔 章介 渉祐 翔介 翔佑

しょうせい Shosei

正誠 尚誓 将星 渉世 清盛 翔星 照星

しょうた Shota

正太 将大 祥太 渉太 翔大 翔太 勝汰

しょうだい Shodai

尚大 将大 祥大 渉大 勝大 翔大 奨大

しょうたろう Shotaro

正太郎 昇太郎 将太郎 笑多朗 清大郎 章太郎 翔太郎

しょうと Shoto

昇人 尚斗 将十 祥都 笙音 翔斗 奨斗

しょうのすけ Shonosuke

庄之介 昌之助 将乃輔 章乃典 翔之介 奨之丞 彰之祐

しょうへい Shohei

正平 尚平 将平 祥平 笙平 翔平 照平

しょうま Shoma

正真 匠磨 昇馬 将真 翔馬 翔真 奨馬

しょうや Shoya

尚弥 尚哉 将矢 将弥 渉也 勝哉 翔哉

しりゅう Shiryu

士劉 至隆 孜龍 梓柳 紫琉 紫龍 獅竜

しん Shin

心 芯 信 真 進 慎 新

しんいち Shinichi

伸一 辰市 信一 真一 新一 慎壱 槙一

しんご Shingo

心冴 伸吾 芯護 信五 真冴 真悟 深悟

しんじ Shinji

心慈 信自 信治 真司 真路 進司 慎二

しんすけ Shinsuke

伸丞 芯佑 真亮 晋輔 進介 深祐 慎輔

しんたろう Shintaro

心大朗 伸太郎 信太朗 晋太朗 新多郎 榛太郎 親太朗

しんと Shinto

心都 心翔 伸人 信斗 真登 紳士 深斗

しんのすけ Shinnosuke

心乃亮 伸ノ祐 信之輔 真之助 紳之介 慎之介 榛之丞

しんぺい Shimpei

心平 信平 晋平 進平 新平 慎平 榛平

しんや Shinya

辰也 伸也 信哉 真弥 進矢 新也 慎耶

す

↓ P59

すぐる Suguru

克 卓 俊 逸 勝 豪 卓瑠

すすむ Susumu

将 晋 進 奨 晋陸 進武 進夢

すずや Suzuya

紗弥 涼弥 涼哉 鈴也 漱也 数々哉 諏津矢

すばる Subaru

昴 寿春 沙遥 昴光 昴琉 素晴 須春

すみと Sumito

純人 純音 速翔 清士 菫斗 澄人 澄杜

せ

↓ P59

せい Sei

成 青 星 盛 晴 惺 静

せいいち Seiichi

征一 清市 晴一 聖一 誠一 静一 誓市

せいき Seiki

青葵 星祈 晟輝 清輝 勢生 聖希 誓起

せいじ Seiji

正滋 星児 清二 惺士 聖司 誠司 誠慈

せいた Seita

成太 征太 政太 星多 誠大 靖太 誓汰

せいと Seito

青杜 星斗 晟斗 晴斗 勢人 誠仁 聖翔

せいのすけ Seinosuke

征之介 盛乃輔 清之佑 誠之介 靖之丞 勢之助 誓乃祐

せいや Seiya

正也 成弥 征哉 星夜 晴哉 聖也 聖夜

せな Sena

千凪 星南 聖名 勢那 誓直 瀬名 瀬那

せら Sera

千楽 世羅 星良 清良 聖来 瀬良 瀬楽

そ

↓ P60

そう So

壮 奏 湊 創 想 総 颯

そういちろう Soichiro

壮壱朗 奏一朗 創一朗 蒼一郎 想一朗 颯一郎 聡一朗

そうき Soki

壮起 壮毅 奏祈 想輝 蒼樹 颯希 聡喜

そうご Sogo

宗吾 荘悟 奏護 創吾 想五 蒼梧 聡悟

そうし Soshi

壮志 奏詩 創史 蒼詞 総司 聡司 聡志

そうじろう Sojiro

壮二郎 宗次郎 奏次郎 創治郎 想二郎 聡二郎 颯二郎

そうすけ Sosuke
壮輔 宗佑 爽介 曹丞 創亮 颯介 聡典

そうた Sota
奏大 爽大 蒼太 想多 颯太 漱太 聡多

そうたろう Sotaro
壮多朗 宗大朗 草太郎 奏多郎 想太郎 颯大郎 漕太浪

そうと Soto
壮十 奏音 爽人 創門 蒼透 想翔 颯人

そうま Soma
壮馬 湊真 創磨 想真 蒼麻 颯馬 颯真

そうや Soya
壮哉 宗也 奏弥 惣弥 想矢 颯也 聡哉

そら Sora
天 空 宙 天宙 空良 青空 曽良

そらと Sorato
天都 天翔 宙人 空斗 昊斗 空翔 壮良人

た

↓ P60

たいが Taiga
大牙 大河 大雅 太雅 泰河 泰賀 泰雅

たいき Taiki
大来 大葵 大輝 大樹 太生 泰己 泰樹

たいし Taishi
大志 大孜 大資 太志 太獅 泰至 大維志

たいしん Taishin
大心 大伸 大信 大深 太芯 太槙 泰心

たいすけ Taisuke
大典 大輔 太介 太典 泰助 泰祐 大偉輔

たいせい Taisei
大成 大星 大晟 太清 泰世 泰正 泰成

たいぞう Taizo
大三 太造 代蔵 泰三 泰造 泰蔵 戴造

たいち Taichi
大地 太一 汰一 泰地 泰知 泰智 太一刀

たいよう Taiyo
大洋 大庸 大葉 大遥 大鷹 太陽 泰洋

たいら Taira
平 大楽 太良 泰礼 泰良 泰羅 大生羅

たかあき Takaaki
孝晃 岳秋 高彬 隆章 崇暁 貴明 鷹昭

たかお Takao
孝雄 峻男 高雄 隆旺 貴央 鷹生 鷹於

たかかず Takakazu
天和 孝主 昂一 尭和 隆寿 崇数 鷹和

たかし Takashi
天 孝 岳 尭 隆 崇 貴嗣

たかゆき Takayuki

貴貴崇崇峻尭孝
維幸幸之雪倖行

たかふみ Takafumi

貴貴隆崇能孝考
史文史文文史史

たかと Takato

鷹貴隆高岳岳天
斗翔斗翔登人翔

たから Takara

多鷹隆隆宝宝宝
加来羅楽良来
良

たかみ Takami

鷹堅敬隆岳考天
己実己巳海深深

たかのり Takanori

貴敬隆崇剛孝考
徳規範祝典紀典

たく Taku

拓多太大琢拓卓
久久琥駆

たかや Takaya

尊貴隆峻尭孝天
弥也哉野哉也耶

たかひろ Takahiro

貴敬高尭昂宇宇
裕浩廣広大宙大

column

語尾母音のもつ印象

「はるき」と「はるく」、「まりか」と「まりこ」。似ているけれど、少し印象が違います。この違いは語尾母音《ごびぼいん》(名前の最後の音の母音)が生み出すもの。名前の最後の音(止め字)の印象を、語尾母音別にまとめてみました。P56〜68の各音の止め字の説明とあわせて、参考にしてください。

語尾母音が

ア段	あかさたな はまやらわ	→ いつでも自然体で無邪気。能力を発揮しやすい。
イ段	いきしちに ひみり	→ キュートで一途《いちず》。アグレッシブで意志が強い。
ウ段	うくすつぬ ふむゆる	→ 潜在《せんざい》能力と集中力、ナイーブな愛らしさがある。
エ段	えけせてね へめれ	→ 広さと遠さを感じさせ、洗練されていてエレガント。
オ段	おこそとの ほもよろ	→ おおらかな存在感、包容力とおさまりのよさがある。

ただひで Tadahide
理唯直直伸匡正
英秀英秀秀英栄

ただひろ Tadahiro
唯直直忠忠直匡
洋寛広浩弘央宏

たつお Tatsuo
樹堅達竜武辰辰
男夫夫央生雄夫

たつき Tatsuki
龍龍樹達竜立樹
城希生貴城輝

たつのり Tatsunori
達竜竜辰辰辰立
典規紀憲徳矩憲

たつひこ Tatsuhiko
達龍樹達竜辰立
比彦彦彦彦彦彦
古

たつひと Tatsuhito
龍立樹達竜辰立
比比人仁人仁斉
人登

たつや Tatsuya
龍樹樹達建辰立
矢矢也也哉弥弥

たけひろ Takehiro
雄健健剛建壮丈
大裕大宏寛宙博

たけよし Takeyoshi
健剛武孟武武丈
良紀義義能吉善

たける Takeru
健威武丈尊猛武
留瑠尊琉

たすく Tasuku
将匡奨資将佑匡
久駈

ただあき Tadaaki
唯唯忠忠直忠正
晃明耀彬明明照

ただし Tadashi
忠正義理直旦正
士直

ただつぐ Tadatsugu
唯惟直忠忠忠正
嗣亜継継貢次嗣

ただと Tadato
唯唯直忠忠匡正
登士翔斗人都斗

たくと Takuto
大琢卓拓拓匠巧
空斗翔登人都人
翔

たくま Takuma
琢拓拓卓匠巧逞
磨真馬真馬磨

たくみ Takumi
拓卓拓巧拓匠巧
海実巳海

たくや Takuya
啄拓卓拓拓卓匠
也哉弥矢也也哉

たくろう Takuro
太大啄拓拓卓匠
玖駆郎朗郎郎路
朗郎

たけし Takeshi
岳武毅猛健剛武
志史

たけと Taketo
豪赳剛岳岳武岳
斗登士登斗士人

たけのり Takenori
偉健剛岳武武丈
功憲範紀則功徳

たもん Tamon
大門 太紋 立紋 多紋 多聞 汰聞 達文

たろう Taro
大郎 大朗 大狼 太良 太郎 太朗 太路生

ち
↓ P60

ちから Chikara
力 力良 誓羅 親良 千佳羅 千賀良 馳加羅

ちさと Chisato
千理 千聡 千慧 知慧 智郷 千佐斗 馳瑳斗

ちせ Chise
千世 千誠 千瀬 知誓 智誠 馳世 馳星

ちはや Chihaya
千隼 千颯 知勇 智早 智隼 千羽矢 知羽矢

ちひろ Chihiro
千寛 治広 知宏 知宙 智大 智博 馳大

つ
↓ P60

つかさ Tsukasa
士 司 典 政 司紗 司瑳 主颯

つきと Tsukito
月飛 月透 月登 月翔 月澄 槻人 槻斗

つとむ Tsutomu
力 孜 励 勉 勤 奨 努夢

つねひこ Tsunehiko
久彦 典彦 恒彦 常彦 経彦 恒陽児 常日琥

つばさ Tsubasa
翼 大翼 比翼 飛翼 翼爽 津波颯 都羽沙

つよし Tsuyoshi
剛 強 健 彪 威士 剛史 毅志

て
↓ P61

ていじ Teiji
汀慈 貞二 帝士 貞次 逞児 艇路 鄭志

てつ Tetsu
哲 鉄 徹 撤 哲通 哲都 鉄通

てつお Tetsuo
哲夫 哲央 哲男 鉄央 鉄生 徹雄 徹緒

てった Tetta
哲太 哲汰 鉄太 鉄多 鉄汰 徹大 徹太

てつと Tetsuto
哲人 哲門 哲翔 鉄人 鉄音 徹仁 徹登

てつのしん Tetsunoshin
哲ノ信 哲乃深 哲之慎 鉄之芯 鉄之信 徹ノ伸 徹乃臣

てつのすけ Tetsunosuke
哲ノ輔 哲乃理 鉄ノ亮 鉄之丞 鉄之助 徹之佐 徹之輔

てつはる Tetsuharu

徹徹鉄鉄哲哲哲
明治晴栄陽春治

てっぺい Teppei

徹徹綴鉄鉄哲哲
兵平平兵平兵平

てつや Tetsuya

徹徹鉄鉄哲哲哲
也八弥治哉矢也

てるうみ Teruumi

輝輝暉照照晃光
洋海海洋海洋海

てるき Teruki

耀輝暉照瑛晄晃
生喜樹希己喜希

てるひこ Teruhiko

照耀輝照瑛晃映
日彦彦彦彦彦彦
湖

てるもと Terumoto

輝輝輝煌照照晄
基心元素心元源

てんしん Tenshin

展展典天天天天
信伸臣深真信伸

てんせい Tensei

展展典典天天天
晴成征正誓聖星

てんた Tenta

槙槙典典天天天
太大汰太高汰立

てんま Temma

槙展典天天天天
馬真真磨満真馬

と

P61

とあ Toa

翔翔登都透永十
明亜亜杏亜愛阿

とういちろう Toichiro

藤燈統登透桐冬
一壱一一一一壱
郎郎郎郎郎朗朗

とうが Toga

橙統登統透柊冬
賀駕雅牙河芽雅

とうご Togo

統登陶透冬刀刀
吾伍冴瑚悟護悟

とうじ Toji

藤橙統陶柊冬刀
二史治史二嗣侍

とうしろう Toshiro

闘統登桃冬十刀
志史司士獅四士
郎朗郎朗郎郎郎

とうた Tota

橙燈統桃柊冬冬
太太大太太汰太

とうま Toma

登陶兜到灯冬斗
馬磨真真万真馬

とうや Toya

橙統透柊柊冬刀
耶也椰矢也哉哉

とおる Toru

遥十徹透通亨亘
瑠琉

とき Toki

登翔杜朱斗時季
騎希貴鷺貴

ときお Tokio

登翔斗鴻時季迅
喜希輝生雄保生
男央旺

ときたか Tokitaka
世崇 季貴 時孝 時隆 時貴 時敬 登紀貴

ときや Tokiya
迅矢 季弥 季哉 時也 鴻也 十輝矢 仁貴哉

ときろう Tokiro
季朗 時郎 時朗 十輝朗 斗揮郎 登喜郎 翔貴郎

としあき Toshiaki
利昭 利晃 俊明 俊彰 隼明 敏哲 聖暁

としお Toshio
利夫 寿央 俊雄 隼臣 駿夫 翔士雄 登志生

としき Toshiki
迅騎 利毅 俊喜 俊樹 隼稀 稔己 聖葵

としたか Toshitaka
仁隆 迅高 利考 俊崇 敏貴 聖尭 駿岳

としつぐ Toshitsugu
寿貢 利嗣 利継 季嗣 俊貢 稔次 駿亜

としなり Toshinari
利成 利斉 紀成 隼也 隼成 敏成 峻哉

としのり Toshinori
迅功 利宣 寿徳 俊紀 敬法 聖典 稔範

としひで Toshihide
迅英 寿秀 利秀 俊秀 俊英 敏英 稔栄

としみつ Toshimitsu
利光 利充 利満 俊通 隼光 歳允 稔実

としや Toshiya
寿八 俊哉 隼也 稔弥 駿哉 翔士矢 登志耶

とむ Tomu
十夢 斗武 斗夢 永夢 杜睦 登武 翔夢

とも Tomo
友 知 智 義 斗望 杜茂 朋友

ともあき Tomoaki
友旭 友明 知彬 知瞭 朝晃 智明 智彰

ともあつ Tomoatsu
友厚 友温 友篤 知温 知敦 智厚 智渥

ともかず Tomokazu
友和 朋一 知一 知寿 朋和 智万 智教

ともき Tomoki
友樹 友興 知気 朋紀 知基 智旗 智樹

ともすけ Tomosuke
友丞 友祐 知輔 倫介 智介 朝亮 智輔

ともたか Tomotaka
友敬 朋考 知孝 知隆 智孝 智能 智貴

ともちか Tomochika
丈周 友信 友誓 知親 智慶 智親 義周

ともつぐ Tomotsugu
友貢 友継 朋次 知嗣 倫二 朝貢 智嗣

ともとし Tomotoshi
友利 友駿 知俊 知稔 倫聖 智寿 智敏

とものり Tomonori
友則 朋典 知則 倫功 倫法 智矩 智憲

ともはる Tomoharu
友春 友晴 友遥 知温 朋陽 智治 智春

ともひと Tomohito
友仁 朋仁 知等 倫仁 智一 朝人 智仁

ともひろ Tomohiro
友紘 友寛 知広 朋弘 知尋 智洋 智優

ともや Tomoya
友弥 友哉 知也 朋哉 倫弥 智也 朝也

ともゆき Tomoyuki
友幸 朋幸 知倖 倫之 寅行 智之 智行

ともよし Tomoyoshi
友義 朋好 知良 朋義 倫由 智好 朝圭

ともろう Tomoro
友郎 友朗 知郎 倫朗 智郎 智朗 朝楼

とよはる Toyoharu
冨遥 富悠 富陽 豊治 豊春 豊陽 豊波琉

とらき Toraki
虎己 虎牙 虎旗 彪生 彪毅 寅紀 寅樹

とらのすけ Toranosuke
虎輔 虎之介 虎之左 虎之助 彪ノ佑 彪之丞 寅之祐

とわ Towa
十和 斗環 永久 永遠 杜和 飛羽 翔和

な

↓ P61

ないと Naito
乃斗 乃都 祢都 騎士 七生翔 名維人 那伊十

なお Nao
尚 直 那旺 那於 直央 波雄 南旺

なおき Naoki
巨樹 直生 尚基 尚貴 直葵 尚毅 直生喜

なおと Naoto
尚人 直人 直士 尚斗 尚登 治登 直翔

なおひさ Naohisa
尚久 直久 直尚 直恒 尚悠 直悠 順久

なおひろ Naohiro
直大 尚弘 直宏 尚拓 尚洋 直洋 尚尋

なおや Naoya
巨也 直也 直矢 尚弥 直哉 順哉 那於也

なおゆき Naoyuki
尚之 直之 尚行 尚侑 直幸 尚倖 埜雪

なぎさ Nagisa
汀 渚 汀沙 凪冴 凪紗 凪爽 梛左

なぎと Nagito
汀人 汀都 汀翔 凪士 凪杜 凪渡 渚音

なごむ Nagomu
和　和務　和眸　和睦　和夢　七胡夢　那吾武

なつき Natsuki
那月　夏生　夏希　夏輝　夏樹　南都城　椰都生

なつのすけ Natsunosuke
夏ノ介　夏ノ輔　夏乃介　夏乃佑　夏之助　懐之助　那津之介

ななと Nanato
七斗　七都　七翔　那々斗　奈々人　奈々翔　南七斗

なゆた Nayuta
那豊　七悠大　那由汰　那諭太　奈雄太　奈優太　南勇太

なりまさ Narimasa
也雅　成正　成政　成将　斉政　斉真　哉匡

なる Naru
成　匠　親　那琉　奈瑠　南瑠　夏流

なるき Naruki
成生　匠希　成希　成貴　成毅　稔希　南琉輝

なると Naruto
匠人　成斗　成杜　匠翔　鳴斗　七琉翔　奈瑠澄

なるや Naruya
功矢　匠也　成也　成哉　育也　稔矢　稔哉

に

↓ P61

にじと Nijito
虹斗　虹音　虹渡　虹翔　仁治斗　弐路人　爾二杜

にちか Nichika
仁周　仁誓　爾周　二千珂　二千哉　二千夏　仁知佳

ね

↓ P62

ねお Neo
音央　音於　峯央　福音　寧生　寧旺　寧朗

ねんじ Nenji
年慈　年爾　然児　然智　稔二　稔次　稔侍

の

↓ P62

のあ Noa
乃吾　乃碧　希亜　埜亜　望亜　望朝　望葵

のぞみ Nozomi
希　希巳　希泉　希望　望実　望洋　望深

のぞむ Nozomu
希　望　臨　希武　希夢　望夢　望睦

のぶあき Nobuaki
辰明　伸晃　延明　信尭　宣彰　展明　暢哲

のぶてる Nobuteru
伸瑛　伸輝　延照　宣煌　宣燿　信耀　暢晄

のぶなお Nobunao
伸直　宜巨　信尚　信直　展尚　惟直　暢直

のぶひろ Nobuhiro
伸大　伸洋　信容　信寛　展大　進紘　暢宏

のぶや Nobuya
暢暢展信宣伸伸
耶哉也也也弥矢

のぶゆき Nobuyuki
暢信宣延延伸允
倖幸征侑之之倖

のぼる Noboru
暢登昂暢登昇昂
流光琉

のりお Norio
憲徳徳義法功功
於和生保雄郎和

のりたけ Noritake
憲稔倫紀紀則功
武赳丈彪剛武武

のりひこ Norihiko
紀典範徳規紀法
比比彦彦彦彦彦
古己

のりひろ Norihiro
憲徳敬倫則法典
祐博洋弘紘尋弘

は

↓ P62

はくと Hakuto
波芭羽舶珀珀白
久琥玖人都斗翔
斗士人

はじめ Hajime
新肇朔孟初元一
芽

はやお Hayao
駿颯剣隼勇迅駿
夫央男生郎雄

はやた Hayata
颯馳逸隼隼勇迅
太大多汰太汰太

はやて Hayate
駿颯疾隼勇迅颯
汀天風天逞鉄

はやと Hayato
駿颯速隼勇勇隼
斗士翔人登都

はる Haru
遥波遼遙陽晴悠
流瑠

名前エピソード

朋臣《ともみ》さん

年月とともに味わい深い名前に

男なのに「ともみ」という名前。小さいころは「女の子の名前みたい」とからかわれ、自分の名前が大嫌いでした。しかし、高校時代には「芸能人の名前みたい！」、社会人になると「珍しい名前だから、印象に残りますね」「同姓同名がいない」など、少し特別な反応をされるように。大人になってから“味”の出てくる名前ってすてきだな、と思う今日このごろです。

はるあき Haruaki

陽 陽 遥 悠 悠 春 春
耀 晟 日 彬 旭 暁 彬

はるおみ Haruomi

遥 遥 晴 悠 悠 春 栄
生 臣 巨 臣 巨 臣 臣
海

はるか Haruka

遼 遙 悠 遼 遙 遥 悠
河 圭 佳

はるき Haruki

遥 陽 悠 春 春 治 日
基 起 季 樹 暉 毅 稀

はるく Haruku

晴 陽 遥 温 悠 春 春
空 空 玖 玖 久 来 玖

はるた Haruta

暖 遥 遥 陽 悠 治 治
太 太 大 大 大 汰 多

はると Haruto

晴 遥 温 陽 悠 春 大
仁 斗 人 人 都 翔 翔

はるひ Haruhi

遼 遼 遥 陽 悠 春 春
斐 日 飛 日 飛 陽 比

はるひさ Haruhisa

遥 晴 陽 温 悠 春 治
弥 寿 久 久 尚 尚 久

はるひろ Haruhiro

遼 遙 温 遥 悠 春 大
紘 大 容 宙 洋 寛 紘

はるほ Haruho

遼 陽 陽 悠 悠 春 春
保 歩 帆 歩 帆 穂 保

はるま Haruma

榛 陽 遥 陽 悠 春 春
馬 摩 馬 万 真 馬 真

はるみち Harumichi

遥 遥 温 陽 悠 悠 春
路 充 満 充 道 至 迪

はるや Haruya

陽 晴 晴 悠 悠 春 治
哉 哉 弥 矢 也 野 也

はるゆき Haruyuki

遼 暖 温 遥 晴 悠 春
征 通 幸 行 之 之 雪

ひ

↓ P63

ひかる Hikaru

飛 飛 光 晄 閃 晃 光
日 駈 琉
流

ひさし Hisashi

尚 永 久 恒 尚 寿 久
史 至 司

ひさむ Hisamu

悠 恒 尚 寿 永 久 久
務 夢 武 眸 睦 夢 務

ひだか Hidaka

陽 陽 飛 飛 飛 飛 日
尭 天 鷹 隆 峻 天 岳

ひであき Hideaki

彬 栄 英 英 秀 秀 一
晶 彰 彬 旭 哲 明 亮

ひでお Hideo

栄 栄 英 英 秀 秀 秀
郎 央 雄 生 緒 生 央

ひでき Hideki

栄 英 英 秀 秀 秀 秀
生 樹 希 毅 輝 記 己

Hyuga ひゅうが
日向 陽向 日向我 比勇雅 日悠河 日優芽 飛雄牙

Hyuma ひゅうま
彪馬 比勇馬 日悠真 日雄磨 飛勇馬 飛雄馬 陽優真

Hiramasa ひらまさ
平正 平匡 平雅 拓政 拓真 開征 開優

Hiro ひろ
大 央 拓 宥 尋 広宙 飛路

Hiroaki ひろあき
大壮 広晄 宏明 宏晶 洋亮 博晃 寛明

Hirokazu ひろかず
大和 大葛 宏和 宙一 紘千 容和 寛一

Hiroki ひろき
大輝 弘樹 宏喜 拓己 宙輝 浩揮 啓紀

Hiroshi ひろし
弘 洋 浩 裕 寛 大志 宙司

Hidemi ひでみ
一望 秀巳 秀実 秀泉 英弥 栄未 日出海

Hideyuki ひでゆき
成行 秀之 秀幸 英之 英行 英征 栄倖

Hideyoshi ひでよし
秀吉 秀良 秀佳 英好 英能 英義 栄良

Hitoki ひとき
一気 一騎 仁季 仁紀 均貴 等毅 等樹

Hitoshi ひとし
仁 均 等 舜 一志 仁史 仁志

Hinata ひなた
日向 陽太 陽向 雛太 日那汰 日南大 飛那太

Hinato ひなと
陽斗 陽登 日向人 日向翔 比奈斗 陽向斗 陽南士

Hibiki ひびき
響 響己 響生 響希 日々輝 飛日輝 緋々喜

Hidetaka ひでたか
秀崇 秀尊 英高 英隆 栄敬 彬隆 彪貴

Hidetsugu ひでつぐ
秀亜 秀貢 秀継 英次 英継 栄嗣 彪継

Hideto ひでと
秀人 秀門 英人 英杜 英翔 栄杜 日出登

Hidetoshi ひでとし
一迅 秀俊 秀聖 英寿 英利 季俊 栄捷

Hidetora ひでとら
一虎 秀寅 秀彪 英虎 英彪 栄彪 豪虎

Hidenao ひでなお
一直 秀尚 秀直 英直 栄尚 豪尚 秀那生

Hidenori ひでのり
秀功 秀則 秀紀 秀倫 英規 英徳 栄紀

Hidemasa ひでまさ
秀正 英将 英理 英雅 英優 栄匡 栄征

Fuma ふうま

芙楓楓富風風風
生磨馬真満真馬
真

Futoshi ふとし

布太太太太太太
都獅詞史司士
志

Fumikazu ふみかず

章郁郁史史文文
和寿一数一和一

Fumitaka ふみたか

郁郁史史文文文
崇高考天鷹貴隆

Fumito ふみと

郁郁郁史史史文
翔斗人翔登人門

Fumiya ふみや

章郁郁郁史文文
也哉弥也也耶哉

Fuyuki ふゆき

風扶風冬冬冬冬
悠勇幸輝毅綺希
貴輝

Hiroya ひろや

尋博紘浩洋宏大
弥也哉弥哉哉矢

Hiroyuki ひろゆき

裕洋拓宙宏宏広
之行幸行維行倖

Hiroyori ひろより

優尋博浩宏弘広
頼頼依頼由尚偉

ふ

↓ P63

Fuga ふうが

楓楓富風風風風
雅芽賀駕雅河牙

Futa ふうた

楓楓富風風風風
汰太太歌詩汰太

Futaro ふうたろう

楓楓楓富風風風
汰多太太汰太大
郎朗朗郎朗郎郎

Futo ふうと

楓楓富風風風風
斗士杜翔都音迅

Hirotaka ひろたか

紘洋拓広央大大
隆天孝尊峻鷹空

Hiroto ひろと

鴻洋洋宙拓宏大
人翔人飛門斗翔

Hirotoshi ひろとし

寛尋拓宏広広大
俊利峻稔慧寿聖

Hironobu ひろのぶ

寛紘容宙宏宏弘
信宣伸展信伸暢

Hironori ひろのり

博洋宏弘広大大
規憲典敬教徳紀

Hirohisa ひろひさ

寛紘祐拓宏弘広
久悠寿玖央尚久

Hirohito ひろひと

寛裕博尋容拓宙
人寛仁一仁仁人

Hiromu ひろむ

博洋宙拓広大大
武務夢夢睦夢望

Makoto まこと

眞 諒 慎 誠 眞 真 信
琴

Masao まさお

理 将 将 柾 征 匡 正
旺 雄 臣 郎 生 保 旺

Masaomi まさおみ

優 雅 将 征 昌 匡 正
匡 臣 臣 臣 匡 臣 臣

Masakage まさかげ

聖 雅 真 将 柾 昌 正
影 景 景 景 影 影 景

Masakazu まさかず

優 雅 真 真 将 柾 正
一 寿 和 主 一 一 和

Masaki まさき

優 真 将 真 柾 正 正
記 輝 暉 咲 貴 樹 輝

Masashi まさし

優 将 将 征 匡 雅 匡
志 司 士 司 史

Masataka まさたか

優 雅 将 将 征 正 正
孝 貴 貴 崇 尭 鷹 孝

Hokuto ほくと

歩 帆 北 北 北 北 北
駆 玖 渡 登 翔 杜 斗
人 斗

Hodaka ほだか

穂 穂 穂 武 歩 帆 帆
崇 高 岳 尊 隆 昂 天

Homare ほまれ

穂 誉 保 歩 帆 誉 玲
希 礼 稀 希 稀

ま

↓ P64

Maito まいと

真 舞 舞 舞 舞 枚 枚
伊 翔 音 斗 人 登 斗
斗

Mao まお

磨 摩 真 真 真 真 真
央 生 凰 於 旺 和 生

Maki まき

磨 磨 真 真 茉 槙 蒔
輝 毅 麒 規 樹

Makito まきと

真 真 槙 槙 蒔 牧 牧
輝 木 登 杜 人 翔 人
斗 斗

へ

↓ P63

Heisuke へいすけ

兵 兵 兵 平 平 平 平
輔 祐 助 輔 亮 祐 侑

Heizo へいぞう

陛 兵 丙 平 平 平 平
造 蔵 蔵 蔵 聡 造 三

Heita へいた

へ 兵 平 平 平 丙 平
い 大 泰 汰 太 太 大
太

Heima へいま

陛 兵 兵 平 平 平 平
真 磨 摩 磨 馬 眞 真

ほ

↓ P63

Hoga ほうが

蓬 鳳 豊 萠 峰 芳 邦
雅 牙 雅 芽 河 賀 河

Hosei ほうせい

鳳 豊 朋 朋 邦 芳 芳
世 成 晟 星 政 星 正

まなと Manato
真那斗 愛斗 愛士 真翔 学都 学門 学人

まなぶ Manabu
摩七武 真那歩 愛歩 学舞 学武 学歩 学

まひろ Mahiro
磨寛 満容 満宙 真洸 真大 万洋 万拓

まもる Mamoru
護瑠 磨守 真衛 真守 護 衛 守

み

↓ P64

みお Mio
満央 深渚 望生 泉旺 海夫 未緒 未央

みきと Mikito
海希翔 未来翔 未来人 樹斗 樹人 幹刀 幹人

みきや Mikiya
美貴矢 樹弥 樹矢 樹也 幹椰 幹哉 幹也

まさひろ Masahiro
優洋 雅大 理拓 真容 将大 昌宏 昌大

まさむね Masamune
優夢音 正武峰 真宗 将旨 政宗 壮宗 正宗

まさや Masaya
優弥 聖矢 雅也 勝哉 柾耶 征哉 正哉

まさゆき Masayuki
雅幸 真行 将之 政之 征行 匡行 正倖

まさよし Masayoshi
優圭 雅由 勝良 理良 将能 昌淑 正義

まさる Masaru
優光 理琉 優 潤 勝 卓 大

ますみ Masumi
鱒実 磨純 摩澄 潤弥 真澄 真清 真純

ますや Masuya
潤弥 勝哉 満也 滋也 勉哉 益弥 斗耶

まさと Masato
優士 聖斗 誠人 雅人 理翔 将人 征翔

まさとし Masatoshi
優利 勝利 将駿 真俊 昌敏 匡寿 正稔

まさなり Masanari
優也 将斉 真成 将成 政斉 柾也 匡哉

まさのぶ Masanobu
誠信 真暢 真信 将宣 政信 征展 正伸

まさはる Masaharu
優晴 雅陽 理悠 真晴 将悠 匡治 正春

まさひこ Masahiko
誠彦 聖彦 雅彦 真彦 将彦 政彦 匡彦

まさひで Masahide
諒英 理秀 将英 昌英 匡秀 正栄 正秀

まさひと Masahito
優仁 雅仁 理人 将仁 政仁 匡一 正恒

みく Miku

望望海美海実未
功久駆琥空玖来

みこと Mikoto

深美海弥実実詔
琴勲詞琴琴詞

みずき Mizuki

瑞瑞瑞泉泉泉水
樹貴紀輝生己樹

みちたか Michitaka

路道道満理通充
崇鷹竣天尊孝隆

みちる Michiru

道理倫充碩満庚
瑠光留琉

みつき Mitsuki

満深望実充光光
樹月月槻毅輝希

みつとし Mitsutoshi

潤満実光光充充
慧寿稔慧聖俊迅

みつはる Mitsuharu

満満晄実充光光
春治悠治明晴栄

みつひろ Mitsuhiro

潤満満充光光充
紘容洋博宙広大

みつや Mitsuya

潤舜満実光充光
也冶耶也哉弥矢

みつる Mitsuru

満海充光満充光
鶴紘瑠琉

みなき Minaki

湊港湊南南皆水
輝旗紀貴城軌暉

みなと Minato

海湊湊南南湊港
那翔人翔門
音

みのる Minoru

豊稔実実穣稔実
穣留瑠琉

みはる Miharu

深望真美海弥史
晴知陽陽遥晴榛

みひろ Mihiro

深望海美海実未
寛洋拓宏大拓尋

みやび Miyabi

雅雅雅雅宮実雅
陽琵毘弥陽雅

みらい Mirai

望深南弥光未未
来礼来頼雷徠来

む

↓
P64

むさし Musashi

夢夢武武武ム武
咲沙瑳者早サ蔵
志詩史士志シ

むつき Mutsuki

武夢夢睦陸陸陸
津槻月月喜紀生
揮

むつと Mutsuto

陸睦睦睦睦六六
奥翔都杜人翔斗
登

むつみ Mutsumi

睦睦睦睦陸六睦
深海実生海実

Motoya もとや
元弥 元哉 心哉 素弥 基矢 統也 源哉

Momota ももた
百太 李大 李太 桃太 桃汰 百々汰 茂々太

Morito もりと
守人 守門 守登 杜都 盛人 森都 護仁

Morihito もりひと
司仁 守一 守寛 杜仁 盛人 森史 護仁

や
P65

Yasuaki やすあき
保昭 泰明 祥晃 康明 康章 康彰 靖晃

Yasuo やすお
育生 恭生 泰生 康大 康旺 康雄 靖央

Yasuki やすき
保軌 泰紀 泰輝 晏嬉 恵樹 康樹 寧喜

も
P65

Mochiharu もちはる
茂晴 茂陽 保治 将春 望大 望悠 望遥

Motoaki もとあき
元映 元亮 元煌 素明 規明 基秋 基輝

Motoki もとき
基 幹 元気 元樹 朔木 素輝 幹基

Motonari もとなり
元成 元斉 元勢 素也 素成 基哉 資也

Motoharu もとはる
元春 元晴 心晴 求晴 素春 素遥 基陽

Motohiro もとひろ
心宏 心拓 元裕 元博 素洋 基浩 基尋

Motomu もとむ
要 元武 心武 元務 基武 基陸 源武

Muneta むねた
志多 志汰 宗大 宗太 致汰 棟太 武峰太

Muneto むねと
志登 志翔 宗人 宗杜 宗翔 棟斗 棟登

Munehiko むねひこ
至彦 志彦 宗彦 致彦 志比古 武寧彦 陸祢彦

め
P64

Meisei めいせい
名晟 明生 明成 明星 明誠 明誓 銘正

Meitaro めいたろう
名太朗 明大良 明大郎 命大朗 明太朗 盟太郎 銘太郎

Megumu めぐむ
恵 竜 龍 恵武 竜武 恵務 龍夢

やすし Yasushi

靖泰泰泰靖康恭
史志史士

やすてる Yasuteru

寧靖康泰祥保安
晃照耀輝晃瑛照

やすと Yasuto

誉靖裕泰恵祥育
士人翔登斗人翔

やすひさ Yasuhisa

靖裕康泰祥保快
久仙尚玖央永久

やすひで Yasuhide

誉靖康泰恵保育
秀秀継英英寿英

やすひと Yasuhito

安慶靖康泰保安
日仁仁人仁一仁
登

やすひろ Yasuhiro

慶寧靖靖康康泰
大紘広大裕弘宏

やすゆき Yasuyuki

寧恭恵恭容保保
倖幸行行之幸之

やまき Yamaki

和弥和和和山山
樹槙基紀生輝貴

やまと Yamato

倭和山山大倭和
人都翔登和

ゆ

↓
P65

ゆい Yui

諭雄唯由結唯由
伊偉以尉

ゆいき Yuiki

雄結結唯唯唯由
以樹規樹起己毅
貴

ゆいと Yuito

勇結結唯唯由由
威士人斗人翔斗
斗

ゆいま Yuima

結結唯唯唯由由
磨馬満馬真摩眞

ゆう Yu

悠湧雄悠宥勇佑
宇

ゆうあ Yua

優優裕悠侑佑友
愛晏吾阿亜亜愛

ゆういち Yuichi

優雄裕悠祐勇佑
一壱一一一一市

ゆういちろう Yuichiro

優雄雄悠祐佑友
一壱一一一一一
郎郎朗良郎朗郎

ゆうが Yuga

優悠悠祐宥勇友
雅雅河雅河牙雅

ゆうき Yuki

優優雄悠勇由友
輝生基貴気毅輝

ゆうぎ Yugi

優裕悠祐勇佑友
義宜義宜義義儀

ゆうけい Yukei

優雄裕悠勇侑友
経桂肇啓慶敬圭

ゆうご Yugo

優優悠祐勇勇友
吾冴悟悟吾伍梧

ゆうさく Yusaku
友作 友咲 侑索 勇作 雄作 雄朔 優作

ゆうし Yushi
友志 祐資 勇獅 悠士 雄司 湧志 優志

ゆうじ Yuji
友慈 佑自 勇士 勇治 悠路 裕二 優士

ゆうじろう Yujiro
友嗣郎 有志郎 佑二朗 勇次郎 悠治郎 雄二朗 裕次郎

ゆうしん Yushin
友伸 友信 佑臣 宥信 悠伸 雄真 優心

ゆうすけ Yusuke
友侑 友輔 勇佑 悠介 悠亮 雄介 優佑

ゆうせい Yusei
友晟 佑星 勇惺 悠生 悠聖 雄星 優生

ゆうた Yuta
佑多 勇大 祐太 悠汰 結太 雄太 優太

ゆうだい Yudai
侑大 勇大 悠大 雄大 遊大 裕大 優大

ゆうたろう Yutaro
有太郎 勇太朗 祐太朗 悠多郎 雄太郎 裕太郎 優太朗

ゆうと Yuto
友仁 由斗 祐門 勇登 悠人 雄斗 優人

ゆうのすけ Yunosuke
友乃介 勇之丞 悠乃介 結ノ侑 湧ノ輔 裕之介 釉之祐

ゆうひ Yuhi
夕陽 友飛 勇日 悠飛 悠陽 雄飛 優飛

ゆうひさ Yuhisa
夕央 友玖 侑尚 勇央 悠久 雄久 裕尚

ゆうひと Yuhito
夕仁 郁一 祐人 勇公 悠仁 裕人 優仁

ネーミングストーリー

晴生《はるき》くん

「はなちゃん」の「は」ではじまる男の子の名前に

お腹の子は女の子だと信じて「はなちゃん」と語りかけていたので、男の子だと判明したときはびっくり。「はなちゃん」から離れられず、「は」ではじまる名前を考えました。夫婦ともに止め字が「き」なので、それにそろえて音は「はるき」に。明るく晴れやかな人生をおくってほしいと願い、「晴生」と名づけました。（みゆきママ）

ゆうふみ Yufumi

優雄裕悠勇侑友
詞史文文史章郁

ゆうま Yuma

優優裕雄悠勇友
磨真磨万馬馬眞

ゆうや Yuya

優裕裕雄悠宥佑
哉哉弥矢也也也

ゆうり Yuri

優裕悠勇祐侑有
里理里利吏李理

ゆきと Yukito

由由順雪幸幸乃
樹貴翔斗翔登登
斗人

ゆきひさ Yukihisa

由幸幸行行千乃
貴永久悠尚寿久
久

ゆきひろ Yukihiro

雪倖幸幸幸征行
紘宏浩拓宏大広

ゆきまさ Yukimasa

倖幸征幸幸幸行
真雅将征昌匡勝

ゆきや Yukiya

雪幸征幸行由之
弥哉弥冶哉也哉

ゆずと Yuzuto

優佑柚柚柚柚柚
寿寿翔登都斗人
斗人

ゆずる Yuzuru

結柚祐柚柚由弓
弦瑠絃琉光絃弦

ゆたか Yutaka

豊雄雄友優豊裕
穣鷹高竣

ゆつき Yutsuki

諭結祐勇由由弓
月槻月月槻月月

ゆづき Yuzuki

悠唯柚宥柚佑夕
月月樹槻月槻月

ゆめと Yumeto

悠有夢夢夢夢夢
明芽翔飛音十人
斗人

ゆら Yura

優優諭結唯由友
楽来良良羅良来

よ

↓ P65

よう Yo

鷹耀蓉遥陽庸洋

よういち Yoichi

鷹耀暢遥葉陽洋
一一一市一一市

よういちろう Yoichiro

鷹燿陽葉庸洋要
壱一一一市一一
郎郎朗郎郎朗郎

ようえい Yoei

耀陽陽遥庸容洋
英瑛映英栄叡瑛

ようが Yoga

鷹耀蓉葉遥陽洋
牙雅雅芽河芽駕

ようこう Yoko

耀陽遥陽庸要洋
幸高浩光晃功弘

ようじ Yoji

陽陽遥庸容洋洋
治次二二滋司二

よしとも Yoshitomo
慶 嘉 義 祥 良 圭 由
朋 丈 智 公 倫 友 知

よしとら Yoshitora
慶 義 善 喜 克 寿 克
寅 虎 彪 虎 彪 虎 虎

よしのぶ Yoshinobu
慶 禎 義 善 喜 良 由
信 宣 信 暢 信 伸 展

よしのり Yoshinori
慶 祥 佳 佳 芳 好 吉
教 憲 範 紀 紀 徳 則

よしはる Yoshiharu
慶 嘉 佳 良 芳 吉 由
春 遥 晴 晴 春 悠 晴

よしひこ Yoshihiko
義 良 嘉 義 淑 芳 好
比 陽 彦 彦 彦 彦 彦
古 己

よしひさ Yoshihisa
嘉 義 佳 良 吉 圭 由
久 央 寿 悠 玖 久 尚

よしひで Yoshihide
義 禎 喜 善 良 吉 由
英 秀 英 秀 秀 英 英

よしさと Yoshisato
慶 義 佳 良 芳 圭 由
吏 智 都 慧 悟 聡 賢

よししげ Yoshishige
嘉 義 能 良 圭 由 礼
成 茂 重 茂 成 滋 茂

よしずみ Yoshizumi
慶 嘉 義 佳 佳 良 芳
澄 純 清 澄 純 澄 清

よしたか Yoshitaka
慶 義 喜 祥 佳 良 好
孝 岳 崇 高 鷹 隆 貴

よしたけ Yoshitake
義 善 恭 美 良 芳 良
剛 健 岳 岳 武 竹 丈

よしただ Yoshitada
嘉 義 佳 良 圭 吉 由
匡 惟 正 直 忠 唯 公

よしてる Yoshiteru
義 喜 善 祥 良 芳 由
照 輝 晃 映 耀 暉 輝

よしと Yoshito
慶 嘉 禎 義 善 能 芳
人 斗 登 人 杜 斗 翔

ようすけ Yosuke
蓉 遥 陽 遥 要 洋 洋
佑 祐 介 介 輔 輔 介

ようた Yota
暢 遥 陽 葉 遥 洋 八
多 汰 太 太 大 大 太

ようたろう Yotaro
鷹 耀 踊 陽 庸 要 洋
太 多 太 太 太 太 大
郎 朗 朗 朗 朗 郎 郎

ようへい Yohei
鷹 耀 楊 陽 庸 容 洋
平 平 兵 平 平 平 平

よしあき Yoshiaki
嘉 義 善 善 佳 好 由
秋 顕 昭 明 映 明 旭

よしお Yoshio
慶 嘉 善 佳 芳 良 圭
生 央 和 雄 保 旺 雄

よしかず Yoshikazu
慶 嘉 喜 恵 芳 良 圭
一 一 万 寿 和 和 和

よしき Yoshiki
慶 慶 祥 佳 芳 芳 由
樹 希 希 輝 樹 毅 貴

よしひろ Yoshihiro
慶 嘉 義 祥 佳 良 好
宏 大 皓 大 広 博 宏

よしふみ Yoshifumi
義 義 凱 祥 恵 芳 良
郁 史 史 史 文 文 文

よしほ Yoshiho
嘉 善 紀 佳 芳 好 令
保 秀 保 歩 帆 穂 穂

よしまさ Yoshimasa
義 義 禎 祥 美 芳 由
将 政 正 昌 匡 雅 雅

よしみ Yoshimi
嘉 嘉 祥 佳 良 好 嘉
生 巳 弥 海 実 実

よしむね Yoshimune
嘉 義 佳 良 圭 吉 由
宗 宗 志 斉 宗 宗 志

よしや Yoshiya
慶 義 禎 淑 祥 恵 芳
也 弥 矢 也 哉 耶 哉

よしゆき Yoshiyuki
慶 嘉 義 善 善 良 由
之 幸 之 倖 行 行 倖

ら

P66

らいき Raiki
頼 雷 徠 来 来 礼 礼
生 毅 貴 輝 希 樹 輝

らいた Raita
良 頼 雷 莱 来 礼 礼
生 大 太 汰 汰 多 太
太

らいと Raito
頼 頼 雷 来 来 礼 礼
仁 人 人 翔 門 翔 都

らいどう Raido
頼 雷 莱 徠 来 来 礼
道 道 道 童 瞳 堂 瞳

らいむ Raimu
蕾 雷 莱 莱 来 礼 礼
夢 武 眸 武 夢 夢 武

らくと Rakuto
楽 楽 楽 楽 楽 洛 洛
登 飛 門 斗 人 都 杜

り

P66

りいち Riichi
凛 理 莉 利 李 利 吏
一 一 一 壱 一 一 市

りう Riu
璃 理 理 里 利 利 吏
右 宇 生 有 有 宇 生

りお Rio
稜 理 理 理 倫 李 利
央 雄 和 央 王 和 旺

りおん Rion
凛 理 理 莉 利 利 吏
音 穏 音 音 恩 音 恩

りき Riki
璃 理 理 理 莉 力 力
輝 樹 輝 暉 喜 輝

りきと Rikito
理 利 里 利 力 力 力
輝 騎 葵 貴 翔 登 斗
士 斗 人 人

りきや Rikiya
理 里 吏 力 力 力 力
紀 希 貴 哉 弥 矢 也
也 矢 哉

りゅうた Ryuta

竜生太 龍詩 龍大 劉多 隆太 琉太 竜汰

りゅうたろう Ryutaro

龍太郎 劉太郎 隆太郎 琉大朗 竜大郎 柳太郎 立汰郎

りゅうと Ryuto

龍翔 龍仁 劉斗 隆翔 琉都 竜登 流斗

りゅうのしん Ryunoshin

龍乃伸 龍ノ真 劉之真 琉之深 隆之真 竜之心 立ノ慎

りゅうのすけ Ryunosuke

龍之輔 龍ノ介 劉之祐 琉之助 隆之介 竜之介 柳ノ丞

りゅうへい Ryuhei

龍平 劉平 隆平 竜兵 竜平 柳平 立平

りゅうま Ryuma

龍眞 劉磨 隆磨 琉真 琉茉 竜真 立馬

りゅうや Ryuya

龍哉 龍也 隆矢 琉也 竜也 柳耶 立弥

りゅういち Ryuichi

龍宇一 龍一 劉一 隆市 琉一 竜壱 竜一

りゅうおう Ryuo

龍王 琉凰 隆旺 竜桜 竜皇 竜央 竜王

りゅうが Ryuga

龍賀 琉雅 隆我 琉牙 竜駕 竜牙 立峨

りゅうき Ryuki

龍騎 龍輝 龍毅 龍生 琉貴 琉希 竜希

りゅうご Ryugo

龍吾 龍冴 劉悟 隆呉 隆伍 竜胡 竜吾

りゅうじ Ryuji

龍史 龍二 劉二 琉爾 隆児 竜路 竜次

りゅうすけ Ryusuke

龍祐 龍介 琉亮 隆介 竜輔 竜介 立佑

りゅうせい Ryusei

龍聖 龍成 琉惺 琉生 流星 竜征 竜世

りく Riku

陸駆 陸空 陸玖 凌矩 莉久 大陸 陸

りくと Rikuto

璃空翔 理玖斗 利駆人 陸登 陸斗 陸仁 陸人

りくや Rikuya

理玖也 莉久哉 利玖也 力駆矢 陸哉 陸弥 陸也

りつき Ritsuki

凜月 理月 莉月 律貴 律紀 律己 立樹

りつと Ritsuto

律翔 律門 律斗 律人 立登 立都 立斗

りと Rito

璃仁 理翔 理斗 理人 浬翔 利迅 吏斗

りゅう Ryu

龍宇 竜生 龍 劉 隆 竜 立

りょう Ryo
瞭 龍 遼 諒 稜 凌 亮

りょうが Ryoga
龍雅 遼河 稜牙 涼賀 凌雅 亮雅 良駕

りょうすけ Ryosuke
瞭介 遼佑 稜介 椋祐 亮介 良輔 良祐

りょうせい Ryosei
遼成 涼星 竜成 亮星 良誠 良晴 良世

りょうた Ryota
瞭汰 諒太 遼大 崚太 涼太 亮太 良多

りょうだい Ryodai
遼大 諒大 稜大 椋大 涼大 亮大 良大

りょうたろう Ryotaro
遼太朗 諒太郎 稜多朗 菱大郎 凌太朗 亮汰郎 良太郎

りょうと Ryoto
遼翔 遼斗 諒仁 稜人 椋音 凌斗 亮杜

りょうへい Ryohei
瞭平 遼平 椋平 涼平 凌平 亮平 良平

りょうま Ryoma
龍馬 遼馬 稜摩 涼真 亮馬 良磨 良真

りょうや Ryoya
龍也 遼弥 諒也 稜也 涼哉 菱弥 凌也

りん Rin
麟 凜 綸 稟 琳 倫 林

りんたろう Rintaro
麟太郎 凜大朗 鈴太朗 稟太郎 琳太郎 倫太郎 林太郎

りんと Rinto
麟斗 凜翔 凜斗 凜人 稟斗 琳都 倫士

る
↓ P66

るい Rui
瑠偉 瑠依 塁維 琉生 光威 類 塁

るおん Ruon
瑠音 琉温 琉恩 流遠 留温 流音 光音

るか Ruka
瑠珂 瑠加 琉海 留嘉 流夏 流河 光加

るき Ruki
瑠輝 瑠己 琉騎 琉貴 琉希 留樹 留生

るきや Rukiya
瑠樹八 瑠希弥 瑠己也 琉輝哉 琉貴也 琉希矢 留生弥

るしん Rushin
瑠信 瑠臣 瑠心 琉新 琉深 留慎 留真

れ
↓ P66

れい Rei
玲偉 嶺 黎 零 玲 励 礼

れいじ Reiji
麗仁 嶺治 零士 玲二 怜史 励志 礼滋

れいと Reito

令翔 怜人 怜音 玲人 零人 嶺士 嶺登

れいや Reiya

伶也 励哉 怜也 玲弥 羚矢 黎耶 嶺也

れお Reo

礼央 礼於 礼旺 怜生 怜央 玲音 嶺雄

れおん Reon

令音 礼恩 伶音 励温 怜穏 玲音 嶺遠

れん Ren

怜 連 廉 蓮 漣 錬 レン

れんたろう Rentaro

連太郎 蓮大朗 廉太郎 蓮汰郎 練太朗 錬太朗 錬汰郎

れんと Rento

連仁 廉人 蓮杜 蓮都 蓮登 漣渡 錬士

ろ

↓ P67

ろい Roi

呂伊 良威 呂偉 朗生 路生 路葦 蕗依

わ

↓ P67

わかとし Wakatoshi

若迅 若俊 若稔 若駿 湧聖 新駿 倭加年

わこう Wako

我幸 吾洸 若生 和光 和孝 和晃 環幸

わたる Wataru

亘 航 渉 渡 和善 渉光 和大流

が行

↓ P67

がく Gaku

岳 学 楽 牙駆 賀久 雅久 楽玖

がくと Gakuto

岳人 学門 岳登 学翔 楽人 楽翔 牙琥人

げん Gen

元 玄 言 原 絃 源 験

げんいちろう Genichiro

元一朗 玄一朗 言壱郎 原壱郎 絃一郎 源一朗 験一郎

げんき Genki

元気 元毅 玄暉 源気 源輝 源樹 厳己

げんた Genta

元多 玄太 弦汰 舷汰 硯大 源太 厳太

げんや Genya

元弥 玄也 弦矢 舷也 源矢 源哉 厳也

ごう Go

合 剛 強 郷 豪 轟 剛生

ごうき Goki

剛希 剛紀 郷記 強輝 豪喜 豪樹 轟生

ごうし Goshi
剛司 剛志 郷司 強志 豪史 豪嗣 轟士

ざ行
P68

じえい Jiei
滋永 智英 滋栄 慈英 蒔英 慈映 路瑛

じゅん Jun
洵 純 淳 楯 詢 潤 諄

じゅんいち Junichi
旬一 純一 惇一 順市 詢一 準壱 潤一

じゅんぺい Jumpei
洵平 純平 隼兵 淳平 順平 準平 潤平

じゅんや Junya
旬哉 純也 純矢 惇也 淳哉 順哉 潤弥

じょう Jo
丈 丞 成 定 城 穣 譲

じょうじ Joji
丈治 丞二 成慈 城智 盛次 穣治 譲爾

じょうたろう Jotaro
丈大朗 丈太郎 丞太郎 城太郎 盛大朗 穣太郎 譲太朗

じん Jin
壬 仁 迅 尽 臣 陣 尋

じんいちろう Jinichiro
仁一郎 壬壱朗 迅一郎 臣市郎 甚壱郎 陣一朗 尋一朗

だ行
P68

だいき Daiki
乃毅 大希 大喜 大揮 大貴 大輝 大樹

だいご Daigo
乃梧 大吾 大冴 大悟 大護 太吾 橙冴

だいし Daishi
乃史 大司 大史 大志 大嗣 太志 橙士

だいすけ Daisuke
大介 大助 大侑 大祐 大将 大資 大輔

だいち Daichi
大地 大池 大治 大知 大致 大智 大馳

だいと Daito
乃斗 乃都 大斗 大登 大翔 醍斗 橙杜

ば・ぱ行
P68

ぶんご Bungo
文伍 文吾 文冴 豊五 豊悟 聞吾 聞護

ぶんしろう Bunshiro
文四郎 文司朗 文史朗 豊知郎 豊志郎 聞士郎 聞史郎

ぶんた Bunta
文太 文多 文汰 豊大 豊太 聞多 聞汰

ぶんと Bunto
文仁 文斗 文杜 文翔 豊士 豊都 聞音

女の子の名前

あ

↓ P56

Ai あい
愛 藍 安衣 有衣 亜依 愛伊 愛唯

Aika あいか
娃花 愛佳 愛果 愛歌 藍花 藍華 亜唯香

Aiko あいこ
娃子 愛子 愛胡 藍子 あい子 亜唯子 愛衣子

Aina あいな
愛那 愛奈 愛菜 藍那 藍菜 あい菜 亜依菜

Aimi あいみ
愛心 愛実 愛海 愛美 藍泉 藍美 藍深

Aira あいら
娃羅 愛良 愛蕾 藍礼 藍来 藍良 愛衣良

Airi あいり
愛李 愛莉 愛梨 愛璃 藍里 藍莉 亜唯梨

Ao あお
青 碧 杏桜 亜緒 愛凰 碧央 碧緒

Aoi あおい
葵 蒼 蒼唯 碧衣 あおい 亜緒衣 愛音依

Aoba あおば
青葉 葵羽 葵波 蒼巴 碧芳 碧葉 あお葉

Aomi あおみ
青海 葵心 葵美 蒼海 碧未 碧泉 あお美

Akane あかね
茜 朱音 朱嶺 明音 紅音 紅寧 愛佳音

Akari あかり
灯 灯里 朱梨 朱璃 明里 明莉 愛花里

Aki あき
瑛 安妃 亜希 亜季 亜紀 亜綺 愛姫

Akiko あきこ
明子 秋胡 瑛子 暁子 燦子 亜妃子 愛希子

Akina あきな
明南 明菜 玲那 秋奈 玲奈 陽菜 瞭奈

Akiho あきほ
明帆 明保 明穂 秋穂 晃帆 陽歩 晶穂

Ako あこ
安子 安来 亜子 亜胡 亜湖 亜鼓 愛心

Asa あさ
麻 朝 亜沙 亜桜 杏彩 愛咲 愛紗

Asaka あさか
旭華 麻夏 朝花 朝香 あさ香 亜沙佳 愛咲花

Asako あさこ
旦子 麻子 朝子 朝湖 亜紗子 亜彩子 愛彩子

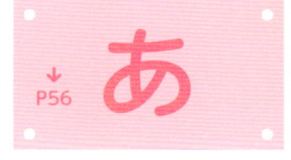

Asahi あさひ
旭　旭陽　麻妃　麻陽　朝陽　あさひ　亜紗緋

Asami あさみ
麻実　麻望　朝美　朝海　あさ美　亜沙泉　明咲実

Asuka あすか
飛鳥　あす香　亜珠花　明日花　明日香　明日架　明日華

Azusa あずさ
梓　杏紗　梓沙　梓咲　あずさ　安瑞沙　亜寿紗

Asuna あすな
愛沙　あす菜　亜朱那　亜珠奈　明日奈　明日南　明日菜

Asumi あすみ
明澄　愛澄　あすみ　亜珠美　明日実　明日美　明日海

Azumi あずみ
有澄　亜純　亜澄　明純　愛泉　愛清　亜寿未

Azuki あづき
杏月　亜槻　梓妃　葵月　愛月　碧月　亜都希

Atsuko あつこ
厚子　淳子　敦子　温子　篤子　亜都子　明月湖

Anon あのん
朱暖　亜苑　亜音　愛音　愛暖　愛穏　あのん

Ami あみ
天美　亜未　杏実　杏珠　亜深　逢心　愛美

Amiko あみこ
あみ子　安未子　杏実子　亜泉子　亜美子　愛光子　愛海子

Aya あや
礼　彩　絢　綾　綺　亜矢　亜弥

Ayaka あやか
文佳　礼華　彩花　彩佳　絢香　綾香　綾歌

Ayako あやこ
文子　礼子　紋子　彩胡　絢子　綾子　亜矢子

Ayana あやな
紋奈　彩名　彩菜　絢那　綾奈　綾南　あや奈

Ayane あやね
文音　文寧　礼音　采音　彩音　彩祢　絢音

Ayano あやの
文乃　礼埜　礼暖　理乃　彩乃　絢乃　綾乃

Ayami あやみ
文美　礼実　郁実　彩心　彩水　絢泉　綾望

Ayame あやめ
菖　礼女　彩芽　彩姫　綾萌　あやめ　亜椰芽

Ayari あやり
文里　礼梨　理莉　彩理　彩璃　綾里　亜耶里

Ayu あゆ
鮎　安優　亜佑　亜優　愛由　愛結　愛優

Ayuka あゆか
歩佳　歩果　歩歌　鮎夏　安友華　亜柚香　愛結花

Ayuko あゆこ
歩子　歩虹　鮎子　有祐瑚　亜友子　亜結子　愛優子

あゆみ Ayumi

歩　亜弓　歩未　鮎美　あゆ実　亜悠美　愛結実

ありか Arika

有加　在夏　有華　安里佳　有莉夏　亜梨華　愛里花

ありさ Arisa

可咲　有咲　有紗　有彩　あり沙　朱梨沙　愛理紗

ありす Arisu

有珠　有栖　アリス　亜李須　亜理珠　亜璃朱　愛里栖

あん An

安　行　杏　晏　アン　あん　杏音

あんじゅ Anju

安寿　安珠　安樹　杏寿　杏珠　杏樹　晏朱

あんな Anna

安凪　安奈　安菜　杏那　杏南　杏菜　晏奈

あんり Anri

安梨　杏里　杏莉　杏理　杏璃　杏凜　晏莉

い

↓ P56

いお Io

衣央　伊麻　伊緒　衣穂　依保　泉央　唯緒

いおり Iori

衣織　伊織　泉織　唯織　いおり　伊央莉　衣緒里

いく Iku

育　郁　伊玖　伊空　衣紅　依来　唯久

いくこ Ikuko

生鼓　如子　育子　侑子　郁子　衣紅子　依久子

いくみ Ikumi

生美　育実　育海　侑美　郁未　伊紅美　唯空海

いさこ Isako

以佐子　伊冴子　伊沙子　衣紗子　衣彩胡　依咲子　泉咲子

いすず Isuzu

伊鈴　衣鈴　泉鈴　唯涼　五十鈴　伊朱瑞　維寿々

いずみ Izumi

泉　伊泉　伊純　衣澄　和泉　泉水　衣珠美

いちか Ichika

一花　一華　衣睦　苺香　一千夏　いち香　唯千花

いつき Itsuki

乙妃　一綺　衣月　逸希　樹生　樹希　樹輝

いつこ Itsuko

乙湖　一鼓　逸子　樹子　衣紬子　衣都子　維津子

いつみ Itsumi

一美　乙海　一望　逸美　逸海　稜美　五都未

いづみ Izumi

衣積　伊積　いづ美　いづ海　衣津美　伊津海　依都美

いと Ito

糸　弦　絃　いと　衣都　伊都　衣翔

いとは Itoha

糸巴　糸羽　絃羽　絃葉　いとは　伊都羽　依斗葉

いのり Inori
祈 一紀 衣紀 祈里 祈梨 祈璃 唯乃璃

いぶき Ibuki
生吹 衣吹 伊蕗 息吹 唯吹 一歩希 伊舞妃

いほこ Ihoko
いほこ 伊保子 衣保子 伊葡子 衣穂子 依帆湖 唯宝子

いよ Iyo
以世 伊予 衣代 伊夜 衣葉 唯代 唯世

いろは Iroha
紅芭 紅葉 彩羽 彩葉 いろは 伊路葉 依呂波

う

↓ P57

うた Uta
唄 詩 歌 謡 うた 宇多 歌楽

うたこ Utako
唄子 唱子 詠子 詩子 歌子 謡子 宇多子

うたほ Utaho
唱歩 詠帆 詠穂 詩歩 詩穂 歌帆 歌穂

うの Uno
うの 羽乃 有乃 羽希 宇埜 羽埜 海乃

うみ Umi
洋 海 湖 宇実 羽美 雨美 海未

うらら Urara
麗 春陽 麗良 麗蘭 うらら 羽良々 宇楽々

え

↓ P57

えいか Eika
英花 英華 栄佳 映夏 瑛加 瑛歌 詠香

えいこ Eiko
英子 栄子 映胡 瑛湖 叡子 恵生子 絵衣子

えいな Eina
英那 英菜 栄奈 瑛那 瑛南 瑛渚 詠奈

えいみ Eimi
永海 映美 瑛水 詠海 叡美 恵依実 愛伊心

えこ Eko
江湖 枝子 恵己 瑛子 絵子 絵湖 慧瑚

えつこ Etsuko
悦子 悦来 えつこ 依津子 英都子 恵柘胡 絵都子

えな Ena
英菜 映奈 恵南 恵菜 瑛名 絵奈 愛那

えま Ema
衣茉 衣舞 恵麻 恵磨 瑛茉 絵真 絵麻

えみ Emi
咲 笑 枝実 依美 恵心 恵海 笑美

えみか Emika
咲花 笑加 笑花 笑華 栄美歌 恵実花 愛美花

えみな Emina
咲那 咲名 笑奈 映見那 恵美菜 絵実奈 瑛美奈

えみり Emiri
咲莉 笑里 笑理 恵実梨 瑛未璃 絵美里 愛深里

えり Eri
衣里 江璃 英里 英莉 恵梨 絵梨 愛理

えりか Erika
衿佳 えり香 衣莉夏 枝里果 恵理華 絵梨花 愛梨佳

えりこ Eriko
衿子 枝莉子 恵理子 恵璃子 絵里湖 瑛莉胡 愛里子

えりな Erina
衿奈 えり那 衣里菜 江梨奈 英璃南 恵理奈 絵梨那

える Eru
える 衣流 英瑠 映琉 恵瑠 絵瑠 愛留

えれな Erena
えれ奈 永麗奈 江麗南 英怜奈 恵礼奈 瑛礼名 愛玲那

えれん Eren
衣怜 江恋 恵恋 恵蓮 笑蓮 絵恋 絵蓮

お

↓ P57

おうか Oka
央華 旺夏 桜花 桜歌 桜霞 凰香 凰華

おとか Otoka
乙香 乙華 音加 律佳 音歌 響佳 桜都花

おとね Otone
乙音 乙寧 音祢 音寧 響音 おとね 於都音

おとは Otoha
乙羽 乙葉 音羽 音芭 音葉 小都波 おとは

おりえ Orie
織衣 織恵 織絵 おりえ 於莉映 桜璃絵 緒梨恵

か

↓ P57

かいら Kaira
海来 海楽 桧良 絵羅 カイラ 花衣羅 華衣良

かえ Kae
花恵 花笑 佳映 香絵 華永 華衣 夏瑛

かえで Kaede
楓 香楓 歌楓 カエデ かえで 可衣禰 花恵祢

かお Kao
花桜 花緒 果生 香桜 香緒 華央 華和

かおり Kaori
香 郁莉 香梨 香織 歌織 薫里 花桜璃

かおる Kaoru
芳 香 薫 馨 香琉 香瑠 可央流

かおるこ Kaoruko
芳子 郁子 香子 薫子 薫湖 馨子 かおる子

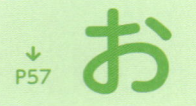

かこ Kako
叶子 果子 佳子 架虹 華子 華胡 夏湖

かさね Kasane
花実 果実 かさね 佳彩祢 華沙寧 夏砂音 歌沙音

かざね Kazane
和実 和音 風音 風寧 かざね 可冴音 佳沙音

かずき Kazuki
一希 一葵 一輝 和希 和季 和紀 和樹

かずこ Kazuko
和子 紀子 倭子 倭胡 葛子 花珠子 佳寿子

かずさ Kazusa
一沙 一彩 寿紗 和沙 和紗 倭早 佳津紗

かずな Kazuna
一菜 万那 千菜 和奈 香砂 花都奈 華瑞那

かずほ Kazuho
一帆 千歩 和帆 和穂 葛穂 かず帆 香鶴保

かすみ Kasumi
霞 佳純 架純 香清 香澄 夏純 霞未

かずみ Kazumi
一実 千望 花純 和水 和未 和海 倭実

かづき Kazuki
花月 佳槻 香月 夏月 華月 霞月 佳都希

かな Kana
奏 可南 花菜 佳那 栞那 夏南 歌奈

かなえ Kanae
叶衣 花苗 香苗 奏映 奏絵 果南恵 香奈恵

かなこ Kanako
叶子 奏鼓 佳奈子 佳菜子 香名子 香菜子 華那子

かなで Kanade
奏 花撫 佳奏 果撫 奏音 夏奏 歌奏

かなみ Kanami
叶望 果南 奏心 香波 哉美 奏美 夏那美

かの Kano
可埜 花乃 佳乃 香乃 華乃 夏乃 華野

かのこ Kanoko
かの子 花乃子 花野子 佳乃子 香乃瑚 夏乃子 歌乃子

かのん Kanon
花音 花穏 佳暖 果暖 香音 夏苑 歌音

かほ Kaho
花峰 果歩 佳穂 香帆 夏帆 華穂 歌保

かほり Kahori
かほ莉 可歩里 花保璃 佳甫莉 香保里 香穂梨 夏帆利

かや Kaya
加耶 花也 花弥 佳矢 香弥 夏夜 華椰

かやこ Kayako
萱子 かや子 可也子 加哉子 花椰子 香夜子 夏耶胡

かやの Kayano
茅乃 萱乃 かやの かや乃 佳矢乃 香耶乃 華弥乃

かよ Kayo

加代 花蓉 佳予 佳世 香世 華代 賀代

かよこ Kayoko

伽代子 佳代子 香世子 香葉子 海陽子 夏夜胡 夏陽子

かりな Karina

日莉南 可里奈 伽吏菜 花里菜 花梨菜 香理奈 夏梨名

かりん Karin

花梨 花凜 果琳 香琳 香凜 華倫 夏凜

かれん Karen

可憐 花怜 花恋 佳連 果蓮 華恋 歌恋

かんな Kanna

柑南 柑菜 莞那 栞奈 寛奈 カンナ かんな

き

↓ P58

きえ Kie

妃絵 希映 祈恵 季恵 紀恵 葵枝 貴瑛

きか Kika

希花 季花 紀佳 葵夏 喜歌 綺華 輝加

きこ Kiko

妃胡 希子 姫己 葵子 稀子 貴子 綺子

きさ Kisa

希咲 紀沙 喜紗 稀紗 貴彩 綺早 輝咲

きさき Kisaki

妃 妃希 季咲 紀咲 葵咲 祈早紀 貴冴希

きさら Kisara

季更 貴更 綺更 希沙来 希紗良 季沙羅 季彩楽

きぬか Kinuka

衣加 衣佳 衣香 衣椛 絹花 絹佳 絹華

きほ Kiho

希歩 希宝 祈保 季穂 紀保 葵穂 綺帆

きみか Kimika

公佳 公華 君香 淑加 希海夏 貴美佳 輝実花

きみこ Kimiko

公子 君子 淑子 希未子 希望子 季実子 紀美鼓

きょうか Kyoka

杏花 杏佳 杏果 京花 京香 恭華 響歌

きょうこ Kyoko

叶瑚 杏子 恭子 郷子 梗子 響子 今日子

きよか Kiyoka

圭香 清花 清香 聖加 澄夏 希代佳 紀世加

きよみ Kiyomi

清海 清美 聖心 聖美 潔美 季陽巳 輝代美

きら Kira

燦 きら 希来 希良 綺來 輝良 樹来

きらら Kirara

雲母 煌星 輝星 きらら 希楽良 綺羅々 輝良々

きらり Kirari

晄里 煌梨 煌璃 燦理 きらり 希良里 輝良璃

きり Kiri
妃里　希里　紀李　姫李　貴梨　綺璃　輝莉

きりこ Kiriko
桐子　霧子　希莉子　祈理子　貴理子　貴璃子　輝里子

く

↓ P58

くにこ Kuniko
州子　邦子　邑子　郁子　久爾子　玖仁子　紅丹子

くみ Kumi
久美　久望　玖未　来実　空美　紅実　紅深

くみか Kumika
久美加　久美佳　公実佳　公美花　玖美香　空美夏　紅未華

くるみ Kurumi
来美　來未　胡桃　くるみ　久瑠実　紅琉未　紅瑠美

くれあ Kurea
来亜　紅安　紅亜　紅晶　紅愛　玖令阿　紅麗亜

くれな Kurena
来那　来南　呉奈　呉菜　紅七　紅奈　紅菜

くれは Kureha
来羽　呉葉　紅映　紅葉　くれは　久怜芭　紅麗巴

け

↓ P58

けい Kei
佳　京　恵　桂　蛍　景　慶

けいか Keika
圭夏　京佳　桂花　恵華　渓花　蛍夏　慶佳

けいこ Keiko
圭鼓　恵子　桂子　啓子　渓子　慧子　景依子

こ

↓ P58

こう Ko
光　好　幸　紅　香　虹　紘

こうこ Koko
光子　幸子　紅子　香子　晄子　紘子　皐子

こうみ Komi
幸美　幸望　紅水　香実　胡海　虹美　航美

ここ Koko
心　胡子　胡来　湖子　琥子　瑚々　鼓子

ここな Kokona
心凪　心那　心奈　心菜　此奈　鼓々那　瑚々南

ここね Kokone
心音　心根　心寧　此音　小鼓音　来々祢　瑚々音

ここの Kokono
心乃　心野　此乃　ここの　ここ乃　香々乃　湖々乃

ここみ Kokomi
心美　心泉　心海　心深　此海　湖々美　琥湖美

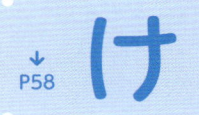

こころ Kokoro
心 心路 心鷺 此蕗 こころ 小々鷺 湖々呂

こずえ Kozue
梶 梢 槙 木梢 こずえ 小須枝 胡珠恵

こと Koto
琴 詞 こと 小都 胡琴 鼓音 瑚都

ことか Kotoka
采花 詞果 琴夏 琴香 琴歌 こと香 古都華

ことね Kotone
采祢 理音 琴音 詞音 琴寧 鼓乙音 瑚十音

ことは Kotoha
采羽 采葉 理葉 琴波 琴葉 詞葉 鼓音巴

ことみ Kotomi
言美 寿美 采実 采美 琴水 琴美 胡都未

こなつ Konatsu
小夏 来夏 香夏 湖夏 小奈津 瑚名月 鼓那都

このか Konoka
好花 好夏 此華 喜佳 木の香 木ノ華 瑚乃香

このは Konoha
小葉 好芭 好芳 此杷 この葉 木の葉 湖乃波

このみ Konomi
好 此未 好実 好美 このみ 木の実 木乃美

こはる Koharu
小春 小陽 心春 木陽 木温 心遙 小波琉

こゆき Koyuki
小幸 小雪 心幸 心雪 粉雪 湖雪 木柚希

さ

P59

さあや Saya
早綺 沙綾 咲彩 紗彩 紗綾 彩綾 沙亜弥

さえ Sae
冴 早瑛 沙映 紗衣 紗恵 彩英 彩絵

さえり Saeri
冴里 冴梨 冴理 小枝里 早瑛璃 咲笑里 紗英里

さお Sao
小緒 早央 佐緒 咲央 咲桜 紗和 彩緒

さおり Saori
小織 早織 沙織 紗織 さお莉 佐緒梨 咲桜里

さき Saki
咲 早紀 冴妃 沙樹 咲姫 紗季 彩季

さきこ Sakiko
咲子 早葵子 沙希子 佐貴子 咲季子 桜生子 紗起子

さきな Sakina
咲那 咲菜 小葵南 沙妃夏 沙季奈 咲希菜 紗喜奈

さきほ Sakiho
幸帆 咲保 咲穂 祥穂 早希穂 桜季歩 彩妃帆

さくら Sakura
桜 櫻 咲良 咲楽 桜來 さくら 彩久来

さち Sachi
紗咲咲冴祥倖幸
智智千知

さちえ Sachie
彩早祥倖祥幸幸
千知瑛江永愛絵
恵枝

さちか Sachika
彩咲沙倖祥幸幸
知千知夏加歌佳
佳花香

さちこ Sachiko
彩紗冴倖祥幸幸
千千智子子心子
胡子子

さちな Sachina
彩沙祥祥幸幸幸
智知南奈菜奈那
名那

さちほ Sachiho
早倖倖祥幸幸幸
知保歩帆穂保帆
穂

さつき Satsuki
颯皐彩紗沙沙五
希月月月槻月月

さと Sato
桜紗慧聖郷知里
都十

さとこ Satoko
咲慧聡聖智知里
都胡子子子子湖
子

さとみ Satomi
紗沙聡聡理怜里
都都美水美実美
美未

さな Sana
彩紗紗咲沙沙早
菜奈名南奈那菜

さなえ Sanae
彩紗咲沙桜咲早
南名奈菜苗苗苗
江衣笑恵

さほ Saho
彩紗咲咲沙早小
歩帆穂帆穂穂帆

さや Saya
紗紗咲沙沙清爽
椰矢椰耶也

さやか Sayaka
紗沙清清清爽彩
耶也夏奏佳佳加
花加

ネーミングストーリー

あかりちゃん

どんな状況でも「あかり」となるように

夫は「しんご」、私は「まりこ」、長男は「まこと」という３音の名前なので、長女の名前も３音でそろえることに。世の中ではさまざまなことが起こりますが、どんな状況でも「この人がいれば、あかりが灯ったみたい」だと思われる存在になってほしい、という願いをこめて、「あかり」と名づけました。（麻理子ママ）

さやの Sayano
清乃 爽乃 清埜 小埜乃 紗弥乃 桜夜野 彩也乃

さゆ Sayu
小優 沙唯 冴優 咲柚 咲悠 紗由 彩結

さゆり Sayuri
小百合 早百合 沙由璃 咲百合 咲優里 紗友梨 彩優里

さよ Sayo
小夜 佐世 沙代 咲世 紗代 桜葉 彩世

さよこ Sayoko
小夜湖 早依子 早陽子 沙葉子 紗代子 紗夜子 瑳世胡

さら Sara
さら 冴良 沙羅 幸来 咲楽 紗良 彩羅

さり Sari
沙李 沙理 咲里 咲莉 紗梨 紗璃 彩里

さりな Sarina
早莉南 沙里菜 沙莉那 咲李奈 咲梨名 紗理奈 彩理奈

さわ Sawa
小環 砂羽 咲羽 咲和 紗羽 紗和 彩羽

さわこ Sawako
爽子 さわ子 早和子 沙倭子 佐環子 咲和子 紗和子

し

↓ P59

しいか Shika
椎佳 椎香 椎華 詩花 詩香 詩歌 史伊夏

しいな Shina
紫名 椎那 椎奈 椎菜 詩奈 詩夏 思依南

しお Shio
汐 史緒 志於 梓音 紫和 詩央 詩桜

しおか Shioka
汐佳 汐香 汐夏 汐歌 潮花 史桜佳 詩緒香

しおね Shione
汐音 汐寧 潮音 史緒音 志緒祢 紫於音 詩央寧

しおみ Shiomi
汐実 汐美 汐望 潮未 潮美 史緒実 志桜美

しおり Shiori
栞 志織 栞里 紫織 詩織 しおり 史桜璃

しおん Shion
史温 梓苑 梓音 紫苑 詞音 紫穏 詩音

しき Shiki
四希 四季 史輝 志季 紫紀 詩姫 詩葵

しげみ Shigemi
茂実 茂美 重美 莱水 滋美 しげ実 史華実

しずか Shizuka
静 雫香 寧花 静香 静華 志津香 紫鶴佳

しずく Shizuku
雫 滴 雫紅 静空 静紅 しずく 志珠紅

しずね Shizune
雫音 閑音 静音 静寧 しずね 志寿音 紫鶴祢

しづ Shizu

史都 司鶴 志津 紫都 詩津 詩都 詩鶴

しづき Shizuki

史月 志月 紫月 詩月 しづき 志津紀 詩都季

しなこ Shinako

史奈子 史菜子 糸那子 志奈子 梓名子 紫南子 詩那子

しの Shino

しの 史埜 志乃 梓乃 紫乃 詩乃 詩野

しのぶ Shinobu

忍 偲 志寿 凌歩 しのぶ 史の舞 志乃歩

しほ Shiho

史穂 志帆 志保 枝穂 紫帆 詩歩 詩穂

しま Shima

縞 志麻 志磨 紫万 紫茉 詩茉 詩真

しまこ Shimako

嶋子 縞子 志真子 志麻子 紫磨子 詩万子 詩茉子

しゅうか Shuka

秀花 秀佳 宗香 柊花 秋果 秋華 萩花

しゅうこ Shuko

秀子 柊子 秋胡 修子 脩子 萩子 繡子

しゅり Shuri

守里 朱里 朱莉 朱梨 珠莉 珠璃 須理

しょうこ Shoko

祥子 笑子 梢子 笙鼓 晶子 翔子 照子

す

↓ P59

すぐり Suguri

卓梨 卓璃 英里 英理 優李 優莉 優理

すずか Suzuka

紗香 涼佳 涼夏 鈴華 鈴歌 寿々香 珠々花

すずこ Suzuko

紗子 清胡 涼子 鈴子 寿々子 寿珠子 珠洲子

すずな Suzuna

紗奈 涼奈 清南 清菜 鈴那 鈴奈 珠寿奈

すずね Suzune

紗音 涼音 清音 鈴音 鈴寧 寿々嶺 珠々音

すずの Suzuno

紗乃 涼乃 清野 鈴乃 すずの 寿々乃 珠洲乃

すずは Suzuha

紗葉 清芭 清芳 涼波 涼葉 鈴羽 鈴波

すみか Sumika

純叶 純佳 清花 清夏 澄香 澄華 寿美香

すみな Sumina

純奈 純那 澄名 澄菜 すみな 寿美那 須実奈

すみれ Sumire

菫 純怜 純麗 清礼 澄恋 すみれ 珠美玲

せ

↓ P59

せいあ Seia

静亜 聖亜 晴杏 清愛 星亜 青亜 世愛

せいか Seika

晴香 惺花 清華 星歌 星香 成華 成佳

せいこ Seiko

静湖 聖胡 誠子 聖子 靖子 晴子 星子

せいな Seina

静南 誠奈 聖奈 聖那 晴菜 星那 成名

せいら Seira

世衣良 聖羅良 聖良 晴楽 星良 星来 青良

せつこ Setsuko

瀬都子 勢津子 世都子 摂子 節子 雪湖 雪子

せな Sena

瀬南 瀬奈 静凪 星那 汐南 世奈 世那

せり Seri

瀬利 聖里 星璃 汐梨 世梨 世莉 芹

せりな Serina

瀬李奈 静里奈 勢利奈 星璃南 世理奈 芹菜 芹奈

せんり Senri

泉璃 茜理 泉莉 泉里 千璃 千梨 千里

そ

↓ P60

そな Sona

蒼和 想奈 湊南 爽名 素那 奏和 早奈

そのか Sonoka

想乃華 素乃花 園佳 苑歌 苑夏 苑香 苑花

そのみ Sonomi

曽野美 想乃実 その美 薗美 園海 苑美 苑実

そよか Soyoka

想葉花 蒼夜香 爽陽風 颯華 颯夏 颯奏 颯佳

そら Sora

蒼空 想来 空来 天空 そら 宙 空

た

↓ P60

たえ Tae

妙絵 妙英 多愛 多笑 多恵 紗 妙

たお Tao

泰緒 多緒 多和 太鳳 手於 大緒 大桜

たかこ Takako

泰加子 多賀子 多佳子 貴子 峻子 香子 天瑚

たかね Takane

多歌音 手花音 貴寧 貴音 高嶺 尭祢 天音

たかほ Takaho

多花穂 貴穂 貴保 香穂 宇歩 宇帆 天帆

たかみ Takami

多香美 多果実 多花未 貴未 隆美 昂美 天海

ち

↓ P60

Chiaki ちあき
千愛希 千亜紀 智明 知晶 千燦 千秋 千明

Chi ちい
稚衣 智唯 知伊 茅衣 千依 千伊 千以

Chie ちえ
智絵 智恵 智枝 知愛 千瑛 千恵 千永

Chieko ちえこ
稚恵子 智瑛子 知栄子 知衣子 千絵子 千恵子 千江子

Chiemi ちえみ
智恵実 智映美 知瑛未 知英海 千枝美 千江美 千笑

Chieri ちえり
智絵里 知恵莉 茅衣里 千愛里 千江梨 千永璃 千衿

Chika ちか
智佳 智加 知華 知花 千夏 千佳 睦

Tamao たまお
環乙 瑞央 珠緒 珠央 玲桜 圭央 玉緒

Tamaki たまき
環紀 瑞姫 瑶妃 瑛紀 珠輝 珠希 環

Tamana たまな
環菜 碧南 瑶那 瑛名 珠奈 珠七 圭那

Tamano たまの
たまの 碧乃 瑶乃 瑛埜 珠野 珠乃 圭乃

Tamami たまみ
多満美 瑶海 琳美 珠海 珠水 玲美 玉実

Tami たみ
黎実 汰美 多美 多未 大美 黎 民

Tamiyo たみよ
多美代 多実世 立美依 黎代 彩世 民世 民代

Taki たき
汰紀 多喜 多希 立葵 大綺 大希 滝

Takiho たきほ
汰樹帆 多葵穂 多貴保 多紀穂 多希帆 瀧穂 滝帆

Takumi たくみ
啄実 拓美 拓海 卓弥 拓未 匠美 匠

Tazu たづ
汰津 多都 田鶴 手津 たづ 大鶴 大都

Tatsuki たつき
多津紀 たつき 樹紀 樹希 達輝 辰希 樹

Tatsuno たつの
汰都乃 多津之 たつの 樹乃 達乃 辰乃 立乃

Tatsumi たつみ
樹泉 樹実 達海 達未 竜美 辰美 立美

Tamae たまえ
瑞恵 珠恵 珠映 玲衣 圭絵 玉笑 玉恵

Chiharu ちはる
千春 千晴 千陽 千遥 茅春 知温 智暖

Chihiro ちひろ
千宙 千洋 千容 千尋 知紘 知尋 ちひろ

Chiho ちほ
千帆 千穂 市歩 知帆 知保 茅穂 智穂

Chiya ちや
千弥 千夜 千耶 千埜 知椰 智矢 智弥

Chiyo ちよ
千与 千世 知世 知代 智世 智依 稚代

Chiyori ちより
千依 知由 千世里 茅代理 知与梨 智世莉 智代璃

つ
P60

Tsukasa つかさ
司 吏 典 司咲 司紗 つかさ 都香沙

Chise ちせ
千世 千星 千勢 茅世 知世 智世 智瀬

Chizuru ちづる
千弦 千鶴 池鶴 知紘 智紘 智鶴 千都瑠

Chitose ちとせ
千年 千歳 千乙瀬 千音世 千都世 千登勢 知都世

China ちな
千南 千菜 千愛 知那 茅奈 知奈 智菜

Chinatsu ちなつ
千夏 知夏 智夏 千那津 千南都 茅奈津 知菜月

Chinami ちなみ
千波 千南 知南 智波 千菜実 知奈未 智那美

Chino ちの
ちの 千乃 茅乃 知乃 知野 智乃 稚乃

Chihana ちはな
千花 千英 知芳 知英 知華 智花 智華

Chikako ちかこ
周子 慈子 誓子 千果子 千賀子 知夏湖 智花子

Chigusa ちぐさ
千草 千種 茅草 知草 智草 ちぐさ ちぐ彩

Chiko ちこ
ちこ 千子 千湖 茅子 知子 智子 稚子

Chisa ちさ
千桜 千彩 知沙 知冴 茅紗 智紗 稚沙

Chisaki ちさき
千桜 茅咲 知咲 智咲 千咲妃 千彩季 知沙希

Chisako ちさこ
千佐子 千咲子 知沙子 知桜子 茅彩子 智咲子 智彩子

Chisato ちさと
千里 千郷 千智 千聖 知里 知怜 知聖

Chizu ちず
千寿 千珠 千瑞 千鶴 知寿 知瑞 知鶴

つきか Tsukika
月花 月佳 月華 月歌 槻香 月輝花 都妃華

つきこ Tsukiko
月子 月胡 槻子 月輝子 津季子 柘紀子 都葵子

つきな Tsukina
月那 月奈 月南 月梛 槻奈 槻菜 月輝奈

つきほ Tsukiho
月帆 月歩 月保 月穂 槻保 津希帆 都季穂

つぐみ Tsugumi
亜実 亜美 柘未 継実 嗣美 つぐみ 都紅美

つづみ Tsuzumi
鼓 鼓巳 鼓実 つづみ つづ美 津鶴美 都々海

つばさ Tsubasa
翼 光翼 椿咲 椿紗 椿彩 翼沙 つばさ

つむぎ Tsumugi
紡 紬 柘麦 紡芸 紡季 紬希 つむぎ

つゆか Tsuyuka
露花 露佳 露香 露夏 津由香 津悠歌

て

↓ P61

ていか Teika
汀夏 貞佳 貞香 庭果 庭華 庭歌 禎華

ていこ Teiko
汀子 汀胡 貞子 貞鼓 庭子 禎子 薙子

てるか Teruka
光香 映夏 瑛歌 照香 煌夏 輝佳 耀花

てるみ Terumi
光海 瑛美 煌未 照実 輝海 輝美 天留美

てんか Tenka
天花 天香 天華 天楓 典加 展佳 槙香

と

↓ P61

とうか Toka
冬香 灯花 東佳 桐花 桃香 桃華 瞳加

とうこ Toko
冬子 透子 桐鼓 陶子 塔子 橙子 瞳子

とき Toki
十輝 斗紀 斗樹 杜季 杜貴 都貴 翔季

ときこ Tokiko
季子 時胡 斗樹子 朱鷺子 杜貴子 桃季子 登希子

とこ Toko
とこ 乙湖 十湖 杜鼓 都子 都胡 登子

としえ Toshie
利江 寿枝 俊絵 敏恵 淑愛 智江 稔恵

とみ Tomi
十望 杜実 都美 富未 登美 澄水 橙美

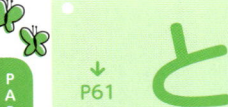

とも Tomo
巴　友　知　朋　智　十萌　橙百

ともえ Tomoe
友永　友恵　巴絵　知衣　朋笑　朋愛　智江

ともか Tomoka
友佳　巴華　朋香　知夏　智加　智香　十萌花

ともこ Tomoko
友子　友湖　知子　朋子　倫子　智子　朝子

ともな Tomona
友那　友菜　朋名　知奈　朋奈　倫奈　智南

ともね Tomone
友音　友寧　朋音　知峰　知寧　倫音　智祢

ともみ Tomomi
友実　友海　知巳　知美　智実　朝海　橙萌美

ともよ Tomoyo
友代　知世　朋依　倫世　智代　朝世　杜萌代

とよこ Toyoko
晨子　富子　豊子　十夜胡　杜葉子　都世子　登代子

とよみ Toyomi
晨美　豊海　豊美　斗依海　杜代美　都世実　登代美

とわ Towa
乙環　十和　十環　斗羽　斗和　杜和　都羽

とわこ Towako
十和子　十環子　斗和子　永久子　永遠子　杜羽子　登和子

な

↓ P61

なえ Nae
苗　那枝　奈永　奈江　苗絵　南恵　菜衣

なお Nao
直　那央　奈央　奈緒　直緒　南桜　菜桜

なおか Naoka
如佳　尚花　尚香　直加　直歌　奈央佳　奈緒夏

なおこ Naoko
尚子　直鼓　七緒子　那央瑚　奈生子　南央子　菜緒子

なおみ Naomi
直見　尚海　那生美　奈桜美　奈緒未　奈穂美　南央美

なか Naka
七香　凪華　那佳　奈果　菜花　梛香　菜夏

なかこ Nakako
央子　仲子　陽子　那加子　奈加子　南夏子　菜華子

なぎさ Nagisa
汀　渚　凪沙　凪冴　渚左　渚咲　なぎ沙

なこ Nako
七子　凪子　那子　奈子　南子　菜子　梛子

なごみ Nagomi
和　和心　和望　なごみ　なご美　奈檎美　南胡海

なずな Nazuna
凪砂　那沙　奈直　南砂　なず菜　奈瑞菜　南珠那

Nana なな
菜 菜 南 奈 那 名 七
名 々 菜 々 々 奈 奈

Natsuko なつこ
菜 南 奈 奈 那 夏 夏
都 都 柘 津 津 湖 子
子 子 子 子 子

Nachi なち
菜 梛 南 奈 那 那 七
知 千 茅 智 智 千 智

Nanae ななえ
梛 菜 南 那 菜 七 七
々 々 那 奈 苗 愛 笑
恵 枝 恵 絵

Natsuno なつの
菜 奈 那 な な 夏 夏
津 鶴 都 つ つ 野 乃
乃 乃 乃 野 の

Natsu なつ
愛 南 奈 那 七 な 夏
都 都 津 津 鶴 つ

Nanao ななお
南 波 奈 那 七 七 七
奈 奈 々 尚 緒 桜 央
央 緒 桜

Natsuho なつほ
菜 梛 南 奈 夏 夏 夏
都 津 都 都 穂 葡 帆
穂 帆 歩 保

Natsuo なつお
菜 奈 奈 那 夏 夏 夏
津 都 柘 津 緒 生 央
緒 桜 乙 央

Nanaka ななか
菜 奈 奈 那 七 七 七
々 名 々 奈 南 歌 華
花 花 加 佳 夏

Natsumi なつみ
菜 那 な 七 夏 夏 夏
都 津 つ 鶴 海 美 水
実 美 実 未

Natsuka なつか
菜 奈 那 七 夏 夏 夏
都 都 津 都 歌 香 花
香 歌 香 夏

Nanako ななこ
菜 菜 奈 奈 永 七 七
奈 々 那 々 奈 夏 虹
子 子 子 子 子 來

Natsume なつめ
菜 南 那 夏 夏 夏 夏
柘 津 都 瞳 萌 梅 芽
芽 女 姫

Natsuki なつき
菜 夏 夏 夏 南 奈 七
月 葵 姫 月 月 月 槻

ネーミングストーリー

千恵梨《ちえり》ちゃん

おばあちゃんの「ちえ」の音をもらって

私の祖母「ちえじ」は、優しく働き者で、だれからも愛される一途《いちず》な女性だったそう。母から祖母の話を聞くたびに、自分に女の子が生まれたら「ちえ」の音をもらおうと、小学生のころから決めていました。世界に羽ばたいてほしいとの思いもこめ、外国の方でも呼びやすいよう「Cherry」の音を意識して、「ちえり」と名づけました。(賢一パパ)

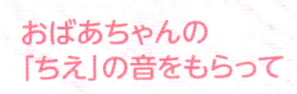

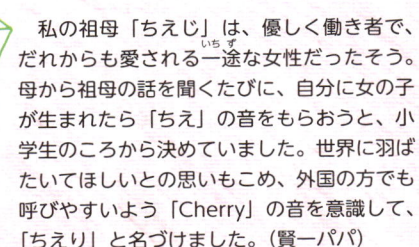

ななさ Nanasa

菜南奈七七七七
奈那々彩紗咲沙
彩沙沙

ななせ Nanase

菜南奈那七七七
々々々奈瀬聖星
晴星瀬世

ななみ Nanami

梛菜夏南那那七
菜々波波南波海
実美

なのか Nanoka

南奈那な菜七七
野乃乃の花楓花
花佳華香

なのは Nanoha

梛奈那な七七七
乃の乃の葉芳芭
葉葉波葉

なほ Naho

菜南南奈那名七
穂歩帆帆保穂穂

なほこ Nahoko

菜南奈奈那名七
穂帆穂保帆保穂
子子子子子子子

なみ Nami

菜南波奈那七波
実海美美美海

なみか Namika

愛菜南な波波汎
美実水み華夏夏
加花佳佳

なゆ Nayu

菜菜梛奈奈七七
由友夕優悠優結

なゆこ Nayuko

菜南南奈奈那七
友優悠結柚由夕
子子胡子子子瑚

なりみ Narimi

奈名哉斉成功也
里莉美美海実美
美美

なるみ Narumi

南奈響鳴為成功
琉瑠未美美望美
未美

に

↓ P61

にいな Nina

仁仁に新新新仁
唯衣い菜南奈稲
奈那奈

にか Nika

新弐仁仁仁に二
香花夏香佳か華

にこ Niko

虹日仁丹仁に二
来瑚瑚湖子こ胡

にじか Nijika

仁に虹虹虹虹虹
慈じ歌華架佳花
香夏

にじほ Nijiho

丹仁に虹虹虹虹
慈滋じ穂宝歩帆
保穂帆

にな Nina

爾仁仁丹仁仁二
奈愛菜奈奈那菜

にほ Niho

新新丹仁仁日二
穂帆穂穂保歩穂

ぬ

↓ P62

ぬい Nui

繡縫縫野ぬ繡縫
伊唯衣伊い

ぬのか Nunoka

縫ぬ布布布布布
乃の霞歌香佳花
花か

Nobuko のぶこ
伸子 延胡 信子 宣子 悦子 展子 暢子

Nori のり
紀 倫 賀 乃里 乃梨 希祝 紀里

Norika のりか
典加 法香 紀香 紀夏 規佳 徳香 乃梨歌

Noriko のりこ
典子 法子 紀子 徳子 範子 乃莉子 希理子

Noriho のりほ
典歩 法穂 紀保 規穂 理帆 順歩 範穂

Non のん
暖 のん 乃音 乃穏 希苑 希音 暖苑

は
↓ P62

Hasumi はすみ
芙美 芭澄 波純 葉純 蓮実 蓮美 蓉美

Noko のこ
のこ 乃胡 乃鼓 希子 野子 埜子 野湖

Nozomi のぞみ
希 望 希美 希望 望未 望海 のぞ実

Nodoka のどか
和 温 閑 和花 和果 温香 のど花

Nono のの
のの 乃望 希乃 野乃 埜乃 野々 埜々

Nonoka ののか
のの歌 乃々華 希乃香 希望叶 野乃花 望乃歌 野々果

Nonoko ののこ
のの子 乃々胡 乃野子 希乃子 希々子 望乃子 埜々子

Nonoha ののは
希羽 のの羽 乃々芭 希乃波 野乃葉 野々羽 埜々芭

ね
↓ P62

Neo ねお
ねお 音央 音桜 祢緒 寧央 寧和 寧緒

Nene ねね
ねね 音々 祢々 祢音 寧々 嶺々 嶺音

Neneka ねねか
ねねか ねね佳 ねね香 音々香 音祢佳 峰音佳 寧々花

の
↓ P62

Noa のあ
のあ 乃安 乃亜 乃愛 希亜 希愛 暖亜

Noe のえ
乃恵 乃笑 乃慧 野衣 埜枝 望恵 野絵

Noeru のえる
ノエル のえる 乃絵留 乃瑛瑠 希衣瑠 希笑琉 埜英琉

はつか Hatsuka

初花　初佳　初夏　初香　はつ香　羽都香　葉津花

はづき Hazuki

八槻　羽月　波月　映月　華月　葉月　羽都希

はつね Hatsune

初音　初祢　初寧　肇音　はつね　芭津音　波都音

はつほ Hatsuho

初帆　初保　初穂　はつ帆　羽津保　把都歩　葉津穂

はつみ Hatsumi

初生　初泉　初美　肇美　巴柘実　波津海　葉柘水

はな Hana

花　華　巴花　羽奈　羽菜　花那　華菜

はなえ Hanae

花笑　花愛　春苗　華永　華絵　椛英　波奈恵

はなか Hanaka

花果　花香　花栞　英佳　華加　華花　はな花

はなこ Hanako

花子　花紅　華子　華瑚　巴南子　羽奈子　葉那子

はなな Hanana

芳那　花南　花菜　英奈　華奈　葉七　羽名菜

はなの Hanano

芳乃　花野　花望　英乃　華乃　椛埜　花菜乃

はのん Hanon

巴音　巴遠　波音　春温　春暖　葉苑　葉音

はる Haru

春　悠　温　遥　陽　暖　波琉

はるか Haruka

悠　遥　春霞　陽花　榛花　遙河　遼香

はるき Haruki

春姫　春樹　悠季　陽希　晴季　遥輝　暖紀

はるこ Haruko

春来　悠子　温子　晴子　遥子　陽子　榛湖

はるな Haruna

春菜　晴奈　陽奈　遥南　陽菜　暖南　榛名

はるね Harune

春音　春寧　悠祢　晴音　陽音　遥峰　榛音

はるひ Haruhi

春妃　春陽　悠日　悠妃　陽妃　遥陽　温陽

はるほ Haruho

明穂　春帆　美帆　春保　晴歩　遥穂　陽穂

はるみ Harumi

治美　美心　春美　悠海　遥未　陽美　遙望

はんな Hanna

汎那　帆奈　帆南　帆夏　絆奈　繁那　はんな

ひ

↓ P63

ひいな Hina

一菜　秀那　秀奈　柊那　柊菜　飛南　妃以奈

Hinami ひなみ
陽波
琵波
雛美
日向美
比奈実
日菜実
妃奈美

Hibiki ひびき
響
音響
響希
響樹
ひびき
日比姫
妃琵輝

Hifumi ひふみ
妃史
陽文
陽史
一二三
日歩美
陽風水
緋芙美

Himari ひまり
日鞠
妃毬
緋毬
ひまり
日茉莉
向日葵
陽茉里

Himika ひみか
ひみ香
日美香
灯実佳
妃美加
斐美香
陽海夏
緋泉歌

Hime ひめ
妃
姫
媛
日愛
比瞳
妃愛
陽芽

Himeka ひめか
妃香
姫佳
姫華
姫歌
媛花
日芽夏
陽瞳香

Hideka ひでか
禾花
秀香
秀華
英加
英華
栄佳
栄香

Hidemi ひでみ
禾美
秀実
英美
栄実
淑美
彬美
日出美

Hitomi ひとみ
眸
瞳
一未
仁美
仁望
倫美
瞳美

Hina ひな
穂
雛
比奈
日菜
妃菜
陽南
緋夏

Hinako ひなこ
雛子
日向子
比那子
比南子
日菜子
妃奈子
陽菜子

Hinata ひなた
日向
陽向
雛多
ひなた
比奈大
日菜汰
陽南多

Hinana ひなな
妃七
雛那
雛奈
雛菜
ひなな
日向菜
陽菜々

Hinano ひなの
雛乃
ひなの
日向埜
日菜野
妃奈乃
陽菜乃
緋名乃

Hiro ひいろ
一彩
日彩
妃采
秀彩
陽彩
ひいろ
陽衣露

Hiori ひおり
灯織
妃織
陽織
緋織
日緒理
陽桜里
緋央璃

Hikari ひかり
光
燿
耀
晄璃
ひかり
日花梨
陽夏莉

Hikaru ひかる
光
皓
輝
妃佳留
飛花琉
陽夏琉
緋香瑠

Hisa ひさ
寿
尚
悠
日咲
斐沙
陽咲
陽彩

Hisae ひさえ
久映
久絵
寿瑛
尚枝
悠恵
陽冴
妃沙衣

Hisano ひさの
久乃
寿乃
尚乃
悠乃
喜乃
日紗乃
陽彩乃

Hizuru ひづる
日弦
妃絃
妃鶴
飛鶴
陽絃
ひづる
日都琉

ひめな Himena
妃名　妃奈　姫那　姫菜　媛南　陽芽那　緋女奈

ひめの Himeno
妃乃　姫乃　媛乃　媛埜　ひめの　日愛乃　陽芽野

ひより Hiyori
日和　妃依　陽依　陽頼　ひより　陽葉里　緋夜莉

ひろ Hiro
紘　展　容　尋　裕　妃呂　陽路

ひろか Hiroka
弘香　央華　宏香　宙夏　紘佳　皓花　比芦夏

ひろこ Hiroko
宏子　宙子　宙瑚　浩子　紘子　博子　寛子

ひろな Hirona
央那　宏奈　洋奈　紘奈　裕奈　寛菜　日路菜

ひろみ Hiromi
大海　弘実　宏美　宙未　拓海　洋海　尋美

ひわこ Hiwako
日和子　日環子　妃和子　妃倭子　飛羽子　陽和子　緋和子

ふ

↓ P63

ふうか Fuka
風花　風佳　風薫　富花　楓花　楓香　楓華

ふうこ Fuko
風子　風虹　風湖　楓子　楓瑚　芙有子　風優子

ふうな Funa
風奈　風南　富奈　楓名　布宇名　扶羽南　芙有菜

ふき Fuki
蕗　ふき　布紀　巫希　芙季　扶葵　風姫

ふきこ Fukiko
吹子　蕗子　ふき子　布希子　芙季子　風樹子　冨紀子

ふきの Fukino
吹乃　吹野　英乃　蕗乃　蕗埜　芙季野　富貴乃

ふさこ Fusako
維子　総子　布沙子　芙咲子　芙紗子　風彩子　楓早子

ふじか Fujika
藤花　藤佳　藤香　藤夏　布二香　芙士歌　富士香

ふじこ Fujiko
藤子　藤胡　ふじ子　不二子　芙路子　扶慈子　富士子

ふたば Futaba
二芭　二葉　双芳　双葉　ふたば　ふた葉　扶多葉

ふづき Fuzuki
文月　芙月　歩月　風月　富月　楓月　ふづき

ふみ Fumi
文　史　芙美　歩美　風実　風泉　冨水

ふみえ Fumie
文絵　文詠　史栄　史恵　郁衣　郁恵　風美絵

ふみか Fumika
文佳　史佳　史香　郁夏　詞佳　芙珠花　風実香

Honami ほなみ
帆波　帆南　歩波　穂波　穂南　保奈美　穂奈実

Hono ほの
ほの　帆乃　芳野　星乃　萌乃　穂乃　穂埜

Honoka ほのか
帆夏　歩花　穂香　帆乃風　保乃佳　穂の香　穂乃果

ま
P64

Mako まあこ
万亜子　万愛子　茉阿子　真愛子　麻亜子　麻阿子　満愛子

Masa まあさ
茉麻　茉朝　真麻　万愛咲　真亜沙　麻亜彩　満亜紗

Maya まあや
万彩　万綾　茉紋　真彩　真絢　麻彩　真亜矢

Mai まい
舞　茉依　真生　真唯　麻衣　麻伊　舞衣

ほ
P63

Hoko ほこ
帆子　秀子　芳子　歩子　保子　葡子　穂子

Hoshika ほしか
星加　星花　星佳　星夏　星華　帆志夏　穂詩歌

Hoshina ほしな
斗那　星七　星那　星奈　星南　帆詩菜　穂志奈

Hoshino ほしの
星乃　星野　穂篠　ほしの　帆史野　保詩乃　穂志乃

Hozumi ほずみ
帆清　歩澄　保純　星澄　穂純　穂澄　帆瑞海

Hotaru ほたる
蛍　帆垂　蛍瑠　葡樽　穂垂　ほたる　帆多流

Honatsu ほなつ
帆夏　芳夏　歩夏　穂夏　歩那津　帆夏都　穂奈津

Fumiko ふみこ
文子　史子　史瑚　郁子　布泉子　扶実子　芙美子

Fumina ふみな
文那　史奈　史菜　史渚　郁奈　詞那　富美名

Fumino ふみの
文乃　文野　史乃　史埜　郁乃　詞乃　ふみ乃

Fuyu ふゆ
冬　布由　布結　扶友　芙由　芙柚　歩優

Fuyuka ふゆか
冬香　冬華　冬歌　布由歌　布悠加　芙結佳　風優花

Fuyuko ふゆこ
冬子　布祐子　芙由子　芙柚子　歩悠子　風結子　風優子

Fuyuna ふゆな
冬那　冬奈　冬菜　布由那　芙由奈　風優菜　富悠那

Maika まいか
苺香 舞花 舞風 舞華 万衣華 まいか 麻衣歌

Maiko まいこ
舞子 舞鼓 まいこ 茉衣子 真唯胡 麻依子 満生子

Maisa まいさ
苺沙 苺咲 舞沙 舞咲 舞紗 茉伊沙 麻衣紗

Mae まえ
万重 万恵 茉枝 真恵 真絵 麻江 満笑

Mao まお
万和 万桜 茉央 真央 真緒 麻央 舞桜

Maori まおり
茉織 真織 麻織 舞織 万緒梨 茉於理 真央璃

Maki まき
牧 万喜 真祈 真紀 真樹 麻妃 舞姫

Makiko まきこ
牧子 槙子 万紀子 茉希子 真輝子 真樹子 麻紀子

Makiho まきほ
万季穂 万輝帆 茉紀穂 真紀穂 真姫宝 麻樹帆 磨紀歩

Mako まこ
まこ 茉子 茉湖 真子 眞心 麻子 摩子

Makoto まこと
真 諒 万采 万琴 真琴 万湖都 真鼓音

Masaki まさき
万咲 真咲 雅姫 優輝 万沙樹 茉咲希 麻紗希

Masako まさこ
匡子 理子 雅子 雅鼓 万紗子 茉佐子 真砂子

Masami まさみ
允海 昌未 理美 雅美 優美 真沙美 麻紗実

Mashiro ましろ
万代 茉代 茉白 真白 純白 真皓 麻代

Masumi ますみ
茉純 益美 真澄 麻純 万寿実 真珠美 満寿美

Machi まち
万茅 万智 茉知 真知 真智 麻智 満千

Machika まちか
町花 町香 街夏 万知佳 真千花 真智佳 麻千夏

Machiko まちこ
町子 街子 茉千子 真千子 麻知子 麻茅子 満知子

Madoka まどか
円 圓 円香 円華 窓佳 窓香 まどか

Mana まな
愛 茉那 茉奈 真那 真菜 真愛 舞奈

Manae まなえ
万苗 茉苗 真苗 愛永 愛笑 愛恵 万奈江

Manaka まなか
愛花 愛佳 愛華 真那花 真菜香 麻那加 満奈花

Manami まなみ
茉南 真波 愛海 愛深 愛望 茉名美 真奈美

まの Mano

万埜　茉野　真乃　麻乃　舞乃　舞野　磨乃

まひろ Mahiro

万宙　万尋　茉優　真央　眞紘　真尋　麻紘

まほ Maho

万帆　万穂　茉穂　真帆　真保　麻穂　満帆

まほか Mahoka

万帆夏　万穂佳　茉穂花　真歩佳　真保夏　麻穂日　磨帆香

まみ Mami

万実　茉水　茉美　真実　麻巳　麻珠　磨美

まみか Mamika

万望果　茉実香　真実花　真海夏　麻未佳　満美華　舞美可

まや Maya

茉弥　茉椰　真夜　真耶　麻矢　麻耶　満矢

まゆ Mayu

万優　茉優　真夕　真結　真優　麻友　麻由

まゆか Mayuka

繭花　万結香　万優花　茉由佳　茉優香　真悠河　麻友佳

column

呼び名も名前選びの材料に

呼び名も人間関係を左右する

名前と同じように、姓やニックネームも、呼んだり呼ばれたりするときに「周囲の暗黙の期待感」を生み、性格や人間関係を左右します。つまり、人は姓、名前、ニックネーム、「部長」「先生」などの肩書きを使って、自分のイメージを演出することができるのです。

大リーグで活躍するイチロー選手が、姓抜きの登録名にしたのは大英断でした。「イチロー」は、せつないほどに一途《いちず》で、キラキラ輝く本格派のスター名だからです。

だれにどの名前を呼んでもらうのかは意外に大事。結婚で姓が変わり、仕事がしづらくなったという話も少なくありません。

親子の関係が呼び方で変わることもあります。「お兄ちゃん」ではなく名前で呼んだり、年齢に応じて呼び方を変えてみたりして、呼び名を上手に利用しましょう。

子ども時代はニックネームで

かわいい名前をつけたいけれど、将来、弁護士や博士になったら違和感があるかも……。そんな心配があるなら、名前は大人向きにして、幼いころは「あっちゃん」「ゆうくん」「みいちゃん」のように愛称で呼ぶのもいいでしょう。

呼び名の演出も、名前選びの材料に加えてみては？

まゆこ Mayuko
万由子　万悠子　茉友瑚　茉優子　真唯子　真悠子　麻由子

まゆみ Mayumi
真弓　麻弓　繭美　茉優美　真結水　麻友美　舞結美

まゆり Mayuri
まゆり　万由梨　万柚莉　茉百合　真百合　真悠里　眞優梨

まよ Mayo
万世　万容　茉代　眞世　真夜　満代　摩代

まり Mari
毬　鞠　万璃　茉莉　真梨　真理　麻里

まりあ Maria
鞠亜　万里亜　まりあ　茉李愛　真理愛　麻璃亜　舞里安

まりえ Marie
毬笑　鞠衣　万梨枝　万理恵　まり恵　茉莉絵　麻里映

まりか Marika
毬花　鞠佳　万里華　茉莉花　茉莉香　真璃香　満里夏

まりこ Mariko
鞠子　鞠鼓　万梨子　茉梨紅　真理子　真璃子　麻利子

まりな Marina
毬那　鞠奈　万里那　茉莉菜　麻里奈　麻梨名　満里奈

まりの Marino
鞠乃　万里埜　万莉乃　まり乃　茉里乃　茉梨野　摩理乃

まりん Marin
万鈴　真倫　真琳　真鈴　真凛　舞凛　まりん

み

↓ P64

みあ Mia
心愛　未亜　実愛　美亜　美愛　望亜　深愛

みい Mi
心唯　未伊　未唯　実衣　実泉　美伊　美依

みいな Mina
美稲　みい奈　未唯那　未惟奈　弥伊奈　実依菜　美衣名

みう Miu
みう　未宇　未羽　美羽　美有　海宇　美雨

みえ Mie
未衣　光瑛　実永　実枝　美映　美絵　海愛

みお Mio
澪　心緒　実桜　海央　美央　美桜　美緒

みおな Miona
澪奈　心桜奈　未央奈　実於那　実緒菜　美桜奈　美緒名

みおり Miori
光織　実織　美織　望織　澪浬　実生梨　美於里

みおん Mion
心温　未苑　美音　海音　美温　海穏　みおん

みか Mika
未加　実夏　美花　美佳　海香　美歌　珠可

みき Miki
未妃　未来　実季　実紀　美祈　美姫　美樹

みちる Michiru

深千瑠 美千流 未知琉 みちる 路琉 満瑠 倫留

みつき Mitsuki

水津季 満月 深月 美月 充希 光月 未槻

みと Mito

美橙 美都 海都 美音 美杜 実橙 未杜

みどり Midori

美灯璃 実都梨 みどり 緑里 緑 碧 翠

みな Mina

望奈 美夏 海奈 美名 実菜 実那 三奈

みなこ Minako

望奈子 深奈子 望那子 美菜子 水那子 三菜子 南湖

みなみ Minami

美七海 未那美 みなみ 美波 海波 未南 南

みさと Misato

美聡 美聖 美郷 美里 実里 光智 水郷

みずか Mizuka

みず佳 みずか 瑞香 瑞佳 瑞花 泉華 泉香

みずき Mizuki

水珠姫 みずき 瑞葵 瑞季 瑞希 泉稀 泉妃

みすず Misuzu

美寿々 水珠々 海鈴 美鈴 美涼 実鈴 未涼

みずほ Mizuho

美鶴保 実瑞帆 瑞穂 瑞歩 瑞帆 泉帆 水帆

みそら Misora

美宇宙 未想来 望宙 海空 美空 光空 心昊

みち Michi

深知 珠智 美千 未知 路 倫 迪

みちか Michika

美千歌 未知華 三千花 路夏 道佳 満花 倫香

みきこ Mikiko

美綺子 美希瑚 実姫子 光輝子 三樹子 樹子 幹子

みく Miku

望来 美紅 美空 美来 実紅 未来 未玖

みこ Miko

深子 美湖 海心 美子 巫子 未來 水鼓

みこと Mikoto

美古都 水胡都 深琴 海琴 美琴 美采 未琴

みさ Misa

美彩 美紗 海紗 美冴 実咲 実沙 光砂

みさお Misao

美紗央 美咲桜 実沙緒 光彩生 未沙緒 操 貞

みさき Misaki

美沙季 未彩妃 海咲 美咲 実咲 心咲 岬

みさこ Misako

美砂子 美佐湖 美沙子 実彩子 光冴子 未沙子 操子

みゆき Miyuki
幸 美幸 美雪 深雪 未悠来 実友樹 美優希

みゆな Miyuna
みゆな 心悠奈 実佑奈 実結菜 美柚那 美結南 深優奈

みよ Miyo
未世 未夜 未遥 弥代 実葉 美予 美代

みらい Mirai
未来 未來 実蕾 美礼 美徠 美蕾 みらい

みり Miri
未理 実梨 美里 美莉 海浬 海璃 美璃

みる Miru
心瑠 未瑠 実留 弥琉 海琉 美瑠 深瑠

みれ Mire
みれ 心礼 未玲 実令 海玲 美麗 望令

みれい Mirei
未麗 実玲 実鈴 美怜 美玲 美鈴 深麗

みほ Miho
三穂 未歩 実穂 海帆 美保 美穂 望歩

みほこ Mihoko
三穂子 未穂子 実葡子 海帆子 美甫胡 美保子 望帆子

みみ Mimi
三実 心美 弥美 美々 美泉 海望 深美

みむ Mimu
未夢 光眸 実夢 美眸 美睦 美夢 深睦

みやこ Miyako
京 都 都胡 三弥子 実也子 美哉子 益也子

みやび Miyabi
雅 京雅 洛琵 雅美 みやび 水夜琵 未也美

みゆ Miyu
未由 未唯 実柚 実結 美友 美唯 望結

みゆう Miyu
心結 心優 未悠 未優 海悠 海優 美優

みねこ Mineko
峰子 嶺子 実寧子 美祢子 海音子 美音鼓 美峰子

みの Mino
心乃 未乃 未希 弥乃 美乃 美野 珠埜

みのり Minori
実李 美紀 美律 美徳 稔里 みのり 実乃里

みはな Mihana
未花 光華 実花 海華 美花 美英 みはな

みはね Mihane
未羽 海羽 美羽 みはね 実葉音 美巴寧 海波音

みはる Miharu
心暖 未遼 美春 美晴 美遥 美陽 実杷瑠

みひろ Mihiro
心容 未皓 海央 美紘 美尋 深宙 水比呂

みふゆ Mifuyu
美冬 珠冬 みふゆ 心扶結 未布由 実芙友 美芙柚

も

↓ P65

Moa もあ
百亜 百愛 萌亜 萌杏 望亜 萌青 望愛

Moe もえ
萌 百笑 百慧 萌永 萌咲 望恵 萌絵

Moeka もえか
萌花 萌佳 萌香 萌夏 百衣華 茂恵夏 茂絵香

Moeko もえこ
萌子 萌心 百恵子 百瑛子 茂栄子 望衣子 萌絵子

Moena もえな
萌那 萌奈 萌南 萌菜 百笑奈 茂恵菜 望瑛名

Moeri もえり
萌里 萌李 萌莉 萌梨 もえ莉 百恵理 望愛里

Meiko めいこ
芽子 明子 明紅 芽生子 海衣子 萌生子 愛依子

Meisa めいさ
名彩 明沙 明冴 メイサ 芽生紗 芽衣咲 夢衣彩

Meina めいな
名夏 明那 明奈 芽菜 鳴奈 めいな 芽衣菜

Megumi めぐみ
恵 愛 恵実 萌実 愛望 芽久実 愛紅美

Megumu めぐむ
恵 萌 恵夢 恵睦 萌夢 芽玖夢 愛久夢

Meno めの
めの 芽乃 芽埜 芽野 萌乃 愛乃 瞳乃

Meri めり
芽吏 芽里 芽梨 姫李 萌莉 萌理 愛璃

Meru める
める 芽琉 芽瑠 萌留 姫瑠 愛流 愛瑠

Miwa みわ
三和 水倭 未羽 未環 実和 美羽 美和

Miwako みわこ
三和子 未和子 見和子 実和子 美羽子 美和子 美輪子

む

↓ P64

Mutsuka むつか
六花 六香 陸加 陸佳 睦果 睦華 むつ佳

Mutsuki むつき
六輝 陸月 睦月 夢月 睦樹 霧月 むつき

Mutsumi むつみ
睦 六実 睦未 睦美 夢紡 夢紬 夢都美

め

↓ P64

Mei めい
芽生 芽衣 明依 姫衣 萌以 愛衣 愛唯

もか Moka

百叶 百花 茂夏 萌香 萌華 望叶 望歌

もこ Moko

百紅 百胡 茂子 望己 萌子 望子 望恋

もとか Motoka

元香 素佳 素香 朔夏 基佳 もと佳 百音花

もとこ Motoko

如子 朔子 素子 基子 幹子 百都子 萌杜子

もな Mona

百那 百奈 百菜 茂南 茂菜 望南 萌菜

もね Mone

百音 百寧 桃音 萌音 望音 望峰 萌寧

もも Momo

李 桃 もも 百々 百萌 萌々 萌桃

ももえ Momoe

百枝 百恵 百絵 桃英 桃恵 もも恵 萌々栄

ももか Momoka

百華 李佳 李夏 桃花 桃果 百望叶 萌々花

ももこ Momoko

百虹 李子 桃子 もも子 百々子 百萌子 萌李子

ももせ Momose

百世 百瀬 李世 桃世 桃瀬 百望世 萌々瀬

ももな Momona

百菜 百愛 李菜 桃奈 桃菜 百々椰 萌々菜

ももね Momone

李音 李祢 桃音 桃寧 百々寧 百萌音 萌々音

ももの Momono

百乃 百野 李乃 桃乃 桃野 もも乃 百萌乃

ももは Momoha

百葉 李杷 桃芳 桃映 桃葉 もも葉 望々羽

もゆ Moyu

百柚 百悠 百優 望友 萌由 萌夢 萌優

や

↓ P65

やえ Yae

八重 八恵 八瑛 弥江 弥絵 耶依 椰英

やすこ Yasuko

保子 祥子 泰子 恭子 康子 靖子 寧子

やすは Yasuha

泰波 泰葉 恭葉 康巴 靖波 靖葉 寧芭

やちよ Yachiyo

八千代 八千夜 八智代 弥茅代 弥智世 耶千夜 野知代

やひろ Yahiro

八洋 八尋 弥央 夜宙 弥宥 耶容 椰皓

やや Yaya

八夜 八耶 弥々 弥耶 耶々 耶夜 椰矢

ややこ Yayako

八夜子 也哉子 弥哉子 哉也子 耶々瑚 耶弥子 彌々子

やよい Yayoi
椰葉衣 やよい 八夜依 彌生 弥宵 弥生 三月

ゆ
↓ P65

ゆあ Yua
優愛 優安 結亜 唯有 柚杏 友亜 夕亜

ゆい Yui
優衣 結衣 唯伊 有依 由唯 結 唯

ゆいか Yuika
優衣華 柚衣香 由依歌 結華 結花 唯夏 唯花

ゆいこ Yuiko
結以子 柚衣子 由依子 友衣子 結子 唯子 由子

ゆいな Yuina
悠以那 有衣菜 由比奈 結菜 結那 唯南 唯奈

ゆう Yu
優羽 友宇 優 裕 悠 祐 友

ゆうあ Yua
優亜 結亜 悠愛 祐亜 佑有 有亜 友愛

ゆうか Yuka
優華 悠花 侑香 有香 友佳 夕夏 夕佳

ゆうき Yuki
優季 裕季 宥輝 祐希 佑姫 有希 夕葵

ゆうこ Yuko
由布子 木綿子 優子 裕子 結子 悠子 佑子

ゆうな Yuna
優奈 裕奈 悠南 祐奈 柚那 侑名 友菜

ゆうの Yuno
優乃 裕乃 悠乃 柚埜 祐乃 邑埜 夕野

ゆうひ Yuhi
優妃 悠禾 侑妃 邑陽 有妃 友柊 夕陽

ゆうみ Yumi
優美 裕実 結実 結水 悠未 佑海 夕美

ゆうら Yura
優来 悠來 悠良 由羅 由良 友羅 夕楽

ゆうり Yuri
優莉 裕里 侑里 佑梨 有莉 由凜 夕璃

ゆか Yuka
優花 結香 悠香 由佳 友香 友加 夕霞

ゆかり Yukari
悠夏利 柚香里 由香梨 友佳梨 ゆかり 縁 紫

ゆき Yuki
有紀 由希 友喜 友紀 夕季 雪 幸

ゆきえ Yukie
優妃絵 友希江 雪絵 雪衣 倖恵 幸恵 乃絵

ゆきか Yukika
悠紀夏 由樹香 夕貴佳 雪花 倖香 幸花 幸叶

ゆな Yuna
夕南　由奈　佑奈　柚那　結菜　優名　優菜

ゆの Yuno
夕埜　友乃　由乃　柚乃　悠埜　結乃　釉乃

ゆのか Yunoka
ゆの香　友乃香　有乃佳　柚ノ香　柚乃果　悠乃夏　優野花

ゆま Yuma
由真　悠麻　結麻　結舞　優万　優茉　優真

ゆみ Yumi
弓　柚実　祐実　宥美　悠未　悠海　優心

ゆず Yuzu
柚　ゆず　夕鶴　由瑞　柚子　悠津　優鶴

ゆずか Yuzuka
柚花　柚佳　柚香　ゆず香　友鶴香　柚子果　優瑞華

ゆずな Yuzuna
柚奈　悠沙　優砂　ゆず菜　友瑞南　佑寿奈　柚子菜

ゆずは Yuzuha
柚芭　柚葉　ゆず葉　夕鶴羽　侑寿羽　柚子葉　悠逗波

ゆづき Yuzuki
弓月　夕槻　友槻　由槻　祐月　結月　優月

ゆきこ Yukiko
幸子　雪子　雪胡　友樹子　有希子　祐葵子　優希子

ゆきな Yukina
幸奈　幸菜　倖那　雪菜　維奈　柚季南　優姫奈

ゆきね Yukine
幸祢　幸音　幸寧　雪音　雪嶺　由希音　優祈音

ゆきの Yukino
幸乃　恭乃　倖乃　透埜　雪乃　雪野　柚季乃

ゆきほ Yukiho
幸帆　倖歩　雪穂　順帆　夕輝帆　悠希歩　裕希保

ネーミングストーリー

晴仁《はるひと》くん
聡乃《さとの》ちゃん
文乃《あやの》ちゃん

明るい「あ段」と論語の字を組みあわせて

私たちが呼ぶときに明るいひびきだといいなと考え、まずは「あ段」ではじまることを条件に考えました。論語に使われている漢字を使いたいという希望もあり、長男は「仁」、長女は「文」、次女は「聡」の字を使うことに。それぞれ「仁」は思いやりのある人、「文」は学ぶ人、「聡」は聴く人という思いをこめました。（幸季ママ）

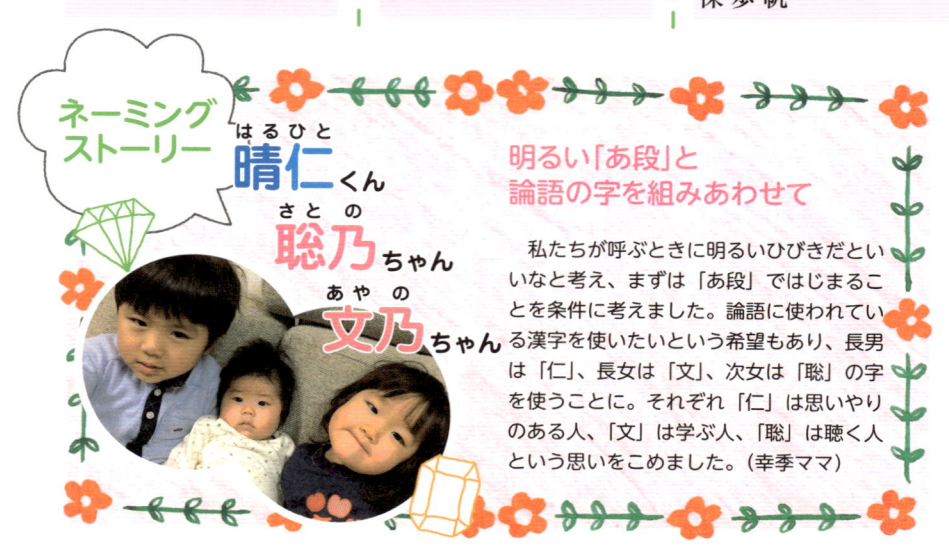

ゆみか Yumika
弓佳 弓香 弓歌 友美加 柚実花 悠海夏 裕美佳

ゆみこ Yumiko
弓子 夕海子 友深子 祐未子 結実子 裕美子 優美子

ゆめ Yume
夢 友萌 由芽 悠愛 結芽 優芽 優瞳

ゆめか Yumeka
夢叶 夢花 夢香 ゆめ香 夕芽歌 結女香 優芽花

ゆめの Yumeno
夢乃 夢埜 夢野 ゆめ乃 有芽乃 結愛乃 優芽乃

ゆゆ Yuyu
悠々 悠由 結友 裕友 結由 夢結 優結

ゆら Yura
ゆら 夕羅 友楽 佑良 悠楽 結来 優來

ゆり Yuri
友梨 友理 由梨 百合 侑理 優李 優璃

ゆりあ Yuria
ゆりあ 友里亜 百合亜 百合愛 侑莉亜 悠里阿 優李亜

ゆりえ Yurie
夕璃映 友里恵 友梨恵 由梨枝 百合絵 祐里依 優理愛

ゆりか Yurika
友里佳 由理華 百合花 百合香 柚李果 優里香 優梨花

ゆりこ Yuriko
ゆり子 夕璃瑚 友理子 百合子 悠浬子 唯璃子 結梨子

ゆりな Yurina
ゆり菜 友梨奈 百合那 有梨名 悠里南 裕利菜 優理菜

よ
↓ P65

よう Yo
洋 葉 遥 陽 瑶 謡 耀

ようこ Yoko
洋子 葉子 遥子 陽虹 蓉子 瑶子 耀瑚

ようか Yoka
洋佳 葉花 遥香 陽夏 瑶華 謡香 耀加

よしえ Yoshie
由依 好恵 良笑 芳絵 佳枝 美恵 美詠

よしこ Yoshiko
由子 好子 芦子 芳子 佳子 美瑚 慶子

よしの Yoshino
由乃 吉野 芳野 佳乃 美乃 祥乃 嘉乃

よりか Yorika
由香 依佳 依香 順香 頼果 世梨華 依里花

ら
↓ P66

らいか Raika
礼香 礼華 来夏 來華 徠佳 蕾果 蕾香

らいむ Raimu
礼夢 来夢 來眸 來睦 徠夢 蕾夢 らい夢

らな Rana
頼楽楽楽来良礼
奈菜南永南奈菜

らら Rara
蘭羅蕾愛楽楽來
々々々楽来々々

らん Ran
蘭莱礼ラ蘭藍嵐
音安蘭ン

らんか Ranka
らら ら蘭蘭藍藍
んんん佳花華香
歌香加

り

↓ P66

りあ Ria
璃璃梨莉莉里李
愛亜杏愛杏阿亜

りえ Rie
梨理梨莉莉里里
絵栄枝愛瑛恵依

りお Rio
璃理梨梨莉里吏
生緒央乙緒桜音

りおな Riona
凜璃梨里里里李
生央生織緒桜於
奈奈奈名菜南那

りおん Rion
凜梨理俐里李里
音音音音穏恩苑

りか Rika
璃梨梨理利李里
佳夏花加華香佳

りかこ Rikako
璃璃理梨莉李李
香花華花夏果花
子子子子子胡子

りく Riku
璃璃凜莉李里陸
紅空空玖紅來

りこ Riko
璃梨理莉莉李吏
子瑚子湖子子子

りさ Risa
理梨理理莉莉里
彩佐冴沙紗沙咲

りさこ Risako
璃理理梨莉里李
沙彩紗咲佐彩咲
子子子子子子子

りせ Rise
璃理理梨莉李里
星勢世世世瀬瀬

りつ Ritsu
璃理李利里律立
津鶴都津栢

りつか Ritsuka
梨里律律律立立
津都夏香花歌花
夏香

りと Rito
璃凜理理梨里李
都音澄都杜都乙

りな Rina
璃梨莉莉里李利
奈名奈那菜南奈

りの Rino
璃梨理梨莉莉里
乃野乃乃野乃埜

りのあ Rinoa
凜璃梨理倫李り
乃乃乃乃埜乃の
愛亜杏亜亜阿亜

りのん Rinon
璃凜理莉倫里里
音音恩暖音暖音

りほ Riho
里保 里穂 李穂 莉帆 梨穂 理穂 凜歩

りほこ Rihoko
吏保子 里帆胡 李葡子 里穂子 莉歩子 理宝子 稟穂子

りま Rima
里万 李舞 莉真 理茉 梨真 理麻 璃万

りみ Rimi
吏美 莉美 梨実 理実 璃未 璃海 凛美

りょうか Ryoka
亮佳 凌華 涼香 涼夏 椋香 遼花 諒佳

りょうこ Ryoko
良子 亮子 涼子 涼胡 諒子 遼子 瞭子

りよこ Riyoko
李代子 莉世子 理代子 梨世子 梨葉子 凜世子 璃夜胡

りら Rira
李楽 里羅 莉良 梨良 理羅 璃良 璃空

りり Riri
李々 李里 里梨 莉里 莉理 璃々 凜々

りりあ Riria
李利亜 俐々亜 莉々亜 莉李亜 理々愛 梨里阿 璃々愛

りりい Riri
里織衣 莉々唯 莉里依 梨々唯 梨里衣 凜々生 璃々依

りりか Ririka
里々花 李々夏 莉理香 梨々花 理梨香 璃々華 璃里佳

りりこ Ririko
利吏子 李里来 里梨子 莉々子 理璃子 璃々子 凜々子

りりな Ririna
里々奈 李々菜 莉々南 理莉奈 梨理那 凜々名 璃里奈

りる Riru
りる 李留 利琉 里瑠 梨瑠 凜流 璃瑠

りん Rin
倫 琳 鈴 綸 凜 麟 りん

りんか Rinka
倫佳 琳香 鈴華 鈴歌 凜花 凜香 凜華

りんこ Rinko
倫子 倫瑚 琳子 稟子 綸子 凛子 凜胡

りんな Rinna
倫奈 倫愛 琳南 稟奈 鈴菜 綸奈 凜那

りんね Rinne
倫音 琳音 琳祢 鈴音 鈴寧 凜音 凜嶺

りんの Rinno
倫乃 梨乃 鈴乃 鈴野 綸乃 凜乃 凛乃

る

↓ P66

るあ Rua
るあ 留愛 琉亜 琉阿 琉愛 瑠杏 瑠亜

るい Rui
類 留以 留衣 琉衣 瑠伊 瑠依 瑠唯

るか Ruka
月歌 留夏 琉花 琉華 琉夏 瑠可 瑠佳

るき Ruki
留希 琉季 琉紀 琉姫 瑠妃 瑠貴 瑠輝

るな Runa
月 月愛 琉那 琉南 瑠名 瑠那 瑠奈

るみ Rumi
るみ 留実 留珠 琉美 琉泉 瑠未 瑠美

るみか Rumika
るみ香 留美香 留望花 琉光夏 琉海香 瑠美佳 瑠深加

るり Ruri
留李 留理 琉里 琉理 琉梨 瑠莉 瑠璃

るりこ Ruriko
るり子 留梨子 流理子 琉璃子 瑠利子 瑠李子 瑠璃子

るりな Rurina
留理南 留梨菜 琉李那 琉里奈 瑠莉名 瑠理菜 瑠璃奈

れ

↓ P66

れあ Rea
礼亜 礼阿 怜亜 怜愛 玲空 玲愛 麗亜

れい Rei
伶 怜 玲 鈴 澪 麗 玲衣

れいあ Reia
伶杏 玲亜 玲杏 鈴愛 黎亜 澪亜 礼衣愛

れいか Reika
礼華 怜香 玲花 玲佳 嶺花 嶺夏 麗華

れいこ Reiko
令子 礼子 玲子 羚子 黎子 麗胡 れい子

れいな Reina
礼菜 伶那 玲那 玲奈 玲南 澪奈 麗奈

れいら Reira
礼来 伶楽 玲良 玲楽 羚良 黎來 麗良

れおな Reona
礼央奈 伶桜菜 怜緒奈 玲音奈 玲麻那 麗乙南 麗央奈

れな Rena
礼那 令奈 怜菜 玲名 零奈 嶺奈 麗南

れね Rene
令音 礼音 礼寧 令嶺 玲音 玲祢 黎音

れの Reno
れの 礼乃 礼埜 怜乃 恋乃 蓮乃 麗乃

れみ Remi
礼実 令美 怜未 玲美 蓮実 嶺水 麗美

れみな Remina
令実菜 伶美名 玲水那 玲海奈 連未南 澪水奈 麗美奈

れんか Renka

怜香 怜歌 恋花 恋佳 蓮花 蓮香 蓮夏

れんじゅ Renju

怜樹 連朱 恋珠 恋樹 蓮珠 蓮樹 憐朱

ろ

↓ P67

ろか Roka

芦花 朗華 路佳 蕗花 蕗果 露香 露夏

ろみ Romi

芦美 呂美 路美 路望 緑海 蕗美 鷺未

わ

↓ P67

わか Waka

雀 羽佳 和花 和華 和歌 倭加 環可

わかこ Wakako

若子 羽栞子 和可子 和佳子 和香子 倭花子 環香子

わかな Wakana

和奏 若菜 雀奈 環叶 和加奈 和花菜 和香奈

わかの Wakano

若野 新乃 羽香野 和叶乃 和佳乃 和歌乃 倭華乃

わかば Wakaba

若芭 和椛 若葉 雀巴 わかば 羽夏波 和可葉

わき Waki

羽紀 和祈 和輝 倭妃 倭姫 環妃 環希

わこ Wako

八子 羽瑚 和子 倭子 輪子 環己 環子

ざ行

↓ P68

じゅり Juri

朱莉 朱理 寿璃 珠里 樹里 樹莉 樹梨

じゅりあ Juria

朱莉杏 朱理有 寿理亜 珠梨亜 珠璃亜 樹利阿 樹李愛

じゅりな Jurina

朱里南 朱莉那 朱璃名 寿理奈 珠里奈 珠李愛 樹莉奈

じゅん Jun

旬 純 惇 絢 順 潤 ジュン

じゅんか Junka

純花 純夏 淳香 絢佳 絢歌 順香 潤花

じゅんこ Junko

旬子 純子 純瑚 淳子 絢子 諄子 潤子

じゅんな Junna

純名 純奈 淳那 絢名 絢奈 順菜 潤奈

ば・ぱ行

↓ P68

べにお Benio

紅乙 紅央 紅音 紅桜 紅凰 紅緒 紅穂

べにか Benika

紅加 紅花 紅佳 紅果 紅香 紅夏 紅華

ひびきから考える名前

音から名前を考える場合でも、止め字の音から考える、男の子ならではの力強い音を選ぶ、女の子ならではのかわいいひびきにこだわるなど、さまざまな方法があります。

止め字の音から考える

先頭字の音に次いで、最後の音も名前の印象の決め手となります。呼び終わりの口の動きが余韻《よいん》となり、強い印象を残すのです。ここでは名前の最後の音に注目して、名前の例を紹介。親子で、きょうだいで、止め字の音をそろえたいときにも役立ちます。

[男の子の名前]

あ
未来の希望を感じさせる

あくあ
こあ
せいあ
だいあ
とあ
のあ
ゆうあ
るきあ

い
きっぱりとした潔い正義感

あおい
かい
がい
こうだい
しょうい
じょうい
しょうだい
だい
とうい
みらい
ゆうだい
るい

え
エレガントで知的な印象

かなえ
くにえ
さかえ
たかえ

お
しっかりした存在感がある

いさお
かずなお
きみお
すなお
たかなお
ただお
たつお
てるお
ともお
なお
なつお
のぶお
はお
はるお
ひでお
まお
まさお
まさなお
みちお
みちなお
みつお
もとお
やすお
ゆきお
よしお
りお
れお

か
正義感強く硬派な印象

あきたか
いつか
かずたか
きみたか
きよたか
これたか
しげたか
ともたか
ともちか
なおたか
なおちか
にちか
のぶたか
のりたか
はるか
はるたか
ひでたか
ひろたか
ほたか
まさたか
みちか
みつたか
やすたか
ゆたか
よしたか

き
潔い独立独歩の冒険者

あやき
いっき
いつき
いぶき
おうき
がいき
かずき
かずとき
かつき
くにあき
げんき
こうき
しげき
じゅんき
そうき
だいき
たかとき
たけき
たつき
ちあき
てつあき
てるき
としき
ともき
なおき
なつき
ななき
なるき
のぶき
のりゆき
はるき
はるとき
ひでき
ひびき

ひろき
ふみあき
まさゆき
みずき
みつき
もとき
やすあき
ゆうき
ゆずき
よしき
りき
りつき
りゅうき

く

安心感を与える

いく
えいく
えいさく
がく
けいさく
けんさく
こうさく
さく
しゅうさく
しゅんさく
しんさく
せいさく
だいさく
たいりく
たく
たすく
のく
はく
はるく
ひらく
ゆうさく
りく
りはく
りゅうく
りょうく
りょうさく
りんく
るうく
わく

け

瞬発力があり潔い感じ

あいのすけ
えいすけ
かずたけ
きょうすけ
ぎんのすけ
くらのすけ
けいすけ
げんすけ
こうすけ
こたけ
さすけ
しゅうすけ
しゅんすけ
じゅんのすけ
しょうすけ
しんすけ
しんのすけ
そうすけ
たいすけ
だいすけ
なおたけ
のりたけ
ひでたけ
ひろすけ
まさたけ
みたけ
ゆうすけ
ようすけ
よしたけ
りゅうすけ
りゅうのすけ
りょうすけ
れんすけ

こ

機敏さと若さのある印象

あきひこ
あつひこ
かずひこ
きよひこ
しげひこ
たかひこ
たつひこ
つねひこ
てるひこ
ともひこ
なつひこ
のぶひこ
はるひこ
ひでひこ
ひろひこ
ふみひこ
まさひこ
みつひこ
よりひこ
いっこう
えいこう
だいこう
ようこう
わこう

さ

スター性を感じる

あがさ
あきひさ
あさ
いっさ
かずさ
きよひさ
これまさ
たかひさ
つかさ
つねまさ
つばさ
てるひさ
ときまさ
としまさ
ともひさ
なおまさ
なぎさ
なりまさ
のぶまさ
のりひさ
はるひさ
ひでまさ
ひろまさ
みかさ
みちふさ
みつまさ
やすひさ
ゆきまさ
よりまさ

し

強い意志と推進力がある

あきよし
あつし
あらし
えいし
がくし
かずとし
かつし
きざし
きみとし
けいし
ごうし
さとし
すみよし
そうし
たいし
たかとし
たつよし
つよし
てつし
てるよし
ともし
ともとし
なおよし
なつし
なりとし
はるよし
ひさし
ひでとし
ひとし
ひろし
ふみとし
まさし
まさよし
みつとし
むさし
もとし
やすし

す

若々しくフレッシュな印象

あきやす
えいす
ともやす
のぶやす
のりやす
ひろやす
まさやす
よしやす

せ

繊細で優しいイメージ

あやせ
ななせ
みなせ
あせい
いっせい
こうせい
てっせい
ゆうせい
りゅうせい
りょうせい

た

タフで若々しく元気な印象

あらた
いった
うた
えいた
おうた
かなた
かんた
きょうた
ぎんた
けいた
げんた
こうた
ごうた
しゅんた
じゅんた
しょうた
しんた
じんた
せいた
そうた
てつた
てった
なゆた
はやた
はんた
ひなた
ぶんた
ゆうた
ようた
らいた
りゅうた
りょうた
りんた
れいた

ち

アピールできる人

えいきち
かいち
きいち
きょういち
きよみち
けんいち
けんきち
こういち
しゅんいち
じゅんいち
しょうきち
しんいち
じんち
せいきち
そうきち
たいち
だいち
としみち
とらきち
なおみち
なち
ひろみち
へいはち
まさみち
ゆきち
よういち
よしみち
りいち
りゅういち
りょういち

つ

超人的で強い意志をもつ

あきみつ
あつ
けいたつ
しげみつ
たけかつ
つねみつ
ときみつ
としみつ
ともあつ
のりみつ
はるみつ
ひでみつ
まさかつ
ゆうたつ
よしかつ
よりみつ
りつ

と

おおらかなしっかり者

あきひと
あさと
あつと
あやと
いくと
うみと
えいと
おと
かいと
がくと
きみひと
けんと
さくと
しゅうと
すみと
そらと
たかひと
たくと
たけと
ちさと
つきと
ともひと

ないと
なおと
なぎと
なるひと
はると
はやと
ひさひと
ひでと
ひろと
ふゆと
ほくと
まこと
まさひと
まなと
やすひと
やまと
ゆいと
ゆうと
ゆめと
よしひと
りきと
りくと
りと
りんと
れんと
わかと

な
心地よい親密感を抱かせる

かずな
しゅうな
せな
だいな
れおな

に
愛らしいハニカミ屋

かずくに
さに
ただくに
としくに
とよくに
まさくに
みくに
よしくに

ね
父性型のリーダーシップ

あきつね
いつね
かずね
かずみね
こたね
しずね
たつね
ときむね
ともさね
はるみね
ひろね
まさつね
みつむね
むつむね
やすむね
よしつね

は
潔く働き者で華がある

いちは
いろは
このは
しのは
みちは

ひ
パワフルでドライな印象

あさひ
だいひ
はるひ
ゆうひ
りゅうひ

ほ
温かなくつろぎ

かずほ
たかほ
ひでほ
ひろほ
ゆうほ

ま
優しいエリートのイメージ

いくま
かずま
かつま
きょうま
きよま
けいま
げんま
こうま
しゅうま
しゅんま
しょうま
そうま
たくま
てつま
とうま
はるま
ゆうま
りゅうま
りょうま
れいま

み
みずみずしく愛らしい

あきふみ
あゆみ
いさみ
かずみ
かつみ
きよみ
たかふみ
たくみ
ただふみ
たつみ
なおみ
なつみ
のぞみ
はるふみ
ひでみ
ひろふみ
ひろみ
まさみ
ますみ
やすふみ
よしふみ

む
信頼感あるイメージ

あゆむ
いさむ
おさむ
かなむ
さむ
すすむ
たつむ
つとむ
どうむ
とむ
のぞむ
ひろむ
めぐむ

も
まったりした豊かな感じ

あつとも
ありとも
いずも
かずとも
たかとも
つなとも
てるとも
まさとも
みくも
みつとも
やくも
やすとも
よしとも

や
優しい開放感にあふれる

あつや
いくや
かずや
かつや
しゅうや
しゅんや
じゅんや
しんや
せいや
そうや
たくや
たつや
てつや
としや
ともや
ひろや
ふみや
まさや
みきや
もとや
ゆうや
りきや
りくや
りゅうや
りょうや
れいや

ら
強くドラマチックな印象

あおぞら
あきら
いら
おおぞら
かげとら
ことら
しげとら
せら
そうら
そら
たかとら
ちから
はるとら
ひでとら
まさとら

り
りりしく思慮深い

あきなり
あつのり
いおり
かいり
かずなり
かつのり
きみのり
しげなり
せんり
たかより
たつのり
とうり
としなり
とものり
はるのり
ばんり
ひかり
ひさなり
ひでのり
ふみなり
みちなり
みつなり
みのり
むねのり
もとなり
やすのり
ゆうり
ゆきなり
よしのり

る
華やかで力強い印象に

あきてる
いちる
かいる
かおる
かける
かずはる
きよてる
さとる
しげる
すばる
たかてる
たける
ただはる
ちはる
とおる
ともはる
ないる
なる
にいる
のぶてる
のぼる
ひかる
まさはる
まさる
まはる
まもる
みちる
みつてる
みつる
みのる
やすはる
ゆずる
よしてる
わたる

ろ
華やかさと落ち着きをもつ

あつひろ
かつひろ
たかひろ
ちひろ
といろ
としひろ
なおひろ
のりひろ
ひいろ
ふみひろ
まさひろ
まひろ
みちひろ
やすひろ
ゆきひろ
かんたろう
きょういちろう
けいしろう
げんたろう
こじろう
こたろう
さくたろう
しゅんたろう
しんたろう
せいしろう
そうたろう
たくろう
たろう
とうしろう
とらじろう

はるたろう
ようじろう
らくたろう
りゅういちろう
りょうたろう
りんたろう

わ ワクワクする楽しげな気分

こうわ
さわ
とわ
はわ

ん 甘えん坊なイメージ

あもん
いちのしん
いっしん
えいしん
がもん
かん
けん
げん
けんしん
しおん
じおん
しもん
しゅん
しん
じん
ぜん
だいもん
たつのしん
たもん
だん
てつのしん
まおん
ゆうしん
ゆきのしん
りおん
りん
れおん
れん
わおん

が行 ゴージャスでスイート

ぎんが
こうが
しゅうが
たいが
とうが
ひゅうが
ようが
りょうが
あきつぐ
なおつぐ
ひでつぐ
まさつぐ
よしつぐ
かずしげ
たかしげ
はるしげ
ひろしげ
まさしげ
いちご
えいご
きょうご
けいご
けんご
しゅうご
しょうご
しんご
そうご
だいご
ひゅうご
ゆうご
りゅうご
けんごう
ごう
せいごう
だいごう
ゆうごう

ざ行 大切に育てられたイメージ

えいじ
えつじ
かいじ
きゅうじ
きんじ
ぎんじ
けいじ
げんじ
こうじ
しゅうじ
じゅんじ
しょうじ
しんじ
せいじ
そうじ
てつじ
もみじ
ゆうじ
りゅうじ
りょうじ
れんじ
きよかず
としかず
ともかず
ひでかず
ひろかず
ふみかず
まさかず
むねかず
もとかず
よりかず
ちかぜ
みかぜ
らんぜ
いちぞう
けいぞう
けんぞう
こうぞう
しゅうぞう
しゅんぞう
しんぞう
たいぞう
ゆうぞう
りゅうぞう

だ行 堂々としている

かいだ
くにただ
ひろただ
みちただ
ゆきただ
よしただ
あきひで
かずひで
かつひで
かなで
たかひで
としひで
なおひで
やすひで
ゆきひで
よしひで
えいど
しど
まさかど
もんど
ゆうど
らいど
らんど
りいど
ろうど
いちどう
かいどう
がどう
くんどう
しどう
らんどう

ば・ぱ 元気で割り切りのいい

あおば
えば
きば
わかば
あいび
あきのぶ
かずのぶ
しげのぶ
しのぶ
としのぶ
はるのぶ
ひさのぶ
ひろのぶ
まなぶ
みちのぶ
よしのぶ
よりのぶ
いっぺい
きっぺい
しゅんぺい
じゅんぺい
しんぺい
てっぺい

※「ろう」の「う」のような止め字の長音は省略。「しょう」の「う」なども省略となり、「ょ」が止め字（→P50）。
ただし、長音の最後の母音をはっきり発音する場合は、それぞれ該当の母音の止め字を参照（→P56～57）。

ネーミングストーリー

憲《けん》くん　壮《そう》くん　拓《たく》くん

4人おそろいの1字名でママ大混乱

パパの名前が「俊（しゅん）」で１文字。「子どもの名前も１文字がよい」というパパの強い希望で、３兄弟全員１文字の名前にしました。音はまったく違うのに、私は４人の名前をとにかく間違えてばかり。なぜか呼びたい名前が最初に出てこず、お兄ちゃんの壮を呼んだつもりが、パパがやってきたり……。慣れるのにまだまだ時間がかかりそうです。（しほママ）

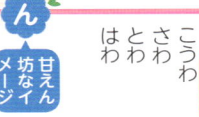

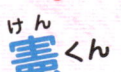

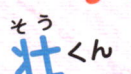

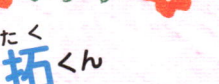

[女の子の名前]

あ
未来の希望を感じる

くれあ　こあ　ここあ　じゅりあ　せいあ　せりあ　とあ　まりあ　みあ　みりあ　ゆあ　ゆうあ　ゆりあ　りあ　りりあ　れあ

い
キッパリと潔い正義の人

あい　あおい　まい　みらい　みれい　めい　やよい　ゆい　るい　れい

え
エレガントで知的な印象

かえ　かなえ　きえ　こずえ　さえ　さなえ　ちえ　ともえ　ななえ　のえ　はなえ　ふみえ　まりえ　もえ　ももえ　やえ　ゆきえ　りえ

お
母性と信頼感を感じる

あお　いお　さなお　しお　すなお　たお　たまお　なお　ななお　ふみお　まお　みお　みさお　りお

か
強くて快活なアネゴ肌

あいか　あさか　あすか　あやか　あゆか　いちか　うみか　えみか　えりか　おとか　きか　きょうか　さちか　さやか　しずか　しゅうか　すずか　せいか　そよか　ちか　てんか　ななか　にじか　のどか　ののか　はなか　はるか　ひめか　ふゆか　べにか　ほのか　まどか　まなか　まりか　みずか　ももか　ゆか　ゆずか　ゆめか　りか　りりか　りんか　るか　るみか　るりか　わか

き
クールビューティー

あき　いつき　いぶき　かづき　きき　きずき　さき　さつき　しづき　たまき　ちあき　なつき　はづき　ひびき　ふぶき　まき　みき　みさき　みずき　みつき　みづき　みゆき　むつき　ゆうき　ゆき　ゆずき　ゆづき

こ
愛らしくてやりくり上手

あいこ　あこ　あやこ　あゆこ　うたこ　えみこ　えりこ　かおるこ　かこ　かのこ　かよこ　きこ　ここ　さえこ　さくらこ　さちこ　さやこ　すずこ　ちこ　ふうこ　ふゆこ　まあこ　まいこ　まこ　まちこ　まみこ　まりこ　みこ　みさこ　みなこ　みやこ　みわこ　もこ　ももこ　ゆうこ　らんこ　りかこ　りこ　りさこ　りよこ　りりこ　るみこ　わかこ

さ
颯爽としていて先頭に立つ

あさ　あずさ　あづさ　ありさ　えりさ　かずさ　きさ　さらさ　ちぐさ　ちさ　つかさ　つばさ　なぎさ　ななさ　まあさ　まりさ　みかさ　みさ　めいさ　りいさ　りさ　りりさ

せ
繊細な優しさをもつ

あやせ　きせ　ちせ　ちとせ　ななせ　はつせ　ももせ　りせ

と
しっかり者の良妻賢母

いと　おと　けいと　こと　さと　ちこと　ちさと　まこと　みこと　みさと　みと　みなと　もと　りと

な
心地よい親密感がある

あいな　あすな　あやな　あんな　いおな　えりな　えれな　かな　かりな　かんな　きずな　けいな　ここな　こはな　さな　さりな　しいな　しずな　じゅりな　すずな　せいな　せな　せりな　ちはな　なずな　なつな　なな　にいな　はな　はんな　ひな　ふみな　ふゆな　まな　みいな　みはな　ももな

ゆきな
ゆなな
ゆめな
らなな
りいな
りおな
りなな
るなな
るりな
るるな
れいな
れおな
わかな

ね

やすらぎと親しみのある

あかね
あまね
あやね
おとね
かさね
かざね
かずね
ことね
しずね
すずね
そらね
ともね
ななね
はつね
はなね
はるね
みはね
ももね
ゆきね

の

のどかでなつかしい印象

あおの
あきの
あやの
かの
かやの
ここの
ことの
さちの
すずの
そらの
ちの
なつの
のの
はなの
はるの
ひさの
ひなの
ひめの
まの
まりの
みその
ももの
ゆうの
ゆめの
よしの

は

潔く華やかな働き者

あきは
いろは
おとは
かずは
くれは
ここは
ことは
このは
すずは
つきは
みつは
もとは
ももは
やすは

ほ

温かなくつろぎを感じる

あきほ
あやほ
いほ
うたほ
かずほ
かほ
きほ
さきほ
さちほ
さほ
しほ
すずほ
ちほ
てるほ
なつほ
ななほ
なほ
はるほ
まきほ
まほ
みずほ
みつほ
みほ
やすほ
りほ
りりほ

ま

ふっくらと満ち足りた印象

えま
しま
たま
ゆま
りま

み

みずみずしく愛らしい

あずみ
あみ
あゆみ
いずみ
えみ
かすみ
かなみ
くみ
くるみ
ここみ
ことみ
こなみ
このみ
しほみ
たまみ
ちなみ
ちふみ
つぐみ
なつみ
ななみ
なみ
なるみ
のぞみ
はすみ
はなみ
ひとみ
ふみ
ほなみ
まなみ
まみ
みなみ
みみ
めぐみ
もえみ
もなみ
ゆきみ
ゆずみ
りみ
ろみ

よ

人をやわらかく包みこむ

いよ
かよ
さちよ
さよ
すみよ
そよ
ちよ
ともよ
はるよ
ふみよ
まよ
みさよ
みちよ
みよ
むつよ
もとよ
ももよ
ゆきよ
りよ

ら

りりしい華やかさをもつ

うらら
かえら
きよら
きら
きらら
くらら
さくら
さら
せいら
せら
そら
みそら
みら
ゆら
らら
りら
れいら

り

りりしく理知と努力の印象

あいり
あかり
あめり
あり
あんり
えみり
かおり
きり
さゆり
しおり
しのり
しほり
じゅり
せり
ちえり
ちり
ともり
のり
ひおり
ひかり
ひまり
ひより
まおり
まり
みおり
みのり
みり
ゆうり
ゆかり
ゆり
りり
るり
まりい
りりい

る

華やかで力強いイメージ

いちる
こはる
ちはる
のはる
まはる
みちる
みはる

ん

放っておけない甘えん坊

あん
いおん
しおん
じゅん
すずらん
せいらん
のん
はのん
まりん
みおん
みらん
らん
りおん
りのん
りん
れん

※「りい」の「い」のような止め字の長音は省略。「しょう」の「う」なども省略となり、「ょ」が止め字（→P50）。
ただし、長音の最後の母音をはっきり発音する場合は、それぞれ該当の母音の止め字を参照（→P56〜57）。

3音・2音を1字に当てる

音は3音、2音でも、表記は漢字1字にして、
名前の見た目のバランスをすっきりさせることもできます。
漢字1字で名づける方法は、ここ数年人気が上昇。
音に当てる字を考えるときの候補に加えてみてください。

男の子の名前

漢字1字名ベスト3

1位 蓮　れん
2位 樹　いつき　たつき
3位 悠　ゆう　はる

出典：明治安田生命ホームページ　2016年度データ

3音の名前

あおい　蒼葵
あきら　彰輝煌晶彬明
あつし　篤睦敦淳厚
あまね　周
あゆむ　歩

あらた　新改
いさお　勲烈功
いさみ
いさむ　敢勇
いたる　到至
いつき　厳樹
いわお　磐　巌

おさむ　理修紀治士乃
かおる　馨薫郁
かける　駆翔
かなめ　要
きよし　清純圭　澄潔廉聖

こはく　琥
さとし　諭聡聖智哲怜
さとる　聡聖暁哲悟知
しげる　成　繁慈滋茂

すぐる　優勝逸俊卓克
すすむ　奨進晋将亨丞
すなお　順素純直

すばる 昴
たかし 尊敬隆崇剛恭尚岳孝
たくみ 匠巧
たけお 猛
たけし 剛武壮

毅雄猛彪健
たける 猛建尊威武
たすく 奨資将佑匡
ただし 理政直匡正

憲禎
たつき 樹
たつみ 巽
たつる 樹建
たもつ 維惟保
ちから 力
つかさ 吏主司士

政典長
つとむ 勤務勉励努孜
つばさ 翼
つむぎ 紬紡
つよし 猛彪健強剛威

毅豪
とおる 徹透通泰享亨
なぎさ 渚汀
なごむ 和
のぞむ 臨望希
のぼる 昇昂

登
はじめ 肇朝朔東初元一
はやて 颯
はるか 遼遙遥悠
はるき 開
ひかり 輝光

ひかる 輝皓晄晃光
ひさし 恒尚寿永久
ひじり 聖
ひとし 整等均仁
ひびき 響

ひろし 裕博紘洋宏弘広
ふとし 太
ほまれ 誉玲
まこと 諒誠真純信実充允

まさし 雅政匡正
まさる 優潤勝克大
まなぶ 学
まもる 護衛守
みちる 碩満庚

みつる 碩満充光
みなと 湊港
みのる 穣稔豊実
みやび 雅
めぐむ 萌恵
もとき 基

幹
やすし 寧靖泰保
やまと 倭和
ゆずる 譲謙
ゆたか 優豊裕
わたる 渡渉航亘

2 音の名前

櫂魁開桧海 かい　鋭瑛栄英 えい　洋海 うみ　顕彬晋 あき　碧蒼 あお

憲健拳剣 けん　慧慶敬恵佳圭 けい　響競強京 きょう　環幹敢莞 かん

祥将昇 しょう　瞬駿隼俊旬 しゅん　脩柊宗周秀 しゅう　煌晃洸光巧 こう

颯蒼想創爽奏壮 そう　誠晴清政成 せい　慎進紳真臣伸 しん　翔勝

知友 とも　駿慧敏俊 とし　徹哲 てつ　琢啄拓卓 たく　穹昊宙空 そら

遙陽遥晴悠 はる　博舶 はく　信延伸亘 のぶ　斉直尚巨 なお　朝智朋

力 りき　燿陽遥要洋 よう　優裕悠勇侑 ゆう　寛宙拓 ひろ　英秀 ひで

類塁 るい　麟臨凜倫 りん　遼諒涼亮良 りょう　龍劉隆琉 りゅう　陸 りく

豪剛 ごう　源元 げん　岳学 がく　鎧凱 がい　漣蓮廉 れん　嶺玲礼 れい

團弾 だん　大乃 だい　禅善 ぜん　迅仁 じん　丞丈 じょう　潤順淳純 じゅん

女の子の名前

漢字１字名ベスト３

1位　葵　あおい　めい

2位　凜　りん

3位　花　はな

出典：明治安田生命ホームページ　2016年度データ

3音の名前

杏 あんず　歩 あゆみ　菖 あやめ　梓 あずさ　旭 あさひ　燈灯 あかり　茜 あかね　蒼葵 あおい

心 こころ　奏 かなで　霞 かすみ　馨香芳 かおる　楓 かえで　麗 うらら　苺 いちご　泉 いずみ

菫 すみれ　静惺康 しずか　栞 しおり　櫻桜 さくら　琥 こはく　喜好 このみ　槙梢 こずえ

汀 なぎさ　巴 ともえ　紬紡 つむぎ　蕾 つぼみ　翼 つばさ　椿 つばき　環珠 たまき　李 すもも

光 ひかる　耀光 ひかり　華 はんな　遥悠 はるか　温和 のどか　望希 のぞみ　和 なごむ　渚

碧翠 みどり　満庚 みちる　岬 みさき　円 まどか　蛍 ほたる　響 ひびき　瞳眸 ひとみ　輝晄

椛 もみじ　萌恵 めぐみ めぐむ　幸 みゆき　雅 みやび　都京 みやこ　南 みなみ　湊港 みなと　緑

2 音の名前

礼文 あや　朝麻 あさ　耀煌晶暁瑛彬秋映 あき　碧青 あお　藍愛 あい

歌唄吟 うた　綸絃糸 いと　幾郁侑育 いく　杏安 あん　綺綾絢理彩紋

紀和寿壱 かず　響律音乙 おと　媛苑円 えん　笑咲 えみ　洋海 うみ　謡

静聖雪清圭 きよ　淑后仁公 きみ　絹衣 きぬ　萱茅 かや　愛奏叶 かな

琴 こと　此心 ここ　洸虹香紅幸好光 こう　景敬渓啓恵京佳圭 けい

爽清 さや　慧聖智郷敏里 さと　祥幸 さち　朔咲 さく　咲幸早 さき　詞

潤詢絢淳純 じゅん　縞嶋 しま　篠忍 しの　寧静 しず　色 しき　燦珊 さん

紗妙 たえ　穹空 そら　颯 そよ　静聖晴清星 せい　澄純 すみ　鈴紗 すず

槙展典天 てん　耀燿輝照 てる　露 つゆ　槻晋月 つき　誓睦直周 ちか

七 なな　梛凪 なぎ　直尚 なお　苗 なえ　豊富 とよ　朝智倫朋知友 とも

椛華英芳花 はな　暖 のん　範徳紀典 のり　虹 にじ　漣浪洋南波 なみ

裕紘広 ひろ　媛姫妃 ひめ　雛 ひな　悠寿久 ひさ　榛陽遥晴温春 はる

愛 まな　槙蒔牧 まき　舞苺 まい　那冬 ふゆ　郁史文 ふみ　楓風 ふう　優

唯由 ゆい　桃李 もも　萌 もえ　明芽 めい　樹幹 みき　澪 みお　鞠毬 まり

夢 ゆめ　弓 ゆみ　柚 ゆず　雪倖幸千 ゆき　優裕結悠祐柚佑有 ゆう　結

綾稜陵涼良 りょう　律立 りつ　陸 りく　蘭藍 らん　耀瑶蓉陽遥葉 よう

漣蓮恋怜 れん　麗玲伶礼令 れい　月 るな　類 るい　凜凛鈴倫 りん　諒

※「りい」の「い」のような止め字の長音は省略。「しょう」の「う」なども省略となり、「ょ」が止め字(→P50)。
ただし、長音の最後の母音をはっきり発音する場合は、それぞれ該当の母音の止め字を参照(→P56～57)。

ネーミングストーリー

杏《あん》ちゃん

親子そろって短いフルネーム

私自身結婚して名字＋名前で２文字になりました。子どもにも１文字の名前をつけたいと思い、主人と名前の案を出しあっていたところ、「杏《あん》ちゃんってひびきがかわいいし、名前が短いと覚えてもらいやすいよね」という話になり、名前が決定しました。多くの友達に「短い名前でおそろいだね」といわれます。(愛ママ)

男の子ならではのひびき

長音で、広がりのある名前に。濁音《だくおん》で、名前に力強さを。音読みで知性的に……。
男の子らしさをより感じさせるひびきの名前を集めました。

スケールの大きな長音を活かして

悠然とした大物感のある「ゆう」、
おおらかで落ち着きのある「ろう」。
音を伸ばす「長音」を活かした名前は、
広がりがあり、スケールの大きい名前です。
伸ばす音の母音のもつ語感《ごかん》を
強めます。

おう・おお	
おうき	央希 凰樹
おうすけ	央介 旺輔
おうせい	旺誠 桜成
おうた	欧太 凰汰
おうたろう	央太朗 鷗汰郎
おおすけ	大祐 大輔
るおう	琉王 瑠皇
きゅう	
きゅうた	玖汰 穹太
きゅうま	久真 赳馬
きょう	
きょうご	享悟 恭吾
きょうしろう	京司郎 恭士郎
きょうへい	匡平 響平
くう	
くうが	久雅 空牙
くうご	久悟 空伍
けい	
けいき	佳樹 慶喜
けいすけ	圭佑 敬輔
けいた	啓太 敬太
けいたろう	恵多朗 慶太郎
こう	
いっこう	一孝 壱幸
こうじ	孝次 洸二
こうしろう	光子郎 航史郎
こうた	耕太 康太
こうたろう	幸太郎 鋼太郎
こうへい	洸平 煌平
こうよう	光陽 向耀
ようこう	洋光 遥高
わこう	和幸 湧光
しゅう	
しゅう	秀 修
しゅういちろう	修一郎 萩一朗
しゅうと	秀都 鷲斗
しゅうへい	周平 修平
しゅうま	秀真 脩馬
しょう	
けいしょう	恵勝 慶翔
けんしょう	健勝 賢将
しょうた	祥太 翔太
せい	
いっせい	一世 逸誠

せいま　靖真　誠摩
せいや　斉哉　聖也
ゆうせい　悠政　雄正
りゅうせい　竜星　隆正

そう

そうき　湊紀　想樹
そうご　奏吾　聡悟
そうすけ　壮介　颯介
そうた　草大　蒼汰
そうたろう　宗太郎　奏太郎
そうへい　草平　創平
そうま　創真　綜馬
そうや　草也　想哉

ちゅう

ちゅうや　忠弥　紬矢

ちょう

ちょうじろう　長次郎　暢二朗
ちょうすけ　兆輔　澄介

とう

とうが　登雅　闘牙
とうすけ　桐介　統輔
とうま　斗真　冬馬

ひゅう

ひゅうが　日向　飛河
ひゅうご　彪吾　日向悟
ひゅうま　飛雄馬　陽祐真

ひょう

ひょうが　豹牙　彪我

ふう

ふうと　風斗　楓登
ふうま　風磨　富真

へい

しょうへい　翔平　彰平
へいぞう　平蔵　兵造
へいた　平太　兵汰

ゆう

ゆうが　悠雅　雄我
ゆうき　友樹　優希
ゆうじ　祐司　雄二
ゆうた　佑汰　勇太
ゆうたろう　悠太郎　結太朗
ゆうと　友翔　裕斗
ゆうひ　勇陽　雄飛
ゆうま　裕馬　湧磨
ゆうや　悠也　優矢

よう

いちよう　一耀　壱陽
かいよう　海陽　櫂洋
ようたろう　陽太郎　耀太朗
ようへい　洋平　遥平
ようま　陽真　瑶磨

りゅう

しりゅう　司琉　志龍
りゅうおう　竜王　龍凰
りゅうき　隆樹　龍騎
りゅうま　琉真　劉磨

りょう

りょうと　亮人　遼斗
りょうへい　良平　涼平
りょうま　稜真　龍馬

れい

れい　礼　嶺
れいと　励人　玲斗
れいや　礼也　嶺矢

ろう

いちろう　一郎　伊智郎
えいたろう　英太朗　栄太郎
かんたろう　勘太朗　環太郎
けいいちろう　恵一郎　慶一朗
しんたろう　晋太郎　進太郎
せいしろう　清史郎　誠司郎
たくろう　卓郎　拓朗
たろう　太郎　汰朗
てつろう　哲郎　鉄朗
ともろう　知郎　朋朗

ごう

ごう　剛　豪
ごうき　剛毅　豪樹

じょう

じょう　丈　譲
じょういち　成一　譲一
じょうじろう　定治郎　穣二郎

ぞう

こうぞう　孝蔵　幸造
たいぞう　太蔵　泰造
ゆうぞう　祐三　雄造

どう

てんどう　典道　展堂
どうむ　道武　童夢
らいどう　礼道　來堂

男の子ならではのひびき

濁音を活かして力強く

「が」や「ざ」「だ」といった濁音は、
胸郭《きょうかく》を振動させる、
強いパワーをもつ音です。
濁音《だくおん》を使った名前をもつ人は、迫力があり、
元気いっぱいのイメージ。
男の子におすすめの、力強い名前です。

が

- おうが　央雅　鳳我
- がいや　凱也　鎧矢
- がくと　学人　岳斗
- がもん　我聞　雅門
- がりゅう　牙隆　賀龍
- くうが　空牙　空賀
- こうが　光牙　孝雅
- たいが　大河　太牙
- とうが　冬牙　統雅
- ゆうが　祐牙　裕雅
- らいが　礼雅　雷牙
- りょうが　亮雅　諒牙

ぎ

- ぎんすけ　吟助　銀丞
- なぎと　凪翔　渚斗
- ゆうぎ　勇儀　雄義

ぐ

- すぐる　卓　勝
- なおつぐ　尚次　直嗣
- ひろつぐ　洋次　紘嗣

げ

- げん　玄　源
- げんき　元気　玄樹
- げんたろう　弦太朗　厳太郎
- げんや　弦也　験矢
- しげと　重人　繁斗
- しげひこ　茂彦　滋比古

ご

- えいご　英吾　栄悟
- えいごう　永剛　瑛豪
- かんご　勘悟　寛吾
- きょうご　恭五　響吾
- くうご　空護　久宇護
- けいご　敬吾　慶悟
- けんご　賢吾　謙吾
- けんごう　剣剛　憲昂
- ごいち　吾市　護一
- ごう　剛　轟
- ごうき　剛毅　豪輝
- ごうし　剛士　郷志
- ごうすけ　剛介　豪祐
- ごうた　剛大　強太
- しゅうご　宗悟　修五
- しゅんご　俊悟　舜五
- じゅんご　旬五　純悟
- しんご　真呉　進吾
- せいご　正悟　誓吾
- そうご　宗悟　奏伍
- だいご　乃吾　太護
- とうご　斗吾　道悟
- ひゅうご　彪悟　飛羽伍
- ゆうご　勇伍　悠悟
- らいご　來伍　頼悟
- りょうご　良悟　龍伍

ざ

- かざと　風斗　風翔
- みちざね　倫実　道真

じ

- えいじ　英次　栄史

かいじ　海司　櫂次
きんじ　欣二　錦司
けいじ　圭二　啓司
こうじ　晄二　耕史
こうじろう　光二郎　幸治郎
じげん　次源　滋弦
しゅうじ　秀治　修司
じゅんいち　純一　淳一
じゅんき　順希　潤樹
しゅんじ　旬二　駿史
じょう　丈　成
じょうじ　丈二　城治
じょうや　盛矢　譲也
じん　仁　臣
じんせい　仁誠　迅正
せいじ　政二　誠司
そうじろう　湊次郎　想司郎
たいじ　太司　泰志
たいじゅ　大寿　大樹
ちょうじ　兆治　澄司
ゆうじ　裕司　雄志
ゆうじん　勇仁　優人
ようじ　陽司　耀司
りゅうじ　竜司　隆二
りゅうじん　琉仁　龍陣
りょうじ　亮司　涼志
れんじ　怜治　蓮司

ず

かず　和　紀
かずあき　一彰　和晶
かずお　壱夫　和雄
かずき　一輝　和樹
かずし　万志　和史
かずたか　一孝　和貴
かずと　壱杜　紀登
かずひろ　千博　和裕
かずま　一摩　和真
かずや　一也　寿哉
まさずみ　昌純　雅澄

ぜ

ぜん　善　禅

ぞ

いぞう　威蔵　緯蔵
いちぞう　一蔵　市造
しゅうぞう　修造　脩三
たいぞう　太蔵　泰造
ゆうぞう　佑三　悠造
りゅうぞう　竜蔵　劉三
れんぞう　蓮三　廉造

だ

えいだい　永大　瑛大
こうだい　宏大　煌大
しゅんだい　隼大　瞬大
しょうだい　将大　翔大
だい　乃　大
だいき　大希　大樹
だいし　大史　大志
だいすけ　大亮　大輔
だいち　大地　大知
だいと　大斗　大翔
ただし　匡　忠志
ゆうだい　雄大　優大
りゅうだい　琉乃　龍大
りょうだい　良大　遼代

で

ひでお　秀生　英雄
ひでき　秀樹　栄喜
ひでと　秀斗　英登

ど

しどう　志道　獅童
らんど　嵐努　蘭土

ば

あおば　青葉　蒼波
しんば　心羽　新葉
つばさ　翼　都羽佐
ばんり　万里　萬理
わかば　若葉　若羽

び

ひびき　響　響輝
びんと　敏人　敏斗

ぶ

あきのぶ　明信　章伸
いぶき　伊吹　威吹
のぶと　信都　展人
のぶや　伸弥　延哉
のぶゆき　信行　暢之
ぶいちろう　武一郎　舞一朗
ぶんしろう　文士郎　聞史朗
ぶんた　文太　豊太
まなぶ　学　学歩

男の子ならではのひびき

音読みを活かしてりりしく

「一成」を「かずなり」ではなく「いっせい」、
「悠信」を「はるのぶ」ではなく「ゆうしん」。
音読みを活かした呼び名は、
男の子に身につけてほしい知性や
りりしさを感じさせます。

いっき	一樹	壱輝
いっけい	一啓	一景
いっこう	一航	壱幸
いっしん	一新	壱紳
いっせい	一成	逸誠
えいこう	英孝	栄広
えいしん	英真	瑛信
かいしゅう	海舟	魁秀
かいせい	快誠	魁星
かいと	快翔	海斗
かいや	海也	魁矢
かいよう	海陽	櫂洋
かいる	海瑠	開琉
きしん	輝真	騎信
くうが	久雅	空牙
けいき	圭樹	佳紀
けいし	敬志	慶史
けんしん	賢信	憲真
けんせい	剣星	賢成
こうえい	幸栄	航英
こうせい	孝誠	紘成
こうだい	光大	高代
こうめい	広明	宏明
こうよう	広陽	光洋
しどう	司道	獅童
しゅうえい	秀栄	修英
しゅうめい	周明	修明
しゅんき	隼紀	舜樹
しょうだい	祥代	翔大
しんせい	信誠	慎成
せいが	晴雅	誠賀
せいりゅう	政隆	聖龍
たいし	太史	泰志
たいせい	大成	太盛
たいと	太斗	泰翔
たいよう	大燿	太陽
ちゅうや	宙矢	忠哉
てんゆう	典勇	展祐
てんりゅう	天竜	典隆
とうが	統我	登雅
はくと	船登	博翔
ひりゅう	日龍	飛竜
ふうが	風我	富雅
ほうせい	邦生	朋正
めいせい	明世	明誠
ゆうし	有司	祐史
ゆうしゅん	悠俊	優駿
ゆうしん	勇進	優信
ゆうせい	佑誠	悠正
ゆうだい	悠大	雄大
ようこう	洋高	耀孝
ようせい	洋誠	陽正
りゅうき	竜樹	隆紀
りゅうと	琉斗	龍都
りょうえい	竜永	諒英
りょうが	良賀	諒我
りょうせい	涼誠	遼正
りょうだい	亮代	稜大
れいと	礼翔	嶺斗
わこう	和孝	環幸

女の子ならではのひびき

長音で、おおらかな優しさあふれる名前に。呼び名にこだわりたい。
音を重ねてよりかわいらしく……。
女の子らしさをより感じさせるひびきの名前を集めました。

女の子ならではのひびき

長音で優しくおおらかに

包みこむように優しい「まあ」、
ゆったりとやわらかい「ゆう」。
音を伸ばす「長音」を活かした名前は、
広がりがあり、おおらかな印象です。
伸ばす音の母音のもつ
語感《ごかん》(→P84)が強調され、
母性的な優しさを感じさせます。

えいか	英香　瑛佳
えりい	恵利衣　絵理伊
おうか	央佳　桜花
きい	希依　貴衣
きょう	京　恭
きょうこ	杏子　今日子
けいか	景香　慧佳
こうこ	紅子　香子
さあや	沙彩　咲綾
しいな	椎那　椎菜
しゅうか	柊香　萩花
しょうこ	笑子　翔子
せいあ	星愛　聖亜
せいか	成香　清華
せいこ	晴子　勢以子
せいな	静奈　世衣那
せいら	星羅　聖良
ちい	千依　知衣
とうか	桃華　橙香
とうこ	冬子　桐子
にいな	新菜　仁衣那
ひいな	秀奈　妃衣那
ふうか	風花　風薫
ふうこ	風子　楓子
まあこ	麻阿子　舞亜子
まあさ	真朝　麻亜沙
まあや	真綾　麻彩
まりい	真理衣　麻里伊
みい	実衣　美以
みおう	実央　美桜
ゆう	優　結羽
ゆうか	悠香　優花
ゆうき	有紀　祐希
ゆうこ	結子　由布子
ゆうな	柚那　悠和
ゆうら	由楽　結良
ゆうり	侑里　優李
よう	遥　耀
ようか	遥香　陽華
りい	里伊　理衣
りおう	莉桜　璃央
るう	琉宇　瑠生
れい	礼　麗
れいか	令花　玲夏
れいな	玲奈　澪那

女の子ならではのひびき

呼びたい愛称から考える

「はーちゃんと呼びたい！」や
「のんちゃんと呼べる名前は？」と、
呼び名からイメージをふくらませる
パパやママもいます。
名前と同じように、呼び方もとても大切。
ふだんから呼ばれる名前は性格や
人間関係に影響します。

あーちゃん
あさか
あさこ
あさみ
あさよ

あいあい
あいか
あいな
あいり

あっきー
あきこ
あきな
あきほ
あきよ

あっこ
あさこ
あやこ
あゆこ

あっちゃん
あかね
あかり
あつこ

あやや
あやか
あやね
あやの
あやみ

あん
あんじゅ
あんな
あんり

いっちゃん
いおり
いずみ
いちか
いつき
いづみ

えみりん
えみか
えみり
えみる

えりー
えりい
さえり
ちえり

かな
かなえ
かなで
かなみ

かんちゃん
かなめ
かんな

きーちゃん
きい
きえ
きか
きこ
きぬ
きほ

きょんきょん
きょうか
きょうこ
きょうの

くーちゃん
くにこ
くみか
くみこ
くるみ

ここ
ここな
ここね
ここの
ここみ

さく
さくら
さくらこ

さっちー
さちか
さちほ
さつき

さりー
さおり
さゆり

しーちゃん
しいな
しずか
しずこ
しずな
しほ

じゅんじゅん
じゅん
じゅんこ
じゅんな

すーちゃん
すずこ
すずな
すみか
すみれ

すず
すずえ
すずね
すずの
すずみ

せっちゃん
せつこ
せりか
せりな

ちー
ちあき
ちさと
ちなつ
ちはる
ちひろ

ちか
ちかげ
ちかこ
ちかぜ
ちかほ

ちこ
さちこ
ちえこ
ちりこ
まちこ

ちっち
ちえ
ちな

ちゃこ
あさこ
みさこ
りさこ

とも
ともえ

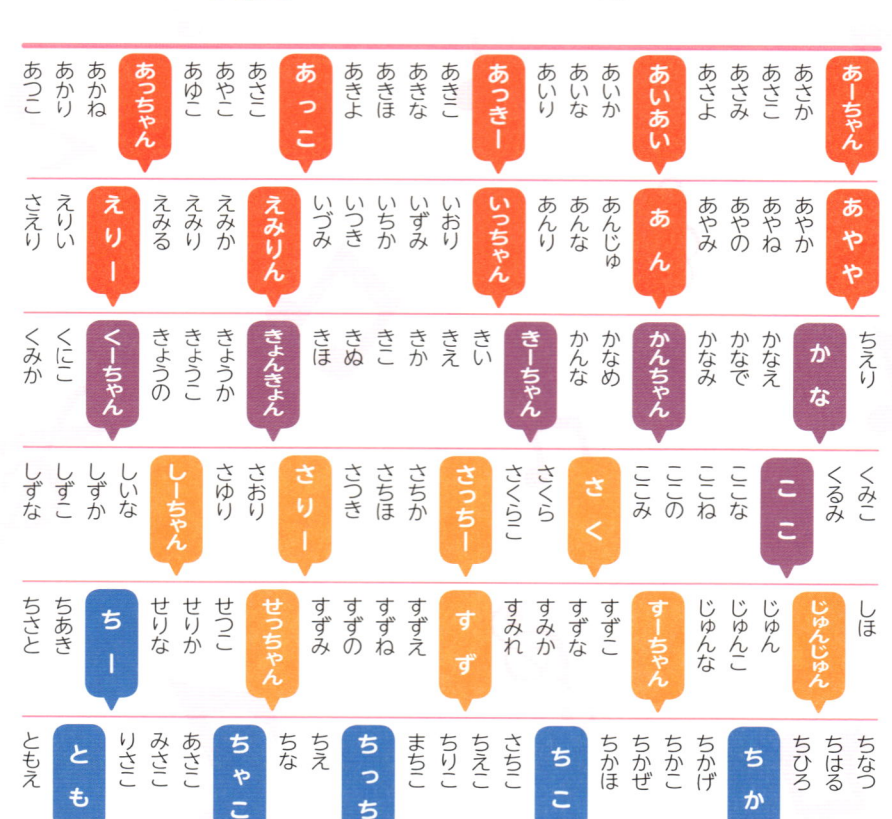

ともか　ともは　ともみ

なっちゃん　なつお　なつか　なつき　なつみ

ななっぴ　ななお　ななこ　ななせ　ななみ

のっち　のどか　ののこ　ひなの

のんちゃん　かのん　のぞみ　ののか　のりこ　まのん

はーちゃん　はづき　はなか　はるか

はる　こはる　はるな　はるひ　みはる

ひーちゃん　ひいろ　ひおり　ひかり　ひなた　ひまり　ひめか

ひかりん　ひかる　ひさか

ふーちゃん　ふうこ　ふみ

ふみこ

まーこ　まあこ　まさこ

まーちゃん　まあさ　まな

まっきー　まきこ　まきな　まきほ

まりりん　まりか　まりこ　まりな

みきてぃ　なみき　みき

みーちゃん　みいこ　みく

みっちー　みちか　みちこ　みちる

みっちゃん　みずか　みつき　みなほ

めーちゃん　めい　めいさ　めぐ

もこ　ともこ　ももこ

もも　ももか　ももな　ももね

やっちゃん　やすえ

やすか　やすよ

ゆう　ゆうか　ゆうな　ゆうり

ゆかにゃん　あゆか　ゆかこ　ゆかり

ゆず　ゆずか　ゆずき　ゆずみ

ゆっきー　ゆきな　ゆきの　ゆきみ

ゆっこ　ゆうこ　ゆきこ　ゆみこ

ゆり　こゆり　ゆりえ　ゆりか　ゆりな

ようちゃん　ようか　ようこ

よっしー　よしか　よしの　よしは

らんらん　らん　らんか　らんこ

りーちゃん　りお　りか　りな　りの　りりか

りんりん　かりん　すずか　りんか　りんこ

るーちゃん　るか　るみこ　るりか　るる

れーちゃん　れいか　れいな　れいら

れん　かれん　れん　れんか

わか　わかこ　わかな　わかば

ネーミングストーリー

莉子《りこ》ちゃん

みんなに愛される「りこ」ちゃんに

「りこ」というひびきが気に入り、お腹にいたときから「りこちゃん」と呼びかけていました。漢字を決めるときに、「だれもが読み間違えることのない字にしてあげよう」と、夫婦で意見が一致。周りの人に恵まれ、みんなから愛される子に育ってほしいという思いをこめて、「莉子」という名前をプレゼントしました。（翔パパ）

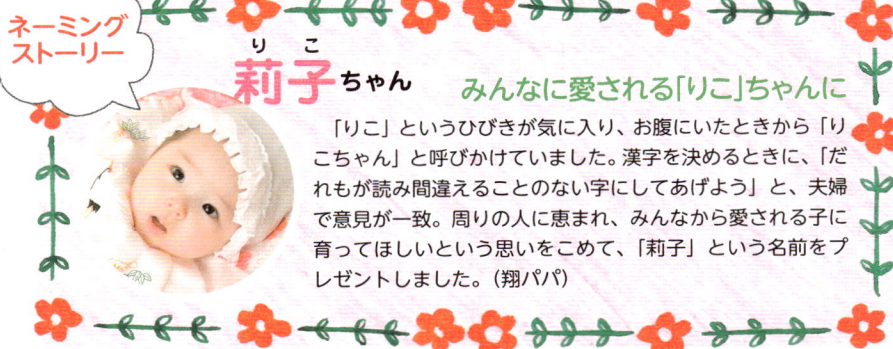

女の子ならではのひびき

音を重ねてかわいらしく

「りこ」ちゃんと「りりこ」ちゃん。
同じ音を重ねるだけで、
雰囲気が変わりますよね。
「なな」「りり」のように音を重ねると、
リズミカルになって音の語感《ごかん》が弱められ、
かわいらしく愛らしい印象の
名前になります。

きき	希々　綺姫
ここ	香々　琥子
ここあ	心愛　琥々亜
ここな	心菜　心渚
ここね	心祢　鼓々音
ここの	心乃　ここ野
ここは	心羽　ここ葉
ここみ	心実　心美
こころ	心　こころ
すず	鈴　寿々
すずか	鈴加　すず花
すずこ	紗子　涼子
すずな	紗菜　清那
すずね	紗音　鈴音
すずは	鈴葉　寿々羽
すずほ	清帆　鈴穂
みすず	美涼　美鈴
なな	那々　菜名
ななお	七緒　奈々生
ななか	名菜果　菜々佳
ななこ	七菜子　奈々子
ななせ	七瀬　那々世
ななは	七葉　夏名羽
ななほ	七穂　凪々帆
ななみ	奈々美　菜名美
ななよ	奈那世　菜々代
はなな	花那　華奈
ねね	音々　寧々
ねねか	祢音佳　ねね香
のの	希々　野乃
ののか	野乃夏　野々花
ののこ	希乃子　望々子
ののは	希望羽　野々羽
ののみ	希実　野々美
みみ	未海　美々
みみか	弥々佳　美深加
みみこ	美海子　深々子
もも	桃　萌々
ももあ	百杏　桃愛
ももえ	百恵　李絵
ももか	桃加　もも花
ももこ	桃子　もも子
ももせ	百瀬　萌々世
ももな	桃南　百々那
ももね	桃音　もも音
ももの	桃之　萌々乃
ももは	李羽　もも葉
ももよ	百世　桃代
うらら	麗　うらら
きらら	希楽々　煌良
さらら	紗良々　彩蘭々
らら	良々　楽羅
りり	莉々　梨里
りりあ	李里亜　梨々杏
りりか	梨里華　凛々花
りりこ	理利子　璃莉子
りりな	りり那　里々奈
りりほ	莉々帆　理利穂
るる	琉々　瑠々
るるな	琉々那　瑠琉菜

PART
3

赤ちゃんへ託したい思いは

イメージや願いから

基礎知識

自由な思いを名前にこめて

漢字やひびきを工夫して イメージを具体的に

名前を考えるときに、最も考えつきやすいきっかけが「イメージ」でしょう。夫婦の共通の思い出の場所、赤ちゃんが生まれた季節などを自由にイメージして考えます。

あなたが思い描くイメージから名前の連想を広げていきましょう。

具体的には、まず好きなものや思い出に関することを思いつくだけ挙げてください。思いついたものを書き出してみると、イメージを整理しやすくなります。たとえば、夫婦で行った思い出の場所が海であれば、「海」から連想できる漢字やことばをきっかけにすればよいのです。

イメージは、名づけのヒントになりやすく、親の思いと結びつきやすい名前にもなります。赤ちゃんに対する思いが充分に伝わる名前をつけたいものです。

「名前にふさわしい漢字と名前のリスト」（→P258〜393）から意味を調べて、どの漢字を選ぶか、なぜその漢字がよいのかをよく考え、愛情のこもった名前をつけましょう。

わが子への思いや 未来の願いを託して

イメージと並んで名づけのヒントになりやすいのが、「こんな人に育ってほしい」「こういう人生を歩んでほしい」という親から赤ちゃんへの「願い」です。

願いから名前を考えるときには、それに合う漢字やひびきを探すとよいでしょう。将来歩んでほしい道や、尊敬する歴史上の人物、好きな作品の登場人物からもヒントが得られます。

イメージから考える名前

好きなもの、夫婦が出会った季節など、思いつくイメージを
いろいろ挙げてみてください。わが子にぴったりのイメージがきっと見つかります。

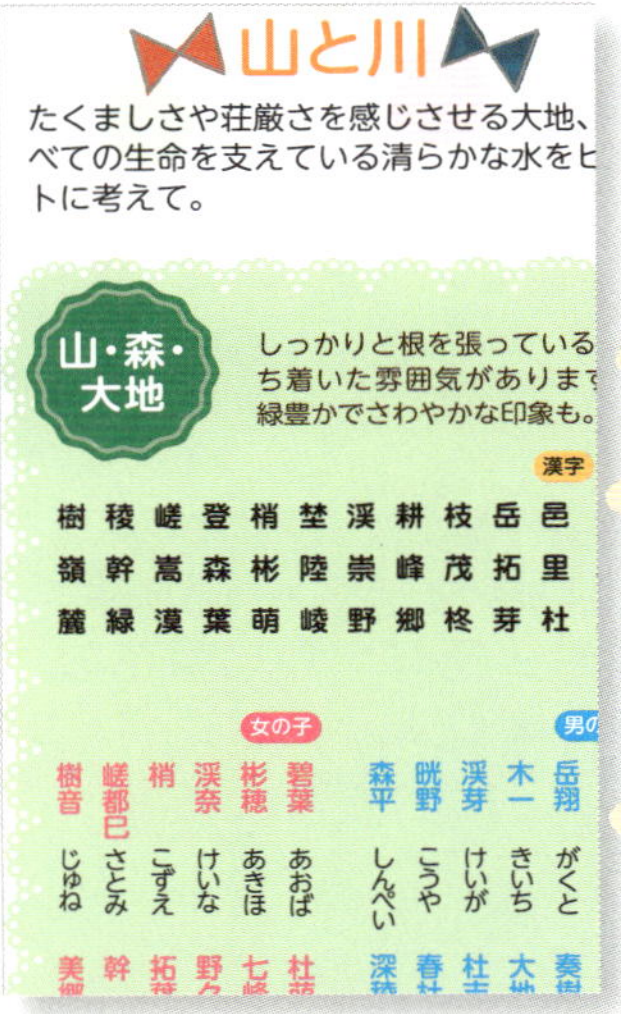

山と川

たくましさや荘厳さを感じさせる大地、
べての生命を支えている清らかな水をヒ
トに考えて。

山・森・大地

しっかりと根を張っている
ち着いた雰囲気がありま
緑豊かでさわやかな印象も。

漢字

樹 稜 嵯 登 梢 埜 渓 耕 枝 岳 邑
嶺 幹 嵩 森 彬 陸 崇 峰 茂 拓 里
麓 緑 漠 葉 萌 崚 野 郷 柊 芽 杜

男の子

岳翔 がくと
木一 きいち
渓芽 けいが
晄野 こうや
森平 しんぺい

女の子

碧葉 あおば
彬穂 あきほ
渓奈 けいな
梢 こずえ
嵯都巳 さとみ
樹音 じゅね

1 キーワードを見つける

イメージの基本となるキーワードです。思い浮かんだイメージに当てはまるものをさがしてみましょう。

2 イメージに合う漢字を調べる

基本となるイメージから連想される漢字の例です。「四季」と「暦」(→P170〜201)では、その季節の自然や行事も紹介しています。

3 音や名前の読み方をチェックする

イメージから連想される名前と読み方の例です。あなたのイメージに合った名前を見つけてください。

生まれた日が
よく晴れた日だったから…

願いから考える名前

どんな子になってほしいか、思いつくだけ具体例やキーワードを挙げてみてください。その中で、特に重視したい願いはどれかを考えましょう。きっと願いに合う名前と出会えるでしょう。

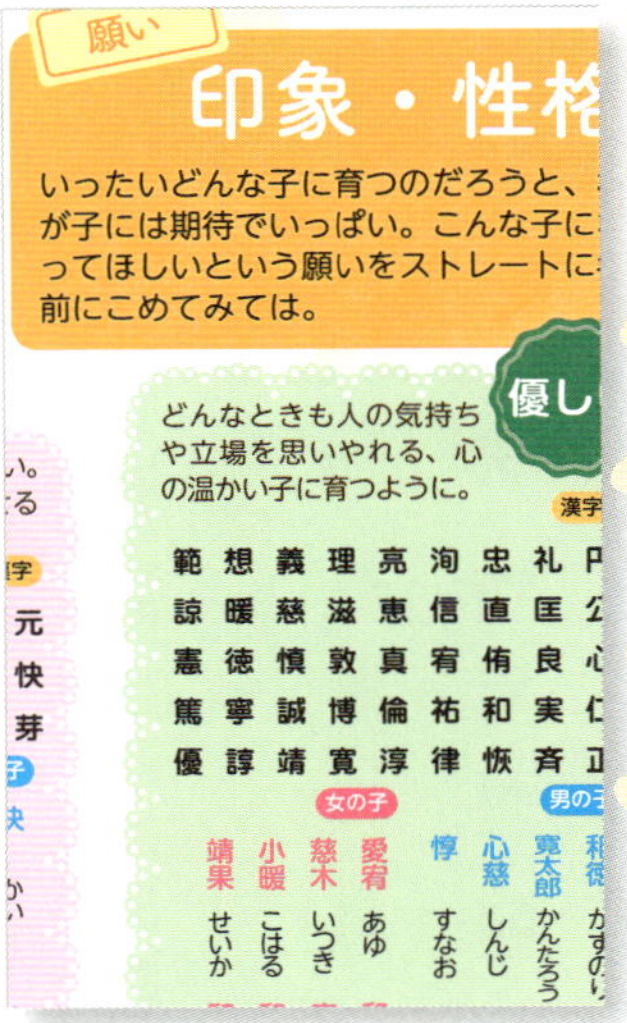

願い

印象・性格

いったいどんな子に育つのだろうと、
が子には期待でいっぱい。こんな子に
ってほしいという願いをストレートに
前にこめてみては。

優し

どんなときも人の気持ち
や立場を思いやれる、心
の温かい子に育つように。

漢字

範 想 義 理 亮 洵 忠 礼
諒 暖 慈 滋 恵 信 直 匡
憲 徳 慎 敦 真 宥 侑 良
篤 寧 誠 博 倫 祐 和 実
優 諄 靖 寛 淳 律 恢 斉

男の子

寛太郎 かんたろう
心慈 しんじ
惇 すなお

女の子

愛宥 あゆ
慈木 いつき
小暖 こはる
靖果 せいか

1 キーワードを見つける

願いや思いついた項目に合うキーワードをさがしてみましょう。

2 キーワードから漢字を調べる

願いや項目から連想される漢字の例です。PART4の「名前にふさわしい漢字と名前のリスト」(→P258〜393)で、漢字の詳細を確認するのもおすすめです。

3 音や名前の読み方をチェックする

願いや項目から連想される名前と読み方の例です。読み方を変えるなどして検討し、ぴったりの名前を見つけてください。

優しい子がいいな
あの本の
主人公
みたいな…

イメージ

四季

生まれた月や季節にちなんだ名前をつけるのは人気がある方法のひとつ。日本には四季折々、たくさんの美しいことばがあります。キーワードを眺めて想像をふくらませてみて。

生き物

- うぐいす
- 兎《うさぎ》
- 鯉《こい》
- 鯛《たい》
- 燕《つばめ》
- 蝶《ちょう》
- 雲雀《ひばり》
- 鱒《ます》
- 繭《まゆ》
- 雉《きじ》

春

暖かくなり雪が解け、植物が芽吹く明るく前向きなイメージの春。季節の行事や、色鮮やかな草花などから考えてみては。

樹木

- 梓《あずさ》
- 梶《かじ》
- 桂《かつら》
- 樺《かば》
- 桐《きり》
- 杉《すぎ》
- 榛《はしばみ》
- 檜《ひのき》
- 椋《むく》
- 柳《やなぎ》

春の季語

- 麗《うらら》か
- おぼろ月《づき》
- 風車《かざぐるま》
- しゃぼん玉
- 春 愁《しゅんしゅう》
- 春 眠《しゅんみん》
- 踏青《とうせい》
- 耕《たがやし》
- 種蒔《たねまき》
- 茶摘《ちゃつみ》
- 摘草《つみくさ》
- 野《の》遊《あそび》

春の名前

漢字

芽 8　若 8　青 8　咲 9　春 9　桜 10
桃 10　梅 10　皐 11　爽 11　萌 11　菫 11
晴 12　陽 12　暖 13　蕗 16　蕾 16　麗 19

男の子

青葉	あおば
暖春	あつはる
一茶	いっさ
桜丞	おうすけ
喜春	きはる
恒芽	こうが
皐真	こうま
咲哉	さくや
春	しゅん
春輔	しゅんすけ

女の子

陽菜	あきな
彩萌	あやめ
苺	いちご
初花	ういか
麗	うらら
桂菜	けいな
小桃	こもも
咲楽	さくら
桜子	さくらこ
始季	しき

草花

あやめ
杏《あんず》
かすみ草
桜
シクラメン
すずらん
菫《すみれ》
タンポポ
土筆《つくし》
つつじ
椿《つばき》
なずな
藤《ふじ》
牡丹《ぼたん》
木蓮《もくれん》
やまぶき

果物・野菜

あさつき
いちご
伊予柑《いよかん》
木《こ》の芽《め》
菜の花
三つ葉
蓬《よもぎ》
山葵《わさび》

連想するもの

スタート
フレッシュ
出会いと別れ
ぽかぽかとした陽気
パステルカラー
彩り
初々しさ

春野	しゅんや
青吾	せいご
大芽	たいが
皐	たかし
暖	だん
千暖	ちはる
土筆	つくし
橙春	ともはる
萌	はじめ
春季	はるき
春空	はるく
陽都	はると
晴翔	はると
陽向	ひなた
蕗夜	ふきや
邦芽	ほうが
真咲	まさき
真菫	ますみ
芽吹	めぶき
優桜	ゆうさく
蕾斗	らいと
若葉	わかば
鈴蘭	すずらん
菫礼	すみれ
千晴	ちはる
なずな	なずな
春	はる
陽花	はるか
春風	はるかぜ
春菜	はるな
春音	はるね
陽日	はるひ
春流	はるる
陽茉莉	ひまり
蒔季	まき
繭禾	まゆか
美桜	みお
美春	みはる
芽衣	めい
萌	めぐみ
桃愛	ももえ
萌々花	ももか
蕗愛	ろまな
若菜	わかな

3月のイメージ

3/3桃の節句

雛《ひな》祭りや上巳《じょうし》の節句とも呼ばれます。女の子の健やかな成長を祈るお祭りです。ひな人形を飾り、ひし餅、白酒、桃の花などを供えて祝います。

女の子
桃花 とうか
春巳 はるみ
日奈 ひな
雛乃 ひなの

男の子
桃吾 とうご
雛太 ひなた
三春 みつはる
優巳 ゆうし

別名

弥生《やよい》、佳月《かげつ》、桜月《さくらづき》、夢見月《ゆめみづき》、早花咲月《さはなさづき》

星座

魚座
(2/19～3/20)
牡羊座
(3/21～4/19)

誕生石

アクアマリン、コーラル(珊瑚《さんご》)

男の子
藍貴 あいき
生弥 いくや
啓 けい
三季 みつき
三弥 みつや
夢月 ゆづき
羊治 ようじ
佳弥 よしや

女の子
桜佳 おうか
雛子 ひなこ
真知 まち
未芽 みめ
桃花 ももか
弥生 やよい
夢見 ゆめみ
佳禾 よしか

雪間

雪の晴れ間や、積もった雪のところどころ消えた所を指すことばです。雪解けがはじまり春の訪れを感じさせます。

桃始笑 ももはじめてさく
蟄虫啓戸 すごもりむしとをひらく
草木萌動 そうもくめばえいずる
72候

啓蟄《けいちつ》
(3/6ごろ)
24節気

3月のくらし

ひな人形
ひし餅
ぼた餅
卒業式
ホワイトデー
お彼岸《ひがん》
春場所
春日祭《かすがさい》

3月の自然

東風《こち》
春光《しゅんこう》
春雷《しゅんらい》
水温《みずぬる》む
麗《うらら》か
春の野
春疾風《はるはやて》
雪間

桜始開《さくらはじめてひらく》
雀始巣《すずめはじめてすくう》
菜虫化蝶《なむしちょうとなる》

春分《しゅんぶん》
(3/21ごろ)

4月のイメージ

花見

平安時代から続く行事で、風に舞う花びらや夜桜を愛《め》でる風流な慣習です。豊作《ほうさく》を祈願して、春の農作業の前に宴《うたげ》を催したのがはじまり。

男の子

桜史郎　おうしろう
花稀　はるき
舞斗　まいと
桜亮　ようすけ

女の子

彩花　あやか
桜　さくら
舞華　まいか
実桜　みお

別名

卯月《うづき》、清和月《せいわづき》、麦秋《ばくしゅう》、夏端月《なつはづき》、夏半《かはん》

星座

牡羊座
(3/21～4/19)
牡牛座
(4/20～5/20)

誕生石

ダイヤモンド(金剛《こんごう》石《せき》)

4月のくらし

花祭り
仏生会《ぶっしょうえ》
潮干狩り
エイプリルフール
入学式
いちご狩り
新学期

山笑う

草花が芽吹きはじめて、明るく華やかになった春の山。のどかで生命力にあふれた自然の様子を表します。

男の子

麗　あきら
卯月　うづき
清遥　きよはる
滉四　こうし
桜也　さくや
大哉　だいや
夏端　なつは
正温　まさは

女の子

明水　あきみ
卯多　うた
卯美　うみ
香澄　かすみ
桜咲　さき
桜良　さくら
奈津葉　なつは
羊華　ようか

72候

鴻雁北　こうがんかえる
玄鳥至　つばめきたる
雷乃発声　かみなりすなわちこえをはっす

24節気

清明《せいめい》
(4/5ごろ)

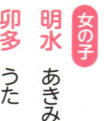

桜

和歌にも詠《よ》まれ、古くから日本人に愛されています。「しだれ桜」や「染井吉野《そめいよしの》」「八重桜《やえざくら》」などさまざまな品種があります。

4月の自然

曙《あけぼの》
花冷《はなび》え
菜種梅雨《なたねづゆ》
清明風《せいめいふう》
桜《さくら》 前線《ぜんせん》
長閑《のどか》

春霞《はるがすみ》

春の大地から微細な水滴がたちのぼり白く曇る様子のことです。「霞」ということばには春の暖かさがあります。

霜止出苗	葭始生	虹始見
しもやみてなえいずる	あしはじめてしょうず	にじはじめてあらわる

穀雨《こくう》
(4/20ごろ)

5月のイメージ

5/5端午《たんご》の節句

男の子の立身出世を願う行事です。鯉《こい》のぼりや五月人形を飾ってお祝いします。邪気《じゃき》を払うため、菖蒲湯《しょうぶゆ》に入ることもあります。

男の子

鎧	がい
健午	けんご
尚武	しょうぶ
勇兜	ゆうと

女の子

菖蒲	あやめ
柏袮	はくね
茉午	まひる
鯉沙	りさ

菖蒲《しょうぶ》

葉には芳香があり、病気や厄《やく》を払う植物として古くから用いられてきました。読み方が「尚武」「勝負」と同じなので、勇ましさの象徴とされています。

別名

皐月《さつき》、早苗月《さなえづき》、雨月《うげつ》、梅月《ばいげつ》、橘《たちばな》　月《づき》

星座

牡牛座
(4/20〜5/20)
双子座
(5/21〜6/21)

誕生石

エメラルド(翠玉《すいぎょく》、緑《りょく》玉《ぎょく》)、ヒスイ(翡翠《ひすい》)

男の子

五希	いつき
雨月	うづき
柏	かしわ
薫平	くんぺい
茶介	さすけ
皐築	さつき
早亮	そうすけ
陽翠	ひすい

女の子

五季	いつき
薫子	かおるこ
橘皐	きさ
皐月	さつき
茶奈	さな
早苗	さなえ
翠	みどり
芽依	めい

5月のくらし

こどもの日　みどりの日
柏餅　八十八夜
ちまき　鯉のぼり
母の日　新茶
ゴールデンウィーク

72候

牡丹華	蛙始鳴	蚯蚓出
ぼたんはなさく	かわずはじめてなく	みみずいずる

24節気

立夏《りっか》
(5/5ごろ)

5月の自然

五月晴れ	光風《こうふう》
翠雨《すいう》	凱風《がいふう》
余花《よか》	青風《せいふう》

五月晴れ《さつきばれ》

もとは旧暦5月の梅雨《つゆ》の晴れ間のことをいいましたが、現在は5月のよく晴れた日の意味で使われています。

風薫る

青葉の香りを運ぶ5月のやわらかな風のこと。薫風《くんぷう》とも呼ばれます。

5/15葵祭《あおいまつり》

京都の三大祭のひとつ。古くは賀茂祭《かものまつり》と呼ばれましたが、冠《かんむり》や牛車《ぎっしゃ》などに葵を飾る風習が根づき、葵祭となりました。五穀豊穣《ごこくほうじょう》を祈るお祭りで、平安時代の王朝行列が再現されます。

女の子	
葵	あおい
咲葵	さき
豊代	ひろよ
稔里	みのり

男の子	
葵寅	きとら
茂人	しげひと
稔由	なるよし
葵琉	まもる

紅花栄
べにばなさかう

蚕起食桑
かいこおきてくわをはむ

竹笋生
たけのこしょうず

小満《しょうまん》
(5/21ごろ)

夏

大地を潤《うるお》す恵みの雨と、梅雨《つゆ》明け後の照り輝く太陽に象徴されるように、慈《いつく》しみ深く、元気なイメージです。季節の行事や、太陽の光を浴びて輝くみずみずしい自然の姿から名前を考えてみては。

生き物

カブトムシ
蛍《ほたる》
鳶《とんび》
蝶《ちょう》
鮎《あゆ》
蟬《せみ》
鷗《かもめ》
鷺《さぎ》
鷹《たか》
金魚

夏の季語

青田《あおた》
炎昼《えんちゅう》
鹿《か》の子
納涼《すずみ》
盛夏《せいか》
月涼《つきすず》し
夏草
夏木立《なつこだち》
虹
白夜《はくや》
氷室《ひむろ》
短夜《みじかよ》
夕立
若葉

樹木

竹
椰子《やし》
椎《しい》
楠《くすのき》
橘《たちばな》
篠《しの》
芭蕉《ばしょう》
榊《さかき》

夏の名前

漢字

漢字	画数
帆	6
麦	7
青	8
昊	8
海	9
砂	9
南	9
虹	9
夏	10
蛍	11
涼	11
渚	11
葵	12
葉	12
雷	13
碧	14
輝	15
繁	16

男の子

葵	あおい
碧斗	あおと
青葉	あおば
麻生	あさき
鮎夢	あゆむ
羽海	うみ
羽涼	うりょう
夏弦	かいと
柑治	かんじ
碧登	きよと

女の子

愛栖	あいす
夏鈴	かりん
希帆	きほ
杏胡	きょうこ
胡子	ここ
小夏	こなつ
小麦	こむぎ
渚希	さき
沙真	さま
燦	さん

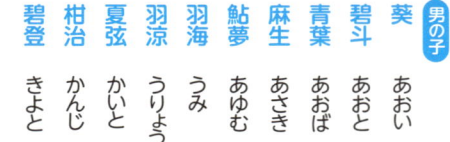

草花

朝顔
杜若《かきつばた》
ジャスミン
百日紅《さるすべり》
ダリア
蓮《はす》
牡丹《ぼたん》
向日葵《ひまわり》
マーガレット
松葉牡丹《まつばぼたん》
百合《ゆり》
若竹《わかたけ》

果物・野菜

麦
杏《あんず》
さくらんぼ
スイカ
李《すもも》
夏みかん
パイナップル
バナナ
枇杷《びわ》
桃

連想するもの

海
甲子園
トロピカル
照りつける太陽
かき氷
うちわ
せんす

蛍斗	けいと
昊我	こうが
虹太	こうた
榊	さかき
繁輝	しげき
納涼	すずみ
青梧	せいご
晴夏	せな
颯介	そうすけ
昊	そら
太陽	たいよう
渚	なぎさ
夏暉	なつき
白夜	はくや
日向	ひなた
氷室	ひむろ
帆昂	ほたか
南海	みなみ
雷太郎	らいたろう
涼杜	りょうと
琉夏	るか
蓮	れん
志津夏	しづか
翠華	すいか
涼美	すずみ
照陽	てるひ
夏衣	なつえ
夏木	なつこ
奈都葉	なつは
夏海	なつみ
夏芽	なつめ
奈夏	ななつ
波夏	なみな
虹架	にじか
向日葵	ひまわり
帆乃夏	ほのか
茉莉花	まりか
麻琳	まりん
美砂	みさ
瑞葉	みずは
美青	みはる
海帆	みほ
美海	みみ
李夏	りか

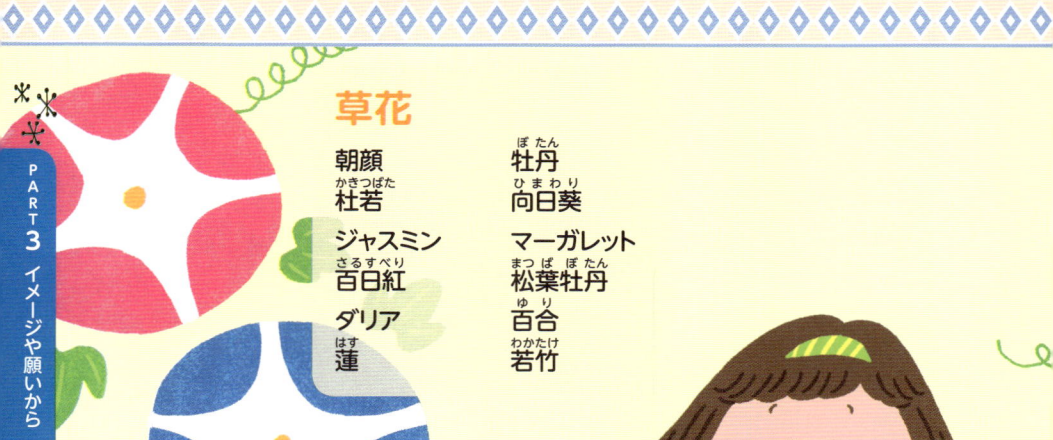

6月のイメージ

別名

水無月《みなづき》、風待月《かぜまちづき》、
鳴神月《なるかみづき》、涼暮月《すずくれづき》、
松風月《まつかぜづき》

星座

双子座
(5/21〜6/21)
蟹座
(6/22〜7/22)

誕生石

パール(真珠《しんじゅ》)、ムーンストーン(月長石《げっちょうせき》)

紫陽花《あじさい》

色が白や青、紫やピンクに変化するので、「七変化《しちへんげ》」とも呼ばれます。

男の子

葵壱 きいち	潤 じゅん
紫陽 しよう	常夏 じょうか
露季 つゆき	水月 みづき
水無斗 みなと	六季 むつき

女の子

葵 あおい	雨 あめ
絢夏 じゅんな	鳴海 なるみ
真珠 まじゅ	水那 みな
美露 みろ	六摘 むつみ

6月のくらし

衣がえ
(6/1)
夏越《なごし》の祓《はらえ》
(6/30)
父の日
青梅《あおうめ》
蛍狩り
ジューンブライド

72候

麦秋至
むぎのときいたる

蟷螂生
かまきりしょうず

腐草為蛍
ふそうほたるとなる

24節気

芒種《ぼうしゅ》
(6/6ごろ)

6月の自然

送り梅雨　　蛍《ほたる》
山背風《やませかぜ》　　雨蛙《あまがえる》
黒南風《くろはえ》　　夏の川

五月雨《さみだれ》

旧暦5月に降る雨。「梅雨」が季節を指すことが多いのに対し、「五月雨」は雨そのもののことをいいます。

梅雨晴《つゆば》れ

もともとは梅雨明け直後の晴れの意味でしたが、梅雨の間に訪れる晴天の意味でも使われます。

梅雨《つゆ》

梅の実が熟すころに降る雨なので、こう呼ばれます。約1か月にわたって降り続く、稲を育てるための恵みの雨です。

女の子

雨祢	あまね
露音	つゆね
実雨	みう
優雨	ゆう

男の子

雨太	うた
梅季	うめき
季雨	きさめ
露貴	つゆき

菖蒲華
あやめはなさく

乃東枯
なつかれくさかるる

梅子黄
うめのみきばむ

夏至《げし》
(6/21ごろ)

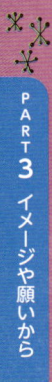

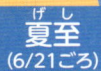

7月のイメージ

海

すべてを包みこむような優しく力強いイメージをヒントにしてみては。

男の子

海琉	かいる
汐音	しおん
渚斗	なぎと
波琉	はる

女の子

愛海	あみ
渚沙	なぎさ
帆波	ほなみ
海音	みおん

別名

文月《ふみづき》、蘭月《らんげつ》、七夕月《たなばたづき》、七夜月《ななよづき》、秋初月《あきそめづき》

星座

蟹座
(6/22〜7/22)
獅子座
(7/23〜8/22)

誕生石

ルビー(紅玉《こうぎょく》)

男の子

充獅	あつし
文杜	あやと
樹來	じゅらい
夏輝	なつき
七斗	ななと
七夜	ななや
初秋	はつあき
文哉	ふみや

女の子

蘭恋	かれん
星河	せいか
奈奈子	ななこ
七葉	ななは
文月	ふづき
文夏	ふみか
紅緒	べにお
瑠美	るび

7月のくらし

海開き　夏休み
土用の丑《うし》の日　暑中見舞い
天神祭　帰省

72候

蓮始開	はすはじめてひらく
温風至	おんぷういたる
半夏生	はんげしょうず

24節気

小暑《しょうしょ》
(7/7ごろ)

祇園祭《ぎおんまつり》

京都の八坂神社《やさかじんじゃ》で1か月にわたって行われる代表的な夏祭り。32基の山鉾《やまほこ》が巡《じゅん》行《こう》する「山鉾巡行」が有名です。

7月の自然

半夏雨《はんげあめ》　銀河

白南風《しらはえ》　星映し

入道雲《にゅうどうぐも》　虹

7/7七夕

年に一度、織姫《おりひめ》と彦星《ひこぼし》が天の川にかかる橋を渡って会える日です。二人の逢瀬《おうせ》を「星合《ほしあい》」や「星の恋」ともいいます。裁縫や書道の上達を願った5色の短冊や七夕飾りを笹《ささ》につるします。

女の子

天音　あまね
織羽　おるは
星恋　せれん
美織　みおり

男の子

天嶺　あまね
星司朗　せいしろう
星彦　ほしひこ
七織斗　なおと

土潤溽暑
つちうるおうてむしあつし

桐始結花
きりはじめてはなをむすぶ

鷹乃学習
たかすなわちがくしゅうす

大暑《たいしょ》
(7/23ごろ)

8月のイメージ

花火

夏の夜を鮮やかに彩る打ち上げ花火や、線香花火などの手持ち花火などがあります。

夏祭り

夏の風物詩。伝統芸能でもある阿波《あわ》おどり（徳島）や、七夕を祝うねぶた祭（青森）などが有名です。

男の子

祝夜	しゅうや
孝輿	たかお
祭利	まつり
踊治	ようじ

女の子

燈	あかり
華夜子	かやこ
纏李	まつり
御園	みその

別名

葉月《はづき》、木染月《こぞめづき》、清月《せいげつ》、月見月《つきみづき》、桂月《けいげつ》、紅染月《べにそめづき》

星座

獅子座（7/23～8/22）
乙女座（8/23～9/22）

誕生石

ペリドット（橄欖石《かんらんせき》）、サードオニクス

男の子

秋立	あきたち
桂寿	けいじゅ
清秋	せいしゅう
竹春	たけはる
旅斗	たびと
涼	りょう
朔八	さくや
葉平	ようへい

女の子

青嶺	あおね
桂夏	けいか
鈴風	すずか
盛夏	せいか
千夏	ちなつ
夏輝	なつき
葉月	はづき
花美	はなび

浴衣《ゆかた》

色とりどりの浴衣は、夏祭りや花火大会などに着ると、夏の夜に風《ふ》情《ぜい》を添えてくれます。風通しもよいので、納涼にもぴったりです。

72候

寒蟬鳴（ひぐらしなく）
涼風至（すずかぜいたる）
大雨時ノ行（たいうときどきにふる）

24節気

立秋《りっしゅう》（8/7ごろ）

8月のくらし

八朔《はっさく》(8/1)
御《お》盆《ぼん》
旅行
盆踊り
蟬しぐれ
精《しょう》霊《りょう》流し

風鈴

窓辺や軒につるして、風によって生まれる音に涼しさを感じます。

8月の自然

雲の峰
青《あお》嶺《ね》
慈《じ》雨《う》
夕凪《ゆうなぎ》
流星
炎天

天地始粛
てんちはじめてさむし

綿柎開
わたのはなしべひらく

蒙霧升降
ふかききりまとう

処暑《しょしょ》
(8/23ごろ)

秋

実り豊かで食欲の湧く季節です。心地よい風や、やわらかい日ざしには、落ち着いた雰囲気も感じられます。季節の行事や山を色づかせる樹木などから、名前を考えてみては。

樹木

楓《かえで》
栃《とち》
樫《かし》
銀杏《いちょう》
金木犀《きんもくせい》
竹

生き物

猪
雀
馬
とんぼ
雁《かり》
椋鳥《むくどり》
鹿
きりぎりす
鈴虫
こおろぎ

秋の季語

赤とんぼ
桐一《きりひと》葉《は》
秋麗《あきうらら》
秋《しゅう》思《し》
稲刈《いねかり》
新涼《しんりょう》
色鳥《いろどり》
水《みず》澄《す》む
霧《きり》
夜《よ》長《なが》

秋の名前

漢字

月 4	秋 9	豊 13
禾 5	昴 9	稔 13
玄 5	菊 11	稲 14
里 7	涼 11	穂 15
実 8	萩 12	錦 16
紅 9	楓 13	穣 18

男の子

秋樹	あき
秋斗	あきと
秋良	あきら
朱杜	あやと
和穂	かずほ
菊次郎	きくじろう
桐葉	きりは
錦哉	きんや
栗樹	くりき
月光	げっこう

女の子

茜	あかね
朱葉	あきは
秋穂	あきほ
逢月	あづき
安樹	あんじゅ
彩葉	いろは
楓	かえで
花梨	かりん
菊花	きっか
栗奈	くりな

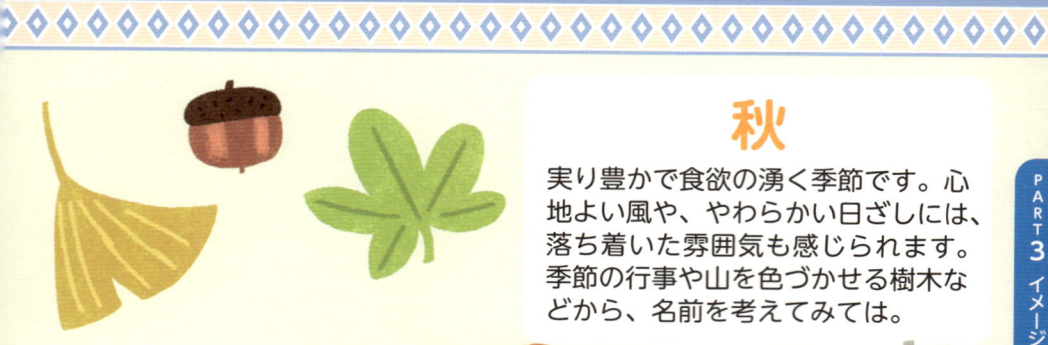

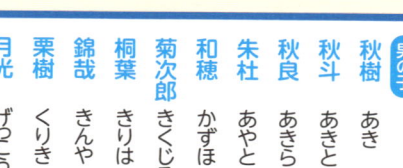

草花

芦《あし》
茜《あかね》
萩《はぎ》
桔梗《ききょう》
菊《きく》
藤袴《ふじばかま》
撫子《なでしこ》
コスモス
蔦《つた》
荻《おぎ》
鬼灯《ほおずき》
蘭《らん》

果物・野菜

イチジク
芋《いも》
柿《かき》
花梨《かりん》
栗《くり》
胡桃《くるみ》
ざくろ
梨《なし》
葡萄《ぶどう》
きのこ

連想するもの

スポーツの秋
芸術の秋
読書の秋
食欲の秋
センチメンタル
焼き芋

玄起　げんき
玄斗　げんと
紅葉　こうよう
里司　さとし
萩澄　しゅうと
昴　すばる
犀夜　せいや
茜吏　せんり
千菊　ちあき
天馬　てんま
橙空　とあ
秋生　ときお
錦　にしき
楓汰　ふうた
穂鷹　ほたか
実月　みつき
稔　みのる
癒月　ゆづき
喜秋　よしあき
義実　よしみ
蘭丸　らんまる
椋真　りょうま

胡桃　くるみ
紅秋　くれあ
紅葉　くれは
木の実　このみ
里実　さとみ
萩花　しゅうか
涼音　すずね
千穂　ちほ
月子　つきこ
橙樹　とうじゅ
錦季　にしき
萩乃　はぎの
楓花　ふうか
穂乃香　ほのか
万穂　まほ
美栗　みくり
美月　みつき
実稲　みと
稔里　みのり
椛　もみじ
里椛　りか
梨子　りこ

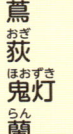

9月のイメージ

9/9重陽《ちょうよう》の節句

五節句のひとつで、菊の節句、栗の節句、お九日《くんち》とも呼ばれます。長寿と無病息災《むびょうそくさい》を祈る節句で、菊花を観賞しながら菊酒《きくざけ》を飲んだり、栗ごはんを食べたりします。

男の子

- 寿比古　かずひこ
- 菊夜　きくや
- 重暢　しげのぶ
- 栗騎　りつき

女の子

- 木寿絵　こずえ
- 千菊　ちあき
- 陽果　はるか
- 栗　りつ

別名

長月《ながつき》、菊月《きくづき》、色取月《いろどりづき》、涼秋《りょうしゅう》、梢《こずえ》の秋

星座

乙女座
(8/23〜9/22)
天秤座
(9/23〜10/23)

誕生石

サファイア(青玉《せいぎょく》)

9月のくらし

- 味覚狩り
- お彼岸
- おはぎ
- 菊酒《きくざけ》
- 秋社《しゅうしゃ》
- 流鏑馬《やぶさめ》

男の子

- 菊翔　きくと
- 玄紀　げんき
- 重陽　しげはる
- 秋月　しゅうげつ
- 梢陽　しょうよう
- 長月　ながつき
- 白露　はくろ
- 夕月　ゆづき

女の子

- 乙女　おとめ
- 菊菜　きくな
- 梢永　こずえ
- 冴彩　さあや
- 鈴音　すずね
- 菫　すみれ
- 名月　なつき
- 美月　みづき

虫の声

秋の季語でもあります。鈴虫やこおろぎ、松虫などが一斉に鳴く声を「虫時雨《むししぐれ》」といいます。

72候

- 鶺鴒鳴　せきれいなく
- 草露白　くさつゆしろし
- 禾乃登　こくものすなわちみのる

24節気

白露《はくろ》
(9/8ごろ)

中秋《ちゅうしゅう》の名月《めいげつ》

十五夜《じゅうごや》とも呼ばれます。空気が澄んで、美しく見える満月（望月《もちづき》）を愛《め》でながら秋の収穫に感謝するお祭りです。月見団子や里芋、秋の七草などを楽しみます。

女の子

- 秋見　あきみ
- 月埜　つきの
- 月夜　つきよ
- 満月　みつき

男の子

- 里獅　さとし
- 月都　つきと
- 天夜　てんや
- 望　のぞむ

9月の自然

- 初涼《しょりょう》
- 野分《のわき》
- 宵闇《よいやみ》
- 葉風《はかぜ》
- 秋の長雨《ながあめ》
- いわし雲

蟄虫坏戸
むしかくれてとをふさぐ

雷乃収声
かみなりすなわちこえをおさむ

玄鳥去
つばめさる

秋分《しゅうぶん》
(9/23ごろ)

10月のイメージ

紅葉狩り

山野に出かけ、赤や黄色に色づく葉の美しさを楽しむこと。もともとは宮廷ではじまった雅《みやび》やかな遊びです。銀杏《いちょう》や蔦漆《つたうるし》、みずきなどが代表的な木です。

男の子

秋歩	あきほ
椛寿樹	かずき
紅樹	こうき
楓丞	ふうすけ

女の子

色葉	いろは
黄樹	きき
秋椛	しゅうか
紅葉	もみじ

別名

神無月《かんなづき》、小春《こはる》、時雨月《しぐれづき》、陽月《ようげつ》、亥冬《がいとう》

星座

天秤座
(9/23〜10/23)
蠍座
(10/24〜11/21)

誕生石

オパール(蛋白石《たんぱくせき》)、トルマリン(電気石《でんきせき》)

男の子

秋十	あきと
天高	あまたか
神那	かんな
時雨	しぐれ
秋弥	あきや
亥	がい
紅葉	こうよう
栗木	りつき

女の子

秋生	あきお
育	いく
秋桜	こすもす
十湖	とうこ
秋澄	あすみ
寛和	かんな
小春	こはる
陽英	よしえ

72候

水始涸 みずはじめてかる

鴻雁来 こうがんきたる

菊花開 きっかひらく

24節気

寒露《かんろ》
(10/8ごろ)

10月の自然

鱗雲《うろこぐも》
天高《てんたか》し
秋《あき》澄《す》む
釣瓶《つるべ》落《お》とし
風爽《かぜさや》か
羊雲《ひつじぐも》

10月のくらし

衣がえ(10/1)
えびす講(10/20)
ハロウィーン(10/31)
運動会
ぶどう狩り
栗拾い
紅葉狩り
体育の日

秋晴れ

秋のよく晴れた日のこと。空高く澄みわたっている秋の心地よさを表しています。

霎時施
こさめときどきふる

霜始降
しもはじめてふる

蟋蟀在戸
きりぎりすとにあり

霜降《そうこう》
(10/23ごろ)

11月のイメージ

小春日和

晩秋なのに春のように暖かい日のこと。季節を忘れさせる束の間の暖かさへの喜びがこもっています。

別名

霜月《しもつき》、神楽月《かぐらづき》、暢 月《ちょうげつ》、露隠《つゆごもり》の葉月《はづき》、雪待月《ゆきまちづき》

星座

蠍座
(10/24〜11/21)
射手座
(11/22〜12/21)

誕生石

トパーズ(黄玉《おうぎょく》)

男の子

楓 かえで
紅黄 こうき
士暢 しのぶ
千歳 ちとせ
神楽 かぐら
朔也 さくや
霜太郎 そうたろう
雪哉 ゆきや

女の子

神楽 かぐら
朔葉 さくは
照葉 てりは
文 ふみ
小雪 こゆき
霜月 しもつき
暢衣 のぶえ
雪花 ゆきか

11月のくらし

文化の日
十日夜《とおかんや》
酉《とり》の市
袴 着《はかまぎ》
千歳飴《ちとせあめ》
新嘗祭《にいなめさい》
勤労感謝《きんろうかんしゃ》の日

72候

地始凍 ちはじめてこおる	山茶始開 つばきはじめてひらく	楓蔦黄 もみじつたきばむ

24節気

立冬《りっとう》
(11/7ごろ)

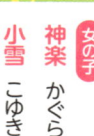

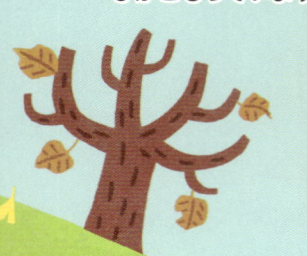

11月の自然

時雨《しぐれ》
初霜《はつしも》
氷雨《ひさめ》
木枯《こが》らし
水《みず》澄《す》む
照《てり》葉《は》

霜柱《しもばしら》

冬に近づき、気温がぐっと下がった寒い日に、土中の水分が地面から染み出てできる細い氷の柱です。秋に小さな白い花を咲かせる同名の植物があります。

11/15 七五三

数え年で3歳と5歳の男児、3歳と7歳の女児が氏神《うじがみ》に参詣《さんけい》し、成長と加護《かご》を願うお祝いです。

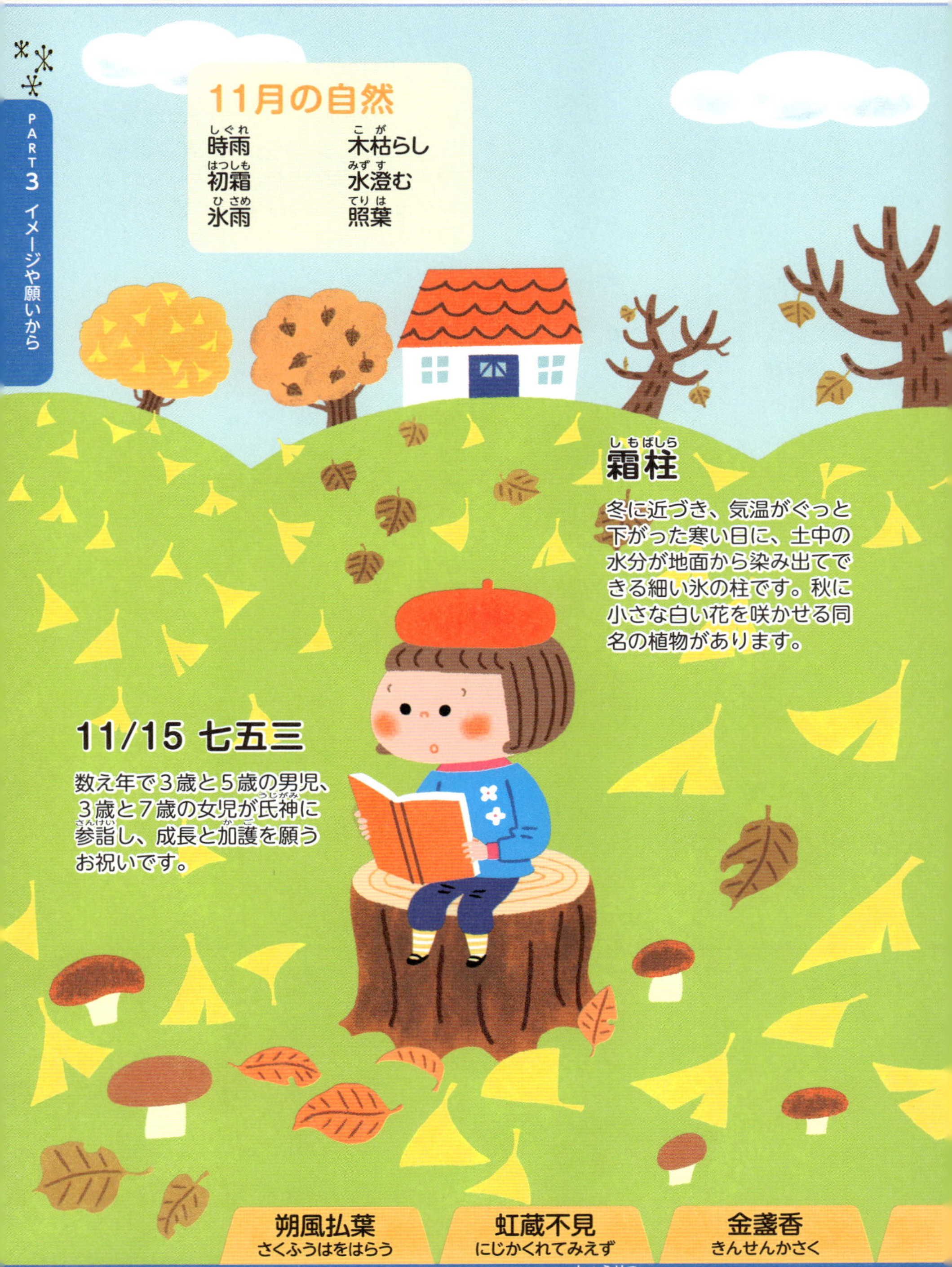

朔風払葉
さくふうはをはらう

虹蔵不見
にじかくれてみえず

金盞香
きんせんかさく

小雪《しょうせつ》
(11/22ごろ)

冬

美しく雪が舞い、寒さの中で凜《りん》とした空気に身の引きしまる季節。澄みきった清らかなイメージがあります。季節の行事や、銀世界に映える草花などから名前を考えてみては。

連想するもの

こたつ　年末年始
鍋料理　雪景色
イルミネーション

樹木

梅《うめ》　松
欅《けやき》　モミ
柊《ひいらぎ》　柳《やなぎ》

冬の季語

神楽《かぐら》　春隣《はるとなり》
寒昴《かんすばる》　冬晴《ふゆばれ》
垂《しず》り　冬北斗《ふゆほくと》
氷柱《つらら》　冬芽《ふゆめ》

生き物

兎《うさぎ》　鴻《こう》
狼《おおかみ》　鷺《さぎ》
鴨《かも》　鶴《つる》
白鳥　隼《はやぶさ》
鯨《くじら》　鷲《わし》

冬の名前

漢字

正[5]　冬[5]　白[5]　北[5]　冴[7]　柊[9]
柚[9]　朔[10]　隼[10]　凌[10]　深[11]　雪[11]
皓[12]　聖[13]　詣[13]　銀[14]　澄[15]　凛[15]

男の子

白羅	あきら
一冴	いっさ
音柊	おと
純澄	きよすみ
聖彦	きよひこ
霧雪	きりゆき
銀冬	ぎんと
詣太	けいた
冴輝	さえき
志音	しおん

女の子

晶	あきら
神楽	かぐら
花凛	かりん
綺冴	きさえ
白珂	きよか
小冬	こと
湖白	こはく
朔水	さくみ
朔羅	さくら
紗雪	さゆき

草花

カトレア	福寿草《ふくじゅそう》
山茶花《さざんか》	葉牡丹《はぼたん》
水仙《すいせん》	侘助《わびすけ》
寒椿《かんつばき》	蕾《つぼみ》

果物・野菜

蕪《かぶ》	大根《だいこん》
芹《せり》	蜜柑《みかん》
梨《なし》	酸橘《すだち》
ねぎ	柚《ゆず》
白菜《はくさい》	林檎《りんご》

静瑠	しずる
柊夜	しゅうや
隼平	しゅんぺい
昴	すばる
静夜	せいや
大哉	だいや
焚弥	たくや
冬吾	とうご
橙真	とうま
野瑛琉	のえる
白翔	はくと
初	はじめ
氷海	ひうみ
冬樹	ふゆき
冬澄	ふゆと
北斗	ほくと
雅雪	まさゆき
真柊	まひろ
実鶴	みつる
雪弥	ゆきや
柚樹	ゆずき
凛冬	りと

静雪	しずき
雫	しずく
柊華	しゅうか
須乃宇	すのう
澄礼	すみれ
静羅	せいら
雪菜	せつな
蕾	つぼみ
冬萌	ともえ
柊	ひいらぎ
風花	ふうか
芙由	ふゆ
冬芽	ふゆめ
真澄	ますみ
舞雪	まゆき
蜜柑	みかん
美冬	みふゆ
深雪	みゆき
雪	ゆき
柚葉	ゆずは
柚芽	ゆめ
凛	りん

12月のイメージ

クリスマス

キリストの降誕祭。クリスマスツリーを飾ったり、プレゼントを交換したりして祝います。

男の子

伊吹	いぶき
燦太	さんた
聖樹	せいじゅ
聖夜	せいや

女の子

衣舞	いぶ
栗栖	くりす
聖來	せいら
乃絵琉	のえる

別名

師走《しわす》、春待月《はるまちづき》、暮古月《くれこづき》、極月《ごくづき》、弟月《おとづき》

星座

射手座
(11/22～12/21)
山羊座
(12/22～1/19)

誕生石

ターコイズ(トルコ石)、ラピスラズリ(瑠璃《るり》)

柊《ひいらぎ》

柊には白い花をつけるモクセイ科のものと、赤い実をつける西洋柊（ホーリー）があります。クリスマスの飾りには西洋柊が使われます。

男の子

聖	あきら
時暮	しぐれ
柊	しゅう
志和	しわ
冬至	とうじ
冬季	ふゆき
雪輝	ゆき
柚瑠	ゆずる

女の子

晶花	あきか
鐘胡	しょうこ
柊瑠	のえる
穂極	ほのり
聖美	まさみ
柚季	ゆずき
瑠璃	るり
六華	ろっか

12月の自然

山眠《やまねむ》る　小雪《こゆき》
朔風《さくふう》　樹氷《じゅひょう》
北風　初雪《はつゆき》

72候

橘始黄
たちばなはじめてきばむ

閉塞成冬
そらさむくふゆとなる

熊蟄穴
くまあなにこもる

24節気

大雪《たいせつ》
(12/7ごろ)

六花《ろっか》

雪のことで、「りっか」と読むこともあります。結晶の六角形を花びらに見立てた名前です。雪はよく花にたとえられ、晴天の日に舞う雪のことを「風花《かざはな》」と呼びます。

12月のくらし

- 柚子湯《ゆずゆ》
- 餅つき
- 大掃除
- 除夜《じょや》の鐘
- 年越し
- 鍋料理

12/31大晦日《おおみそか》

大晦日は厄《やく》を落とし、心身を清める日です。「大つごもり」ともいいます。

女の子

- 明鐘 あかね
- 清楽 きよら
- 清珂 さやか
- 末莉 まつり

男の子

- 清爾 せいじ
- 鐘夢 どうむ
- 寿祈 としき
- 匡末 まさひろ

麋角解
さわしかのつのおつる

乃東生
なつかれくさしょうず

鱖魚群
さけのうおむらがる

冬至《とうじ》
(12/22ごろ)

1月のイメージ

初詣《はつもうで》

新年にはじめて寺社にお参りすることです。氏神様《うじがみさま》の祭られている、またはその年の恵方《えほう》にある寺社に参り、一年の幸福を祈ります。

別名

睦月《むつき》、初月《はつづき》、泰月《たいげつ》、新春《しんしゅん》、初春《はつはる》

星座

山羊座
(12/22〜1/19)
水瓶座
(1/20〜2/18)

誕生石

ガーネット(柘榴石《ざくろいし》)

1月のくらし

- 初詣《はつもうで》
- 新年会
- 初日の出
- 鏡開き
- 年賀
- かるた
- おせち料理
- 人日《じんじつ》の節句(1/7)
- 成人式

男の子

- 新 あらた
- 泰賀 たいが
- 初日 はつひ
- 睦輝 むつき
- 壱朗 いちろう
- 始 はじめ
- 正陽 まさはる
- 元春 もとはる

女の子

- 旭 あさひ
- 芹奈 せりな
- 初笑 はつえ
- 睦月 むつき
- 一菜 かずな
- なず菜 なずな
- 初春 はる
- 泰代 やすよ

72候

雪下出麦
ゆきわたりてむぎいずる

芹乃栄
せりすなわちさかう

水泉動
すいせんうごく

24節気

小寒《しょうかん》
(1/5ごろ)

正月

特に元日から7日までの松の内をさします。「正」という字には年のはじめの意味があるためです。新年とともにやってくる年神様《としがみさま》を迎えるため、門松《かどまつ》や鏡 餅《かがみもち》などを用意します。

女の子

- 旦徠　あきら
- 初衣　うい
- 早新　さちか
- 松和　ときわ

男の子

- 旦輝　あきてる
- 壱節　かずよし
- 元　げん
- 松耀　しょうよう

1月の自然

初茜《はつあかね》　細 雪《ささめゆき》
風花《かざはな》　初日影《はつひがけ》
氷柱《つらら》　霧氷《むひょう》

七草

芹《せり》、薺《なずな》、御形《ごぎょう》、繁縷《はこべら》、仏 座《ほとけのざ》、菘《すずな》、蘿蔔《すずしろ》の７種の菜のことです。1月7日の人日《じんじつ》の節句には、健康と長寿を願ってこれらを粥《かゆ》にした七草粥《ななくさがゆ》を食べます。

水沢腹堅
さわみずこおりつめる

款冬華
ふきのはなさく

雉始雊
きじはじめてなく

大寒《だいかん》
(1/20ごろ)

2月のイメージ

2月のくらし

豆まき
恵方巻《えほうま》き
福豆
うるう年
バレンタインデー

別名

如月《きさらぎ》、麗月《れいげつ》、梅見月《うめみづき》、仲春《ちゅうしゅん》、木芽月《このめづき》

星座

水瓶座
(1/20～2/18)
魚座
(2/19～3/20)

誕生石

アメジスト(紫水晶《むらさきずいしょう》)

男の子	
麗	あきら
如春	いくはる
梅見	うめみ
如月	きさらぎ
紫水	しすい
二郎	じろう
春仲	はるなか
麗弥	れいや

女の子	
晶水	あきみ
希紗	きさ
季更	きさら
四温	しおん
初音	はつね
二葉	ふたば
水綺	みずき
麗香	れいか

稲荷社《いなりしゃ》

五穀豊穣《ごこくほうじょう》から諸願成就《しょがんじょうじゅ》まで、あらゆる願いに応じてくれる稲荷神《いなりのかみ》を祭った社のことです。狐《きつね》を神使《しんし》とするため、狛犬《こまいぬ》のかわりに狐が置かれています。

2/3ごろ 節分

季節の分け目という意味ですが、現在では立春の前日を指します。鬼を払う豆をまいたり、鰯《いわし》の頭と柊《ひいらぎ》の枝でつくる魔除《まよ》けを用意したりします。

男の子	
嘉豆樹	かずき
節春	ともはる
福来	ふくき
真芽太	まめた

女の子	
阿豆沙	あずさ
恵帆	えほ
福來	さちこ
節季	みずき

72候

黄鶯睍睆
うぐいすなく

東風解凍
とうふうこおりをとく

鶏始乳
にわとりはじめてとやにつく

24節気

立春《りっしゅん》
(2/4ごろ)

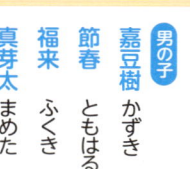

2月の自然

霰《あられ》
寒明《かんあけ》
霜夜《しもよ》
三寒四温《さんかんしおん》
雪解け
春一番《はるいちばん》
ダイヤモンドダスト

梅見《うめみ》

平安時代以前は「花」といえば梅のことでした。旧暦2月は別名「梅見月《うめみづき》」とも呼ばれるほど、代表的な行事です。早咲きの梅を探しに歩くことを「探梅《たんばい》」といいます。

初音《はつね》

鳥がはじめてその季節に鳴く声のことですが、春は、声の美しさから特に鶯の声を指します。鶯は春告鳥《はるつげどり》とも呼ばれ、春の訪れを感じさせます。

初午《はつうま》

２月の最初の午の日に行われる稲荷社の祭日のことです。伏見稲荷大社《ふしみいなりたいしゃ》の神様が伊奈利山《いなりやま》にはじめて降りてきたのが初午の日だったことに由来しています。

男の子

- 晃奈利 あきなり
- 士稲 しいな
- 初馬 はつま
- 穂多荷 ほだか

女の子

- 伊奈 いな
- 瀬伊奈 せいな
- 奈利子 なりこ
- 利伊奈 りいな

霞始靆
かすみはじめてたなびく

土脉潤起
どみゃくうるおいおこる

魚上氷
うおこおりをいずる

雨水《うすい》
(2/19ごろ)

イメージ

自然

生命の源である雄大で美しい自然。そのエネルギーをいただくような気持ちで赤ちゃんにぴったりの名前を考えてみましょう。

山と川

たくましさや荘厳さを感じさせる大地、すべての生命を支えている清らかな水をヒントに考えて。

宝石・鉱物

宝石や鉱石など華やかに輝くイメージです。神秘性と未来への可能性を感じさせます。

漢字

圭 玖 金 珂 珊 玲 珀 珠 琉 瑛 貴 晶 琳 琥 瑚 瑞 瑶 瑳 瑠 翠 銀 輝 璃 錫

女の子

- 瑛璃 えり
- 珊瑚 さんご
- 聖珂 せいか
- 大愛 だいあ
- 珠輝 たまき
- 真珠 まみ
- 璃魅 りみ
- 瑠美衣 るびい
- 瑠璃 るり

男の子

- 瑛貴 えいき
- 琥珀 こはく
- 晶真 しょうま
- 大哉 だいや
- 環 たまき
- 飛翠 ひすい
- 瑞基 みずき
- 翠 みどり
- 璃陽斗 りひと

山・森・大地

しっかりと根を張っている落ち着いた雰囲気があります。緑豊かでさわやかな印象も。

漢字

大 木 地 邑 里 杜 岳 拓 芽 枝 茂 柊 耕 峰 郷 渓 崇 野 埜 陸 崚 梢 彬 萌 登 森 葉 嵯 嵩 漠 稜 幹 緑 樹 嶺 麓

女の子

- 碧葉 あおば
- 彬穂 あきほ
- 渓奈 けいな
- 梢 こずえ
- 嵯都巳 さとみ
- 樹音 じゅね
- 杜萌 とも
- 七峰 なみね
- 野々果 ののか
- 拓葉 ひろば
- 幹 みき
- 美郷 みさと
- 緑 みどり
- 美森 みもり
- 芽生 めい
- 百萌 もも
- 葉子 ようこ
- 嶺栞 れいか

男の子

- 樹 いつき
- 岳翔 がくと
- 木一 きいち
- 渓芽 けいが
- 晄野 こうや
- 森平 しんぺい
- 森羅 しんら
- 奏樹 そうじゅ
- 大地 だいち
- 杜志 とし
- 春杜 はると
- 深稜 みかど
- 幹樹 もとき
- 唯柊 ゆいしゅう
- 葉 よう
- 陸 りく
- 崚平 りょうへい
- 嶺二 れいじ

水

清らかでみずみずしく、潤《うるお》いのある雰囲気です。清流のように澄んだ心をもった子に。

漢字

水 洸 浩 透 流 雫 清 満 湧 溢 源 瑞
滝 混 漱 滴 潔 潤 澄 澪 濡 瀬 瀧 露

男の子

源瑞	げんずい	澄都	すみと	瑞采	みずと
雫	しずく	瀬那	せな	水都	みなと
潤也	じゅんや	透琉	とうる	湧	ゆう
水夢	すいむ	水輝	みずき	凌清	りょうせい

女の子

杏濡	あんじゅ	澄絵	すみえ	瑞樹	みずき
溢美	いつみ	透子	とうこ	水瀬	みなせ
潤子	じゅんこ	澪	みお	琉水	るみ

海・川・湖

海や川はいのちの生まれる場所です。深い包容力と、清らかで涼しいイメージに。

漢字

汀 江 汐 凪 帆 沙 沢 波 河 岬 泉
海 砂 珊 津 洋 浬 航 流 浪 渓 舷
渚 港 湖 湘 碧 漣 潮 澄 櫂 瀬 瀧

男の子

泉	いずみ	湘利	しょうり	真澄	ますみ
出流	いずる	瀧司	たきじ	泉輝	みずき
汐	うしお	地平	ちへい	海凪	みなぎ
海澄	かいと	凪	なぎ	海龍	みりゅう
渓	けい	渚	なぎさ	洋人	ようと
航海	こうかい	万浬	ばんり	航	わたる

女の子

和泉子	いずみこ	汐浬	しおり	真凛	まりん
映湖	えいこ	瀬里那	せりな	海砂	みさ
恵漣	えれん	智波	ちなみ	岬綺	みさき
櫂楽	かいら	波音	なお	港都	みなと
心渚	ここな	渚沙	なぎさ	泉麗	みれい
潮奈	しおな	帆澄	ほずみ	羅凪	らな

空・天体

いつも私たちを見守ってくれている空。
その壮大さにさまざまな思いをはせて名づけても。

光・太陽

希望や未来への期待を思い起こさせてくれる、明るく前向きなイメージです。

漢字

日 旦 旭 光 灯 旺 昊 昌 明 映 昭 晃 晄 閃 晟 晨 暁 景 晴 朝 陽 皓 照 暉 煌 輝 熙 燦 曙 曜 燿 耀

男の子

旭日	あさひ
煌仁	きらと
元輝	げんき
光一	こういち
昊翔	こうが
煌矢	こうや
燦次	さんじ
隼暉	しゅんき
照平	しょうへい
閃一	せんいち
朝輝	ともき
光	ひかり
日陽	ひなた
耀汰	ようた
頼人	らいと
李光人	りひと

女の子

陽	あかり
旭妃	あさひ
小照	こてる
燦	さん
千皓	ちひろ
陽美	はるみ
光里	ひかり
晃	ひかる
陽奈子	ひなこ
日向	ひなた
向日織	ひまり
陽萌	ひめ
日和	ひより
未暉	みき
光希	みつき
瑠光	るみ

月の満ち欠け

月の満ち欠けの形には和名があります。生まれた日の月をヒントに、情緒あふれる名前をつけてみてはいかがでしょうか。

- 新月 しんげつ／朔 さく
- 三日月 みかづき／若月 わかづき
- 上弦の月 じょうげんのつき／弓張り月 ゆみはりづき
- 十三夜 じゅうさんや
- 小望月 こもちづき／待宵 まつよい
- 満月 まんげつ／望月 もちづき
- 十六夜 いざよい
- 立待月 たちまちづき
- 居待月 いまちづき
- 下弦の月 かげんのつき／下の弓張 したのゆみはり
- 二十六夜 にじゅうろくや

男の子

有月	あつき
十夜	とおや
満月	みつき
弓弦	ゆづる

女の子

衣座夜	いざよ
朔夜	さくや
望美	のぞみ
待月	まつき

空・宇宙

どこまでも果てなく続く空は雄大で自由。未知なる宇宙は未来への夢を感じさせます。

漢字

夕 月 天 斗 広 宇 穹 河 空 昇 青 宙 昊 恒 星 虹 昴 晏 朔 晦 彗 望 雲 晶 蒼 雷 銀 箕 霞 翼

男の子

青空	あおぞら
空雅	くうが
昊陽	こうよう
星哉	せいや
天翔	たかと
翼	つばさ
天河	てんが
晴空	はるく
宙斗	ひろと
雷斗	らいと
流星	りゅうせい
凛空	りんく

女の子

空澄	あすみ
銀河	ぎんが
昴流	すばる
星羅	せいら
宙	そら
天音	そらね
虹香	にじか
未空	みそら
美空	みく
癒月	ゆづき
雷華	らいか
琉宇	るう

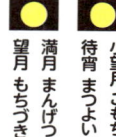

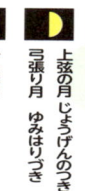

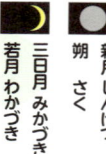

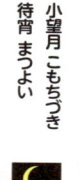

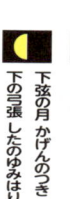

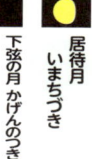

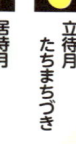

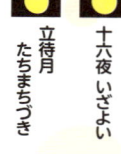

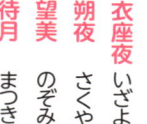

生き物

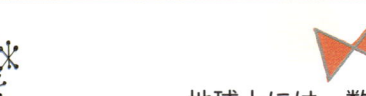

地球上には、数えきれないほどの生き物がいます。
その個性的な姿をヒントにしてみては。

動物

伝説の動物は尊《とうと》さや勇ましさを、身近な動物は親しみやすさや愛嬌《あいきょう》を感じさせます。

漢字

鶴　麒　龍　鳳　獅　象　凰　彪　寅　狼　豹　虎　辰
麟　鵬　鴻　燕　熊　琥　犀　羚　鳥　鹿　竜　馬　兎

男の子

- 飛鳥　あすか
- 凰史郎　おうしろう
- 虎太郎　こたろう
- 琥徹　こてつ
- 犀次　さいじ
- 獅竜　しりゅう
- 鷹翔　たかと
- 辰樹　たつき
- 汰鶴　たつる
- 勇龍　ゆうたつ
- 麟太郎　りんたろう
- 羚慈　れいじ

女の子

- 燕　えん
- 鹿澄　かすみ
- 麒麟　きりん
- 琥珀　こはく
- 獅万　しま
- 辰乃　たつの
- 美兎　みと
- 羊　よう
- 羅美　らび
- 麟　りん
- 羚華　れいか
- 怜央　れお

水辺の生き物

海や川、水辺にすむ生き物には、陸上の生き物とはまた違った個性や魅力があります。

漢字

貝　泳　蛍　魚　亀　睦　漁
鮎　礁　蟹　鯨　鯛　鷗　鱒

男の子

- 鮎夢　あゆむ
- 入架　いるか
- 海老蔵　えびぞう
- 鷗介　おうすけ
- 勝男　かつお
- 蛍夜　けいや
- 晄亀　こうき
- 泰我　たいが
- 鯛暉　たいき
- 辰悟　たつご
- 蛍　ほたる
- 睦夫　むつお

女の子

- あさり　あさり
- 鮎美　あゆみ
- 入華　いるか
- 衣和奈　いわな
- 泳美　えいみ
- 珊瑚　さんご
- 礁子　しょうこ
- 辰子　たつこ
- 蛍月　ほづき
- 真珠　まじゅ
- 藻奈美　もなみ
- 麗衣　れい

天気・気象

晴れた日、雪の日、台風の日など、子どもの生まれたときの情景を切りとって名づけてみては。

天気

青空は明るくさわやかな、大地を潤《うるお》す雨は慈愛に満ちたイメージ。雪の白さは純真さを思わせます。

漢字

輝 暉 雲 晄 空
霞 照 晴 雪 雨
霧 雷 陽 雫 虹

晴れ

男の子

青空 あおぞら
一晴 いっせい
空雅 くうが
澄耀 すかい
澄天 すみたか
晴一 せいいち
晴輝 はるき
晴空 はるく
悠晴 ゆうせい

女の子

朝日 あさひ
燦 さん
照美 しょうみ
晴奈 せいな
晄莉 ひかり
日向子 ひなこ
美晴 みはる
陽花 ようか
璃空 りく

雪

男の子

和雪 かずゆき
雪斗 きよと
銀世 ぎんせい
白埜 はくや
雅雪 まさゆき
雪月 ゆづき

女の子

雪羅 きよら
小雪 こゆき
咲雪 さゆき
眞白 ましろ
雪菜 ゆきな
雪里 ゆり

風

吹きぬける風はさわやかで心地よいイメージですが、時に荒々しい印象もあります。

漢字

颯 涼 迅
撫 渡 凪
舞 揺 吹
薫 嵐 飛
翼 翔 風
瞬 楓 疾
翻 鈴 隼
鷗 鳶 爽

男の子

偉吹 いぶき
爽平 そうへい
颯 はやて
疾風 はやて
風真 ふうま
嵐丸 らんまる

女の子

琥風 こかぜ
奏風 そうか
爽実 そうみ
そよ花 そよか
楓 ふう
舞香 まいか

雨・曇り

男の子

吾嵐 あらん
雨京 うきょう
霧弥 きりや
弥雲 やくも
雷飛 らいと
嵐道 らんどう

女の子

雨音 あまね
雨凛 あめり
絵霧 えむ
雫花 しずか
虹香 にじか
美雨 みう

イメージ

生まれたとき

誕生の瞬間や方角を名前に刻むのもおすすめです。十二支を使って日本古来の方角や時間を表すと古風で凛《りん》とした印象になります。

干支

生まれ年の干支《えと》からヒントをもらい、記念すべき年を印象づけてみてもいいのでは。

漢字

寅　竜　虎　辰　羊　未　卯　午　子

龍　猪　馬　酉　兎　亥　申　丑　巳

男の子

猪雅	いが
壱馬	かずま
虎太郎	こたろう
琥鉄	こてつ
申平	しんぺい
辰実	たつみ
寅吉	とらきち
巳波	みなみ
酉	みのる
優午	ゆうご
羊太	ようた
龍平	りゅうへい

女の子

亥純	いずみ
瑛虎	えこ
虎々南	ここな
小酉	ことり
志申	しのぶ
辰乃	たつの
子寧	ねね
裕巳	ひろみ
午実	まみ
美兎	みと
巳波	みなみ
羊子	ようこ

方角

方角は陰陽道《いんようどう》などともかかわりが深いため、神秘的な印象もある名前になります。

男の子

東	あずま
乾	いぬい
右近	うこん
左京	さきょう
西治	せいじ
巽	たつみ
東悟	とうご
西樹	にしき
北斗	ほくと
南都	みなと

女の子

西実	あきみ
西佳	せいか
北映	たえ
知西	ちせ
東子	とうこ
南都子	なつこ
南々	なな
東珂	はるか
真南	まな
朔花	もとか

時刻

朝焼けや夕焼け、真夜中の静けさなど、共通の情景が浮かびやすく、親しみやすい印象があります。

男の子

暁紘	あきひろ
昼	あきら
旭日	あさひ
暮人	くれと
正午	しょうご
泰土	たいと
日哉	にちや
晩翔	ばんと
水稀	みずき
夕暉	ゆうき

女の子

暁実	あけみ
朝里	あさり
小夜	さや
宵子	しょうこ
真午	まひる
真夜々	まやや
三咲	みさき
弥宵	やよい
佑七	ゆうな
夕映	ゆえ

イメージ

好きな色

赤は情熱、青は知性など、色と人の印象は強く結びついています。お気に入りの色や、理想のイメージをヒントにしてみては。

青

クールで理知的なイメージです。海や空など、雄大な自然と関連の深い色でもあります。

漢字

藍　璃　瑠　碧　蒼　紺　青　空　水

女の子

- 藍音 あいね
- 蒼泉 あおい
- 蒼葉 あおば
- 青良 せいら

男の子

- 藍志郎 あいしろう
- 蒼 あおい
- 蒼太郎 そうたろう
- 璃空 りく

赤

情熱的でエネルギッシュ。燃えるような力強さや大胆さを感じる名前になります。

漢字

緋　梅　紅　赤　丹

椛　桃　茜　朱

女の子

- 茜里 あかり
- 紅愛 くれあ
- 緋万里 ひまり
- 深紅 みく

男の子

- 朱翔 あけと
- 紅平 こうへい
- 朱有 しゅう
- 丹 まこと

紫

古くから高貴で優雅な色とされてきました。神秘的で、謎めいた印象もあります。

漢字

藤　紫　萩　萄　菖　菫　梗　桔

女の子

- 紫織 しおり
- 菖湖 しょうこ
- 藤香 ふじか
- 紫 ゆかり

男の子

- 聡紫 さとし
- 紫苑 しおん
- 紫門 しもん
- 藤隆 ふじたか

色彩

カラフルで鮮やかな色彩を思わせる、情緒豊かな印象に。楽しげな雰囲気もあります。

漢字

鮮　絵　虹　采　色

燦　絢　彩　映　画

女の子

- 彩織 いおり
- 虹巴 いろは
- 色音 いろね
- 彩友 さゆ

男の子

- 絢斗 あやと
- 絢汰 けんた
- 虹太 こうた
- 虹采 ななと

黄・橙

楽しく、元気いっぱいなイメージです。太陽や秋の実りなど、生命力あふれる印象があります。

漢字

曙 橙 萱 琥 菜 黄 柿 珀 柑

女の子

- 愛黄 あいこ
- 柑菜 かんな
- 黄菜子 きなこ
- 千曙 ちあき

男の子

- 柑馬 かんば
- 黄牙 こうが
- 耀黄 てるき
- 橙吾 とうご

白・黒

白や黒は意志が強く、ゆるぎないイメージ。キリリとした印象になります。

漢字

檀 黎 潔 墨 黒 透 玖 白

女の子

- 白羅 きよら
- 玖々莉 くくり
- 墨瑛 すみえ
- 眞白 ましろ

男の子

- 壹黒 いっこく
- 檀太 せんた
- 白翔 はくと
- 真墨 ますみ

金・銀

金や銀は光輝くようなゴージャスさを感じさせます。おめでたい、特別感のある色です。

漢字

鏡 錦 銀 晄 金

女の子

- 鏡香 きょうか
- 銀花 ぎんか
- 沙銀里 さぎり
- 晄 ひかり

男の子

- 金玖 かねひさ
- 銀河 ぎんが
- 銀之丞 ぎんのじょう
- 白銀 はくぎん

日本の伝統色

渋くて繊細《せんさい》な、日本の伝統色の名前からインスピレーションを得てみてはいかがでしょうか。

- **真緋** あけ
- **青磁色** せいじいろ
- **蘇芳** すおう
- **千草色** ちぐさいろ
- **桃染** ももぞめ
- **紅梅** こうばい
- **紫苑色** しおんいろ
- **伽羅色** きゃらいろ
- **萌黄** もえぎ
- **瑠璃色** るりいろ

男の子

- 伽羅 きゃら
- 紫苑 しおん
- 青磁 せいじ
- 千草 ちぐさ

女の子

- 真緋美 あけみ
- 紅梅 こうめ
- 萌黄 もえぎ
- 瑠璃 るり

緑

穏《おだ》やかな癒《いや》しの雰囲気です。木々のやすらぎや若々しさを感じさせてくれます。

漢字

翠 緑 葉 皐 柳 草 芽 苗 竹

女の子

- 妃翠 ひすい
- 翠 みどり
- 緑梨 みどり
- 美緑 みのり

男の子

- 稀緑 きろく
- 竹雅 たけまさ
- 緑 みどり
- 葉治 ようじ

イメージ 趣味

あなたの好きなことや夫婦の共通の趣味をヒントに名前をつける手もあります。才能を発揮してほしい分野などもヒントにして。

アウトドア

ハイキングや釣り、園芸など、自然とふれ合う趣味から。活動的で自然を愛する人に育つように。

漢字

花 苑 河 歩 海 泉 華 航 旅 峰 峯 峻 渓 渚 菜 野 埜 登 道 園 蒔 潜 嶺 麓

男の子

歩	あゆむ
岳登	がくと
嘉苑	かのん
渓護	けいご
晃河	こうが
航成	こうせい
園哉	そのや
旅人	たびと
汰蒔	たまき
菜治	なち
登	のぼる
真道	まさみち
雅嶺	まさみね
海岬	みさき
嶺登	みねと
陽蒔	ようじ
峻河	りょうが
麓郎	ろくろう

女の子

愛菜	あいな
天峰	あまね
歩美	あゆみ
泉見	いずみ
河澄	かすみ
花歩	かほ
渓夏	けいか
瑚蒔	こまき
湘海	しょうみ
園香	そのか
登萌	とも
菜埜	なの
歩結	ふゆ
蒔乃	まきの
美苑	みその
道瑠	みちる
峰祢	みねね
未麓	みろく

球技

スポーツが好きなはつらつとした子に。仲間と切《せっ》磋《さ》琢《たく》磨《ま》できる子になることを願って。

漢字

打 球 羽 弾 走 塁 投 撞 技 鎧 卓 闘 送 蹴 庭 籠

男の子

球児	きゅうじ
甲子朗	こうしろう
剛瑠	ごうる
蹴斗	しゅうと
卓	すぐる
球貴	たまき
弾玖	だんく
翔羽	とわ
真籠	まかご
塁	るい

女の子

玖呂須	くろす
小羽	こはね
小鞠	こまり
蹴佳	しゅうか
塁菜	たかな
球禾	たまか
珠美	たまみ
羽香	はねか
麻蹴	ましゅう
毬奈	まりな

絵画・彫刻

積み重ねた努力と豊かな想像力で生み出す絵画や彫刻。クリエイティブな才能をもつ子になるように。

漢字

磨 筆 絵 彫 展 美 刻 作 色 巧
藝 塑 創 描 彩 造 采 画 芸 世

男の子

- 絵夢 えむ
- 絵惟 かい
- 刻磨 こくま
- 采造 さいぞう
- 創太 そうた
- 多画 たか
- 巧磨 たくま
- 彫遥 ちょうよう
- 創瑠 つくる
- 美展 よしのぶ

女の子

- 彩羽 いろは
- 絵音 えのん
- 絵磨 えま
- 藝絵 きえ
- 彩加 さいか
- 作楽 さくら
- 塑乃 その
- 巧美 たくみ
- 采里子 とりこ
- 里作子 りさこ

インドア

映画や詩作、演劇など落ち着いた雰囲気の趣味にちなんで。文化的で情緒豊かな人になるように。

漢字

舞 綴 詞 詠 陶 映 吟 文
繍 踊 詩 硯 釉 栞 和 芸

男の子

- 映希 えいき
- 詠知 えいち
- 吟詩 ぎんじ
- 撮芸 さつき
- 笑詠 しょうえい
- 綴 つづる
- 雅映 まさあき
- 文次朗 もんじろう

女の子

- 繍華 あやか
- 詩花 うたか
- 千詠 ちえ
- 花映 はなえ
- 舞弥 まいや
- 珠詩 みうた
- 栞乙 りお
- 凛文 りふみ

音楽

音楽のイメージや楽器、音楽用語をヒントに。豊かな感性と表現力をもつ子になるように。

漢字

譜 謡 歌 楽 琵 琴 笙 絃 玲 奏 拍 呂 吟
響 鍵 調 鼓 琳 琶 笛 唱 唄 律 音 弦 伶

男の子

- 宇響 うきょう
- 音郁 おとい
- 音也 おとや
- 可絃 かいと
- 楽斗 がくと
- 奏音 かなと
- 響祐 きょうすけ
- 弦輝 げんき
- 詞音 しおん
- 唱 しょう
- 調 しらべ
- 奏太 そうた
- 音旺 ねお
- 響 ひびき
- 双琶 ふたば
- 伶音 れのん
- 呂玖 ろっく
- 和音 わおと

女の子

- 唄子 うたこ
- 音葉 おとは
- 奏江 かなえ
- 歌音 かのん
- 琴嶺 ことね
- 瑳楽 さら
- 千弦 ちづる
- 音季 とき
- ぴあの ぴあの
- 舞鼓 まこ
- 真響 まゆら
- 魅音 みおん
- 百音 ももね
- 優音 ゆのん
- 琳音 りおん
- 律 りつ

イメージ

文字イメージから工夫する書き方

気に入った音に対してどうもしっくり来る漢字がないという場合は、ひらがなやカタカナにするという方法もあります。

男の子のひらがなやカタカナの名前は女の子と間違えられやすくなるので、なるべく中性的でない名前がよいでしょう。

文字のもつイメージにこだわって名前を考えてみてください。

ひらがなのみの名前

ひらがなのみの名前は、やわらかく、親しみやすいイメージです。

みんなに覚えてもらいやすい名前でもあります。

女の子

あおい　あよん　あれん　いちご　いづみ　いのり　いろは　うた　うらら
かのん　くらし　くらら　くるみ　こころ　こづみ　こなつ　さくら　しずく
しほり　すずらん　すみれ　たまか　ちひろ　なぎさ　なごみ　なずな　ののか
はな　ひかり　ひとみ　ひまわり　ひらり　ましろ　まりも　みう　みちる
みつき　みなみ　みもざ　みゆ　らら　りりあ　るり　れもん　わかば

男の子

あゆむ　いずる　いっせい　いづる　いぶき　じゅん　すばる　たくま
つかさ　つばさ　なつお　にお　はるき　ひなと　みらい　むつお

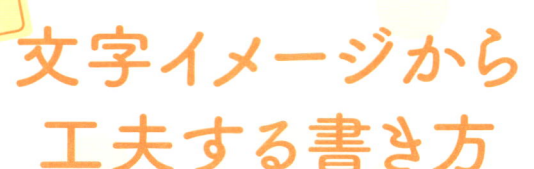

ひらがなと漢字の名前

一部だけ漢字にする方法もあります。こだわりのある、新鮮なイメージの名前になります。

男の子

かな音《と》
かん平《ぺい》
けい汰《た》
進《すす》む
創《つく》る

とし哉《や》
昇《のぼ》る
はる樹《き》
光《ひか》る
響《ひび》き

ほく斗《と》
まさ志《し》
ゆう星《せい》
よう太《た》
わか葉《ば》

女の子

あさ陽《ひ》
あや香《か》
祈《いの》り
おと羽《は》
奏《かな》で
くれ葉《は》
ここ実《み》
木《こ》の葉《は》
さくら子《こ》
さや紗《さ》

さゆ李《り》
さら紗《さ》
そよ花《か》
つぐ実《み》
つば沙《さ》
菜《な》つみ
望《のぞ》み
のぞ美《み》
のの香《か》
葉《は》なり

ひな子《こ》
陽《ひ》らら
ふた葉《ば》
ほの香《か》
みず穂《ほ》
みな実《み》
実《み》のり
ゆず季《き》
ゆず葉《は》
りり子《こ》

カタカナのみの名前

カタカナのみの名前は、かっこよく、おしゃれなイメージです。海外でも通じるようなひびきの名前もよいでしょう。

男の子

カイ
ケイ
ジュン
スカイ
セナ

トオル
ナル
ユウジ
ライト
リク

リズム
リョウ
ルイ
レオ
レン

女の子

アリス
アン
アンナ
エミリ
エリイ
エリカ
エレナ
カエラ
カオリ
カレン

カンナ
ココ
セイラ
セシル
セレナ
ティナ
ナオミ
ノエル
ハピ
マリア

マリー
マリエ
メグ
モニカ
リサ
リナ
ルカ
ルミ
ルリ
レナ

漢字づかいが新鮮な名前

人気の読みでも、ほかの人と違いを出したい、個性をもたせたいというときは、漢字づかいを工夫してみましょう。「音のひびき・読みから引ける漢字一覧」（P480～527）からつけたい音に当てはまる漢字を調べてみても。

男の子

椅	あづさ
育透	いくと
一煌	いつき
長夢	おさむ
介	かい
海音	かいと
栞時	かんじ
鍵太郎	かんたろう
心志	きよし
蛍	けい
虹	こう
考己	こうき
昇	しょう
唱	しょう
芯	しん
深	しん
森	しん
蒼守	そうま
崇千	たかゆき
嵩琉	たける
助	たすく
伯李	ともき
尚呂己	ひろき
哩	まいる
真崎	まさき
愛葡	まなぶ
優木	ゆうき
右登	ゆうと
柚瑠	ゆずる
葉	よう
揺羽	よつば
励	れい

女の子

逢	あい
亜瑚	あこ
編	あみ
羽未	うみ
衿	えり
花織	かおり
叶芽	かなめ
好実	このみ
心暖	こはる
青里	さおり
早	さき
眞	さな
惺空	しずく
澄鈴	すみれ
静湖	せいこ
千漣	ちなみ
音羽	とわ
波奈	はな
時珈	はるか
真伊	まい
苺果	まいか
街	まち
茉里	まつり
窓禾	まどか
真波	まなみ
鞠	まり
岬	みさき
迪	みち
恩	めぐみ
萌々子	ももこ
葉子	ようこ
鈴香	れいか

イメージ

文化

人間の生活を彩ってきた文化には、名づけのヒントも満載。お気に入りの作品や登場人物などに、わが子の未来を重ね合わせてみて。

文学

情緒豊かな子になることを願って。古今東西、さまざまな文学からヒントを得てみては。

男の子

名虎	あきたけ	「平家物語」名虎から
銀河	ぎんが	宮沢賢治「銀河鉄道の夜」から
源治	げんじ	「源氏物語」から
三四郎	さんしろう	夏目漱石「三四郎」主人公の名前から
透	とおる	村上春樹「ノルウェイの森」主人公の名前から
斗夢	とむ	トウェイン「トム・ソーヤーの冒険」主人公の名前から
秀美	ひでみ	山田詠美「僕は勉強ができない」主人公の名前から
弥次	やじ	「東海道中膝栗毛」の登場人物から

女の子

和泉	いずみ	「和泉式部日記」から
香久弥	かぐや	「竹取物語」から
桐子	きりこ	「源氏物語」登場人物の名前から
玖楽々	くらら	スピリ「アルプスの少女ハイジ」から
クレタ	くれた	村上春樹の作品の登場人物から
こころ	こころ	夏目漱石「こころ」から
つぐみ	つぐみ	吉本ばなな「TUGUMI」から
モモ	もも	エンデ「モモ」から

映画

お気に入りの映画の中でドラマチックに生きる、憧《あこが》れの登場人物の名前をヒントにしてみては。

男の子

雨	あめ	「おおかみこどもの雨と雪」登場人物の名前から
有磨	あるま	「アルマゲドン」から
渉	しょう	「ショーシャンクの空に」から
真土羅	しんどら	「シンドラーのリスト」主人公の名前から
芯波	しんば	「ライオン・キング」主人公の名前から
澄海	すかい	「STAR WARS」登場人物の名前から
音旺	ねお	「マトリックス」主人公の名前から
波宇瑠	はうる	「ハウルの動く城」登場人物の名前から
羽空	はく	「千と千尋の神隠し」登場人物の名前から

女の子

亜芽里	あめり	「アメリ」主人公の名前から
有栖	ありす	「不思議の国のアリス」主人公の名前から
杏	あん	「ローマの休日」主人公の名前から
絵瑠紗	えるさ	「アナと雪の女王」主人公の名前から
燦	さん	「もののけ姫」主人公の名前から
雫	しずく	「耳をすませば」主人公の名前から
千尋	ちひろ	「千と千尋の神隠し」主人公の名前から
真知瑠	まちる	「LEON」主人公の名前から
伶亜	れいあ	「STAR WARS」登場人物の名前から

イメージ

イメージワードから選ぶ名前の音

名前の語感の分析は、100語以上のイメージワードを使って行います。
最近人気のある名前を分析し、よく出てくるワードを選出。
そのイメージが強い名前を載せました。
同じ名前の人を想像すると、なんとなく納得しませんか？
音と願いを組み合わせて考えてみてはいかがでしょうか。

男の子の名前

優しい

穏《おだ》やかで思慮深い、
癒《いや》し系の相談役に。

名前例

あまね
そう
そうすけ
はじめ
はやて
ひなた
ふく

ゆうすけ
ゆうせい
ゆうた
ゆうへい
ゆうま
ようすけ
ようへい

元気

やる気と情熱でみんなを引っ張っていくリーダー的な存在に。

名前例

いつき
さとる
すばる
そういちろう
たいが
つばさ
はると
ひろむ

まさき
りく
りゅう
りゅうせい
りゅうと
りゅうのすけ
りょうへい

素直

嘘が苦手で、飾らず開放的な人。いつの間にかスターになりそう。

名前例

あきら
あつや
かずや
しょう
せいや
そら

たいち
たかや
たくや
つかさ
ひろたか
みなと

明るい

朗《ほが》らかで周囲を明るくさせる、
友達の多いクラスの人気者。

名前例

あおい
あきと
あきひろ
あきまさ
あきら
あつし
かいと
しょうた
たいち
たかひろ
はるき
ひろむ
ふみや
まさき
まさし

シャープ

明晰《めいせき》な頭脳と探究心で、
華やかなエリートに。

名前例

あつき
けいすけ
けん
けんしん
けんすけ
けんた
こう
こうすけ
こうせい
こうへい
しゅん
たかゆき
はる
ゆうき
りょう

のびのび

いつもマイペースで自然体、
どこでも大活躍しそう。

名前例

こうへい
さとる
しゅうと
しょう
しょうご
しょうたろう
そう
そういちろう
そうた
そら
ひなた
ゆうが
ゆうじろう
よしひろ
りゅうたろう
りゅうのすけ
りゅうや
りょう
りょうた
りょうと
りょうへい
りょうや

信頼感

落ち着きと堅実さが、
周囲に安心感を与えます。

名前例

こうだい
こうたろう
こたろう
だいご
だいすけ
だいち
たくと
たくみ
たろう
ともひろ
とわ
はるま
ひろと
やまと

責任感

几《き》帳面《ちょうめん》さと根性で、何事も
最後までやり遂げるアンカー役。

名前例

けいご
けんご
こうせい
こたろう
そうすけ
だいき
だいご
だいすけ
だいち
たくと
とおる
ともき
ともゆき
ゆうき
れお

キビキビ

俊《しゅん》敏《びん》な行動と判断力で、
着実に成果を上げていく実力者。

名前例

かいと
かんた
けん
けんしろう
けんしん
けんた
けんたろう
こういちろう
こうた
こたろう
たいち
たくと
たける
てっぺい

知的

豊かな知性と行動力で、有能なブレーンに。

名前例

いおり
いさみ
いぶき
かずひろ
こうせい
こうへい
そういちろう
そうま
たいせい
ひでき
ひでゆき
ひびき
みらい
ゆきひろ

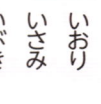

豊か

満ち足りた印象とパワーで、企業のトップに。

名前例

あおい
あきと
けいと
こたろう
しょうご
たろう
とうま
とわ
まこと
まさと
まさひろ
まなと
ゆうせい
ゆうと
れお

親しみやすい

気立てと面倒見のよさで、人から慕《した》われます。

名前例

あきら
あつし
あまね
あゆむ
つばさ
なおや
はるま
やまと
ゆいと
ゆうご
ゆうた
ゆうま
ようた
ようへい

人づきあいがいい

周囲の信頼と期待をパワーに変えて、出世できそう。

名前例

あおい
あゆむ
かずま
じゅんや
すばる
たいが
たくや
たつや
まなと
ゆうが
ゆうだい
りゅうた
りょうた
わたる

おおらか

ゆったりと場をなごませる、懐《ふところ》の深いリーダーに。

名前例

あおい
こうた
こうたろう
こうや
こうよう
こたろう
しょうご
しょうすけ
そう
そうた
なおや
はる
ゆうご
ようた

個性的

存在感と独特な感性で、一目置かれる存在に。

名前例

あおい
えいと
げんた
こう
こたろう
じん
しんご
たいが
たかひろ
はる
ひろと
みらい
るい
れお
れん

気品

洗練された魅力と知性で、憧《あこが》れの的に。

名前例

いおり
いさみ
しんいちろう
せいたろう
たいせい
ひでき
みなと
ゆうせい
ゆきひろ
りょうへい

イキイキ

強い意志と広い視野で
夢を実現できそう。

名前例

あおい
あきひろ
あつし
さとる
しんたろう
そういちろう
だいち

たかひろ
たくと
たくま
みなと
よしひろ
りくと
りょうへい

清潔

不正や不公平を許さない強い
意志のもち主で、皆から
信頼されます。

名前例

あきひろ
あつき
かん
けんすけ
さとし
しんいち
せい
せいたろう

そうすけ
たかし
つかさ
つよし
はるき
ひかる
ひでき
ひろあき

力強い

たくましく男《おとこ》気《ぎ》にあふれた、
頼れる親分肌。

名前例

けんご
ごう
こうが
しょうご
たいが
だいご
たくま
たける

つばさ
ひろと
ひろむ
やまと
ゆうご
りゅうと
れお

内に秘めた

落ち着いて思慮深く、
物事の本質を見通せそう。

名前例

あゆむ
しゅう
だいすけ
たくと
てつや
とおる
ともゆき
とわ
ひろむ
まなと
ゆいと
ゆうが
ゆうじろう
ゆうと
りゅう
りゅうのすけ

さわやか

歯切れのいい明快さと颯爽《さっそう》と
した姿で、どこでもモテモテ。

名前例

あきら
あつし
さとし
しゅうへい
しゅん
しゅんすけ
しょうた
せいたろう
せいや
そうすけ
つかさ
はるき
ひかる
まさき
ゆうせい
りょうへい

りりしい

前向きなパワーと知性に
あふれるチャレンジャー。

名前例

いおり
いちろう
こうが
こうへい
しんたろう
たくと
はるま
みらい
ゆうり
りく
りくと
りゅうき
りょうへい
りん
りんたろう
れん

女の子の名前

優しい

人の心を思いやれる、
癒《いや》しとやすらぎの人。

名前例

あかね
あやめ
えりな
さえ
せな
なな
ななせ
ひなた

まな
みな
ゆうか
ゆうな
ゆきえ
ゆめ
ゆめか

素直

嘘は苦手でいつも自然体、
みんなから愛されます。

名前例

あいか
あすか
ありさ
かな
さあや
さくら

さや
さやか
さら
はな
ゆあ
ゆな

元気

はつらつとしてキュート、
どこでもいきいきと活躍しそう。

名前例

あすみ
あや
ここな
さとみ
さら
すみれ

なつみ
なるみ
まき
まりん
みく
みゆ

温か

人を元気づけ大きな心で
包みこむ、母性豊かな存在に。

名前例

かほ
ここな
ななこ
なほ
のあ
はるか
ひな
ひなの
ほのか
まこ
まほ
もえか
ももか

カワイイ

キュートでチャーミングな、
マスコット的存在。

名前例

かなこ
かなみ
かのん
きょうか
きょうこ
ここな
こはる
なつき
なな
のりか
ひかる
ひなの
みく
みゆ
ゆい

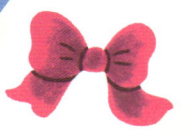

ほのぼの

温かい心で、しぜんに人の心
を癒す人気者。

名前例

あおい
あずさ
あみ
あやの
あゆみ
かや
さほ
しほ
なぎさ
ななみ
はな
はるか
はるな
ひな
ひなた
ほなみ
まいか
まな
まりあ
まりか
みさ
もも
ゆま

積極的

あふれる行動力で華やかな人生を歩みそう。

名前例

あやか
あんな
じゅり
ちひろ
なるみ
ひろみ

ゆい
ゆみ
りな
るか
るな
れいな

快活

活発で朗《ほが》らか、いつも無理なく個性を発揮します。

名前例

あいり
ありさ
ありす
こはる
さくら
しおん
しずか
しの

しほ
ちはる
ふうか
ゆづき
ゆりか
ゆりな
りな

キリリ

りりしい姿と、知性あふれる凛《りん》とした姿は、みんなの憧《あこが》れの的。

名前例

いくみ
かおり
くるみ
けい
こころ
ことみ
こはる
こゆき
しょうこ
なつき
みき
みつき
りん

知的

高い能力とパワーで、どこにいても光る存在に。

名前例

いずみ
えみり
ことみ
さき
ひかり
ひとみ
まき
みお
みき
みさき
みずき
みつき
みゆき
りお

お茶《ちゃ》目《め》

愛嬌《あいきょう》と生命力で、将来
労せずして出世しそう。

名前例

あい
たまき
ちあき
ちか
ちさと
ちなみ
ちひろ
ちほ
ちり
はな
ふじこ
まき

気さくな

明るくみんなをなごませる、
友達の多い愛されキャラ。

名前例

あいり
あゆ
かな
かなこ
かほ
きょうか
きょうこ
ここな
さくら
しょうこ
すずか
ゆうか

ハキハキ

突き進むパワーと情熱で、
カリスマ的なリーダーに。

名前例

かなこ
かのん
こはる
のりか
ひかり
ひかる
ひより
ひろみ
りな
るか
れいな
わか

おおらか

包容力とユーモアで、
いつの間にか中心人物に。

名前例

あやの
かほ
きょうこ
ここな
しょうこ
なお
ななこ
のあ
はるか
ほまれ
まほ
ゆきの
よしの

充実した

豊かな愛情と人間性で、
どこにいても支援されます。

名前例

ともか
なみ
のぞみ
ほまれ
まい
まなみ
みお
みく
みなみ
めい
ももか
ももこ

気品

上品さの中に情熱を秘めた、底力のあるお嬢様。

名前例

いずみ
えり
かのん
さや
さりな
さわこ
しょうこ
ひとみ
ひろみ
みさき
みずき
みつき
りか
りこ

繊細《せんさい》

個性とナイーブな感性で、
一目置かれる存在に。

名前例

あや
いずみ
さとみ
さゆみ
とあ
なつき
ひとみ
ひより
まゆ
みく
みゆき
ゆき
ゆきえ
ゆづき
ゆりえ
りあ
りおん

エレガント

優雅で凛《りん》とした身のこなしで、
憧《あこが》れの存在。

名前例

いおり
えりな
さや
じゅり
すみれ
はるな
ふじこ
まり
まりえ
ゆり
ゆりえ
りえ
りな
れいな
れな

清楚《せいそ》

清らかな美しさと品のよさで、
周囲からモテモテ。

名前例

あいり
ありす
さおり
さとみ
さゆり
しおり
しょうこ
すず
せいこ
せいら
せりな
みさき
りお
りさ
りみ

すっきり

潔い判断力と強さで、
先頭に立つ人に。

名前例

かな　けい　こはる　さおり　さき　さくら　さつき　さやか

さゆり　さわ　すみれ　せいら　はづき　ひかり　みさき　みなみ

内に秘めた

着実に力をつけて、
ためた力を開花させそう。

名前例

えみ　ことね　さとね　さとみ　なつみ　なるみ　みう　みく

みすず　みゆ　みゆう　ゆきの　ゆめ　ゆり　りの

キラキラ

宝石のように華やか、
セレブな未来の予感も。

名前例

あかり　えりか　かな　かなみ　かりな　かれん　きら　くらら　じゅり　たまき

ちあき　なつこ　のりか　まりえ　りかこ　りこ　りりあ　るか　れいか

軽やか

風のように自由に、
しなやかにスターになりそう。

名前例

きょうか　きら　こはる　さくら　さや　しおん　しゅうこ

ちなつ　ちはる　はな　ふうか　ゆづき　ゆりか　りん

イメージ

将来イメージから選ぶ名前の音

名前を聞くだけで思わず信頼してしまう、
名前を口にするだけでなんとなく気に入られてしまう……。
名前の音には不思議な力があります。脳科学の理論に基づき、
人生をうまく乗り切るパワーをもつ語感の名前を集めました。

男の子の名前

癒し系

名前を口にするだけで、
いらだった気分もホッと落ち着きます。

名前例

あおい
しゅうへい
そら
とも
ひなた
ふく
ふみや
みなと
ゆう
ゆうた

マイペースに生きていける

マイペースでもみんなから認められ、温かく見守ってもらえるかも。

名前例

いぶき
かい
けんし
しろう
そら
ひろと
ゆうき
りゅうと
りょうへい
りんたろう
れお

あなたにならまかせたい

周囲の信頼が厚く「このプロジェクトは君にまかせた！」と指名されそう。

名前例

いおり
こうせい
こうへい
せいしろう
せいたろう
そうすけ
たかひろ
ともなり
まさひろ
りゅういちろう

周りの人に恵まれる

助けてくれる人がしぜんと集まってきて、どんなことでも乗り切れそう。

名前例

あつし
いちろう
かずき
けいた
こたろう
じゅんのすけ
じゅんぺい
たいち
たくみ
ふく

目上にかわいがられて出世する

職場の上司や年長者から目をかけられ、着実に出世していきそう。

名前例

きょうた
こうたろう
こうへい
じゅんぺい
せいしろう
そうすけ
たくや
ちはる
てっぺい
はるま

いたずらしても許されちゃう

ちょっとしたいたずらも、ついつい大目に見たくなります。

名前例

あきら
いち
かずや
けいた
じゅん
じゅんぺい
たいち
たくみ
てっぺい
ひろ
ひろや

イケメン

名前を聞くだけで「どんなイケメンが現れるんだろう!?」と思わず期待。

名前例

けいすけ
けんすけ
しゅん
しゅんすけ
たくや
つばさ
はる
ひかる
りょう
りょうへい

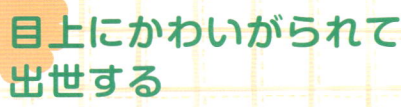

女の子の名前

癒《いや》し系

名前を呼ぶだけで、心が癒され、
その場の雰囲気をなごませます。

名前例

あや　なお　なほ　のり　はな　ひな　ほのか　みゆ　ゆあ　ゆい　ゆうな　ゆな　ゆめ

エレガントビューティー

優雅で気品のある女性らしさをもつ、美しい人に。

名前例

あや　えりか　さや　しほ　なみ　なみこ　まほ　みな
みなこ　ゆうか　ゆうり　ゆか　ゆな　ゆり　りえ

クールビューティー

知的でミステリアス、凜《りん》とした美しさにあふれています。

名前例

いおり　けい　さつき　さやか　さら　しおん
みさき　りか　りかこ　りさ　りさこ　れい

マイペースに生きていける

マイペースでも皆からかわいがられ、
温かく見守ってもらえるかも。

名前例

あん　いつき　いぶき　しょうこ　はづき　はな　はるか　ひかる　ふみ　まあさ　りょう

周りの人に恵まれる

そっと手助けしてくれる人が、しぜんと集まってくれそう。

名前例

さくら
とも
まな
まりあ
まりん
みお
みく
ももこ
りな
りん

わがままがかわいく聞こえる

ちょっとしたわがままでも、ついかなえてあげたくなります。

名前例

かのん
ここみ
こはる
ちなつ
ちほ
ななこ
ななみ
ひな
ひなた
ゆづき
りこ

目上にかわいがられて出世する／玉の輿に乗る

職場の上司や年長者から愛される出世名。将来、優雅な生活をおくりそう。

名前例

かな
かなこ
さと
さとみ
なお
なつこ
のりか
はるか
みほ
わか
わかこ
わかな

女子力がある

さりげなくおしゃれ、気づかいができて仕事もできる。憧《あこが》れの女性です。

名前例

かな
かなこ
かほ
さわ
さわこ
のりか
はるな
まき
まなみ
みき
みさこ
ゆうき
ゆき
わか
わかな

願い

印象・性格

いったいどんな子に育つのだろうと、わが子には期待でいっぱい。こんな子になってほしいという願いをストレートに名前にこめてみては。

明るい・活発

いつも前向きで元気いっぱい。いるだけで周りを明るくさせる子になるように。

漢字

照	遊	進	健	笑	起	明	元
勢	陽	喜	康	晋	晃	活	快
輝	楽	晴	彩	朗	晄	悦	芽

男の子

- 快 かい
- 源輝 げんき
- 康勢 こうせい
- 照瑛 しょうえい
- 笑太 しょうた
- 晴哉 せいや
- 大喜 だいき
- 快喜 よしき

女の子

- 朗子 あきこ
- 晃奈 あきな
- 明生 あきみ
- 笑緒 えみお
- 千勢 ちせ
- 満喜 まき
- 満輝 みき
- 芽吹 めぶき

優しい

どんなときも人の気持ちや立場を思いやれる、心の温かい子に育つように。

漢字

範	想	義	理	亮	洵	忠	礼	円
諒	暖	慈	滋	恵	信	直	匡	公
憲	徳	慎	敦	真	宥	侑	良	心
篤	寧	誠	博	倫	祐	和	実	仁
優	諄	靖	寛	淳	律	恢	斉	正

男の子

- 和徳 かずのり
- 寛太郎 かんたろう
- 心慈 しんじ
- 惇 すなお
- 祐久 たすく
- 直善 なおよし
- 誠 まこと
- 優慈 ゆうじ

女の子

- 愛宥 あゆ
- 慈木 いつき
- 小暖 こはる
- 靖果 せいか
- 和海 なごみ
- 寧々 ねね
- 和花 のどか
- 和奏 わかな

聡明・賢い

頭の回転が速く、真の知性を身につけ、人生を賢く切りひらいていけるような人に。

漢字

鋭	逸	怜	才
駕	啓	俊	見
慧	理	俐	冴
叡	達	悟	秀
賢	智	殊	利
諭	斐	哲	伶
優	惺	能	学
顕	資	敏	卓
鏡	聡	凌	知

男の子

- 学人 がくと
- 聡明 さとあき
- 慧 さとし
- 秀悟 しゅうご
- 俊資 しゅんすけ
- 惺冴 せいご
- 智顕 ともあき
- 知紘 ともひろ
- 学 まなぶ
- 資以 もとい
- 優才 ゆうさい
- 理玖 りく

女の子

- 叡子 えいこ
- 慧菜 けいな
- 聡美 さとみ
- 秀加 しゅうか
- 知恵 ちえ
- 知慧 ちさと
- 智海 ともみ
- 秀華 ひでか
- 万知 まち
- 深慧 みさと
- 俐佳 りか
- 怜郁 れいか

願い

理想の人物像

将来しっかりした人間性を身につけて、理想的な、充実した人生を歩んでいけるようにと願いをこめて名前を考えてみましょう。

友人に恵まれる

周囲から愛され、信頼される人になるように。一生つきあえる友とめぐりあうことを願って。

漢字

与 双 友 加 共 助 佑 協 朋 和 皆 厚 信 奏 祐 渉 結 湊 睦 親 頼

男の子

皆 かい
恭助 きょうすけ
双一朗 そういちろう
友淳 ともあつ
伴親 ともちか
友也 ともや
朋義 ともよし
信親 のぶちか
皆頼 みなより
睦稀 むつき
結翔 ゆいと
頼太郎 らいたろう

女の子

皆愛 かいあ
和音 かずね
多友 たゆ
親笑 ちかえ
友恵 ともえ
双巴 ふたば
湊 みなと
美朋子 みほこ
美友 みゆ
友那 ゆうな
友来音 ゆきね
頼子 よりこ

自分の道を突き進む

信念を曲げず、信じる道をまっすぐ、着実に進んでいく意志の強い子になるように。

漢字

己 功 至 成 克 志 実 拓 迪 勇 進 開 勝 達 遂 徹

男の子

至 いたる
開戸 かいと
成登 しげと
大志 たいし
拓人 たくと
達至 たつし
迪人 みちと
勇進 ゆうしん

女の子

志希 しき
拓海 たくみ
徹子 てつこ
成世 なるせ
開 のぞみ
迪知 みち
勇茉 ゆま
結実 ゆみ

スケールが大きい

些細《ささい》なことには動じず、おおらかでゆったりした人。何か大きなことを成し遂げるように。

漢字

久 大 天 永 広 弘 地 汎 仲 甫 河 空 海 宥 紘 泰 展 悠 裕 遥 寛 遙 遼 環

男の子

広洋 こうよう
伸 しん
大空 そら
大河 たいが
貴大 たかひろ
展斗 のぶと
展広 のぶひろ
悠 はるか
寛仁 ひろと
大 まさる
悠大 ゆうだい
遥 よう

女の子

千寛 ちひろ
永遠 とわ
遼河 はるか
遥名 はるな
寛子 ひろこ
展南 ひろな
広海 ひろみ
真大 まひろ
万悠 まゆう
海宥 みゆう
悠果 ゆうか
遼子 りょうこ

願い

歴史上の人物

歴史上の偉大な人物にあやかるときは、名前をそのままとらずに漢字1字だけもらったり、ひびきだけ同じにするという方法もおすすめです。

古代

王朝時代に、権力争いの中で中心的な役割を果たした人物や、文化を紡いできた人物から。

男の子

聖太	しょうた	推古天皇の摂政 聖徳太子から
不比等	ふひと	聖武天皇の外戚 藤原不比等から
冬嗣	ふゆつぐ	初代蔵人頭 藤原冬嗣から
真備	まきび	学者政治家 吉備真備から
真道	まさみち	醍醐天皇の右大臣 菅原道真から
道長	みちなが	太政大臣 藤原道長から

女の子

明光	あきみ	聖武天皇の皇后 光明皇后から
和泉	いずみ	歌人の 和泉式部から
式紫	しきし	作家・歌人の 紫式部から
彰子	しょうこ	藤原道長の娘 彰子から
清納	せいな	作家・歌人の 清少納言から
緋弥子	ひみこ	邪馬台国の女王 卑弥呼から

中世

勇ましい武士の世の中。実力でのし上がる力をもった子になるように。

男の子

勝元	かつもと	管領 細川勝元から
清衡	きよひら	初代奥州藤原氏 藤原清衡から
清盛	きよもり	太政大臣 平清盛から
貞義	さだよし	源氏一門 新田義貞から
高氏	たかうじ	室町幕府初代将軍 足利尊氏から
経義	つねよし	源頼朝の弟 源義経から
時宗	ときむね	鎌倉幕府8代執権 北条時宗から
豊持	とよじ	四職 山名持豊(宗全)から
将門	まさかど	桓武平氏 平将門から
正成	まさしげ	河内国の豪族 楠木正成から
宗純	むねずみ	大徳寺派の禅僧 一休宗純から
泰時	やすとき	鎌倉幕府3代執権 北条泰時から
義満	よしみつ	室町幕府3代将軍 足利義満から
頼仁	よりと	鎌倉幕府初代将軍 源頼朝から

女の子

静香	しずか	源義経の妻 静御前から
登子	とうこ	足利尊氏の妻 赤橋登子から
時子	ときこ	平清盛の妻 平時子から
富子	とみこ	将軍足利義政の妻 日野富子から
春日	はるひ	徳川家光の乳母 春日局から
政子	まさこ	源頼朝の妻 北条政子から

戦国時代

群雄割拠の乱世でも、未来を切りひらいた人物やそれを支えた人物にあやかって。

男の子

景虎	かげとら	越後の戦国大名 上杉謙信(景虎)から
勝家	かつや	織田信長の家臣 柴田勝家から
謙信	けんしん	越後の戦国大名 上杉謙信から
信玄	しんげん	甲斐の戦国大名 武田信玄から
道三	どうさん	美濃の戦国大名 斎藤道三から
長政	ながまさ	近江の戦国大名 浅井長政から
信長	のぶなが	尾張の戦国大名 織田信長から
秀臣	ひでおみ	天下統一した 豊臣秀吉から
正則	まさのり	豊臣秀吉の家臣 福島正則から
政宗	まさむね	陸奥の戦国大名 伊達政宗から
三成	みつなり	五奉行のひとり 石田三成から
元親	もとちか	土佐の戦国大名 長宗我部元親から
元就	もとなり	安芸の戦国大名 毛利元就から
康徳	やすのり	江戸幕府初代将軍 徳川家康から

女の子

市夏	いちか	織田信長の妹 お市から
寧々	ねね	豊臣秀吉の妻 ねねから
舞津	まつ	前田利家の妻 まつから

近世

日本の転換期を生き抜き活躍した人たちのように、柔軟で行動力ある人になるように。

男の子

- 勇　いさみ　「新撰組局長 近藤勇から」
- 松陰　しょういん　「松下村塾の 吉田松陰から」
- 晋作　しんさく　「長州藩士 高杉晋作から」
- 総司　そうじ　「新撰組 沖田総司から」
- 隆盛　たかもり　「薩摩藩士 西郷隆盛から」
- 歳三　としぞう　「新撰組 土方歳三から」
- 斉彬　なりあきら　「薩摩藩主 島津斉彬から」
- 白石　はくせき　「政治家 新井白石から」
- 慶喜　よしのぶ　「15代将軍 徳川慶喜から」
- 竜馬　りょうま　「土佐藩士 坂本竜馬から」

女の子

- 乙女　おとめ　「坂本竜馬の姉 乙女から」
- 和乃　かずの　「将軍に降嫁した 皇女和宮から」
- 千登勢　ちとせ　「京都の旅館寺田屋の おかみ登勢から」
- 篤子　とくこ　「徳川家定の妻 天璋院篤姫から」
- 福　ふく　「徳川家光の乳母 春日局の名から」
- 理玖　りく　「赤穂藩家老 大石内蔵助の妻」
- りょう　りょう　「坂本竜馬の妻 りょうから」

近代

現代日本の礎をつくった人々。向上心が高く、時代を切りひらける人になることを願って。

男の子

- 重信　しげのぶ　「内閣総理大臣 大隈重信から」
- 茂　しげる　「内閣総理大臣 吉田茂から」
- 正造　しょうぞう　「栃木県県会議員 田中正造から」
- 毅　つよし　「内閣総理大臣 犬養毅から」
- 利通　としみち　「内務卿 大久保利通から」
- 具視　ともみ　「公家 岩倉具視から」
- 行雄　ゆきお　「政治家 尾崎行雄から」
- 諭吉　ゆきち　「思想家 福沢諭吉から」

女の子

- 梅子　うめこ　「女子高等教育に つくした津田梅子から」
- 須磨子　すまこ　「最初の新劇女優 松井須磨子から」
- 環　たまき　「日本初のソプラノ 歌手三浦環から」
- 天礼沙　てれさ　「修道女 マザー・テレサから」
- 野枝　のえ　「女性解放運動家 伊藤野枝から」
- 花子　はなこ　「多くの児童文学を 翻訳した村岡花子から」
- 房枝　ふさえ　「婦人参政権獲得に 奔走した市川房枝から」
- 碧蓮　へれん　「社会福祉事業家 ヘレン・ケラーから」

願い

和の心を大切に

伝統文化や地名などから、和の心を大切にする思いをこめましょう。
将来国際的に活躍することを見据え、日本らしく美しい名前をつける手も。

和のことばから

和の雰囲気を感じさせることばやひびきから考える名前は、雅で風流なイメージです。

男の子

- 藍志郎 あいしろう
- 景虎 かげとら
- 岳丸 たけまる
- 飛鳥 あすか
- 吉祥丸 きっしょうまる
- 丞 たすく
- 伊織 いおり
- 蔵之助 くらのすけ
- 龍臣 たつおみ
- 一茶 いっさ
- 左京 さきょう
- 多聞 たもん
- 伊吹 いぶき
- 佐助 さすけ
- 寅吉 とらきち
- 右京 うきょう
- 紫苑 しおん
- 武蔵 むさし
- 右近 うこん
- 将吉 しょうきち
- 八雲 やくも
- 神楽 かぐら
- 尊之進 たかのしん
- 大和 やまと

女の子

- 菖蒲 あやめ
- 小雪 こゆき
- 京伽 ひろか
- 和泉 いずみ
- 小百合 さゆり
- 美登里 みどり
- 色羽 いろは
- 志乃 しの
- 京 みやこ
- 薫子 かおるこ
- 菫 すみれ
- 雅 みやび
- 菊乃 きくの
- 千鶴 ちづる
- 弥生 やよい
- 小梅 こうめ
- 手毬 てまり
- 紫 ゆかり
- 琴音 ことね
- 花里 はなり
- 美乃 よしの
- 古都里 ことり
- 雛乃 ひなの
- 和奏 わかな

古風な名前

最近は、あえて古風で伝統的な名前をつける方法が人気。大和魂を感じさせる名前や、かわいらしくも美しいひびきの名前を考えてみては。

漢字

吉　花　助　和
虎　苑　京　奏
桜　梅　倭　将
都　琴　雅　鶴

「子」がつく名前

最近、人気が再燃している「子」がつく名前。「胡」や「瑚」の字を使って工夫しても。

名前例

- 亜子 あこ
- 仁子 にこ
- 香乃子 かのこ
- 実依子 みいこ
- 希子 きこ
- 萌子 もこ
- 桜子 さくらこ
- 紫子 ゆかりこ
- 苑子 そのこ
- 理子 りこ
- 菜子 なこ
- 輪子 わこ

「太郎」がつく名前

昔ながらだけれど、根強い人気の「太郎」がつく名前。「汰」や「朗」の字を使って工夫することも。

名前例

- 桜太郎 おうたろう
- 琥太郎 こたろう
- 柑太郎 かんたろう
- 朔太郎 さくたろう
- 季太郎 きたろう
- 奏太郎 そうたろう
- 吟太郎 ぎんたろう
- 春太郎 はるたろう
- 虎太郎 こたろう
- 理太郎 りたろう

美しい日本語・座右の銘

名前に託《たく》された座右の銘は、赤ちゃんにとっても人生を励ましてくれる大切なことばになるでしょう。

蛍雪《けいせつ》の功

男の子の名前　功雪　こうせつ

女の子の名前　蛍瑠　ほたる

実るほど頭《こうべ》の垂るる稲穂かな

男の子の名前　実　みのる

女の子の名前　実穂　みほ

千里の道も一歩から

男の子の名前　千里　せんり

女の子の名前　里歩　りほ

温故知新《おんこちしん》

意味　古いものや昔のことから新しい知識を学ぶこと

男の子の名前　知新　ちしん

女の子の名前　知温　ちはる

一期一会《いちごいちえ》

意味　一度きりの出会いだと思って、誠意をつくすこと

男の子の名前　一期　かずき

女の子の名前　一会　いちえ

春風致和《しゅんぷうちわ》

意味　春風に乗って、おだやかな空気が満ちること

男の子の名前　和春　かずはる

女の子の名前　風和　ふうわ

有言実行《ゆうげんじっこう》

意味　口に出したことは確実に実行すること

男の子の名前　実行　さねゆき

女の子の名前　有実　ゆみ

明鏡止水《めいきょうしすい》

意味　やましい点がなく、静かに落ち着いた心境

男の子の名前　明鏡　あきとし

女の子の名前　明水　あきみ

善因善果《ぜんいんぜんか》

意味　よい行いをしていれば、よい結果が返ってくること

男の子の名前　善　ぜん

女の子の名前　善果　よしか

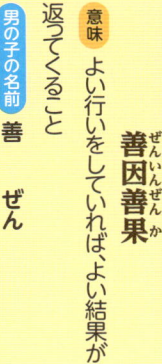

故郷・日本の地名

赤ちゃんが生まれた場所や、親のルーツである場所など、思い入れのある土地の名前から。

日本の地名

古くからある地名を使えば、古風な印象に。土地のもつ歴史を感じさせる名前になります。

男の子

赤穂 あこう
吾妻 あずま
有馬 ありま
伊賀 いが
壱岐 いき

伊吹 いぶき
甲斐 かい
桐生 きりゅう
千歳 ちとせ
天竜 てんりゅう

十和 とわ
長門 ながと
武蔵 むさし
弥彦 やひこ
結城 ゆうき

女の子

安芸 あき
出雲 いずも
伊与 いよ
恵那 えな
緒汐 おしお

佐保 さほ
嵯幌 さほろ
鈴鹿 すずか
千歳 ちとせ
穂波 ほなみ

美瑛 みえ
美幌 みほろ
三輪 みわ
陸奥 むつ
吉野 よしの

故郷

のどかで優しい雰囲気があります。故郷を大切にする思いやりのある子になることを願って。

男の子

在土 あると
街 がい
郷平 きょうへい
邦明 くにあき

古都 こと
州平 しゅうへい
真里 まさと
邑希 ゆうき

女の子

邦子 くにこ
郷心 さとこ
幸里 さり
汝都 など

街子 まちこ
美里 みさと
美邑 みゆう
里都 りと

日本の旧国名

9世紀ごろから明治時代までの日本国内の地方行政区分が旧国名です。

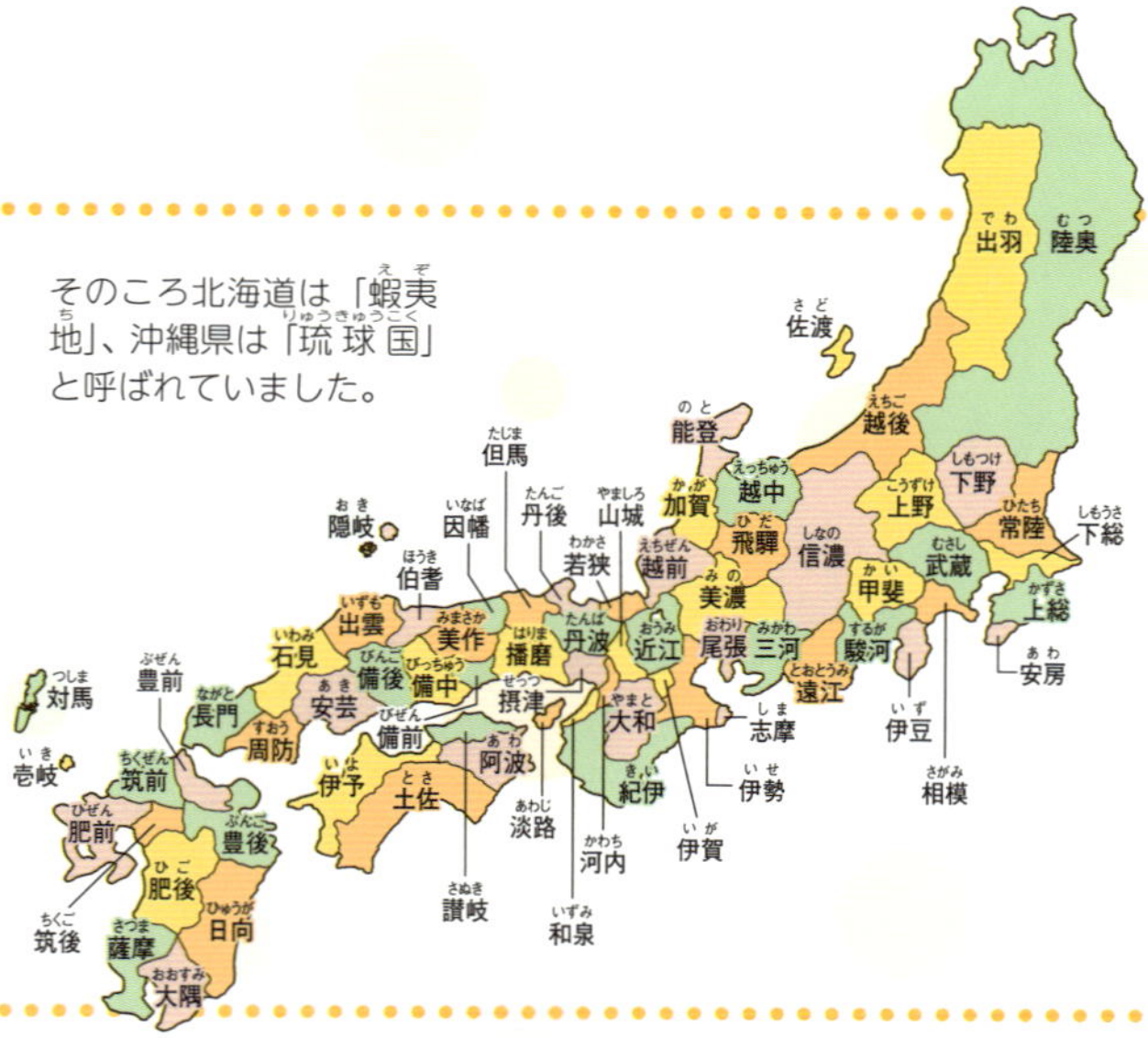

そのころ北海道は「蝦夷《えぞ》地《ち》」、沖縄県は「琉球国《りゅうきゅうこく》」と呼ばれていました。

芸術・芸能

人々の生活とともに発展し、洗練されてきた文化から。日本人の誇りや気品、また繊細さをもつ人になることを願って。

芸事

茶道や華道、陶芸など、古きよき日本の作法や心を大切にする人になるように。

漢字

舞 綺 釉 絢 紋 紗 芸 巧
磨 綾 絹 絵 紬 扇 美 伎
織 綸 踊 創 陶 紡 華 匠

男の子

- 綺人 あやと
- 織也 おりや
- 研匠 けんしょう
- 左紋 さもん
- 陶孝 すえたか
- 扇太朗 せんたろう
- 汰紡 たつむ
- 雅芸 まさき
- 釉志郎 ゆうじろう
- 踊壱 よういち

女の子

- 綾伎 あやき
- 綺冴 きさえ
- 茶徽香 さきか
- 詩紋 しもん
- 千利 せんり
- 華生 はなお
- 舞心 まみ
- 釉香 ゆうか
- 踊花 ようか
- 綾華 りょうか

歴史的建造物

木材のみで建てられた寺や城には、匠《たくみ》の技《わざ》が生きています。芯が通ったまじめな人になるように。

漢字

萱 梁 宮 城 社 寺 巧 工
築 塔 堂 神 建 匠 伎 大

男の子

- 斎城 いつき
- 嗣堂 しどう
- 匠 たくみ
- 建希 たつき
- 塔吾 とうご
- 奈築 なつき
- 浬宮 りく
- 梁介 りょうすけ

女の子

- 花梁 かりょう
- 神菜 かんな
- 社栞 しゃか
- 匠奈 しょうな
- 塔華 とうか
- 実沙城 みさき
- 結伎 ゆき
- 巧野 よしの

伝統芸能

歌舞伎《かぶき》や能《のう》、浄瑠璃《じょうるり》など庶民の文化から。小粋《こいき》で皆から親しまれる人になることを願って。

漢字

文 伎 花 松 和 浄 能
道 楽 鼓 歌 瑠 舞 謡

男の子

- 音文 おとふみ
- 楽人 がくと
- 玄楽 げんら
- 獅童 しどう
- 至能 しの
- 世楽 せら
- 染五 そめご
- 太隈 たくま
- 団治 だんじ
- 舞左杜 まさと
- 雅瑠 まさる
- 謡多 ようた

女の子

- 文華 あやか
- 花能 かの
- 伎世 きよ
- 浄 きよら
- 鼓乃 このり
- 松鼓 しょうこ
- 楚楽 そら
- 能利江 のりえ
- 舞歌 まいか
- 舞伎 まき
- 道瑠 みちる
- 謡香 ようか
- 能華 よしか
- 瑠璃 るり

願い

グローバルな活躍を

国際社会で活躍しやすいようにとふえているのが、外国語、特に英語でも呼びやすい名前。海外の人にも、発音しやすく親しまれやすい名前をつけるヒントを参考にしてみては。

1 外国語の名前や意味から

外国語の名前や意味から名づける方法です。「Joe →譲」、「Marine →茉凛《まりん》」のように外国語の名前や単語をそのまま応用します。ただし、「魂」と書いて「ソウル」と読ませるような無理な名づけは避けたいものです。

2 短い愛称にできる名前に

短い名前はそのまま覚えてもらえます。長い名前でも、後ろを略して「けん」「めぐ」などの短い愛称《あいしょう》に変えることもできます。

英語圏

世界の共通言語である英語からの名づけは人気があります。世界中の人から親しみをこめて呼んでもらえるように。

女の子

単語	意味	名前例	
エレナ [Elena]	人名	恵令奈	えれな
サラ [Sara]	人名	沙羅	さら
チアー [Cheer]	元気	知愛	ちあ
チェリー [Cherry]	さくらんぼ	知恵理	ちえり
マーチ [March]	行進	真亜智	まあち
ラブリー [Lovely]	愛らしい	羅舞里	らぶり
リズム [Rhythm]	リズム	里澄	りずむ
ルナ [Luna]	月の女神	瑠奈	るな

男の子

単語	意味	名前例	
ジョー [Joe]	人名	錠	じょう
スカイ [Sky]	空	澄快	すかい
ソウル [Soul]	魂	創瑠	そうる
タイガー [Tiger]	虎	泰我	たいが
ナイト [Knight]	騎士	祢斗	ないと
ノア [Noah]	人名	埜亜	のあ
ヒーロー [Hero]	英雄	陽呂	ひろ
ライト [Light]	光	頼人	らいと

ハワイ

ひびきがかわいらしく、日本語ともよく似ているハワイ語からの名づけは最近大人気。美しくゆったりした楽園をイメージした名前をつけてみては。

女の子

単語	意味	名前例	
アネラ [Anela]	天使	亜祢羅	あねら
オハナ [Ohana]	家族	おはな	おはな
マオリ [Maoli]	純粋の、本物の	真織	まおり
マカナ [Makana]	プレゼント	麻叶	まかな
マナ [Mana]	奇跡的な力	真菜	まな
ミリ [Mili]	かわいがる	美里	みり
ラナ [Lana]	静かな	羅南	らな
レイ [Lei]	花輪、最愛の人	玲衣	れい

男の子

単語	意味	名前例	
ウル [Ulu]	成長する	宇琉	うる
カイ [Kai]	海	櫂衣	かい
ケイキ [Keiki]	子ども	慧伎	けいき
コア [Koa]	コアの木、勇敢な、兵士	琥空	こあ
ナル [Nalu]	波	那琉	なる
ヒロ [Hilo]	編む、より合わせる	比呂	ひろ
マウイ [Maui]	ハワイの島の名前	真羽伊	まうい
レオ [Leo]	音声	怜央	れお

column

注意したい名前

「あおい」のように母音が続く名前や、「つ」「すけ」「りゅう」「ひ」「りょう」は日本人以外には発音が難しいといわれます。また、一般的な名前でも、ローマ字で書くと違う意味になったり、外国語で変な意味の単語になることもあるので、要チェックです。

発音が難しい名前

あつと　えいし　りゅうすけ　あいか　つたえ　りょうこ

好ましくない意味になる名前

カツオ →男性器（イタリア語）
ケイジ →監獄（英語）
タカシ →あなたの糞（フランス語）
ユウゴ →あっちに行け（英語）
コト →排泄《はいせつ》物（ドイツ語）
コン →女性器（フランス語）
アイ →わたし（英語）
ミホ →男性器（スペイン語）

フランス

おしゃれなひびきのフランス語から、センスを感じさせる名前をつけてみては。

男の子

単語	意味	名前例
シエル [Ciel]	天	紫依琉　しえる
テル [Terre]	地球	耀　てる
マルス [Mars]	三月	真瑠須　まるす
リアン [Lien]	絆	理安　りあん

女の子

単語	意味	名前例
アンジュ [Ange]	天使	安樹　あんじゅ
ノワ [Noix]	くるみ	乃和　のわ
マノン [Manon]	人名	麻望　まのん
ラルム [Larme]	涙	來瑠夢　らるむ

スペイン

世界で２番目に多くの人に話されているスペイン語。情熱的な国のイメージをこめて。

男の子

単語	意味	名前例
アオラ [Ahora]	いま	蒼羅　あおら
エネロ [Enero]	１月	絵音呂　えねろ
ソル [Sol]	太陽	想琉　そる
リオ [Río]	川	李央　りお

女の子

単語	意味	名前例
アモル [Amor]	愛	愛萌留　あもる
カリナ [Karina]	人名	香莉奈　かりな
リサ [Risa]	笑い	璃紗　りさ
リンダ [Linda]	かわいい	凛多　りんだ

韓国

日本語と似たことばも多い韓国語。ほかの人とひと味違う名前をつけたい人に。

男の子

単語	意味	名前例
ソジュン [서준]	人名	素純　そじゅん
ノラン [노랑]	黄色	乃嵐　のらん
ミスル [미술]	美術	実須琉　みする
ヨルム [여름]	夏	夜夢　よるむ

女の子

単語	意味	名前例
アヨン [아연]	人名	あよん　あよん
サラン [사랑]	愛	紗蘭　さらん
テアン [태양]	太陽	照安　てあん
マウム [마음]	心	舞夢　まうむ

中国

お隣の中国には共通の漢字もあり、願いもこめやすいです。美しいひびきの名前に。

男の子

単語	意味	名前例
カイシン [开心]	楽しい	海新　かいしん
シュウ [树]	樹木	秋宇　しゅう
シン [星]	星	芯　しん
チアン [强]	強い	智晏　ちあん

女の子

単語	意味	名前例
シンフー [幸福]	幸福	晋芙　しんふ
ハオ [好]	よい	波緒　はお
ホワ [花]	花	帆輪　ほわ
メイリー [美丽]	美しい	芽衣里　めいり

インド

インドの公用語、ヒンディー語をヒントに、エキゾチックなイメージの名前にしてみては。

男の子

単語	意味	名前例	
エーク [एक]	1	瑛玖	えいく
シンフ [सिंह]	ライオン	芯富	しんふ

女の子

単語	意味	名前例	
ソーナー [सोना]	金	奏菜	そな
ヒーラー [हीरा]	ダイヤモンド	陽來	ひら

タヒチ

ハネムーンでも人気のタヒチ。かわいらしいひびきのことばがいっぱい。

男の子

単語	意味	名前例	
ニナム [Ninamu]	青色	仁南夢	になむ
ラッイ [Ra’i]	空	頼	らい

女の子

単語	意味	名前例	
ヒメネ [Himene]	歌う	姫音	ひめね
ミティ [Miti]	海	未知	みち

世界の地名

思い出の海外の地名をヒントにおしゃれで異国情緒のある名前を考えてみては。

男の子

印渡 あきと
伊太瑠 いたる
加那太 かなた
韓亮 かんすけ
豪 ごう
西都 さいと
壮琉 そうる
米都 よねと
論渡 ろんど

女の子

栞縫 かんぬ
玖蕗愛 くろあ
那伊流 ないる
那保里 なほり
葉乃衣 はのい
港香 みなか
美羅乃 みらの
莉緒 りお

名前エピソード

陽《ひゅ》宇《う》吾《ご》くん

イギリス王子と同じ名前は恐れ多い!?

妻が日本人、夫がオーストラリア人の夫婦なので、グローバルな視点をもつ人として成長してほしいという思いがあります。お姉ちゃんには日本の国花の名前を、弟には英語の名前をつけることにしました。しかし、英語の名前をリストアップしていく作業がとにかく大変！「ウィリアム」も候補のひとつだったのですが、実家の母から「イギリスの王子様と同じ名前は勘弁してほしい」とNGが出たのでした。

願い

きょうだい・ふたごでつながりをもたせたい

きょうだいやふたごに、家族の絆を感じさせる名前をつけるのも根強く人気。名前につながりをもたせるためにはどのようにすればよいのでしょうか。呼んだときの語感《ごかん》をそろえる「音から」、共通の思いをこめる「イメージから」、名前を見たときの印象に関連をもたせる「漢字から」の３つの切り口を紹介します。
また、それぞれの方法にはコツやポイントがあります。名前例をヒントに、子どもたちにぴったりの名前を考えてみましょう。

音から

ひびきをそろえる

「ゆうじ」と「えいじ」、「ゆうか」と「ようか」のようにひびきをそろえたり、止め字の音をそろえる方法。違いが聞き取りづらくなりがちなので、先頭字の母音は変えたほうがベター。

止め字が「か」
穂香 ほのか
安佳 やすか
悠果 ゆうか

止め字が「じ」
寛治 かんじ
翔司 しょうじ
遥路 ようじ

止め字が「な」
愛奈 あいな
加菜 かな
麗那 れいな

止め字が「と」
秋登 しゅうと
北斗 ほくと
美都 みと

止め字が「み」
克己 かつみ
佳奈美 かなみ
英実 ひでみ

止め字が「や」
昊夜 こうや
佑矢 ゆうや
咲弥 さくや

3音で中字が長音
蒼太 そうた
徹 とおる
楓真 ふうま
勇気 ゆうき
陽太 ようた
崚馬 りょうま
礼二 れいじ
英華 えいか
紗彩 さあや
萩花 しゅうか
未衣奈 みいな
有子 ゆうこ
玲子 れいこ
麗那 れいな

末字が長音
建秀 けんしゅう
司郎 しろう
真周 ましゅう
真優 まゆう
美有 みゆう
由未依 ゆみい

2音で末字が長音
功 こう
翔 しょう
礼 れい
希衣 きい
須宇 すう
美伊 みい

2音で末字が「い」
海 かい
乃衣 のい
類 るい
愛 あい
舞 まい
美衣 みい
唯 ゆい

2音で末字が「ん」
寛 かん
健 けん
慎 しん
門 もん
杏 あん
蘭 らん
凜 りん

2音で末字が「ち」
那智 なち
道 みち
幸 さち
街 まち

濁音
凱 がい
剛 ごう
仁 じん
暖 だん
樹依 じゅい
純 じゅん
紅 べに

拗音
秀真 しゅうま
譲太 じょうた
勝利 しょうり
愛紗 あいしゃ
京子 きょうこ
美秀 みしゅう

4音
真彰 まさあき
陽介 ようすけ
綾友 あやとも
桜子 さくらこ
星蘭 せいらん

5音
健太郎 けんたろう
藤史郎 とうしろう
佑太朗 ゆうたろう

＊青字が男の子の名前、ピンクの字が女の子の名前です

イメージから

同じイメージにする

自然や色など、共通のイメージから考える方法。つながりをもたせながらも、全く違うひびきの名前にすることができるのもポイントです。

自然
- 泉　いずみ
- 空　そら
- 林平　りんぺい
- 海禾　うみか
- 花香　はなか
- 光季　ひかり

海
- 智波　ちなみ
- 凪斗　なぎと
- 湊　みなと
- 汐音　しおね
- 岬　みさき

天気
- 晴吾　せいご
- 風太　ふうた
- 雪治　ゆきじ
- 美雨　みう
- 陽香　ようか

宇宙
- 星一　せいいち
- 真宙　まひろ
- 月奈　つきな
- 那紗　なさ

光
- 陽　あきら
- 輝季　てるき
- 燦　さん

色
- 紫苑　しおん
- 勇青　ゆうせい
- 紅子　べにこ
- 碧麗　みれい

音楽
- 奏　かなで
- 弾　だん
- 結音　ゆおん
- 和音　わおと

和風
- 伊織　いおり
- 大和　やまと
- 琴乃　ことの
- 小百合　さゆり

季節
- 秋弥　しゅうや
- 春太郎　はるたろう
- 夏季　なつき
- 美冬　みふゆ

数字
- 四朗　しろう
- 六夫　むつお
- 雄三　ゆうぞう
- 佑八　ゆうや
- 吏九　りく
- 一子　いちこ
- 五季　いつき
- 七美　ななみ
- 二葉　ふたば

対になるイメージにする

それぞれの子が独立した個性をもつよう、対になるイメージの名前をつける手もあります。

陸・海・空
- 海　かい
- 空哉　くうや
- 七海　ななみ
- 陸玖　りく

一・百
- 創壱　そういち
- 百路　ももじ
- 一華　いちか
- 百合子　ゆりこ

column

きょうだい・ふたごでセットの名前

ひびきや意味がセットになる名前でつながりをもたせる方法も。
工夫して、ほかの人とはひと味違う名前を考えてみてはいかがでしょうか。

1. つなげるとひとつのことばに

きょうだいの名前をつなげて読むと熟語や文になる名前。

希美　のぞみ・香苗　かなえ→**望み叶え**／桜　さくら・朔　さく→**桜咲く**

公明　きみあき・正大　まさひろ→**公明正大**／朝日　あさひ・昇　のぼる→**朝日昇る**

2. 熟語から１文字ずつ

きょうだいの名前に、熟語から漢字を１文字ずつちりばめます。

正子　まさこ・直人　なおと→**正直**／真美　まみ・心　こころ→**真心**

悠　はるか・久志　ひさし→**悠久**／

雪也　ゆきや・辰月　たつき・桃花　ももか→**雪月花**

漢字から

同じ漢字を入れる

気に入った共通の漢字を入れる方法。ただし、先頭字の読みが同じだと略称で呼んだときに紛らわしいので、同じ漢字でも違う読みにするなどの工夫をしましょう。部首をそろえても。

- **心**　心一 しんいち／心海 ここみ／心 こころ／心海 ここみ
- **光**　光輝 こうき／光 ひかり／光紀 みつき
- **希**　苑希 そのき／亜希 あき／希美 のぞみ
- **虎**　虎太郎 こたろう／正虎 まさとら／虎愛 こあ
- **空**　空我 くうが／空良 そら／晴空 はるく
- **海**　海渡 かいと／海心 うみ
- **咲**　真咲 まさき／咲奈 えみな／咲里 さり
- **真**　真治 しんじ／橙真 とうま／真琴 まこと
- **悠**　健悠 けんゆう／悠斗 ゆうと／悠実 はるみ
- **琉**　蒼琉 そうる／琉星 りゅうせい／琉那 るな
- **晴**　一晴 いっせい／晴子 はるこ／美晴 みはる
- **葵**　晄葵 こうき／葵 あおい／由葵 ゆき
- **結**　結人 ゆいと／結貴 ゆうき／真結 まゆ／結莉亜 ゆりあ
- **陽**　太陽 たいよう／陽人 はると／真陽 まひろ
- **愛**　愛実 あいみ／愛華 まなか／万理愛 まりあ
- **蒼**　蒼 あおい／蒼悟 そうご／蒼香 ひろか
- **夢**　斗夢 とむ／広夢 ひろむ／夢子 ゆめこ
- **輝**　輝哉 てるや／茉輝 まき
- **優**　優 すぐる／美優 みゆう／優菜 ゆうな

文字数をそろえる

文字数をそろえると、全体の雰囲気に統一感が出ます。姓の長さを加味して、長い姓には漢字１文字の名前、短い姓には漢字３文字の名前をつけてもよいでしょう。

名前例

漢字1文字

- 男の子　櫂 かい／浬 かいり／慎 しん／高 たか／洋 よう／類 るい
- 女の子　愛 あい／中 あたる／慧 けい／華 はな／澪 みお／陸 りく

漢字3文字

- 男の子　伊知郎 いちろう／慎之助 しんのすけ／蒼太郎 そうたろう／辰之進 たつのしん／日向采 ひなと／靖比古 やすひこ
- 女の子　亜季葉 あきは／香里奈 かりな／沙奈恵 さなえ／奈那子 ななこ／真里菜 まりな／百合華 ゆりか

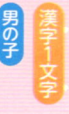

止め字を同じ漢字にする

同じ止め字を使う方法。「名前に使われる止め字」（P528～531）から好きな止め字をさがして、さまざまなバリエーションを考えてみましょう。

巳
辰巳　たつみ
義巳　よしき
菜巳　なみ

月
偉月　いつき
愛月　あづき
美月　みつき

央
那央　なお
礼央　れお
未央　みお

生
麻生　あさき
直生　なお
真生　まき

衣
嘉衣　かい
亜衣　あい
芽里衣　めりい

吾
健吾　けんご
尚吾　しょうご
大吾　だいご

奈
瀬奈　せな
琴奈　ことな
羽奈　はな

臣
隆臣　たかおみ
龍臣　たつおみ
博臣　ひろおみ

季
直季　なおき
瑞季　みずき
友季　ゆき

海
海　うみ
直海　なおみ
愛海　まなみ

音
礼音　れね
花音　かのん
美音　みおん

香
季香　きか
虹香　にじか
実香　みか

耶
真耶　まや
祐耶　ゆうや
沙耶　さや

真
翔真　しょうま
蒼真　そうま
絵真　えま

雪
伸雪　のぶゆき
沙雪　さゆき
美雪　みゆき

楽
曽楽　そら
咲楽　さら
美楽　みら

瑠
駆瑠　かける
十瑠　とおる
芽瑠　める

澄
真澄　ますみ
愛澄　あすみ
香澄　かすみ

穂
高穂　たかほ
和穂　かずほ
香穂　かほ

織
伊織　いおり
香織　かおり
美織　みおり

ネーミングストーリー

真之助《しんのすけ》くん　真依子《まいこ》ちゃん

「真っすぐな子に」と願いをこめて

お兄ちゃんも妹も、漢字３文字で、「真」という字を入れ、少し古風な名前、という条件で考えました。「真」の字には、「真っすぐな子に」「友達思いの、人を助けられる人に」「真実は人を助け、助けられる」という願いをこめています。きょうだいに共通の思いをたくした名前です。（尚子ママ）

ヒント

芸能人の子どもの名前から

芸能人の子どもの名前は、
センスのよさや個性を感じるものがたくさん。
クリエイティブな芸能人ならではの名づけをヒントにしてみては？

石田純一（タレント）・**東尾理子**（プロゴルファー）
子の名前
- 理汰郎 りたろう
- 青葉 あおば

IZAM（ミュージシャン）・**吉岡美穂**（タレント）
子の名前
- 桜深 おうみ
- 王詞 きこと
- 希海 きうな

内山麿我（タレント）
子の名前
- 愛音來 あねら

エハラマサヒロ（タレント）
子の名前
- 美羽 みう
- 風羽 ふう
- 音羽 おとは

金子貴俊（俳優）
子の名前
- 颯良 そうら
- 茉里咲 まりさ

神田笑花（モデル）
子の名前
- 覇王 はお
- 或叶 あると

庄司智春（タレント）・**藤本美貴**（タレント）
子の名前
- 虎之助 とらのすけ
- 羽沙 つばさ

杉浦太陽（俳優）・**辻希美**（タレント）
子の名前
- 希空 のあ
- 青空 せいあ
- 昊空 そら

土屋アンナ（タレント）
子の名前
- 澄海 すかい
- 心羽 しんば
- 星波 せいな

中村勘九郎（歌舞伎役者）・**前田愛**（女優）
子の名前
- 七緒八 なおや
- 哲之 のりゆき

白鵬（力士）
子の名前
- 愛美羽 あみう
- 眞羽人 まはと
- 美羽紗 みうしゃ

藤本敏史（タレント）・**木下優樹菜**（タレント）
子の名前
- 莉々菜 りりな
- 茉叶菜 まかな

松嶋尚美（タレント）
子の名前
- 空詩 らら

本木雅弘（俳優）
子の名前
- 雅楽 うた
- 伽羅 きゃら
- 玄兎 げんと

＊青字が男の子の名前、ピンクの字が女の子の名前です

PART
4

使いたい文字にこだわって

漢字
から名づける

基礎知識

赤ちゃんにぴったりの漢字と出合おう

2999字の漢字が使える

８万字以上あるといわれる漢字のうち、名前に使えるのは２９９９字です。

人名に使える漢字は、「戸籍法《こせきほう》」という法律によって「子の名には、常用平易な文字を用いなければならない」と決められています。「常用平易な文字」とは、常用漢字と人名用漢字のことです。

常用漢字とは、一般の人が日常生活をおくるために必要な漢字の目安として定められたものです。

一方、人名用漢字は、特に人の名前に用いるために定められたもの。２００４年に、この人名用漢字が全面的に見直されました。

２０１０年には常用漢字が改定され、２００字近く追加されたため、現在人名に使える漢字は２９９９字となりました。

パパ・ママ世代が生まれたころに比べ、名前に使える漢字の選択肢はずっと広がっています。漢字をいろいろ見比べて、赤ちゃんの名前の漢字選びを楽しんでください。

名前に向いている漢字から考えて

常用漢字は、もともと人名を想定して定められたものではありません。人名用漢字も、一般からの要望に加えて、社会での使用頻度《ひんど》も考慮《こうりょ》して選ばれたものです。

そのため、「死」「病」「貧」などのマイナスの印象が強い字や、「胃」「腰」「尿」などの、実用的でも名前には向かない漢字が含まれています（→P536）。また、難しい旧字もたくさん入っています。

名づけに使える３０００字近くの漢字のうち、実際に名前の候補になるのは、その半分程度でしょう。P257からの「漢字と名前のリスト」では、特に名前にふさわしい漢字について解説しています。ぜひ役立ててください。

名前には常用漢字と人名用漢字が使える

常用漢字 2136字

新聞や主な出版物をはじめとする、社会生活で使う漢字の目安。大部分は小・中学校で学習する。2010年に196字追加され、人名用漢字に５字移行した。

これらの漢字のほか、ひらがなとカタカナ、長音記号（ー）と繰り返し記号（々、ゝ、ゞなど）も使用できる。

＋

人名用漢字 863字

特に人名に使用できる漢字として定められている漢字。2004年に大幅に見直され、その後の追加や2010年の常用漢字の改定を経て、現在の863字となった。

名前に使える漢字

2999字

column

使える漢字か☑《チェック》しよう

戸籍を管轄《かんかつ》する法務省のホームページでは、使いたい漢字が名前に使えるかどうかや、正しい字形を、確実にチェックすることができます。

1 法務省戸籍統一文字情報にアクセスし、「検索条件入力画面」へ

↓

2 「読み」に漢字の読みを入力し、「子の名に使える漢字」の人名用漢字、常用漢字にチェックを入れる

一般的な音《おん》読みや訓《くん》読みを入力するのがコツ

↓

検索

↓

3 使える漢字が表示される

画数や部首などでも検索できるが、画数は本書の画数の数え方と違う場合もあるので注意

ヒント

楽しみながら漢字をさがそう

視覚的なイメージにも注目して

漢字を見て、意味はよく知らないけれど、形がなんとなく好き、と思ったことはありませんか？

漢字は、事物をかたどった絵が図案化されて、意味をもつ文字となったものです。そのため、言語的な意味を表すほか、画像的なイメージを呼び起こしたり、想像力をかきたてたりすることがあるのです。

漢字は、「圭」「容」のような左右対称の字、「鷲」「鑑」のような画数が多く黒っぽい字など、表情もいろいろ。また、「来」「灯」と、旧字の「來」「燈」では、受ける印象がずいぶん違います。

漢字を選ぶときは、意味はもちろん、形や字面《じづら》にも注目して、楽しみながらさがしてください。

部首は漢字の意味の手がかりになる

「山」や「火」「目」などの事物の形がそのまま図案化されたものを除き、ほとんどの漢字は、いくつかの部分が組み合わさってできています。

いちばん多いのは、意味を表す部分と音を表す部分とを組み合わせたものです。意味を表す部分である「部首」からは、漢字のおおよその意味を推測することができます。

たとえば「紗」の部首は「糹（いとへん）」。糸や織物に関する漢字です。ほかにも「木（きへん）」なら植物に関わる漢字、「氵（さんずい）」な

主な部首の意味

部首	意味	漢字の例
日 ひへん	太陽。	晴　暉
木 きへん	木。植物。	樹　柘
王 おうへん	玉。宝石。	珠　琥
禾 のぎへん	稲。穀物。	秋　穂
衤 ころもへん	衣服。	裕　襟
糸 いとへん	糸。織物。	紗　織
言 ごんべん	ことば。	詩　謙
貝 かいへん	金。財産。	財　販
阝 おおざと	国。地域。	都　郷
隹 ふるとり	鳥。	雅　雄
宀 うかんむり	家。屋根。	宙　実
艹 くさかんむり	草。植物。	英　葉
辶（⻌）しんにょう	道。行く。進む。	達　遙

部首	意味	漢字の例
人 ひと 亻 にんべん	人。	佳　伶
心 こころ 忄 りっしんべん	心。 精神の作用。	愛　恢
水 みず 氵 さんずい	水。流れ。	泉　汐
彡 さんづくり	模様。飾り。	彩　彰
注意したい部首		
犭 けものへん	犬。動物。	猿　狂
刂 りっとう	刃物。切る。	刑　別
灬 れんが	火。	無　焦
疒 やまいだれ	病気。	疲　痛
月 にくづき	体の部分。	腕　脂

＊つきへん（「服」など）と同じ形なので注意。

例

晴

意味を表す　日

音を表す　青

ら水に関連する漢字など、部首によって、漢字のだいたいの意味を推測できます。

音を表す部分も、チェックしましょう。

たとえば「苺（マイ・いちご）」は、植物を表す「艹（くさかんむり）」と「マイ」の音を表す「母」の組み合わせ。母親の乳房《ちぶさ》の形をした植物、という意味を表します。かわいいだけでなく、母親の温かさをイメージさせる字でもあるんですね。

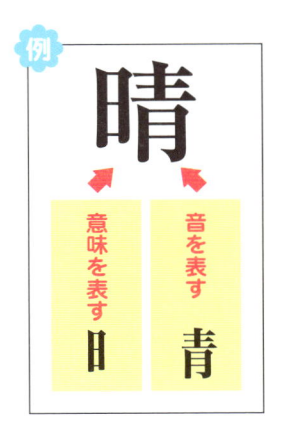

まずは基本の読み方と意味をおさえて

漢字の読み方には、音《おん》読みと訓《くん》読み、名《な》乗《の》りがあります。「葵《き》夏《か》」のように音読みを使うと、かっちりとした感じに、「葵《あおい》」のように訓読みを使うと、やわらかい感じになる傾向が。

漢字の意味をストレートに表したいときや優しい印象の名前にしたいときは、訓読みを活かしてみるのも手です。

漢字の音のみを利用する万葉《まんよう》仮《が》名《な》風の当て字も、昔から使われている伝統的な方法です。

止め字から決める方法も

人気の漢字（→P256）にランクインしているのは、「太」や「花」のように、止め字（名前の最後の文字）として使えるもの。止め字から決めるのもひとつの手です。「名前に使われる止め字」（→P528～531）、「万葉仮名風の当て字」（→P532～533）も参考にしてください。

漢字の読み方は3種類

音読み

中国語の読みをもとにした読み方。「朗」では「ロウ」。

訓読み

中国から伝わった漢字に、同じ意味の日本語（やまとことば）を当てた読み方。「朗」では「ほがらか」。

名乗り

人名の場合に使われる読み方。本来の読みからかけ離れたものも多い。「朗」では「あきら」「お」など。

例

朗

ロウ……音読み
ほがらか……訓読み
あきら・お…名乗り

重《ジュウ》箱《ばこ》読み・湯《ゆ》桶《トウ》読み

２字以上の熟語で、音＋訓で読む読み方を重箱読み、訓＋音で読む読み方を湯桶読みという。「拓《タク》馬《ま》」は重箱読み、「桃《もも》太《タ》」は湯桶読み。

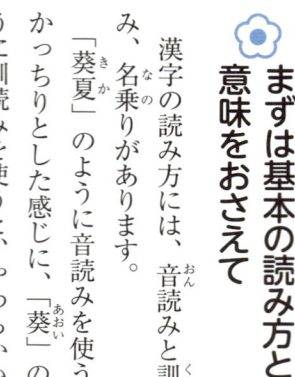

漢和辞典の使い方

名づけに大活躍するのが漢和辞典。
発想が広がったり、思わぬ出会いに導かれたりすることも。
最新の人名用漢字、常用漢字に対応した辞典を用意すると便利です。

＊用語や記号、情報の表示のしかたは、辞典ごとに多少違います。各辞典の凡例《はんれい》（辞典の最初にある使い方）にしたがってください。

名前特有の読み方。「人名」「名前」などのように示す場合もある。

漢字の意味。意味が複数ある場合も多い。

漢字の起源。漢字のなりたちがわかる。

総画数。辞典によって数え方が異なる場合がある。

部首と、部首を除いた画数。辞典によって分類が異なる場合も。

「人名用漢字」を表す印。常用漢字には㊔の印がある場合が多い。

音読みはカタカナ、訓読みはひらがなで示されている。

9
【祐】
ネ 5
㊅
ユウ
たすける
10
【祐】
示 5

字解　形声。「たすける」意味を表す「右」に「示」を加えて、「神のたすけ」の意味を表す。

意味　❶たすける。たすけ。❷天の与える幸福。

用例　【祐助】ユウジョ　天の助け。
【祐筆】ユウヒツ　文を書くこと。貴人に仕えて文書を書く役をした人。

名乗り　さち・ち・ひろ・まさ・みち・ゆ・よし

漢字を使った熟語の例。漢字のイメージがより具体的になる。

旧字や異体字。人名に使えるかどうかは別に確認が必要。

漢和辞典の3つのさくいん

音訓さくいん

漢字の音読みや訓読みからさがす。同じ読みの中は画数順に並んでいる。

部首さくいん

読めないが部首がわかるときに使う。部首の画数順に並んでいる。その部首のページを見て、部首を除いた画数からさがす。

総画さくいん

読み方も部首もわからないときに使う。見つからないときは、前後１～２画も見る。

最近人気の漢字は？

赤ちゃんの名前の漢字ベスト10

2016年生まれの赤ちゃんの名前で
人気の漢字と、その漢字を使った人気の名前と読みの例を挙げました。
男の子では雄大さを感じさせる「太」「大」、
女の子では可憐さを感じさせる「花」「菜」が人気です。

男の子

- 1位 太……陽《よう》太《た》／奏《そう》太《た》
- 2位 大……大《ひろ》翔《と》／大和《やまと》
- 3位 翔……陽《はる》翔《と》／悠《ゆう》翔《と》
- 4位 悠……悠《ゆう》／悠《ゆう》人《と》
- 5位 真……悠《ゆう》真《ま》／颯《そう》真《ま》
- 6位 陽……陽《よう》太《た》／陽向《ひなた》
- 7位 斗……結《ゆう》斗《と》／隼《はや》斗《と》
- 8位 人……結《ゆい》人《と》／悠《はる》人《と》
- 9位 一……一《かず》颯《さ》／一《かず》輝《き》
- 10位 郎……淳《あつ》郎《お》／悠《ゆう》太《た》郎《ろう》

女の子

- 1位 花……花《はな》／一《いち》花《か》
- 2位 菜……陽《ひ》菜《な》／結《ゆい》菜《な》
- 3位 奈……杏《あん》奈《な》／優《ゆう》奈《な》
- 4位 美……美《み》桜《お》／美《み》月《つき》
- 5位 愛……結愛《ゆいな》／愛《あい》梨《り》
- 6位 結……結《ゆ》衣《い》／美《み》結《ゆ》
- 7位 莉……愛《あい》莉《り》／明《あか》莉《り》
- 8位 咲……咲《さく》良《ら》／美《み》咲《さき》
- 9位 乃……彩《あや》乃《の》／乃《の》愛《あ》
- 10位 子……莉《り》子《こ》／桃《もも》子《こ》

出典：明治安田生命ホームページ
2016年度データ

赤ちゃんに
ぴったりの
漢字を見つけよう

名前にふさわしい 漢字と名前のリスト

常用漢字・人名用漢字のうち、
赤ちゃんの名前にふさわしい漢字を950字選んで、
漢字の読み方と意味、名前の例を載せました。

リストの見方

リストは画数順に並んでいます。漢字の画数がはっきりしないときは、
「漢字一覧」（→P480〜526）を利用してください。

名づけのヒント

名づけでの人気度や最近の使い方の傾向、読みの語感《ごかん》、気をつけたい熟語など、漢字を使った名づけのヒントになる情報です。読みの語感は、脳科学の理論に基づいて分析しました。

主な読み方

音《おん》読み（カタカナ）と訓《くん》読み（ひらがな）、主な名《な》乗《の》り（名前特有の読み方。名のあとに示しています）が順に載っています。

漢字

同じ画数の中は、原則として、最初にある読みの50音順に並んでいます。旧字や異体字も名づけに使える場合は、左記の旧のあとにその字を示しています。

円

エン　まるい
名 つぶら　のぶ　まど　まどか　みつ

旧 圓

まるい、まろやかのほか、角がない、穏《おだ》やかなどの意味もある。人柄の温かい、敬愛される人になるように。

ヒント 欠けたところのないという意味も。「円満」のことばのとおり、十分に満ち足りた人生を送るように。

男の子
円 つぶら
円也 えんや
円斗 のぶと
悠円 はるみつ
円大 まどひろ

女の子
円 まどか
円楽 つぶら
円乃 まどの
円季 みつき
円実 みつみ

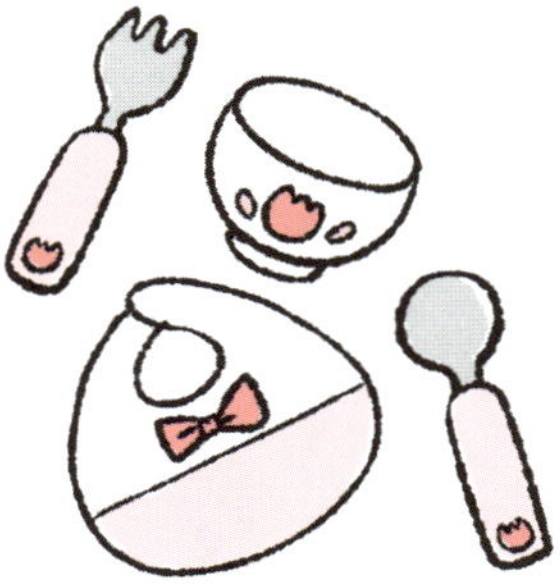

名前の例

漢字を使った名前と読み方の例です。男の子、女の子それぞれによく使われる例です。

意味

漢字のなりたちや主な意味、漢字のもつイメージなどが載っています。

＊リストにない漢字について知りたいときは、漢和辞典を利用してください（漢和辞典の使い方→P255）。

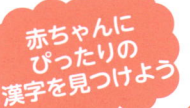

1画

一

イチ　イツ
ひと　ひとつ
名 かず
かつ　はじめ
ひ　ひで
もと

ひとつ。また、はじめ、すべての意味も。はじめての子、長男、長女によく使う。ナンバーワンにと願って。

ヒント 「いち」「いつ(っ)」の読みで、さらに前向きな印象に。リーダーを思わせる「かず」の音も人気。

男の子

一	はじめ
一朗	いちろう
一星	いっせい
一輝	かずき
一路	かつじ
汰一	たいち
一央	もとお
夕一	ゆうひ
倖一	ゆきひで
柚一郎	ゆういちろう

女の子

一咲	いさき
一花	いちか
一月	いつき
一菜	かずな
一葉	かずは
一実	かつみ
一香	ひでか
一美	ひとみ
一芽	ひめ
一穂	もとほ

2画

乙

オツ
名 いち
いつ　お
おと　きのと
くに　たか
つぎ　と

十干《じっかん》の二番目、「きのと」。粋《いき》、小さく愛らしいなどの意味がある。おしゃれで個性的な子に。

ヒント 「いつ」と読むとまっすぐな力強さが、「おと」と読むとおおらかさと癒《いや》しの印象が加わる。

男の子

乙希	いつき
乙未	くにみ
大乙	たいち
乙志	たかし
里乙	りと

女の子

乙姫	いつき
乙葉	おとは
乙笑	くにえ
乙穂	つぎほ
美乙	みお

九

キュウ　ク
ここのつ
名 かず
ただ　ちか
ひさ　ひさし

九つ。中国では神聖な数とされた。また、久しいの意味もある。長寿に恵まれることを願って。

ヒント 以前は、九番目の子どもによく使われた。数が多いという意味もあり、スケールの大きなイメージに。

男の子

九	ひさし
九寿	かずとし
九季	ただき
直九	なおひさ
九玲生	くれお

女の子

九奈	かずな
九美	くみ
九子	ちかこ
九羅々	くらら
九瑠美	くるみ

七

シチ　なな
ななつ　なの
名 かず　な

七つ。「ラッキーセブン」ということばもあるように、幸せの象徴。幸福な人生をおくれるように。

ヒント 多くの幸せに恵まれる印象。「なな」「な」と読むと、やわらかく人なつっこいひびきに。

男の子

星七	せな
七生	なお
七衛	ななえ
七暉	ななき
悠七	ゆうしち

女の子

愛七	あいな
七沙	かずさ
七葉	かずは
小七	こなな
七李	しちり
世七	せな
七緒	なお
七瑚	ななこ
七瀬	ななせ
七海	ななみ
七花	なのか
陽七	ひなの
道七	みちな
実七	みな
莉衣七	りいな

十

ジッ　ジュウ
と　とお
名 かず
しげ　そ
ただ　とみ

数の十のほか、十分、完全、全部の意味もある。なんでもパーフェクトにやり遂げられる人物に。

ヒント 先頭字、止め字どちらでも。「と」と読むと頼りがいのある印象、「じゅう」と読むと育ちのいい印象。

男の子

星十	せいじゅう
十詩	ただし
十海	とおみ
秀十	ひでかず
真砂十	まさと

女の子

十奈	しげな
十乃	その
十花	とみか
十羽	とわ
美十里	みどり

人

ジン　ニン
ひと
名 きよ　たみ　と　ひこ　ひとし　め

人が立っているのを横から見た形。人間、民、人柄などの意味を表す。立派な人になることを願って。

ヒント 男の子定番の止め字。「と」で終わる名前は包容力が感じられる。「じん」の音は甘いのにスパイシー。

男の子

魁人	かいと
和人	かずひと
要人	かなめ
人仁	きよひと
啓人	けいと
健人	けんと
柊人	しゅうと
人貴	たみき
人夢	とむ
遥人	はると
人時	ひとき
人史	ひとし
勇人	ゆうじん
芳人	よしひこ
真知人	まちと

女の子

人來	きよら
人美	ひとみ
唯人	ゆめ
紗人子	さとこ
千咲人	ちさと

二

ニ　ふた
ふたつ
名 かず　さ　じ　すすむ　つぐ　ふ

二つ。また、再び、並ぶなどの意味もある。二番目の子、次男、次女によく使う。素直に育つよう願って。

ヒント 男の子の止め字に使われる。「無二の親友」のように、何ものにもかえがたい子への思いをこめて。

男の子

二	すすむ
二樹	にき
二望	にも
諒二	りょうじ
二杜志	さとし

女の子

二実	かずみ
二魅	つぐみ
二那	にな
二芭	ふたば
二海	ふみ

乃

ダイ　ナイ
すなわち　の
名 おさむ　のり　ゆき

そのまま、すなわち、なんじの意味。ひらがなの「の」のもとになった字。小粋《こいき》な感じ。

ヒント 女の子に人気の止め字。「の」の音は優しくのどかな雰囲気。男の子では、中字に使うと和風の名前になる。

男の子

乃	おさむ
乃稀	ないき
乃得	のえる
悠乃	ゆうだい
蔵乃介	くらのすけ

女の子

映乃	あきの
綾乃	あやの
花乃	かのり
珠乃	たまの
乃愛	のあ
乃絵	のえ
乃椛	のか
乃葉	のりは
茉乃	まの
乃那	ゆきな
雪乃	ゆきの
芳乃	よしの
莉乃	りの
乃々華	ののか
未乃莉	みのり

八

ハチ　や
やっつ　よう
名 かず　は　わ

八つ。また、八重桜、八千代のように、数の多いことを表す。縁起のいい字。多くの幸運を祈って。

ヒント 「はち」の読みは、熱く、刺激的な印象。「や」「は」「わ」と読んで、万葉仮名風の使い方も。

男の子

葵八	きはち
千八	ちかず
八大	はちだい
八太	ようた
八万斗	やまと

女の子

八那	はな
八羽	はわ
泰八	やすは
八香	わか
八重子	やえこ

力

リキ　リョク
ちから
名 いさお　いさむ　お　か　つとむ　よし

すきの形からできた字。田畑の耕作から、力、働き、努める、励むの意味に使う。たくましく育つよう願って。

ヒント 力強い字で、男の子の名前にぴったり。「りき」「りょく」と読むと、よりパワフルで理知的な印象に。

男の子

力	いさお
力	りき
一力	いちりき
力緯	かい
幸力	さちお
力務	つとむ
力斗	よしと
力哉	りきや
力馬	りょくま
力起斗	りきと

3画

弓

キュウ　ゆみ
名 み　ゆ　ゆう

弓、弓の形をしたものを意味する。弓なりに曲がる意味も。強くしなやかな人になるよう願って。

ヒント 柔軟性と強さをあわせもつ、男女ともに向く字。「ゆみ」の音は、人に夢を与え、充実した世界へと誘う。

男の子

弓馬	きゅうま
弓気	ゆうき
弓斗	ゆうと
弓人	ゆみと
弓之進	ゆみのしん

女の子

愛弓	あみ
真弓	まゆみ
弓依	ゆい
弓宇	ゆう
弓美香	ゆみか

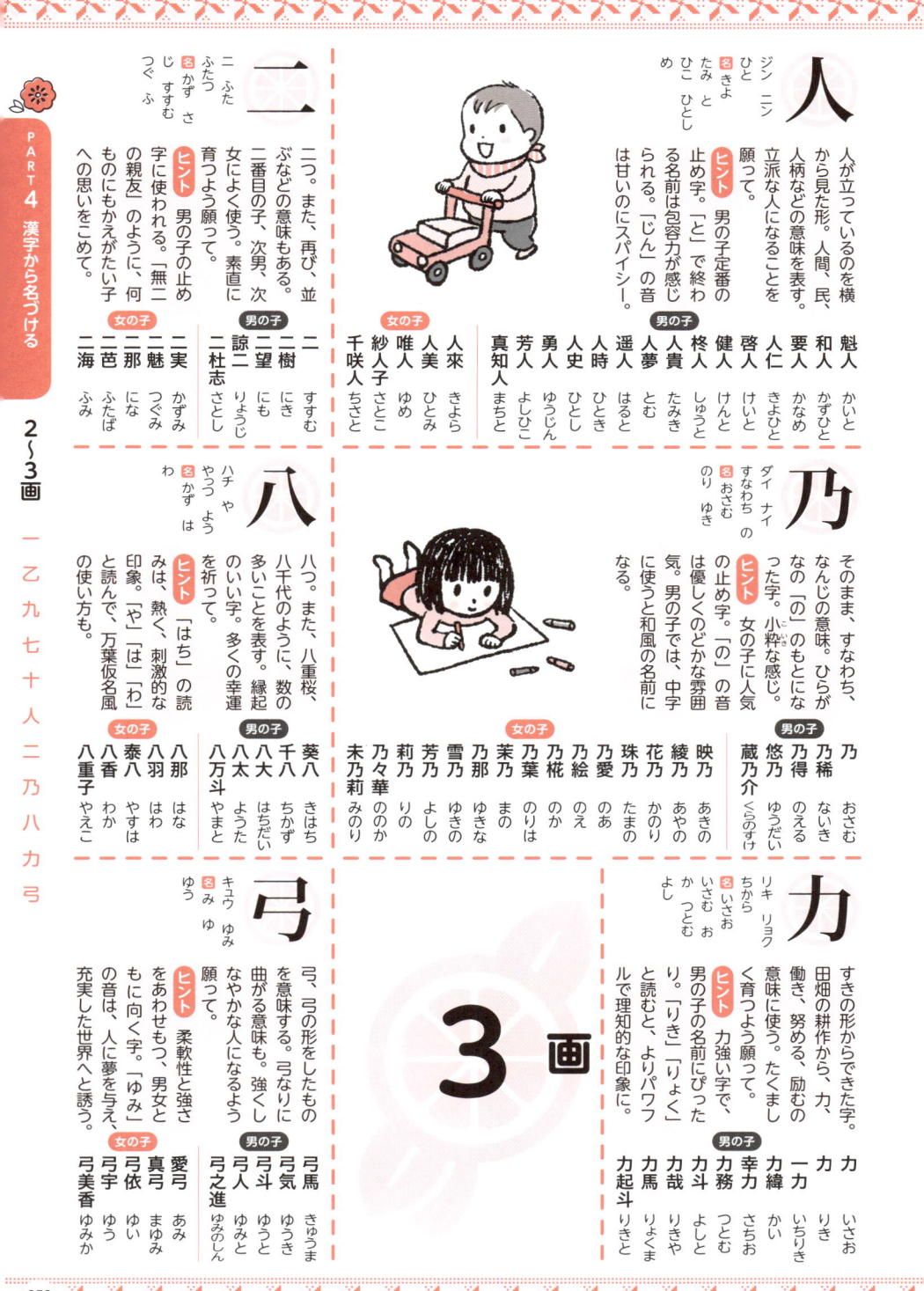

久

キュウ　ク
ひさしい
名 くう　つね　なが　ひこ　ひさ　ひさし

永遠という意味を表す。人は永遠を求めるものなので、名前によく使われる。変わらぬ若さ、美しさを求めて。

ヒント 字の縁起のよいイメージに、「く」で気品とミステリアスな印象、「ひさ」で高いカリスマ性が加わる。

男の子

久	ひさし
亜久	あく
久翔	きゅうと
久真	くうま
久暉	つねき
俊久	としひこ
陽久	はるひさ
璃久	りく
紗久真	さくま
太久哉	たくや

女の子

依久	いつね
久麗	ながれ
久沙	ひさ
久恵	ひさえ
美久	みく
莉久	りく
久仁子	くにこ
久瑠璃	くるり
久玲亜	くれあ
久怜葉	くれは

己

コ　キ
おのれ
名 い　おと　と　な　み

自分のことを表す。十《じっ》干《かん》の六番目「つちのと」の意味も。自分を大切に幸福な人生を歩めるように。

ヒント 凜《りん》としたイメージの字。「こ」「き」などの音で止め字に使いやすい。先頭字や中字にも。

男の子

逸己	いつき
海己	かい
航己	こうき
榊己	さかき
聡己	さとき
苑己	そのき
泰己	たいき
辰己	たつみ
奈己	なおと
直己	なおみ
己琉	なる
響己	ひびき
眞己	まこと
龍己	りゅうい
琉己	るい

女の子

己葉	おとは
紗己	さき
麻己	まき
瑞己	みずき
瑠己	るこ

工

コウ　ク
たくみ
名 ただ　つとむ　のり　よし

工具のさしがねをかたどった字で、工具、工作、工作する人を表す。ものづくりに携わる人に。

ヒント キュートでミステリアスな「く」の音で。「たくみ」の音は熟練の技や豊かな時間の蓄積を感じさせる。

男の子

工	たくみ
工臥	こうが
瑳工	さく
工武	つとむ
将工	まさただ

女の子

衣工	いく
工魅	たくみ
茉工	まのり
工埜	よしの
莉工菜	りくな

三

サン　み
みっつ
名 さ　ざ　さぶ　そ　ぞう　みつ

三つ。多くなる、集まるの意味を表す。日本では古来、縁起のいい数とされた。多くの幸運を祈って。

ヒント 万葉仮名風に使われることが多い。「さ」と読むと颯爽《さっそう》としてさわやか、「み」と読むと満ち足りた印象に。

男の子

三太	さんた
鷹三	たかざ
卓三	たくぞう
三稀	みつき
航三郎	こうざぶろう

女の子

三來	さら
三乃	その
三都	みつ
三奈	みな
三梨奈	さりな

子

シ　ス　こ
名 たか　ちか　とし　ね　み　やす

もとは王子の意味で、のち、子どもの意味になった。十二支の一番目の「ね」。女性の止め字、男性の尊称にも。

ヒント 最近女の子に再人気の止め字。「こ」で終わる名前は、機敏《きびん》で愛らしい印象。男の子には「し」の音でも。

男の子

子音	しおん
子竜	しりゅう
子規	としき
子雄	ねお
甲子郎	こうしろう

女の子

愛子	あいみ
桜子	さくらこ
園子	そのこ
子葉	たかは
智子	ちこ
音子	ねね
茉子	まちか
子華	やすか
莉子	りこ
香子菜	かずな
かの子	かのこ
菜々子	ななこ
真紀子	まきこ
柚子香	ゆずか
ゆり子	ゆりこ

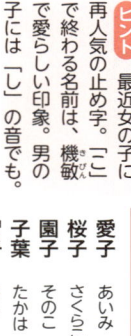

士

シ
名 あき お こと さち つかさ と のり ひと

さむらい、役人、裁判官、技能のある人などの意味を表す。また、立派な人の意味も。有能な人になるように。

ヒント 「し」や「と」の音で止め字にすることが多い。「国士無双《こくしむそう》」のように並ぶ者のない優秀な人物を目指して。

男の子

士	つかさ
哉士	かなひと
士雄	さちお
泰士	たいし
結士	ゆいと

女の子

士穂	あきほ
士巴	ことは
士乃	しの
士香	のりか
凜士	りお

之

シ ゆく これ この の
名 のぶ ひで ゆき よし

足跡の形からできた字で、行く、進むなどの意味を表す。積極的で、内面に強さを秘めた人になるように。

ヒント 「ゆき」で終わる名前は思慮深い印象。「の」の音で中字や止め字にも。包みこむような優しさが加わる。

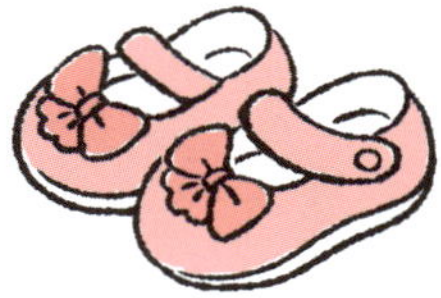

男の子

葵之	きの
聖之	きよゆき
孝之	たかゆき
辰之	たつよし
智之	ともゆき
之貴	のぶき
之杜	ひでと
尋之	ひろゆき
真之	まさゆき
泰之	やすゆき
愛之	よしゆき
駿之介	しゅんのすけ
慎之輔	しんのすけ
鉄之進	てつのしん
琉之介	りゅうのすけ

女の子

晶之	あきの
紗之	さゆき
玲之	れの
野之花	ののか
美之里	みのり

巳

シ み

蛇の形を表す字で、十二支の六番目の「み」に用いられる。止め字にも使われる。情熱的な人にふさわしい字。

ヒント イキイキとしてみんなから愛されるイメージの「み」の音で、止め字でも、先頭字、万葉仮名風でも。

男の子

聖巳	きよみ
拓巳	たくみ
龍巳	たつみ
悠巳	ゆうし
誉巳貴	よしき

女の子

華巳	はなみ
愛巳	まなみ
巳紅	みく
巳美	みみ
巳埜莉	しのり

女

ジョ ニョ ニョウ おんな め
名 こ たか よし

女性がひざまずいている形。小さくかよわい意味も表し、止め字にも使う。しとやかで神秘的なイメージ。

ヒント 万葉仮名風に使うことが多い。「め」と読んで止め字に使うと、おっとりとした夢見る少女のイメージ。

女の子

綾女	あやめ
奏女	かなめ
桜女	さくらこ
女胡	たかこ
洛女	みやこ
女乃	よしの
麗女	れいな
久女子	くめこ
女亜莉	めあり
女莉沙	めりさ

小

ショウ お こ ちいさい
名 さ ささ

小さい、少し、若いなどの意味を表す。語調を整えたり、謙遜《けんそん》の意を表すのにも使う。謙虚な人になるように。

ヒント キュートな「こ」、さわやかな「さ」の音で、先頭字に。字の意味から、かわいらしい印象の名前に。

男の子

逸小	いっさ
小宇	こう
小那	こな
小介	さすけ
小太郎	こたろう

女の子

小梅	こうめ
小春	こはる
小織	さおり
小芽	ささめ
小耶佳	さやか

丈

ジョウ たけ
名 じょ とも ひろ ます

「杖」のもとの字で、がっちりした、強いなどの意味を表す。長さの単位の意味も。明るく健やかな子に。

ヒント 「じょう」の音は温かく慈愛に満ちた印象。「ひろ」の音は穏《おだ》やかさと思い切りのよさを感じさせる。

男の子

丈益	たけみ
丈琉	たける
丈洋	ともひろ
丈暉	ひろき
丈之介	じょうのすけ

女の子

千丈	ちひろ
丈菜	ともな
丈花	ひろか
丈埜	ひろの
丈実	ますみ

千

セン ち
名 かず ゆき

数の千。また、数がたいへん多いことを表す。千金、千変、千秋などはこの用法。長寿と幸福を願って。

ヒント 字のもつ縁起のよさに、「ち」の音でパワフルさとキュートさ、「かず」の音で知性と重厚感を加えて。

男の子

千詩	かずし
千翔	かずと
千樹	せんじゅ
泰千	たいち
千秋	ちあき
千颯	ちはや
千紘	ちひろ
広千	ひろゆき
千佳弥	ちかや
三千哉	みちや

女の子

千菜	かずな
沙千	さち
千明	ちあき
千紗	ちさ
千那	ちな
千尋	ちひろ
真千	まち
千穂	ゆきほ
千南夏	ちなつ
美千華	みちか

夕

セキ　ゆう
名 ゆ

夕方の月の形からできた字。夕方、日暮れ時の意味を表す。芯の強い、情熱的な人になるように。

ヒント 意味も字形も美しく優雅な字。大人気の「ゆ」「ゆう」の音で、さらにゆったりとして優しい印象に。

男の子

- 夕暉 ゆうき
- 夕梧 ゆうご
- 夕介 ゆうすけ
- 夕翔 ゆうと
- 夕一朗 ゆういちろう

女の子

- 奈夕 なゆ
- 海夕 みゆ
- 夕唯 ゆい
- 夕月 ゆづき
- 夕生希 ゆうき

大

ダイ　タイ
おお
おおきい
名 お　た
はる　ひろ
まさる

手足を広げて立つ姿を、正面から見た形。大きい、優れた、豊かなどの意味を表す。スケールの大きい人に。

ヒント 男の子に大人気。堂々とした「だい」、信頼感あふれる「たい」、落ち着きのある「ひろ」などで。

男の子

- 大 だい
- 大 まさる
- 叶大 かなお
- 昂大 こうた
- 尚大 しょうだい
- 大成 たいせい
- 大智 たいち
- 大登 だいと
- 大哉 だいや
- 雄大 たけひろ
- 大暉 はるき
- 大夢 ひろむ
- 真大 まひろ
- 悠大 ゆうだい
- 大治郎 だいじろう

女の子

- 大乃 おおの
- 大央 たお
- 大愛 ひろな
- 大海 ひろみ
- 璃大 りお

土

ド　ト　つち
名 ただ
つつ　のり
はに　ひじ

土地の神をまつって盛った形で、つち、大地、ふるさとなどの意味を表す。大地に根ざしてしっかり生きるように。

ヒント 字のもつ広大なイメージに、堂々としてセクシーな「ど」の音で、一流の人に育つ印象をプラスして。

男の子

- 耕土 こうと
- 土采 ただと
- 土巳 つつみ
- 悠土 はると
- 遼土 りょうど

女の子

- 亜土 あど
- 土緯 はにい
- 土里 ひじり
- 稔土 みのり
- 美土莉 みどり

万

マン　バン
名 かず
かつ　すすむ
たか　ま
よろず

旧 萬 （→ P354）

数の万。また、万事、万病のように数の多いことを表す。多くの能力に恵まれることを願って。

ヒント 「ばん」の音はパワーと瞬発力を感じさせる。心優しく満ち足りた雰囲気の「ま」の音で万葉仮名風にも。

男の子

- 万 すすむ
- 万俊 かずとし
- 万哉 かつや
- 万里 ばんり
- 万蔵 まんぞう

女の子

- 笑万 えま
- 万紗 かずさ
- 万音 かずね
- 万姫 かつき
- 万波 たかは
- 万桜 まお
- 万季 まき
- 万智 まち
- 万美 まみ
- 万葉 まよ
- 万莉 まり
- 柚万 ゆま
- 万亜耶 まあや
- 万由華 まゆか
- 万莉奈 まりな

也

ヤ　なり
また
名 あり
ただ

水を入れる器《うつわ》の形からできた字。ひらがなの「や」はこの字から出た。意志の強い人になるように。

ヒント 「や」の音は優しさと開放感を感じさせる。「なり」の音は人なつっこさと理知が融合した印象。

男の子

- 也真 ありま
- 皓也 こうや
- 朔也 さくや
- 聖也 せいや
- 拓也 たくや
- 也詩 ただし
- 徹也 てつや
- 敏也 としや
- 悠也 はるなり
- 雅也 まさや
- 侑也 ゆきなり
- 龍也 りゅうや
- 寿々也 すずや
- 波也斗 はやと
- 未来也 みきや

女の子

- 珂也 かや
- 紗也 さや
- 沙也加 さやか
- 知芭也 ちはや
- 麻亜也 まあや

与

ヨ　あたえる
名 あと
くみ　すえ
とも　のぶ
よし

旧 與

あたえるのほか、ともにする、仲間などの意味を表す。親切で皆に慕《した》われる人になることを願って。

ヒント 「よ」と読むと懐《ふところ》が深く、人を包みこむ印象。「よし」と読むとやわらぎと清潔感をあわせもつ印象。

男の子

- 唯与 ただのぶ
- 与宏 ともひろ
- 与朗 よしろう
- 与一郎 よいちろう
- 与獅斗 よしと

女の子

- 与佳 くみか
- 沙与 さよ
- 与実 すえみ
- 羽与 はあと
- 梨与奈 りよな

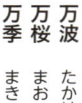

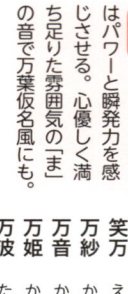

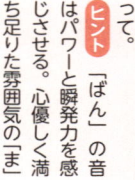

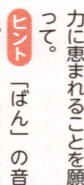

4画

允

イン

名 い すけ のぶ まこと まさ み みつ よし

もとは問いただすことを表す字で、そこから、まこと、許すの意味が生まれた。誠実な人になるように。

ヒント さまざまな読みで先頭字や止め字に。「みつ」の音は甘く満ち足りた印象。「まこと」の音で1字名にも。

男の子

允	まこと
圭允	けいいん
倖允	こうすけ
稔允	としまさ
雅允	まさよし

女の子

允織	いおり
慧允	さとみ
允華	のぶか
茉允	まいん
允乃	みつの

円

エン まるい

名 つぶら のぶ まど まどか みつ

旧 圓

まるい、まろやかのほか、角がない、穏《おだ》やかなどの意味もある。人柄の温かい、敬愛される人になるように。

ヒント 欠けたところのないという意味も。「円満」のことばのとおり、十分に満ち足りた人生を送るように。

男の子

円	つぶら
円也	えんや
円斗	のぶと
悠円	はるみつ
円大	まどひろ

女の子

円	まどか
円楽	つぶら
円乃	まどの
円季	みつき
円実	みつみ

王

オウ

名 おき きみ たか み わ わか

王《おおきみ》のシンボルであるまさかりの形からできた字。王のほか、栄える意味もある。威厳があり尊敬される人に。

ヒント 「お」と読むと、威厳のある字に信頼感が加わる。「おう」と読むと、包容力が感じられる名前に。

男の子

王雅	おうが
聖王	きよみ
王貴	たかき
優王	ゆうき
麗王	れお

女の子

王花	おうか
王夏	きみか
実王	みわ
璃王	りお
王巴	わかば

牙

ガ きば

上下が交わる牙《きば》の形で、きば、歯、かむの意味。牙城のように大将のいる所の意味も。強い人になるように。

ヒント 強さを感じさせる字。「が」の音で迫力が増す一方、甘い印象も加わる。不思議な魅力のある名前に。

男の子

旺牙	おうが
牙生	がお
牙門	がもん
牙人	きばと
鷲牙	しゅうが
泰牙	たいが
豹牙	ひょうが
鳳牙	ほうが
真牙	まきば
悠牙	ゆうが

介

カイ

名 あき かたし すけ たすく

よろいを着けた人の形を表し、助ける、隔てる、堅いなどの意味に使う。「すけ」の読みで止め字として人気。

ヒント 「すけ」で終わると、フットワークの軽い印象に。画数の多い字と組み合わせても、バランスがいい。

男の子

介	かい
介	かたし
介來	あきら
俊介	しゅんすけ
介玖	たすく
悠介	ゆうすけ
涼介	りょうすけ
鴻之介	こうのすけ
悠乃介	ゆうのすけ
龍之介	りゅうのすけ

月

ゲツ ガツ つき

名 つぎ

月の形からできた字。月、月光、年月などを表す。皐月《さつき》、葉月《はづき》など月の異名からとった女性名も多い。神秘的なイメージ。

ヒント 止め字にするときは、静かな闘志を感じさせる「つき」、潤いと輝きのある「づき」どちらでも。

男の子

葦月	いつき
煌月	こうが
蒼月	そうげつ
月翔	つぎと
佑月	ゆづき

女の子

月	つき
敦月	あつき
皐月	さつき
汰月	たづき
月華	つきか
月子	つきこ
月菜	つきな
月乃	つきの
那月	なつき
葉月	はづき
茉月	まつき
珠月	みづき
優月	ゆづき
莉月	りつき
夕月香	ゆづか

元

ゲン　ガン
もと
名 あさ
ちか　はじめ
はる　ゆき

おおもと、はじめ、かしら、大きいなどのほか、天や天地の気の意味も表す。スケールの大きい人に。

ヒント バイタリティのある印象の字。「げん」の読みで迫力と愛嬌《あいきょう》を、「もと」の読みで包容力をプラス。

男の子

- 元　はじめ
- 元希　あさき
- 元杜　あさと
- 寛元　かんげん
- 元治　がんじ
- 元季　げんき
- 元暉　げんき
- 元斗　げんと
- 慈元　じげん
- 元良　ちから
- 元海　はるみ
- 茉元　まちか
- 真元　まゆき
- 元士　もとし
- 悠元　ゆうげん

女の子

- 元陽　あさひ
- 元果　はるか
- 元愛　はるな
- 元未　もとみ
- 元乃　ゆきの

五

ゴ　いつつ
名 い　いず
かず　ゆき

五つ。また、中国の五行（天地を構成する五つの元素＝木、火、土、金、水）にもつながる神秘的な数。

ヒント 「ご」の音は迫力がありながらチャーミング。「い」「いつ」の音は一途《いちず》ながんばり屋の印象。

男の子

- 五里　いさと
- 五海　いずみ
- 五陸　いつむ
- 五朗　ごろう
- 燦五　さんご

女の子

- 五美　いずみ
- 五洋　いつみ
- 五菜　かずな
- 紗五　さゆき
- 五菜　ゆきな

公

コウ
おおやけ
名 きみ　く
こ　さと
たか　ただし
とも　ひと
ひろ

おおやけ、政府のほか、かたよらず公平で正しいことを表す。だれからも敬愛される人になるように。

ヒント 「きみ」の音は知的だがスイートな印象に。「公司」は、中国語で会社の意味になるので注意。

男の子

- 公　ただし
- 公平　こうへい
- 公斗　たかと
- 公大　ともひろ
- 尚公　なおひと

女の子

- 公華　きみか
- 公美　くみ
- 公莉　さとり
- 公甫　ひろみ
- 真公　まこ

心

シン　こころ
名 うら
きよ　ここ
さね　なか
み　もと

心臓の形からできた字で、心、気持ちのほか、中心、真ん中の意味もある。心優しい人になるように。

ヒント ここ数年、特に女の子に人気の字。「こ」の音は愛らしさを、「み」の音はフレッシュさを感じさせる。

男の子

- 心春　きよはる
- 心蕗　こころ
- 心基　さねもと
- 心平　しんぺい
- 泰心　たいしん
- 心真　なかま
- 陽心　ひうら
- 真心　まさきよ
- 優心　まさみ
- 心浩　もとひろ

女の子

- 心來　きよら
- 心愛　ここあ
- 心美　ここみ
- 麻心　まさね
- 愛心　まなみ
- 心緒　みお
- 心花　みか
- 心結　みゆ
- 心香　もとか
- 美菜心　みなこ

仁

ジン　ニ
名 きみ　と
とし　ひと
ひとし　み
めぐみ　よし

もとは二人の間の親しみの意。いつくしむ、恵むの意味もある。思いやりのある、心優しい人に育つように。

ヒント 人なつっこい「に」、カリスマ的な「ひと」、甘くスパイシーな「じん」などさまざまな表情の読みで。

男の子

- 仁　じん
- 仁　ひとし
- 岳仁　がくと
- 仁尋　きみひろ
- 仁翔　じんと
- 仁昌　としまさ
- 愛仁　まなと
- 康仁　やすひと
- 優仁　ゆうじん
- 仁希　よしき

女の子

- 仁　めぐみ
- 仁香　きみか
- 拓仁　たくみ
- 仁慧　としえ
- 仁愛　にな
- 仁穂　にほ
- 仁絵　ひとえ
- 仁美　ひとみ
- 未仁　みよし
- 仁伊奈　にいな

水

スイ　みず
名 お
たいら　な
み　みな　ゆ
ゆく

流れている水の形からできた字。水のほか、潤う、平らなどの意味を表す。いつまでもみずみずしい人に。

ヒント 果実のようにみずみずしい「み」の音で。「水子《みずこ》」は、流産または堕胎《だたい》した胎児のことを指すので注意。

男の子

- 水　たいら
- 尚水　なおみ
- 迅水　はやみ
- 水穂　みずほ
- 基水　もとお

女の子

- 彩水　さゆ
- 水月　みづき
- 水汐　みなせ
- 水莉　ゆくり
- 瑠水　るみ

双

ソウ　ふた
名 そ　なみ　ふ

並ぶ、二つの意味を表す。また、一対のものを数えるのにも使う。友人に恵まれることを願って。

ヒント 「ふた」の音にはふわっとした不思議な魅力が、「そう」の音には人を癒《いや》す力がある。

男の子

双樹	そうき
双蒔	そうじ
双翔	そうと
双埜	その
双仁	ふひと

女の子

恵双	えふ
双果	なみか
双葉	ふたば
双実	ふたみ
美双	みなみ

太

タ　タイ
ふとい
名 おお　たか　と　ひろ　ふとし　もと

はなはだしい、豊か、大きいのほか、気が強い、いちばん尊いなどの意味がある。大胆で勇気がある人に。

ヒント 男の子に大人気。「た」と読むと、高みを目指すタフなチャレンジャーという、より力強い印象に。

男の子

太	ふとし
鮎太	あゆた
太雅	おおが
叶太	かなと
幹太	かんた
航太	こうた
蒼太	そうた
太輔	たいすけ
太一	たいち
太陽	たいよう
太翔	たかと
太玖	たく
太希	ひろき
茉太	まひろ
太士	もとし
悠太	ゆうた
陸太	りくと
凜太	りんた
蒼太郎	そうたろう
凛太郎	りんたろう

丹

タン
に　あか
名 あかし　あきら　まこと

赤褐色《せきかっしょく》の丹砂《たんさ》を掘る井戸を表し、赤い色を表す。不老不死の薬や、まごころの意味も。温かな心をもつ人に。

ヒント はにかむような「に」の音で、クリエイティブな才能を発揮する人に。「牡丹《ぼたん》」から名づけても。

男の子

丹	あかし
丹來	あきら
丹箕	たんみ
丹珂	にか
丹衣瑠	にいる

女の子

丹	まこと
丹音	あかね
丹梨	あかり
牡丹	ぼたん
萌丹歌	もにか

天

テン　あま
あめ
名 あみ　かみ　そら　たか　たかし

空の意味のほか、天運など人の力の及ばないこともいう。小さなことにこだわらない、心の広い人に。

ヒント 字のもつスケールの大きさに、「あめ」の音でしっとりした印象、「たか」の音で頂点を極める印象をプラス。

男の子

天	たかし
翔天	しょうま
蒼天	そら
天飛	そらと
汰天	たかみ

女の子

天李	あみり
天果	あめか
天音	たかね
天愛	てんな
美天	みそら

斗

ト
名 け　ほし　ます

柄《え》のついたひしゃくの形で、容量の単位、十升を表す。北の七星を北斗、南の六星を南斗という。

ヒント 男の子の止め字で大人気。「と」で終わる名前はおおらかでしっかりした兄貴分の印象。先頭字にも。

男の子

壱斗	いちほし
海斗	かいと
斗緯	けい
真斗	さなと
尊斗	たかと
斗希	とき
敏斗	としかず
隼斗	はやと
北斗	ほくと
斗気	ほしき
湊斗	みなと
唯斗	ゆいと
龍斗	りゅうと
星七斗	せなと
真奈斗	まなと

女の子

斗望	とも
斗南	ほしな
美斗	みと
衣斗香	いとか
斗環乃	とわの

日

ニチ　ジツ
ひ　か
名 あき　はる　ひる

太陽の形からできた字で、太陽、光などの意味を表す。また、日にちの意味もある。明るく情熱的な人に。

ヒント 「ひ」「か」の読みで万葉仮名風に。「今日」「明日」のような熟語と、その読みを活かした名づけ方も。

男の子

日彦	あきひこ
旭日	あさひ
日陽	はるひ
茉日	まひる
日夏多	ひなた

女の子

日南	かな
日那	はるな
日向	ひなた
明日香	あすか
今日楓	きょうか

巴

ハ ともえ
名 とも

うずまきの模様を表す。巴御《ともえご》前《ぜん》は、武勇に優れた美女としてよく知られている。強くて美しい人に。

ヒント 「とも」の音は安心を感じさせる。フットワーク軽く潔い印象の「は」の音で万葉仮名風にも。

男の子

尭巴	あきは
巴騎	ともき
巴哉	ともや
巴玖	はく
巴瑠久	はるく

女の子

巴絵	ともえ
巴珠	ともみ
巴菜	はな
瑞巴	みずは
木乃巴	このは

比

ヒ くらべる
名 い これ たか ちか とも なみ ひさ

人が二人並んだ様子を表す字で、親しむ、並べる、くらべるなどの意味になる。友人に恵まれることを願って。

ヒント 「ひ」の読みで万葉仮名風に使われる。「ひ」の音は、情熱と冷静さを兼ねそなえたカリスマ的な印象。

男の子

比昌	これまさ
比栄	ともはる
比獅	ひさし
柚比	ゆたか
比佐人	ひさと

女の子

比慧	ちかえ
比花	ともか
美比	みなみ
結比	ゆい
比茉莉	ひまり

夫

フ フウ おっと
名 あき お すけ

まげにかんざしをさしている男の姿を表し、夫、一人前の男などの意味になる。自立心の強い人に。

ヒント 男の子の止め字によく使われる。「お」で終わる名前には、落ち着きと人の上に立つ風格がある。

男の子

夫來	あきら
功夫	いさお
暉夫	きすけ
孝夫	たかお
時夫	ときお
悠夫	はるお
夫太	ふうた
夫翔	ふうと
夫磨	ふうま
康夫	やすお

文

ブン モン ふみ
名 あや いと とも のり み や

模様の形からできた字で、飾り、彩りなど、外見の美しさを表す。また、ことば、文章の意味も。文才に恵まれるように。

ヒント ふっくら温かい「ふみ」、あどけなく優しい「あや」、パワフルで魅力的な「ぶん」などの音で使って。

男の子

文仁	あやと
文里	いとり
武文	たけみ
文靖	ともやす
文緒	のりお
陽文	はるや
文貴	ふみき
文哉	ふみや
文晟	ぶんせい
礼文	れぶん

女の子

文	ふみ
文音	あやね
文乃	あやの
依文	いのり
小文	こいと
文巴	ともは
文華	ふみか
真文	まふみ
美文	よしみ
玲文	れもん

木

ボク モク き
名 こ しげ も

枝のある木の形からできた字。ありのままの意味も。素朴《そぼく》で自然を愛する人になることを願って。

ヒント 個性的な「き」、若々しい「こ」の音などで、万葉仮名風に。「木綿《ゆう》」は、こうぞの樹皮が原料の糸のこと。

男の子

桜木	おうき
木毅	しげき
繁木	しげき
泰木	たいき
木都	もと

女の子

木愛	きら
咲木	さき
木葉	しげは
木音	もね
木乃葉	このは

友

ユウ とも
名 すけ ゆ

友達、仲間のほかに、親しく交わる、仲がいいなどの意味にも使う。友達や仲間に恵まれることを願って。

ヒント 「ゆ」「ゆう」の音は大人気。柔和《にゅうわ》で大器晩成《たいきばんせい》型の印象に。優しさと力強さをあわせもつ「とも」の音でも。

男の子

晄友	こうすけ
爽友	そうゆ
友規	ともき
友保	ともやす
悠友	はるとも
英友	ひでとも
友悠	ゆう
友斗	ゆうと
友哉	ゆうや
日友馬	ひゅうま

女の子

彩友	あゆ
友恵	ともえ
友菜	ともな
茉友	まゆ
友愛	ゆうな
友麻	ゆうま
友佳	ゆか
友希	ゆき
見友希	みゆき
友莉亜	ゆりあ

六

ロク む むっつ むい
名 むつ

六つ。家の屋根と壁の形からできた字。易の陰《いん》を代表する数でもある。神秘的な雰囲気をもつ人に。

ヒント 「む」の音は、思慮深い印象。「ろく」と読むと、ミステリアスなイメージがさらにプラスされる。

男の子

歩六	あゆむ
斗六	とむ
六樹	むつき
六平	ろっぺい
六太郎	ろくたろう

女の子

亜六	あむ
美六	みろく
六月	むつき
六海	むつみ
璃六	りむ

5画

以

イ
名 これ　しげ　さね　とも　のり　もち　ゆき　より

田畑を耕すのに使うすきの形がもとになっている。用いる、率いるなどの意味を表す。責任感の強い人に。

ヒント　きっぱりとした潔い印象の「い」の音で、止め字に使っても。「い」で終わる名前は、男女ともに人気。

男の子

魁以	かい
以雅	これまさ
以樹	しげき
道以	みちのり
以登	もちと

女の子

妃以	きさね
以菜	ともな
萌以	めい
以愛	ゆきな
以花	よりか

右

ウ　ユウ　みぎ
名 あき　これ　すけ　たか　たすく　ゆ

右側のほか、たすける、尊ぶなどの意味がある。左より上位とされることが多い。まじめな努力家向きの字。

ヒント　人気の「ゆ」「ゆう」の読みがあるが、比較的使用例が少ない字。ほかの子と違いを出したいときに。

男の子

右	たすく
右京	うきょう
倖右	こうすけ
右一	これかず
右介	ゆうすけ

女の子

右菜	あきな
右葉	たかは
茉右	まゆ
美右	みゆう
右羅々	うらら

永

エイ　ながい
名 え　とう　な　のぶ　はるか　ひさ　ひさし

流れる水の形からできた字で、長いこと、特に時間が長い意味を表す。長く幸福な人生を祈って。

ヒント　懐《ふところ》が深い印象の「えい」の音のほか、「え」の音で万葉仮名風に。「永久《とわ》」の読みを活かしても。

男の子

永	ひさし
永軌	えいき
祥永	しょうえい
永阿	とあ
永李	とうり

女の子

永	はるか
永麻	えま
永久	とわ
永花	のぶか
愛永	まな

央

オウ
名 あきら　ちか　お　なか　てる　ひさ　ひろ

真ん中のほか、広い、鮮やかなどの意味もある。「お」と読んで止め字にも使う。注目を集める華やいだ人に。

ヒント　「お」で終わる名前には信頼感と風格がある。穏《おだ》やかだが思い切りのよい印象の「ひろ」などの音でも。

男の子

央	あきら
央真	おうま
央士	ちかし
智央	ちひろ
央基	てるき
夏央	なつお
央斗	ひさと
央人	ひろと
真央	まなか
蓮央	れお

女の子

沙央	さちか
央陽	てるひ
央葉	なかば
央果	ひさか
茉央	まお
愛央	まひろ
梨央	りお
愛央衣	あおい
唯央菜	いおな
陽央里	ひおり

加

カ　くわえる
名 ます　また

「力」+「口」でできた字。加える、増すのほか、仲間に入る意味も表す。社交的で人望のある人に。

ヒント　「か」の音で、先頭字、止め字、万葉仮名風に。「か」で終わる名前は、アネゴ肌のかっこいい印象。

男の子

一加	いちか
加偉	かい
加大	ますひろ
加寿哉	かずや
千加良	ちから

女の子

綾加	あやか
加緒	かお
加純	かすみ
加奈	かな
加紀	かのり
杏加	きょうか
爽加	さやか
千加	ちか
晴加	はるか
加実	ますみ
加梨	ますり
凜加	りんか
友加里	ゆかり
有璃加	ゆりか
梨里加	りりか

禾

カ　いね
名 ひ　ひで

イネの形からできた字。イネ、穀物の意味を表す。心豊かで、物質的にも恵まれた人生を祈って。

ヒント　「か」で終わる名前は女の子に人気がある。「花」「香」などのかわりに使うと個性的に。

男の子

禾維	かい
禾輝	ひでき
禾斗	ひでと
雄禾	ゆうひ
禾津音	かずね

女の子

禾穂	かほ
禾実	ひでみ
禾奈	ひな
桃禾	ももか
莉里禾	りりか

可

カ
名 あり
とき よし
より

「口」+「丁」でできた字で、神が願いを聞き入れることを表す。許す、できるなどの意味。心の広い人に。

ヒント 「可憐《かれん》」などのことばから、かわいらしい印象も。快活で行動力を感じさせる「か」の音で。

男の子
可偉 かい
可夫 ときお
可人 よしと
可憲 よしのり
可唯矢 かいや

女の子
可沙 ありさ
可菜 ありな
偉可 いとき
可歩 かほ
可恋 かれん
千可 ちあり
可枝 ときえ
紅可 べにか
結可 ゆか
可実 よしみ
可歌 よりか
可子 よりこ
倫可 りんか
可瑛來 かえら
可奈子 かなこ

巨

キョ
名 お
おおきい
なお まさ
み

直角に折れ曲がった定規の形で、大きい、多いなどの意味に使う。のびやかに育つことを願って。

ヒント スケールの大きさを感じさせる字。「巨匠《きょしょう》（その道の大家）」と呼ばれる日が来ることを願って。

男の子
巨 なお
巨椋 おぐら
巨星 きょせい
拓巨 たくみ
巨仁 なおと
巨樹 まさき
巨人 まさと
巨尚 まさなお
巨宏 まさひろ
巨月 みづき

叶

キョウ
かなう
名 か とも
やす

かなうという意味で、望みどおりになる、できるなどの意味を表す。大きな夢がかなうように願いをこめて。

ヒント 「きょう」の音は、強さと包容力を感じさせる。キュートで無邪気な「かな」の音を使っても。

男の子
叶人 かなと
叶亮 きょうすけ
叶遥 ともはる
湊叶 みなと
叶希 やすき

女の子
叶夏 かな
叶実 ともみ
望叶 もか
叶乃 やすの
夢叶 ゆめか

玉

ギョク たま
名 きよ
た

美しい石である玉を表し、美しい、優れたなどの意味がある。ゴージャスな人生をおくれるよう願って。

ヒント 「たま」と読むと、美しさに加え、優しさとたくましさをあわせもつ人間味あふれる印象に。

男の子
玉巳 きよみ
煌玉 こうた
琥玉 こだま
玉輝 たまき
玉文 たもん

女の子
玉香 きよか
玉緒 たまお
玉音 たまね
玉実 たまみ
玉茉愛 たまな

玄

ゲン
名 くろ
しず つね
とお のり
はる ひかる
ひろ

糸を束ねた形を表し、黒い糸の意味。奥深い、静か、優れているの意味もある。才気を秘めた人になるように。

ヒント 迫力と愛らしさをあわせもつ「げん」の音。「玄人《くろうと》」のように、プロフェッショナルになることを願って。

男の子
偉玄 いつね
玄翔 げんと
玄海 とおみ
玄武 ひろたけ
眸玄 むげん

女の子
玄音 しずね
玄香 はるか
玄瑠 ひかる
真玄 まのり
美玄 みひろ

乎

コ
か かな や
名 お より

神や人を呼ぶための鳴《なる》子板《こいた》の形で、呼ぶの意味。疑問や感嘆の気持ちを表すのに使う。友人に恵まれるように。

ヒント 「お」「こ」「か」「や」と、万葉仮名風に使いやすい読みが多い字。特に止め字にすると用いやすい。

男の子
乎太 かなた
絢乎 けんや
洸乎 こうや
遼乎 はるか
璃乎 りお

女の子
彩乎 あやこ
乎菜 かな
詩乎 しより
冴乎花 さやか
美乎子 みやこ

功

コウ ク
名 あつ
いさ いさお
こと なり
なる のり

もとは農作業の意味で、そこから仕事、いさお（＝手柄）の意味になった。事業家としての成功を願って。

ヒント 「蛍雪《けいせつ》の功《こう》（努力して勉学に励んだ成果）」のように、努力を惜しまず、成功する姿を思いえがいて。

男の子
功夢 いさむ
功雅 こうが
功佑 のりすけ
真功 まこと
功孜朗 こうしろう

女の子
功乃 あつの
功実 いさみ
功未 なるみ
羽功 はなり
璃功 りく

巧

コウ たくみ
名 く たえ
よし

たくみな技、たくみ、技が優れているなどの意味を表す。技芸に優れた人になることを願って。

ヒント 「こう」の音は機敏《きびん》かつ思慮深い印象。「たくみ」の音は豊かな時間の蓄積と熟成した技を感じさせる。

男の子
巧 たくみ
巧輝 こうき
巧人 たくと
巧磨 たくま
俐巧 りく

女の子
巧美 くみ
咲巧 さく
巧子 たえこ
巧望 たくみ
巧乃 よしの

広

コウ　ひろい
名 お　たけ　ひろ　ひろし
旧 廣

広く大きい家から、広い、大きい、広めるなどの意味になった。スケールの大きな人になるように。

ヒント 「ひろ」の読みで、落ち着きとたくましさを、「こう」の読みで、知性と繊細《せんさい》な愛らしさを加えて。

男の子
- 広　ひろし
- 叶広　かなお
- 広河　こうが
- 広気　こうき
- 広大　こうだい
- 純広　すみお
- 広登　たけと
- 知広　ちひろ
- 寧広　ねお
- 秀広　ひでたけ
- 広暉　ひろき
- 広夢　ひろむ
- 匡広　まさたけ
- 真広　まひろ
- 芳広　よしたけ

女の子
- 広李　たけり
- 広華　ひろか
- 広愛　ひろな
- 広海　ひろみ
- 珠広　みひろ

甲

コウ　カン
名 か　かつ　き　まさる

亀の甲羅の形を表し、かぶと、よろいの意味。また、十干《じっかん》の一番目「きのえ」。守りの堅い人に。

ヒント 機敏《きびん》さと思慮深さを兼ねそなえた「こう」の音、まっすぐで快活な「か」の音などを活かして。

男の子
- 甲　まさる
- 甲斐　かい
- 甲賀　こうが
- 甲平　こうへい
- 甲子斗　かしと

女の子
- 甲乃　かつの
- 甲奈　かな
- 沙甲　さき
- 美甲　みか
- 未甲夏　みきか

弘

コウ　グ
名 お　ひ　ひろ　ひろし　みつ　ゆき

もとは強い弓を表し、そこから広い、広める、大きいという意味になった。心の広い人になるように。

ヒント 「広」と同じく意味のよい字。温かく包みこむ「ひろ」、機敏《きびん》ながら思慮深い「こう」の音などで。

男の子
- 弘　ひろし
- 弘渡　おと
- 和弘　かずゆき
- 弘季　こうき
- 弘輔　こうすけ
- 弘大　こうだい
- 詩弘　しお
- 知弘　ちひろ
- 朋弘　ともひろ
- 瑛弘　ひでひろ
- 弘斗　ひろと
- 槙弘　まきお
- 弘巳　みつみ
- 弘琉　みつる
- 悠弘　ゆうひ

女の子
- 弘呂　ひろ
- 弘美　ひろみ
- 茉弘　まひろ
- 弘紀　みつき
- 弘埜　ゆきの

左

サ　ひだり
名 すけ

左側のほか、たすけるの意味もある。右より下とされることもあるが、左大臣は右大臣より上。有能な人に。

ヒント 「さ」の音には颯爽《さっそう》としたリーダーの風格がある。人を支えつつ引っ張っていくリーダーに。

男の子
- 恒左　こうすけ
- 左渾　さこん
- 左門　さもん
- 佑左　ゆうすけ
- 左武朗　さぶろう

女の子
- 左希　さき
- 左保　さほ
- 左莉　さり
- 美左　みさ
- 左枝里　さえり

司

シ
名 かず　つかさ　もと　もり

もとは祈りの儀礼を示す字で、そこから、つかさどるの意味となった。見極《みきわ》めるの意味も。責任感の強い人に。

ヒント 男の子の止め字としてよく使われる。「し」の音はさわやかなスターの印象、「じ」の音は品のよい印象。

男の子
- 司　つかさ
- 司道　かずみち
- 勝司　かつもと
- 慧司　けいじ
- 功司　こうじ
- 司穏　しおん
- 脩司　しゅうじ
- 慎司　しんじ
- 泰司　たいし
- 利司　としもり
- 将司　まさもと
- 未司　みもり
- 司資　もとし
- 司康　もりやす
- 芳司　よしかず

女の子
- 司緒　しお
- 司織　しおり
- 司乃　しの
- 司花　もとか
- 司歩里　しほり

四

シ　よ　よん
名 ひろ　もち

四つ。数字の四のほか、四方（＝東西南北）の意味を表す。また、季節も四つである。スケール感のある字。

ヒント 「し」の音で、先頭字や男の子の中字に。四つ葉のクローバーにちなんで、幸運を願って。

男の子
- 四季　しき
- 四弦　しげん
- 崇四　たかもち
- 四洋　ひろみ
- 三四郎　さんしろう

女の子
- 四埜　しの
- 四海　ひろみ
- 四歌　もちか
- 四葉　よつば
- 依四乃　よしの

史

シ
名 あや　ちか　ひと　ふの　ふみ　み

もとは祭りの意味で、やがて祭りをする人やその記録を表すようになった。文才に恵まれるように願って。

ヒント 男の子定番の止め字。「し」の音は、輝くスターの印象、「ふみ」の音は、ふっくら温かく豊かな印象。

男の子

敦史	あつみ
史斗	あやと
桐史	きりひと
史門	しもん
朋史	ともちか
史哉	ふみや
将史	まさし
茉史	まふの
星史郎	せいしろう
図史也	としや

女の子

史	ふみ
史乃	あやの
史織	しおり
史布	しのぶ
史帆	しほ
史歩	しほ
史絵	ひとえ
史華	ふみか
美史	みちか
有史奈	ゆみな

市

シ　いち
名 ち　なが　まち

市場を示す標識の形からできた字。市、売る、買うのほか、町、都市の意味にも使う。積極的な人に。

ヒント まっすぐに未来に突き進み、困難にも楽しく立ち向かうイメージの「いち」の音。「一」のかわりに使っても。

男の子

市聖	いっせい
大市	たいし
市紘	ちひろ
市礼	ながれ
圭市郎	けいしろう

女の子

市佳	いちか
市慧	ちさと
市菜	ちな
茉市	まち
市子	まちこ

矢

シ　や
名 ただ　ちか　なお

矢の形からできた字。矢は神聖なもので、誓う、正しいなどの意味もある。誠実な人になるように。

ヒント 「や」の音で男女とも止め字として使われる。「や」で終わると、優しい開放感にあふれる名前に。

男の子

聖矢	せいや
蒼矢	そうや
矢翔	ただと
尋矢	ひろちか
矢馬斗	やまと

女の子

亜矢	あや
矢美	なおみ
茉矢	まや
紗矢佳	さやか
麻愛矢	まあや

世

セイ　セ　よ
名 つぎ　つぐ　とき　とし　よし

木の枝から新芽が生える形を表し、一生、寿命、世の中などの意味に使う。止め字にも。長寿を祈って。

ヒント 「せ」「せい」で終わると、繊細《せんさい》で理知的な印象、「よ」で終わると、懐《ふところ》深く人を受け入れる印象になる。

男の子

一世	いっせい
皓世	こうせい
世南	せな
琉世	りゅうせい
希世志	きよし

女の子

夏世	かよ
世羅	せいら
世愛	せな
知世	ちせ
世歩	つぎほ
世実	つぐみ
世駈	ときか
世和	ときわ
世音	としね
真世	まよ
世禾	よしか
莉世	りよ
紀世美	きよみ
世都子	せつこ
世莉菜	せりな

主

シュ　ス
おも　ぬし
つかさ
名 かず　もり

灯火の皿の上で燃える炎の形で、あるじ、かしら、おもに、大事なの意味。いつも主人公であるように。

ヒント 「しゅ」のほか、「す」の読みで万葉仮名風に使って。「かず」と読むと、さらにリーダーの風格が増す。

男の子

主	つかさ
瑛主	えいす
主人	かずと
主馬	かずま
主璃	しゅり

女の子

主梛	かずな
主莉	しゅり
未主	みもり
愛主奈	あすな
亜莉主	ありす

正

セイ　ショウ
ただしい
まさ
名 おさ　なお　まさし　よし

城《じょう》砦《さい》に進撃することで、そこからまっすぐ、正しいなどの意味になった。正義感の強い人に。

ヒント 透明感のある「せい」、ソフトな光のような印象の「しょう」、信頼感のある「まさ」などの音で。

男の子

正	ただし
正夢	おさむ
正悟	しょうご
正平	しょうへい
澄正	すみなお
正吾	せいご
正人	ただひと
尚正	なおまさ
正道	なおみち
正毅	まさき
正史	まさし
正宗	まさむね
優正	ゆうせい
正季	よしき
正太郎	しょうたろう

女の子

正那	しょうな
正華	せいか
正羅	せいら
正璃	せり
正菜	まさな

生

セイ　ショウ
いきる
うまれる
おう　はえる
き
名 いく　う
お　み

草が生えてきた形からできた字で、生まれる、育つ、生きるなどの意味を表す。すくすくと育つように。

ヒント さまざまな読みで止め字に。「お」で落ち着きが、「き」で力強さが、「せい」で広い知識が加わる。

男の子

生翔	いくと
生磨	いくま
生吹	いぶき
晃生	こうせい
柊生	しゅう
拓生	たくみ
伸生	のぶき
雅生	まさお
泰生	やすき
璃生	りき

女の子

蒼生	あおい
樹生	いつき
沙生	さお
知生	ちせい
瑞生	みずき
生奈	みな
愛生	めう
梨生	りお
志生里	しおり
七海生	ななみ

仙

セン
名 たかし
のり　ひさ
ひと

山中で修行し、不老不死の術を身につけた人、仙人を表す。詩歌・書画の名人にも使う。文芸の達人に。

ヒント 神秘的な印象の字。「せん」の読みは、寡黙《かもく》にしてスピーディ、そつのないイメージ。

男の子

仙	たかし
仙一	せんいち
仙士	のりひと
仙行	のりゆき
仙太郎	せんたろう

女の子

仙莉	せんり
仙果	のりか
仙乃	ひさの
仙美	ひさみ
仙実	ひとみ

代

ダイ　タイ
かわる　よ
しろ
名 とし
のり　より

かわる、入れかわるの意味がもとで、時代、世代、人の一生などの意味も表す。幸福な人生を願って。

ヒント 「よ」と読んで、止め字や万葉仮名風に。「よ」で終わる名前は、懐《ふところ》深く人を受け入れる印象に。

男の子

永代	えいだい
代紀	だいき
代輔	だいすけ
代正	としまさ
喜代彦	きよひこ

女の子

唯代	いよ
夏代	かよ
実代	みのり
代歌	よりか
美代子	みよこ

旦

タン
名 あき
あきら
あけ　あさ
かず　た
ただし

地平線の上に日が昇る形を表し、朝、夜明け、明日の意味。フレッシュなイメージで未来への希望を感じさせる。

ヒント 「元旦」のイメージから、縁起のいい印象の字。元気で明るく朗《ほが》らかな「あき」の読みが使いやすい。

男の子

旦	あきら
旦陽	あさひ
旦明	かずあき
爽旦	そうた
旦志	ただし

女の子

旦葉	あきは
旦実	あけみ
茅旦	ちあき
茉旦	まあさ
旦美華	たみか

汀

テイ
なぎさ
みぎわ

川や海の近くの平らな土地を表し、みぎわ、なぎさ、浜などの意味に使われる。ロマンチックなイメージの字。

ヒント 「てい」の音は粘りと前進を感じさせる。「なぎさ」「みぎわ」と読んで、男女ともに1字名にも。

男の子

汀	なぎさ
汀雅	ていが
汀吾	ていご
汀斗	なぎと
汀一郎	ていいちろう

女の子

汀	みぎわ
汀來	ていら
汀沙	なぎさ
汀渚	なぎさ
汀羽	みぎわ

ネーミングストーリー

一颯《いっさ》くん

漢字の成り立ちに思いをこめて

妻が考えた候補の中から、「いっさ」というひびきに決定。「人のために役に立ってほしい」という思いをふまえ、ものは成り立ちから！　と、字の成り立ちを調べて漢字を決めました。その結果、「一」は地平線、「颯」は「立＋風」で「立」は人が地面に立つ象形、「風」は風をはらむ帆の象形と風雲に乗る龍（辰）の象形であると判明。そこで、「どんなときも人のために前に立って真っ先に役立ち、自ら考え行動できる心の強い優しい子に」と、この字に落ち着きました。(亮太パパ)

冬

トウ　ふゆ
名 かず　と　とし

一年の終わりの季節である冬の意味。冬は寒く厳しいが、清らかなイメージもある。さわやかな人に。

ヒント 「ふゆ」の音で初雪のような繊細《せんさい》さ、ナイーブさを加えて。「とう」の音は、実直で人から頼られる印象。

男の子

尭冬	あきと
一冬	いっとう
冬巳	かずみ
清冬	きよとし
聖冬	せいと
冬雅	とうが
冬暉	とうき
冬也	とうや
冬樹	ふゆき
冬翔	ふゆと

女の子

冬羽	かずは
千冬	ちふゆ
冬華	とうか
冬慧	としえ
冬愛	ふゆな
冬乃	ふゆの
舞冬	まふゆ
美冬	みふゆ
冬萌芽	ともが
冬萌子	ともこ

白

ハク　ビャク
しろ　しら
しろい
名 あき
あきら
きよ　し

白、白いのほか、清い、正しい、優れているなどの意味を表す。清楚《せいそ》で純粋な人にぴったりの字。

ヒント 「はく」「しろ」のほか、「あき」「きよ」など、明るく清らかな白をイメージした読みを活かして。

男の子

白翔	あきと
白羅	あきら
白良	きよら
白杜	はくと
雅白	まさし

女の子

白奈	あきな
白珠	きよみ
白帆	しほ
白汐	しらせ
眞白	ましろ

布

フ　ぬの
名 しき
たえ　のぶ
よし

布のほか、敷く、広げる、連ねるなどの意味を表す。おしゃれなイメージもある。心が広く温かい人に。

ヒント 温かくてマイペースな「ぬ」の音を含む、数少ない字。生活感のない不思議な魅力の「ふ」の音でも。

男の子

仁布	にしき
布士	ふひと
布暉	よしき
布大	よしひろ
布帆	よしほ

女の子

布歌	たえか
布佳	ぬのか
布莉	のぶり
布由	ふゆ
美布	みよし

平

ヘイ　ビョウ
たいら　ひら
名 とし
なり　ひとし
まさる

たいらにするのほかに、やすらか、等しいなどの意味を表す。男性の止め字として人気。平和な人生を祈って。

ヒント 男の子の止め字の定番。「へい」で終わる名前は、物事を大きくとらえる俯瞰《ふかん》力を感じさせる。

男の子

平	ひとし
恭平	きょうへい
薫平	くんぺい
光平	こうへい
柊平	しゅうへい
淳平	じゅんぺい
慎平	しんぺい
平雅	としまさ
平蔵	へいぞう
平琉	まさる
夕平	ゆうへい
倖平	ゆきなり
耀平	ようへい
涼平	りょうへい
倫平	りんぺい

女の子

平來	たいら
平夏	としか
平美	なりみ
羽平	はなり
平里	ひらり

北

ホク　きた
名 た

二人の人が背を向け合っている形で、背中、そむくの意味になり、方位の北を表す。意志の強い人に。

ヒント 「北斗七星」のような輝く星のイメージも。「ほく」の音は包容力と推進力、深い信頼感を感じさせる。

男の子

北海	きたみ
北牙	ほくが
北斗	ほくと
茉北	まきた
洋北	ようた

女の子

北埜	きたの
北鶴	たず
北愛	たな
北美	たみ
北莉	ほくり

未

ミ
名 いま
いや　ひで

枝のついた木の形からできた字。十二支の「ひつじ」の意味にも使う。無限の可能性をイメージさせる字。

ヒント 「み」の音は、みずみずしくてフレッシュなイメージ。イキイキして、周囲が愛さずにはいられない人に。

男の子

拓未	たくみ
雅未	まさみ
未尋	みひろ
未来	みらい
未知人	みちと

女の子

亜未	あみ
未李	いまり
可未	かいや
朔未	さくみ
未香	ひでか
愛未	まなみ
未有	みう
未央	みお
未來	みく
未紗	みさ
未都	みと
弥未	みみ
釉未	ゆうみ
未智子	みちこ
未菜実	みなみ

民

ミン　たみ
名　た　ひと　み　もと

神に仕える人の意味から、たみ、人を表すようになった。優しく、だれからも愛される人になるように。

ヒント　「たみ」の音は、キュートでありながら、タフで充実した人間性をもつ。「み」の音で止め字としても。

男の子

清民	きよひと
民人	たみと
浩民	ひろみ
眞民	まさみ
遊民	ゆうた

女の子

民依	たみい
民華	たみか
愛民	まなみ
民杜	みんと
民葉	もとは

由

ユ　ユイ　ユウ　よし
名　ただ　ゆき　より

〜に基づく、理由、頼るなどの意味を表す。読み方も多く、人気のある字。思慮深く、神秘的な人に。

ヒント　やわらぎと優しさがあふれる「ゆう」、やわらかさと癒《いや》しを感じさせる「よし」など、どの音も温かな印象。

男の子

由芳	ただよし
智由	ちゆき
由士	ゆいと
由宇	ゆう
由良	ゆら
由基	よしき
由瑛	よしひで
由道	よりみち
愛由夢	あゆむ
由太郎	ゆうたろう

女の子

由歩	ただほ
陽由	ひより
美由	みゆき
由衣	ゆい
由奈	ゆうな
由澄	ゆずみ
由子	よりこ
真由佳	まゆか
由紀菜	ゆきな
由美子	ゆみこ

立

リツ　リュウ　たつ
名　たか　たかし　たち　たて　たる　はる

「大」と「一」を組み合わせた字で、一定の場所に立つ人を表す。つくるの意味もある。自立した人に。

ヒント　パワフルで着実な行動力をもつ「たつ」、タフでりりしい「りつ」の音で、力強い名前に。

男の子

立志	たかし
立徳	たつのり
立哉	たつや
立歩	たるほ
立樹	りつき

女の子

立乃	たちの
立未	たつみ
立葉	たては
立夏	はるか
立紬	りつ

令

レイ
名　なり　のり　はる　よし　れ

もとは神のお告げのことで、命令、決まりなどの意味を表す。美しいの意味もある。気品のある人に。

ヒント　先頭字としても、止め字としても。華やかな「れ」、理知的な「れい」の音で、みんなの憧《あこが》れに。

男の子

辰令	たつのり
令歩	よしほ
令登	れいと
令旺	れお
令二郎	れいじろう

女の子

胡令	こなり
令海	はるみ
美令	みれい
令愛	れいら
令那	れな

礼

レイ　ライ
名　あき　あや　なり　のり　まさ　よし　れ
旧 禮

もとは甘酒の意味。酒を使った儀式から、礼儀、敬うの意味に使う。まじめで礼儀正しい人に。

ヒント　「れい」の音で美しさと知性の印象を、「あや」の音であどけなさとミステリアスなイメージを加えて。

男の子

礼記	あやき
羽礼	はのり
礼史	まさし
礼規	よしき
礼武	らいむ

女の子

礼歩	あきほ
礼乃	あやの
智礼	ちなり
礼果	れいか
礼於奈	れおな

6画

安

アン　やすい
名　あ　さだ　やす　やすし

やすらかというのがもとの意味で、静か、楽しい、満足するなどの意味がある。穏《おだ》やかな人生を願って。

ヒント　清潔な癒《いや》しに満ちた「やす」、温かい信頼感のある「あん」の音で。「あ」の音を活かして万葉仮名風にも。

男の子

安	やすし
安門	あもん
安喜	やすき
安弘	やすひろ
安希良	あきら

女の子

安結	あゆ
安寿	あんじゅ
安奈	あんな
安霧	さだむ
安里咲	ありさ

伊

イ　これ　ただ
名　いさ　よし

もとは神降ろしをする者を意味し、これ、かれなどの意味がある。イタリアの略にも使われ、モダンな感じも。

ヒント　「い」の音で万葉仮名風に。「い」の音は、周囲がつい応援したくなる一途《いちず》ながんばり屋の印象。

男の子

伊央	いお
伊海	いさみ
伊那	いな
伊吹	いぶき
伊洋	ただひろ

女の子

伊織	いおり
伊純	いずみ
伊予	いよ
柚伊	ゆい
伊花	よしか

衣

イ ころも
名 え きぬ そ みそ

えりを合わせた衣服の形からできた字で、ころも、着物の意味。ハイセンスでおしゃれなイメージの字。

ヒント 「い」で終わる名前はきっぱりとして潔い印象。「え」の音は、物事の本質を見抜きそうなイメージ。

男の子

- 衣庵 いおり
- 衣月 いつき
- 伽衣 かい
- 恵衣人 えいと
- 真衣人 まいと

女の子

- 愛衣 あきぬ
- 衣緒 いお
- 衣里 えり
- 奏衣 かなえ
- 衣絵 きぬえ
- 衣羽 きぬは
- 衣乃 その
- 七衣 ななえ
- 真衣 まい
- 衣乃 みその
- 結衣 ゆい
- 莉衣 りえ
- 衣那多 そなた
- 麻莉衣 まりい
- 玲衣奈 れいな

宇

ウ
名 たか のき

家の軒《のき》の意味を表す字で、家、屋根のほか、大きい、天、空などの意味もある。スケールの大きな人に。

ヒント 独自の世界観をもち、クリエイティブな才能を発揮する「う」の音で、万葉仮名風に使って。

男の子

- 宇海 うみ
- 周宇 しゅう
- 宇良 たから
- 宇亜 のきあ
- 琉宇 りゅう

女の子

- 宇未 たかみ
- 弥宇 みう
- 由宇 ゆう
- 莉宇 りう
- 宇來々 うらら

羽

ウ は はね
名 わ わね

鳥の羽の形からできた字。翼の意味も表す。大空に自由に羽ばたくイメージ。のびやかに生きるよう祈って。

ヒント 女の子に人気の止め字。意味のよい字で、男の子にも向く。「う」「は」「わ」の読みで万葉仮名風に。

男の子

- 羽望 うみ
- 小羽 こはね
- 永羽 とわ
- 羽矢飛 はやと
- 羽琉斗 はると

女の子

- 琴羽 ことは
- 沙羽 さわね
- 美羽 みう
- 未羽 みわ
- 由羽 ゆう

伎

キ ギ
わざ
名 くれ し たくみ

人が舞う姿から、わざ、俳優、芸者などを表す。歌舞伎の「伎」。芸能・芸術の才に恵まれるように。

ヒント 生命力にあふれ強い個性を感じさせる「き」、迫力と愛嬌《あいきょう》をあわせもつ「ぎ」の音で、万葉仮名風に。

男の子

- 伎於 くれお
- 昂伎 こうぎ
- 伎季 しき
- 伎望 たくみ
- 瑛伎 てるき

女の子

- 伎紗 きさ
- 咲伎 さき
- 伎歩 しほ
- 真伎 まき
- 伎羅々 きらら

気

キ ケ
名 おき

旧 氣

空気や息、自然現象のほか、すべての生命力の源、心の働きをも表す。神秘的な字で、止め字としても人気。

ヒント 人の目をひく個性派の「き」の音で、男の子の止め字に。また、女の子では万葉仮名風に。

男の子

- 気良 きら
- 元気 げんき
- 晄気 こうき
- 晴気 はるき
- 雅気 まさおき

女の子

- 気瑛 きえ
- 気華 きか
- 気歩 きほ
- 智気 ちおき
- 気沙羅 きさら

吉

キチ キツ
名 き さち とみ はじめ よ よし

祈りのことばにまじないを組み合わせた字で、よい、めでたい、幸せなどの意味を表す。幸福な人生を祈って。

ヒント 「きち」の音で機転がきいて小粋な印象を、「よし」の音で明るさとさわやかさをプラスして。

男の子

- 吉 はじめ
- 湘吉 しょうきち
- 吉貴 よしき
- 吉秀 よしひで
- 吉利人 きりひと

女の子

- 吉恵 さちえ
- 吉花 とみか
- 吉乃 よしの
- 珠吉子 みきこ
- 吉紫香 よしか

共

キョウ とも
名 たか

両手に物を捧げもつ形で、ともに、一緒にのほか、つつしむ、うやうやしいの意味も。友人に恵まれるように。

ヒント パワフルでかつ優しさをもつ「きょう」や、優しく力強い「とも」の音は、男女ともに使いやすい。

男の子

- 共一 きょういち
- 共郎 たかお
- 共季 たかき
- 共喜 ともき
- 真共 まさとも

女の子

- 共歌 きょうか
- 共望 たかみ
- 共香 ともか
- 共美 ともみ
- 共莉 ともり

匡

キョウ
すくう ただす
名 おみ こう たすく ただ ただし まさ まさし

物事を正すこと、正しくて明らかにすることのほか、助けるという意味も。まっすぐな人に育つことを願って。

ヒント 「たすく」「ただし」などの読みで、男の子の1字名に。女の子は優しい印象の字と合わせて。

男の子

- 匡 ただし
- 匡亮 きょうすけ
- 匡駈 たすく
- 晴匡 はるおみ
- 匡仁 まさと

女の子

- 匡香 きょうか
- 匡華 こうか
- 匡咲 まさき
- 匡美 まさみ
- 匡珠 まさみ

旭

キョク
あさひ
名 あき
あきら　あさ
てる

朝日の昇る様子からできた字で、朝日を意味する。フレッシュなイメージとともに、神々しさも感じさせる字。

ヒント「あさひ」と読むと晴れやかでさわやかな印象、「あきら」と読むとつねに強く明るく華やかな印象に。

男の子

旭	あさひ
旭仁	あきひと
旭飛	あさひ
旭輝	てるき
昇旭	のりあき

女の子

旭	あきら
旭帆	あきほ
旭姫	あさき
旭美	てるみ
真旭	まあさ

圭

ケイ
かど　たま
名 か　きよ
きよし　け
よし

もとは玉器の形からできた字で、玉を意味する。幾何学的な線からできている字。まっすぐ美しく育つように。

ヒント「けい」と読むと、潔く気品のある知性派の印象。「きよ」と読むと、潔さと優しさが融合した印象に。

男の子

圭	きよし
圭梧	けいご
圭佑	けいすけ
圭晟	けいせい
圭太	けいた
圭斗	けいと
汰圭	たけ
圭季	たまき
圭也	よしや
圭一郎	けいいちろう

女の子

圭	けい
圭來	きよら
圭夏	けいか
圭子	けいこ
圭音	けいと
圭菜	たまな
圭深	たまみ
圭乃	よしの
美圭莉	みかり
結水圭	ゆみか

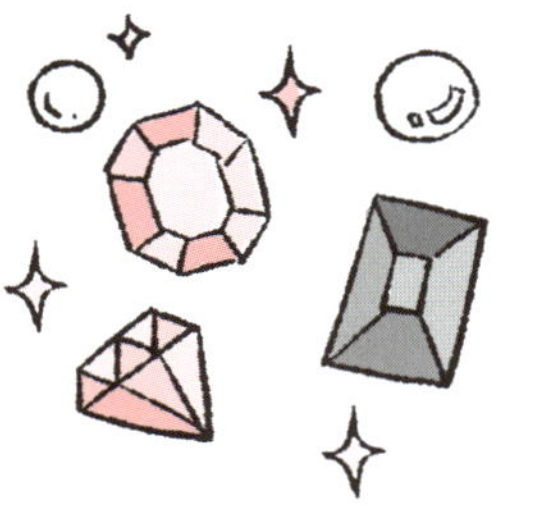

伍

ゴ　くみ
名 あつむ
いつ　とも
ひとし

人が組になって交わることから、交わる、組、仲間の意味に使う。多くの友人、仲間に恵まれることを願って。

ヒント ゴージャスで甘い「ご」の音で、男の子の止め字に。「くみ」「いつ」「とも」の読みは、女の子にも。

男の子

伍	ひとし
伍希	いつき
翔伍	しょうご
伍大	ともひろ
優伍	ゆうご

女の子

伍香	いつか
伍乙	いつき
伍海	いつみ
伍佳	くみか
伍音	ともね

向

コウ　むく
名 ひさ

もとは神をむかえる窓を意味した。向かう、向くのほか、進む、志《こころざ》すの意味もある。努力家になるよう願って。

ヒント「日向」と書いて、「ひな」「ひなた」と読むのが人気。「ひな」の音は、ふっくらとした印象に。

男の子

夏向	かなた
向軌	こうき
遥向	はるひさ
向志	ひさし
陽向	ひなた

女の子

向海	こうみ
向絵	ひさえ
向美	ひさみ
日向花	ひなか
向日葵	ひまわり

好

コウ
このむ　すく
名 すみ
たか　み
よし　よしみ

「女」+「子」。母親が子を抱く姿から、美しい、好ましい、仲がいい、上手などの意味になった。愛される人に。

ヒント 字源は女性向きだが、「好男子《こうだんし》」のように男性にもいい印象。「このみ」「よしみ」と読んで1字名にも。

男の子

好夢	このむ
好來	たから
陽好	ひよし
好輝	よしき
好幸	よしゆき

女の子

好	このみ
好歌	みか
美好	みすみ
好佑	みゆ
好海	よしみ

光

コウ　ひかる
ひかり
名 あき
さかえ　てる
み　みつ
みつる　る

人の頭上の火を表し、そこから光、輝くの意味になった。恵み、栄えの意味も。だれよりも輝くことを願って。

ヒント 機敏《きびん》で愛らしい「こう」、甘く満ち足りた「みつ」、パワフルで情熱的な「ひかり」「ひかる」などの音で。

男の子

光	ひかり
光佑	こうすけ
光磨	こうま
崇光	たかみ
光寿	てるとし
俊光	としみつ
智光	ともあき
悠光	はるあき
光輝	みつき
光琉	みつる

女の子

光	さかえ
光奈	あきな
千光	ちあき
光海	てるみ
波光	はる
光瑠	ひかる
光魅	みつみ
光優	みゆう
佑光	ゆうみ
光璃華	るりか

考

コウ
かんがえる
名 たか
ただ　ちか
とし　なり
のり　よし

亡くなった父がもとの意味だが、考える、試すのほか、長生きするの意味もある。知的で落ち着いた人に。

ヒント「こう」の音は知的で繊細《せんさい》な愛らしさを、「たか」の音はリーダーの器《うつわ》を感じさせる。

男の子

考樹	こうき
考人	たかと
考偲	ただし
考哉	としや
考尋	のりひろ

女の子

紗考	さちか
考美	たかみ
葉考	はなり
茉考	まちか
考生	よしき

江

コウ　え
名 きみ　ただ　のぶ

大きな川の意味で、特に中国の長《ちょう》江《こう》を表す。スケール感のある字。おおらかに育つように。

ヒント 女の子の止め字の定番。「え」で終わる名前は、知的な印象に。「え」の音で万葉仮名風に使っても。

男の子

江紋	えもん
江生	こうき
江耶	こうや
栄江	さかえ
江巳	のぶみ

女の子

愛江	あきみ
江夢	えむ
江莉	えり
江琉	える
江華	きみか
江菜	こうな
沙江	さえ
詩江	しのぶ
江寿	ただす
知江	ちえ
江芭	のぶは
華江	はなえ
萌江	もえ
多江禾	たえか
美智江	みちえ

亘

コウ　セン
わたる
名 とおる
のぶ

旧 亙

建物の周りの垣の形からめぐる意味に用い、渡る、述べるなどの意味も表す。信念をもった誠実な人に。

ヒント 先頭字のほか、「のぶ」の音で男の子、女の子の止め字にも。「わたる」「とおる」と読んで1字名にも。

男の子

亘	わたる
亘稀	こうき
亘莉	せんり
亘瑠	とおる
悠亘	はるのぶ

女の子

亘里	こうり
詩亘	しのぶ
亘河	のぶか
美亘	みのぶ
亘海	わたみ

行

コウ　ギョウ
アン　いく
ゆく
おこなう
名 き　のり
みち　ゆき

十字路の形を表す字で、そこから、行く、歩く、行うの意味になった。鍛える意味もある。まっすぐな人に。

ヒント 「ゆき」と読んで、男の子の止め字の定番。「ゆき」で終わると、思慮深さと意志の強さのある印象。

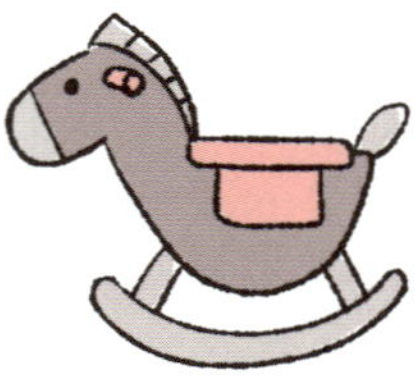

男の子

行哩	あんり
壱行	いっこう
行機	こうき
行真	こうま
行埜	こうや
詩行	しあん
崇行	たかのり
千行	ちゆき
智行	ともき
行杜	のりと
紀行	のりみち
遥行	はるゆき
尋行	ひろのり
巳行	みゆき
律行	りつき

女の子

行奈	あんな
行海	いくみ
行夏	みちか
行菜	ゆきな
真行子	まきこ

合

ゴウ　ガッ
カッ　あう
名 あい
かい　はる

器《うつわ》と蓋《ふた》が合う形からできた字。ひとつになる、混じるなどのほか、「合格」のようにかなうの意味も。

ヒント 圧倒的に強く偉大な印象の「ごう」の音で男の子に。女の子には「ゆり」と読む「百合」がおすすめ。

男の子

合輝	あいき
合都	かいと
合人	かつと
合毅	ごうき
合麒	ごうき

女の子

合紗	あいさ
合李	かいり
合愛	はるな
佐百合	さゆり
百合香	ゆりか

在

ザイ　ある
名 あ　あき
あり　すみ
たみ　とお
みつる

神聖なものとして「ある」のがもとの意味。田舎の意味もある。しっかりと自己を確立できるように。

ヒント 存在感を感じさせる字。自然体で華やかな「あり」「ある」の音を使うほか、「あ」の音で万葉仮名風にも。

男の子

在輝	あき
在光	ある
在己	あるき
在杜	すみと
在琉	みつる

女の子

在美	あみ
在沙	ありさ
在寿	ありす
在衣	たみい
在海	とおみ

此

シ　かく
ここ　この
これ

これ、この、ここの意味に使われるが、もとは細かく小さいものという意味があった。素直で愛らしい人に。

ヒント 颯《さっ》爽《そう》としたスターのイメージの「し」の音で。ドライな強さの「ここ」の音で使っても新鮮。

男の子

此路	こころ
此葉	このは
此温	しおん
此道	しどう
颯此	そうし

女の子

此愛	ここあ
此夏	ここな
此露	こころ
此実	このみ
此帆	しほ

糸

シ　いと
名 たえ
ため　より

もとの字は「絲」で、糸束を組み合わせた形からできた字。糸、細長いものの意味。長く幸福な人生を祈って。

ヒント 「いと」の音は、格調高く品がある。キラキラした生命力いっぱいの「し」の音で、万葉仮名風にも。

男の子

生糸	きいと
糸紋	しもん
糸季	ためき
琴糸郎	きんしろう
絢糸郎	けんしろう

女の子

糸織	しおり
糸帆	しほ
糸子	たえこ
糸華	よりか
糸乃布	しのぶ

至

シ　いたる
名 ちか
のり　みち
むね　ゆき
よし

矢が到達したことを表し、至るの意味になった。極《きわ》める、最高の意味もある。トップを目指す人に。

ヒント 「し」の音で万葉仮名風に、「ゆき」の音で男の子の止め字に。「いたる」の音で1字名にも。

男の子
- 至　いたる
- 栄至　えいじ
- 至遠　しおん
- 至暉　しき
- 崚至　たかゆき

女の子
- 至埜　しの
- 至歩　ちかほ
- 茉至　まのり
- 至琉　みちる
- 至果　よしか

次

ジ　シ
つぐ　つぎ
名 ちか
なみ　ひで

つぎ、次ぐのほか、宿るの意味もある。また、二番目、第二位も表す。謙虚で誠実な人になるように。

ヒント 最近では、生まれた順番にかかわらず、「じ」「つぐ」の読みで、おもに男の子に使われる。

男の子
- 次優　ちかまさ
- 初次　はつじ
- 恒次　ひさつぐ
- 蓮次　れんじ
- 小次郎　こじろう

女の子
- 依次　いつぎ
- 次乙　しお
- 次穂　しほ
- 次菜　つぐな
- 次唯名　しいな

守

シュ　ス
まもる　もり
名 え　かみ
さね　ま

「宀」+「寸」。重要な建物を守ることをいい、守る、大切にするなどの意味。家族や友人を大事にする人に。

ヒント 「もり」の音のほか、「まもる」の音でほのぼのとした印象の1字名に。「す」「え」の読みでも。

男の子
- 守　まもる
- 敦守　あつま
- 多守　たかみ
- 森守　もりす
- 守人　もりと

女の子
- 有守　ありす
- 希守　きえ
- 真守　まさね
- 亜守奏　あすか
- 冴守里　さえり

朱

シュ
名 あか
あけ　あけみ
あや　じゅ
す

色の赤の意味。鉱物から採った赤で、色あせないので、生の色、不死の色と考えられた。太く長い人生を願って。

ヒント 華やかな気品のある「しゅ」、明るくタフな「あけ」などの音で。男の子には力強い字と組み合わせて。

男の子
- 朱志　あかし
- 朱騎　あやき
- 朱雀　すざく
- 史朱　ふみあけ
- 安朱斗　あすと

女の子
- 朱実　あけみ
- 朱華　あやか
- 朱奈　あやな
- 朱歩　じゅほ
- 朱璃　しゅり

州

シュウ　す
名 くに

川の中州《なかす》の形からできた字で、陸地の意味を表す。周囲に流されることなく、自分をつらぬく人に。

ヒント 「す」の音で万葉仮名風に使うと、個性的な名前に。「す」の音は颯爽《さっそう》としながらかわいらしい印象。

男の子
- 海州　かいしゅう
- 州生　くにお
- 州輔　しゅうすけ
- 大州　たいしゅう
- 守州　もりす

女の子
- 有州　ありす
- 州華　くにか
- 州香　しゅうか
- 州寿　すず
- 州々奈　すずな

舟

シュウ
ふね　ふな
名 のり

ふねの形からできた字。小型のふねを表す。古風なイメージも。人生の荒波を乗り切っていくことを願って。

ヒント 「しゅう」の音は、俊敏《しゅんびん》さと落ち着きが共生する。「ふね」「のり」の音で、女の子の止め字にしても。

男の子
- 海舟　かいしゅう
- 舟造　しゅうぞう
- 舟平　しゅうへい
- 舟杜　のりと
- 舟太郎　しゅうたろう

女の子
- 舟夏　しゅうか
- 舟歌　のりか
- 舟李　ふなり
- 愛舟　まふね
- 美舟　みのり

充

ジュウ
あてる
名 あつ
たかし
まこと　み
みち　みつ
みつる

太った人の形からできた字で、満ちる、満たすの意味。昔は肥満は裕福の証明だった。充実した人生を願って。

ヒント シンプルな字形ながら、満ち足りた印象の字。「たかし」「まこと」「みつる」の読みで1字名にも。

男の子
- 充　たかし
- 充人　あつと
- 浩充　ひろみ
- 充輝　みつき
- 充博　みつひろ

女の子
- 充　まこと
- 充美　あつみ
- 充香　みちか
- 充都　みつ
- 充海夏　みみか

旬

ジュン
シュン
名 ただ
とき　ひとし
ひら　まさ

十日間の意味。広く行き渡るの意味もあり、また物事の最も生きのいい時期のこともいう。元気あふれる子に。

ヒント 「しゅん」の音でやわらかく弾《はず》むような愛らしさを、「じゅん」の音で人なつっこさと高級感をプラス。

男の子
- 旬　しゅん
- 旬汰　しゅんた
- 旬人　ただと
- 旬詩　ひとし
- 旬生　まさき

女の子
- 旬夏　しゅんか
- 旬菜　じゅんな
- 旬埜　ときの
- 旬吏　ひらり
- 旬美　まさみ

如

ジョ　ニョ
名 いく
なお　もと
ゆき　よし

神に祈る巫女《みこ》を表す字で、ごとし（＝似ている）、したがうなどの意味もある。奥ゆかしい雰囲気の人に。

ヒント 音読みの「じょ」「にょ」を使うと、個性的な音の名前に。「如月」は「きさらぎ」と読み、二月の異名。

男の子
- 如斗　いくと
- 如暉　なおき
- 悠如　はるゆき
- 如樹　もとき
- 如巳　よしみ

女の子
- 愛如　あにょ
- 如月　きさらぎ
- 如菜　じょな
- 如央　もとお
- 如乃　ゆきの

匠

ショウ
名 たくみ なる

もとは曲げ物をする人をいい、たくみ、職人、芸能に優れた人などの意味。芸術的才能に恵まれるように。

ヒント 「しょう」の音は華を秘めた人の印象、「たくみ」の音は満ち足りた充実感を与える。1字名にも。

男の子
- 匠 たくみ
- 匠吾 しょうご
- 匠真 しょうま
- 匠人 たくと
- 匠哉 たくや

女の子
- 匠果 しょうか
- 匠胡 しょうこ
- 匠菜 しょうな
- 匠美 たくみ
- 匠弥 なるみ

庄

ショウ
名 まさ

もとは平らかな地の意味で、村里、田舎を表す。庄屋は江戸時代の特権階級。素朴《そぼく》で人望のある人に。

ヒント 「しょう」は、ソフトで深い光を感じさせる音。「翔」などのかわりに使って、個性を出しても。

男の子
- 庄司 しょうじ
- 庄弥 しょうや
- 庄季 まさき
- 義庄 よしまさ
- 庄太郎 しょうたろう

女の子
- 庄香 しょうか
- 庄椰 しょうな
- 庄穂 まさほ
- 庄珠 まさみ
- 美庄 みしょう

丞

ジョウ
たすける
名 すけ すすむ

穴に落ちた人を救い上げる形で、救う、助けるの意味になった。補佐するの意味も。名バイプレーヤーに。

ヒント 包容力を感じさせる「じょう」、つかみがよくフットワークの軽い「すけ」の音で、男の子の止め字に。

男の子
- 丞 すすむ
- 柑丞 かんすけ
- 颯丞 さすけ
- 丞誠 じょうせい
- 丞汰 じょうた
- 慎丞 しんすけ
- 遥丞 ようすけ
- 亮丞 りょうすけ
- 真之丞 しんのじょう
- 龍之丞 りゅうのすけ

迅

ジン
名 とき とし はや

「卂」の部分は鳥のハヤブサの飛ぶ形で、そこから速い、激しいの意味になった。元気で活発に育つよう願って。

ヒント 「じん」の音で、甘いのにスパイシーな印象を加えて。「とき」「とし」の「と」の音を活かしても。

男の子
- 迅 じん
- 克迅 かつと
- 秀迅 しゅうと
- 迅騎 としき
- 勇迅 ゆうじん

女の子
- 迅乃 ときの
- 迅和 ときわ
- 迅帆 としほ
- 迅果 はやか
- 迅美 はやみ

成

セイ ジョウ
なる
名 あきら さだ しげ なり ひで よし

できあがる、完成する、成し遂げるの意味を表す。また、実るという意味もある。人生での成功を願って。

ヒント 「なり」の音は、人なつっこさと理知が融合《ゆうごう》した印象。清々《すがすが》しい朝霧のような「せい」の音でも。

男の子
- 成 あきら
- 成芽 さだめ
- 成生 しげき
- 将成 しょうせい
- 成哉 せいや
- 成樹 なるき
- 仁成 ひとなり
- 浩成 ひろひで
- 真成 まさよし
- 伶於成 れおな

女の子
- 成波 さだは
- 成乃 しげの
- 成夏 せいか
- 成名 せいな
- 成美 なみ
- 成瑠 なる
- 成実 ひでみ
- 美成 みなり
- 成海 よしみ
- 成瑠未 なるみ

汐

セキ
うしお しお
名 きよ せ

夕方のしおの満ち干きの意味。朝の満ち干きは「潮」。ロマンチックな印象の字で、神秘的な感じもある。

ヒント 夕方の海の風景から、幻想的な印象の字。「しお」の音で、のびやかさ、清潔感、颯《さっ》爽《そう》とした印象を加えて。

男の子
- 汐王 うしお
- 汐海 きよみ
- 汐來 きよら
- 汐暉 しおき
- 汐星 しおせ

女の子
- 汐歌 きよか
- 汐音 しおね
- 汐李 しおり
- 汐夏 せな
- 美汐 みしお

壮

ソウ
名 あき お たけ たけし まさ もり

旧 壯

「士」の部分は戦士の意味で、そこから強い、盛んなどの意味になった。活力に満ちた人になることを願って。

ヒント 「そう」「たけ」の読みなどで男の子に。女の子にはキュートな印象の「あき」の読みが使いやすい。

男の子
- 壮 たけし
- 壮人 あきと
- 壮真 そうま
- 壮流 たける
- 尋壮 ひろまさ

女の子
- 壮乃 あきの
- 壮歩 あきほ
- 智壮 ちあき
- 美壮 みもり
- 光彩壮 みさお

早

ソウ サッ
はやい
名 さ さき

時間・時刻が早いほかに、若い、夜明け、朝の早い時間などの意味もある。フレッシュなイメージの字。

ヒント 潔く颯爽《さっそう》とした「そう」、温かい息吹のような「はや」の音のほか、「さ」の読みで万葉仮名風にも。

男の子
- 勇早 いさき
- 早毅 さき
- 早眞 そうま
- 早翔 はやと
- 早希人 さきと

女の子
- 早季 さき
- 智早 ちさき
- 早弓 はやみ
- 理早 りさ
- 早千穂 さちほ

多

タ　おおい
名 かず　とみ　な　なお　まさ　まさる

「夕」を二つ重ねて、多いの意味を表す。また、勝るという意味も。ほかの字と組み合わせると意味を強める。

ヒント 「た」の音で万葉仮名風に使われる。「多聞天《たもんてん》」は、道場を守り、つねに多くの法を聞く毘沙門天《びしゃもんてん》のこと。

男の子	
多	まさる
奏多	かなた
多聞	たもん
巳多	みとみ
隼多郎	しゅんたろう

女の子	
多沙	かずさ
多枝	たえ
多実	なおみ
多那	まさな
多華來	たから

地

チ　ジ
名 くに　ただ

土、大地、場所のほか、ありのまま、生まれつきなどの意味もある。素直にのびのびと育つよう願って。

ヒント 字のもつ着実な印象に、パワーと愛らしさを兼ねそなえた「ち」の音で、成功するイメージをプラス。

男の子	
凱地	がいち
地央	くにお
泰地	たいち
大地	だいち
地志	ただし

女の子	
地果	くにか
地南	ただな
地尋	ちひろ
茉地	まち
地絵里	ちえり

竹

チク　たけ
名 たか

タケの葉が垂れている形を表す字で、タケの意味を表す。しなやかな強さをイメージさせる字。

ヒント まっすぐにすくすく育つイメージの字。「たけ」の音で、確かな信頼感を感じさせる名前に。

男の子	
竹穂	たかほ
竹郎	たけお
竹史	たけし
竹琉	たける
真竹	まさたけ

女の子	
竹泉	たかみ
竹葉	たけは
竹帆	たけほ
竹実	たけみ
竹吏	たけり

灯

トウ　ひ
名 あかり

旧 燈

ともしび、明かり、火をともす道具の意味。周囲を明るくするような明朗な男性、チャーミングな女性に。

ヒント 努力家で信頼感あふれる「とう」の音や、カリスマ性をもつ「ひ」の音を使って。

男の子	
灯璃	あかり
灯輝	とうき
灯也	とうや
灯駈	ひかる
灯奈太	ひなた

女の子	
灯	あかり
灯織	ひおり
灯呂	ひろ
結灯	ゆうひ
灯夏里	ひかり

凪

なぎ
名 な

日本でつくられた字で、「風」が「止」まることを表す。自然現象を表す字は人気がある。優しい人に。

ヒント 静かな海を連想させる字。「な」の音で万葉仮名風に。「なぎ」の音はかわいいがられ出世する印象。

男の子	
翔凪	しょうな
世凪	せな
凪瑳	なぎさ
凪渡	なぎと
凪琉	なる

女の子	
夏凪	かな
小凪	こなぎ
凪沙	なぎさ
南凪	なな
夕凪	ゆうな

年

ネン　とし
名 かず　ちか　と　とせ　ね　みのる

豊かな実りを願う人の形から、実りの意味となり、そこから「とし」の意味もできた。心の豊かな人に。

ヒント 信頼感にあふれる「とし」の読みで男の子に。「かず」の音を使うとたくましいヒーローのイメージ。

男の子	
年	みのる
爽年	さとし
豊年	とよかず
年路	ねろ
悠年	ゆうと

女の子	
年穂	かずほ
智年	ちとせ
年恵	としえ
実年	みちか
未紗年	みさと

column

似ている漢字に注意して！ ①

漢字は、ちょっと形が違うだけでまったく意味が変わってしまうことも。
使いたい漢字の意味や形を正確に把握しておきましょう。

例

大3―丈3―太4―犬4
巳3―已3―己3
天4―夫4
右5―石5
永5―氷5
史5―央5
功5―巧5
未5―末5
広5―宏7
州6―洲9
杜7―社7
李7―季8

伶7―怜8
亨7―享8
宜8―宣9
昂8―昴9
拓8―柘9
弥8―祢9
昊8―晃10
茉8―茱10
郎9―朗10
祐9―裕12

帆

ハン　ほ

風を受けて舟を走らせる布や、その舟を意味する。海好きには人気のある字。自由に生きるイメージがある。

ヒント　海や夏のイメージの字と組み合わせても。「ほ」の音で、くつろぎを感じさせる名前に。

男の子

- **風帆**　かざほ
- **舟帆**　しゅうほ
- **崇帆**　たかほ
- **晴帆**　はるほ
- **帆輝**　はんき

女の子

- **夏帆**　かほ
- **砂帆**　さほ
- **南帆**　なほ
- **帆奈**　はんな
- **帆波**　ほなみ

汎

ハン　うかぶ　ひろい
名　なみ

もとは風に流れることで、浮く、漂《ただよ》うの意味から、広い、行き渡るの意味も表す。自由に生きる人に。

ヒント　周囲にくつろぎを与える「ひろ」の音や、親密感とキュートさのある「なみ」の音を使って。

男の子

- **千汎**　ちなみ
- **友汎**　ともひろ
- **汎亮**　はんすけ
- **汎輝**　ひろき
- **汎耶**　ひろや

女の子

- **智汎**　ちひろ
- **汎夏**　なみか
- **汎季**　なみき
- **汎海**　ひろみ
- **南汎**　みなみ

妃

ヒ
名　き　ひめ

天子の妻、きさきの意味を表す。皇族の女性や女神の尊称にも使われる。高貴な美しさをもつ女性に。

ヒント　高貴な女性の印象。「き」の音は個性的なイメージ、「ひ」の音はカリスマ性を感じさせる。

女の子

- **姫妃**　きき
- **咲妃**　さき
- **妃那**　ひな
- **妃菜**　ひな
- **妃花**　ひめか
- **妃乃**　ひめの
- **悠妃**　ゆき
- **柚妃**　ゆずき
- **瑠妃**　るき
- **妃奈乃**　ひなの

百

ヒャク
名　お　と　も　もも

「白」の上に「一」を加えた形。数の百を表し、すべて、多数などの意味にも使う。多くの幸福を願って。

ヒント　「もも」の音で、温かく慈愛《じあい》に満ちた印象の名前に。甘く優しい「も」、おおらかな「お」の音でも。

男の子

- **雅百**　まさお
- **百樹**　ももき
- **百哉**　ももや
- **央百也**　おとや
- **百年樹**　もとき

女の子

- **衣百**　いお
- **胡百**　こもも
- **素百**　すもも
- **都百**　とも
- **実百**　みと
- **百夏**　もか
- **百奈**　もな
- **百香**　ももか
- **百愛**　ももな
- **百音**　ももね
- **百合**　ゆり
- **咲百合**　さゆり
- **百々枝**　ももえ
- **百々葉**　ももは
- **莉百奈**　りおな

名

メイ　ミョウ　な
名　あきら　かた　もり

子の成長を報告する儀式から、名、名づけるの意味に。ほまれの意味もある。名を成す人になるように。

ヒント　「な」の音で万葉仮名風に使うことが多い。「な」の音は、のびやかで親しみやすい印象。

男の子

- **名**　あきら
- **名司**　かたし
- **瀬名**　せな
- **名生**　なお
- **名琉**　なる

女の子

- **愛名**　あいな
- **実名**　みもり
- **名紗**　めいさ
- **名津美**　なつみ
- **美名子**　みなこ

有

ユウ　ウ　ある
名　すみ　とも　なお　なり　ゆ　り

肉をもって神に供える形から、もつ、ある、保つなどの意味を表す。恵まれた豊かな人生をおくれるように。

ヒント　人気の「ゆ」「ゆう」の音のほか、ナチュラルさと華やかさをあわせもつ「あり」「ある」の音などでも。

男の子

- **有夢**　あるむ
- **有希**　ともき
- **有翔**　なおと
- **真有**　ますみ
- **有生**　ゆうせい
- **有馬**　ゆうま
- **有斗**　ゆと
- **芳有**　よしなり
- **有都**　りつ
- **琉有**　るう

女の子

- **有結**　あゆ
- **有紗**　ありさ
- **歌有**　かすみ
- **有羽**　ともは
- **有里**　なおり
- **葉有**　はなり
- **有杏**　ゆあ
- **有菜**　ゆうな
- **美有菜**　みゆな
- **有里菜**　ゆりな

吏

リ
名　おさ　さと　つかさ

もとは祭りをつかさどる人を表し、そこから役人、おさめるなどの意味になった。平和で堅実な人生を望んで。

ヒント　凛《りん》とした印象の「り」の音は、女の子に人気。「里」「莉」などのかわりに使うと個性的。

男の子

- **吏**　つかさ
- **吏武**　おさむ
- **魁吏**　かいり
- **吏玖**　りく
- **吏津起**　りつき

女の子

- **吏未**　さとみ
- **吏彩**　りさ
- **吏澄**　りずむ
- **吏瑠**　りる
- **吏々愛**　りりあ

7画

亜

ア
名 つぎ つぐ
旧 亞

次ぐ、第二などの意味のほかに、亜細亜（アジア）の略にも使われる。昔なつかしいイメージがある字。

ヒント 「あ」で始まる名前は自然体でのびやかなイメージ。「あ」で終わる名前は、未来への希望を感じさせる。

男の子

- 亜音 あおん
- 亜慧 あさと
- 亜蓮 あれん
- 偉亜 いつぐ
- 純亜 すみあ
- 星亜 せいあ
- 汰亜 たつぎ
- 怜亜 れあ
- 亜沙斗 あさと
- 亜斗夢 あとむ

女の子

- 亜依 あい
- 亜希 あき
- 亜未 あみ
- 亜美 あみ
- 亜実 つぐみ
- 茉亜 まつぎ
- 実亜 みあ
- 瑠亜 るあ
- 真亜紗 まあさ
- 由利亜 ゆりあ

杏

アン キョウ
あんず

木の枝に実をつけた形からできた字で、アンズを表す。実はおいしく、花も美しい。花も実もある人に。

ヒント 「あん」の音は素《そ》朴《ぼく》さと親密感、深い癒《いや》しを感じさせる。「きょう」は、強さと優しさをあわせもつ音。

男の子

- 一杏 いっきょう
- 宇杏 うきょう
- 杏太 きょうた
- 杏平 きょうへい
- 康杏 こうあん

女の子

- 杏 あん
- 杏弥 あや
- 杏樹 あんじゅ
- 杏子 あんず
- 杏奈 あんな
- 杏南 あんな
- 杏莉 あんり
- 杏花 きょうか
- 杏胡 きょうこ
- 杏里 きょうり
- 偲杏 しあん
- 恕杏 じょあん
- 智杏 ちあん
- 有杏 ゆあん
- 杏花里 あかり

壱

イチ
名 かず さね もろ

もっぱらの意味。書きかえを防ぐため「一」のかわりに使われる。物事に打ちこんで成功する人に。

ヒント 「一」のかわりに使って個性を出しても。「いち」の音は困難なことにも楽しげに挑戦し、成功する印象。

男の子

- 壱梧 いちご
- 壱斗 かずと
- 稀壱 きいち
- 壱季 さねき
- 太壱 たいち

女の子

- 蒼壱 あおい
- 壱花 いちか
- 壱紗 かずさ
- 壱葉 かずは
- 壱巴 もろは

伽

カ ガ とぎ

サンスクリット語の音訳語として仏教用語に使われる字。「御《お》伽《とぎ》ばなし」のように、夢をもつように。

ヒント 「か」の音で人気のある「花」や「香」のかわりに使うと、新鮮。

男の子

- 伽葦 かい
- 伽月 かつき
- 伽人 とぎひと
- 瑠伽 るか
- 伽寿希 かずき

女の子

- 伽愛 かな
- 伽乃 かの
- 伽耶 かや
- 華伽 はなか
- 結伽 ゆか

花

カ はな
名 はる みち もと

草や木の花、また、花のように美しいこと、華やかなことをいう。1字でも、また止め字としても人気がある。

ヒント 「か」の音はドライなアネゴ肌のイメージ。「はな」と読むとふっくら温かく周りの人を和ませる名前に。

女の子

- 彩花 あやか
- 花菜 かな
- 花音 かのん
- 小花 こはる
- 澄花 すみか
- 智花 ちか
- 花絵 はなえ
- 花里 はなり
- 花歌 はるか
- 楓花 ふうか
- 花禾 みちか
- 花瑠 みちる
- 実花 みはる
- 萌花 もえか
- 花穂 もとほ
- 花巳 もとみ
- 桃花 ももか
- 優花 ゆか
- 凛花 りんか
- 美花莉 みかり

我

ガ　われ　わ

もとは刃がぎざぎざの鋸《のこぎり》のことで、われ、自分の意味に使うようになった。強い意志をもつ人に。

ヒント　男の子に人気の止め字「が」の音で、「雅」のかわりにも。字のもつ強さに、迫力と愛嬌《あいきょう》がプラスされる。

男の子

我惟	がい
我玖	がく
我紋	がもん
皓我	こうが
煌我	こうが
泰我	たいが
斗我	とわ
登我	とわ
悠我	ゆうが
我立	わたる

快

カイ　こころよい
名　はや　やす　よし

病気が治ることから、気持ちがいいの意味になった。速い、鋭いの意味もある。健康で賢い子になるように。

ヒント　字の明るく気持ちよい印象に、「かい」の音でりりしい知性派の、「よし」の音で清潔な癒《いや》しの印象をプラス。

男の子

快斗	かいと
快也	かいや
豪快	たけよし
快時	やすとき
快輝	よしき

女の子

快來	かいら
快音	はやね
快晴	はる
快加	やすか
快香	よしか

岐

キ
名　みち

山の分かれ道を表す字で、分かれる、分かれ道などを意味する。高いところの意味も。人の上に立つ人に。

ヒント　個性的で生命力にあふれ、わが道を行く「き」の音で、止め字や万葉仮名風に使って。

男の子

岐良	きら
颯岐	そうき
岐央	みちお
岐琉	みちる
勇岐	ゆうき

女の子

乙岐	いつき
岐沙	きさ
岐佳	みちか
岐世	みちよ
由岐	ゆき

希

キ　のぞむ
名　のぞみ　まれ

もとは珍しい、まれの意味で、願う、望むの意味も。「稀」の書きかえにも。希望に満ちた未来を願って。

ヒント　「き」で終わる名前は潔く、わが道を進むイメージ。豊かなものがあふれ出すような「まれ」の音でも。

男の子

希龍	きりゅう
洸希	こうき
純希	じゅんき
達希	たつき
斗希	とき
友希	ともき
希輝	まれき
希丞	まれすけ
瑞希	みずき
勇希	ゆうき

女の子

希	のぞみ
希子	きこ
希來	きら
咲希	さき
彩希	さき
希海	のぞみ
希空	まれあ
希依	まれい
優希	ゆき
美希歩	みきほ

究

キュウ　きわめる
名　さた　さだ　すみ　み

究《きわ》める、深くたずねて究め尽くすの意味を表す。物事に打ちこんで努力する人になることを願って。

ヒント　物事をつきつめ、究めるイメージがある。「きゅう」や「み」の音を活かすと使いやすい字。

男の子

究真	きゅうま
究夢	さだむ
究人	すみと
大究	だいき
茉究	まさた

女の子

香究	かすみ
來究	くみ
究夏	すみか
真究	ますみ
究理	みさと

玖

キュウ
名　き　く　たま　ひさ

黒く光る玉のように美しい石のこと。また、「九」の代用にも使われる。きらりと輝く人になるように。

ヒント　キュートでミステリアスな「く」の音で万葉仮名風に使って。「久」のかわりに使うと、新鮮な印象に。

男の子

遥玖	はるく
頼玖	らいく
璃玖	りき
牙玖斗	がくと
大玖海	たくみ

女の子

伊玖	いく
玖緒	たまお
玖絵	ひさえ
璃玖	りく
玖瑠実	くるみ

亨

キョウ　コウ　とおる　にる
名　あき　あきら　すすむ　とし　なり

煮炊きに使う器《うつわ》の形からできた字。煮る、とおる、祭る、奉るなどの意味。順風満帆な人生を願って。

ヒント　「とおる」「あきら」「すすむ」の読みで、男の子の1字名にも。「享」と字形も読みも似ているので注意。

男の子

亨	とおる
亨羅	あきら
亨成	こうせい
沙亨	さとし
亨武	すすむ

女の子

亨那	あきな
亨花	きょうか
千亨	ちあき
羽亨	はなり
亨果	みちか

均

キン
名　お　ただ　なお　なり　ひとし　ひら　まさ

土をならして平らにすることをいい、ならす、等しくする、等しいの意味を表す。心身の均整のとれた人に。

ヒント　男の子の1字名「ひとし」は、パワフルなのに清楚《せいそ》で気品のある印象。バランスのとれた人になるように。

男の子

均	ひとし
均吾	きんご
均士	ただし
寛均	ひろき
昌均	まさひら

女の子

胡均	こなり
均美	なおみ
均海	ひとみ
均妃	まさき
真均	まなお

芹

キン せり
名 き まさ よし

植物のセリの意味を表す。セリは中国では祭事に使われ、日本では春の七草のひとつ。神秘的な力のある植物。

ヒント 「せり」の読みで使うことのできる、唯一の字。清楚《せいそ》で、キュートな華やかさがある名前に。

男の子
- 芹二 きんじ
- 洸芹 こうき
- 芹杜 せりと
- 芹都 まさと
- 芹季 よしき

女の子
- 早芹 さき
- 芹香 せりか
- 芹菜 せりな
- 芹葉 せりは
- 由芹子 ゆきこ

吟

ギン
名 あき あきら うた おと こえ

詩や歌をうたうこと、また、詩などの趣を味わう意味を表す。文学や芸能の才能に恵まれることを願って。

ヒント 「ぎん」と読んで使える、数少ない字。「ぎん」の音で茶目っ気とすごみを同時に感じさせる名前に。

男の子
- 吟楽 あきら
- 吟璃 うたり
- 吟弥 おとや
- 和吟 かずあき
- 吟雅 ぎんが

女の子
- 吟 うた
- 吟芭 おとは
- 吟歌 ぎんか
- 千吟 ちあき
- 美吟 みこえ

君

クン きみ
名 きん こ すえ なお よし

神事をつかさどる人の長《おさ》から、君主、統治者、立派な人の意味になった。尊敬される人になるように。

ヒント 知的なのに甘さのある「きみ」の音で。スイートながら秘めたパワーを感じさせる「くん」の音でも。

男の子
- 君暁 きみあき
- 君翔 きんと
- 君平 くんぺい
- 君成 すえなり
- 真君 まさよし

女の子
- 君華 きみか
- 茉君 まなお
- 祐君 ゆきみ
- 君乃 よしの
- 璃君 りこ

芸

ゲイ
名 き ぎ のり まさ よし
旧 藝

草や木を植える意味から、わざ、技芸、学問などの意味になった。芸術的な才能に恵まれることを願って。

ヒント 「き」の音で止め字にすると使いやすい。「き」で終わると、潔く、わが道を進む印象の名前に。

男の子
- 安芸 あき
- 朝芸 あさぎ
- 芸明 のりあき
- 雅芸 まさき
- 芸望 よしみ

女の子
- 愛芸 あき
- 彩芸 さき
- 芸巳 まさみ
- 優芸 ゆき
- 芸那 よしな

見

ケン みる
名 あき あきら ちか

大きな目をもった人の形からできた字で、見る意味を表す。会う、悟るの意味も。物事を深く見通す人に。

ヒント みずみずしい印象の「み」の音で、女の子の止め字に使うことが多い。広い知見をもつ人になるように。

男の子
- 見良 あきら
- 見斗 けんと
- 知見 ともあき
- 尋見 ひろみ
- 宗見 むねちか

女の子
- 見南 あきな
- 智見 ちあき
- 見巴 ちかは
- 晴見 はるみ
- 見帆 みほ

呉

ゴ
名 くに くれ

舞いながら祈る人の形で、楽しむ意味を表す。中国の国名、地名に使われた。明るい子になるように。

ヒント 男の子には「ご」の音で迫力と甘さが共存する名前に。女の子には「くれ」の音で上品かつ華やかに。

男の子
- 呉哉 くにや
- 呉空 ごくう
- 翔呉 しょうご
- 慎呉 しんご
- 雄呉 ゆうご

女の子
- 衣呉 いくに
- 呉佳 くにか
- 呉亜 くれあ
- 呉那 くれな
- 呉杷 くれは

column 似ている漢字に注意して！②

いったん受理された出生届は、そう簡単には訂正できません。届を出す前に、漢字に間違いがないかどうかもう一度よく確認しましょう。

例

徹 15	瑠 14	綱 14	竪 14	瑞 13	煌 13	幹 13	菅 11	梛 11	菫 11	紋 10	峻 10
撤 15	璃 15	網 14	堅 12	端 14	惶 12	軒 10	管 14	椰 13	董 12	絞 12	崚 11

麟 24	鑑 23	響 20	耀 20	麗 19	櫂 18	彌 17	環 17	穏 16	摩 15	幡 15	諄 15
鱗 24	艦 21	饗 22	燿 18	麓 19	擢 17	禰 19	還 16	隠 14	磨 16	播 15	諒 15

吾

ゴ　わが　われ
名　あ　みち

「五」+「口」で、守る、防ぐの意味。また、われ、自分の意味にも使う。家族や友達を大事にする人に。

ヒント　「ご」の音で、男の子の止め字の定番。「ご」で終わる名前は、ゴージャスでスイートな印象に。

男の子

- 吾聞　あもん
- 奎吾　けいご
- 望吾　のあ
- 吾琉　みちる
- 凌吾　りょうご

女の子

- 吾希　あき
- 吾胡　あこ
- 吾華　みちか
- 奈吾美　なごみ
- 真里吾　まりあ

冴

ゴ　こおる　さえる
名　さ　さえ

寒さのために物が凍るという意味から、冴える、鋭いの意味を表す。クールでスマートなイメージの字。

ヒント　男の子では「ご」の音で止め字にすると個性的な名前に。「さ」の音で万葉仮名風に使っても。

男の子

- 一冴　いちご
- 冴馬　さえま
- 冴玖　さく
- 新冴　しんご
- 勇冴　ゆうご

女の子

- 冴依　さえ
- 冴耶　さや
- 冴璃　さり
- 珠冴　みさ
- 美冴　みさえ

孝

コウ
名　あつ　たか　たかし　なり　のり　みち　ゆき　よし

親によく仕える意味を表す。「孝」は儒教では最も大切な徳目だった。親を大切にする子に育つように。

ヒント　「こう」「たか」の音でよく使われる。女の子に使うときは女性らしい字を組み合わせて。

男の子

- 孝志　あつし
- 孝輝　こうき
- 孝彬　たかあき
- 孝汰　みちた
- 由孝　よしたか

女の子

- 椛孝　かのり
- 孝音　たかね
- 知孝　ちゆき
- 孝菜　ゆきな
- 孝穂　よしほ

宏

コウ　ひろい
名　あつ　ひろ　ひろし

もとは奥深い建物を表し、そこから広い、大きいの意味ができた。スケールの大きい人物になるように。

ヒント　「こう」の音で、思慮深い印象に。たくましさと包むような温かさのある「ひろ」の音もよく使われる。

男の子

- 宏　ひろし
- 宏治　こうじ
- 宏太　こうた
- 宏大　こうだい
- 隆宏　たかひろ
- 惟宏　ただひろ
- 朋宏　ともあつ
- 宏基　ひろき
- 宏保　ひろやす
- 宏太郎　こうたろう

女の子

- 宏季　あつき
- 宏胡　あつこ
- 宏美　こうみ
- 千宏　ちひろ
- 宏絵　ひろえ
- 宏夏　ひろか
- 宏子　ひろこ
- 宏菜　ひろな
- 宏海　ひろみ
- 茉宏　まひろ

更

コウ　さら　ふける
名　つぐ　とお　のぶ

変える、改める、さらに、深くなるなどの意味を表す。古い考えにとらわれない、進歩的な人にぴったりの字。

ヒント　知的で繊細《せんさい》な愛らしさの「こう」、甘え上手な人気者の「のぶ」、光に包まれる印象の「さら」の音などで。

男の子

- 秋更　あきのぶ
- 更暉　こうき
- 更汰　こうた
- 更平　こうへい
- 更瑠　とおる

女の子

- 更　さら
- 稀更　きさら
- 更紗　さらさ
- 更実　つぐみ
- 更枝　のぶえ

克

コク
名　いそし　かつ　かつみ　すぐる　たえ　なり　まさる　よし

能力がある、成し遂げる、勝つなどの意味を表す。困難に負けず、運命を切りひらくことができる人に。

ヒント　積極的で強い印象の「かつ」の音が人気。「克己《こっき》」のとおり、自らにうち勝つ強い人になることを願って。

男の子

- 克　すぐる
- 克詩　いそし
- 克希　かつき
- 克耶　かつや
- 良克　よしかつ

女の子

- 克姫　かつき
- 克美　かつみ
- 小克　こなり
- 克子　たえこ
- 克乃　よしの

佐

サ
名　すけ　たすく　よし

「左」に「イ（人）」を加えた字で、助けるの意味を表す。バイプレーヤーとして能力を発揮するイメージ。

ヒント　颯爽《さっそう》としたスターのような「さ」の音で男の子の止め字に使うと、即戦力になりそう。

男の子

- 佐　たすく
- 京佐　きょうすけ
- 佐助　さすけ
- 佐生　よしき
- 亮佐　りょうすけ

女の子

- 佐綾　さあや
- 佐絵　さえ
- 佐織　さおり
- 佐綺　さき
- 佐月　さつき
- 佐那　さな
- 佐耶　さや
- 佐輪　さわ
- 美佐　みよし
- 佐乃　よしの
- 理佐　りさ
- 亜梨佐　ありさ
- 佐玖楽　さくら
- 佐知保　さちほ
- 佐也佳　さやか

作

サク サ
つくる
名 あり とも なお なり

あらゆるものをつくる意味から、事を起こす、営む、成すなどの意味に使われる。創造的な仕事をする人に。

ヒント 「さく」の音は、決断力で困難も苦なく乗り越える人の印象。女の子は「さ」の音で万葉仮名風に。

男の子
伊作 いさく
絢作 けんさく
作希 ともき
作真 なりまさ
優作 ゆうさく

女の子
作紗 ありさ
作羅 さくら
作帆 さほ
素作 すなお
水作紀 みさき

沙

サ シャ
すな
名 いさ す

水辺の砂の意味を表す。「砂」より粒が細かい。字形、意味ともロマンチックなイメージの字。

ヒント ロマンチックなイメージで女の子によく使われる。「さ」の音で憧《あこが》れを誘うスターの印象をさらに増して。

男の子
沙侑 さすけ
沙來 しゃら
南沙 なさ
沙輝斗 さきと
沙未都 すみと

女の子
愛沙 あいしゃ
有沙 ありさ
沙実 いさみ
衿沙 えりす
沙彩 さあや
沙織 さおり
沙奈 さな
沙耶 さや
沙羅 さら
莉沙 りいさ
花沙実 かすみ
沙織里 さおり
沙里香 さりか
未衣沙 みいしゃ
美沙希 みさき

志

シ
こころざす
こころざし
名 さね むね もと ゆき

心がある方向に向かうことを表し、志《こころざ》すの意味となる。夢や目標に向かって一生懸命努力する人になるように。

ヒント 強い意志を感じる「し」の音の止め字は、男の子の定番。強い意志をもって志を果たす人に。

男の子
志希 さねき
志龍 しりゅう
志斗 むねと
志詩 もとし
大維志 たいし

女の子
志織 しおり
志都 しづ
志歩 しほ
志乃 ゆきの
志琉久 しるく

孜

シ つとめる
名 あつ しげ ただす つとむ ます

子を戒め、努力させることを表す字で、つとめる、励むの意味に使う。努力家にぴったりの字。

ヒント 颯爽《さっそう》としていて個性的な「し」の音で、万葉仮名風に。「つとむ」と読んで、男の子の1字名にも。

男の子
孜 つとむ
孜斗 あつと
伶孜 さとし
孜文 しもん
孜龍 しりゅう

女の子
孜希 あつき
孜音 しおん
孜葉 しげは
孜未 ますみ
孜瑛理 しえり

児

ジ ニ
名 こ のり はじめ る

旧 兒

子どもの髪型をした人の形で、子、小さい子どもを表す。若者の意味もある。元気で活発な子になるように。

ヒント 「じ」の音で、男の子の止め字として使われる。元気な子どものイメージに、育ちのいい印象をプラス。

男の子
児 はじめ
瑛児 えいじ
寛児 かんじ
健児 けんじ
俊児 しゅんじ
崇児 たかのり
道児 みちのり
龍児 りゅうじ
児唯 るい
児太郎 こたろう

寿

ジュ
ことぶき
名 かず す ず とし のぶ ひさ よし

旧 壽

人の長生きを祈ることから、いのち、久しい、祝うの意味になった。長く幸福な人生をおくれるように願って。

ヒント 「とし」の音は優しさと頼りがいを、「ひさ」は高いカリスマ性を、「じゅ」は癒《いや》しと気品を感じさせる。

男の子
寿 ひさし
寿尭 かずたか
和寿 かずとし
克寿 かつとし
圭寿 けいじゅ
寿紀 としき
寿貴 のぶき
寿史 ひさし
寿行 よしゆき
果寿樹 かずき

女の子
有寿 ありす
杏寿 あんじゅ
寿紗 かずさ
寿梨 じゅり
寿子 としこ
寿恵 のぶえ
寿実 ひさみ
実寿 みよし
明寿美 あすみ
寿々花 すずか

秀

シュウ
ひいでる
名 さかえ しげる すえ ひで ほ みつ よし

穀物の穂が垂れて花が咲いている形で、秀でる、優れる、抜きんでるの意味に使う。優秀な子になるように。

ヒント 「ひで」の音でりりしさと格調高さを、「しゅう」の音で俊敏《しゅんびん》さと落ち着きをプラスして。

男の子
秀 しげる
壮秀 あきほ
一秀 かずひで
秀真 しゅうま
秀人 よしと

女の子
秀子 しゅうこ
秀海 すえみ
智秀 ちほ
秀夏 ひでか
秀季 みつき

初

ショ　はじめ　はつ　うい　そめる
名 もと

「衣」+「刀」で、布を裁って衣をつくることから、はじめ、はじめての意味となった。愛らしい子に。

ヒント 熱い情熱とパワーのある「はつ」、信頼感のある「もと」の読みを活かすほか、「はじめ」の音でも。

男の子
- 初　はじめ
- 初時　はつじ
- 初稀　もとき
- 初宣　もとのぶ
- 初太郎　はったろう

女の子
- 初香　ういか
- 小初　こそめ
- 初音　はつね
- 初穂　はつほ
- 初実　もとみ

助

ジョ　たすける　すけ
名 たすく　ひろ　ます

もとは耕作を助ける意味で、そこから助ける、手伝うなどの意味に使う。止め字として人気。親切な人に。

ヒント 男の子の止め字の定番。「すけ」で終わる名前には、即戦力になりそうな印象がある。

男の子
- 助　たすく
- 丞助　じょうすけ
- 泰助　たいすけ
- 大助　だいすけ
- 助輝　ひろき
- 助人　ひろひと
- 助巳　ますみ
- 竜助　りゅうすけ
- 秦之助　しんのすけ
- 龍之助　りゅうのすけ

伸

シン　のびる
名 ただ　のぶ

人が体を伸び縮みさせることを表す字で、伸びる、伸ばすの意味になった。文字どおり、のびのびと育つように。

ヒント やんちゃな甘えん坊の「のぶ」、まっすぐな人生をおくる「しん」の音で、先頭字にも止め字にも。

男の子
- 顕伸　けんしん
- 伸晶　ただあき
- 伸稀　のぶき
- 大伸　ひろのぶ
- 伸之亮　しんのすけ

女の子
- 栞伸　しのぶ
- 伸穂　ただほ
- 伸栄　のぶえ
- 伸花　のぶか
- 伸果　のぶか

臣

シン　ジン
名 う　お　おみ　きん　しげ　たか　とみ

上を見る大きな瞳。神に仕える者を表し、家来の意味を表す。立派な主人に仕えれば幸福だという考えで使う。

ヒント まっすぐな心をもつ「しん」の音のほか、育ちのよさを感じさせる「おみ」の読みで止め字に。

男の子
- 臣　じん
- 奏臣　かなお
- 臣路　きんじ
- 臣騎　しげき
- 臣平　しんぺい
- 臣來　たから
- 龍臣　たつおみ
- 晴臣　はるおみ
- 真臣　まう
- 実臣　みとみ

芯

シン
名 し

もとは灯火の芯になる草の名で、そこから中心、芯の意味を表す。いつでも組織や人々の中心になる人に。

ヒント 「しん」と読む字として新鮮。人々の中心となって、まっすぐ生きる人になることを願って。

男の子
- 一芯　いっしん
- 和芯　かずし
- 芯門　しんと
- 泰芯　たいしん
- 勇芯　ゆうし

女の子
- 芯央　しお
- 芯音　しおん
- 芯乃　しの
- 芯穂　しほ
- 芯華　しんか

辰

シン　たつ
名 とき　のぶ　よし

貝が殻から足を出す形で、時、日、朝の意味。十二支の五番目「たつ」の意味も。丈夫な子に育つように。

ヒント まっすぐ前進する「しん」、力強く信頼感のある「たつ」の音で、主に先頭字に使われる。

男の子
- 辰哉　しんや
- 辰大　たつひろ
- 辰吉　たつよし
- 辰和　ときわ
- 辰一郎　しんいちろう

女の子
- 辰乃　たつの
- 辰巳　たつみ
- 辰花　のぶか
- 美辰　みよし
- 辰華　よしか

吹

スイ　ふく
名 かぜ　ふ　ふき

「欠」は大きく口を開けた人の形で、「吹」で吹く、吹きかけるの意味。自由にのびやかに生きるイメージ。

ヒント ロマンチックな印象の「ふき」、どこまでも前向きな「ぶき」の音のほか、「ふ」の音で万葉仮名風に。

男の子
- 伊吹　いぶき
- 偉吹　いぶき
- 慧吹　えふ
- 吹翔　ふきと
- 真吹　まぶき

女の子
- 吹雪　ふぶき
- 吹海　ふみ
- 魅吹　みかぜ
- 美吹　みふき
- 吹美果　ふみか

宋

ソウ
名 おき　くに　すえ

中国の国名や王朝名、人名に用いられた字。宋時代は経済や文化が栄えた時代なので、あやかりたい人に。

ヒント 「そう」の音を使うと、潔く颯爽《さっそう》とした印象の名前に。「そ」の音を活かして、万葉仮名風に使っても。

男の子
- 宋匡　おきくに
- 宋大　くにひろ
- 宋史　そうし
- 宋馬　そうま
- 宋羅　そら

女の子
- 宋華　くにか
- 宋美　くにみ
- 宋埜　すえの
- 宋奈　そうな
- 宋空　そら

汰

タ

名 たい

もとは米を洗ってとぐことで、悪いものをより分ける意味を表す。選ばれた特別な子であることを願って。

ヒント 男の子に人気。「た」ではじまる名前はタフなヒーローの、「た」で終わる名前は若々しく元気な印象。

男の子

- 奏汰 かなた
- 颯汰 そうた
- 汰季 たいき
- 汰一 たいち
- 汰玖 たく
- 汰聞 たもん
- 陽汰 ひなた
- 悠汰 ゆうた
- 芳汰 よした
- 琉汰 りゅうた
- 亮汰 りょうた
- 光汰朗 こうたろう
- 素那汰 そなた
- 汰駈巳 たくみ
- 湧汰朗 ゆうたろう

女の子

- 汰依 たえ
- 汰希 たき
- 汰実 たみ
- 汰真美 たまみ
- 日菜汰 ひなた

男

ダン ナン

おとこ

名 お

「田」+「力」で、おとこの意味を表す。息子の意味もある。止め字としてよく使われる。男らしい子に。

ヒント 「お」の音で、男の子の止め字の定番。落ち着きのある存在感があり、人の上に立つ風格のある男性に。

男の子

- 男志 おとし
- 純男 すみお
- 嵩男 たかお
- 拓男 たくお
- 波男 はお
- 晴男 はれお
- 正男 まさお
- 道男 みちお
- 倫男 りお
- 玲男那 れおな

町

チョウ

まち

もとは田の間を通るあぜ道、さかいの意味で、まち、市街地を表す。「小町」のように粋《いき》な美人になるよう願って。

ヒント 「まち」は、満ち足りていてチャーミング、周りの人を楽しい気分にさせるイメージのある音。

女の子

- 町 まち
- 小町 こまち
- 胡町 こまち
- 町歌 まちか
- 町子 まちこ
- 町寧 まちね
- 町乃 まちの
- 町芭 まちは
- 町穂 まちほ
- 町瑠 まちる

杜

ト もり

名 あり

樹木のヤマナシがもとの意味。神社などの木の茂る「もり」の意味に使う。自然の豊かな恵みを感じさせる字。

ヒント 「もり」の音は、落ち着きと頼りがいを感じさせる。包容力を感じさせる「と」の音で止め字にも。

男の子

- 渓杜 けいと
- 唯杜 ただあり
- 真杜 まさもり
- 杜人 もりと
- 蓮杜 れんと

女の子

- 杜素 ありす
- 恵杜 けいと
- 沙杜 さと
- 明杜 みんと
- 杜萌香 ともか

努

ド つとめる

名 つとむ

農耕につとめることから、つとめる、励む、力を尽くすなどの意味を表す。努力家になることを願って。

ヒント 「つとむ」の音は、クリエイティブな才能を発揮する印象。堂々とセクシーな「ど」の音で止め字にしても。

男の子

- 努 つとむ
- 英努 えいど
- 孜努 しど
- 翔努 しょうど
- 努陸 つとむ
- 努夢 つとむ
- 拝努 はいど
- 将努 まさど
- 佑努 ゆうど
- 蘭努 らんど

那

ナ

名 とも ふゆ やす

なんぞ、何など疑問の意味を表すのに使う。多い、美しいなどの意味もある。止め字によく使われる。

ヒント 「な」は、のびやかで家族のような親密感を抱かせる音。止め字のほか先頭字や万葉仮名風に使っても。

男の子

- 唯那 いな
- 星那 せいな
- 那央 なお
- 夏那太 かなた
- 那由汰 なゆた

女の子

- 彩那 あやな
- 槻那 つきな
- 那絵 ともえ
- 那里 ともり
- 那緒 なお
- 那月 なつき
- 那南 ななみ
- 那歌 ふゆか
- 雅那 まさな
- 美那 みふゆ
- 那葉 やすは
- 優那 ゆうな
- 瑠那 るな
- 那乃花 なのか
- 美那子 みなこ

忍

ニン しのぶ

名 おし しの たう

耐える、忍ぶ、我慢するなどの意味を表す。古風な女性のイメージがあり、名前に使われることも多い。

ヒント 「しのぶ」と読んで1字名としてよく使われる。ソフトで優しく、元気で世話好きな人に。

男の子

- 忍 しのぶ
- 吾忍 あたう
- 忍希 しのき
- 忍武 しのぶ
- 忍斗 にんと

女の子

- 忍乃 しの
- 忍香 しのか
- 忍布 しのぶ
- 忍莉 しのり
- 美忍 みおし

芭

バ
名 は

植物のバショウを表す。また、花という意味もある。俳人の松尾芭蕉《まつおばしょう》のように、風雅を愛する粋《いき》な人に。

ヒント パワフルで人間味あふれる「ば」の音を活かして。軽快で温かくあと腐《くさ》れがない印象の「は」の音でも。

男の子
大芭 だいば
芭留 はる
芭環 はわ
芭耶人 はやと
芭琉樹 はるき

女の子
綾芭 あやは
芭菜 はな
芭愛 ばら
美芭 みは
芭菜奈 ばなな

麦

バク むぎ

穀物のムギを表す。小麦色、麦わら帽子など、夏のイメージもある。すくすくと健康的な子に育つように。

ヒント 「むぎ」の音は生命力、創造力を感じさせる。「ばく」の音は無限のふくらみを感じさせる。

男の子
麦 ばく
紡麦 つむぎ
麦来 ばく
麦我 ばくが
麦年 むぎと

女の子
麦 むぎ
小麦 こむぎ
紬麦 つむぎ
麦夏 むぎか
麦穂 むぎほ

扶

フ
名 すけ たもつ もと

助ける、支える、守るなどの意味を表す。扶《ふ》桑《そう》は日本の異名。古風で上品なイメージの字。

ヒント ふわりと不思議な魅力の「ふ」の音で、万葉仮名風に。「すけ」の音で、男の子の止め字にしても新鮮。

男の子
扶 たもつ
扶成 もとなり
扶哉 もとや
侑扶 ゆうすけ
扶未也 ふみや

女の子
扶希 ふき
扶美 ふみ
扶侑 ふゆ
扶葉 もとは
柚扶 ゆふ

芙

フ
名 はす

植物のハスを意味する。池や沼に植えられる。花は大形で美しく、根茎はレンコン。花も実もある人に。

ヒント ハスの花の別名「芙蓉《ふよう》」の印象から、美人のイメージ。「ふ」の音で、不思議な魅力をプラスして。

男の子
芙輝 はすき
芙瑠 ふる
和芙弥 かずふみ
芙実斗 ふみと
芙泉也 ふみや

女の子
芙那 はすな
芙姫 ふき
芙実 ふみ
芙柚 ふゆ
美芙由 みふゆ

巫

フ ブ ム
かんなぎ
みこ
名 み

神様をまつる道具を両手にもつ形から、神に仕える女性を意味する。未知の領域を知ろうとする神秘的なイメージ。

ヒント 不思議な魅力のある「ふ」、パワフルな印象の「ぶ」の音で。思慮深く信頼感のある「む」の音でも。

女の子
安巫 あむ
衣巫 いぶ
絵巫 えふ
咲巫 えみこ
奏巫 かなみ
巫由 ふゆ
茉巫 まみこ
巫采 みこと
巫輪 みわ
蕾巫 らいむ

甫

ホ はじめ
名 すけ とし のり まさ み もと よし

田に苗を植えることを表し、物事のはじまり、大きい、広いなどの意味がある。大きな可能性を感じさせる字。

ヒント 「すけ」と読んで男の子の止め字にするとフットワークが軽い印象に。「ほ」の音で万葉仮名風にも。

男の子
洸甫 こうすけ
竜甫 たつもと
甫希 としき
甫巳 よしみ
倫之甫 りんのすけ

女の子
咲甫 さみ
甫伎 まさき
真甫 まほ
海甫 みのり
甫乃香 ほのか

芳

ホウ かんばしい
名 か かおる は はな ふさ ほ よし

よい香りの花を意味する字で、かんばしい、香りがよいなどの意味を表す。優しく魅力的な人になるように。

ヒント 「よし」の音で使われることが多い。やわらぎと、清潔な癒《いや》しに満ちあふれた名前に。

男の子
芳規 ふさき
芳雅 ほうが
芳輝 よしき
芳琉斗 はると
芳祐生 よしゆき

女の子
芳 かおる
芳菜 かな
芳華 はなか
真芳 まほ
芳乃 よしの

邦

ホウ
名 くに

領土、くにの意味を表す。ほかのことばについて、わが国の、という意味にも使う。国際人になるよう願って。

ヒント 自立心を感じさせる「くに」の音で、先頭字に使うほか、男の子の止め字にも使われる。

男の子
邦仁 くにひと
邦博 くにひろ
尚邦 ひさくに
邦雅 ほうが
邦介 ほうすけ

女の子
花邦 かほう
邦絵 くにえ
邦花 くにか
邦香 くにか
美邦 みくに

妙

ミョウ
名 たえ ただ たゆ

このうえなく優れる、このうえなく美しい、このうえなく奥深いなどの意味を表す。神秘的なイメージの字。

ヒント 「たえ」の音は、古風な奥ゆかしさがあり、しっかりさんの印象。信頼感あふれる「ただ」の音でも。

男の子
亜妙 あたえ
妙揮 たえき
妙音 たえと
妙稀 ただき
妙志 ただし

女の子
妙瑛 たえ
妙花 たえか
妙子 たえこ
妙音 たえね
妙優 たゆ

佑

ユウ たすける
名 すけ たすく ゆ

助け、助けるの意味を表す。天佑《てんゆう》（＝天の助け）、神佑《しんゆう》（＝神の助け）などのことばがある。幸運を祈って。

ヒント 優しさに満ちた「ゆ」「ゆう」の音のほか、即戦力になる印象の「すけ」で止め字として使うのも人気。

男の子

佑	ゆう
俊佑	しゅんすけ
佑玖	たすく
佑樹	ゆうき
佑飛	ゆうと
佑陽	ゆうひ
佑真	ゆうま
佑來	ゆら
亮佑	りょうすけ
創之佑	そうのすけ

女の子

彩佑	さゆ
麻佑	まゆう
美佑	みゆう
佑衣	ゆい
佑羽	ゆう
佑亜	ゆうあ
佑佳	ゆうか
佑奈	ゆうな
佑里	ゆうり
茉佑香	まゆか

邑

ユウ むら
名 くに さと さとし すみ

もとは都の意味で、村、里を表す。素朴《そぼく》でなつかしいイメージ。素直で心優しい人になるように。

ヒント 「ゆう」の音で、人気の「優」や「悠」などのかわりに使うと、新鮮な印象の名前に。

男の子

邑斗	くにと
宏邑	こうゆう
邑至	さとし
邑輔	ゆうすけ
邑人	ゆうと

女の子

邑実	さとみ
邑里	さとり
茉邑	ますみ
邑歌	ゆうか
亜邑花	あゆか

来

ライ くる きたる
名 き く こ な ゆき ら

旧 來 （→ P301）

麦の形からできた字。来る、近づくのほか、未来の意味も表す。止め字としても人気。未来の幸福を願って。

ヒント 輝くように華やかで知的な「らい」の音を使うほか、「き」「く」「ら」などの音で万葉仮名風に。

男の子

海来	かいら
来宇	こう
来翔	らいと
来夢	らいむ
来依琉	ないる

女の子

来実	くるみ
咲来	さき
紗来	さゆき
想来	そら
美来	みく

里

リ さと
名 さとし のり

「田」＋「土」でできた字で、田の神を祭る場所を表す。村里、田舎の意味。ふるさとのなつかしいイメージ。

ヒント 女の子に特に人気。凜《りん》とした印象の「り」の音や、さわやかさと温かさを感じさせる「さと」の音で。

男の子

里	さとし
一里	いちり
海里	かいり
善里	よしのり
里音	りおん

女の子

彩里	あやり
咲里	えみり
沙里	さり
樹里	じゅり
千里	ちさと
里歌	のりか
雛里	ひなり
美里	みさと
実里	みのり
里央	りお
里菜	りな
里夢	りむ
杏花里	あかり
里玖奈	りくな
莉里花	りりか

利

リ きく
名 さと と とし のり まさ みち よし

「禾（＝穀物）」＋「刂（刀）」で、穀物を刈り取ることから利益の意味に。鋭いの意味も。利発な子に。

ヒント 頭のいい印象の字。「り」の音で万葉仮名風に使うほか、信頼感あふれる「とし」の音を活かして。

男の子

武利	たけと
利英	としひで
利琉	みちる
宥利	ゆうり
利希	よしき

女の子

知利	ちさと
利美	のりみ
利海	まさみ
利良	りら
優利亜	ゆりあ

李

リ すもも
名 き もも

「木」＋「子」。樹木のスモモを表す。果実はモモに似るが、酸味がある。鋭い感性を秘めた人に。

ヒント 「り」「き」の音でよく使われる。温かな母性愛に満ちた「もも」の音で「桃」のかわりに使っても。

男の子

大李	だいき
桃李	とうり
李太	ももた
李樹	りき
李功	りく

女の子

小李	こもも
美李	みり
李香	ももか
李玖	りく
李紗	りさ

呂

リョ ロ
名 おと とも なが

銅のかたまりを並べた形で、鐘を表す。背骨の意味も。律呂《りつりょ》は音階のこと。音楽の才能を願って。

ヒント 「ろ」の音で、万葉仮名風に使う。「ろ」と読むと、ロマンチストなのに落ち着きの感じられる名前に。

男の子

呂哉	おとや
呂礼	ながれ
雅呂	まさとも
呂緯	ろい
比呂翔	ひろと

女の子

心呂	こころ
呂奈	ともな
陽呂	ひろ
呂音	ろね
美比呂	みひろ

良

リョウ　よい
名 あきら　お　かず　たか　はる　ふみ　よし　ら

穀物の中からよいものを選ぶ道具の形で、よい、優れているなどの意味を表す。よい子に育つことを願って。

ヒント　気品があり華やかな「りょう」、癒《いや》しあふれる「よし」の音が定番。「ら」の読みで止め字にするのも人気。

男の子

良	りょう
良來	あきら
良道	かずみち
空良	そら
良斗	たかと
良翔	はると
良仁	ふみひと
結良	ゆら
良樹	よしき
璃良	りお

女の子

衣良	いら
良紗	かずさ
小良	こはる
咲良	さくら
彩良	さら
良乃	ふみの
実良	みたか
良花	よしか
良子	りょうこ
綺良々	きらら

伶

レイ
名 とし　れ

舞楽で神に奉仕した人をいい、楽師、俳優の意味。また、賢いの意味も。芸能方面の才能に恵まれるように。

ヒント　「れい」の音は視野の広さと冷静な判断力を兼ねそなえた印象。「れ」の音で万葉仮名風にも。

男の子

瑳伶	さとし
匡伶	まさとし
伶人	れいと
伶旺	れお
伶音	れおん

女の子

依伶	いとし
伶愛	れあ
伶奈	れいな
伶楽	れいら
伶乃	れの

励

レイ　はげむ
名 つとむ

励む、努める、励ます、勧めるなどの意味を表す。こつこつと努力して道を究《きわ》めることを願って。

ヒント　華やかさと知性を兼ねそなえた「れい」の音を活用して。「つとむ」の読みで男の子の1字名にも。

男の子

励	つとむ
将励	しょうれい
励夢	つとむ
励心	れいしん
励斗	れいと

女の子

茉励	まれい
励愛	れいあ
励華	れいか
励咲	れいさ
励楽	れいら

芦

ロ　あし
よし

「蘆」の俗字。水辺に生える草のアシ、ヨシを意味する。世界に広く分布する植物。目立たずとも芯の強い人に。

ヒント　可憐《かれん》さと落ち着きをあわせもつ「ろ」や、清潔な癒《いや》しに満ちた「よし」の音が使いやすい。

男の子

芦人	あしと
一芦	いちろ
芦生	よしき
芦郎	よしろう
芦依	ろい

女の子

芦巴	あしは
心芦	こころ
芦葉	よしは
芦泉	よしみ
芦美	ろみ

8画

阿

ア　おもねる
名 くま　ひさ

「くま」は、曲がり角の意味を表す。また、しなやかの意味も。人生をしなやかに乗りきれるように。

ヒント　字のもつしなやかさに、「あ」の音でのびやかさをプラス。「亜」や「愛」のかわりに使うと新鮮。

男の子

阿晃	あきら
大阿	だいあ
智阿	ともひさ
阿翔	ひさと
阿希斗	あきと

女の子

阿未	あみ
阿弥	あや
阿歌	ひさか
結阿	ゆあ
阿依美	あいみ

依

イ　エ
名 よ　より

「亻(人)」+「衣」で、人がよりかかることから、よる、頼るの意味に。いつくしむの意味も。心の優しい人に。

ヒント　「い」「え」「よ」の読みで、万葉仮名風に。「より」の読みを活かすと、静かながらゴージャスな印象に。

男の子

碧依	あおい
依聡	いさと
依吹	いぶき
真依	まよ
依人	よりと

女の子

依澄	いずみ
樹依	きえ
芽依	めい
依花	よりか
莉依	りよ

育

イク　そだつ
はぐくむ
名 すけ
なり　なる
やす

子どもが生まれる形からできた字で、生む、育てる、育つなどの意味がある。文字どおりすくすく育つように。

ヒント 「いく」の音はキュートさと果敢《かかん》なチャレンジ精神をもちあわせる印象。名乗りを活かして止め字にも。

男の子

育生	いくお
育実	いくみ
旺育	おうすけ
丈育	じょうすけ
育貴	やすき

女の子

愛育	あい
育乃	いくの
育美	なるみ
羽育	はなり
陽育	ひなり

雨

ウ　あめ
あま
名 さめ
ふる

空から雨が降る形で、雨、雨降りの意味を表す。また、友達の意味もある。しっとりして風流な感じもする字。

ヒント クリエイティブな能力を発揮する「う」の音で先頭字や止め字に。「あま」と読むと素朴《そぼく》で優しい印象。

男の子

雨音	あまと
雨響	うきょう
雨汰	うた
雨紋	うもん
雨都	ふると

女の子

雨寧	あまね
雨未	うみ
茉雨	まさめ
美雨	みう
夕雨夏	ゆうか

延

エン　のびる
名 すすむ
とう　なが
のぶ

まっすぐ延びる道の意味から、延びる、延ばすなどの意味になった。素直にのびのびと育つことを願って。

ヒント 「のぶ」の音は、ついつい許してしまうやんちゃな甘えん坊のイメージ。「え」の音を活かして止め字にも。

男の子

延	すすむ
暉延	あきのぶ
延年	ながと
延也	のぶや
義延	よしのぶ

女の子

志延	しのぶ
延海	とうみ
延香	のぶか
萌延	もえ
千延里	ちえり

英

エイ
名 あきら
あや　え
すぐる　てる
とし　はな
ひで　よし

もとは美しい花のことで、そこから優れるの意味に。イギリスの略にも使う。才能豊かな子に育つように。

ヒント 飾らず優しい「えい」、リーダーの器《うつわ》の「ひで」の音などで。女の子にはふっくら温かい「はな」の音でも。

男の子

英	すぐる
英季	あやき
英翔	えいと
英門	えもん
康英	こうえい
英巳	てるみ
英秀	としひで
英貴	はなき
英樹	ひでき
昌英	まさよし

女の子

英	あきら
依英	いとし
英麻	えいま
英奈	えな
紗英	さえ
英夏	てるか
英江	はなえ
英実	ひでみ
茉英	まあや
咲英里	さえり

苑

エン　オン
その
名 あや
しげ

草原の広がる園、牧場、庭園などの意味を表す。芸術の世界の意味も。のどかで牧歌的なイメージのある字。

ヒント さわやかで温かな風を思わせる「その」の音で。「おん」の音は、壮大な世界観を感じさせる。

女の子

苑華	あやか
苑歌	あやか
苑音	あやね
紫苑	しおん
詩苑	しおん
苑那	しげな
苑絵	そのえ
苑花	そのか
苑子	そのこ
美苑	みその

於

オ　おいて
名 うえ
おうい

鳥を追うときの声を表した字で、感動詞の「ああ」に用いる。「～において」の意味にも。感受性の強い子に。

ヒント おおらかで包容力のある「お」の音で止め字にすると新鮮。周囲を包みこむ「おう」の音を活かしても。

男の子

於	おうい
於輝	おうき
於杜	おと
瑠於	るお
玲於奈	れおな

女の子

於巴	うえは
於夏	おうか
音於	ねお
真於	まお
栞於莉	しおり

旺

オウ
名 あき
あきら　お

精気が盛んになるがもとの意味で、盛んなさまを表す。美しい光の意味もある。美しく元気な子に。

ヒント 「おう」や「お」の音を使うと、包容力を感じさせる名前に。元気で明るい「あき」の音を活かしても。

男の子

旺	あきら
旺翔	あきと
旺仁	あきひと
旺汰	おうた
惺旺	せお

女の子

旺來	あきら
智旺	ちあき
未旺	みおう
璃旺	りお
沙旺莉	さおり

果

カ　はたす
はて
名 あきら
まさる

木に実がなる形で、木の実を表す。そこから、果たすの意味もできた。みずみずしいイメージのある字。

ヒント みずみずしい果実のイメージから、女の子によく使われる。「か」の音を使うと利発で快活なイメージ。

男の子

果	まさる
果瑛	かえい
果門	かもん
茂果	しげあき
果貴	まさき

女の子

果	あきら
果琳	かりん
実果	みか
李果	ももか
萌々果	ももか

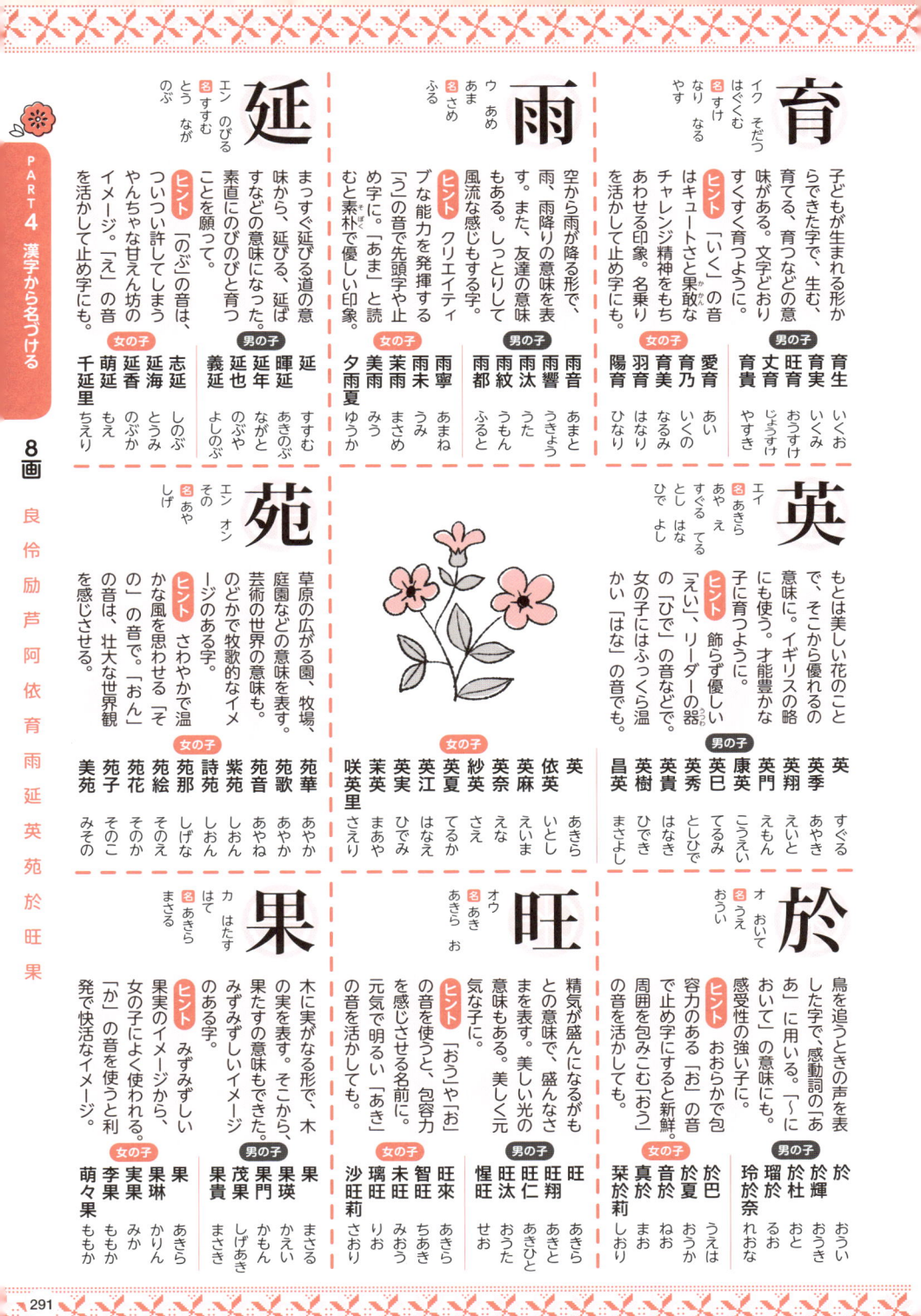

佳

カ
名 けい よし

美しい玉を表す「圭」＋「イ（人）」で、よい、美しいの意味になった。身も心も美しく、才能ある人に。

ヒント まっすぐで快活な「か」、知的でりりしい「けい」、清潔な癒《いや》しに満ちた「よし」の音もよく使われる。

男の子

壱佳	いっけい
佳依	かい
佳吾	けいご
佳佑	けいすけ
佳翔	けいと
智佳	ともよし
佳諒	よしあき
佳輝	よしき
佳真	よしまさ
諒佳	りょうか

女の子

佳子	かこ
佳純	かすみ
佳奈	かな
佳音	かのん
佳香	けいか
美佳	みか
優佳	ゆうか
佳慧	よしえ
佳音	よしね
明佳音	あかね

河

カ ガ かわ

「可」は曲がることで、曲がって流れる黄河《こうが》、大きな川を表す。天の川の意味も。壮大なイメージの字。

ヒント 男気《おとこぎ》があり人情味あふれる「が」の音で、男の子にぴったり。「か」の音で女の子にも。

男の子

河玖	がく
河登	かわと
蒼河	そうが
大河	たいが
悠河	ゆうが

女の子

河奈	かな
河帆	かほ
千河	ちか
陽河	はるか
夕河	ゆか

芽

ガ め
名 めい

植物の芽が出てくるところから、芽、芽ぐむなどの意味に。すくすく成長するように願って。

ヒント 豊かで上品な「め」、穏《おだ》やかでやわらかい「めい」の音で、女の子に特に人気。「が」の音で男の子にも。

男の子

要芽	かなめ
柊芽	しゅうが
楓芽	ふうが
夢芽	むが
芽斗	めいと

女の子

夏芽	なつめ
雅芽	まさめ
芽生	めい
芽菜	めいな
結芽	ゆめ

学

ガク まなぶ
名 あきら さと たか のり ひさ みち

もとの字は「學」。学ぶための建物の形に「子」が合わさって、学ぶの意味になった。知性に恵まれるように。

ヒント 1字名「まなぶ」は、正義感があり想像力豊かな印象の音。「がく」の音には、迫力と偉大さがある。

男の子

学	まなぶ
学仁	がくと
学志	ひさし
啓学	ひろのり
学都	みちと

女の子

学楽	あきら
学心	たかみ
智学	ちさと
学果	まなか
実学	みのり

岳

ガク たけ
名 おか たか たかし たけし

もとの字は「嶽」。嵩《すう》山《ざん》という中国の山の古名で、高く大きな山の意味がある。スケールの大きな人に。

ヒント 確かな信頼感の「たけ」、やる気と思いやりのある「たか」の音などで。男の子の1字名にも。

男の子

岳	がく
岳児	がくじ
岳大	たかひろ
岳志	たけし
史岳	ふみたけ

女の子

岳埜	おかの
岳祢	たかね
岳望	たかみ
岳里	たけり
美岳	みたけ

祈

キ いのる
旧 祈

神に祈り願うことを表し、祈る、神仏に願うなどの意味になった。幸せな人生をおくるよう祈って。

ヒント 「き」の音で先頭字や止め字に。生命力にあふれ、個性的なイメージの名前に。使用例が少なく新鮮。

男の子

祈一	きいち
祈将	きしょう
晃祈	こうき
智祈	ともき
夢祈	ゆめき

女の子

祈	いのり
祈華	きか
咲祈	さき
悠祈	ゆうき
祈羅々	きらら

季

キ
名 すえ とき とし ひで

実ったイネをもって豊作を祝う子どもの姿から、若い、すえの意味に。時、季節の意味も。若々しい感じ。

ヒント 「き」の音で止め字にすることが多い。自分をしっかりもっている人に。「とき」「とし」などの読みでも。

男の子

季利	すえとし
奏季	そうき
季郎	ときお
陽季	はるき
雅季	まさとし

女の子

季紗	きさ
颯季	さつき
季菜	すえな
澄季	すみき
季環	ときわ
季梨	としり
華季	はなき
季香	ひでか
茉季	まき
真季	ますえ
瑞季	みずき
蜜季	みつき
優季	ゆうき
柚季	ゆずき
亜季葉	あきは

宜

ギ
名 き すみ なり のぶ のり まさ やす よし

廟《びょう》の中に肉を供えて祖先を祭ることから、よろしいの意味になった。幸福な家庭を築けるように。

ヒント 「のぶ」の音は情熱的な印象。「のり」の音はりりしく気品がある。「よし」「き」の読みで女の子にも。

男の子
- 貴宜 きよし
- 偲宜 しのり
- 宜彦 なりひこ
- 宜生 まさき
- 龍宜 りゅうぎ

女の子
- 伽宜 かすみ
- 志宜 しのぶ
- 真宜 まき
- 宜香 やすか
- 宜乃 よしの

穹

キュウ ク
コウ あめ
そら

もとはアーチ型(弓形)の穴の意味で、そら、大空のこと。極《きわ》めるの意味も。スケールの大きな人に。

ヒント 機敏《きびん》で思慮深い「こう」、キュートでミステリアスな「く」の音が使いやすい。人気の「そら」の音でも。

男の子
- 穹 こう
- 穹河 こうが
- 穹太 こうた
- 穹和 こうわ
- 大穹 たく

女の子
- 穹 そら
- 穹里 あめり
- 穹音 そらね
- 美穹 みく
- 穹見子 くみこ

享

キョウ
名 あき あきら すすむ たか みち ゆき

先祖を祭る建物の形で、祭る、受ける、もてなすなどの意味を表す。楽しみの多い人生をおくれるように。

ヒント 「きょう」の音には、明るい強さと包容力がある。「あきら」「すすむ」の音で男の子の1字名にも。

男の子
- 享 すすむ
- 享楽 あきら
- 享介 きょうすけ
- 享平 きょうへい
- 享旺 たかお

女の子
- 享那 あきな
- 享華 きょうか
- 享歩 たかほ
- 享花 みちか
- 美享 みゆき

京

キョウ ケイ
名 あつ おさむ たかし ちか みやこ

アーチ型の門の形から、都を表す。大きい、高いの意味も。京都や東京の略にもなる。古風で都会的な感じ。

ヒント はんなりした印象の字。「きょう」の音で明るい強さと包容力を、「けい」の音でクールな知性をプラス。

男の子
- 京 たかし
- 京尋 あつひろ
- 京夢 おさむ
- 京梧 きょうご
- 京世 きょうせい
- 京平 きょうへい
- 京介 けいすけ
- 京彬 たかあき
- 朋京 ともちか
- 京孜郎 けいしろう

女の子
- 京 みやこ
- 京慧 あつえ
- 京香 きょうか
- 京子 きょうこ
- 京胡 きょうこ
- 京花 けいか
- 京冬 けいと
- 真京 まちか
- 美京 みやこ
- 京雅 みやび

尭

ギョウ
たかい
名 あき たか たかし
のり
旧 堯

高い、豊かなどの意味を表す。中国古代の伝説的な聖王の名でもある。尊敬される人物になることを願って。

ヒント 元気で明るい「あき」、やる気と思いやりのある「たか」の読みで。「ぎょう」の音を活かすと個性的。

男の子
- 尭 たかし
- 和尭 かずあき
- 尭星 ぎょうせい
- 尭仁 たかひと
- 尭天 たかみ

女の子
- 尭奈 あきな
- 詩尭 しのり
- 尭穂 たかほ
- 千尭 ちあき
- 優尭 ゆたか

欣

キン
よろこぶ
名 やすし
よし

もとは笑い喜ぶことで、喜ぶ、楽しむなどの意味を表す。喜びの多い、幸福な人生をおくれるように願って。

ヒント 「よし」と読むと清潔感がありさわやかな名前に。「喜」と意味も似ているので、「喜」のかわりにも。

男の子
- 欣雅 きんが
- 欣吾 きんご
- 欣也 きんや
- 欣志 やすし
- 欣生 よしき

女の子
- 欣南 やすな
- 欣美 やすみ
- 欣嘉 よしか
- 欣琶 よしは
- 欣歩 よしほ

空

クウ そら
あく から
名 あ く
たか ら

もとは穴の意味で、そこから、空く、から、そらの意味になった。スケールの大きな人に。

ヒント 人気の「そら」の音は華やかで理知的な印象に。「あ」「く」「ら」の音で止め字や万葉仮名にも。

男の子
- 朔空 さく
- 大空 そら
- 空翔 そらと
- 空羽 たかは
- 永空 とあ

女の子
- 遥空 はるく
- 未空 みく
- 美空 みそら
- 由空 ゆら
- 悠里空 ゆりあ

弦

ゲン つる
名 いと お
ふさ

弓のつるの意味から、楽器の弦、さらに弓張り月のこともいう。ロマンチックで、芸術的才能に恵まれそう。

ヒント 音楽に関連する字で、音、意味ともに名前にぴったり。「げん」の音には、迫力と愛嬌《あいきょう》がある。

男の子
- 海弦 かいと
- 弦斗 げんと
- 弦矢 げんや
- 夢弦 むげん
- 結弦 ゆづる

女の子
- 弦音 いとね
- 千弦 ちづる
- 弦乃 ふさの
- 美弦 みお
- 万弦歌 まおか

虎

コ　とら

名 たけ

トラの形からできた字で、猛獣のトラを表す。古代中国では神聖な獣とされた。強い子に育つように。

ヒント 「とら」の音は成熟した技の職人のイメージ。確かな信頼感をもつ「たけ」、機敏《きびん》な印象の「こ」の音でも。

男の子

- 壱虎 いっこ
- 虎宇 こう
- 虎伯 こはく
- 詩虎 しとら
- 虎毅 たけき
- 虎志 たけし
- 虎生 とらき
- 義虎 よしとら
- 虎太郎 こたろう
- 虎二郎 とらじろう

幸

コウ　さいわい　さち　しあわせ

名 さき　みゆき　ゆき　よし

幸せの意味のほか、恵み、特に自然の恵みの意味を表す。恵みの多い人生を祈って使われる。

ヒント 定番の字。読み方も多く、やわらかいが強い「ゆき」、キュートで颯爽《さっそう》とした「さち」、知的で繊細《せんさい》な「こう」の音などで。

男の子

- 幸 みゆき
- 幸雅 こうが
- 幸大 こうた
- 幸弥 さちや
- 宏幸 ひろゆき
- 真幸 まさき
- 幸拓 ゆきひろ
- 由幸 よしゆき
- 幸一郎 こういちろう
- 幸之介 こうのすけ

女の子

- 幸 さち
- 幸子 こうこ
- 幸歩 さきほ
- 幸夏 さちか
- 幸来 さら
- 千幸 ちゆき
- 美幸 みゆき
- 幸花 ゆきか
- 幸菜 ゆきな
- 幸埜 よしの

庚

コウ　かのえ

名 か　つぐ　みちる　みつる　やす

きねをもち脱穀する形から、きねでつく意。十干《じっかん》の七番目「かのえ」の意も。長寿と幸福を願って。

ヒント 使用例は少ないが、「こう」や「やす」の読みを活かすと使いやすい。「康」と間違わないよう注意。

男の子

- 庚 みつる
- 庚暉 こうき
- 庚介 こうすけ
- 庚延 やすのぶ
- 庚実 やすみ

女の子

- 庚乙 かい
- 庚未 つぐみ
- 庚歌 みちか
- 庚音 やすね
- 庚葉 やすは

昂

コウ　ゴウ　たかい

名 あき　あきら　たか　のぼる

意気が上がる、高いというのがもとの意味で、たかぶる、明らかなどの意味もある。感受性の豊かな子に。

ヒント 「昂然《こうぜん》」のとおり意気が盛んな印象。読みはどれも名前に使いやすい。「昴」と似ているので要注意。

男の子

- 昂 のぼる
- 昂翔 あきと
- 昂輝 こうき
- 昂志 たかし
- 昂英 たかひで

女の子

- 昂羽 あきは
- 昂音 たかね
- 昂帆 たかほ
- 昂羅 たから
- 千昂 ちあき

昊

コウ　そら

名 あき　あきら　とお　ひろし

空、大空、天の意味。また、大きい様子、盛んな様子も表す。心の広い人になることを願って。

ヒント スケールの大きなイメージの字。「こう」「そら」「あきら」「ひろし」の読みで1字名にも。

男の子

- 昊 ひろし
- 昊洋 あきひろ
- 昊牙 こうが
- 昊希 こうき
- 昊太朗 こうたろう

女の子

- 昊帆 あきほ
- 昊海 こうみ
- 昊空 そら
- 昊莉 とおり
- 望昊 みそら

国

コク　くに

名 とき

旧 國

武装した村を表し、くにの意味に使う。ふるさとの意味もある。国際的に活躍できる人になるように。

ヒント 「くに」の読みで使われることが多い。「くに」の音は、頼りがいのあるリーダーを思わせる。

男の子

- 国人 くにと
- 国紘 くにひろ
- 国音 ときね
- 遥国 はるとき
- 嘉国 よしくに

女の子

- 衣国 いとき
- 国栄 くにえ
- 国香 くにか
- 国那 ときな
- 美国 みくに

采

サイ　とる

名 あや　いろ　うね　こと

木の実を手で採取することから、とるの意味を表す。また、色、彩りなどの意味もある。華やかなイメージ。

ヒント 「采配《さいはい》」のようにリーダーシップの印象も。あどけなくミステリアスな「あや」の音が使いやすい。

男の子

- 采貴 あやき
- 采仁 あやと
- 煌采 きらと
- 采斗 さいと
- 智采 ちうね

女の子

- 采花 あやか
- 采寧 あやね
- 采愛 あやめ
- 采巴 いろは
- 采音 ことね

始

シ　はじめる

名 とも　はじめ　はる　もと

出生することをいい、はじめる、はじまる、おこりなどの意味になった。フロンティア精神をもつ人に。

ヒント 「し」の音で終わると、強い意志を感じさせる。柔和《にゅうわ》でエレガントな「はじめ」の音で1字名にも。

男の子

- 始 はじめ
- 泰始 たいし
- 始輔 ともすけ
- 始紀 はるき
- 始弥 もとや

女の子

- 始乃 しの
- 始望 ともみ
- 始夏 はるか
- 始子 はるこ
- 始歩里 しほり

枝

シ　えだ
名 え　き
しげ　しな

「木」+「支」で、木の枝の意味を表す。「え」の読みで止め字にもなる。しなやかで強い人になるように。

ヒント 懐《ふところ》の深いイメージの「え」の音で、女の子の止め字や中字の定番。「し」や「き」の音でも。

男の子
瑛枝 えいき
枝樹 しげき
枝吏 しなり
枝朗 しろう
栄枝 たかし

女の子
枝莉 えり
季枝 きえ
枝埜 しなの
智枝 ちえ
小枝子 さえこ

治

ジ　チ
おさめる
なおる
名 おさむ
さだ　ただす
はる

水を治める儀礼を表し、治めるの意味になった。整える、なおすの意味もある。平穏な暮らしを願って。

ヒント 定番の止め字。品のある「じ」、生命力と躍動感のある「はる」の音などで。「おさむ」の音で1字名にも。

男の子
治 おさむ
治夢 おさむ
環治 かんじ
健治 けんち
治芽 さだめ
修治 しゅうじ
琢治 たくじ
治士 ただし
治紀 なおき
治人 はると
治仁 はると
秀治 ひでさだ
基治 もとはる
悠治 ゆうじ
徳治郎 とくじろう

女の子
千治 ちはる
治穂 ちほ
治菜 はるな
治乃 はるの
美治香 みちか

侍

ジ　さむらい
名 ひと

はべる、身分の高い人のそばに仕えるの意味。また、「さむらい」の意味も。勇気のある人になるように。

ヒント 凛《りん》とした日本男児を象徴する字。「じ」の音で止め字にすると、品のある印象がさらにプラスされる。

男の子
恭侍 きょうじ
健侍 けんじ
賢侍 けんじ
侍音 じおん
修侍 しゅうじ
武侍 たけひと
侍士 ひとし
雅侍 まさひと
勇侍 ゆうじ
真侍郎 しんじろう

実

ジツ　み
みのる
名 さね
ちか　なお
のり　まこと
みつ

旧 實

豊かな供え物を表し、満ちる、実るの意味となった。まこと、真心の意味も。初々しく誠実な人に。

ヒント 「み」の音は、みずみずしい印象。止め字のほか先頭字、万葉仮名風にも。「みのる」「まこと」の読みでも。

男の子
実 みのる
実彦 さねひこ
拓実 たくみ
実杜 なおと
実彦 のりひこ
拓実 ひろちか
匡実 まさみ
実輝 みつき
実琉 みのる
実森 みもり

女の子
実 まこと
紅実 くみ
実胡 ちかこ
菜実 ななお
茉実 まさね
実咲 みさき
実里 みさと
実葉 みつは
魅実 みのり
実侑希 みゆき

若

ジャク　ニャク
わかい
もしくは
名 なお
まさ　よし
わく

神に祈る女性の形を表し、神意に「したがう」の意味に。もちろん若いの意味もある。元気で活発な子に。

ヒント 若葉のようにいきいきした印象の字。「わか」の音には、夢と希望を与える太陽のような存在感がある。

男の子
若埜 なおや
若志 まさし
若朗 よしろう
若人 わかと
若矢 わかや

女の子
若桜 わかさ
若菜 わかな
若芭 わかば
若葉 わかば
若実 わくみ

周

シュウ
まわり
めぐる
名 あまね
いたる　ただ
ちか　ちかし
なり　まこと

あまねく行き渡る、めぐる、周りなどの意味。中国古代王朝の周は約八百年続いた。スケール感のある字。

ヒント 俊《しゅん》敏《びん》さと落ち着きをあわせもつ「しゅう」の音でよく使われる。「あまね」などの音を活かしても。

男の子
周 いたる
周音 あまね
周平 しゅうへい
周詩 ただし
真周 ましゅう

女の子
周南 あまな
周乃 ちかの
羽周 はなり
周采 まこと
茉周 まちか

宗

シュウ　ソウ
名 かず
たかし　とし
のり　ひろ
むね　もと

「宀」+「示」で、みたまやを表し、祖先、本家、宗教などの意味。尊いの意味もある。高貴なイメージの字。

ヒント 懐《ふところ》深く、優しい印象の「むね」、透明な光のような清涼感のある「そう」の音で、男の子によく使われる。

男の子
宗 たかし
宗介 そうすけ
将宗 まさむね
宗貴 むねたか
宗一郎 そういちろう

女の子
宗音 かずね
宗穂 ひろほ
美宗 みとし
未宗 みのり
宗華 もとか

尚

ショウ
名 たか なお ひさ ひさし まさ ます よし より

「向」+「八」で、神の気配がすることを表す。尊ぶ、高い、久しいの意味。気高く、立派な人になるように。

ヒント 温かい光のような「しょう」、優しく癒《いや》す「なお」、冷静と情熱をあわせもつ「ひさ」の音などで。

男の子

- 尚梧 しょうご
- 尚理 しょうり
- 尚季 たかき
- 辰尚 たつよし
- 尚希 なおき
- 尚也 なおや
- 尚志 ひさし
- 尚琉 まさる
- 尚己 ますき
- 茉尚 まより

女の子

- 尚瑠 しょうる
- 澄尚 すなお
- 尚羽 たかは
- 尚実 なおみ
- 尚絵 ひさえ
- 陽尚 ひより
- 尚音 まさね
- 尚李 ますり
- 美尚 みよし
- 尚香 よしか

昇

ショウ
のぼる
名 かみ すすむ のり

日がのぼるときに使う字で、のぼる、上がるなどの意味を表す。どんどんよくなっていくイメージがある。

ヒント 深い光を感じさせる「しょう」、バイタリティのある「のぼる」の音で。女の子には「のり」の読みも。

男の子

- 昇 すすむ
- 昇吾 しょうご
- 昇平 しょうへい
- 昇馬 しょうま
- 昇琉 のぼる

女の子

- 昇代 かみよ
- 昇珂 しょうか
- 昇花 のりか
- 昇紗 のりさ
- 珠昇 みのり

昌

ショウ
さかん
名 あき あきら さかえ すけ まさ よ よし

「日」+「日」で、太陽の光を表し、明らか、盛んの意味。植物のアヤメの意味もある。輝く未来を願って。

ヒント 先頭字として、また「あき」「まさ」の音で止め字に。「しょう」「あきら」の音で1字名にも。

男の子

- 昌 さかえ
- 瑛昌 えいしょう
- 俊昌 としまさ
- 昌翔 まさと
- 陽昌 ようすけ

女の子

- 昌 あきら
- 昌帆 あきほ
- 千昌 ちあき
- 昌美 まさみ
- 昌乃 よしの

松

ショウ まつ
名 ときわ ます

植物のマツの意味を表す。マツは常緑樹で高く生長し、縁起のいいものとされる。健康で幸福な人生を願って。

ヒント 「まつ」の音にはこの人にまかせられるという安心感が。深く優しい光のような「しょう」の音でも。

男の子

- 松嘉 しょうか
- 松太 しょうた
- 蒼松 そうま
- 紀松 のります
- 松樹 まつき

女の子

- 松奈 しょうな
- 松羽 ときわ
- 松恵 ますえ
- 松子 まつこ
- 松李 まつり

征

セイ
名 さち そ ただし ただす まさ もと ゆき

攻める、討つの意味を表す。また、遠くへ行く、旅に出るの意味もある。行動力のある人になるように。

ヒント 清々《すがすが》しい「せい」、満ち足りた印象の「まさ」、芯の強さを感じさせる「ゆき」の音などで。

男の子

- 征 ただし
- 邦征 くにゆき
- 恒征 こうせい
- 征矢 せいや
- 征暉 まさき

女の子

- 征穂 さちほ
- 征夏 せいか
- 征南 そな
- 征美 まさみ
- 征佳 もとか

青

セイ ショウ
あお あおい
名 きよ はる

「生」+「丹」で青いという意味。「青春」のように春、若いの意味も。フレッシュなイメージ。

ヒント 青空の広さを感じさせる字。透明な光のような「せい」、深く優しい光のような「しょう」の音で。

男の子

- 青衣 あおい
- 青輝 あおき
- 青昊 せいこう
- 青志 せいじ
- 青空 そら

女の子

- 青海 きよみ
- 青蘭 しょうらん
- 青羅 せいら
- 千青 ちはる
- 青菜 はるな

斉

セイ
名 きよ ただし とき とし なお なり ひとし

旧 齊

等しい、整う、そろう、つつしむ、正しいなどの意味を表す。古風な感じの字。謙虚で公正な人になるように。

ヒント 「せい」の音は、みずみずしく神聖な印象。人なつっこく理知的な「なり」などの名乗りを活かしても。

男の子

- 斉 ひとし
- 和斉 かずなり
- 斉也 せいや
- 斉於 ときお
- 斉紀 なおき

女の子

- 斉花 きよか
- 斉那 せいな
- 斉羅 せいら
- 斉美 なおみ
- 海斉 みとし

卓

タク
名 すぐる たか たかし まこと まさる

高いところにいる鳥をとらえることから、高い、優れるなどの意味になった。抜群の才能をもつ子になるように。

ヒント 「たく」の音で緻密《ちみつ》さと気品、「たか」の音で信頼感をプラス。「すぐる」などの音で男の子の1字名にも。

男の子

- 卓 すぐる
- 卓翔 たくと
- 卓磨 たくま
- 卓瑠 まさる
- 克卓 よしたか

女の子

- 卓俐 すぐり
- 卓音 たかね
- 卓穂 たかほ
- 卓実 たくみ
- 卓都 まこと

拓

タク
名 ひら ひろ ひろし

未開の地を切りひらくことから、開く、切りひらく、広げるの意味になった。フロンティア精神を表す字。

ヒント 信頼感と充実感のある「たく」、たくましさとやすらぎのある「ひろ」の音を活かして。

男の子

拓	ひろし
拓登	たくと
拓真	たくま
拓史	たくみ
拓夢	ひろむ

女の子

智拓	ちひろ
拓李	ひらり
拓那	ひろな
拓海	ひろみ
茉拓	まひろ

知

チ しる
名 あき あきら かず さと さとる ちか とも

「矢」+「口」で、神に祈る、誓うことから、知る、悟る、知恵の意味に。知人、交友の意味もある。知的な人に。

ヒント 「とも」で温かい安心感を、「ち」でキュートさと生命力を、「さと」でさわやかさと聡明さをプラス。

男の子

知	さとる
知由	かずよし
知志	さとし
泰知	たいち
千知	ちあき
知明	ともあき
知基	ともき
知也	ともや
規知	のりとも
政知	まさとも

女の子

知	あきら
依知	いちか
沙知	さち
紗知	さち
知彩	ちさ
知尋	ちひろ
知佳	ともか
知美	ともみ
知恵実	ちえみ
麻知香	まちか

宙

チュウ
名 おき そら ひろ みち

広い、広いものの意味で、宇宙に果てしなく広がる空間を表す。物事にこだわらない、スケールの大きな人に。

ヒント スケールの大きな字に、「ひろ」の音で熱い息吹《いぶき》と風格を、「そら」の音で華やかさと理知的な印象を加えて。

男の子

宙	そら
宙暉	そらき
宙也	ちゅうや
春宙	はるおき
大宙	ひろみち

女の子

宙未	そらみ
宙那	ひろな
真宙	まひろ
美宙	みそら
未宙	みひろ

忠

チュウ
名 あつ あつし きよし すなお ただ ただし なり のり

心を尽くす、真心、正しいなどの意味を表す。主君に真心を尽くす儒教の思想も表す。誠実な人になるように。

ヒント 信頼感と重厚感のある「ただ」の音でよく使われる。1字名にぴったりの読みも多い字。

男の子

忠	きよし
忠秀	あつひで
忠直	ただなお
忠弥	ちゅうや
真忠	まさなり

女の子

忠	すなお
忠実	あつみ
忠花	のりか
忠代	のりよ
美忠	みのり

長

チョウ ながい
名 おさ たけ つかさ つね のぶ ひさ まさ

長髪の人の形から、長い、たけの意味になった。また、かしら、尊ぶなどの意味も表す。長寿を願って。

ヒント 先頭字にも止め字にも使いやすい読みが多い。武将の織田《おだ》信長《のぶなが》のように、「なが」の音で止め字にも。

男の子

長武	おさむ
長志	たけし
長央	つねひろ
長斗	まさと
泰長	やすなが

女の子

長	つかさ
長恵	のぶえ
長美	ひさみ
長瑛	まさえ
長咲	まさき

名前エピソード

颯《そよ》ちゃん

書けそうで書けない「颯」という漢字

「そよそよそよ……」と口ずさみたくなるような、やわらかで心地よいひびきが気に入ってつけた「颯」という名前。「そよってどういう字ですか」と聞かれたら「颯爽《さっそう》のさつです」と答えていたのですが、必ず「どんな字だっけ…？」と言われてしまいます。そういう私も、娘に「颯」と名づけるまで、「颯爽」の字は書けませんでしたが…（笑）。今は「立つの横に風です」と答えています。

直

チョク ジキ
ただちに
なおす
名 すなお
ちか なが
まさ

不正を正すことから、正す、直す、まっすぐなどの意味を表す。素直でまっすぐな子に育つことを願って。

ヒント 「なお」と読むと、素朴《そぼく》で優しく人を癒《いや》す印象が増す。「ただ」の音は、信頼感と着実性を感じさせる。

男の子
- 直 すなお
- 直 ただし
- 直之 ただゆき
- 友直 ともちか
- 直紀 なおき
- 直人 なおと
- 直弥 なおや
- 英直 ひでなお
- 道直 みちなが
- 直大朗 なおたろう

女の子
- 衣直 いちか
- 紗直 さなお
- 直緒 すなお
- 珠直 すなお
- 直央 なお
- 直花 なおか
- 直子 なおこ
- 直美 なおみ
- 直海 なおみ
- 直姫 まさき

定

テイ ジョウ
さだめる
名 つら
やす

定める、決まりのほかに、落ち着く、しずめる、変わらないなどの意味がある。平和な人生をおくれるように。

ヒント 「さだ」と読むと裏表のない一途《いちず》な印象に。包容力があり、温かく慈愛《じあい》に満ちた「じょう」の音でも。

男の子
- 禾定 かつら
- 定一 さだかず
- 定眸 さだむ
- 定治 じょうじ
- 定志 ていし

女の子
- 定 さだ
- 定歌 じょうか
- 定那 やすな
- 定葉 やすは
- 定美 やすみ

迪

テキ みち
名 すすむ
ただ ひら
ふみ

道、道を行くなどの意味を表す。また、教え導くという意味もある。信じる道をまっすぐに進んでいくように。

ヒント 生命力にあふれイキイキした「みち」、ふっくらと温かい「ふみ」の音で。「道」のかわりにも。

男の子
- 迪 すすむ
- 迪渡 ただと
- 大迪 ひろみち
- 迪埜 ふみや
- 迪崇 みちたか

女の子
- 迪 ふみ
- 迪李 ひらり
- 迪佳 ふみか
- 茉迪 まふみ
- 迪花 みちか

典

テン
名 すけ
つかさ のり
ふみ みち
もり よし
より

台の上に書物を置く形から、文《ふみ》、書物を表す。雅《みやび》やか、上品の意味もある。文学好きの子に。

ヒント 「のり」の音で、りりしさとキュートさ、気品をプラスして。「てん」の音を使うと個性的な名前に。

男の子
- 典 つかさ
- 和典 かずもり
- 君典 きみよし
- 佑典 ゆうすけ
- 圭典 よしのり

女の子
- 典歌 てんか
- 真典 まふみ
- 典香 みちか
- 美典 みのり
- 典花 よりか

東

トウ ひがし
名 あきら
あずま き
こち はじめ
はる ひで
もと

方位の東を表す。中国思想で東は、四季では春、色では青に配される。日の出る方角で、新鮮なイメージ。

ヒント 使用例は多くないが、名乗りはバラエティ豊か。「ひがし」「あずま」などの音で1字名にも。

男の子
- 東 あずま
- 大東 だいき
- 東埜 とうや
- 東生 はるき
- 東詩 もとし

女の子
- 東 あきら
- 東夏 はるか
- 東菜 はるな
- 東実 ひでみ
- 伊東子 いとこ

到

トウ
名 いたる
ゆき よし

至る、行き着くのほかに、行き渡る、抜かりない、極《きわ》まるの意味もある。用意周到に夢を実現させていく人に。

ヒント 1字名の「いたる」は強い集中力を感じさせる。「とう」の音は、信頼される努力家の印象に。

男の子
- 到 いたる
- 到埜 とうや
- 到里 とうり
- 昌到 まさよし
- 到寛 ゆきひろ

女の子
- 到子 とうこ
- 到那 ゆきな
- 到帆 ゆきほ
- 到夏 よしか
- 到海 よしみ

奈

ナ いかん
名 なに
なん

神事に使われる果樹の意味を表す。奈良の「奈」で、いかん、なんぞなど疑問の意味もある。止め字にも使う。

ヒント 女の子に大人気。「な」の音で終わる名前は、心地よい親密感があり、明るく面倒見のよいイメージ。

男の子
- 誠奈 せいな
- 奈央 なお
- 奈音 なおと
- 良奈 りょうな
- 磨奈斗 まなと

女の子
- 愛奈 あいな
- 晃奈 あきな
- 琥奈 こなん
- 潤奈 じゅんな
- 奈澄 なすみ
- 奈々 なな
- 奈美 なみ
- 奈弓 なゆみ
- 陽奈 ひなに
- 玲奈 れいな
- 奈実慧 なみえ
- 奈結子 なゆこ
- 灯奈多 ひなた
- 美奈子 みなこ
- 凜久奈 りくな

杷

ハ バ

穀物を集めたり、地面をならしたりする「さらい」の意味。果樹のビワ（枇杷）の意味にも使う。優しい人に。

ヒント 「は」の音で万葉仮名風に。軽快で温かく、あと腐《くさ》れがない印象。止め字にすると、潔いイメージの名前に。

男の子

- 杷音 はのん
- 杷留 はる
- 勇杷 ゆうは
- 良杷 りょうは
- 杷琉樹 はるき

女の子

- 紅杷 くれは
- 琴杷 ことは
- 杷奈 はな
- 美杷 みわ
- 泰杷 やすは

波

ハ なみ

波、波立つ、波打つなどの意味を表す。波のように伝わる意味もある。海につながり、ロマンチックなイメージ。

ヒント 軽快で潔い人情家を思わせる「は」の音で。「なみ」と読むと、親しみやすくキュートな名前に。

男の子

- 翔波 とわ
- 波央 なお
- 波輝 なみき
- 波渡 なみと
- 波玖 はく

女の子

- 奈波 ななみ
- 波夏 なみか
- 波那 はな
- 波琉 はる
- 南波 みなみ

枇

ビ 名 ひ

果樹のビワ（枇杷）、また、弦楽器の琵琶《びわ》の意味にも使う。音楽や芸術の才能に恵まれるように。

ヒント 「ひ」の音には、情熱と冷静さを兼ねそなえたカリスマ性がある。人間的魅力あふれる「び」の音でも。

男の子

- 枇瑛 ひえい
- 枇慧 ひさと
- 佑枇 ゆうひ
- 枇斗志 ひとし
- 枇呂樹 ひろき

女の子

- 朝枇 あさひ
- 枇奈 ひな
- 枇芽 ひめ
- 枇杷 びわ
- 枇茉莉 ひまり

弥

ビ ミ いや いよいよ や 名 ひさ ます みつ やす

旧 彌 （→ P386）

長寿、多幸を祈る儀礼を表し、久しい、行き渡るなどの意味になった。のびやかな成長を願って。

ヒント 「や」の音で止め字や万葉仮名風に使われることが多い。やわらかな清潔感のあふれる名前に。

男の子

- 匠弥 たくや
- 弥司 ひさし
- 郁弥 ふみや
- 弥児 ますじ
- 弥真斗 やまと

女の子

- 愛弥 あいみ
- 咲弥 さくや
- 希弥 のぞみ
- 弥瑠 みつる
- 弥名 やすな

苗

ビョウ なえ なわ 名 え たね なり みつ

「艸」＋「田」で、田に植える苗を表す。生えたばかりの植物の意味もある。初々しくて素《そ》朴《ぼく》なイメージ。

ヒント 「なえ」の音で女の子の止め字としてよく使われる。「なえ」で終わる名前はしなやかで粘り強い印象。

男の子

- 小苗 こたね
- 茂苗 しげみつ
- 苗杜 なえと
- 苗治 みつはる
- 早苗斗 さえと

女の子

- 苗実 えみ
- 佳苗 かなえ
- 早苗 さなえ
- 羽苗 はなり
- 美苗 みなえ

武

ブ ム 名 いさ いさむ たけ たけし たける たつ

「戈」＋「止」。強い、勇ましい、いくさのほか、武士、武芸などの意味を表す。強い人になるように。

ヒント 「たけ」の音で力強さと信頼感を、「ぶ」の音でパワフルガイのイメージをさらに増して。

男の子

- 武 たけし
- 武夢 いさむ
- 武司 たけし
- 武琉 たける
- 武生 たつき
- 学武 まなぶ
- 真武 まなぶ
- 武蔵 むさし
- 勇武 ゆうたつ
- 巧武 よしたけ

歩

ホ ブ フ あゆむ あるく 名 あゆみ すすむ

旧 步

左右の足あとを連ねた形で、歩く、行くなどの意味を表す。しっかりと歩む前向きなイメージ。

ヒント 「ほ」で終わると温かなくつろぎを感じさせる。「あゆ」の音は自然体の強さと大胆さをあわせもつ印象。

男の子

- 歩 すすむ
- 歩徹 あゆと
- 歩夢 あゆむ
- 一歩 いっぽ
- 三歩 さんぽ
- 昇歩 しょうほ
- 天歩 たかほ
- 歩未 ふみ
- 泉歩 みずほ
- 令歩 よしほ

女の子

- 歩 あゆみ
- 歩侑 あゆう
- 歩花 あゆか
- 歩霧 あゆむ
- 華歩 かほ
- 志歩 しほ
- 詩歩 しほ
- 知歩 ちほ
- 未歩 みほ
- 里歩 りほ

宝

ホウ たから 名 かね たか たかし たけ とみ とも ほ

室内に供え物がある様子から、宝物、大切なものの意味になった。みんなから大切にされる人になるように。

ヒント 「たか」の音を使うと信頼できるリーダーの印象。くつろぎを感じさせる「ほ」の音を活かしても。

男の子

- 宝彬 たかあき
- 宝良 たから
- 宝至 たけし
- 宝彦 とみひこ
- 宝槻 ともき

女の子

- 愛宝 あかね
- 晶宝 あきほ
- 宝美 たかみ
- 宝珂 ともか
- 璃宝 りほ

朋

ホウ　とも

貝を二列に連ねた形から、友人、仲間などの意味を表す。友達がたくさんできることを願って。

ヒント よい友人に恵まれるイメージ。優しく力強い「とも」の音で、信頼感にあふれ、愛される人に。

男の子

朋樹	ともき
朋仁	ともひと
朋己	ともみ
朋光	ともみつ
朋也	ともや

女の子

朋	とも
朋花	ともか
朋奈	ともな
朋芭	ともは
朋李	ともり

法

ホウ　ハッ
ホッ
名 かず
つね　のり

おきて、決まり、のっとる、方法などの意味を表す。フランスの略語にも使われ、おしゃれなイメージも。

ヒント 男の子、女の子ともに、「のり」の音でよく使われる。りりしさと気品、キュートさのある名前に。

男の子

法季	つねき
法彦	のりひこ
法文	のりふみ
法典	のりふみ
栄法	ひでかず

女の子

法奈	かずな
法未	つねみ
法香	のりか
法子	のりこ
美法	みのり

茅

ボウ　かや
ち
名 あき

イネ科の植物のカヤを表す。昔ながらの茅ぶき屋根の民家のように、素朴《そぼく》でなつかしい感じの字。

ヒント パワフルで、キュートさもある「ち」の音で万葉仮名風に。朗《ほが》らかで明るい「かや」の音を活かしても。

男の子

茅良	あきら
和茅	かずあき
汰茅	たかや
茅明	ちあき
茅紘	ちひろ

女の子

茅穂	あきほ
茅乃	かやの
茅里	ちさと
茅穂	ちほ
万茅	まち

苺

ボウ　バイ
いちご
名 まい

バラ科のイチゴの実のように、可憐《かれん》で甘く、少し酸味がある、そんな子に育つように。

ヒント 元気で充実感にあふれ、キュートな「まい」の音が使いやすい。春生まれの女の子にもぴったり。

女の子

苺	いちご
苺	まい
苺花	いちか
苺子	いちこ
苺愛	まいあ
苺香	まいか
苺華	まいか
苺胡	まいこ
苺菜	まいな
苺楽	まいら

牧

ボク　まき

牛を放し飼いにすることを表し、牛飼い、養うなどの意味に使う。教え導くの意味も。のびやかに育つように。

ヒント 牧歌的でのんびりとした印象の字。充実感とパワフルな輝きにあふれる「まき」の音を活かして。

男の子

太牧	たまき
牧騎	まき
牧朗	まきお
牧人	まきと
牧也	まきや

女の子

牧	まき
小牧	こまき
牧愛	まきあ
牧枝	まきえ
牧埜	まきの

茉

マツ
名 ま

マツリカ（茉莉花）はジャスミンの一種で、茶に入れると芳香を楽しめ、白い花も美しい。あでやかな人に。

ヒント ジャスミンの花のイメージから、女の子の使用例が多い。天真爛漫《てんしんらんまん》で笑顔あふれる「ま」の音で。

男の子

拓茉	たくま
茉旺	まお
茉輝	まき
茉洋	まひろ
茉那斗	まなと

女の子

絵茉	えま
茉朝	まあさ
茉織	まおり
茉叶	まかな
茉芭	まつは
茉李	まつり
茉波	まなみ
茉音	まのん
茉実	まみ
茉由	まゆ
茉凛	まりん
柚茉	ゆま
陽茉莉	ひまり
茉依紗	まいさ
茉莉花	まりか

岬

みさき
名 さき

もとは山と山の間を表し、山あいの意味。日本では「みさき」の意味に使われる。ドラマチックなイメージ。

ヒント 洗練された美しい勝負師のイメージの「さき」の音を活かして。「みさき」と読むと潔く芯のある人に。

男の子

朝岬	あさき
岬杜	さきと
千岬	ちさき
真岬	まさき
岬暉	みさき

女の子

岬	さき
岬那	さきな
知岬	ちさき
岬希	みさき
美岬	みさき

明

メイ　ミョウ
あかり
あかるい
あきらか
名 てる
はる　ひろ
みつ

もとは窓から差しこむ月の光を表し、明かり、明るい、明らかなどの意味になった。明朗な子になるように。

ヒント 「あき」は、明るくキュートなイメージの音。「明日」の「あす」の読みを活かした名前も人気。

男の子

明	あきら
明寛	あきひろ
晃明	こうめい
貴明	たかあき
明輝	てるき
明希	はるき
明芳	みつよし
芳明	よしあき
明日輝	あすき
明日斗	あすと

女の子

明莉	あかり
明穂	あきほ
千明	ちあき
智明	ちひろ
明歌	てるか
明夏	はるか
明里	みつり
明実	めいみ
明日香	あすか
明日菜	あすな

茂

モ　しげる
名 し　しげ
たか　とも
とよ　もち
もと

草木が盛んに茂ることで、そこから、優れる、立派な、美しいの意味にも用いる。健康に育つように。

ヒント 清濁《せいだく》あわせのむ度量を感じさせる「しげ」の音が定番。「も」の音で、万葉仮名風に使っても新鮮。

男の子

一茂	かずたか
茂琉	しげる
茂稀	ともき
茂生	とよき
茂吉	もきち

女の子

茂美	しげみ
茂乃	もちの
茂夏	もとか
茂音	もね
莉茂	りも

孟

モウ
名 たけ
たけし
つとむ　とも
なが　はじめ
はる　もと

生まれた子に産湯《うぶゆ》を使わせる形で、はじめの意味。儒教の聖人孟子の略称でもある。尊敬される人になるように。

ヒント 確かな信頼感のある「たけ」の音で、男の子に使われる。「たけし」「つとむ」などの音で1字名にも。

男の子

孟	つとむ
孟生	たけお
孟人	たけと
武孟	たけはる
孟文	たけふみ
孟夢	つとむ
孟毅	ともき
孟嶺	ながみね
孟芽	はじめ
孟春	もとはる

門

モン　かど
名 と　ひろ
ゆき

両開きの扉の形で、門、出入り口を表す。また、一族、教育を受けるところなどの意味もある。学者にぴったりの字。

ヒント 「もん」で終わると抜かりない印象、「と」で終わると優しさと頼りがいのある名前に。

男の子

亜門	あもん
瑛門	えいと
大門	だいもん
多門	たもん
門夢	ひろむ
蒔門	まきと
門人	もんと
門斗	ゆきと
龍門	りゅうもん
怜門	れいと

夜

ヤ　よ　よる
名 やす

「大」+「夕」で、人の脇の下から月が見える形。夜、暗いなどの意味を表す。神秘的な魅力のある人に。

ヒント 懐《ふところ》深く包みこむ「よ」や、親切で清潔感にあふれる「や」の音で、止め字や万葉仮名風に。

男の子

皓夜	こうや
星夜	せいや
真夜	まや
明夜	めいや
夜夢	やすむ

女の子

咲夜	さくや
小夜	さよ
璃夜	りよ
亜夜乃	あやの
希夜佳	きよか

侑

ユウ
すすめる
たすける
名 あつむ
いく　すけ
すすむ　ゆ
ゆき

「亻（人）」+「有」で、勧める、助けるなどの意味を表す。心の優しい、思いやりのある人になるように。

ヒント 人気の「ゆう」の音で使える字。「悠」や「優」のかわりに使うと、新鮮味のある名前に。

男の子

侑	あつむ
昊侑	こうすけ
侑霧	すすむ
侑哉	ゆうや
侑楽	ゆら

女の子

侑歩	いくほ
未侑	みゆう
侑花	ゆうか
侑奈	ゆうな
侑歩	ゆきほ

來

ライ　くる
きたる
名 き　く
こ　な　ゆき
ら

「来」のもとの字。こちらへ来る意味や将来を表す。明日への期待のイメージで、人気のある字。

ヒント 「来」と同じ意味、読みをもつ字なので、画数や字形でどちらの字を使うか決めてもよい。

男の子

來遠	くおん
航來	こうき
沙來	さらい
悠來	はるき
來斗	らいと

女の子

愛來	あいな
季來	きこ
來実	くるみ
星來	せいら
來那	ゆきな

林

リン　はやし
名 き　しげ
な　ふさ
もと　もり
よし

「木」+「木」で、林の意。「はやし」は「生やし」で、物事、人が多く集まるところの意も。人から愛されるように。

ヒント 「りん」と読むとキュートで華やか、スイートな名前に。「き」の音で止め字にすると個性的な名前に。

男の子

広林	こうりん
林樹	しげき
那林	なふさ
真林	まさき
林輝	よしき

女の子

果林	かりん
茉林	まりん
美林	みもり
林歩	もとほ
林夏	りんか

怜

レイ　レン
あわれむ
さとい
名 さとし
とき　れ

神のお告げを聞いて悟ることを表し、賢い、さといの意味に使う。いつくしむの意味もある。優しく賢い子に。

ヒント 「れ」の音で万葉仮名風に。理知的でスマートな「れい」、素朴《そぼく》な優しさのある「さとし」の音でも。

男の子

怜	さとし
逸怜	いつとき
怜音	れいと
怜生	れお
怜恩	れおん

女の子

夏怜	かれん
静怜	しずれ
澄怜	すみれ
怜心	れいみ
怜乃	れの

和

ワ　オ
やわらぐ
なごむ
名 あい
かず　たか
のどか
やまと

戦争をやめて平和にすることを表し、やわらぐ、仲よくするなどの意味。また、日本の意味もある。温和な人に。

ヒント 「わ」の音にはワクワクするような楽しさが、「かず」の音にはタフなリーダーの印象が感じられる。

男の子

和	やまと
和登	あいと
和記	かずき
和大	かずひろ
和真	かずま
和季	たかき
寿和	としかず
優和	まさかず
大和	やまと
侑和	ゆうわ

女の子

和	のどか
和良	あいら
和音	かずね
和葉	かずは
紗和	さわ
和來	たから
和実	なごみ
里和	りお
和夏	わか
美和子	みわこ

9画

娃

アイ

美しいの意味を表す。また、これ一字で美人の意味もある。すばらしい美少女、美少年になることを願って。

ヒント 元気はつらつ、自然体の「あい」の音。美しくなってほしい女の子にぴったり。「愛」のかわりにも。

男の子

娃雅	あいが
娃輝	あいき
娃斗	あいと
娃也	あいや
娃之介	あいのすけ

女の子

娃	あい
娃夏	あいか
娃美	あいみ
娃良	あいら
乃娃	のあ

威

イ
名 あきら
たか　たけ
たけし
たける
つよし　なり

「戉」+「女」。おごそか、恐れさせるのほか、強い、力の意味もある。周囲から一目置かれる人に。

ヒント 一途《いちず》さを感じさせる「い」、力強く信頼感のある「たけ」の音のほか、「たけし」などの読みで1字名にも。

男の子

威	たけし
威良	あきら
威信	いしん
威吹	いぶき
季威	きなり
翔威	しょうい
威至	たかし
威琉	たける
威詩	つよし
悠威	ゆうい

郁

イク
名 あや　か
かおる　くに
たかし　ふみ
ゆう

よく香る様子、よく茂る様子を表す。また、盛ん、文化が栄える意味もある。美と教養を兼ねそなえた人に。

ヒント キュートでチャンレジ精神旺盛《おうせい》な「いく」、温かく優しい「ふみ」の音が使いやすい。1字名にも。

男の子

郁	かおる
郁生	いくお
郁晃	いっこう
郁詩	たかし
郁哉	ふみや

女の子

郁萌	あやめ
郁美	いくみ
郁香	ふみか
海郁	みくに
心郁	みゆう

映

エイ　うつる
はえる
名 あき
あきら　え
てる　みつ

日に照り映えた光に映し出されることを表し、映る、映える、輝くなどの意味に使う。輝く美と才能を願って。

ヒント 「えい」と読むと自然体で心地よい癒《いや》しのある名前に。エレガントで温かい「え」の音で万葉仮名風にも。

男の子

映伊	えい
映音	えいと
昇映	しょうえい
大映	ひろあき
映瑠	みつる

女の子

映歩	あきほ
映愛	あきら
映海	えいみ
映楽	えいら
映永	えな
奏映	かなえ
姫映	きえ
胡映	こみつ
彩映	さえ
智映	ちあき
映乃	てるの
映葉	てるは
美映	みえ
映奈	みつな
莉映	りえ

栄

エイ さかえる はえる
名 え しげ たか はる ひさ ひで
旧 榮

かがり火の燃え盛る様子を表し、栄える、華やぐなどの意味になった。華やかな生涯をおくれるように。

ヒント 飾らず優しい「えい」の音で男女ともに使われる。懐《ふところ》の深さを感じさせる「え」の音で万葉仮名風にも。

男の子
- 栄登 えいと
- 栄門 えもん
- 栄流 しげる
- 栄晃 たかあき
- 竜栄 りゅうえい

女の子
- 希栄 きえ
- 栄菜 はるな
- 栄枝 ひさえ
- 栄秀 ひでほ
- 沙知栄 さちえ

音

オン イン おと ね
名 お と なり

音、音楽のほかに、ことば、訪れなどの意味がある。芸術、特に音楽、文学方面の才能に恵まれるように。

ヒント 定番の止め字。やすらぎのある「ね」、彼方に広がるような「おん」、アニキ的な印象の「と」の音などで。

男の子
- 癒音 いおん
- 風音 かざね
- 汐音 しおん
- 詩音 しおん
- 奏音 そうと
- 音海 なりみ
- 音緒 ねお
- 颯音 はやと
- 海音 みお
- 理音 りおん

女の子
- 絢音 あやね
- 音芭 おとは
- 音和 おとわ
- 花音 かのん
- 琴音 ことね
- 小音 こなり
- 魅音 みおん
- 百音 ももね
- 莉音 りと
- 依音奈 いおな

珂

カ
名 たま てる

昔の宝である玉の名、特に白めのうの意。馬具のくつわの意味もある。高貴さと活発さを兼ねそなえた子に。

ヒント クールでかっこいい「か」の音で、万葉仮名風に。人気の「花」や「香」のかわりに使うと、個性的。

男の子
- 晃珂 あきてる
- 珂伊 かい
- 珂威 かい
- 珂緯 たまい
- 珂輝 たまき

女の子
- 珂緒 たまお
- 珂美 てるみ
- 和珂 のどか
- 遥珂 はるか
- 璃珂 りか

迦

カ

サンスクリット語の仏教用語の音訳によく使われる字。お釈迦《しゃか》様の「迦」もそれ。神秘的で深遠なイメージの字。

ヒント “お釈迦様”の印象が強い字。正義感が強く、快活な印象の「か」の音で、万葉仮名風に使って。

男の子
- 迦弥 かや
- 迦羅 から
- 悟迦 さとか
- 琉迦 るか
- 迦衣斗 かいと

女の子
- 迦那 かな
- 迦埜 かの
- 純迦 じゅんか
- 沙耶迦 さやか
- 俐々迦 りりか

珈

カ

婦人の髪飾りを表す。日本では、コーヒーの当て字（珈琲）に使う。香り高いイメージのある字。

ヒント 利発で都会的なイメージの「か」の音で、先頭字、止め字、万葉仮名風、いずれにも使われる。

女の子
- 絢珈 あやか
- 珈南 かな
- 冴珈 さえか
- 柊珈 しゅうか
- 樹珈 じゅか
- 苑珈 そのか
- 深珈 みか
- 萌珈 もか
- 野乃珈 ののか
- 莉々珈 りりか

架

カ ケ かける
名 みつ よし

木を加え渡してできた台、たなを表す。かける、かけ渡すの意味も。人と人の架け橋になるように。

ヒント 「加」などのかわりに人気の「か」の音で使うと個性的。「か」の音はまっすぐでクール、快活な印象。

男の子
- 架綸 かいと
- 架琉 かける
- 友架 ともか
- 架都 よしと
- 琉架 るか

女の子
- 架純 かすみ
- 架倫 かりん
- 橋架 きょうか
- 架葉 みつば
- 萌架 もえか

臥

ガ ふせる

「臣」は大きな瞳のことで、「臥」は人がうつむいて目を下に向けている様子を表す。ふせて休む意。

ヒント 「が」の音は、男の子に人気の止め字。「が」の音には、迫力と甘さをあわせもつ不思議な魅力がある。

男の子
- 臥偉 がい
- 臥羅 がら
- 洸臥 こうが
- 脩臥 しゅうが
- 聖臥 せいが
- 帯臥 たいが
- 悠臥 ゆうが
- 耀臥 ようが
- 遼臥 りょうが
- 臥玖斗 がくと

界

カイ さかい

田と田を仕切るさかいを表す。かぎり、はての意味もある。世界をまたにかけるようなスケールの大きな人に。

ヒント りりしく知性的で行動力のあるイメージの「かい」の音で。使用例が多くないので新鮮な印象に。

男の子
- 界 かい
- 界星 かいせい
- 界智 かいち
- 界人 かいと
- 界堂 かいどう
- 界也 かいや
- 界俐 かいり
- 界琉 かいる
- 世界 せかい
- 由界 ゆかい

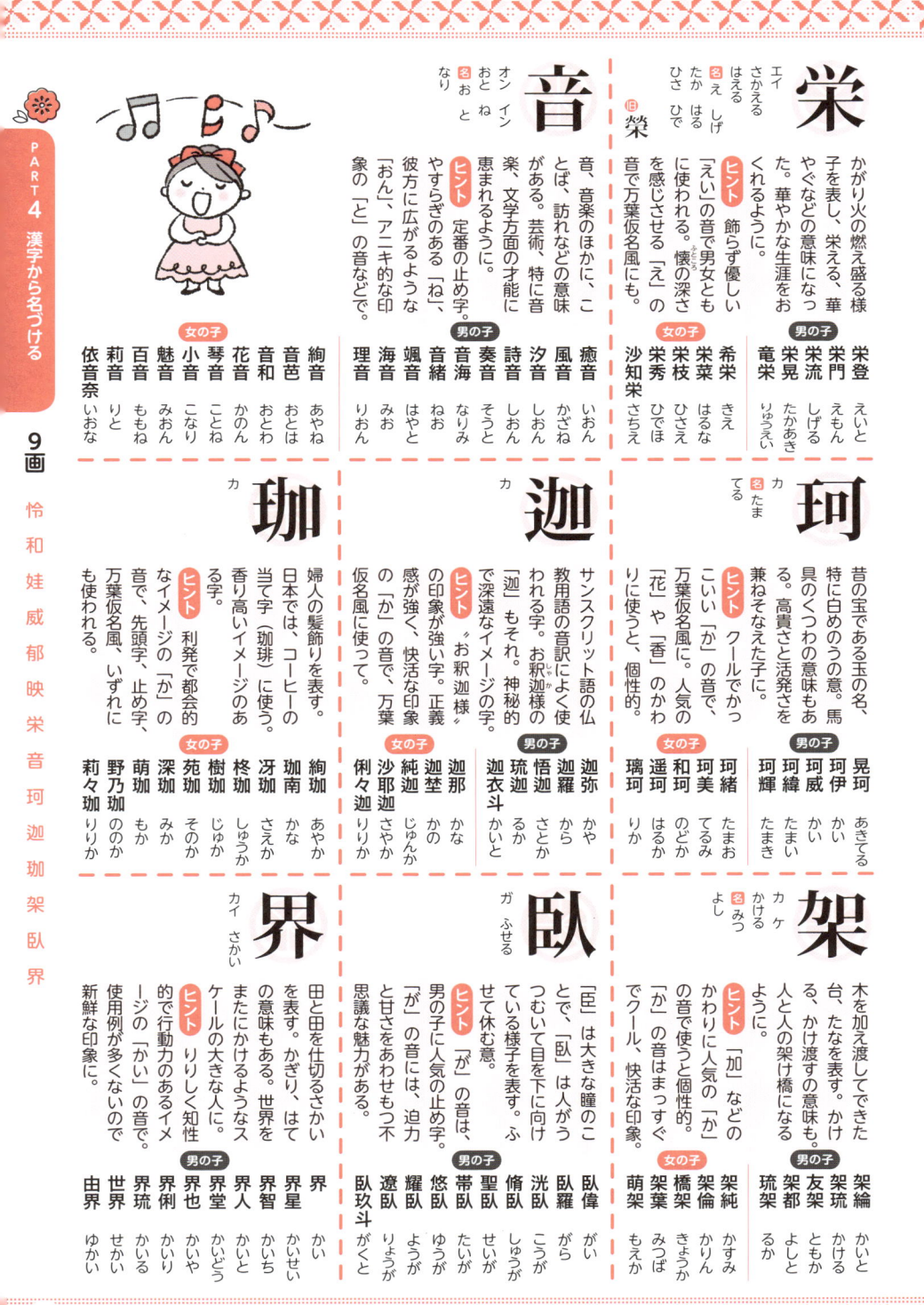

恢

カイ
名 ひろ

広い、大きい、広めるなどの意味。元どおりになるという意味も。回復はもとは恢復と書いた。癒《いや》しのイメージ。

ヒント 「かい」の音は、りりしく知性的な印象、「ひろ」の音は、落ち着きと積極性をあわせもつ印象。

男の子
- 恢人 かいと
- 恢琉 かいる
- 智恢 ちかい
- 恢希 ひろき
- 恢夢 ひろむ

女の子
- 恢奈 かいな
- 千恢 ちひろ
- 恢海 ひろみ
- 茉恢 まひろ
- 心恢 みひろ

海

カイ　うみ
名 あま　うな　み　め
旧 海

海のほか、海のように広く大きいものを表す。スケール感とともにロマンチックな感覚があり、人気のある字。

ヒント 「かい」の音は、困難にも果敢《かかん》に挑戦する印象。「み」の音は、みずみずしく愛らしいイメージ。

男の子
- 海 かい
- 海流 あまる
- 海斗 かいと
- 海哉 かいや
- 千海 ちうな
- 望海 のぞみ
- 秀海 ひでみ
- 尋海 ひろめ
- 海偉良 かいら
- 流海斗 りゅうと

女の子
- 愛海 あいみ
- 海音 あまね
- 海華 うみか
- 和海 かずみ
- 小海 こうな
- 夏海 なつみ
- 七海 ななみ
- 美海 みう
- 海咲 みさき
- 南津海 なつめ

皆

カイ　みな
名 とも　み　みち

人々が並ぶ様子から、皆、ともにの意味を表す。あまねく、広くの意味もある。友達がたくさんできるように。

ヒント 知性的で行動力のある「かい」、ふっくらとした親密感あふれる「みな」の音などで。

男の子
- 皆 かい
- 皆稀 かいき
- 皆也 かいや
- 昌皆 まさみち
- 皆斗 みなと

女の子
- 皆奈 かいな
- 皆夏 ともか
- 友皆 ともみ
- 皆子 みなこ
- 皆美 みなみ

活

カツ
名 いく

いきいきとした生命力を表し、生きる、勢いがいいなどの意味に使う。元気で活発な子に育つことを願って。

ヒント 「かつ」の音で、積極性と強さをプラスして。「いく」と読むと、前に突き進む強さをもつ名前に。

男の子
- 活馬 いくま
- 活生 かつき
- 活至 かつし
- 活哉 かつや
- 嘉活 よしかつ

女の子
- 活 いく
- 活埜 いくの
- 活穂 いくほ
- 活海 いくみ
- 活乃 かつの

柑

カン
名 みかん

果樹のミカン類の果実をつけるもの。柑橘《かんきつ》系はコロンの代表的な香り。みずみずしく健康的な感じ。

ヒント 甘ずっぱく、フレッシュな印象の字。「かん」の音で、無邪気でキュートな魅力をプラスして。

男の子
- 柑 かん
- 柑吾 かんご
- 柑滋 かんじ
- 柑介 かんすけ
- 柑九郎 かんくろう

女の子
- 柑那 かんな
- 実柑 みかん
- 蜜柑 みかん
- 瑞柑 みずか
- 芳柑 よしか

紀

キ
名 あき　おさむ　かず　つぐ　とし　のり　もと　よし

糸巻きに糸を巻き取ることから、おさめるの意味になった。また、書き記す意味もある。文学少年、文学少女に。

ヒント 「き」の音は、突出《とっしゅつ》した個性と生命力を感じさせる。「のり」と読むと、気品が香り立つ印象に。

男の子
- 紀 おさむ
- 紀巳 かずみ
- 克紀 かつき
- 紀一 きいち
- 洸紀 こうき
- 崇紀 たかのり
- 紀彦 としひこ
- 紀剛 のりたけ
- 陽紀 はるき
- 秀紀 ひでき

女の子
- 紀奈 あきな
- 紀乃 かずの
- 紀子 きこ
- 紀更 きさら
- 紗紀 さき
- 紀莉 つぐり
- 紀香 のりか
- 美紀 みよし
- 紀帆 もとほ
- 由紀恵 ゆきえ

軌

キ
名 のり

車の両輪の間隔をいう。それが決められていたことから、規則、手本の意味にも使う。素直でまじめな子に。

ヒント 「き」の音で万葉仮名風に。字のもつ模範的な印象に、自分をしっかりもちわが道を進む強さをプラス。

男の子
- 軌一 きいち
- 洸軌 こうき
- 澄軌 すみき
- 大軌 だいき
- 軌尋 のりひろ

女の子
- 愛軌 あき
- 軌夏 きか
- 彩軌 さき
- 巴軌 はのり
- 軌良里 きらり

祇

ギ　シ
ただ
名 き　けさ　のり　まさ　もと　やす

もとは氏族を保護する神のことで、土地の神の意味。大きい、やすらかの意味もある。神秘的なイメージの字。

ヒント 名前の使用例は少ないが、名乗りの読みを活かすと使いやすい。「ぎ」「し」「き」の音で万葉仮名風にも。

男の子
祇杜 けさと
聡祇 さとし
祇史 まさし
祇人 やすと
佑祇 ゆうぎ

女の子
祇花 のりか
万祇 まき
祇花 もとか
祇葉 やすは
祇美子 きみこ

衿

キン
えり

着物のえり、えりもとの意味。えりは喉《のど》を覆うことから、大事な場所の意も。大切な思いをこめて。

ヒント エレガントで奥行きがある「えり」の音は高嶺《たかね》の花のイメージ。「きん」の音には茶目っ気と輝きがある。

男の子
衿人 えりと
衿埜 えりや
衿一 きんいち
衿治 きんじ
衿哉 きんや

女の子
亜衿 あえり
衿華 えりか
衿紗 えりさ
衿那 えりな
千衿 ちえり

奎

ケイ
名 ふみ

「大」+「圭」で玉を表す。また、文章をつかさどる星座のアンドロメダ座を指す。文才に恵まれるように。

ヒント 「けい」の音はりりしく知性的な印象。「圭」のかわりに使っても。「ふみ」の音はふっくら温かい印象。

男の子
奎星 けいせい
奎翔 けいと
奎仁 ふみと
奎弥 ふみや
真奎 まふみ

女の子
奎 ふみ
奎都 けいと
奎奈 けいな
智奎 ちふみ
奎緒 ふみお

研

ケン　とぐ
名 あき　かず　きし　きよ　よし

磨く、とぐの意味で、究《きわ》める、深く調べるの意味にも使う。自分を磨き、道を究めるような人に。

ヒント 物事を究める人のイメージをもつ字に、「けん」の音で、好奇心と探究心あふれる印象をプラスして。

男の子
研 けん
研己 かずき
研孜 きよし
研人 けんと
真研 まきし

女の子
研那 あきな
研歩 あきほ
研季 かずき
研果 きよか
研乃 よしの

建

ケン　コン
たつ
名 たけ　たけし　たける　たつる

「聿」+「廴」で、建てる、成し遂げるの意味。意見を申し立てるという意味も。大きな仕事をするような人に。

ヒント やんちゃな永遠の少年のような「けん」、手堅く力強い印象の「たけ」の音で。男の子の1字名にも。

男の子
建 たける
建吾 けんご
建作 けんさく
建児 けんじ
建寿 けんじゅ
建佑 けんすけ
建智 けんち
剛建 ごうけん
建史 たけし
建都 たけと
建樹 たつき
建巳 たつみ
英建 ひでたけ
将建 まさたけ
勇建 ゆうたつ

女の子
建乃 たけの
建帆 たけほ
建美 たけみ
建埜 たつの
建瑠 たつる

彦

ゲン　ひこ
名 お　さと　のり　ひろ　やす　よし

男性の成人儀礼を表す字で、ひこ=成人男子の意味。才徳の優れた男子の意味も。止め字によく使われる。

ヒント 男の子定番の止め字。「ひこ」で終わる名前はカリスマ性とキュートさをあわせもつ印象。

男の子
彰彦 あきお
敦彦 あつひこ
彦暉 げんき
彦瑠 さとる
陽彦 はるひこ
雅彦 まさひろ
柾彦 まさやす
彦貴 よしき
慶彦 よしのり
実紀彦 みきひこ

胡

コ　えびす
なんぞ
名 ご　ひさ

中国では、西方や北方の異民族を意味した。二胡《にこ》は中国の楽器名。エキゾチックな雰囲気のある字。

ヒント 機敏《きびん》で若々しい印象の「こ」の読みで。ナッツの「くるみ」を指す「胡桃」の読みを活かして女の子に。

男の子
胡仁 ひさと
胡寿 ひさとし
胡巳 ひさみ
真胡 まさひさ
釉胡 ゆうご

女の子
亜胡 あこ
佳胡 かこ
胡桃 くるみ
乃胡 のこ
胡埜 ひさの

恰

コウ
あたかも
名 きょう

ねんごろ、あたかも、ちょうどなどの意味を表す。格好は恰好とも書く。思いやりのある人になるように。

ヒント 「こう」と読むと知的で繊細《せんさい》な愛らしさ、「きょう」と読むと輝くような強さと優しさのある名前になる。

男の子
恰志 きょうじ
恰兵 きょうへい
恰気 こうき
恰平 こうへい
至恰 しこう

女の子
恰佳 きょうか
恰子 きょうこ
恰那 きょうな
恰和 こうわ
茉恰 まこ

厚

コウ　あつい
名 ひろ

祖先を手厚く祭ることから、厚い、丁寧、厚くするなどの意味を表す。礼儀正しく、親切な人になるように。

ヒント 「あつ」の音は、おおらかで包容力を感じさせる。「あつし」「こう」と読んで、男の子の1字名にも。

男の子
- 厚　こう
- 厚毅　あつき
- 厚孜　あつし
- 厚介　こうすけ
- 厚夢　ひろむ

女の子
- 厚姫　あつき
- 厚穂　あつほ
- 厚愛　ひろな
- 厚海　ひろみ
- 美厚　みひろ

恒

コウ
名 ちか　つね　のぶ　ひさ　ひさし　ひとし

旧 恆

弓張り月の様子を表し、常、久しいなどの意味に使う。永遠を感じさせ、ロマンの香りのする字。

ヒント 愛らしく知的で繊細《せんさい》な「こう」、力強い王者のような「つね」、冷静と情熱をあわせもつ「ひさ」の音で。

男の子
- 恒　ひさし
- 恒希　こうき
- 恒陽　こうよう
- 恒史　ひとし
- 優恒　まさつね

女の子
- 恒佳　のぶか
- 恒埜　ひさの
- 恒美　ひさみ
- 恒代　ひさよ
- 茉恒　まちか

皇

コウ　オウ
名 すべ　すめら

もとは輝く意味で、天子、君主、王を表す。大きい、美しいの意味もある。神々しさや高貴さを感じさせる字。

ヒント 「こう」の音で機敏《きびん》さと思慮深さを、「おう」の音で周囲を包みこむような親しみやすさをプラス。

男の子
- 雅皇　がおう
- 皇駕　こうが
- 皇輝　すべき
- 悠皇　ゆうおう
- 皇太郎　こうたろう

女の子
- 皇華　おうか
- 皇奈　おうな
- 皇晴　こはる
- 真皇　まお
- 李皇　りお

香

コウ　キョウ　か　かおる
名 かおり　かが　たか　よし

よい香りで神に祈ることを表し、香り、かんばしいの意味。高雅なもののたとえにも。エレガントな感じの字。

ヒント 女の子の止め字の定番。「か」で終わる名前は、クールで快活な印象。知的で繊《せん》細《さい》な「こう」の音でも。

男の子
- 香晟　こうせい
- 誠香　せいか
- 香輝　よしき
- 芳香　よしたか
- 香太郎　こうたろう

女の子
- 香　かおり
- 愛香　あいか
- 香莉　かがり
- 香子　かこ
- 香菜　かな
- 香帆　かほ
- 香海　こうみ
- 澄香　すみか
- 香慧　たかえ
- 智香　ちか
- 遥香　はるか
- 優香　ゆうか
- 香乃　よしの
- 美香子　みかこ
- 萌々香　ももか

紅

コウ　ク　べに　くれない
名 あか　いろ　くれ　もみ

桃の花のような白みのある赤色を表し、くれない、赤、べにの意味に使う。華やかでおしゃれな人に。

ヒント ミステリアスな印象の「く」や、思慮深い「こう」の音で。男の子には力強い印象の字を組み合わせて。

男の子
- 紅詩　あかし
- 紅旺　くれお
- 紅毅　こうき
- 紅都　べにと
- 紅一朗　こういちろう

女の子
- 紅芭　いろは
- 紅愛　くれあ
- 実紅　みく
- 紅葉　もみじ
- 紅瑠美　くるみ

虹

コウ　にじ

雨上がりに空にかかる虹の意味を表す。虹は、昔は天にすむ竜と考えられていた。メルヘンチックな字。

ヒント 「にじ」の音は、甘えん坊ながらパワフルな印象。知的で繊細《せんさい》な愛らしさをもつ「こう」の音でも。

男の子
- 虹市　こういち
- 虹輝　こうき
- 虹竜　こうりゅう
- 虹采　にじと
- 虹一朗　こういちろう

女の子
- 彩虹　あやこ
- 虹奈　こうな
- 七虹　ななこ
- 虹來　にこ
- 虹歌　にじか

洸

コウ
名 たけし　ひろ　ひろし

水が揺れ動いて光る様子、水が深く広い様子を表す。ほのか、かすかの意味も。うっとりするようなイメージ。

ヒント 機敏で思慮深い「こう」、たくましさとやすらぎを感じさせる「ひろ」の音で。1字名にしても。

男の子
- 洸　たけし
- 洸一　こういち
- 洸瑛　こうえい
- 悠洸　はるひろ
- 洸希　ひろき

女の子
- 洸子　こうこ
- 洸愛　こうな
- 千洸　ちひろ
- 洸海　ひろみ
- 真洸　まひろ

砂

サ　シャ　すな
名 いさご

貝などがくだけてできた砂を表す。白く広がる砂浜をイメージさせるような、健康的でさわやかな人に。

ヒント 颯爽《さっそう》としたリーダーの印象の「さ」の音で。「沙」や「紗」よりも使用例が少なく、新鮮。

男の子
- 砂吾　いさご
- 砂暉　さき
- 砂玖　さく
- 砂介　さすけ
- 砂旺　すなお

女の子
- 亜砂　あすな
- 砂音　さと
- 千砂　ちさ
- 芽砂　めいさ
- 美依砂　みいしゃ

哉

サイ
か　かな　や
名 えい　すけ　とし　なり

新しい矛をはらい清める儀礼を表し、はじめる、はじめの意味になった。フレッシュなイメージの字。

ヒント 優しい開放感にあふれた「や」の音で男の子の止め字の定番。「か」「かな」「や」の音は女の子にも。

男の子

斡哉	あつや
哉都	えいと
哉斗	かなと
周哉	しゅうすけ
吏騎哉	りきや

女の子

哉菜	かな
夏哉	かや
哉絵	としえ
花哉	はなり
麻亜哉	まあや

咲

さく
名 えみ　さき

もとは笑うの意味を表し、現在では花が開く、咲くの意味に使う。華やかな印象で人気のある字。

ヒント 颯爽《さっそう》として憧《あこが》れの存在となる印象の「さ」のほか、「さき」や「えみ」の音で。「さく」の音は男の子にも。

男の子

咲樹	さき
咲都	さきと
咲哉	さくや
大咲	だいさく
咲二郎	さくじろう

女の子

咲	さき
咲花	えみか
咲李	えみり
咲彩	さあや
紗咲	さえみ
咲紀	さき
咲絵	さきえ
咲琴	さきこ
咲来	さくら
咲楽	さら
千咲	ちさき
茉咲	まさき
美咲	みさき
亜咲未	あさみ
亜里咲	ありさ

珊

サン
名 たま

装飾品に利用される珊《さん》瑚《ご》の意味。珊瑚礁《しょう》を連想させ、夏や海の好きな人に人気のある字。

ヒント 「たま」の音は、人間性豊かで、タフで優しい印象の名前に。「さ」の音で万葉仮名風に使っても。

男の子

珊冴	さんご
珊時	さんじ
珊暉	たまき
珊史朗	さんしろう
日珊斗	ひさと

女の子

珊渚	さな
珊瑚	さんご
珊姫	たまき
珊巴	たまは
珊海	たまみ

柘

シャ　つげ
名 つ

樹木のヤマグワを表す。また、樹木のツゲの意味もある。どちらも実用的な木。堅実な人になるように。

ヒント 「つ」の音で万葉仮名風に用いると使いやすい。芯が強く、ミステリアスなパワーを感じさせる名前に。

男の子

柘郎	つげお
柘樹	つげき
柘杜	つげと
李柘	りつ
実柘季	みつき

女の子

柘美	つぐみ
柘埜	つげの
美柘	みつ
絵柘子	えつこ
芭柘実	はつみ

柊

シュウ
ひいらぎ
名 ひ

日本では、常緑樹のヒイラギを表す。西洋ヒイラギはクリスマスの装飾に使うので、ロマンチックな名前に。

ヒント 「しゅう」は俊敏《しゅんびん》さと落ち着きをあわせもつ音。カリスマ性をもつ「ひ」の音で、万葉仮名風にも。

男の子

柊	しゅう
柊介	しゅうすけ
柊聖	しゅうせい
柊晴	ひなり
柊路	ひろ

女の子

柊	ひいらぎ
柊華	しゅうか
柊名	しゅうな
魅柊	みしゅう
柊麻里	ひまり

秋

シュウ　あき
名 あきら　とき　とし　みのる

もとの字は豊作を祈る儀礼を表し、実る、また、儀礼の行われる秋の意を表す。しっとりと魅力的な人に。

ヒント 明るさとキュートさのある「あき」の音や、俊敏《しゅんびん》さと落ち着きを兼ねそなえた「しゅう」の音で。

男の子

秋	しゅう
秋成	あきなり
秋良	あきら
秋吾	しゅうご
秋水	しゅうすい
杜秋	とあ
秋和	ときわ
秋峰	としみね
秀秋	ひであき
秋瑠	みのる

女の子

秋	あき
秋香	あきか
秋子	あきこ
秋菜	あきな
秋穂	あきほ
秋來	あきら
小秋	こあき
秋果	しゅうか
千秋	ちあき
秋実	ときみ

重

ジュウ
チョウ　え
おもい
かさねる
名 あつ　あつし　かず　しげ

袋に入れた荷物を表し、重いの意味になった。大切にするの意味もある。敬愛される人になるように。

ヒント たゆまぬ努力で出世する「しげ」の音で男の子の定番の字。女の子には洗練された印象の「え」の音で。

男の子

重史	あつし
和重	かずしげ
重希	しげき
重人	しげと
朋重	ともえ

女の子

絢重	あやえ
重奈	かずな
紗重	さえ
詩重	しえ
八重子	やえこ

祝

シュク シュウ いわう
名 い とき のり はじめ ほう よし
旧 祝

「示」+「兄」で、神を祭ることを表し、祈る、祝うの意味になった。めでたいことの多い人生を祈って。

ヒント 使用例は少ないが、使いやすい読みが多い字。「のり」と読むと、凜《りん》として気品のあるイメージに。

男の子
- 祝 はじめ
- 祝輔 しゅうすけ
- 祝寿 のりとし
- 祝時 ほうじ
- 祝生 よしき

女の子
- 知祝 ちとき
- 実祝 みのり
- 結祝 ゆい
- 祝佳 よしか
- 祝千夏 いちか

春

シュン はる
名 あずま あつ かす かず とき は はじめ

四季の春の意味。また、若い年ごろの意味もあり、「青春」はこの使い方。活力にあふれた子に育つように。

ヒント 「はる」の音でさらに華やかで明るく生命力を感じさせて。「しゅん」の音はさわやかな光のような印象。

男の子
- 春 あずま
- 春詩 あつし
- 春斗 かずと
- 春翔 しゅんと
- 春哉 しゅんや
- 智春 ともはる
- 春芽 はじめ
- 春樹 はるき
- 春陽 はるひ
- 光春 みつはる

女の子
- 春 はる
- 春日 かすが
- 心春 こはる
- 千春 ちはる
- 春音 ときね
- 春花 はるか
- 春菜 はるな
- 春海 はるみ
- 美春 みはる
- 遼春 りょうは

俊

シュン
名 すぐる たか たかし とし まさる よし

人の賢いこと、才知の優れていることを表す。俊足は足の速いこと。心身ともほかに抜きんでることを願って。

ヒント やわらかく弾《はず》むような愛らしさのある「しゅん」、信頼感にあふれカリスマ性のある「とし」の音で。

男の子
- 俊 すぐる
- 俊介 しゅんすけ
- 俊平 しゅんぺい
- 俊至 たかし
- 毅俊 たけとし

女の子
- 俊音 たかね
- 俊実 たかみ
- 俊佳 としか
- 俊菜 まさな
- 俊乃 よしの

洵

ジュン まこと
名 のぶ ひとし

まこと、まことにの意味を表す。等しい、涙が流れるの意味もある。心の美しい誠実な人になることを願って。

ヒント 使用例が少なく、新鮮味のある名前に。「じゅん」「まこと」「ひとし」の音で、男の子の1字名にも。

男の子
- 洵 まこと
- 洵矢 じゅんや
- 誠洵 せいじゅん
- 洵希 のぶき
- 洵志 ひとし

女の子
- 志洵 しのぶ
- 洵愛 じゅんな
- 洵果 のぶか
- 洵魅 のぶみ
- 洵杜 まこと

昭

ショウ
名 あき あきら てる はる

明らか、あらわす、輝くなどの意味。よく治まるの意味もあり、昭和の年号に使われた。レトロな魅力のある字。

ヒント 「あき」と読むと、明るく、包容力のある印象に。「しょう」の音はソフトで深い光を感じさせる。

男の子
- 昭伸 あきのぶ
- 昭暉 しょうき
- 昭平 しょうへい
- 昭陽 てるひ
- 嘉昭 よしあき

女の子
- 昭奈 あきな
- 昭葉 あきは
- 昭菜 あきら
- 小昭 こはる
- 千昭 ちあき

城

ジョウ しろ
名 き

はらい清められた城壁の中の都市を表し、築くの意味にも使う。一国一城の主、トップになれるよう願って。

ヒント 「き」の音で止め字にすると使いやすい。「き」で終わる名前は、潔くわが道を進むイメージに。

男の子
- 城雅 じょうが
- 城揮 しろき
- 来城 らいき
- 竜城 りゅうき
- 城乃介 じょうのすけ

女の子
- 城奈 きな
- 紗城 さき
- 城華 しろか
- 真城 まき
- 茉城 ましろ

信

シン
名 こと さだ し しな とし のぶ まこと みち

「亻(人)」+「言」で、人との約束を表し、まこと、信じるの意味になった。すくすく伸びる意も。誠実な人に。

ヒント 「しん」の音は、まっすぐ前向きな印象。「のぶ」と読むと甘えん坊だがエネルギッシュな行動派に。

男の子
- 信 まこと
- 英信 えいしん
- 健信 けんしん
- 信李 ことり
- 信芽 さだめ
- 信人 しなと
- 信亮 しんすけ
- 辰信 たつとし
- 信佑 のぶすけ
- 信輝 のぶてる
- 信行 のぶゆき
- 将信 まさみち
- 勇信 ゆうし
- 慶信 よしのぶ
- 信一郎 しんいちろう

女の子
- 信埜 しの
- 志信 しのぶ
- 信帆 しほ
- 信歩 のぶほ
- 信都 まこと

津

シン　つ
名 すず

港、船着き場、渡し場などの意味を表す。また、潤う、あふれるの意味もある。才知のあふれ出るような人に。

ヒント 「つ」の読みで万葉仮名風に使うのが定番。芯が強く、ミステリアスなパワーを秘めた名前に。

男の子
- 栄津 えいしん
- 津平 しんぺい
- 津也 しんや
- 吏津 りつ
- 津希都 つきと

女の子
- 有津 ありす
- 奈津 なつ
- 実津 みつ
- 珠津子 すずこ
- 羽津美 はつみ

神

シン　ジン
かみ　かん
こう
名 か　かむ
きよ　しの
みわ

「申」はいなびかりで、天の神、かみを表す。たましいや精神、非凡の意味も。人智を超えるような才能を願って。

ヒント 「かみ」の「か」や「み」の音を活かすと新鮮な名前に。「神楽」「神代」などのことばから名づけても。

男の子
- 神伊 かい
- 神來 きよら
- 神吏 しんり
- 汰神 たかむ
- 龍神 りゅうじん

女の子
- 神楽 かぐら
- 神縫 かんぬ
- 紗神 さみ
- 神李 しのり
- 神来 みわこ

是

ゼ
名 これ
すなお
ただし　つな
ゆき　よし

さじの形からできた字。正しい、よいの意味に使う。「非」の反対語。正義感の強い人になることを願って。

ヒント 使用例は少ないが、名乗りはどれも使いやすい読みばかり。「すなお」「ただし」の音で、1字名にも。

男の子
- 是 すなお
- 是志 ただし
- 是浩 ただひろ
- 優是 まさゆき
- 良是 よしつな

女の子
- 依是 いこれ
- 是愛 ゆきな
- 是音 ゆきね
- 是加 よしか
- 是乃 よしの

省

セイ　ショウ
かえりみる
はぶく
名 あきら
かみ　み
よし

もとは巡察することを表し、見る、省みるの意味になった。よく調べるの意味もある。物事を深く探究する人に。

ヒント ソフトで深い光を感じさせる「しょう」、清々《すがすが》しくひたむきな印象の「せい」の音を活かして。

男の子
- 一省 いっせい
- 省吾 しょうご
- 汰省 たかみ
- 義省 よしみ
- 省行 よしゆき

女の子
- 省来 あきら
- 玖省 くみ
- 省花 しょうか
- 省那 せいな
- 省羅 せいら

星

セイ　ショウ
ほし
名 とし

空に見える星の意味を表す。また、重要人物、文字どおりスターの意味もある。どの分野でもきらりと輝く人に。

ヒント さわやかな透明な光を思わせる「せい」の音で、清潔感あふれるスターになることを願って。

男の子
- 恒星 こうせい
- 仁星 じんせい
- 星輝 せいき
- 星哉 せいや
- 星凪 せな
- 星成 としなり
- 星都 ほしと
- 佑星 ゆうせい
- 藍星 らんせい
- 流星 りゅうせい

女の子
- 千星 ちせ
- 星愛 せいあ
- 星歌 せいか
- 星名 せいな
- 星来 せいら
- 星蘭 せいらん
- 星実 としみ
- 星乃 ほしの
- 美星 みほし
- 南々星 ななせ

政

セイ　ショウ
まつりごと
名 おさ
きよ　ただし
つかさ　のぶ
まさ

強制して正すことから、おさめる、政治の意味になった。正しくするの意味もある。心のまっすぐな人に。

ヒント 純粋でひたむきな「せい」の音や、満ち足りていてさわやかな「まさ」の音を活かして。

男の子
- 政 ただし
- 一政 いちまさ
- 政夢 おさむ
- 快政 かいせい
- 政大 しょうた

女の子
- 政佳 きよか
- 政紗 つかさ
- 政花 のぶか
- 政乃 まさの
- 政美 まさみ

茜

セン　あかね

アカネ、アカネグサを表す。アカネグサから採れる染料は紫に近い赤。古風で素朴《そぼく》な感じの人に。

ヒント 「あかね」の音で女の子の1字名の使用例が多い。気さくで穏《おだ》やかな、やわらかく愛に満ちた人に。

男の子
- 茜詩 あかし
- 茜彦 あかひこ
- 茜至 せんじ
- 茜輔 せんすけ
- 茜汰 せんた

女の子
- 茜 あかね
- 茜嶺 あかね
- 茜里 あかり
- 小茜 こあか
- 茜莉 せんり

宣

セン
名 すみ
のぶ　のり
ひさ　ふさ
むら　よし

述べる、広める、考えを知らせるなどの意味を表す。また、明らかの意味も。自己主張できる人になるように。

ヒント りりしく気品のある印象の「のり」、甘えん坊だが情熱を秘めた「のぶ」の音などを活かして。

男の子
- 宣司 せんじ
- 利宣 としのり
- 宣志 ひさし
- 洋宣 ひろのぶ
- 宣咲 むらさき

女の子
- 宣玲 すみれ
- 宣花 のぶか
- 宣絵 ふさえ
- 実宣 みのり
- 宣波 よしは

泉

セン　いずみ
名 い　きよし　ずみ　み　みず　もと

がけの下から流れる水の形で、いずみ、湧き水の意味を表す。源の意味もある。澄んだ美しいイメージの字。

ヒント まっすぐで深く、一途《いちず》な「いずみ」の音で、1字名に使われる。「み」の音を活かして止め字にも。

男の子
泉　いずみ
和泉　いずみ
泉水　きよみ
泉吉　せんきち
泉季　みずき

女の子
愛泉　あいみ
碧泉　あおい
泉澄　いずみ
泉玖　みく
泉子　もとこ

奏

ソウ　かなでる
名 かな

物を捧げて献上する形で、勧める、差し上げるの意味。また、音楽を演奏する意味もあり、人気のある字。

ヒント 「そう」と読むと、透明な光のような清涼感のある名前に。知的でスイートな「かな」の音でも。

男の子
奏　かなで
奏生　かなう
奏大　かなた
奏采　かなと
爽奏　さそう
奏弦　そうげん
奏梧　そうご
奏多　そうた
奏和　そうわ
奏太郎　そうたろう

女の子
奏夏　かなつ
奏美　かなみ
奏鈴　かなり
奏音　かのん
奏愛　そうあ
奏來　そら
茉奏　まかな
唯奏　ゆいか
和奏　わかな
奏名多　そなた

草

ソウ　くさ
名 かや　しげ

草、草深いところのほか、最初、はじめるの意味もある。素朴《そぼく》な力強さをもつよう願って。

ヒント さわやかな草原のイメージに、「そう」の音で透明感をプラス。「くさ」の音で女の子の止め字にも。

男の子
草杜　かやと
草樹　しげき
草輝　そうき
草佑　そうすけ
草平　そうへい

女の子
草音　かやね
草乃　かやの
草埜　しげの
草奈　そうな
千草　ちぐさ

荘

ソウ　ショウ
名 これ　しげ　たか　たかし　ただし　まさ

旧 莊

おごそか、重々しい、盛んの意味のほか、別宅の意味もある。威厳があり、他人から敬われる人になるように。

ヒント 「そう」の音でさわやかさをプラスして。「そう」「たかし」などの音で男の子の1字名にも。

男の子
荘　たかし
荘太　しょうた
荘志　ただし
博荘　ひろまさ
荘一郎　そういちろう

女の子
依荘　いこれ
荘菜　しげな
荘子　そうこ
荘音　たかね
荘美　まさみ

則

ソク
名 つね　のり　とき　みつ

決まり、おきて、手本、手本にするなどの意味を表す。清く正しく美しい人になることを願って。

ヒント 「のり」の音で先頭字や男の子の止め字に。「のり」と読むと、気品があり、アイドル的な存在に。

男の子
篤則　あつのり
則己　つねき
則正　ときまさ
則希　みつき
由則　よしのり

女の子
則佳　のりか
則世　のりよ
則巴　みつは
則美　みつみ
実則　みのり

茶

チャ　サ

茶、茶の葉、茶道などの意味のほか、少女、おどけることの意味もある。お茶目《ちゃめ》でみんなに愛される子に。

ヒント お茶目な雰囲気をもつ字に、「さ」の音でさわやかで笑顔が素敵なイメージをプラスして。

男の子
一茶　いっさ
茶久　さく
茶利　さとし
茉茶　まさ
真茶樹　まさき

女の子
茶恵　さえ
茶織　さおり
里茶　りさ
実茶季　みさき
美茶子　みさこ

貞

テイ
名 さだ　ただ　ただし　みさお

もとは鼎《かなえ》を使って神意を問うことで、占う、正しいなどの意味。正義感の強いまっすぐな人に。

ヒント 「さだ」と読むと裏表のない一途《いちず》な人の、「てい」と読むとまじめで芯があり、出世が期待できる印象に。

男の子
貞　ただし
貞正　さだまさ
貞都　ただと
貞治　ていじ
倫貞　みちさだ

女の子
貞　みさお
貞乃　さだの
貞香　ていか
茉貞　まさだ
貞緒　みさお

祢

ネ　デイ
名 ない

旧 禰

父の霊を祭るみたまやを意味する。神官のことを禰宜《ねぎ》という。神秘的な意味をもつ字。

ヒント 「ね」の音でやすらぎと温かさを感じさせる、グループのリーダー格の印象を加えて。

男の子
樹祢　じゅね
祢都　ないと
祢生　ねお
茂祢　もね
未祢斗　みねと

女の子
彩祢　あやね
祢琉　ないる
祢々　ねね
美祢　みね
瑠祢　るね

南

ナン ナ
みなみ
名 あけ なみ みな よし

方位の南を表す。暖かい方角なので、よく成長するイメージがある。すくすくと育つよう願いをこめて。

ヒント 「な」の音にはのびやかでやわらかい親密感がある。「みな」と読むと満ち足りたなつかしいイメージに。

男の子

- 星南 せな
- 南央 なお
- 南雄 なお
- 七南 ななみ
- 真南 まあけ
- 南輝 みなき
- 南斗 みなと
- 南和 よしかず
- 南々斗 ななと
- 南琉己 なるき

女の子

- 南埜 あけの
- 心南 ここな
- 菜南 ななみ
- 穂南 ほなみ
- 南空 みそら
- 南魅 みなみ
- 南音 よしね
- 琉南 るな
- 陽南乃 ひなの
- 帆南海 ほなみ

珀

ハク
名 すい
たま

琥珀《こはく》は、地質時代の樹脂などが地中で固まってできた玉の一種。変わらぬ輝きを願って。

ヒント 「はく」と読むと、リーダーの風格を感じさせる。優しくタフで、人間性豊かな「たま」の音でも。

男の子

- 琥珀 こはく
- 珀夢 すいむ
- 珀輝 たまき
- 珀翔 はくと
- 珀哉 はくや

女の子

- 小珀 こはく
- 珀那 すいな
- 珀禾 たまか
- 珀音 たまね
- 珀美 たまみ

飛

ヒ とぶ
名 たか

鳥が飛ぶ形からできた字。飛ぶ、跳ね上がる、飛ぶように速いなどの意味。元気で活発な子になるように。

ヒント カリスマ性を感じさせる「ひ」の音で。「と」の音で止め字にしたり、「飛鳥《あすか》」の音を活かしても。

男の子

- 賢飛 けんと
- 大飛 だいと
- 飛穂 たかほ
- 飛翔 ひしょう
- 悠飛 ゆうと

女の子

- 飛鳥 あすか
- 飛未 たかみ
- 飛那 ひな
- 飛芽 ひめ
- 飛万浬 ひまり

美

ビ
うつくしい
名 とみ はる ふみ み みつ よし よしみ

大きな羊から、美しい、うまい、よい、ほめるなどの意味になった。止め字にも使われ、人気の高い字。

ヒント 「み」と読むと、みずみずしくフレッシュで愛される名前に。清潔な癒《いや》しに満ちた「よし」の音も人気。

男の子

- 拓美 たくみ
- 征美 まさみ
- 美騎 よしき
- 美統 よしと
- 美直 よしなお

女の子

- 美 よしみ
- 亜美 あみ
- 静美 きよみ
- 千美 ちはる
- 美歌 とみか
- 茉美 まふみ
- 美音 みお
- 美駆 みく
- 美湖 みこ
- 美瑠 みつる
- 美優 みゆう
- 悠美 ゆうび
- 美乃 よしの
- 恵美子 えみこ
- 美瑞妃 みずき

風

フウ フ
かぜ かざ

天上の竜が起こす風のほかに、ならわし、しきたり、上品な味わいなどの意味がある。さわやかな人に。

ヒント 温かく、ふんわりとした雰囲気の「ふう」の音を活かすほか、「か」の音で止め字にしても。

男の子

- 慧風 えふ
- 風翔 かざと
- 風見 かざみ
- 海風 かふう
- 琥風 こかぜ
- 風雅 ふうが
- 風太 ふうた
- 風翔 ふうと
- 松風 まつかぜ
- 瑠風 るふ

女の子

- 風波 かざは
- 風李 かざり
- 涼風 すずか
- 千風 ちかぜ
- 南風 なみか
- 風夏 ふうか
- 風胡 ふうこ
- 風鈴 ふうりん
- 風来 ふき
- 美風 みかぜ

昴

ボウ すばる
名 ほ

星座のすばるを表す。おうし座のプレアデス星団のことで、農耕の星とされた。ロマンチックなイメージの字。

ヒント 「すばる」と読むと、革新と繁栄をもたらす潜在力を感じさせる。「ほ」の音で万葉仮名風にも。

男の子

- 昴 すばる
- 輝昴 きぼう
- 昴琉 すばる
- 周昴 ちかほ
- 耕昴 やすほ

女の子

- 明昴 あきほ
- 希昴 きほ
- 真昴 まほ
- 未昴 みほ
- 花昴莉 かほり

保

ホ　たもつ
名 お　もち
もり　やす
やすし　より

赤ちゃんをおんぶする形から、守る、保つ、やすらかにするなどの意味を表す。優しい人になるように。

ヒント 「ほ」と読むと温かなくつろぎを感じさせる。「やす」の音は初夏の光のように清潔で癒《いや》しに満ちた印象。

男の子

- 保　たもつ
- 叶保　かなお
- 天保　たかもち
- 赳保　たけほ
- 龍保　たつほ
- 正保　まさやす
- 守保　もりやす
- 保基　やすき
- 泰保　やすほ
- 保邦　よりくに

女の子

- 栞保　しほ
- 詩保　しより
- 茉保　まお
- 真保　まほ
- 美保　みもり
- 保菜　もちな
- 保未　やすみ
- 保多留　ほたる
- 保菜実　ほなみ
- 保乃香　ほのか

柾

まさ
名 ただ

日本でつくられた字。木の正目のこと。また、常緑樹のマサキを表す。正目のようにまっすぐ育つよう願って。

ヒント 満ち足りた印象とさわやかな感じの「まさ」の音で、先頭字や止め字に。「征」と間違えないよう注意。

男の子

- 柾翔　ただと
- 直柾　なおまさ
- 柾樹　まさき
- 柾司　まさし
- 柾杜　まさと

女の子

- 柾咲　まさき
- 柾埜　まさの
- 柾美　まさみ
- 柾葉　まさよ
- 柾李　まさり

耶

ヤ　か

もと「邪」から分化した字。父親の意味がある。耶蘇（＝キリスト）、耶馬台国の「耶」。しゃれた感じの字。

ヒント 優しく清潔な開放感にあふれる「や」の音で、止め字や万葉仮名風に使って。

男の子

- 洸耶　こうや
- 迅耶　じんか
- 武耶　たけや
- 遼耶　りょうや
- 耶馬斗　やまと

女の子

- 絢耶　あやか
- 佳耶　かや
- 茉耶　まや
- 紗耶香　さやか
- 美耶子　みやこ

勇

ユウ　いさむ
名 いさお
いさみ　たけ
たけし　つよ
とし　はや

勇ましい、強いのほか、思い切りがよい、心がふるい立つなどの意味を表す。元気いっぱいに育つことを願って。

ヒント 字の意味は男の子にぴったり。「ゆう」と読むと、その場を和ませる優しさに満ちた印象が加わる。

男の子

- 勇　いさみ
- 勇緒　いさお
- 勇生　いさき
- 勇吹　いぶき
- 勇史　たけし
- 勇瑠　たける
- 智勇　ちはや
- 勇詩　つよし
- 勇成　としなり
- 勇人　はやと
- 武勇　ぶゆう
- 雅勇　まさたけ
- 勇駕　ゆうが
- 勇寛　ゆうかん
- 勇気　ゆうき
- 勇輝　ゆうき
- 勇仁　ゆうじん
- 勇大　ゆうだい
- 勇灯　ゆうひ
- 勇之介　ゆうのすけ

柚

ユウ　ゆず
名 ゆ

果樹のユズを表す。果実はすっぱく、香りが強いので、料理の味を引き立てる。和風のイメージのある字。

ヒント 優しい印象の「ゆう」「ゆ」の音で使える字。思いやりと風格で慕《した》われる「ゆず」の音を活かしても。

男の子

- 柚　ゆず
- 柚介　ゆうすけ
- 柚亮　ゆうすけ
- 柚樹　ゆずき
- 柚一郎　ゆういちろう

女の子

- 亜柚　あゆ
- 晏柚　あんゆ
- 小柚　こゆず
- 真柚　まゆう
- 心柚　みゆ
- 美柚　みゆ
- 柚実　ゆうみ
- 柚結　ゆうゆ
- 柚莉　ゆうり
- 柚香　ゆか
- 柚子　ゆず
- 柚希　ゆずき
- 柚葉　ゆずは
- 柚李　ゆずり
- 万柚子　まゆこ

宥

ユウ
なだめる
ゆるす
名 すけ
ひろ　ゆ

祖先の霊に肉を供えて許しを請うことで、許す、なだめる、寛大などの意味を表す。スケール感のある字。

ヒント 人気の音「ゆう」「ゆ」で使える。使用例が少なく新鮮。「ひろ」「すけ」の音で男の子の止め字にも。

男の子

- 大宥　だいすけ
- 知宥　ちひろ
- 宥乃　ゆうだい
- 宥斗　ゆうと
- 宥之介　ゆうのすけ

女の子

- 万宥　まひろ
- 未宥　みゆ
- 宥那　ゆうな
- 宥蘭　ゆうらん
- 宥紀　ゆき

祐

ユウ たすける

名 さち すけ ち ひろ みち ゆ よし

旧 祐

神の助けを求めることを表し、助けるの意味。祐筆とは秘書、書記のことで、よきバイプレーヤーになれそう。

ヒント 「ゆう」「ゆ」の読みでよく使われる。フットワークが軽い印象の「すけ」の音で、男の子の止め字にも。

男の子

瑛祐 えいすけ
祐伸 さちのぶ
泰祐 たいち
祐貴 ひろき
祐利 みちとし
祐治 ゆうじ
祐仁 ゆうと
祐良 ゆら
祐昌 よしまさ
真之祐 しんのすけ

女の子

祐華 さちか
千祐 ちひろ
茉祐 まゆ
実祐 みち
祐瑠 みちる
祐子 ゆうこ
祐里 ゆり
祐美 よしみ
亜祐実 あゆみ
祐梨亜 ゆりあ

洋

ヨウ

名 うみ きよ なみ ひろ ひろし み

大きな海、大きな波、また、広く大きい様子を表す。西洋の意味もある。スケールの大きな人になるように。

ヒント 「よう」の音で、おおらかで思いやりのある人に。「ひろ」の音はおおらかで包容力のあるイメージ。

男の子

洋 ひろし
洋晴 きよはる
昊洋 こうよう
大洋 たいよう
尋洋 ひろみ

女の子

小洋 こうみ
洋夏 ひろか
真洋 まひろ
南洋 みなみ
美洋 みひろ

要

ヨウ いる かなめ

名 しの とし め もとむ やす

腰骨の形から、かなめの意味になった。しめくくる、求めるなどの意味を表す。重要人物になれるように。

ヒント 「よう」の音は、のびのびして安心感を与える印象。「かなめ」と読むと、エレガントで温かいイメージ。

男の子

要 もとむ
要秀 としひで
要来 やすき
要一 よういち
要佑 ようすけ

女の子

要芽 かなめ
要歩 しのぶ
尋要 ひろめ
要葉 やすは
要花 ようか

洛

ラク

名 みやこ

もとは中国の洛水という川の名。また、中国古代の都、洛陽をいい、日本では京都を指す。エキゾチックな字。

ヒント 「らく」の音は、パワフル、知的で華やか。しなやかで華やかな「ら」の音で、万葉仮名風に使っても。

男の子

雅洛 がらく
聖洛 せいら
洛登 らくと
洛埜 らくや
洛太郎 らくたろう

女の子

洛 みやこ
咲洛 さくら
沙洛 さら
美洛 みら
洛菜 らな

俐

リ さとい

賢いの意味を表す。特に弁舌の巧みなことをいう。字の組み合わせ方で、気のきいた感じの名前になる。

ヒント 「さと」と読むと、さわやかで温かく、聡明な印象に。りりしくて理知的な「り」の音でも。

男の子

俐史 さとし
俐琉 さとる
俐智 さとる
灯俐 とうり
裕俐 ゆうり

女の子

愛俐 あいり
俐理 さとり
樹俐 じゅり
知俐 ちさと
芽俐名 めりな

律

リツ リチ

名 おと ただし ただす のり

決まり、定め、法律の意味を表す。また、音楽や詩の調子の意味もある。芸術的な才能を授《さず》かることを願って。

ヒント 理知的でパワフルな「りつ」の音で先頭字に。「のり」の音は、気品があり、りりしい印象。

男の子

律 ただし
律哉 おとや
和律 かずのり
律希 りつき
律人 りつと

女の子

律 りつ
律音 おと
律女 おとめ
律歌 のりか
律姫 りつき

亮

リョウ あきらか

名 あきら すけ まこと かつ とおる よし

明らか、まこと、助けるなどの意味を表す。大宝令《たいほうりょう》では長官を補佐する官のこと。誠実な人になるように。

ヒント 「りょう」の音は、気品があり、賢く華やかな印象。明るくキュートな「あき」の音を活かしても。

男の子

亮 りょう
亮來 あきら
亮輝 かつき
亮巳 かつみ
俊亮 しゅんすけ
孝亮 たかあき
辰亮 たつよし
亮琉 とおる
亮希 よしき
亮杜 よしと
亮祐 りょうすけ
亮太 りょうた
亮馬 りょうま
晴之亮 はるのすけ
亮太郎 りょうたろう

女の子

亮葉 あきは
亮穂 あきほ
智亮 ちあき
亮佳 りょうか
亮子 りょうこ

柳

リュウ　やなぎ

樹木のヤナギを表す。ヤナギは幹や枝に弾力性があることが特徴。しなやかな強さをもつ人になるように。

ヒント 「りゅう」の音を活かすと使いやすい。「りゅう」と読むと、知性的で躍動感にあふれ、力強い名前に。

男の子

蒼柳　そうりゅう
柳時　りゅうじ
柳杜　りゅうと
柳也　りゅうや
柳之丞　りゅうのすけ

女の子

柳　やなぎ
柳葉　やなは
柳花　りゅうか
柳香　りゅうか
柳美　りゅうみ

玲

レイ
名 あき　あきら　たま　ほまれ　れ

玉のふれ合う美しい音、玉のように光り輝く美しさを表す。顔も声も美しい人に成長することを願って。

ヒント エレガントで洗練された「れ」、理知的で気品ある「れい」のほか、「あきら」などの読みで1字名にも。

男の子

玲　あきら
玲羅　あきら
玲季　たまき
玲礼　ほまれ
玲偉　れい
玲司　れいじ
玲弥　れいや
玲央　れお
玲雄　れお
玲音　れおん

女の子

玲　れい
玲帆　あきほ
玲禾　たまか
美玲　みれい
玲可　れいか
玲子　れいこ
玲沙　れいさ
玲緒　れお
玲那　れな
絵玲奈　えれな

郎

ロウ
名 お

旧 郞

いい男のことをいい、男、若者などの意味に使う。男らしい印象で、止め字としていまも昔も人気がある。

ヒント 男の子の昔からの止め字。知的な印象の「ろう」、風格がある印象の「お」、どちらの読みでも。

男の子

淳郎　あつお
奏郎　かなお
建郎　けんろう
吾郎　ごろう
桜郎　さくろう
詩郎　しろう
拓郎　たくろう
晴郎　はるお
悠郎　はるろう
南郎　みなお
佳郎　よしろう
李郎　りお
航史郎　こうしろう
煌士郎　こうしろう
慎一郎　しんいちろう
清瑚郎　せいごろう
蒼太郎　そうたろう
塔詩郎　とうしろう
春太郎　はるたろう
悠太郎　ゆうたろう

column

組み合わせると決まった読み方をする漢字

2字以上まとまると特定の読みや意味になる漢字も、名づけのいいヒント。
「ひなた」と読みたい場合、「日向」のようにそのまま使うほか、
「陽向《ひなた》」「日向人《ひなと》」「日向菜《ひなな》」のように一部を借りるのもオススメです。

例

飛鳥　あすか
和泉　いずみ
息吹　いぶき
桔梗　ききょう
蔵人　くろうど
時雨　しぐれ
七夕　たなばた
土筆　つくし
柘植　つげ
朱鷺　とき
撫子　なでしこ
長閑　のどか
日向　ひなた
武蔵　むさし
紅葉　もみじ
大和　やまと
百合　ゆり
向日葵　ひまわり

10画

晏

アン　おそい
やすい
名 さだ　はる　やす

やすらか、静かの意味を表す。晴れ渡る、鮮やか、美しいの意味もある。抜けるような美しさのイメージ。

ヒント 「あん」の音は、素朴《そぼく》で親しみやすく、深い癒《いや》しを感じさせる。使用例が少ないので、新鮮。

男の子

明晏	あきはる
晏吾	あんご
晏空	はるく
幹晏	みきさだ
晏貴	やすき

女の子

晏	あん
晏珠	あんじゅ
晏那	あんな
晏璃	あんり
李晏	りあん

益

エキ　ヤク
名 あり
のり　ます
み　よし

皿に水があふれる形がもとで、増すの意味を表す。役に立つこと、もうけの意味もある。起業家に最適な字。

ヒント 静かな情熱を内に秘めた「ます」の音でよく使われる。フレッシュな印象の「み」の音で止め字にも。

男の子

聖益	きよみ
智益	ともみ
益伽	ますか
益輝	よしき
吉益	よしのり

女の子

愛益	あいみ
益紗	ありさ
益魅	ますみ
益佳	よしか
美益子	みやこ

悦

エツ
名 のぶ
よし

神が乗り移ってうっとりしている心をいい、喜ぶ、楽しむの意味に使う。喜びの多い人生を祈って。

ヒント 「えつ」の音は、遠い距離を一気に走り抜けるタフなイメージ。さわやかで癒《いや》される「よし」の音でも。

男の子

悦司	えつし
悦朗	えつろう
悦緒	のぶお
悦喜	よしき
芳悦	よしのぶ

女の子

悦子	えつこ
悦奈	えな
萌悦	もえ
悦佳	よしか
悦実	よしみ

桜

オウ　さくら
名 お　さ

旧 櫻 （→ P391）

樹木のサクラの意味を表す。日本を代表する花で、春のシンボルでもある。美しく心の温かい人になるように。

ヒント 「さくら」の音は、気さくで華やかな美人のイメージ。周囲を包むような「お」「おう」の音でも。

男の子

桜雅	おうが
桜季	おうき
悠桜	ゆうさく
竜桜	りゅうおう
桜太郎	さくたろう

女の子

桜	さくら
愛桜	あいさ
有桜	ありさ
桜香	おうか
彩桜	さお
桜咲	さき
桜埜	さくの
桜子	さくらこ
偲桜	しお
千桜	ちさ
紅桜	べにお
毬桜	まりお
美桜	みお
璃桜	りお
陽桜里	ひおり

恩

オン
名 おき
しだ　めぐみ

恵み、いつくしみ、大切にする、かわいがるなどの意味を表す。いつくしみの心をもった人に育つように。

ヒント 止め字として、壮大な世界観のある「おん」、自由で楽しそうな「のん」の音で。「めぐみ」の音で1字名にも。

男の子

恩祐	おんすけ
志恩	しおん
陽恩	はるおき
恩巳	めぐみ
璃恩	りおん

女の子

恩	めぐみ
華恩	かのん
恩李	しだり
茉恩	まのん
珠恩	みのん

夏

カ　ゲ　なつ

冠を着けて舞う人の形からできた字。季節の夏を表す。夏は生命活動が最も活発な時期である。元気な子に。

ヒント 「か」の音で、まっすぐで快活な印象、「なつ」の音で、親しみやすく生命力あふれる印象を加えて。

男の子

逸夏	いつか
夏衣	かい
夏央	なつお
夏己	なつき
夏起	なつき
夏彦	なつひこ
真夏	まなつ
梓夏斗	しげと
夏之介	なつのすけ
日夏多	ひなた

女の子

愛夏	あいか
夏鈴	かりん
澄夏	すみか
千夏	ちなつ
夏希	なつき
夏実	なつみ
菜夏	ななつ
由夏	ゆか
夏那子	かなこ
帆乃夏	ほのか

華

カ ケ はな
名 は はる

美しく咲き乱れる花の形からできた字で、花、華やか、栄えるなどの意味になった。花のように美しい人に。

ヒント 女の子に人気の字。「はな」の音でふっくら温かい印象を、「か」の音で利発で快活な印象を加えて。

女の子
- 愛華 あいか
- 彩華 あやか
- 一華 いちか
- 華波 かなみ
- 華音 かのん
- 華凛 かりん
- 華恋 かれん
- 小華 こはる
- 千華 ちはる
- 華絵 はなえ
- 華歌 はなか
- 華莉 はなり
- 華瑠 はる
- 華季 はるき
- 実華 みはる
- 雪華 ゆきか
- 遼華 りょうか
- 琉華 るか
- 麗華 れいか
- 梨華子 りかこ

桧

カイ ひのき
名 ひ

旧 檜

樹木のヒノキの意味を表す。ヒノキはきめが細かく、耐久性のある建築材である。芯の強い人になるように。

ヒント 「ひ」の音は情熱と冷静をあわせもち、カリスマ性のある印象。りりしく知性的な「かい」の音でも。

男の子
- 桧 ひのき
- 桧樹 かいき
- 桧斗 かいと
- 桧瑠 かいる
- 桧呂生 ひろき

女の子
- 桧織 ひおり
- 桧菜 ひな
- 桧郁 ひふみ
- 桧芽 ひめ
- 桧万里 ひまり

格

カク コウ
名 いたる ただ ただし つとむ のり まさ

神が天から降りてくる形で、至るの意味。また、正す、戦うなどの意味もある。正義感の強い人に。

ヒント 使用例は多くないが、「かく」「こう」「いたる」など、1字名向きの読みが多い字。「のり」の読みでも。

男の子
- 格 かく
- 格至 こうじ
- 格志 ただし
- 格武 つとむ
- 格軌 まさき

女の子
- 格 のり
- 格果 のりか
- 格来 まさき
- 格実 まさみ
- 美格 みのり

莞

カン いぐさ
名 い

草のイグサを表す。むしろを織るのに使われる。にっこり笑うという意味も。素朴《そぼく》で明るい子に。

ヒント 笑顔に満ちあふれたイメージの字。「かん」の読みで、無邪気でだれからも愛される名前に。

男の子
- 莞郷 いさと
- 莞治 かんじ
- 莞太 かんた
- 結莞 ゆうかん
- 莞太郎 かんたろう

女の子
- 愛莞 あい
- 莞緒 いお
- 莞純 いずみ
- 莞菜 かんな
- 莞乃 かんの

栞

カン しおり
名 か けん

「幵」+「木」で、木でつくった道標《みちしるべ》を表す。本にはさむしおり、ガイドの意味もある。文学少年、文学少女に。

ヒント 「しおり」と読むと、気品があり、清楚《せいそ》で可憐《かれん》なイメージに。「かん」「けん」の音を活かしても。

男の子
- 栞 けん
- 栞悟 かんご
- 栞史 かんじ
- 栞汰 けんた
- 栞杜 しおと

女の子
- 栞 しおり
- 栞奈 かんな
- 栞巴 しおは
- 智栞 ともか
- 栞緒吏 しおり

記

キ しるす
名 とし なり のり ふさ ふみ よし

順序よく整理して、書きとめる、記すの意味を表す。覚える、心に刻むの意味もある。堅実な人生を願って。

ヒント 個性を感じさせる「き」の音で止め字や万葉仮名風に。りりしく気品のある「のり」の音でも。

男の子
- 記詩 しるし
- 匡記 まさき
- 雪記 ゆきとし
- 由記 よしのり
- 記史 よしふみ

女の子
- 亜記 あき
- 記子 のりこ
- 羽記 はなり
- 記香 ふさか
- 記佳 ふみか

起

キ おきる
名 かず たつ ゆき

起きる、立つ、はじめる、盛んになるなどの意味を表す。積極的に運命を切りひらく人になるように。

ヒント 前向きなイメージの字に、「き」の音で、生命力にあふれ、個性的な印象をプラスして。

男の子
- 起臣 かずおみ
- 大起 だいき
- 起輝 たつき
- 昌起 まさき
- 由起夫 ゆきお

女の子
- 早起 さき
- 起美 たつみ
- 望起 みき
- 柚起 ゆき
- 起奈 ゆきな

姫

キ ひめ
名 め

もとは男子の「彦」に対して女性一般を示す字だったが、現在では貴人の娘や女性の美称。高貴なイメージ。

ヒント 「ひめ」の音でセクシーさと温かみを、「き」の音でクールビューティーのイメージをさらにプラス。

女の子
- 亜姫 あき
- 絢姫 あやめ
- 姫花 ひめか
- 姫華 ひめか
- 姫奈 ひめな
- 紘姫 ひろめ
- 舞姫 まき
- 姫衣 めい
- 悠姫 ゆうき
- 十姫乃 ときの

桔

キツ
名 き

秋の七草のひとつ、キキョウを表す。キキョウの花は美しく、根は漢方薬になる。芯の強い美しい人に。

ヒント 「きつ」の音を活かすと、自分をしっかりもった個性派の印象に。「き」の音で止め字にしても。

男の子

桔平	きっぺい
辰桔	たつき
悠桔	ゆうき
芳桔	よしき
桔之介	きつのすけ

女の子

桔慧	きえ
桔梗	ききょう
桔埜	きつの
瑞桔	みずき
夕桔	ゆき

恭

キョウ うやうやしい
名 すけ たかし ちか みつ やすし ゆき よし

神を拝むときの心を表す字で、つつしむ、うやうやしい、へりくだるなどの意味。謙虚な人になるように。

ヒント 輝くほどの強さと包容力のある「きょう」、周囲が指示を仰ぎたがる「やす」など、さまざまな読みで。

男の子

恭	たかし
一恭	いっきょう
柑恭	かんすけ
恭平	きょうへい
軌恭	きよし
恒恭	こうすけ
恭夏	ちかげ
陽恭	はるちか
雅恭	まさよし
茉恭	まちか
恭記	みつき
恭琉	みつる
恭誌	やすし
恭哉	ゆきや
恭伸	よしのぶ

女の子

恭加	きょうか
恭莉	ちかり
恭歩	みつほ
恭芭	やすは
恭乃	ゆきの

赳

キュウ
名 たけ たけし つよし

強い様子、たけだけしい様子、勇ましい様子を表す。負けず嫌いの、勇気がある子に育つことを願って。

ヒント 「たけ」と読むと、多くの人に信頼される印象に。「たけし」「つよし」の音で、1字名にしても。

男の子

赳	つよし
赳時	きゅうじ
赳生	たけお
赳毅	たけき
赳史	たけし
赳斗	たけと
赳広	たけひろ
赳弥	たけみ
赳志	つよし
則赳	のりたけ

恵

ケイ エ めぐむ
名 あや さとし しげ とし めぐみ やす よし
旧 惠

恵む、いつくしむのほかに、賢い、素直、美しいなどの意味もある。素直で優しい人になるように。

ヒント 潔くりりしい「けい」、幸福感にあふれ力強い印象の「めぐ」、洗練されて懐《ふところ》の深い印象の「え」の音などで。

男の子

恵	けい
恵霧	あやむ
恵人	けいと
恵己	さとみ
恵琉	しげる
恵郁	としふみ
智恵	ともやす
恵夢	めぐむ
恵瑠	めぐる
恵輝	よしき

女の子

恵	めぐみ
恵女	あやめ
恵香	けいか
彩恵	さえ
恵梨	さとり
恵実	しげみ
恵羽	やすは
恵慧	よしえ
香奈恵	かなえ
利恵子	りえこ

桂

ケイ かつら
名 かつ よし

樹木のカツラを表す。中国では常緑の香木だが、日本では別の木を指す。中国では、月に生えるという伝説も。

ヒント 潔く気品のある「けい」、やわらぎと清潔な癒《いや》しを感じさせる「よし」の音で、先頭字や止め字に。

男の子

桂	かつら
桂彦	かつひこ
桂樹	けいじゅ
桂杜	けいと
昌桂	まさよし

女の子

桂魅	かつみ
桂花	けいか
桂夏	よしか
桂埜	よしの
桂葉	よしは

兼

ケン かねる
名 かず かた かね とも

二本のイネを手にもつ形から、合わせる、兼ねるの意味を表す。たくさんの友人に恵まれるように。

ヒント 男の子は、やんちゃな魅力あふれる「けん」の音が使いやすい。女の子は「とも」「かず」の音を活かして。

男の子

兼士	かたし
兼斗	かねと
兼司	けんじ
弘兼	ひろかず
兼太郎	けんたろう

女の子

愛兼	あかね
兼音	かずね
兼穂	かずほ
兼佳	ともか
兼菜	ともな

剣

ケン つるぎ
名 あきら つとむ はや
旧 劍

つるぎ（両刃で反りのない刀）を表す。剣術、切るの意味もある。強く、頭の切れる子になるように。

ヒント 「けん」と読むと、好奇心と探究心あふれる印象の名前に。「あきら」「つとむ」の音で1字名にも。

男の子

剣	あきら
剣士	けんし
剣真	けんしん
剣人	けんと
剣斗	けんと
剛剣	ごうけん
千剣	ちはや
剣武	つとむ
剣央	はやお
剣翔	はやと

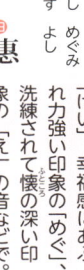

拳

ケン　こぶし
名 かたし　つとむ

手のひらを握って固める形で、こぶし、握るの意味を表す。力、勇気の意味もある。格闘技好きに人気の字。

ヒント 力強い字の印象に、「けん」の音で、やんちゃな少年のような魅力をプラス。「つとむ」の音で1字名にも。

男の子
- 拳　つとむ
- 拳志　かたし
- 拳一　けんいち
- 拳児　けんじ
- 拳亮　けんすけ
- 拳造　けんぞう
- 大拳　だいけん
- 拳夢　つとむ
- 雄拳　ゆうけん
- 拳志郎　けんしろう

悟

ゴ　さとる
名 さとし　のり

悟る、はっきりわかる、迷いから覚めるなどの意味。心にかかわる字で、哲学的、宗教的なイメージがある。

ヒント 「さと」の音はさわやかで温かい印象。迫力も愛嬌《あいきょう》もある「ご」の音で男の子の先頭字や止め字に。

男の子
- 悟　さとし
- 悟朗　ごろう
- 悟琉　さとる
- 大悟　だいご
- 勇悟　ゆうご

女の子
- 悟理　さとり
- 悟果　のりか
- 羽悟　はのり
- 美悟　みさと
- 那悟美　なごみ

倖

コウ　こいねがう　さいわい
名 さち　ゆき

「幸」から分化した字で、幸いの意味。特に、思いがけない幸いの意味も表す。幸運に恵まれそうな字。

ヒント 「こう」「ゆき」「さち」の読みは、「幸」と共通。意味も似ているので、「幸」のかわりに使っても。

男の子
- 倖希　こうき
- 倖佑　こうすけ
- 倖大　こうだい
- 倖都　さちと
- 祥倖　よしゆき

女の子
- 倖夏　さちか
- 倖穂　さちほ
- 紗倖　さゆき
- 千倖　ちゆき
- 倖菜　ゆきな

晃

コウ　あきらか
名 あき　あきら　きら　てる　ひかる　みつ

旧 晄 （→P318）

「日」＋「光」で、太陽の光が輝くこと。明らか、光る、輝くなどの意味を表す。明るく元気な子に。

ヒント 俊敏《しゅんびん》さと思慮深さを感じさせる「こう」、明るく温かい包容力のある「あき」の音を活かして。

男の子
- 亜晃　あきら
- 晃輝　こうき
- 晃介　こうすけ
- 晃海　てるみ
- 瑛晃　ひであき

女の子
- 晃　ひかる
- 晃帆　あきほ
- 晃羅　きらら
- 千晃　ちあき
- 晃瑠　みつる

晄

コウ　あきらか
名 あき　あきら　きら　てる　ひかる　みつ

「晃」の異体字。太陽の光が輝くことで、明らか、光る、輝くなどの意味。日光のように輝きをはなつ子に。

ヒント 「晃」より使用例が少なく、新鮮な印象。「こう」「あきら」「ひかる」の音で1字名にしても。

男の子
- 晄　ひかる
- 晄羅　あきら
- 晄暉　こうき
- 陽晄　はるあき
- 晄多朗　こうたろう

女の子
- 晄夏　あきか
- 晄南　あきな
- 晄璃　きらり
- 小晄　こてる
- 晄季　みつき

紘

コウ
名 ひろ　ひろし

弓を引きしぼって張る状態から、ひも、綱の意味。広い、大きいの意味も。スケールの大きい人になるように。

ヒント 「こう」の音は俊敏《しゅんびん》さと思慮深さをあわせもつ。「ひろ」の音はくつろぎの中に積極性を感じさせる。

男の子
- 紘一　こういち
- 紘侑　こうすけ
- 紘司　ひろし
- 紘翔　ひろと
- 紘夢　ひろむ

女の子
- 知紘　ちひろ
- 紘夏　ひろか
- 紘凪　ひろな
- 紘李　ひろり
- 真紘　まひろ

浩

コウ　ひろい
名 いさむ　きよし　はる　ひろ　ひろし　ゆたか

もとは水の豊かな様子をいい、豊か、広い、大きい、多いなどの意味。のびのびとおおらかに育つように。

ヒント 「ひろ」の音で、さらにたくましく、積極的に。「こう」と読むと、知的で繊細《せんさい》な愛らしさのある印象に。

男の子
- 浩　ゆたか
- 浩武　いさむ
- 浩偲　きよし
- 浩栄　こうえい
- 浩児　こうじ
- 浩空　はるく
- 浩昌　はるまさ
- 浩槻　ひろき
- 浩資　ひろし
- 浩弥　ひろや
- 雅浩　まさはる
- 元浩　もとひろ
- 弥浩　やひろ
- 幸浩　ゆきひろ
- 浩之介　こうのすけ

女の子
- 千浩　ちひろ
- 浩奈　はるな
- 浩香　ひろか
- 浩美　ひろみ
- 茉浩　まひろ

耕

コウ　たがやす
名 おさむ　つとむ　やす

耕す、田畑の土を掘り返すのほかに、働く、平らにするなどの意味を表す。素朴《そぼく》で勤勉な人に。

ヒント 字の堅実なイメージに、「こう」の音で、知性と、繊細《せんさい》な愛らしさをプラスして。

男の子
- 耕　おさむ
- 仁耕　きみやす
- 耕生　こうき
- 耕介　こうすけ
- 耕陸　つとむ

女の子
- 耕枝　やすえ
- 耕加　やすか
- 耕菜　やすな
- 耕杷　やすは
- 耕穂　やすほ

貢

コウ　ク
みつぐ
名 すすむ　つぐ

生産品を納めることをいい、みつぐ、差し上げる、みつぎ物の意味。推薦するの意味も。優しく親切な人に。

ヒント 「こう」「みつぐ」などの音で男の子の1字名に。「みつ」の音を活かすと女の子にも使いやすい。

男の子
- 貢　みつぐ
- 貢慈　こうじ
- 貢誠　こうせい
- 貢霧　すすむ
- 吏貢人　りくと

女の子
- 貢実　くみ
- 貢未　つぐみ
- 貢希　みつき
- 莉貢　りく
- 貢玲亜　くれあ

航

コウ
名 かず　つら　わたる

もとは舟で川を渡ることをいい、舟、渡るの意味になった。現在は空を渡ることもいう。船好きに人気の字。

ヒント 「こう」と読むと、機敏《きびん》さと思慮深さが加わる。圧倒的な存在感のある「わた」の読みを活かしても。

男の子
- 航　わたる
- 一航　いっこう
- 栄航　えいこう
- 航迪　かずみち
- 航行　かずゆき
- 果航　かつら
- 航我　こうが
- 航生　こうせい
- 航平　こうへい
- 航海　こうみ
- 航之　つらゆき
- 広航　ひろかず
- 尋航　ひろかず
- 悠航　ゆうこう
- 航太郎　こうたろう

女の子
- 航沙　かずさ
- 航南　かずな
- 航帆　かずほ
- 航乃　こうの
- 航美　わたみ

高

コウ　たかい
名 あき　あきら　すけ　たかし　たけ

高いの意味。高いものには、位置、丈、身分、年齢、人柄、評判などいろいろある。さまざまな願いをこめて。

ヒント 思いやりと信頼感で、リーダーの器《うつわ》を感じさせる「たか」の音で。「たかし」などの音で1字名にも。

男の子
- 高　たかし
- 高登　あきと
- 剛高　ごうすけ
- 高巳　たけみ
- 友高　ともたか

女の子
- 高帆　あきほ
- 高來　あきら
- 高子　たかこ
- 高良　たから
- 高美　たけみ

剛

ゴウ
名 かたし　たかし　たけ　たけし　つよし　ひさ　まさ　よし

「岡」＋「刂（刀）」で、かたい、力が強いの意味。気が強い、くじけないなどの意味も。心身ともに強い人に。

ヒント 男の子に根強い人気。パワフルで偉大な「ごう」、手堅くて信頼される「たけ」「たけし」の音などで。

男の子
- 剛　つよし
- 剛資　かたし
- 基剛　きよし
- 健剛　けんごう
- 剛宇　ごう
- 剛毅　ごうき
- 剛剣　ごうけん
- 澄剛　すみまさ
- 惺剛　せいごう
- 剛偲　たかし
- 剛士　たけし
- 剛晴　たけはる
- 丈剛　たけひさ
- 紀剛　のりたけ
- 剛之　ひさゆき
- 剛巳　まさみ
- 将剛　まさよし
- 嶺剛　みねひさ
- 尉剛　やすまさ
- 芳剛　よしたけ

紗

サ　シャ
うすぎぬ
名 すず　たえ

薄絹《うすぎぬ》（薄くて目の粗い織物）の意味を表す。エキゾチックなイメージのある字で、しゃれた名前がつくれる。

ヒント 字のもつやわらかな織物のイメージに、「さ」の音で颯爽《さっそう》と先頭に立って憧《あこが》れられる人の印象をプラス。

男の子
- 紗玖　さく
- 紗亮　さすけ
- 紗珀　さはく
- 紗雅　すずまさ
- 紗玖也　さくや

女の子
- 娃紗　あいさ
- 紗愛　さえ
- 紗輝　さき
- 紗耶　さや
- 紗香　すずか
- 紗奈　すずな
- 紗海　すずみ
- 紗禾　たえか
- 紗胡　たえこ
- 美紗　みすず
- 莉紗　りさ
- 紗恵子　さえこ
- 紗也香　さやか
- 紗李奈　さりな
- 美紗季　みさき

朔

サク
ついたち
名 きた　はじめ　もと

月のついたちをいい、そこからすべてのはじめの意味に使う。方位の北の意味もある。新鮮なイメージの字。

ヒント 「さく」の音は、決断力と処理力で困難を苦もなく乗り越える印象。「はじめ」と読んで1字名にも。

男の子
- 朔　はじめ
- 朔斗　さくと
- 真朔　まきた
- 朔樹　もとき
- 朔太郎　さくたろう

女の子
- 朔巴　さくは
- 朔來　さくら
- 千朔　ちさ
- 朔夏　もとか
- 朔乃　もとの

索

サク
名 もと

縄をなう形からできた字で、縄、なうの意味を表す。また、探す、求めるの意味もある。好奇心の豊かな子に。

ヒント 「さく」の音は決断力とさばく力で困難を乗り越えるイメージ。「もと」の音には包容力とパワーがある。

男の子

索斗	さくと
索哉	さくや
索悠	もとはる
勇索	ゆうさく
索之介	さくのすけ

女の子

索帆	さくほ
索良	さくら
索歌	もとか
索名	もとな
索寧	もとね

時

ジ とき
名 これ ちか はる もち ゆき よし より

時の意味だが、季節、時の流れ、時代、めぐり合わせ、機会など、多くの意味を含む。深遠でSF的な字。

ヒント 「とき」の音は、信頼感があり格調高い。「じ」と読むと、品のよさを感じさせる名前に。

男の子

公時	きみもち
時玄	じげん
時汰	ときた
巳時	みこれ
時央	ゆきお

女の子

泉時	いちか
詩時	しより
時和	ときわ
時果	はるか
時乃	よしの

珠

シュ
名 じゅ す たま たまき み

もとは美しい玉のことで、特に真珠を指す。美しいもののたとえにも使う。玉のような本物の輝きをもつ子に。

ヒント ソフトな風光のような「しゅ」、品を感じさせる「じゅ」、人間性豊かな「たま」などの音で。

男の子

珠	たまき
珠羽	しゅう
珠里	しゅり
珠陽	すばる
瑛珠	てるみ

女の子

珠音	じゅね
珠乃	じゅの
珠那	たまな
真珠	まみ
亜莉珠	ありす

修

シュウ シュ おさめる
名 おさむ なお のぶ のり ひさ まさ

修めるという意味を表す。学問技芸を身につける意味で使われる。文芸、芸術方面で成功できそう。

ヒント 俊敏《しゅんびん》さと落ち着きが共存する「しゅう」、周囲に活力を与える「おさむ」の音がよく使われる。

男の子

修武	おさむ
魁修	かいしゅう
修司	しゅうじ
修己	なおき
修吉	のぶよし

女の子

修奈	しゅうな
修果	のりか
修祢	ひさね
修実	まさき
美修	みのり

峻

シュン けわしい たかい
名 たかし ちか とし みち みね

もとは山が高く険しいことを表し、高い、険しい、厳しいなどの意味に使う。ほかから抜きんでるイメージ。

ヒント 険しく厳しい印象の字に、「しゅん」の音で、やわらかく弾《はず》むような愛らしさをプラスして。

男の子

峻	しゅん
峻偲	たかし
峻登	たかと
峻嶺	たかね
治峻	はるみち

女の子

冴峻	さちか
峻花	しゅんか
峻音	たかね
峻乃	としの
峻穂	みねほ

隼

シュン ジュン はやぶさ
名 とし はや

鳥が速く飛ぶ形からできた字で、鳥のハヤブサの意味を表す。勇猛で敏速な鳥。スピード感のある字。

ヒント 「しゅん」「じゅん」のほかに、温かな息吹を感じさせ、寛容な印象の「はや」の音がよく使われる。

男の子

爽隼	さとし
隼介	しゅんすけ
隼平	じゅんぺい
隼矢	としや
隼人	はやと

女の子

隼奈	じゅんな
千隼	ちはや
隼姫	としき
隼禾	はやか
隼世	はやせ

准

ジュン シュン なぞらえる
名 のり

「準」の俗字だが、公文書などで習慣的に、よる、許すなどの意味で使われる。心の大きな人になるように。

ヒント 「じゅん」の音は、高級感と人なつっこさをあわせもつ印象。使用例が少ないので、新鮮な印象に。

男の子

准	じゅん
准市	じゅんいち
准季	じゅんき
准慶	じゅんけい
准吾	じゅんご
准李	じゅんり
惺准	せいじゅん
朋准	とものり
准史	のりふみ
悠准	ゆうじゅん

純

ジュン
名 あつ いと きよし すみ すなお とう まこと よし

混じりけのないこと、偽りのないこと、美しいなどの意味を表す。純粋な心をもった子になることを願って。

ヒント 「じゅん」と読むと、甘くやわらぎを感じさせる。スマートに生き抜く印象の「すみ」の音も人気。

男の子

純	すなお
純希	あつき
純詩	きよし
純弥	じゅんや
忠純	ただよし
純輔	とうすけ
灯純	ひいと
純翔	まこと
真純	ますみ
純太朗	じゅんたろう

女の子

明純	あずみ
純実	あつみ
歌純	かすみ
小純	こいと
純子	じゅんこ
純名	じゅんな
純音	すみね
純怜	すみれ
純里	とうり
美純	みよし

恕

ジョ　ショ
ゆるす
名 くに　しのぶ　のり　ひろ　みち　ゆき　よし

許す、思いやり、いつくしみ、などの意味を表す。孔子が最も大切なこととした。大きな心をもつ人に。

ヒント 小粋《こいき》な印象の「くに」、優しくて芯の強い印象の「ゆき」、癒《いや》される「よし」の音などを活かして。

男の子
- 彰恕　あきよし
- 亜恕　あゆき
- 恕宇　じょう
- 恕夢　ひろむ
- 巳恕　みくに

女の子
- 恕　しのぶ
- 偉恕　いのり
- 紗恕　さゆき
- 恕心　ひろみ
- 恕果　みちか

将

ショウ
名 すけ　すすむ　たすく　ただし　のぶ　まさ　まさる　もち　ゆき

旧 將

もとは神に肉を供えて祭る人を表し、将軍、率いるなどの意味に使う。将来の活躍を願って。

ヒント 男の子に人気。優しさとさわやかな強さをもつ「まさ」、ソフトで深い光のような「しょう」の音などで。

男の子
- 将　たすく
- 栄将　えいしょう
- 光将　こうすけ
- 将武　すすむ
- 将己　まさき

女の子
- 偲将　しのぶ
- 将祢　まさね
- 将埜　まさの
- 将華　もちか
- 将希　ゆき

祥

ショウ
名 あきら　さき　さち　ただ　なが　やす　よし

旧 祥

羊を供えて占い、よい結果を得ることで、幸い、めでたいしるしの意味。縁起のいい、おめでたい印象の字。

ヒント 男の子、女の子とも、「しょう」「さち」「よし」の音でよく使われる。「あきら」の音で1字名にも。

男の子
- 祥　あきら
- 祥央　さちお
- 祥平　しょうへい
- 祥芽　ながめ
- 祥喜　よしき

女の子
- 祥名　さきな
- 祥穂　さちほ
- 祥子　しょうこ
- 祥菜　やすな
- 祥花　よしか

笑

ショウ
わらう　えむ
名 え　えみ

巫女《みこ》が舞い踊る形で、神を楽しませることから笑うの意味になった。花が咲く意味も。だれからも愛されるように。

ヒント 「しょう」の音は深く優しい光を、「えみ」の音は、心の広さと、元気で充実した明るさを感じさせる。

男の子
- 栄笑　さかえ
- 笑太　しょうた
- 笑門　しょうと
- 笑平　しょうへい
- 笑真　しょうま

女の子
- 笑未　えみ
- 笑加　えみか
- 笑莉　えみり
- 笑夢　えむ
- 花笑　かえ

晋

シン　すすむ
名 あき　くに　つき　ゆき

もとは矢を表したが、進む、進めるの意味に使うようになった。積極的で活発な子になることを願って。

ヒント 「しん」の音は生まれたての光のような印象、「すすむ」の音は風が吹き抜けるさわやかなイメージ。

男の子
- 晋　すすむ
- 依晋　いつき
- 晋翔　しんと
- 晋也　しんや
- 晋乃輔　しんのすけ

女の子
- 晋帆　あきほ
- 晋佳　くにか
- 晋歌　つきか
- 美晋　みゆき
- 晋奈　ゆきな

秦

シン　はた

もとはきねで穀物を打つこと。古代中国の秦は、始皇帝のとき天下を統一した。スケール感のある字。

ヒント 「しん」と読むとまっすぐな人生をおくるイメージ、「はた」と読むと、情熱家の印象に。

男の子
- 秦都　しんと
- 秦平　しんぺい
- 秦也　しんや
- 秦吉　はたきち
- 秦之佑　しんのすけ

女の子
- 秦歌　しんか
- 秦音　はたね
- 秦乃　はたの
- 秦埜　はたの
- 美秦　みしん

真

シン　ま
名 さだ　さな　ちか　なお　まこと　まさ　み

旧 眞 （→ P321）

まこと、真実、ありのまま、本物などの意味を表す。真心のある誠実な人に育つことを願って。

ヒント 「ま」の音は、満ち足りた雰囲気にあふれる印象。「しん」と読むと、迷いなくつき進むイメージに。

男の子
- 真　まこと
- 和真　かずみ
- 真霧　さだむ
- 真杜　さなと
- 真悟　しんご
- 颯真　そうま
- 真楽　ちから
- 斗真　とうま
- 真機　まさき
- 悠真　ゆうま

女の子
- 依真　いちか
- 歌真　かなお
- 真香　さなか
- 晴真　はるみ
- 真菜　まさな
- 真由　まゆ
- 真凜　まりん
- 魅真　みしん
- 優真　ゆま
- 真亜桜　まあさ

眞

シン　ま
名 さだ　さな　ちか　なお　まこと　まさ　み

「真」のもとの字。まこと、真実、本物、正しいなどの意味を表す。まじめで誠実な人に育つことを願って。

ヒント 「眞」とは、読み、意味、画数ともに共通なので、字形の好みで選んで。「まこと」の音で1字名にも。

男の子
- 眞　まこと
- 一眞　いっしん
- 和眞　かずま
- 眞迪　なおみち
- 眞輝　まさき

女の子
- 眞枝　さなえ
- 眞希　まき
- 眞知　まち
- 結眞　ゆま
- 眞利亜　まりあ

陣

ジン
名 つら

軍隊の集まっているところをいい、いくさ、戦いの意味。ひとしきりの意味もある。ファイトのある子に。

ヒント 勇敢な男の子にぴったりの字。「じん」の音でなごやかで優しいのにちょっと手強いイメージをプラス。

男の子
- 陣 じん
- 慧陣 えじん
- 珂陣 かつら
- 陣我 じんが
- 陣太 じんた
- 陣大 じんだい
- 陣斗 じんと
- 陣征 つらゆき
- 勇陣 ゆうじん
- 陣一郎 じんいちろう

粋

スイ いき
名 きよ ただ

旧 粹

混じりけがないという意味を表す。野暮《やぼ》に対する粋《いき》の意味もある。風流な人になるように。

ヒント 清潔で柔和《にゅうわ》な、品のあるリーダーの印象。「ただ」の音には確かな信頼感と高級感が。

男の子
- 亜粋 あいき
- 一粋 いっすい
- 粋海 きよみ
- 汰粋 たいき
- 粋志 ただし

女の子
- 粋夏 きよか
- 粋名 きよな
- 粋美 きよみ
- 粋梨 きより
- 茉粋 まいき

晟

セイ あきらか
名 あきら てる まさ

明らか、盛んの意味を表す。日光が満ち満ちていることを表す字。明るく元気な子になることを願って。

ヒント 使用例が少ないので、新鮮。つねに強く、明るい華やかさをもつ「あきら」の音で、1字名にも。

男の子
- 晟 あきら
- 一晟 いっせい
- 大晟 たいせい
- 晟輝 てるき
- 晟宗 まさむね

女の子
- 晟姫 あき
- 晟那 せいな
- 晟羅 せいら
- 千晟 ちあき
- 晟陽 てるひ

閃

セン ひらめく
名 さき ひかる みつ

「門」＋「人」で、門の中に人が見え隠れする状態をいい、ひらめくの意味。ひらめきのいい子になるように。

ヒント 頭のいいイメージに、「せん」の音で清々《すがすが》しさとしなやかさをプラス。「ひかる」と読んで1字名にも。

男の子
- 閃 ひかる
- 吾閃 あさき
- 閃斗 せんと
- 真閃 まさき
- 閃希 みつき

女の子
- 閃 さき
- 千閃 ちさき
- 閃瑠 ひかる
- 閃莉 ひらり
- 閃来 みつき

素

ソ ス
名 しろ すなお はじめ もと

糸の染め残った白い部分のことで、白、もとの意味になった。生まれつきの性質の意味も。素直な子に。

ヒント 「もと」と読むと、パワーあふれるイメージに。「すなお」「はじめ」などの音で1字名にも。

男の子
- 素 はじめ
- 素直 すなお
- 素晴 すばる
- 素十 そじゅう
- 素生 もとき

女の子
- 素 もと
- 茉素 ましろ
- 素子 もとこ
- 素名 もとな
- 素々夏 すずな

造

ゾウ つくる
名 いたる なり はじめ

もとは至るの意味で、つくるの意味にも使う。はじめる、はじめての意味もある。創造力に恵まれるように。

ヒント 男の子の止め字の定番。「ぞう」で終わると、物知りで大人びた印象の名前に。1字名にしても。

男の子
- 造 いたる
- 建造 けんぞう
- 幸造 こうぞう
- 作造 さくぞう
- 大造 たいぞう
- 造瑠 つくる
- 造恒 なりつね
- 造雅 なりまさ
- 造芽 はじめ
- 悠造 ゆうぞう

泰

タイ
名 あきら とおる ひろ ひろし やす やすし ゆたか よし

やすらか、大きい、豊か、はなはだしいなどの意味。泰山は中国皇帝が天を祭る山。のびやかに育つように。

ヒント 「たい」と読むと信頼感が増す。「やす」の音には、初夏の光のような清潔な癒《いや》しのイメージがある。

男の子
- 泰 やすし
- 泰來 あきら
- 国泰 くにやす
- 泰雅 たいが
- 泰樹 たいき
- 泰助 たいすけ
- 泰世 たいせい
- 泰智 たいち
- 泰琉 とおる
- 朋泰 ともやす
- 泰志 ひろし
- 泰夢 ひろむ
- 眞泰 まひろ
- 泰嘉 ゆたか
- 泰晴 よしはる

女の子
- 知泰 ちひろ
- 泰恵 やすえ
- 泰音 やすね
- 泰葉 やすは
- 泰穂 やすほ

啄

タク たたく ついばむ
名 とく

ついばむ、たたくなどの意味を表す。啄木はキツツキのこと。文才に恵まれそうな感じの字。

ヒント 「たく」の音は人からの信頼があつく、タフで自立したイメージ。「たく」の音で1字名にしても。

男の子
- 啄 たく
- 逸啄 いっとく
- 啄磨 たくま
- 啄也 たくや
- 啄朗 たくろう

女の子
- 啄音 たくね
- 啄穂 たくほ
- 啄美 たくみ
- 啄琉 たくる
- 啄菜 とくな

致

チ　いたす
名 いたる　おき　とも　のり　むね　ゆき　よし

致す、送る、届けるのほか、きわめる、おもむき、味わいなどの意味を表す。風流を愛する人になるように。

ヒント 生命力にあふれ、キュートな「ち」の音で、万葉仮名風に。「とも」「ゆき」などの名乗りを使っても。

男の子
- 致　いたる
- 致邦　おきくに
- 泰致　たいち
- 致裕　ちひろ
- 致徳　とものり
- 倫致　のりよし
- 大致　はるむね
- 悠致　はるゆき
- 雅致　まさゆき
- 道致　みちのり

通

ツウ　ツ　とおる
名 かよう　なお　みち　みつ　ゆき

通る、行き渡る、通う、あまねくなどの意味。通《つう》はあることに詳しいことをいう。順調な人生を願って。

ヒント 満ち足りて生命力にあふれる「みち」の音で。「とおる」と読むと、愛らしく、落ち着きと品がある名前に。

男の子
- 通　とおる
- 通実　なおみ
- 遥通　はるみち
- 通尋　みちひろ
- 通紀　みつき

女の子
- 千通　ちづ
- 通佳　みちか
- 通歩　みちほ
- 通益　みつみ
- 通那　ゆきな

哲

テツ
名 あき　あきら　さとし　さとる　のり　よし

神に誓うときの心をいい、賢い、知る、明らかの意味になった。思慮深い人になることを祈って。

ヒント 「てつ」の音には着実に積み上げるイメージが。「あきら」「さとし」「さとる」の音で1字名にしても。

男の子
- 哲　さとし
- 哲人　あきと
- 英哲　えいてつ
- 哲琉　さとる
- 哲史　てつし

女の子
- 哲芳　あきは
- 哲実　さとみ
- 哲理　さとり
- 哲佳　のりか
- 哲乃　よしの

展

テン
名 のぶ　ひろ

広げる、開く、伸び広げるのほか、並べる、見る、調べるなどの意味を表す。のびのびと成長するように。

ヒント やんちゃな中に情熱を秘めた「のぶ」、落ち着きの中にたくましさや積極性をもつ「ひろ」の音で。

男の子
- 展雅　てんが
- 展記　のぶき
- 展璃　のぶり
- 展史　ひろし
- 宏展　ひろのぶ

女の子
- 知展　ちひろ
- 展花　のぶか
- 展南　ひろな
- 展埜　ひろの
- 美展　みひろ

桃

トウ　もも

果樹のモモを表す。モモには、古来邪気をはらう力があるとされた。可憐《かれん》で神秘的なイメージの字。

ヒント 女の子に人気の字。「もも」の音には、やわらかく温かな母性愛とともに、バイタリティあふれた印象も。

男の子
- 桃源　とうげん
- 桃吾　とうご
- 桃李　とうり
- 桃太　ももた
- 桃之佑　もものすけ

女の子
- 桃　もも
- 胡桃　くるみ
- 小桃　こもも
- 澄桃　すもも
- 桃花　とうか
- 桃実　とうみ
- 桃莉　とうり
- 桃香　ももか
- 桃華　ももか
- 桃子　ももこ
- 桃菜　ももな
- 桃寧　ももね
- 桃乃　ももの
- 桃芭　ももは
- 桃代　ももよ

桐

トウ　きり
名 どう　ひさ

樹木のキリを表す。木目が美しく、軽くてやわらかいので、家具の高級建材になる。心身ともしなやかな人に。

ヒント 「きり」の音はエリート感と華やかさがある印象、「とう」の音はまじめな努力家の印象。

男の子
- 桐人　きりひと
- 桐貴　とうき
- 桐冴　とうご
- 桐夢　どうむ
- 正桐　まさひさ

女の子
- 桐花　きりか
- 桐埜　きりの
- 桐葉　きりは
- 沙桐　さぎり
- 桐美　ひさみ

透

トウ　すく
名 とおる　ゆき

通る、通り抜ける、透く、透かす、透き通るなどの意味を表す。頭のいいイメージもある字。

ヒント 愛らしく、落ち着きと品がある「とおる」の音で、1字名に。「ゆき」と読むと、女の子にも使いやすい。

男の子
- 透　とおる
- 晶透　あきゆき
- 空透　そらと
- 透水　とうみ
- 透埜　とおや

女の子
- 湖透　こゆき
- 沙透　さゆき
- 未透　みゆき
- 透名　ゆきな
- 透音　ゆきね

能

ノウ
名 あたる　たか　とう　の　のり　ひさ　みち　やす　よし

よくする、できるのほか、力、才能、才能のある人の意味も表す。さまざまな才能に恵まれることを願って。

ヒント 清潔な癒《いや》しに満ちた「よし」の音で。包みこむような優しさのある「の」の音で万葉仮名風に使っても。

男の子
- 能　あたる
- 能良　たから
- 文能　ふみよし
- 能登　やすと
- 能行　よしゆき

女の子
- 能英　のえ
- 能華　のりか
- 能美　ひさみ
- 能穂　みちほ
- 璃能　りの

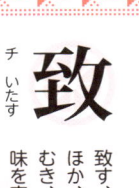

馬

バ うま ま
名 たけし

馬の形からできた字で、馬を表す。止め字としてよく使われる。足の速さやパワーを授《さず》かるように。

ヒント 「ま」の音で、男の子の止め字の定番。「ま」で終わる名前は、心優しいエリートの印象。

男の子

蒼馬 あおば
東馬 あずま
有馬 ありま
一馬 かずま
光馬 こうま
駿馬 しゅんま
翔馬 しょうま
拓馬 たくま
馬士 たけし
馬翔 たけと
天馬 てんま
陽馬 はるま
彦馬 ひこま
馬琴 まこと
唯馬 ゆいま
夕馬 ゆうま
悠馬 ゆうま
亮馬 りょうま
明日馬 あすま
陽宇馬 ひうま

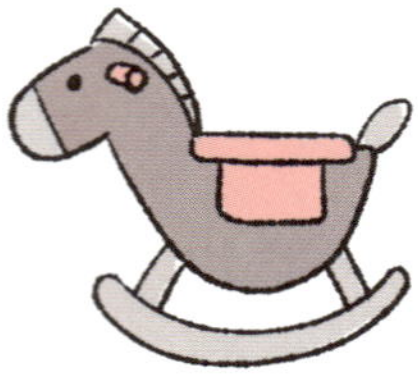

梅

バイ うめ
名 め

旧 梅

果樹のウメを表す。中国では代表的な観賞花で、香りも好まれる。可憐《かれん》な美しさを願って。

ヒント 「うめ」の音は、静かな大物の印象。夢見る少女を思わせる「め」の音で、止め字にしても。

女の子

綾梅 あやめ
梅香 うめか
梅子 うめこ
梅乃 うめの
梅心 うめみ
奏梅 かなめ
白梅 きよめ
小梅 こうめ
梅露 めろ
夕梅 ゆめ

敏

ビン
名 あきら さと さとし と とし はや はる ゆき よし

旧 敏

祭事につとめ励むことをいい、つとめる、賢い、すばやいなどの意味を表す。賢く、機敏《きびん》な子になるように。

ヒント 知性と華やかさのある「とし」、素《そ》朴《ぼく》な優しさがあふれる「さとし」の音がよく使われる。

男の子

敏 さとし
敏矢 としや
敏央 はやお
悠敏 はると
敏人 びんと

女の子

敏 あきら
敏佳 はるか
美敏 みさと
敏奈 ゆきな
敏乃 よしの

勉

ベン
名 かつ つとむ まさる ます

旧 勉

農作業につとめることをいい、努める、励む、励ますの意味になった。あらゆることに努力する人に。

ヒント 「つとむ」と読んで、1字名でよく使われる。クリエイティブな才能があり、信頼される人に。

男の子

勉 つとむ
勉人 かつと
勉広 かつひろ
勉達 べんたつ
勉琉 まさる

女の子

勉乃 かつの
勉美 かつみ
勉良 かつら
勉代 まさよ
勉深 ますみ

峰

ホウ みね
名 お たか たかし ね

旧 峯

みね、山の頂、けわしく高い山などの意味を表す。物の高くなったところの意味もある。神秘的なイメージ。

ヒント 充実感と親しみのある「みね」の音のほか、やる気と思いやりで頂点に立つ「たか」の音を活かして。

男の子

琥峰 こみね
峰志 たかし
悠峰 はるたか
峰央 みねお
雪峰 ゆきお

女の子

花峰 かほ
峰歩 たかほ
峰音 ねね
峰子 みねこ
萌峰 もね

ネーミングストーリー

樹里《じゅり》ちゃん 奏人《かなと》くん 陽彩《ひいろ》ちゃん

きょうだいで1枚の絵をイメージした名前

長女の「樹里」は、樹のように根をはり、いっぱい栄養を吸い、光を浴びて大きく元気に育ってほしい。長男の「奏人」は、音楽のように人を癒《いや》したり勇気づけたりできる人に。「奏」には成し遂げるという意味もあるので、力強く生きてほしい。次女の「陽彩」は太陽のように温かい心をもって、彩り豊かな人生を過ごせるように。3人の名前で1枚の絵になる、こだわりの名前です。（恵美佳ママ）

紡

ボウ　つむぐ
名 つむ　つむぎ

糸を紡ぐ、また、紡いだ糸の意味を表す。ファッションにかかわる字で、おしゃれなイメージも。

ヒント 「つむぎ」の音で1字名に。キュートさと内面の充実を内《ない》包《ほう》した、深い安心を与える人に。

男の子

阿紡	あつむ
希紡	きぼう
汰紡	たつむ
紡基	つむき
紡人	つむと

女の子

紡	つむぎ
紡花	つむか
紡奈	つむな
紡帆	つむほ
美紡	みつむ

紋

モン
名 あき　あや

もとは綾織《あやおり》の模様をいい、紋様、家紋などの「もん」を表す。美的センスに恵まれることを願って。

ヒント 「もん」の音はやりくり上手なイメージ、「あや」の音はあどけなく優しく、ミステリアスな印象に。

男の子

紋毅	あやき
左紋	さもん
詩紋	しもん
紋都	もんと
紋次郎	もんじろう

女の子

紋沙	あやさ
紋芽	あやめ
彩紋	さあや
智紋	ちあき
麗紋	れもん

容

ヨウ
名 おさ　なり　ひろ　ひろし　まさ　もり　やす　よ　よし

廟《びょう》の中に現れた神の姿で、姿、形を表す。包みこむ、許すの意味もある。心の広い人になるように。

ヒント おおらかで思いやりがあり、その場をなごませる「よう」の音をはじめ、さまざまな音で使われる。

男の子

容	ひろし
容夢	おさむ
貴容	たかなり
容輝	ひろき
容拓	やすひろ

女の子

花容	かよ
容南	まさな
真容	まひろ
容子	ようこ
容海	よしみ

浬

リ　かいり　ノット

海上の距離の単位「海里」を表す。また、ノットと読んで、船の速度の単位も表す。船好きにおすすめの字。

ヒント 「り」の音で万葉仮名風に。思慮深く理知にあふれ、凛《りん》とした名前になる。使用例が少なく、新鮮。

男の子

海浬	かいり
茜浬	せんり
万浬	ばんり
浬久	りく
浬霧	りむ

女の子

明浬	あかり
優浬	ゆり
浬帆	りほ
浬海	りみ
沙浬那	さりな

哩

リ　マイル

語調を整えるために使われる字。また、ヤード・ポンド法の距離の単位マイルを表す。アスリートにぴったり。

ヒント りりしくて理知的な印象の「り」の音で、万葉仮名風に。「里」や「莉」のかわりに使っても。

男の子

翔哩	しょうり
千哩	せんり
悠哩	ゆうり
哩央	りお
哩久弥	りくや

女の子

杏哩	あんり
万哩	まり
哩佐	りさ
哩勢	りせ
哩乃亜	りのあ

栗

リツ　くり

木にいがのある実がついている形で、くりを表す。実は食用で、材は強い。内面の豊かな人になるように。

ヒント 「りつ」と読むと、華やかな知性と艶《つや》があり、タフに、りりしく出世していくイメージが加わる。

男の子

栗木	くりき
栗須	くりす
結栗	ゆくり
栗基	りつき
栗都	りつと

女の子

彩栗	あぐり
栗胡	くりこ
紗栗	さくり
実栗	みくり
栗果	りつか

莉

リ

マツリカ（茉莉花《まつりか》）は香草で、ジャスミンの一種。白い花は香りが高く、茶にも入れる。癒《いや》しのイメージ。

ヒント 女の子に人気の字。「り」の音は、理知的で華やか、美しいのに努力をいとわないりりしい人の印象。

男の子

遊莉	ゆうり
莉一	りいち
莉玖	りく
莉人	りと
亜久莉	あぐり

女の子

愛莉	あいり
琴莉	ことり
偲莉	しのり
朋莉	ともり
平莉	ひらり
茉莉	まつり
悠莉	ゆうり
莉亜	りあ
莉緒	りお
莉子	りこ
莉奈	りな
莉乃	りの
莉々	りり
詩保莉	しおり
妃茉莉	ひまり

流

リュウ　ル　ながれる
名 とも　はる

水や空気の流れのほか、広まる、さまよう、仲間などの意味。一流、上流のような使い方も。個性的な人に。

ヒント 知性が光り、躍動感のある「りゅう」の音のほか、可憐《かれん》なはにかみ屋さんを思わせる「る」の音で。

男の子

丈流	たける
流軌	ともき
流星	りゅうせい
流翔	りゅうと
流唯	るい

女の子

藍流	あいる
胡流	こはる
流那	るな
流音	るね
流海夏	るみな

留

リュウ ル
とめる
名 たね
ひさ

田に水がたまることを表し、とまる、とどまるの意味に使う。星座のすばるの意味もある。音を活かしたい字。

ヒント 可憐《かれん》でちょっと思わせぶりな「る」の音で。やわらかく、強く、若々しい「りゅう」の音を活かしても。

男の子
- 留詩 ひさし
- 至留 みちる
- 留雅 りゅうが
- 留偉 るい
- 日佳留 ひかる

女の子
- 絵留 える
- 留南 るな
- 留美 るみ
- 環留 わたね
- 留梨香 るりか

竜

リュウ
リョウ たつ
名 かみ
きみ しげみ
とお
とおる
めぐむ
旧 龍 (→ P383)

飾りをつけた蛇の形で、リュウを表す。想像上の聖獣で、雨を降らせる。不思議な力にあやかりたい。

ヒント 着実な行動力をもつ「たつ」、力強く挑戦する「りゅう」、気品があり賢く華やかな「りょう」の音で。

男の子
- 竜 とおる
- 竜樹 たつき
- 竜仁 たつと
- 竜冴 りゅうご
- 竜之介 りゅうのすけ

女の子
- 竜代 かみよ
- 竜菜 きみな
- 竜海 しげみ
- 竜泉 めぐみ
- 竜巴 りょうは

旅

リョ たび
名 たか
もろ

旗の下に兵士が集まる様子、軍隊を表す。軍隊は移動するので「たび」の意味になった。自ら行動する人に。

ヒント 「りょ」の音は理知にあふれて華やかなイメージ、「たび」の音は、タフで魅力的な印象に。

男の子
- 琥旅 こたび
- 旅希 たかき
- 旅人 たびと
- 旅音 たびと
- 旅路 たびみち
- 春旅 はるたび
- 真旅 またび
- 旅芭 もろは
- 由旅 ゆたか
- 旅羽 りょう

凌

リョウ
しのぐ
名 しのぎ

しのぐことをいい、他人に勝る意味や、寒さなどに耐える意味に使う。氷の意味もある。クールなイメージ。

ヒント 「りょう」の音で、人生に対する情熱と、パワフルで頼りがいのある印象をプラスして。

男の子
- 凌 りょう
- 凌義 しのぎ
- 凌空 りく
- 凌我 りょうが
- 凌大 りょうだい

女の子
- 凌歩 しのぶ
- 凌璃 しのり
- 茉凌 ましの
- 凌華 りょうか
- 凌名 りょうな

倫

リン
名 おさむ
つぐ つね
とし とも
のり ひと
みち もと

仲間、たぐいの意味を表す。また、人の守るべき道、道理の意味もある。友人から信頼される人になるように。

ヒント かわいさの中に自立した潔さのある「りん」の音のほか、「とも」「のり」「みち」の音でよく使われる。

男の子
- 倫 おさむ
- 明倫 あきのり
- 尋倫 ひろひと
- 依倫 よりとも
- 倫登 りんと

女の子
- 花倫 かりん
- 倫姫 としき
- 茉倫 まりん
- 倫瑠 みちる
- 倫那 もとな

烈

レツ
名 あきら
いさお たけ
たけし つよ
やす よし

「列」+「灬（火）」で、激しい、厳しいの意味になった。道義心にあつい意味もある。情熱的な人になるように。

ヒント 「いさお」などの読みで、男の子の1字名に。女の子には女性らしい字を組み合わせて。

男の子
- 烈 いさお
- 烈志 たけし
- 烈士 つよし
- 柾烈 まさたけ
- 烈仁 れつと

女の子
- 烈 れつ
- 烈來 あきら
- 烈美 たけみ
- 烈芳 やすは
- 烈埜 よしの

恋

レン こう
こい

人に心をひかれることをいい、恋い慕《した》う、恋愛の意味に使う。大いに愛し愛されることを願って。

ヒント ロマンチックな印象の字。華やかで遊び心を感じさせる「れん」の音で女の子の止め字に。

女の子
- 亜恋 あれん
- 慧恋 えれん
- 禾恋 かれん
- 果恋 かれん
- 椛恋 かれん
- 澄恋 すみれ
- 理恋 りこ
- 恋菜 れな
- 恋埜 れの
- 恋珠 れんじゅ

連

レン
つらなる
つれる
名 つぎ
まさ やす
れ

連なる、連ねる、続くのほか、つれ、仲間などの意味を表す。友達がたくさんできることを願って。

ヒント 「れん」の音は格調高く、理知的でパワフル。洗練された印象の「れ」の音を活かして先頭字にしても。

男の子
- 連 れん
- 亜連 あれん
- 伊連 いつぎ
- 朋連 ともまさ
- 連太郎 れんたろう

女の子
- 恵連 えれん
- 花連 かれん
- 連帆 やすほ
- 連菜 れな
- 連美 れみ

浪

ロウ
名 なみ

水の音を写した字で、波、波立つのほか、さすらう、気ままなどの意味を表す。自由な人生をおくれるように。

ヒント 「なみ」の音には、親密感とキュートさがある。「ろう」の音は、頼もしい、知的なリーダーの印象。

男の子
- 偉浪 いなみ
- 浪生 なみお
- 浪輝 なみき
- 浪渡 なみと
- 海浪 みなみ

女の子
- 歌浪 かなみ
- 浪花 なみか
- 帆浪 ほなみ
- 茉浪 まなみ
- 浪楽 ろうら

朗

ロウ　ほがらか
名 あき　あきら　お　さえ　とき

旧 朗

明るい、明らか、朗《ほが》らかなどの意味を表す。明るくユーモアに富んだ子にぴったり。止め字によく使われる。

ヒント 男の子の止め字の定番。「ろう」で終わる名前は知的な印象。女の子には「あき」の読みを活かしても。

男の子

朗	あきら
朗生	あきお
郁朗	いくろう
一朗	いちろう
和朗	かずお
憲朗	けんろう
朗眞	さえま
咲朗	さくろう
朗男	ときお
暢朗	のぶお
晴朗	はるろう
藍志朗	あいしろう
渉大朗	しょうたろう
草示朗	そうじろう
直汰朗	なおたろう

女の子

朗菜	あきな
心朗	こころ
朗紗	ろうさ
朗良	ろうら
朗美	ろみ

倭

ワ　やまと
名 かず　しず　ふさ　まさ　やす

したがう、つつしむの意味。また、中国では昔、日本のことを倭《わ》と呼んだので、やまとの意味もある。

ヒント わくわくするような雰囲気の「わ」の音のほか、やわらぎと優しさのある「やまと」の音を活かして。

男の子

倭	やまと
倭也	かずや
倭軌	ふさき
倭吏	まさり
倭可斗	わかと

女の子

倭心	しずこ
倭芽	やすめ
倭花	わか
倭胡	わこ
彩倭子	さわこ

column

左右対称の名前

バランスがとれて落ち着いた印象を与える左右対称の漢字。タテ割れ姓の人は、名に左右対称の字を入れると安定感が増します。止め字にだけ使うのもオススメです。

漢字の例

喜[12]	章[11]	晃[10]	南[9]	栄[9]	東[8]	実[8]	英[8]	百[6]	圭[6]	平[5]	文[4]	円[4]	一[1]
森[12]	爽[11]	晋[10]	美[9]	音[9]	奈[8]	尚[8]	果[8]	亜[7]	光[6]	未[5]	介[4]	元[4]	二[2]
富[12]	堂[11]	真[10]	亮[9]	宣[9]	茉[8]	青[8]	京[8]	杏[7]	合[6]	由[5]	央[5]	太[4]	人[2]
童[12]	埜[11]	泰[10]	華[10]	春[9]	門[8]	宙[8]	幸[8]	克[7]	亘[6]	宇[6]	市[5]	天[4]	士[3]
豊[13]	貴[12]	基[11]	栞[10]	草[9]	來[8]	典[8]	昊[8]	里[7]	早[6]	吉[6]	出[5]	日[4]	大[3]

男の子の名前

東	あずま
圭	けい
天音	あまね
宇京	うきょう
英亮	えいすけ
克実	かつみ
森二	しんじ
晋介	しんすけ
草太	そうた
爽南	そな
宇宙	そら
大門	たもん
央基	ひろき
光貴	みつき
由真	ゆうま
亜早人	あさと
尚由貴	なおゆき
日出人	ひでと

女の子の名前

文	あや
爽	さわ
杏里	あんり
果音	かのん
栞奈	かんな
京果	きょうか
來美	くみ
埜英	のえ
春華	はるか
円日	まどか
茉里	まり
未亜	みあ
実日	みか
由南	ゆな
里埜	りの
早百合	さゆり
日南未	ひなみ
真奈美	まなみ

11画

庵

アン
いお　いおり

草ぶきの小さな家、いおりを表す。質素だが風流な生活をおくるための家。文才に恵まれるように。

ヒント 「あん」の音には、ずっとそばにいてほしくなるような安心感がある。「いおり」と読んで1字名にも。

男の子
- 庵　いおり
- 庵治　あんじ
- 庵浬　あんり
- 庵穏　いおん
- 詩庵　しあん

女の子
- 庵樹　あんじゅ
- 庵珠　あんず
- 庵音　あんね
- 庵那　いおな
- 李庵　りあん

惟

イ　おもう
これ　ただ
名 あり　たもつ　のぶ　よし

鳥占いで神意を問うことをいい、思うの意味。「ただ」「これ」などの意味も。思慮深い人になるように。

ヒント 「い」の音は何事にも一生懸命な印象、「ただ」の音は確かな実力と信頼感のある印象に。

男の子
- 惟　たもつ
- 惟那　いな
- 惟仁　これひと
- 惟倫　ただみち
- 陽惟　はるのぶ

女の子
- 有惟　あい
- 碧惟　あおい
- 惟紗　ありさ
- 由惟　ゆい
- 惟佳　よしか

逸

イツ
名 すぐる　とし　はつ　はや　まさ　やす
旧 逸

兎《うさぎ》が走って逃げることから、走る、逃げる、速いなどの意味になった。才能に恵まれるように。

ヒント 「逸材」のように、抜きんでた能力でスターとなる印象。温かい息吹《いぶき》を感じる「はや」の読みも人気。

男の子
- 逸　すぐる
- 逸紀　いつき
- 逸尚　としひさ
- 逸翔　はやと
- 逸路　やすみち

女の子
- 逸希　いつき
- 逸美　いつみ
- 逸音　はつね
- 逸華　はやか
- 逸椰　まさな

寅

イン　とら
名 とも　のぶ

十二支の三番目の「とら」を表す。つつしむ、敬うの意味も。映画の寅さんのように、人情にあつい人に。

ヒント 「とら」の音で、強い意志と深い思いやりをもち、頼りがいのあるリーダーの印象に。

男の子
- 詩寅　しとら
- 丈寅　たけとら
- 寅毅　ともき
- 寅治　ともはる
- 寅康　ともやす
- 寅騎　とらき
- 寅児　とらじ
- 将寅　まさのぶ
- 寅次郎　とらじろう
- 寅之助　とらのすけ

凰

オウ
おおとり
名 お

想像上の霊鳥である鳳《ほう》凰《おう》の雌を表す。雄は「鳳」。めでたい鳥なので、あやかりたいもの。

ヒント 幸運な王者のイメージ。「おう」と読むと包容力のあるおおらかな印象に。止め字の「お」としても。

男の子
- 凰我　おうが
- 凰貴　おうき
- 凰羽　おうは
- 汰凰　たおう
- 祥凰　よしお

女の子
- 伊凰　いお
- 奈凰　なお
- 眞凰　まお
- 美凰　みおう
- 莉凰　りお

貫

カン
つらぬく
名 とおる　やす

貝のお金を連ねることから、つらぬくの意味に。やり通すの意味もある。意志が強く物事を成し遂げる人に。

ヒント 茶目《ちゃめ》っ気《け》と頼りがいのある「かん」の読みで。「貫徹」のように、ぶれない強さを感じさせる。

男の子
- 貫　とおる
- 一貫　いっかん
- 貫悟　かんご
- 貫爾　かんじ
- 貫希　やすき

女の子
- 貫那　かんな
- 美貫　みかん
- 貫羽　やすは
- 貫実　やすみ
- 貫吏　やすり

菅

カン　ケン
すげ
名 すが

草のカヤを表す。履物や縄、家の屋根の材料になる。日本では草のスゲを指す。芯の強い人に。

ヒント 字のしなやかな強さの印象に。「かん」の音で茶目っ気と信頼感が、「けん」の音でやんちゃな魅力が加わる。

男の子
- 佳菅　かすが
- 菅輔　かんすけ
- 菅太　けんた
- 菅斗　けんと
- 菅太郎　かんたろう

女の子
- 花菅　かすが
- 菅奈　かんな
- 菅乃　かんの
- 菅埜　すがの
- 菅穂　すがほ

規

キ
名 ただ　ただし　ちか　なり　のり　み　もと

もとは円を描くコンパスを指し、決まり、手本、正す、いましめるなどの意味。行いの正しい子に。

ヒント 「よりどころ」の意味もあり、信頼される印象。「のり」と読むと、気品とりりしさをあわせもつ名前に。

男の子
- 規　ただし
- 大規　ひろなり
- 匡規　まさき
- 規尋　もとひろ
- 良規　よしのり

女の子
- 規枝　きえ
- 規絵　ちかえ
- 規佳　のりか
- 優規　ゆみ
- 友規子　ゆきこ

基

キ　もと　もとい
名 のり　もとき

建物の四角い土台のことをいい、もと、土台、物事のはじめなどの意味になった。しっかり者のイメージ。

ヒント 物事のいしずえのイメージに。「き」と読むと人に左右されない強さ、「もと」と読むと包容力が加わる。

男の子

- 逸基 いつき
- 基竜 きりゅう
- 玄基 げんき
- 照基 てるもと
- 友基 ともき
- 悠基 はるき
- 響基 ひびき
- 紘基 ひろのり
- 冬基 ふゆき
- 瑞基 みずき
- 湊基 みなき
- 基臣 もとおみ
- 基陽 もとはる
- 釉基 ゆうき
- 佳基 よしき

女の子

- 基 もとい
- 巴基 はのり
- 美基 みき
- 基那 もとな
- 彩基子 さきこ

掬

キク　すくう

身をかがめて物を取ることで、すくう、すくい取るの意味。掬月ということばもあり、ロマンの香りもする字。

ヒント 「きく」の音は、機転のよさと守りの堅さを感じさせる。人の思いや痛みを掬《すく》い取れる人に。

男の子

- 掬生 きくお
- 掬心 きくみ
- 掬平 きっぺい
- 汰掬 たすく
- 掬之丞 きくのじょう

女の子

- 掬乃 きくの
- 掬水 きくみ
- 掬月 きづき
- 夢掬 ゆめき
- 沙掬名 さきな

菊

キク
名 あき　ひ

花のキク。中国から花と呼び名と字が同時に伝わった。菊花酒は災いをはらうと信じられた。縁起のいい字。

ヒント 秋に清楚《せいそ》で香りのよい花をつける菊は、日本の代表的な花。「きく」の音で強い個性をプラスして。

男の子

- 菊尚 あきひさ
- 菊仁 きくと
- 菊平 きっぺい
- 智菊 ちあき
- 耀菊 てるき

女の子

- 菊菜 あきな
- 菊芭 あきは
- 菊香 きくか
- 小菊 こぎく
- 菊南 ひな

球

キュウ　たま
名 まり

丸いものをいう語で、たまの意味を表す。魂にも通じる。だれからも好かれるさわやかな子になるように。

ヒント 「きゅう」は自然と注目される印象、「たま」は人間性豊かな印象、「まり」は愛らしく華やかな印象の音。

男の子

- 偉球 いまり
- 球児 きゅうじ
- 球人 きゅうと
- 球輝 たまき
- 球緒 まりお

女の子

- 球乙 たまお
- 陽球 ひまり
- 球歌 まりか
- 球奈 まりな
- 球萌 まりも

毬

キュウ　まり

毛糸などを巻いて固めたものをいい、まり、球を表す。蹴鞠《けまり》の意もあり、雅《みやび》な感じ、可憐《かれん》なイメージの字。

ヒント 「まり」と読むと、満ち足りた愛らしい印象の名前に。「き」の音だけを活かして止め字にしても新鮮。

男の子

- 唯毬 いまり
- 毬平 きゅうへい
- 冴毬 さえき
- 毬彦 まりひこ
- 毬倫 まりん

女の子

- 妃毬 ひまり
- 毬愛 まりあ
- 毬那 まりな
- 毬乃 まりの
- 毬萌 まりも

強

キョウ　ゴウ　つよい　しいる
名 あつ　かつ　たけ　つよし

「弘」+「虫」。弓の弦が強いことから、強いの意味に。努めるの意味もある。意志の強い子になるように。

ヒント 「ごう」と読むと圧倒的な強さを、「たけ」と読むとゆるぎがない強さを感じさせる名前に。

男の子

- 強 つよし
- 強己 あつき
- 強実 かつみ
- 強平 きょうへい
- 強顕 ごうけん
- 強太 ごうた
- 強都 ごうと
- 強志 たけし
- 強斗 たけと
- 志強 むねたけ

教

キョウ　おしえる　おそわる
名 かず　たか　なり　のり　みち　ゆき

年長者が子弟をむち打ち励ますことから、教えるの意味になった。文化や教育の分野で活躍できる人に。

ヒント 武将の名前にもよく使われる「のり」の読みには、りりしさと気品が感じられる。

男の子

- 教紀 かずき
- 教平 きょうへい
- 教志 たかし
- 直教 なおみち
- 教文 のりふみ

女の子

- 教子 きょうこ
- 智教 ちゆき
- 教穂 のりほ
- 陽教 ひなり
- 美教 みのり

郷

キョウ　ゴウ
名 あき　あきら　さと　のり

もとは宴会の様子を表した字で、村里、田舎、ふるさとなどを表す。素直で素朴《そぼく》な子になるように。

ヒント 「ごう」と読むと圧倒的な力強さ、「さと」と読むとさわやかさとたのもしさが加わる。

男の子

- 郷 ごう
- 郷平 きょうへい
- 郷生 ごうき
- 郷留 さとる
- 郷迪 のりみち

女の子

- 郷枝 あきえ
- 郷花 きょうか
- 郷莉 さとり
- 千郷 ちさと
- 美郷 みさと

菫

キン　すみれ

草のスミレを表す。野草の代表的なもので、紫色の花は愛らしい。だれからも親近感をもたれる子に。

ヒント 「すみ」と読むとソフトでスイートな印象、「きん」と読むと機転がきく華やかな人の印象に。

男の子

菫吾	きんご
菫平	きんぺい
菫人	すみと
巴菫	はすみ
真菫	ますみ

女の子

菫	すみれ
愛菫	あすみ
菫花	すみか
菫埜	すみの
菫怜	すみれ

啓

ケイ
名 さと　たか　のぶ　のり　はる　ひ　ひろ　よし

開く、明らかにする、教え導く、申し上げるなどの意味を表す。人を導くような賢い人になるように。

ヒント 「けい」と読むと知的でクールな印象、「ひろ」と読むとやすらぎとたくましさが加わる。

男の子

朝啓	あさひ
偉啓	いさと
啓悟	けいご
啓資	けいし
啓太	けいた
啓杜	けいと
偲啓	しのぶ
啓柾	たかまさ
智啓	ともさと
紀啓	のりひろ
羽啓	はのり
啓飛	はるひ
啓紀	ひろき
眞啓	まひろ
悠啓	ゆうけい

女の子

啓花	けいか
知啓	ちひろ
啓未	はるみ
茉啓	まひろ
啓絵	よしえ

渓

ケイ

山間の谷、谷川の意味を表す。清らかな流れのイメージ。山歩きの好きな人は使ってみたくなる字。

ヒント 「渓流」のように、清々《すがすが》しい印象。多くは、知的で行動力のある「けい」の読みで使われる。

男の子

渓	けい
一渓	いっけい
渓冴	けいご
渓登	けいと
渓太郎	けいたろう

女の子

渓花	けいか
渓夏	けいか
渓采	けいと
渓奈	けいな
亜渓美	あけみ

経

ケイ　キョウ　へる
名 おさむ　つね　のぶ　のり　ふ

織機の縦糸を表し、経る、営む、筋道、経典などの意味がある。つねに自分を磨き続ける人になるように。

ヒント 「きょう」と読むと個性的な才能で輝く印象、「のぶ」と読むと元気な人気者の印象に。

男の子

経	おさむ
経平	きょうへい
経輝	けいき
経司	けいし
巴経	はのり

女の子

経乃	きょうの
経埜	きょうの
経美	つねみ
経佳	のぶか
経未香	ふみか

蛍

ケイ
ほたる

虫のホタルを表す。「蛍雪の功」は、苦学して成功すること。ロマンチックで幻想的なイメージの字。

ヒント 夏の風物詩として古くから親しまれる蛍は、日本的な情緒のあふれる字。「けい」と読む字としても新鮮。

男の子

蛍雅	けいが
蛍輝	けいき
蛍輔	けいすけ
蛍雪	けいせつ
蛍汰	けいた

女の子

蛍	ほたる
蛍夏	けいか
蛍杜	けいと
蛍名	けいな
蛍瑠	ほたる

健

ケン
すこやか
名 かつ　きよし　たけ　たけし　つよし　とし　やす

「イ（人）」+「建」で、健やか、強い、したたかなどの意味を表す。心身ともに健康な子に育つように。

ヒント 男の子に根強い人気の字。「たけ」の読みで確かな実力を、「けん」で少年のような無邪気さをプラス。

男の子

健	たけし
健來	かつら
健孜	きよし
健作	けんさく
健太	けんた
健人	けんと
健斗	けんと
澄健	すみたけ
健臣	たけおみ
健留	たける
健士	つよし
正健	まさとし
健成	やすなり
遼健	りょうけん
健志朗	けんしろう

女の子

健花	きよか
健良	きよら
健美	たけみ
健愛	やすな
健杷	やすは

牽

ケン　ひく
名 とき
とし

牛に索《なわ》をつけた形で、引く、率いるなどの意味になった。七夕の男星、ひこぼしを「牽牛《けんぎゅう》星《せい》」という。

ヒント 「けん」と読むと無邪気さを、「とし」と読むと信頼感と知性を感じさせる名前に。

男の子

牽	けん
牽壱	けんいち
牽吾	けんご
瑳牽	さとし
将牽	まさとき

女の子

乙牽	おとき
牽那	ときな
牽慧	としえ
牽佳	としか
真牽	まとき

絃

ゲン　いと
名 お　つる　ふさ

糸、弦楽器に張った糸、また、その楽器、楽器を弾くことを表す。音楽的才能に恵まれるように願って。

ヒント「げん」の音は覇気《はき》があってりりしく、「いと」の音は格調高く上品。「お」と読む字としても新鮮。

男の子

絃	げん
絃音	おと
絃揮	げんき
絃人	げんと
柚絃	ゆづる

女の子

絃	いと
絃歌	いとか
千絃	ちづる
絃慧	ふさえ
茉絃	まお

梧

ゴ　あおぎり
名 ひろ

樹木のアオギリを表す。樹皮は緑色で、材は家具や琴に使われる。支え柱の意味もある。頼りにされる人に。

ヒント「ご」の音は迫力と甘さをあわせもち、「ひろ」の音はたくましさとやすらぎの印象。

男の子

圭梧	けいご
梧朗	ごろう
蒼梧	そうご
梧樹	ひろき
琉梧	りゅうご

女の子

梧香	ひろか
梧世	ひろせ
梧名	ひろな
美梧	みひろ
奈梧美	なごみ

梗

コウ　キョウ　やまにれ
名 たけし　つよし　なお

樹木のヤマニレを表す。とげのある木。また、桔梗は秋草のキキョウのこと。凜《りん》とした子に。

ヒント芯の強さを感じさせる字。「きょう」と読むと包容力が、「なお」と読むと親しみや温かさが加わる。

男の子

梗	つよし
梗平	きょうへい
梗佑	こうすけ
梗司	たけし
梗季	なおき

女の子

香梗	かなお
梗花	きょうか
梗菜	きょうな
梗緒	なお
梗実	なおみ

康

コウ
名 しず　しずか　みち　やす　やすし　よし

「庚」+「米」で、精米を表す。やすらか、丈夫のほか、楽しむの意味も。仲がよい、友人に恵まれるように。

ヒント「こう」の音は少年のような俊敏《しゅんびん》さと思慮深さの、「やす」の音はさわやかで優しい癒《いや》しのイメージ。

男の子

康	やすし
栄康	えいこう
軌康	きよし
康我	こうが
康介	こうすけ
康生	こうせい
康平	こうへい
康気	しずき
康浬	しずり
龍康	たつよし
晴康	はるみち
英康	ひでやす
倫康	みちやす
康未	やすみ
義康	よしやす

女の子

康伽	しずか
康音	しずね
康花	みちか
康菜	やすな
康葉	やすは

皐

コウ
名 さ　すすむ　たか　たかし

もとは白く輝くことで、沢、高いなどの意味。また、五月の異名「さつき」は皐月とも書く。五月生まれの子に。

ヒント「こう」と読むと信頼感と愛嬌《あいきょう》をあわせもつ印象、「さ」と読むと颯爽《さっそう》としたリーダーの印象に。

男の子

皐	すすむ
皐輝	こうき
皐亮	こうすけ
皐至	たかし
悠皐	ゆたか

女の子

皐月	さつき
皐美	さみ
皐羅	さら
知皐	ちさ
真亜皐	まあさ

紺

コン　カン

「糸」+「甘」で、青に赤みをはさみこんだ色、深みのある青、こん色を表す。和のイメージもある字。

ヒント「かん」の音が使いやすい。「かん」と読むと、無邪気でキュート、だれからも愛される名前に。

女の子

紺奈	かんな
紺乃	こんの
青紺	せいこ
透紺	とうこ
茉紺	まこ
実紺	みかん
深紺	みこ
璃紺	りこ
羽海紺	うみこ
紺安美	こあみ

彩

サイ　いろどる
名 あや　さ　たみ

彩り、模様、輝き、彩る、美しい、あやがあるなどの意味を表す。美術の才能に恵まれることを願って。

ヒント「あや」は、ミステリアスな魅力と無邪気な大胆さが共存する音。「さ」の音で万葉仮名風に使っても。

男の子

彩煌	あきら
彩人	あやと
彩文	あやふみ
彩太郎	さいたろう
彩己斗	さきと

女の子

彩	あや
彩衣	あやい
彩奈	あやな
彩音	あやね
彩乃	あやの
彩海	あやみ
彩瞳	あやめ
紗彩	さあや
彩織	さおり
彩依	たみい
彩乃	たみの
陽彩	ひいろ
茉彩	まあや
有里彩	ありさ
彩莉菜	さりな

砦

サイ　とりで

柴でつくった柵、まがきをいい、さらに石や岩を使った「とりで」を表す。大切な人や物を守れるように。

ヒント 堅固で頼りがいのあるイメージで、男の子におすすめ。「さい」の音は、戦略力の高さを感じさせる。

男の子

砦	とりで
栄砦	えいさい
空砦	くうさい
砦一	さいいち
砦基	さいき
砦蔵	さいぞう
砦太	さいた
砦都	さいと
勇砦	ゆうさい
砦太郎	さいたろう

菜

サイ　な

野菜、菜っ葉、おかずのほか、植物のアブラナの意味を表す。愛らしい印象の字で、止め字としても大人気。

ヒント 女の子に大人気の字。字の健康的な美しさに、「な」の音でのびやかで心地よい親密感がプラスされる。

女の子

愛菜	あいな
千菜	かずな
環菜	かんな
慧菜	けいな
心菜	ここな
冴菜	さい
菜歌	さいか
樹菜	じゅな
知菜	ちな
友菜	ともな
菜咲	なえみ
菜結	なゆ
羽菜	はな
陽菜	ひな
優菜	ゆうな
若菜	わかな
佳菜子	かなこ
心々菜	ここな
菜々美	ななみ
菜穂子	なほこ

梓

シ　あずさ

樹木のアズサの意味。優れた建築材。出版することを上梓《じょうし》という。文学的な香りのする字。

ヒント 「あず」の読みには信頼感とミステリアスさが共存する。スター性のある「し」の音で使うと新鮮。

男の子

梓温	しおん
梓文	しもん
梓郎	しろう
賢梓	たかし
釉梓	ゆうし

女の子

梓	あずさ
梓季	あずき
梓実	あずみ
梓織	しおり
梓歩	しほ

偲

シ　しのぶ

強い、賢いの意味を表す。また、「イ（人）」＋「思」で、人を思う、しのぶの意味も。ロマンチックなイメージ。

ヒント 「し」と読むと颯爽《さっそう》と個性を発揮する印象、「しの」と読むとやわらかさと優しさをあわせもつ印象。

男の子

偲央	しお
偲恩	しおん
偲紋	しもん
裕偲	ひろし
眞偲	ましの

女の子

偲	しのぶ
偲乃	しの
偲穂	しほ
偲依	しより
偲琉久	しるく

視

シ　みる
名 のり　み

一点に目をとめてじっと見る意味。いたわる、つかさどる、しめすなどの意味も。本質を見ぬく人になるように。

ヒント 目上にも目下にも愛される印象の「み」の音や、りりしさとキュートさのある「のり」の音で使って。

男の子

洸視	こうし
視季	しき
崇視	たかみ
秀視	ひでみ
釉視	ゆうし

女の子

梓視	あずみ
視埜	しの
葉視	はのり
視来	みくる
視早	みはや

雫

しずく

「雨」＋「下」で、雨が下に落ちることから、水のしたたり、しずくの意味を表す。涼しげな印象の字。

ヒント 雨だれのように、落ち着いたイメージの字。「しず」の音は、静かだが内に大きな力を秘めた印象。

男の子

雫来	しずき
雫玖	しずく
雫杜	しずと
雫琉	しずる
眞雫	ましず

女の子

雫	しずく
雫夏	しずか
雫名	しずな
雫音	しずね
雫葉	しずは

脩

シュウ　おさめる
名 すけ　なお　なが　のぶ　はる

ほし肉のことで、長いの意味もある。また「修」と通じて、修める、飾るの意味にも。勉強熱心な子に。

ヒント 「しゅう」の音は颯爽《さっそう》と物事を極《きわ》める印象。素朴《そぼく》で優しく人を癒《いや》す印象の「なお」の音などでも。

男の子

脩	しゅう
功脩	こうすけ
脩生	なお
脩斗	ながと
脩己	はるき

女の子

脩子	しゅうこ
千脩	ちはる
脩実	なおみ
脩巳	のぶみ
脩華	はるか

淑

シュク
名 きみ　きよ　すえ　すみ　とし　ひで　よ　よし

人柄がよい、しとやか、美しいなどの意味。淑女は上品な女性。修養して立派になる意味も。品格のある人に。

ヒント 「とし」と読むと華やかで信頼感のもてる印象、「よし」と読むと清潔な癒《いや》しにあふれる印象に。

男の子

空淑	あきみ
紗淑	さとし
英淑	ひでとし
雅淑	まさよし
真淑	ますみ

女の子

淑依	としえ
淑香	ひでか
麻淑	ますえ
茉淑	まよ
淑美	よしみ

淳

ジュン
あつい
名 あき しゅん すなお ただし とし まこと よし

もとは、こして清めることで、あつい、濃い、まこと、素直などの意味を表す。誠実な人になるように。

ヒント 「じゅん」の音は、高級感がありつつ愛される印象。「あつ」と読むと自然体でオープンなイメージに。

男の子

淳	じゅん
淳志	あつし
和淳	かずとし
淳介	しゅんすけ
淳平	じゅんぺい
淳夫	すなお
淳詩	ただし
由淳	よしあき
淳人	よしひと
淳太郎	じゅんたろう

女の子

淳菜	あきな
淳愛	あきな
阿淳	あすな
淳乃	あつの
淳美	あつみ
淳子	じゅんこ
淳名	じゅんな
淳里	しゅんり
淳世	としよ
淳芳	よしは

惇

ジュン トン
あつい
名 すなお つとむ とし まこと よし

神に酒食を供えるときの気持ちを表し、あつい、まことなどの意味を表す。情にあつい優しい人になるように。

ヒント 「じゅん」と読むと育ちがよく人なつっこい印象、「あつ」と読むと自然体でおおらかな印象になる。

男の子

惇	まこと
惇己	あつき
惇平	じゅんぺい
惇直	すなお
惇武	つとむ

女の子

惇子	あつこ
惇葉	あつは
衣惇	いとし
惇奈	じゅんな
惇埜	よしの

渚

ショ なぎさ
名 お さ

旧 渚

なぎさ、みぎわの意味を表す。ロマンチックなイメージで、ひびきも美しく、特に海好きには人気の字。

ヒント 「なぎさ」と読むと元気でのびのびとした名前に。おおらかで落ち着いた「お」、さわやかな「さ」の音でも。

男の子

渚	なぎさ
渚采	なぎと
南渚	なさ
璃渚	りお
渚来人	さきと

女の子

渚来	さき
渚愛	さら
渚砂	なぎさ
渚音	なぎね
心渚	みお

唱

ショウ
となえる
名 うた

歌、歌う、唱える、高く読み上げる、意見をいうなどの意味を表す。音楽、芸術方面の才能に恵まれるように。

ヒント 「しょう」の音を使うとやわらかい光のような印象に。「うた」と読むと元気でたのもしいイメージに。

男の子

琥唱	こうた
唱瑛	しょうえい
唱午	しょうご
唱太	しょうた
奏唱	そうた

女の子

唱	うた
唱佳	うたか
唱夏	しょうか
唱那	しょうな
唱愛	しょうな

捷

ショウ
かつ はやい
名 さとし すぐる とし まさる

速やか、速い、すばやいの意味。また、賢い、勝つの意味もある。スマートで頭の切れる人になるように。

ヒント 「しょう」の音で、華を秘めた印象をプラスして。「まさる」などの音で男の子の1字名にも。

男の子

捷	まさる
捷己	かつき
敏捷	さとし
捷馬	しょうま
捷瑠	すぐる

女の子

捷乃	かつの
捷奈	しょうな
捷琉	しょうる
捷花	としか
美捷	みさと

ネーミングストーリー

羽実音《うみね》ちゃん 玄詩《げんし》くん

漢字一文字一文字にこめた思い

長女は、自由に羽ばたいて創造して好きなことをやってほしい、という意味をこめて「羽」。そして好きなことが実るようにしっかり生きてほしいという思いをこめて「実」。夫婦ともに音楽が共通の趣味ということで「音」。これらをあわせて「羽実音」と命名。長男は、強い子に育ってほしい、という思いから武田信玄の「玄」。私たち夫婦が好きな音楽から連想した「詩」をあわせて「玄詩」と名づけました。（朋臣パパ）

梢

ショウ　こずえ
名　すえ　たか

木の幹や枝の先端をいい、こずえ、末、端の意味。高く流れる雲を梢雲という。可憐《かれん》な印象の字。

ヒント　深く優しい印象の「しょう」、信頼感のある「たか」の音で。「こずえ」の音は重厚で落ち着きのある印象。

男の子
- 梢雲　しょううん
- 梢吾　しょうご
- 梢太　しょうた
- 梢春　すえはる
- 陽梢　はるたか

女の子
- 梢　こずえ
- 梢名　しょうな
- 梢葉　たかは
- 梢実　たかみ
- 舞梢　ますえ

渉

ショウ
名　さだ　たか　ただ　わたる

旧　涉

「氵（水）」＋「歩」で、渡るの意味。広く見聞きする、かかわるの意味もある。社交的な人になるように。

ヒント　「しょう」の音はやわらかい光のような印象。「わたる」と読むと圧倒的な存在感とはつらつさが加わる。

男の子
- 渉　わたる
- 渉介　しょうすけ
- 渉馬　しょうま
- 渉洋　たかひろ
- 渉道　ただみち

女の子
- 渉乃　さだの
- 渉華　しょうか
- 渉那　しょうな
- 渉埜　わたの
- 渉海　わたみ

章

ショウ
名　あき　あきら　あや　き　たか　とし　のり　ふみ

美しい模様、明らか、しるし、手本などの意味を表す。詩文の一節の意味もある。文才を授《さず》かるように。

ヒント　「あき」の音には明るく輝くイメージ、「ふみ」の音にはふっくらとして温かいイメージがある。

男の子
- 章　あきら
- 章史　あきふみ
- 章季　としき
- 佳章　よしのり
- 章太郎　しょうたろう

女の子
- 章乃　あきの
- 章姫　あやき
- 知章　ちあき
- 章加　ふみか
- 美章　みたか

紹

ショウ
名　あき　つぎ

糸をつなぐことを表し、継ぐ、受け継ぐの意味を表す。引き合わせるの意味もある。社交的な子になるように。

ヒント　縁に恵まれる印象。「あき」と読むとクリアで明るい印象、「しょう」と読むとソフトな印象が加わる。

男の子
- 紹良　あきら
- 紹護　しょうご
- 紹太　しょうた
- 汰紹　たつぎ
- 雅紹　まさあき

女の子
- 紹芭　あきは
- 紹歩　あきほ
- 紹未　あきみ
- 紹吏　しょうり
- 千紹　ちあき

菖

ショウ
名　あやめ

草のショウブを表す。香気があるので、邪気をはらうものとされた。神秘的な力を感じさせる字。

ヒント　「しょう」の音で新鮮なひらめきが加わる。あどけなくミステリアスな「あや」の読みを活かしても。

男の子
- 菖己　あやき
- 菖仁　あやと
- 慶菖　けいしょう
- 菖生　しょうき
- 菖平　しょうへい

女の子
- 菖　あやめ
- 菖花　あやか
- 菖埜　あやの
- 彩菖　さあや
- 知菖　ちしょう

笙

ショウ

雅楽の管楽器の笙《しょう》を表す。小さい、細いの意味もある。笙の音色のように典雅な人になるように。

ヒント　笙は奈良時代に中国から伝わった楽器。「しょう」の音で、ソフトで深い光のイメージを加えて。

男の子
- 笙　しょう
- 笙冴　しょうご
- 笙典　しょうすけ
- 笙多　しょうた
- 笙磨　しょうま

女の子
- 笙雨　しょう
- 笙歌　しょうか
- 笙奈　しょうな
- 笙乃　しょうの
- 笙魅　しょうみ

常

ジョウ　つね　とこ
名　とき　ときわ　のぶ　ひさ

つね日ごろ、かつての意味のほか、おきての意味も表す。「とこ」には永遠不滅の意味も。変わらぬ幸せを願って。

ヒント　「つね」と読むと、華があり優しくあきらめないイメージに。「ひさ」や「とき」の音を活かしても。

男の子
- 常　ときわ
- 衣常　いつね
- 常路　じょうじ
- 常基　のぶき
- 幹常　みきひさ

女の子
- 胡常　ことこ
- 常歌　じょうか
- 常帆　ときほ
- 常夏　とこな
- 魅常　みつね

深

シン　ふかい
名　とお　み

水中の物を探すことから、深いの意味になった。奥深い、優れるなどの意味もある。思慮深い人になるように。

ヒント　「しん」と読むとまっすぐな光のような印象、「み」と読むとみずみずしくイキイキした印象に。

男の子
- 深　しん
- 深仁　しんと
- 深弥　しんや
- 深海　とおみ
- 尋深　ひろみ

女の子
- 美深　みみ
- 愛深　あいみ
- 深月　みづき
- 深幸　みゆき
- 真深香　まみか

紳

シン
名　おび

礼装用の帯をいい、大帯、大帯を使える人を表す。現在は、教養、地位がそなわった人のこと。気品のある人に。

ヒント　教養ある上品な男性をイメージさせる字。「しん」の音で、強くまっすぐな印象をプラス。

男の子
- 紳　しん
- 一紳　いっしん
- 紳杜　おびと
- 紳吾　しんご
- 紳司　しんじ
- 紳介　しんすけ
- 紳祐　しんすけ
- 紳人　しんと
- 裕紳　ゆうしん
- 紳之介　しんのすけ

進

シン　すすむ
名 す　のぶ　みち　ゆき

もとは進軍することで、進む、人にすすめるの意味を表す。よくなる、優れるの意味もある。積極的な子に。

ヒント 「しん」の音は一途《いちず》な強さの印象、「ゆき」の音はやわらかさとパワーをあわせもつ印象に。

男の子

進	すすむ
威進	いしん
憲進	けんしん
志進	しのぶ
純進	じゅんしん
進翔	しんと
進哉	しんや
進羅	しんら
泰進	たいしん
知進	ちゆき
進軌	のぶき
進汰	みちた
吉進	よしみち
進未都	すみと
陸乃進	りくのしん

女の子

実進	みしん
進果	みちか
美進	みゆき
進英	ゆきえ
進那	ゆきな

晨

シン　あさ　あした
名 あき　とき　とよ

日の出をむかえる儀礼を表し、朝、明日の意味に使う。フレッシュなイメージ。元気で活発な子になるように。

ヒント 「あさ」と読むと朝の光のようなさわやかさが、「あき」と読むと明るさとキュートさが加わる。

男の子

晨	しん
晨飛	あさひ
晨埜	しんや
晨和	ときわ
栄晨	ひであき

女の子

晨	あした
晨來	あき
依晨	いとよ
千晨	ちあき
茉晨	まあさ

彗

スイ　ケイ
名 え

もとはほうきの意味を表し、現在ではほうき星＝彗星の意に使われる。宇宙のロマンを感じさせる字。

ヒント 神秘的なイメージ。「けい」の音は知的でクールな印象、「え」の音はエレガントで寛容な印象に。

男の子

慧琉	える
慧河	けいが
慧輝	けいき
慧太	けいた
慧夢	すいむ

女の子

奏慧	かなえ
慧都	けいと
慧奈	けいな
彩慧	さえ
飛慧	ひすい

崇

スウ
名 かた　し　たか　たかし　たけ

尊い、気高い、尊ぶ、あがめるの意味を表す。また、山が高い、満たすの意味もある。みんなに敬愛される人に。

ヒント 「崇高《すうこう》」のとおり、気高い印象。「たか」と読むと信頼感と人間味が、「し」と読むと意志の強さが加わる。

男の子

崇	たかし
崇恩	しおん
崇貴	たかき
崇至	たけし
雅崇	まさし

女の子

崇乃	しの
崇子	たかこ
崇嶺	たかね
崇穂	たかほ
実崇	みかた

盛

セイ　ジョウ　もる　さかん
名 しげ　しげる　たけ　もり

盛る、盛り上げる、いっぱいにするのほか、盛ん、栄えるの意味を表す。世の中で成功する人になれるように。

ヒント 字の繁栄するイメージに、「しげ」の音で力強さと人情味、「もり」の音で思慮深さと信頼感をプラス。

男の子

盛琉	しげる
盛哉	せいや
栄盛	ひでたけ
柾盛	まさもり
盛都	もりと

女の子

盛子	しげこ
盛実	しげみ
盛穂	たけほ
美盛	みもり
萌盛	めもり

清

セイ　ショウ　きよい
名 きよし　さや　すが　すず　すみ

水が澄む意味を人の性質に当てはめ、清い、清らか、明らかの意味に使う。清楚《せいそ》なイメージの字。

ヒント 「きよ」の音で優しくもしっかりした印象の、「せい」の音で透き通った光のイメージの名前に。

男の子

清	きよし
空清	あさや
一清	いっせい
夏清	かすが
清雅	きよまさ
清志	すずし
清亮	すみあき
清河	せいが
清純	せいじゅん
真清	ますみ

女の子

愛清	あすみ
清絵	きよえ
清海	きよみ
清夏	さやか
清音	すがね
清香	すずか
清華	すみか
清花	せいか
清良	せいら
美清	みすず

曽

ソ　ソウ　かつて　すなわち
名 つね　なり　ます

旧 曾

こしき（米などを蒸す道具）の形からできた字で、重ねる、ふえるの意味を表す。家族に恵まれるように。

ヒント おおらかな優しさのある「そ」の音で万葉仮名風に。「そう」の音には透明な光のような清涼感がある。

男の子

曽史	そうし
汰曽	たつね
曽壮	なりまさ
泰曽	やすなり
曽一郎	そういちろう

女の子

曽埜	その
曽楽	そら
曽実	なりみ
巴曽	はなり
曽美	ますみ

雪

セツ　ゆき

名 きよ　きよみ

空から雪が舞い落ちる形からできた字で、雪、雪が降るの意味。すすぐ、清めるの意味もある。清楚《せいそ》なイメージ。

ヒント 純白の美と強さのイメージに、「ゆき」の音で優しさに秘めた強さを、「せつ」の音で洗練された美を加えて。

男の子

尭雪	あきゆき
雪志	きよし
皓雪	こうせつ
秀雪	しゅうせつ
雪路	せつじ

女の子

雪	きよみ
安雪	あきよ
雪里	きより
小雪	こゆき
彩雪	さきよ
紗雪	さゆき
知雪	ちゆき
冬雪	ふゆき
舞雪	まゆき
美雪	みゆき
雪花	ゆきか
雪路	ゆきじ
雪菜	ゆきな
雪埜	ゆきの
雪巳	ゆきみ

爽

ソウ　さわやか

名 あき　あきら　さ　さや　さやか

明らか、明るい、美しい、清々《すがすが》しいなどの意味を表す。まさに明るくさわやかなイメージの字。

ヒント 吹き抜ける風のイメージに、「そう」の音で透き通るさわやかさを、「さ」の音で颯《さっ》爽とした印象をプラス。

男の子

爽良	あきら
和爽	かずさ
爽士	そうし
爽來	そうら
真爽	まさや

女の子

爽季	さき
爽夏	さやか
爽子	さわこ
知爽	ちさ
莉爽	りさ

窓

ソウ　まど

もとは天窓をいい、まどの意味。光や空気が入ってくるところで、新鮮で、開放的なイメージ。社交的な子に。

ヒント 「そう」の音はさわやかな光のよう。「まど」と読むと、満ち足りていて重厚感あふれる名前になる。

男の子

窓輝	そうき
窓亮	そうすけ
窓太	そうた
窓人	そうと
窓珂	まどか

女の子

窓実	そうみ
窓可	まどか
窓花	まどか
窓乃	まどの
窓乃佳	そのか

舵

ダ　かじ

船の方向を定める道具である「かじ」を表す。船好きにおすすめの字。人生の舵取りがうまくできるように。

ヒント 「かじ」の音は小技がきいてパワフルな印象。堂々とした存在感のある「だ」の音でも。

男の子

海舵	かいだ
舵至	かじ
舵生	かじお
舵軌	かじき
舵太	かじた
舵人	かじと
舵哉	かじや
舵壱	だいち
雄舵	ゆかじ
舵偉生	だいき

梛

ダ　ナ

名 なぎ

樹木の名だが、もとの木は不明。日本では樹木のナギを指す。神社の境内に植えられる神木。まっすぐな子に。

ヒント 堂々としてセクシーな「だ」、温かく親密感のある「な」の音で。「なぎ」の音は温かくてスイートな印象。

男の子

梛	なぎ
梛惟	だい
梛瑳	なぎさ
梛人	なぎと
梛央斗	なおと

女の子

小梛	こなぎ
梛沙	なぎさ
日梛	ひな
夕梛	ゆな
梛々子	ななこ

琢

タク　みがく

名 あや　たか　たつ

旧 琢

玉を磨くことから、技や徳を磨く意味にもなった。努力をかかさず夢を実現するよう願って。

ヒント 切磋琢磨《せっさたくま》する努力家のイメージの字に、「たく」の音でタフで自立した印象をプラス。

男の子

琢磨	たくま
琢弥	たくみ
琢哉	たくや
琢郎	たくろう
琢軌	たつき

女の子

琢華	あやか
琢愛	あやな
琢乃	あやの
啄葉	たかは
琢美	たくみ

紬

チュウ　つむぎ

名 つ

紬、紬織を表す。くず繭《まゆ》を紡いだ糸で織った丈夫な絹織物である。健康的な美しさをもつよう願って。

ヒント 「つむぎ」と読むと優しくタフで人間性豊かな名前に。「つ」の音は神秘的なパワーを感じさせる。

男の子

亜紬	あつむ
北紬	たつ
紬木	つむぎ
紬芸斗	つきと
三紬夫	みつお

女の子

紬	つむぎ
美紬	みつ
莉紬	りつ
紬希子	つきこ
輪瑠紬	わるつ

鳥

チョウ　とり

名 と

鳥の形からできた字で、鳥の意味を表す。大空を飛ぶ鳥には自由なイメージがある。のびのびと育つように。

ヒント 頼りがいのある印象の「と」と読む字として新鮮。「ちょう」と読むと、元気で闊達《かったつ》なイメージに。

男の子

飛鳥	あすか
翔鳥	しょうと
鳥志	ちょうじ
鳥希	とき
民鳥	みんと

女の子

小鳥	ことり
紗鳥	さとり
千鳥	ちどり
鳥望	とも
美鳥	みどり

逞

テイ たくましい

名 とし ゆき よし

たくましい、強い、勇ましいの意味を表す。また、快い、楽しいなどの意味もある。明るく強い子になるように。

ヒント パワフルで頼れる「たく」、スターのような「とし」、さわやかに癒《いや》す「よし」の音などを活かして。

男の子

逞	たくま
逞哉	たくや
丈逞	たけとし
岳逞	たけよし
龍逞	たつよし
逞我	ていが
逞輝	としき
暢逞	のぶゆき
宏逞	ひろとし
逞生	よしき

都

ト ツ みやこ

名 いち さと くに ひろ

旧 都

周囲に垣をめぐらした大きな集落をいい、都の意味になった。すべての意味もある。洗練されたイメージ。

ヒント 字の雅《みやび》やかさに、「と」の音で包みこむような優しさと頼りがいを加えて。「みやこ」の読みで1字名にも。

男の子

都瑠	いちる
絢都	けんと
玄都	げんと
都詩	さとし
都夢	とむ
大都	ひろと
史都	ふみひろ
雅都	まさくに
悠都	ゆうと
都志也	としや

女の子

都	みやこ
都花	いちか
伊都	いと
恵都	えと
都恵	くにえ
都李	さとり
菜都	なつ
茉都	まひろ
里都	りと
奈都希	なつき

笛

テキ ふえ

中が空洞の竹製の楽器をいい、笛の意味に使う。音楽、芸能方面の才能に恵まれることを願って。

ヒント 優雅な和楽器のイメージの字。優しくはるかな「ふえ」の音で、伝統や神話を思い起こさせる名前に。

男の子

偉笛	いふえ
笛悟	てきご
笛智	てきじ
笛樹	ふえき
笛斗	ふえと

女の子

笛佳	ふえか
笛歌	ふえか
笛乃	ふえの
魅笛	みてき
美笛	みふえ

兜

トウ かぶと

かぶとを着けた人の形で、かぶとを表す。帽子、包むなどの意味も。人生の荒波から守られ、強く生きるように。

ヒント 心身のパワーを感じさせる字で、男の子の名前に。「とう」の読みは、自然体で芯の強い大物の印象。

男の子

兜	かぶと
冴兜	ごとう
兜我	とうが
兜輝	とうき
兜吾	とうご
兜佑	とうすけ
兜太	とうた
兜馬	とうま
兜吏	とうり
兜吾郎	とうごろう

逗

トウ ズ とどまる

名 すみ

とどまる、とどめるの意味を表す。地名の逗子は「ずし」と読む。安定した生活が営めることを願って。

ヒント しなやかな強さと甘さをあわせもつ「すみ」、実直で豊かな印象の「とう」の音を活かすと使いやすい。

男の子

逗雅	とうが
逗哉	とうや
羽逗	はすみ
真逗	ますみ
逗希也	ときや

女の子

愛逗	あすみ
逗美	すみ
逗夏	すみか
逗玲	すみれ
那逗菜	なずな

陶

トウ

名 すえ よし

神への供え物の焼き物の意味から、焼き物を表す。養う、うっとりするの意味も。技芸の才能を願って。

ヒント 芸術や文化の香りのする字。「とう」と読むと格調の高さが、「よし」と読むとやわらかさが加わる。

男の子

和陶	かずよし
陶成	すえなり
陶吾	とうご
陶冶	とうや
陶志郎	とうじろう

女の子

古陶	こと
陶子	とうこ
真陶	ますえ
美陶	みと
陶佳	よしか

萄

ドウ トウ

果樹のブドウを表す。ブドウは中央アジア原産で、葡萄と書く。豊かな恵みを受けられるように。

ヒント 秋の実りや、ワインのような芳醇《ほうじゅん》さを感じさせる字。「とう」の読みで、堅実で豊かな印象に。

男の子

詩萄	しどう
萄芽	とうが
萄樹	とうき
萄夢	どうむ
萄埜	とうや

女の子

萄香	とうか
萄子	とうこ
萄実	とうみ
萄和	とわ
萄水香	とみか

堂

ドウ

名 たか たかし

高く土を盛った場所、その上の大きな建物や広間を表す。大きくて立派という意味もある。堂々とした人に。

ヒント 「どう」と読むと大物感がアップ。「たか」の音は、思いやりと信頼感のあるリーダーの器《うつわ》の印象。

男の子

堂	たかし
魁堂	かいどう
義堂	ぎどう
是堂	これたか
嗣堂	しどう
堂箕	たかみ
堂夢	どうむ
陽堂	はるたか
蘭堂	らんどう
龍堂	りゅうどう

捺

ナツ　ダツ
おす
名　とし　な

おす、手でおさえつけるという意味を表す。「捺印」の「捺」。名前には「なつ」の音を活かして。

ヒント 「なつ」の音は、明るく生命力にあふれる印象。「な」の音を活かして万葉仮名風に使っても。

男の子
- 瀬捺　せな
- 捺哉　としや
- 捺礼　なつあき
- 捺生　なつお
- 捺季　なつき

女の子
- 慧捺　えな
- 捺那　なつな
- 捺霧　なつむ
- 捺李　なつり
- 真捺　まな

絆

ハン
きずな
ほだし
名　き

馬をつなぐ綱をいい、きずな、つなぐなどの意味に。離れがたい思いのことも。友達がたくさんできるように。

ヒント あなどれない感じのする「はん」、個性的な印象の「き」の音を活かすと使いやすい。

男の子
- 和絆　かずき
- 友絆　ともき
- 絆太　はんた
- 絆平　はんぺい
- 真絆　まさき

女の子
- 絆　きずな
- 絆名　はんな
- 茉絆　まき
- 美絆　みき
- 優絆子　ゆきこ

梶

ビ　かじ
名　こずえ
すえ　み

もとはこずえのことで、船の方向をとるかじの意味。和紙の原料の樹木カジノキの意味も。リーダーにぴったり。

ヒント 「かじ」と読むと、頼りがいのある印象がアップする。「み」と読むと、満ち足りた印象に。

男の子
- 梶　かじ
- 梶磨　かじま
- 梶也　かじや
- 梶芳　すえよし
- 拓梶　ひろみ

女の子
- 梶　こずえ
- 梶夏　みか
- 梶帆　みほ
- 優梶　ゆうび
- 南梶花　なみか

彪

ヒョウ
名　あきら
たけし
つよし　とら
ひで　よし

虎の皮のまだらが美しいことをいい、まだら、模様、明らかなどの意味を表す。強くりりしい子になるように。

ヒント 虎の力強いイメージから男の子に使いたい字。「たけし」「つよし」などの読みで1字名にしても。

男の子
- 彪　つよし
- 彪羅　あきら
- 鷹彪　たかとら
- 彪詩　たけし
- 彪我　ひょうが
- 彪己　ひょうき
- 弘彪　ひろひで
- 光彪　みつよし
- 彪郎　よしろう
- 彪三郎　ひょうざぶろう

彬

ヒン
名　あき
あきら　あや
ひで　もり
よし

「林」+「彡」。木立が美しいことから、明らか、美しいなどの意味がある。自然を愛する人になるように。

ヒント 「あき」と読むと未来を切りひらく先駆者のイメージ、「あや」と読むとミステリアスな印象に。

男の子
- 彬　あきら
- 茂彬　しげあき
- 智彬　ちもり
- 彬埜　ひでや
- 彬生　よしき

女の子
- 彬音　あきね
- 彬葉　あきは
- 彬花　あやか
- 彬芽　あやめ
- 千彬　ちあき

逢

ホウ　あう

不思議なものに出会うことをいい、会う、出会うの意味を表す。大きいの意味もある。おおらかな子に育つように。

ヒント チャンスに恵まれるイメージ。くつろいだ「ほ」、明るく自然体の「あ」の読みで、万葉仮名風に。

男の子
- 逢生　あおい
- 逢琉　ある
- 凱逢　がいあ
- 逢我　ほうが
- 逢晟　ほうせい

女の子
- 逢瑠　あいる
- 逢月　あづき
- 夏逢　かほ
- 美逢　みほ
- 逢須奈　あすな

萌

ホウ　きざす
めぐむ
もえる
名　め
めぐみ　も
もえ　もゆ

旧　萠

草の芽の出はじめをいい、萌える、きざす、芽が出る、芽生えなどの意味に使う。「もえ」の読みで人気の字。

ヒント 女の子に特に人気。「もえ」の音は豊かな優しさに、「めぐ」の音は幸福感と生命力に満ちた印象になる。

男の子
- 萌士　きざし
- 萌芽　ほうが
- 萌夢　めぐむ
- 萌貴　もえき
- 萌々太　ももた

女の子
- 萌　もえ
- 要萌　かなめ
- 采萌　ともえ
- 萌生　めい
- 萌美　めぐみ
- 萌愛　もあ
- 萌花　もえか
- 萌乃　もえの
- 萌葉　もえは
- 百萌　もも
- 萌瑠　もゆる
- 柚萌　ゆめ
- 吏萌　りも
- 萌乃香　ほのか
- 萌々花　ももか

眸

ボウ　ひとみ
名　む

目のひとみ、また、目を表す。明眸（澄んだ美しいひとみ。美人）などのことばもある。

ヒント 「む」と読むと思慮深く信頼感のある印象。熱い情熱とパワーあふれる「ひとみ」の音で1字名にも。

男の子
- 明眸　あきむ
- 叶眸　かなむ
- 眸巳　ひとみ
- 眸雅　むが
- 眸月　むつき

女の子
- 眸　ひとみ
- 亜眸　あむ
- 映眸　えむ
- 仁眸　ひとみ
- 莉眸　りむ

望

ボウ　モウ　のぞむ
名 のぞみ　み　も　もち

望む、望み見る、待ち望む、願うなどの意味を表す。望月は満月のこと。多くの望みがかなうことを願って。

ヒント 「のぞみ」「のぞむ」の音は充実感と包容力にあふれる印象。ほのぼのした「も」、愛らしい「み」の音でも。

男の子

望	のぞむ
一望	かずみ
聖望	きよみ
崇望	たかもち
望海	のぞみ
望夢	のぞむ
英望	ひでみ
弘望	ひろみ
真望	まさもち
斗望希	ともき

女の子

望	のぞみ
愛望	あいみ
彩望	あやみ
心望	ここみ
望美	のぞみ
茉望	まみ
望結	みゆ
望恵	もえ
望都	もと
望奈	もな

務

ム　つとめる
名 ちか　つとむ　つよ　なか　みち

農耕につとめることをいい、つとめる、励む、仕事、責任などの意味を表す。責任感の強い人になるように。

ヒント 「む」の音は信頼感があり物事を究《きわ》める印象。「つとむ」の音はクリエイティブな才能を感じさせる。

男の子

務	つとむ
篤務	あつむ
慧務	えむ
治務	おさむ
尭務	たかみち
務志	ちかし
務史	つよし
務真	なかま
宏務	ひろむ
拓務	ひろむ

麻

マ　あさ
名 お　ぬさ

植物のアサを表す。茎の皮の繊維から採った糸で布を織る。素朴《そぼく》で温かみのある、人気の字。

ヒント 字のナチュラルなイメージに、「あさ」の音でさわやかな印象を、「ま」の音で満ち足りた優しさをプラス。

男の子

麻人	あさと
麻杜	あさと
麻陽	あさひ
伊麻	いお
季麻	きぬさ
祥麻	しょうま
到麻	とうま
幹麻	みきお
麻佐也	まさや
麻奈斗	まなと

女の子

麻歌	あさか
麻実	あさみ
恵麻	えま
真麻	まあさ
麻希	まき
麻子	まこ
麻由	まゆ
美麻	みお
莉麻	りお
麻里華	まりか

猛

モウ
名 たか　たけ　たけお　たけし　たける　つよし

もとは猛犬の意味で、たけだけしい、強い、激しいなどの意味を表す。バイタリティにあふれた人に。

ヒント 字の力強さに、「たけ」の音で品格と確かさを、「たか」の音でリーダーのイメージをプラス。

男の子

猛	たけし
猛生	たかお
猛士	たかし
猛斗	たかと
猛夫	たけお
猛志	たけし
猛則	たけのり
猛琉	たける
猛資	つよし
将猛	まさたか

名前エピソード

翔《かける》くん　祖父の葉書は孫の名前を予言していた!?

息子の名前を翔とつけて半年たったころ。親父が「実は……」と言うことには、1年ほど前に自分の定年退職の通知を出したとき、葉書に「翔」と大きく書いたというのです。第2の人生を大きく飛翔したい、とコメントをつけて。その話を聞いたとき、嫁は「ご縁ですね」と笑顔。たしかに親父とは切っても切れない親子の縁だけど…。僕としては、なんか複雑な気分。嫁と2人で一生懸命考えて選んだ文字だと思ったんだけどね。

椛

もみじ　かば
名 か　はな

日本でつくられた字で、樹木のモミジを表す。また、カバ（樺）の略字にも使う。風雅なイメージがある字。

ヒント　女の子向きの字。「か」と読むと快活な印象に、「はな」と読むと陽《ひ》だまりのような温かさのある名前に。

女の子

椛	もみじ
礼椛	あやか
椛織	かおり
椛澄	かすみ
椛音	かのん
椛歌	はなか
椛埜	はなの
郁椛	ふみか
乃々椛	ののか
万里椛	まりか

野

ヤ　の
名 とお　ぬ
なお
ひろ

旧 埜 （→ P340）

社《やしろ》のある林・田畑をいい、のちに野原、田舎、里などの意味になった。飾らず自然のまま育つように。

ヒント　素直さを感じさせる字。開放的で無邪気な印象の「や」、のどかな印象の「の」で止め字に。

男の子

紘野	こうや
晟野	せいや
拓野	たくや
野巳	なおみ
万野	まひろ

女の子

志野	しの
野琥	とおこ
野女	ひろめ
佳野	よしの
日菜野	ひなの

埜

ヤ　ショ　の
名 とお
なお　ぬ
ひろ

「野」の旧字。「林」＋「土」で、野、野原、田舎などの意味を表す。止め字として人気。素朴《そぼく》で活発な子に。

ヒント　「や」の音で開放感を、「の」の音で温かさと優しさを、「ひろ」の音で落ち着きとたのもしさを加えて。

男の子

宏埜	こうや
埜和	とおわ
埜吾	のあ
埜輝	ひろき
悠埜	ゆうや

女の子

絢埜	あやの
心埜	ここの
月埜	つきの
埜莉	なおり
佳埜子	かのこ

唯

ユイ　イ
名 ただ　ゆ

ただ、それだけの意味のほかに、「はい」と丁寧に返事をすることを表す。素直な子に育つことを願って。

ヒント　「い」の音で一途《いちず》ながんばり屋さんの印象、「ゆい」の音でのびのびと大事をやり遂げる印象を加えて。

男の子

蒼唯	あおい
唯純	いずみ
唯良	いら
佳唯	かい
資唯	しゆい
唯信	ただのぶ
唯人	ゆいと
李唯	りゆ
琉唯	るい
瑠唯	るい

女の子

唯	ゆい
安唯	あんゆ
唯乃	ただの
由唯	ゆい
唯衣	ゆい
唯花	ゆか
麻唯	まい
唯愛	ゆめ
万唯子	まゆこ
唯香理	ゆかり

庸

ヨウ
名 つね
のぶ　のり
もち　やす

用いる、雇う、常、普通、並などの意味を表す。中庸はかたよらないこと。穏やかで幸福な人生を願って。

ヒント　のびのびとおおらかな「よう」、りりしく華やかな「のり」のほか、エネルギッシュな「のぶ」の音で。

男の子

天庸	たかのり
庸翔	つねと
庸行	のぶゆき
庸輔	ようすけ
庸平	ようへい

女の子

庸佳	のりか
実庸	みのり
庸絵	もちえ
庸葉	やすは
庸子	ようこ

悠

ユウ
名 ちか
はる　はるか
ひさ　ゆ

みそぎによって落ち着いた心をいい、ゆったりした様子を表す。はるか、遠いの意味も。のびやかに育つように。

ヒント　優しさあふれる「ゆう」「ゆ」の読みで人気。フレッシュな息吹《いぶき》を感じさせる「はる」の音でも。

男の子

悠	ゆう
悠夏	ちかげ
悠輝	はるき
悠翔	はると
悠久	はるひさ
大悠	ひろひさ
悠希	ゆうき
悠斗	ゆうと
那悠汰	なゆた
悠太郎	ゆうたろう

女の子

悠花	はるか
悠乃	ひさの
美悠	みちか
未悠	みゆ
悠安	ゆうあ
悠禾	ゆうか
悠綺	ゆうき
悠那	ゆうな
悠里	ゆり
悠美子	ゆみこ

萊

ライ　あかざ
名 しげる

草のアカザを表す。若葉は食用、茎は強く杖などに使う。丈夫で健康な子に育つことを願って。

ヒント　華やかな「らい」の音のほか「ら」の音を活かしても。「しげる」「あかざ」の音で1字名にも。

男の子

萊	しげる
萊樹	らいき
萊斗	らいと
萊都	らいと
萊武	らいむ

女の子

萊	あかざ
星萊	せいら
実萊	みらい
萊楽	らいら
梨萊	りら

徠

ライ　くる
名 とめ

来るの意味のほかに、ねぎらう、いたわるなどの意味を表す。字形、音ともしゃれた感じ。心の優しい子に。

ヒント 「らい」や「く」と読む字として新鮮な字。「らい」と読むと、バイタリティと豪華さのある名前に。

男の子

- 巴徠　はく
- 陽徠　はるく
- 未徠　みらい
- 徠夢　らいむ
- 璃徠　りく

女の子

- 乙徠　おとめ
- 徠未　くみ
- 徠実　くるみ
- 早徠　さら
- 徠紗　らいさ

梨

リ　なし
名 りん

果樹のナシ。花は可憐《かれん》で果実は甘美、古くから愛用された。芝居の世界を梨園《りえん》という。

ヒント みずみずしく甘いイメージで、特に女の子に人気の字。「り」の音は知性とりりしさを感じさせる。

男の子

- 悠梨　ゆうり
- 梨一　りいち
- 梨遠　りおん
- 梨玖　りく
- 梨乃佑　りんのすけ

女の子

- 愛梨　あいりん
- 杏梨　あんり
- 花梨　かりん
- 琴梨　ことり
- 紗梨　さり
- 潤梨　じゅんり
- 茉梨　まりん
- 未梨　みりん
- 梨愛　りあ
- 梨子　りこ
- 梨乃　りの
- 梨歌　りんか
- 友梨香　ゆりか
- 梨花子　りかこ
- 梨々果　りりか

理

リ　おさめる
ことわり
名 あや
さと　すけ
ただし　とし
のり　まさ
みち　よし

玉を磨いて筋目を現すことで、筋、磨く、おさめるの意味を表す。物事の道理の意味も。賢い子になるように。

ヒント 華やかで理知的な印象の「り」の音のほか、使いやすい音が多い。「おさむ」などの読みで1字名にも。

男の子

- 理　おさむ
- 理己　あやき
- 昂理　こうすけ
- 閃理　せんり
- 理資　ただし
- 理央　としお
- 智理　ともさと
- 理人　まさと
- 道理　みちのり
- 理玖　りく

女の子

- 理奈　あやな
- 美理　みさと
- 理瑠　みちる
- 裕理　ゆうり
- 理香　よしか
- 理緒　りお
- 理帆　りほ
- 知理子　ちりこ
- 結香理　ゆかり
- 理佳子　りかこ

陸

リク
名 あつ
たか　みち
む　むつ

陸地のほかに、丘、道などの意味を表す。まっすぐ、きちんとしているの意味もある。スケールの大きな人に。

ヒント 「りく」と読むと気品あふれる印象、「むつ」は豊かさと力を秘めた印象、「たか」はリーダーの印象に。

男の子

- 陸　りく
- 陸翔　たかと
- 朋陸　ともあつ
- 大陸　ひろむ
- 陸己　むつき

女の子

- 愛陸　えむ
- 陸奈　みちな
- 陸希　むつき
- 陸美　むつみ
- 莉陸　りむ

琉

リュウ　ル

琉璃（るり＝瑠璃）は古代インドで珍重された宝玉。琉球は沖縄の別称である。南国のイメージで、人気の字。

ヒント 「る」の音は、可憐《かれん》ながら努力家のイメージに。「りゅう」の音は、チャレンジ精神と躍動感を感じさせる。

男の子

- 海琉　かいる
- 翔琉　かける
- 清琉　せいりゅう
- 奏琉　そうる
- 壮琉　たける
- 琉生　りゅうせい
- 琉星　りゅうせい
- 琉斗　りゅうと
- 琉偉　るい
- 琉太郎　りゅうたろう

女の子

- 逢琉　あいる
- 菜琉　なる
- 波琉　はる
- 琉愛　るあ
- 琉花　るか
- 琉奈　るな
- 琉音　るね
- 琉美　るみ
- 琉璃　るり
- 陽香琉　ひかる

菱

リョウ　ひし

水草のヒシを表す。池や沼に自生し、白い花をつけ、菱形の実は食用にされる。花も実もある人生を願って。

ヒント 「りょう」と読む漢字として、新鮮味のある字。「りょう」の音は、品のよさと賢さを感じさせる。

男の子

- 菱　りょう
- 菱路　りょうじ
- 菱介　りょうすけ
- 菱真　りょうま
- 菱二郎　りょうじろう

女の子

- 菱音　ひしね
- 菱花　りょうか
- 菱香　りょうか
- 菱奈　りょうな
- 菱芭　りょうは

隆

リュウ
名 お　おき　たか　たかし　とき　なが　もり　ゆたか

高い、盛ん、豊か、大きい、尊いなどの意味を表す。家、家業がますます栄えることを願って。

ヒント 男の子によく使われる字。「りゅう」の音は理知的でパワフルな印象、「たか」の音は頂点を極《きわ》める印象。

男の子

隆	たかし
一隆	いっとき
茂隆	しげたか
偲隆	しりゅう
隆翔	たかと
隆久	ときひさ
隆都	ながと
春隆	はるおき
史隆	ふみたか
正隆	まさもり
隆臥	もりが
隆加	ゆたか
隆以	りゅうい
隆生	りゅうせい
隆仁	りゅうと

女の子

隆帆	たかほ
隆栄	ときえ
万隆	まお
美隆	みお
莉隆	りお

崚

リョウ
名 たかし

山の高く険しい様子を表す。越えるのが困難な山である。だれにも到達できない高みに行けるように。

ヒント 賢く気品のある印象の「りょう」、トップランナーの印象の「たか」の音で。男の子の1字名にも。

男の子

崚	りょう
崚志	たかし
崚我	りょうが
崚玖	りょうく
崚登	りょうと

女の子

崚乃	たかの
崚美	たかみ
崚夏	りょうか
崚胡	りょうこ
崚奈	りょうな

涼

リョウ　すずしい
名 あつ　すけ
旧 凉

涼しい、清々《すがすが》しいのほかに、物寂しい、悲しむなどの意味も表す。クールな雰囲気がある字。

ヒント 「りょう」の音は、さわやかで明晰《めいせき》な印象。「すず」と読むと、甘さと秘めたパワーをあわせもつ印象に。

男の子

涼	りょう
涼季	あつき
恭涼	きょうすけ
航涼	こうすけ
涼巳	すずみ
涼雅	りょうが
涼冴	りょうご
涼亮	りょうすけ
涼太	りょうた
涼馬	りょうま

女の子

涼実	あつみ
小涼	こすず
涼香	すずか
涼奈	すずな
涼音	すずね
涼葉	すずは
涼穂	すずほ
美涼	みすず
涼果	りょうか
涼子	りょうこ

羚

レイ　かもしか

ウシ科の哺乳類《ほにゅうるい》であるカモシカを表す。俊敏《しゅんびん》でしなやかなイメージで、アスリートにぴったりの字。

ヒント カモシカのように軽やかなイメージ。「れい」の音は、凜《りん》とした美しさと知性を兼ねそなえた印象。

男の子

羚	れい
誉羚	ほまれ
羚杜	れいと
羚矢	れいや
羚央	れお

女の子

澄羚	すみれ
美羚	みれい
羚來	れいら
羚奈	れな
羚埜	れの

column

動きや流れのある名前

漢字の見た目も、名前のイメージをつくる要素。はらいなどの曲線や斜めの画が目立つ字は、すがすがしさやダイナミックさ、ソフトでおおらかな印象を感じさせます。

漢字の例

燎16　穂15　愛13　窓11　渉11　俊9　侑8　波8　汰7　希7　史5　友4　文4　水4　夕3　久3　大3　乃2

優17　楓13　稔13　悠11　爽11　凌10　來8　夜8　英8　沙7　汐6　以5　介4　太4　心4　万3　之3　力2

男の子の名前

渉	わたる
窓祐	そうすけ
乃來	だいき
悠希	はるき
英之	ひでし
楓太	ふうた
侑友	ゆうと
凌大	りょうた
優乃介	ゆうのすけ

女の子の名前

楓	かえで
愛	まな
希乃	きの
爽夜	さや
史衣	ふみえ
穂波	ほなみ
悠以	ゆい
夕楓	ゆか
優心	ゆみ

12画

渥

アク　あつい
名 あつし

水中に深くつけることから、ひたす、潤う、あつい、恵み、美しいなどの意味がある。誠実な人になるように。

ヒント 「あつ」の音は自然体でオープンな印象。男の子の1字名「あつし」は事をあっさりと成し遂げる印象。

男の子
- 渥　あつし
- 渥己　あつき
- 渥人　あつと
- 渥夢　あつむ
- 友渥　ともあつ

女の子
- 渥亜　あくあ
- 渥希　あつき
- 渥乃　あつの
- 渥葉　あつは
- 渥実　あつみ

偉

イ　えらい
名 いさむ　たけ　より

偉い、優れている、大きくて立派であるなどの意味を表す。尊敬されるような人になることを願って。

ヒント 前向きのパワーをもつ「い」の音で万葉仮名風に。「たけ」と読むと、礼儀正しく力強い印象に。

男の子
- 偉　いさむ
- 偉央　いお
- 偉大　たけひろ
- 唯偉　ゆい
- 琉偉　るい

女の子
- 偉月　いつき
- 愛偉　めい
- 結偉　ゆい
- 偉歌　よりか
- 万偉子　まいこ

椅

イ
名 あづさ　よし

樹木のイイギリのこと。桐に似た木で、琴などをつくる。椅子、腰掛けの意味もある。癒《いや》しのイメージがある字。

ヒント 「い」と読むと前向きで一途《いちず》に努力を重ねる印象。「よし」と読むとやわらぎと優しさを感じさせる。

男の子
- 椅央　いお
- 椅玖　いく
- 椅那　いな
- 椅吹　いぶき
- 昌椅　まさよし

女の子
- 椅　あづさ
- 椅美　あづみ
- 真椅　まい
- 優椅　ゆい
- 椅音　よしね

雲

ウン　くも
名 も　ゆく

雲。また、雲のように盛ん・遠い・高い・優れている・美しいなどの意味を表す。のびのびと育つように。

ヒント 「も」の音は優しさとパワーをあわせもつ。物事を教えさとす人にふさわしい「うん」の音で止め字に。

男の子
- 行雲　こううん
- 雲都　もと
- 雲嶺　もね
- 八雲　やくも
- 雲海　ゆくみ

女の子
- 亜雲　あも
- 毬雲　まりも
- 雲愛　もあ
- 雲夏　もか
- 雲那　もな

詠

エイ　よむ
名 うた　え　かね　なが

声を長く伸ばして詩歌をうたうことをいう。また、詩歌をつくる意味もある。文芸の才能に恵まれるように。

ヒント 「えい」と読むと寛容で理知的、「うた」と読んで1字名にしても。元気で、たのもしい印象に。

男の子
- 詠吉　えいきち
- 詠亮　えいすけ
- 寿詠　ひさなが
- 良詠　よしかね
- 詠大朗　えいたろう

女の子
- 詠　うた
- 詠美　えいみ
- 早詠　さえ
- 莉詠　りえ
- 千詠里　ちえり

瑛

エイ
名 あき　あきら　え　たま　てる　ひで

「王(玉)」+「英(=美しい花)」で、水晶のような透明な玉、美しい玉の光の意味。幻想的な美しいイメージ。

ヒント エレガントで懐《ふところ》深い「え」、飾らず優しく癒《いや》す「えい」の音のほか、明るくパワフルな「あき」の音でも。

男の子
- 瑛　あきら
- 晶瑛　あきてる
- 瑛冴　えいご
- 瑛治　えいじ
- 瑛太　えいた
- 瑛琉　える
- 頌瑛　しょうえい
- 瑛基　たまき
- 瑛斗　てると
- 瑛翔　ひでと

女の子
- 瑛夏　あきか
- 瑛子　えいこ
- 瑛真　えま
- 綺瑛　きえ
- 彩瑛　さえ
- 瑛美　たまみ
- 千瑛　ちえ
- 瑛泉　てるみ
- 瑛帆　ひでほ
- 瑛美里　えみり

媛

エン　ひめ
名 よし

姫、優美な女性、美しい、たおやかなどの意味。才媛ということばのように、容姿も知性も兼ねそなえるように。

ヒント 美しい女性のイメージで、女の子に使いたい字。「ひめ」の音は、セクシーさと温かみをあわせもつ。

女の子
- 媛　ひめ
- 媛花　ひめか
- 媛子　ひめこ
- 媛菜　ひめな
- 媛音　ひめね
- 真媛　まひめ
- 媛恵　よしえ
- 媛乃　よしの
- 媛芳　よしは
- 亜咲媛　あさひ

温

オン
あたたかい
名 あつ
あつし
のどか はる
まさ やす
ゆたか
よし
旧 溫

温かい、穏《おだ》やか、優しい、大切にするなどの意味がある。心の温かい人になることを願って。

ヒント フレッシュで躍動感のある「はる」、オープンで包容力のある「あつ」などの読みで使われる。

男の子
温至 あつし
孜温 しおん
温都 はると
温臣 やすおみ
温架 ゆたか

女の子
温穂 あつほ
温和 のどか
温妃 はるき
温菜 まさな
温埜 よしの

賀

ガ
名 か しげ
のり ます
よし より

物を贈って祝うこと。喜ぶ、ねぎらうなどの意味を表す。縁起のいい字。喜びの多い人生を願って。

ヒント 迫力と甘さをあわせもつ「が」、快活な「か」の音で万葉仮名風に。さわやかに癒《いや》す「よし」の音でも。

男の子
賀成 しげなり
泰賀 たいが
尚賀 ひさのり
賀紀 よしき
賀寿己 かずき

女の子
杏賀 きょうか
朋賀 ともか
賀理 ますり
美賀 みより
賀名永 かなえ

開

カイ
ひらく あく
名 さく
はる はるき
ひら

両手で門を開く意味から、開く、切りひらく、はじめるなどの意味を表す。フロンティア精神あふれる子に。

ヒント 「かい」と読むと行動力と明晰《めいせき》さが、「はる」と読むと健やかさと躍動感が加わる。

男の子
開 かい
開智 かいち
開斗 かいと
開己 はるき
開都 ひらと

女の子
開葉 さくは
知開 ちはる
開花 はるか
開菜 はるな
開未 はるみ

絵

カイ エ

もとは織物の模様をいい、絵、描く、彩る、模様などの意味になった。美術の才能に恵まれるように。

ヒント 「え」の音を使うと洗練され懐《ふところ》深い印象に。男の子にはりりしく行動力のある印象の「かい」の音でも。

男の子
絵 かい
絵門 えもん
絵都 かいと
絵也 かいや
絵琉 かいる

女の子
絵有 えあり
絵子 えこ
絵昊 えそら
絵史 えちか
絵音 えのん
絵真 えま
絵李 かいり
小絵 さえ
沙絵 さえ
萌絵 もえ
絵美里 えみり
絵梨香 えりか
絵玲奈 えれな
千絵李 ちえり
乃絵理 のえり

凱

ガイ
やわらぐ
名 かつ
とき やす
よし

勝ちどき（戦いに勝ったときに上げる声）、楽しむなどの意味を表す。勝利と喜びに満ちた人生を願って。

ヒント 「凱旋《がいせん》」のように、勝利や成功のイメージの字。「がい」の音は、集中力と力強さを感じさせる。

男の子
凱 がい
凱亜 がいあ
凱都 がいと
凱也 がいや
凱斗 かつと
凱己 かつみ
瑳凱 さとき
季凱 ときやす
陽凱 はるよし
凱輝 やすき

覚

カク
おぼえる
さます
名 あき
あきら さだ
さとる
ただし よし

悟る、目覚める、覚める、覚える、現れるなどの意味がある。賢く感性の鋭い子になることを願って。

ヒント 知性を感じさせる字。「さと」と読むと聡明で温かい印象、「あき」と読むと明るいリーダーの印象に。

男の子
覚 さとる
覚良 あきら
覚己 さだき
覚偲 ただし
正覚 まさあき

女の子
覚紗 あきさ
覚那 あきな
覚理 さとり
千覚 ちさと
覚埜 よしの

葛

カツ くず
つづら
名 かず
かつら かど
さち

つる草のクズを表す。茎の繊維で布を織り、根からくず粉を採る。草木のつるのすくすく育つように。意味も。

ヒント 勝負強く積極的な印象の「かつ」、たくましいリーダーを思わせる「かず」の音が使いやすい。

男の子
葛生 かずき
葛仁 かずと
葛毅 かつき
弘葛 ひろかず
真葛 まさかど

女の子
葛 かつら
葛葉 かずは
葛穂 かずほ
葛埜 かつの
葛穂 さちほ

敢

カン
名 いさみ
いさむ
つよし

あえてするのほか、勇ましい、思い切ってするの意味がある。勇敢で、進取の精神に富んだ子になるように。

ヒント 茶目っ気があり頼りがいのある「かん」、さわやかな風を感じさせる「いさ」の音で男の子に。

男の子
敢 かん
敢己 いさみ
敢武 いさむ
英敢 えいかん
敢吾 かんご
敢時 かんじ
敢太 かんた
敢志 つよし
遼敢 りょうかん
敢太郎 かんたろう

雁

ガン　かり

鳥のカリ、ガンを表す。秋に日本に来て春に去る渡り鳥である。のびのびと育つよう願いをこめて。

ヒント 「がん」の音は、パワフルでキュート。「かり」の音には、宝石のようなエリート感と華やかさがある。

男の子

雁渡	かりと
雁慈	がんじ
雁太	がんた
雁真	がんま
飛雁	ひかり

女の子

安雁	あかり
雁埜	かの
朋雁	ともか
日雁	ひかり
友雁	ゆかり

葵

キ　あおい

名　まもる

観賞用の草花のアオイ類の総称。夏、太陽に向かって花が回ることも知られる。華やかなイメージの字。

ヒント 「あおい」と読むとおおらかで愛される印象、「き」と読むと生命力あふれる個性派の印象に。

男の子

葵維	あおい
朝葵	あさき
葵伸	きしん
詩葵	しき
蒼葵	そうき
苑葵	そのき
遥葵	はるき
葵琉	まもる
釉葵	ゆうき
瑠葵	るき

女の子

葵乙	あおい
葵夏	きか
葵帆	きほ
葵李	きり
樹葵	じゅき
花葵	はなき
陽葵	ひまり
向日葵	ひまわり
水葵	みき
優葵	ゆうき

喜

キ　よろこぶ

名　このむ　たのし　のぶ　はる　ひさ　ゆき　よし

太鼓を打って神を楽しませる意味から、喜ぶ、楽しむ、好むなどの意味になった。喜びの多い人生を願って。

ヒント 自分をつらぬく印象の「き」の音で止め字にするのが人気。「よし」と読むと自然体でさわやかな印象に。

男の子

倖喜	こうき
大喜	だいき
喜詩	たのし
知喜	ちゆき
喜輝	のぶき
陽喜	はるのぶ
昌喜	まさき
幸喜	ゆきはる
喜雄	よしお
芳喜	よしひさ

女の子

喜	このむ
喜佳	きか
喜和	きわ
咲喜	さき
詩喜	しのぶ
珠喜	たまき
喜之	ひさの
美喜	みはる
喜江	ゆきえ
喜歌	よしか

幾

キ　いく

名　おき　ちか　のり　ふさ

きざし、かすか、近いなどのほか、いくら、いく〜などの意味を表す。探究心の強い子になることを願って。

ヒント 個性的で生命力あふれる「き」、未来へ突き進む「いく」、気品と華やかさのある「のり」などの音で。

男の子

幾一	きいち
悠幾	はるおき
幾則	ふさのり
倫幾	みちのり
理幾	りき

女の子

幾乃	いくの
幾未	いくみ
幾咲	きさ
幾偉	ちかい
万幾	まき

揮

キ

手を振るう、振り回す、表す、まき散らす、指図するなどの意味を表す。リーダーになる人にぴったりの字。

ヒント 「指揮」「発揮」のとおり、能力を活かす人に。「き」の音は、自分らしさを発揮してスターになる印象。

男の子

一揮	いっき
揮良	きら
詩揮	しき
大揮	だいき
知揮	ともき

女の子

揮乃	きの
揮歩	きほ
揮代	きよ
樹揮	じゅき
瑞揮	みずき

貴

キ　たっとい　とうとい

名　あつ　たか　たかし　たけ　よし

「貝」は貨幣に用いられ、物が貴いという意味から、身分や地位が高い意味になった。気品のある人に。

ヒント 「き」の音でよく使われる。潔く自らの道を進み成功する名前に。リーダーの印象の「たか」の音でも。

男の子

貴	たかし
貴一	きいち
恒貴	こうき
大貴	だいき
貴士	たかし
貴翔	たけと
智貴	ともあつ
友貴	ともき
春貴	はるよし
皓貴	ひろたか

女の子

貴姫	あつき
貴紗	きさ
貴子	たかこ
瑞貴	みずき
美貴	みたけ
夕貴	ゆき
貴奈	よしな
貴代香	きよか
優貴子	ゆきこ
夕貴乃	ゆきの

稀

キ ケ
まれ

もとは苗がまばらなことをいい、少ない、まれ、薄いなどの意味になった。個性がきらりと光る子に。

ヒント 個性的で生命力あふれる「き」や、豊かなものがあふれ出すような「まれ」の音を活かして。

男の子

- 瑛稀 えいき
- 稀徠 きら
- 稀偉 けい
- 虹稀 こうき
- 竜稀 たつき
- 照稀 てるき
- 斗稀 とき
- 稀介 まれすけ
- 悠稀 ゆうき
- 士津稀 しづき

女の子

- 亜稀 あき
- 稀輝 きき
- 稀名 きな
- 稀帆 きほ
- 咲稀 さき
- 花稀 はなき
- 帆稀 ほまれ
- 稀阿 まれあ
- 稀衣 まれい
- 琉稀 るき

喬

キョウ
たかい
名 すけ
ただ のぶ
もと

目印の木を立てた城門をいい、高い、そびえるの意味。おごりたかぶるの意味も。セレブな雰囲気の字。

ヒント パワフルで華やかな「きょう」、やる気いっぱいの「たか」、パワーあふれる「もと」の音などで。

男の子

- 宇喬 うきょう
- 栄喬 えいすけ
- 喬輔 きょうすけ
- 喬志 たかし
- 喬都 ただと

女の子

- 喬華 きょうか
- 喬帆 たかほ
- 喬魅 たかみ
- 喬葉 のぶは
- 喬奈 もとな

暁

ギョウ
あかつき
名 あき あけ
あきら とき
さとし
さとる
とし

旧 曉

夜明け、明け方をいい、物の形が明らかになるので悟るの意味も表す。希望にあふれる将来を願って。

ヒント 「あき」の音は未来に駆けていく印象。「あきら」「さとる」の音などで1字名にも。

男の子

- 暁 さとる
- 暁海 あきみ
- 暁詩 さとし
- 暁埜 ときや
- 知暁 ともあき

女の子

- 暁菜 あきな
- 暁嶺 あきね
- 暁未 あけみ
- 依暁 いとし
- 美暁 みさと

極

キョク ゴク
きわめる
名 なか
のり みち

極《きわ》める、極まる、物事の最高・最上・最終、きわめて、このうえなくなどの意味を表す。極上の人生を願って。

ヒント 「きわ」の音には芸術家肌のイメージ、「のり」の音にはりりしく華やかなアイドルの印象がある。

男の子

- 極眸 きわむ
- 極芽 きわめ
- 尋極 ひろみち
- 真極 まなか
- 光極 みつのり

女の子

- 極子 きわこ
- 極夏 のりか
- 帆極 ほのり
- 極奈 みちな
- 海極 みのり

琴

キン こと

弦楽器の「こと」を表す。神聖な楽器で、材料も最高のものが使われた。音楽や和の美しいイメージがある字。

ヒント 「きん」は輝きと茶目っ気を、「こと」は知性と信頼感を感じさせる音。「こ」の音で女の子の止め字にも。

男の子

- 琴一 きんいち
- 琴冴 きんご
- 琴哉 きんや
- 琴利 ことり
- 真琴 まこと

女の子

- 彩琴 あやこ
- 琴音 ことね
- 琴乃 ことの
- 琴美 ことみ
- 妙琴 たえこ

卿

ケイ キョウ
名 あきら
きみ のり

饗宴に招かれる者をいい、君、大臣、高位の臣などの意味。めでたいの意味も。実社会での成功を願って。

ヒント 「けい」の音でりりしさと知性を、「きょう」の音で強さと優しさをあわせもつ印象をプラスして。

男の子

- 宇卿 うきょう
- 卿徳 きみのり
- 卿平 きょうへい
- 卿雅 けいが
- 卿午 けいご

女の子

- 卿羅 あきら
- 卿奈 きみな
- 卿香 きょうか
- 卿都 けいと
- 卿華 のりか

敬

ケイ
うやまう
名 あき
さとし たか
たかし とし
のり ひろ

敬う、つつしむ、かしこまる、うやうやしいなどの意味を表す。礼儀正しく、誠実な人になるように。

ヒント 「けい」「たか」「のり」「とし」などの読みがそろい、男女ともに使いやすい字。男の子の1字名にも。

男の子

- 敬 たかし
- 一敬 かずとし
- 敬斗 けいと
- 敬史 さとし
- 由敬 ゆたか

女の子

- 敬南 あきな
- 敬子 けいこ
- 敬穂 たかほ
- 千敬 ちひろ
- 敬花 のりか

景

ケイ
名 あき
あきら かげ
ひろ

光の意味を表し、そこから、影、景色、ありさま、風情などの意味に使う。さわやかな人になるように。

ヒント 穏《おだ》やかなイメージの字。「けい」と読むと清潔感と知性が、「あき」と読むと明るい輝きが加わる。

男の子

- 景史 けいし
- 景介 けいすけ
- 景汰 けいた
- 琥景 こかげ
- 知景 ちあき

女の子

- 景奈 あきな
- 景子 けいこ
- 景都 けいと
- 千景 ちかげ
- 景葉 ひろは

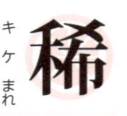

結

ケツ　むすぶ　ゆう
名 かた　ひとし　ゆ　ゆい

結ぶ、つなぎ合わせる、集まる、約束する、固めるなどの意味を表す。和のイメージもあり、人気のある字。

ヒント 人気の「ゆ」「ゆい」「ゆう」の音で。「ゆい」は、人を癒《いや》しつつのびのびと活躍する印象。1字名にも。

男の子

結糸	かたし
偲結	しゆい
結史	ひとし
結斗	ゆいと
結芽	ゆうが
結貴	ゆうき
結輝	ゆうき
結矢	ゆうや
結楽	ゆうら
結良	ゆら

女の子

結	ゆい
結帆	かたほ
真結	まゆう
美結	みゆ
結奈	ゆいな
結愛	ゆうな
結希	ゆき
結茉	ゆま
愛結花	あゆか
茉結花	まゆか

萱

ケン　かや　わすれぐさ
名 ただ　まさ

草のワスレグサ。食べれば憂いを忘れるという。また、屋根をふくカヤを指す。さっぱりした楽天家に。

ヒント 「けん」の音は好奇心と探究心が強い少年の、「かや」の音は無邪気さと公平さで人を魅了する印象。

男の子

萱	けん
萱太	けんた
萱真	けんま
萱士	ただし
知萱	ともまさ

女の子

萱奈	かな
萱音	かやね
萱乃	かやの
萱穂	まさほ
萱実	まさみ

絢

ケン　あや
名 じゅん　はる

目がくらむほど美しい織物の模様、綾糸《あやいと》のことで、あや（＝模様）、美しいの意味。字形も音も美しい字。

ヒント 「あや」の音には無邪気さとミステリアスさが、「じゅん」の音には高級感と人なつっこさがある。

男の子

絢	じゅん
絢杜	あやと
絢夢	あやむ
絢斗	けんと
絢也	けんや
絢吾	じゅんご
奏絢	そうじゅん
絢駈	はるく
絢海	はるみ
絢一郎	けんいちろう

女の子

絢姫	あやき
絢乃	あやの
絢芽	あやめ
小絢	こはる
彩絢	さあや
絢果	じゅんか
絢梛	じゅんな
知絢	ちはる
絢南	はるな
美絢	みはる

堅

ケン　かたい
名 かたし　すえ　たか　つよし　み　よし

かたい、かためる、強い、しっかりしているなどの意味を表す。信念をもって生きる人になるように。

ヒント リーダーの器《うつわ》の「たか」、少年のような魅力の「けん」、清潔な癒《いや》しを感じる「よし」の音などで。

男の子

堅	かたし
清堅	きよたか
堅悟	けんご
卓堅	たくみ
堅志	つよし

女の子

堅祢	たかね
堅歩	たかほ
遙堅	はるみ
真堅	ますえ
堅乃	よしの

硯

ケン　すずり
名 げん

もとはなめらかな石をいい、墨をするすずりを表す。昔は最も大事な文具のひとつだった。文筆家にぴったり。

ヒント 「けん」の音は新しい発想をする印象。「すず」と読むと、甘さとパワーをあわせもつ印象に。

男の子

硯	けん
硯冴	けんご
硯時	げんじ
硯典	けんすけ
硯磨	けんま

女の子

硯	すずり
硯佳	すずか
硯名	すずな
硯寧	すずね
美硯	みすず

湖

コ　みずうみ
名 うみ　ひろし

湖、湖水の意味を表す。池や沼よりも大きく、水も澄んだイメージがある。清純な子に育つことを願って。

ヒント 「ひろし」「うみ」などの1字名としても新鮮。機敏《きびん》で愛らしい印象の「こ」の音で女の子の止め字にも。

男の子

湖	ひろし
湖音	うみね
湖南	こなん
尋湖	ひろみ
湖太郎	こたろう

女の子

湖	うみ
佳湖	かこ
湖春	こはる
湖鞠	こまり
湖寿恵	こずえ

琥

コ　く
名 こはく　たま

虎の文様のある玉、虎の形をした祭祀《さいし》用の玉器、琥珀《こはく》を表す。レトロで美しい印象の字。

ヒント 止め字の「く」として使うと、周囲に安心感を与える名前に。「こ」の音は機敏《きびん》な印象。「たま」と読むと、タフでおおらかに。

男の子

琥名	こな
琥珀	こはく
沙琥	さく
琥輝	たまき
吏琥	りく

女の子

琥來	ここ
琥絵	たまえ
美琥	みく
凜琥	りんご
琥々名	ここな

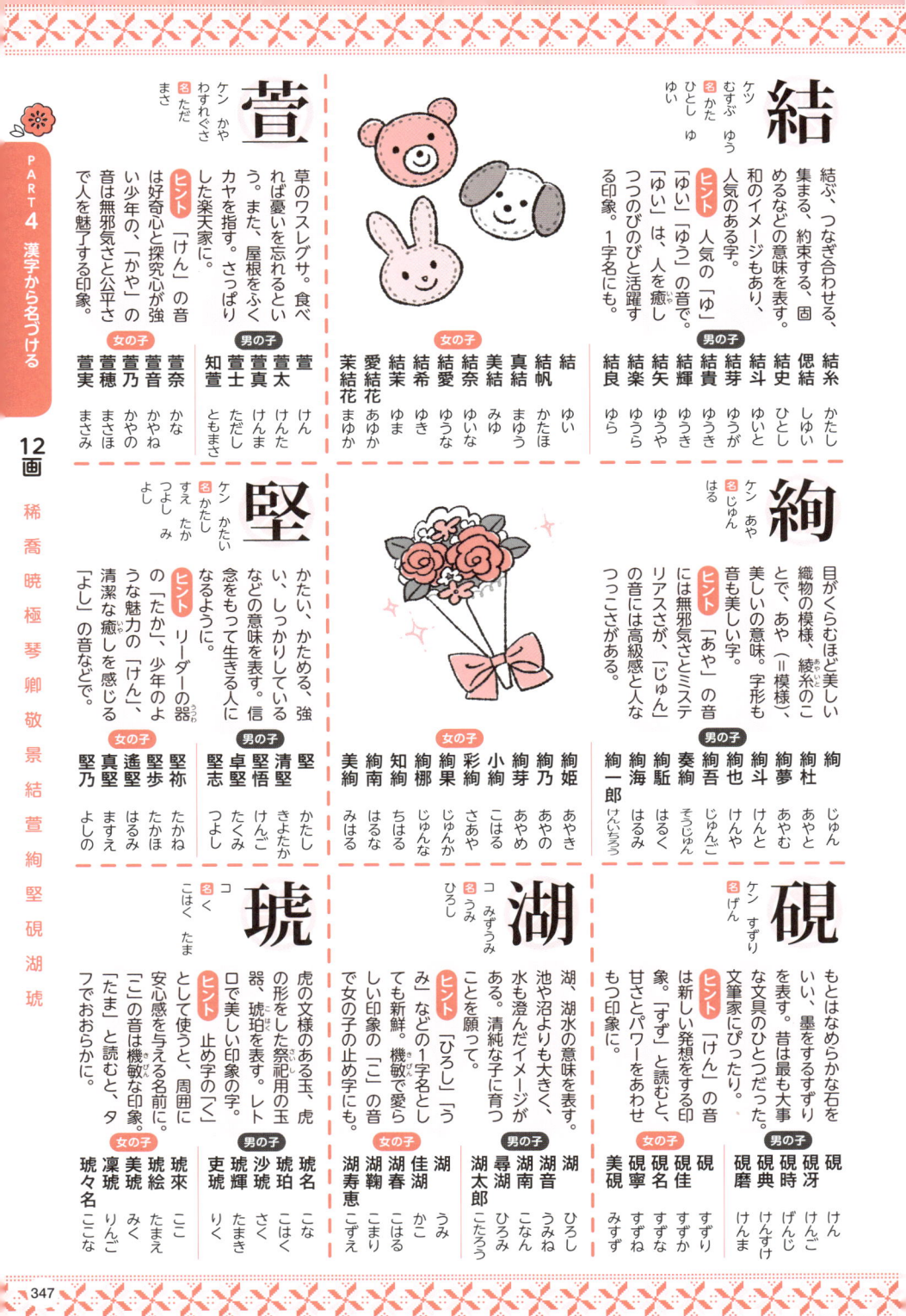

港

コウ　みなと

川の水が分かれるところの意味から、みなとを表す。人の集まる場所でもある。多くの友達に恵まれるように。

ヒント 「こう」の音を使うと機敏《きびん》で愛らしい印象、「みな」の音を使うと充実感と親密感のある印象。

男の子
- 港市　こういち
- 港司　こうじ
- 港都　こうと
- 港旺　こお
- 港都　みなと

女の子
- 港　みなと
- 愛港　あみな
- 港姫　みなき
- 港南　みなみ
- 港萌　みなも

皓

コウ　しろい
名 あき　あきら　つぐ　てる　ひかる　ひろ　ひろし

白い、光る、清い、明らかなどの意味を表す。皓歯《こうし》とは白い歯だが、美人の意味もある。清く美しい人に。

ヒント 「ひろ」と読むと穏《おだ》やかだがたくましい印象、「こう」と読むと俊敏《しゅんびん》さと思慮深さをあわせもつ印象に。

男の子
- 皓暉　こうき
- 皓輔　こうすけ
- 皓正　てるまさ
- 皓琉　ひかる
- 大皓　ひろあき

女の子
- 皓　ひかる
- 皓帆　あきほ
- 皓徠　あきら
- 皓実　つぐみ
- 皓夏　ひろか

犀

サイ
名 かた

「尾」＋「牛」で、獣のサイを表す。角は薬、皮は甲冑《かっちゅう》に使われる。バイタリティのある人に。

ヒント 「犀利《さいり》」のように、頭の働きが鋭い人になるように。「さい」の音はスピード感があってドライな印象。

男の子
- 犀一　さいいち
- 犀牙　さいが
- 犀星　さいせい
- 犀斗　さいと
- 悠犀　ゆうさい

女の子
- 犀歩　かたほ
- 犀理　かたり
- 妃犀　きさ
- 犀夏　さいか
- 莉犀　りさ

紫

シ　むらさき
名 むら

色の紫を表す。昔は、紫色の染料はムラサキ草の根から採り、高貴な色とされた。雅《みやび》なイメージの字。

ヒント 先頭字として使われることが多い。「し」の読みで、さわやかなスターのような魅力が加わる。

男の子
- 絢紫　けんし
- 琥紫　こむら
- 紫雲　しうん
- 紫遠　しおん
- 紫堂　しどう

女の子
- 紫苑　しおん
- 紫季　しき
- 紫乃　しの
- 紫穂　しほ
- 紫於梨　しおり

詞

シ
名 こと　なり　のり　ふみ

神に祈ることばを表し、ことば、文章、いう、説くなどの意味に使う。文学的才能に恵まれることを願って。

ヒント 「し」の音で颯爽《さっそう》とした生命力を、「こと」の音で信頼感と知性をプラス。「ふみ」の音は甘くセクシー。

男の子
- 胡詞　このり
- 詞堂　しどう
- 詞文　しもん
- 真詞　まこと
- 雅詞　まさし

女の子
- 紀詞　きなり
- 詞緒　しお
- 詞織　しおり
- 詞保　しほ
- 詞歌　ふみか

滋

ジ
名 あさ　しげ　しげる　ふさ　ます

ふえる、増すの意味から、草木が茂る、潤す、養うなどの意味になった。おいしい味の意味も。活発な人に。

ヒント 「しげ」と読むと静かだが力を秘めた印象、「じ」と読むと育ちがよく品のよい印象に。1字名にも。

男の子
- 滋　しげる
- 滋彦　しげひこ
- 滋元　じげん
- 智滋　ともふさ
- 侑滋　ゆうじ

女の子
- 滋未　あさみ
- 滋香　しげか
- 滋乃　しげの
- 滋恵　ますえ
- 幸滋　ゆきじ

萩

シュウ　はぎ

草のカワラヨモギを表す。日本では、秋の七草のひとつ、ハギのことをいう。風流なイメージのある字。

ヒント 「しゅう」の音は颯爽《さっそう》としながら落ち着いた印象、「はぎ」の音は笑顔が印象的ながんばり屋のイメージ。

男の子
- 萩佑　しゅうすけ
- 萩生　しゅうせい
- 萩人　しゅうと
- 萩緒　はぎお
- 真萩　ましゅう

女の子
- 萩花　しゅうか
- 萩穂　しゅうほ
- 萩菜　はぎな
- 萩埜　はぎの
- 美萩　みしゅう

竣

シュン　おえる
名 たか　たかし

神聖な儀礼の場が完成することを表し、終わる、仕事をなし終えるの意味に使う。まじめでねばり強い人に。

ヒント 「しゅん」の音はさわやかな風を、「たか」の音はリーダーシップを感じさせる。

男の子
- 竣志　たかし
- 竣輔　しゅんすけ
- 竣摩　しゅんま
- 巳竣　みたか
- 竣二郎　しゅんじろう

女の子
- 竣波　しゅんは
- 竣子　たかこ
- 竣音　たかね
- 竣帆　たかほ
- 竣良　たから

閏

ジュン
うるう

「うるう」の意。うるうは、日数や月数を普通より多くすること。閏年《うるうどし》生まれの子に。

ヒント 「じゅん」の音は育ちのよさと人なつっこさをあわせもつ。才覚を感じさせる「うる」の音も個性的。

男の子

閏	じゅん
閏一	じゅんいち
閏也	じゅんや
那閏	なうる
芭閏	はうる

女の子

閏音	うるね
閏歩	うるほ
閏実	うるみ
閏花	じゅんか
閏奈	じゅんな

順

ジュン
名 あや かず すなお なお のり やす ゆき より

もとは神意にしたがうことで、そこからしたがう、素直、正しいなどの意味になった。順風満帆な人生を願って。

ヒント 人なつっこくセクシーな「じゅん」、華やかで気品ある「のり」、優しくてタフな「ゆき」の音などで。

男の子

順迪	かずみち
順平	じゅんぺい
順哉	なおや
正順	まさのり
順之丞	じゅんのすけ

女の子

順	すなお
順帆	あやほ
順那	じゅんな
順埜	ゆきの
順佳	よりか

勝

ショウ かつ まさる
名 すぐる とう のり まさ ます よし

勝つ、まさる、優れる、盛んのほか、耐える、ことごとくの意味もある。人生の勝利者になれることを願って。

ヒント 積極的な「かつ」、さわやかで満ち足りた「まさ」の音などで。「まさる」「しょう」の音で1字名にも。

男の子

勝	まさる
勝馬	かつま
勝琉	すぐる
勝矢	とうや
行勝	ゆきのり

女の子

勝代	かつよ
勝奈	しょうな
勝空	ますく
美勝	みのり
勝実	よしみ

晶

ショウ
名 あき あきら てる まさ

星の光を三つ組み合わせた形で、明らか、輝くの意味になった。水晶の意味もある。クールな輝きをもつ人に。

ヒント 「あき」と読むと時代を切りひらく先駆者の印象、「しょう」と読むとやわらかい光のような印象が増す。

男の子

晶	あきら
晶午	しょうご
晶太	しょうた
晶人	しょうと
朝晶	ともあき
智晶	ともてる
帆晶	ほあき
晶斗	まさと
充晶	みつあき
幸晶	ゆきまさ

女の子

晶菜	あきな
晶乃	あきの
晶帆	あきほ
晶穂	あきほ
晶羅	あきら
晶琉	あきる
晶子	しょうこ
千晶	ちあき
晶美	てるみ
晶世	まさよ

湘

ショウ

中国にある川の湘水《しょうすい》のこと。日本では、湘南の、きらめく砂浜、海、夕日などのイメージ。

ヒント 「しょう」の音には、いつまでも柔軟で新鮮なひらめきをもち続ける印象がある。使用例が少なく、新鮮。

男の子

湘	しょう
湘吾	しょうご
湘平	しょうへい
湘哩	しょうり
夕湘	ゆうしょう

女の子

湘夏	しょうか
湘南	しょうな
湘葉	しょうは
湘海	しょうみ
美湘	みしょう

翔

ショウ かける とぶ
名 と

鳥が羽を広げてゆっくり飛ぶことで、飛ぶ、さまよう、駆ける、めぐる、さまようなどの意味。のびのびと育つように。

ヒント 男の子に大人気。「と」の音はおおらかで包容力のある印象、「しょう」と読むと優しい光のような印象に。

男の子

翔	かける
海翔	かいと
一翔	かずと
空翔	くうと
翔吉	しょうきち
翔吾	しょうご
翔太	しょうた
翔大	しょうだい
星翔	せいと
乃翔	だいしょう
天翔	てんと
陽翔	はると
湊翔	みなと
勇翔	ゆうと
麟翔	りんと

女の子

翔那	かな
翔子	しょうこ
翔和	とわ
萌翔	もえか
美千翔	みちか

森

シン もり
名 しげ しげる

木を三つ組み合わせた形で、森、茂るの意味。静か、おごそかの意味もある。神秘的なイメージもある字。

ヒント 生命の源のイメージ。「しん」と読むとまっすぐな光の印象、「もり」と読むと豊潤《ほうじゅん》なイメージが加わる。

男の子

森	しげる
森斗	しんと
森哉	しんや
森羅	しんら
真森	まさもり

女の子

亜森	あもり
森実	しげみ
未森	みもり
森音	もりね
森乃	もりの

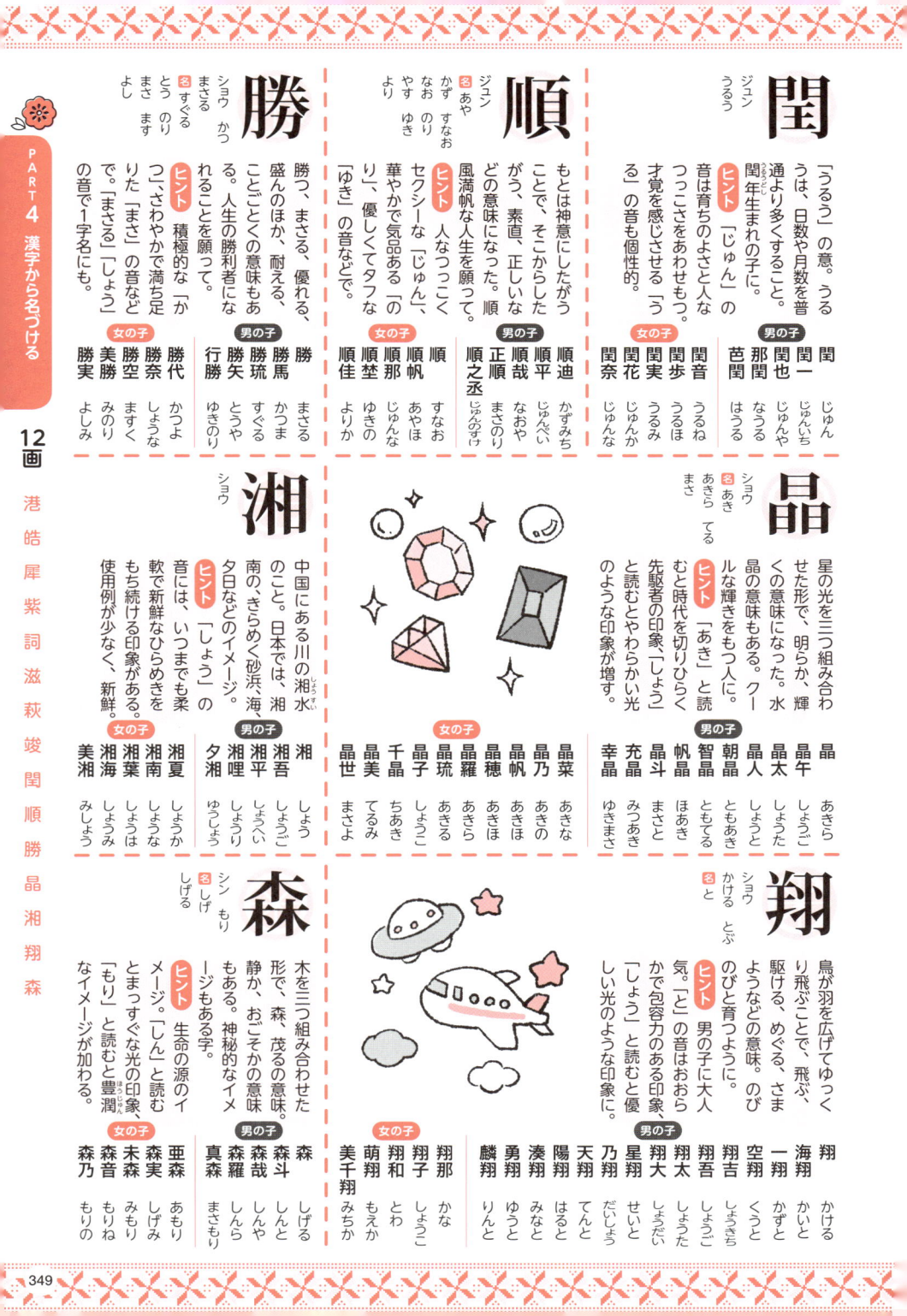

尋

ジン　たずねる

名 ちか　つね　のり　ひろ　ひろし　みつ

左と右を組み合わせた形で、尋ねる、探るの意味。水深の単位「ひろ」の意味も。探究心の強い子に。

ヒント 「ひろ」と読むと穏《おだ》やかさとたくましさを、「じん」と読むと優しさと手強さをあわせもつ印象に。

男の子	
鼓尋	このり
尋仁	じんと
尋郷	つねさと
尋海	ひろみ
万尋	まひろ

女の子	
千尋	ちひろ
尋佳	ひろか
尋那	ひろな
真尋	まちか
尋女	みつめ

須

ス　シュ

名 もち　もとむ

「頁」＋「彡」で、ひげ、あごひげを表す。待つ、用いる、願うなどの意味もある。有望な将来を願って。

ヒント 「必須」のように、なくてはならないもののイメージ。「す」の音はシャイでフレッシュな印象。

男の子	
須	もとむ
須年	もちとし
杜須	もりす
須々哉	すずや
須未斗	すみと

女の子	
須寿	すず
須美	すみ
亜利須	ありす
歌須美	かすみ
梨々須	りりす

惺

セイ　さとい

名 あきら　しずか

さとい、悟るのほか、静かの意味を表す。「星」は澄みきった星を表す。物静かで聡明な人になるように。

ヒント 「せい」の音は神聖な印象。「さと」と読むとさわやかさと思いやりが感じられる。1字名にも向く字。

男の子	
惺	あきら
惺也	せいや
真惺	まさと
釉惺	ゆうせい
惺太郎	せいたろう

女の子	
惺	しずか
惺利	さとり
惺亜	せいあ
惺良	せいら
惺永	せな

晴

セイ　はれる

名 きよし　てる　なり　はる

晴れる、晴れ、晴れやかなどの意味を表す。晴れ渡る空のようにのびのびとした明るい子に育つことを願って。

ヒント 「はる」の音で、フレッシュで活気がある印象を増して。清々《すがすが》しく透明感のある「せい」の音でも。

男の子	
晴	きよし
明晴	あきてる
一晴	かずなり
航晴	こうせい
須晴	すばる
晴市	はるいち
晴臣	はるおみ
晴樹	はるき
晴杜	はると
晴太郎	せいたろう

女の子	
胡晴	こてる
千晴	ちはる
晴笑	はるえ
晴夏	はるか
晴子	はるこ
晴菜	はるな
晴心	はるみ
晴海	はるみ
陽晴	ひなり
美晴	みはる

善

ゼン　よい

名 さ　ただし　たる　よし

神の意思にかなうことを表し、よい、正しいの意味。たくみに、仲よくするの意味もある。皆に愛される子に。

ヒント 「よし」と読むとさわやかで癒《いや》される風のよう。信頼感にあふれ、潔い「ただし」の音で1字名にも。

男の子	
善	ただし
逸善	いっさ
善基	たるき
英善	ひでただ
善行	よしゆき

女の子	
帆善	ほたる
善恵	よしえ
善花	よしか
善穂	よしほ
美善希	みさき

然

ゼン　ネン

名 しか　つれ　なり　のり

犬の肉を火で焼く意味から、もえる意味を表す。そのとおりだと是認する意味も。飾らず自然に生きる人に。

ヒント 甘い笑顔でクールな発言をする印象の「なり」や、りりしく気品ある印象の「のり」の音を活かして。

男の子	
然	ぜん
克然	かつしか
然汰	ぜんた
然登	のりと
悠然	ゆうぜん

女の子	
架然	かなり
菜然	なつれ
然夢	ねむ
然葉	のりは
萌然	もね

創

ソウ　つくる

名 はじむ

もとは槍による傷のことだが、はじめる、はじめてつくるの意味を表す。創造的な才能に恵まれるように。

ヒント イノベーターのエネルギーを感じさせる字。「そう」の読みでさらにのびやかでパワーを秘めた印象に。

男の子	
創	はじむ
創希	そうき
創生	そうせい
創真	そうま
創瑠	そうる

女の子	
創花	そうか
創名	そな
創愛	そな
創乃	その
創来	そら

惣

ソウ

名 おさむ　とし　のぶ　ふさ

「総」に通じる字で、すべて、集めるの意味。惣領（長男）の意味もある。上に立つ人になるように。

ヒント 「そう」の音は、潔く颯爽《さっそう》とした印象。周囲に活力を与えるような「おさむ」の音で1字名にしても。

男の子	
惣	おさむ
瑳惣	さとし
惣生	そうき
惣司	そうし
惣靖	のぶやす

女の子	
惣依	そうい
惣佳	としか
惣海	としみ
惣子	のぶこ
惣枝	ふさえ

湊

ソウ　みなと

水上の人の集まるところを表し、みなと、船着き場、集まるなどの意味を表す。社交的な人になるように。

ヒント 「そう」の音は清涼感があり、パワーを秘めた印象。満ち足りていて親密感のある「みな」の音でも。

男の子

湊	みなと
湊河	そうが
湊太	そうた
湊平	そうへい
湊馬	そうま

女の子

絵湊	えみな
湊南	そうな
湊愛	みな
湊都	みなと
湊海	みなみ

尊

ソン　たっとい　とうとい
名 たか　たかし　たける

もとは酒樽を表し、たっとぶ、尊い、敬うなどの意味になった。尊敬される人になることを願って。

ヒント 日本武尊《やまとたけるのみこと》のように英雄のイメージの字。「たか」の音は思いやりとやる気があり、頂点を極《きわ》める印象。

男の子

尊	たかし
尊斗	たかと
尊来	たから
尊瑠	たける
武尊	ほたか

女の子

尊子	たかこ
尊奈	たかな
尊音	たかね
尊芳	たかは
尊美	たかみ

巽

ソン　たつみ
名 ゆく
よし

神前で二人並んで舞う形で、供える意味。南東の方角「たつみ」、敬う、つつしむの意味も。神秘的な字。

ヒント 風水で巽《たつみ》は縁をつかさどる方角。理知的で意志の強い「たつ」、清潔な癒《いや》しに満ちた「よし」の音で。

男の子

巽	たつみ
巽輝	たつき
巽彦	たつひこ
巽朗	たつろう
巽希	よしき

女の子

巽子	たつこ
巽美	たつみ
巽里	ゆくり
巽姫	よしき
巽乃	よしの

達

タツ
名 さとし　しげ　ただ　とおる　のぶ　ひろ　みち　よし

通る、つらぬく、至るの意味。悟る、物事に通じるの意味も。何かの達人になれるように。

ヒント 何事かを成し遂げるイメージに、「たつ」の音で、さらに強い信念で着実に行動する印象をプラスして。

男の子

達	さとし
瑛達	えいたつ
達人	ただと
達哉	たつや
達琉	とおる

女の子

達伎	たつき
達実	のぶみ
達海	ひろみ
達果	みちか
達胡	よしこ

智

チ　さとい
名 あきら　さと　じ　とし　とも　のり　もと

神に祈り誓うことをいい、知恵、知識、知恵のある人などの意味を表す。賢い子になるよう願いをこめて。

ヒント 信頼され愛される「とも」、さわやかで包容力のある「さと」、パワフルで愛らしい「ち」の音などで。

男の子

智	あきら
吾智	あさと
海智	かいち
昂智	こうじ
大智	たいち
智輝	ともき
智哉	のりや
郁智	ふみとし
智央	もとひろ
美智也	みちや

女の子

叶智	かのり
智杜	さと
智美	さとみ
智早	ちさ
智依	としえ
智子	ともこ
満智	まち
智那	もとな
智恵子	ちえこ
智愛利	ちえり

朝

チョウ　あさ
名 あした　さ　とき　とも　のり　はじめ

草の間に日が出ている形を表し、朝の意味になった。政治を行うところの意味もある。フレッシュなイメージ。

ヒント 「あさ」と読むと清潔感と新鮮さがさらに増す。「とも」の音には、優しさと信頼感がある。

男の子

朝	はじめ
朝生	あさき
朝登	あさと
朝陽	あさひ
朝玖	さく
爽朝	さとき
達朝	たつのり
朝治	ちょうじ
朝暉	ともき
朝芽	はじめ

女の子

朝	あした
朝歌	あさか
朝未	あさみ
朝里	あさり
智朝	ちとき
朝海	ともみ
羽朝	はのり
麻朝	まあさ
理朝	りさ
今朝子	けさこ

椎

ツイ　しい

つち（＝物を打つ道具）、打つ、背骨の意味のほか、樹木のシイを表す。実は食用。のびのびと育つように。

ヒント 「しい」の音は、透明感のあるイメージ。スター性のある「し」の音を活かして、先頭字にしても。

男の子

椎人	しいと
椎良	しいら
椎音	しおん
椎蔵	しくら
椎文	しもん

女の子

椎香	しいか
椎南	しいな
椎穂	しいほ
椎乃	しの
椎穂	しほ

渡

ト　わたる
名 ただ　ど

渡る、渡す、過ぎるなどの意味。川や海のほか、世間を渡る意味もある。人生の荒波をうまく渡れるよう願って。

ヒント 「と」と読むと頼りがいがある印象、「わたる」と読むと圧倒的な存在感で元気な印象に。

男の子
- 渡 わたる
- 宙渡 そらと
- 渡佑 ただすけ
- 渡夢 とむ
- 陸渡 りくと

女の子
- 渡季 とき
- 渡和 とわ
- 海渡 みと
- 渡美禾 とみか
- 渡怜美 どれみ

登

トウ　ト
のぼる
名 たか
とみ　とも
なり　のり
み

登る、高いところに上がる、高い地位につくのほか、なる、実るの意味もある。尊敬される人になるように。

ヒント しっかりとしていて包容力のある「と」の音を活かして。内面の充実した「のぼる」の音で1字名にも。

男の子
- 登 のぼる
- 瑛登 えいと
- 賢登 けんと
- 登峰 たかほ
- 登則 とものり

女の子
- 依登 いのり
- 慧登 けいと
- 登珂 とみか
- 登巴 とわ
- 羽登 はなり

塔

トウ

もとはサンスクリット語のことばの音訳で、仏塔のほか、高くそびえる建物のこともいう。気品のある人に。

ヒント 塔のように気高くすらりとした美しさを感じさせる字。「とう」の音を使った名前は力強い大物の印象。

男の子
- 塔我 とうが
- 塔暉 とうき
- 塔冴 とうご
- 塔哉 とうや
- 塔浬 とうり

女の子
- 塔華 とうか
- 塔子 とうこ
- 塔萌 とも
- 莉塔 りと
- 妃塔未 ひとみ

等

トウ
ひとしい　ら
名 しな
たか　とし
とも　ひとし

長さが同じ竹の札《ふだ》をいい、等しい、同じのほか、仲間の意味を表す。多くの友達に恵まれるように。

ヒント 1字名「ひとし」は、パワフルなのに清楚《せいそ》で気品がある。「とう」の音はまじめな努力家のイメージ。

男の子
- 等 ひとし
- 克等 かつとし
- 等仁 たかと
- 等貴 らき
- 亜紀等 あきら

女の子
- 等埜 しなの
- 等子 とうこ
- 等果 ともか
- 等美 ひとみ
- 等愛 らな

統

トウ　すべる
名 おさむ
すみ　つな
つね　のり
もと

統率する、ひとつにまとめる、治めるなどの意味を表す。また、大筋、つながりの意味も。統率力のある人に。

ヒント 「とう」と読むとコツコツと努力する人を思わせる名前に。集中力があり充実した「おさむ」の音でも。

男の子
- 統 おさむ
- 一統 かずのり
- 汰統 たつな
- 昌統 まさのり
- 統輝 もとき

女の子
- 愛統 あすみ
- 統歌 つねか
- 統子 とうじ
- 実統 みのり
- 統海 もとみ

菫

トウ
名 しげる
ただし　なお
のぶ　まこと
まさ　よし

正す、直す、見張るなどのほか、骨董《こっとう》のように希少な古道具の意も。本物を見極《みきわ》められる人に。

ヒント 「とう」の音は格調の高さとバイタリティを、「よし」の音は清潔感と朗《ほが》らかさを感じさせる。

男の子
- 菫 まこと
- 菫瑠 しげる
- 菫偲 ただし
- 菫雅 とうが
- 史菫 ふみよし

女の子
- 菫莉 なおり
- 菫希 のぶき
- 菫那 まさな
- 菫英 よしえ
- 小菫美 ことみ

童

ドウ　わらべ
名 わか
わらわ

もとは奴隷、しもべのことだったが、のちに、わらべ、子どもの意味になった。子どもの純真さを忘れない人に。

ヒント 「どう」の音は大物感が漂《ただよ》う。「わか」と読むと、夢と希望とユーモアを感じさせる朗らかな名前に。

男の子
- 士童 しどう
- 獅童 しどう
- 童夢 どうむ
- 嵐童 らんどう
- 童斗 わかと

女の子
- 童 わか
- 童沙 わかさ
- 童菜 わかな
- 童芭 わかば
- 真童歌 まどか

道

ドウ　トウ
みち
名 おさむ
ただし　ち
のり　まさ
ゆき

邪霊をはらい清めたところをいい、道の意味。また、人が進む道、芸などの道も。ひとつの道を究《きわ》める人に。

ヒント 力強く人生を歩んでいくイメージ。「みち」の音を使うと、満ち足りていて、生命力あふれる名前に。

男の子
- 道 おさむ
- 有道 ありみち
- 志道 しどう
- 直道 なおみち
- 道人 まさと

女の子
- 素道 そのり
- 道花 ちか
- 道桜 みちお
- 道歩 みちほ
- 道菜 ゆきな

敦

トン　あつい
名 あつ　おさむ　つとむ　つる　とし　のぶ

神に供える酒食を盛る器《うつわ》を表し、人情にあつい、尊ぶ、まことの意味。誠実な人になるように。

ヒント 自然体で開放感のある「あつ」のほか、やんちゃだが精力的な「のぶ」の音などを活かして。

男の子

敦	あつし
敦葵	あつき
敦夢	おさむ
惟敦	ただとし
敦武	つとむ

女の子

敦杷	あつは
敦美	あつみ
敦芽	あつめ
千敦	ちづる
敦香	のぶか

博

ハク　バク
名 とおる　はか　ひろ　ひろし

広い、行き渡っている、広く通じているなどの意味を表す。広い視野で物事を見通せる人になるように。

ヒント 「ひろ」と読むと落ち着きの中にたくましさと情熱をもつ印象。「ひろし」の音で男の子の1字名にも。

男の子

博	ひろし
博流	とおる
友博	ともひろ
博理	はかり
博人	はくと
博臣	ひろおみ
博澄	ひろずみ
博眸	ひろむ
真博	まひろ
哉博	やひろ

女の子

紀博	きひろ
胡博	こはか
千博	ちひろ
博愛	ひろあ
博佳	ひろか
博子	ひろこ
博芭	ひろは
帆博	ほひろ
茉博	まひろ
美博	みひろ

琶

ハ

弦楽器の琵琶《びわ》を表す。インド・西域から中国を経て伝えられたもの。シルクロードのロマンが香る字。

ヒント 音楽や和のイメージのある字。「は」の音は、オープンで気風《きっぷ》がよく、人情味のあふれる印象。

男の子

和琶	かずは
芯琶	しんは
萄琶	とうは
琶琉	はる
琶矢斗	はやと

女の子

涼琶	すずは
琶奈	はな
琶音	はのん
琶瑠	はる
泰琶	やすは

斐

ヒ
名 あきら　あや　なが　よし

あや（＝模様）のある美しさのことで、美しい、明らか、なびくなどの意味。美しく賢い子になるように。

ヒント 「ひ」と読むと個性的な魅力が、「あや」と読むとミステリアスで大胆な印象が加わる。

男の子

斐	あきら
和斐	かずよし
道斐	みちなが
由斐	ゆい
甲斐斗	かいと

女の子

斐祢	あやね
紗斐	さあや
斐翠	ひすい
斐那	ひな
斐呂	ひろ

琵

ビ
名 ひ

弦楽器の琵琶《びわ》のこと。ペルシャ、アラビア起源で奈良時代に伝わった。エキゾチックなイメージのある字。

ヒント 「ひ」と読む字として新鮮。「ひ」の音には、情熱と冷静を兼ねそなえたカリスマのイメージがある。

男の子

琵響	ひびき
琵呂	ひろ
悠琵	ゆうひ
琵奈都	ひなと
琵呂斗	ひろと

女の子

琵織	ひおり
琵奈	ひな
琵史	ひふみ
琵琶	びわ
羅琵	らび

富

フ　フウ
とむ　とみ
名 とよ　ひさ　ゆたか　よし

旧 冨

富む、財産、豊か、満ち足りる、多いなどの意味を表す。物心ともに恵まれ、安楽に暮らせることを願って。

ヒント 穏《おだ》やかで幸福なイメージ。ふんわり温かい「ふう」や「ふ」、優しくて力強い「とみ」の音などで使って。

男の子

富	ゆたか
富夢	とむ
富哉	とよなり
富雅	ふうが
富太	ふうた

女の子

富江	とみえ
富慧	ひさえ
富優	ふゆ
美富	みよし
富士子	ふじこ

葡

ブ
名 ほ

果樹のブドウ（葡萄）。古くから伝来し、葡萄酒も珍重された。エキゾチックで、実り豊かなイメージの字。

ヒント 「ほ」と読むと温かくくつろいだ印象に。パワフルで人間的な魅力のあふれる「ぶ」の音も新鮮。

男の子

葡尭	ほだか
葡稀	ほまれ
雅葡	まさほ
愛葡	まなぶ
伊葡生	いぶき

女の子

果葡	かほ
早葡	さほ
葡純	ほずみ
茉葡	まほ
葡乃香	ほのか

満

マン
みちる
みたす
名 あり　ま　ます　まろ　みつ　みつる

水が満ちあふれることをいい、満ちる、足りるなどの意味になった。満ち足りた人生がおくれるように。

ヒント 「みつ」の音で充実して気品のある印象、「ま」の音で満ち足りていて優しい印象をプラス。

男の子

満	みつる
昌満	まさみつ
満我	まろか
満輝	みつき
満天	みつひろ

女の子

満紗	ありさ
満実	ますみ
満莉	まり
満智	みち
満瑠	みつる

萬

マン　バン
名 かず　かつ　すすむ　たか　ま　よろず

もとの字は「萬」で、その常用漢字が「万」。数の万、数の多いことを表す。何事にもひいでるように。

ヒント 「万」(→P262)と意味も読みも同じなので、字形や画数で、どちらの字を使うか選ぶとよい。

男の子
- 萬　すすむ
- 和萬　かずたか
- 萬己　かつき
- 萬里　ばんり
- 萬主　よろず

女の子
- 萬沙　かずさ
- 萬伎　まき
- 萬穂　まほ
- 萬利　まり
- 萬悠里　まゆり

湧

ユウ　ヨウ
わく
名 いさむ
わか

桶形の井戸から水がわき出ることから、わく、あふれるの意味に使う。あふれるような才能に恵まれるように。

ヒント クリエイティブなイメージ。「ゆう」の音は優しい印象、「わか」の音は夢と希望にあふれた印象。

男の子
- 湧　いさむ
- 湧気　ゆうき
- 湧作　ゆうさく
- 湧太　ようた
- 湧渡　わくと

女の子
- 湧花　ゆうか
- 湧水　ゆうみ
- 湧由　ゆうゆ
- 湧可　わか
- 湧菜　わかな

遊

ユウ　ウ
あそぶ
名 なが　ゆ
ゆき

気ままに行動することで、遊ぶ、楽しむ、旅する、などのほか、友人の意味も表す。のびのびと育つように。

ヒント 「ゆ」の音で思慮深さや優しさが、「ゆう」の音で気さくさと思いやりのある印象が加わる。

男の子
- 遊夢　ながむ
- 悠遊　はるゆき
- 遊緯　ゆうい
- 遊雅　ゆうが
- 遊星　ゆうせい

女の子
- 愛遊　あゆう
- 茉遊　まゆ
- 遊宇　ゆう
- 遊夏　ゆうか
- 遊月　ゆづき

裕

ユウ
名 すけ
ひろ　ひろし
まさ　みち
やす　ゆ
ゆたか

衣服がゆったりしていることから、豊か、ゆったりなどの意味に使う。物心両面とも豊かであるように。

ヒント 人をなごませる印象の「ゆう」、くつろいだ中に積極性やたくましさをもつ印象の「ひろ」の音などで。

男の子
- 裕　ゆたか
- 章裕　あきまさ
- 旬裕　しゅんすけ
- 真裕　まさひろ
- 裕都　みちと
- 裕丈　やすたけ
- 裕午　ゆうご
- 裕輔　ゆうすけ
- 壮裕希　たけゆき
- 裕太郎　ゆうたろう

女の子
- 小裕　こみち
- 裕美　ひろみ
- 裕音　まさね
- 裕菜　やすな
- 裕華　ゆうか
- 裕子　ゆうこ
- 裕季　ゆき
- 亜裕奈　あゆな
- 千裕里　ちゆり
- 裕希穂　ゆきほ

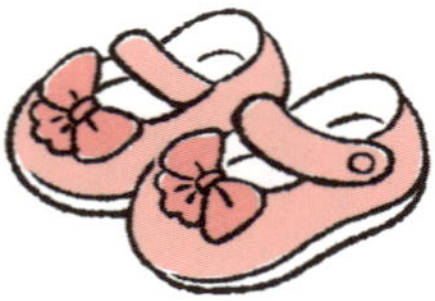

釉

ユウ
うわぐすり
名 つや
てる

焼き物のうわぐすり(素焼きの陶磁器の表面に塗ってつやを出す薬)の意。つや、光の意味も。技芸に優れた子に。

ヒント 素朴《そぼく》な美を感じさせる字。「ゆう」と読む字として新鮮。人の心を優しくやわらげる印象の名前に。

男の子
- 釉輝　てるき
- 釉雅　ゆうが
- 釉滋　ゆうじ
- 釉摩　ゆうま
- 釉一郎　ゆういちろう

女の子
- 釉胡　つやこ
- 美釉　みゆう
- 釉花　ゆうか
- 釉貴　ゆうき
- 釉乃　ゆうの

雄

ユウ　お
おす
名 かず
かつ　たか
たけし　のり
よし

オス鳥のことをいい、オス、雄々しい、男らしい、盛んなどの意味を表す。多くの才能に恵まれるように。

ヒント 「お」で終わる名前は、落ち着いて包容力のある印象。「ゆう」と読むと、気さくさと思いやりが加わる。

男の子
- 雄　たけし
- 雄赳　かずたけ
- 雄夫　かつお
- 雄巳　かつみ
- 奏雄　かなお
- 昂雄　こうゆう
- 雄士　たかし
- 達雄　たつよし
- 馳雄　としお
- 憲雄　のりたけ
- 灯雄　ひだか
- 英雄　ひでお
- 雄壱　ゆういち
- 雄生　ゆうき
- 雄悟　ゆうご
- 雄大　ゆうだい
- 雄陽　ゆうひ
- 芳雄　よしのり
- 璃雄　りお
- 飛雄吾　ひゅうご

遥

ヨウ　はるか
名 すみ
とお　のぶ
のり　はる
みち

旧 遙（→P372）

ゆらゆら歩くことをいい、さまようの意味。また、はるか、遠いの意味もある。スケールの大きな人に。

ヒント 「はる」と読むとフレッシュでドラマチック、「よう」と読むと悠々として優しい印象に。1字名にも。

男の子
- 遥騎　はるき
- 遥登　はると
- 真遥　ますみ
- 遥央　みちひろ
- 遥太　ようた

女の子
- 遥　はるか
- 歌遥　かのり
- 遥琥　とおこ
- 遥香　のぶか
- 遥陽　はるひ

陽

ヨウ
名 あき お おき きよ たか なか はる ひ

日、太陽、日なたのほか、暖かい、明るい、南を表す。陰に対する陽の意味もある。積極的でいきいきした子に。

ヒント 大人気の字。華やかで躍動感のある「はる」、熱い情熱と冷静な知性をあわせもつ「ひ」の音が特に人気。

男の子
- 陽 よう
- 朝陽 あさひ
- 一陽 かずあき
- 太陽 たいよう
- 陽久 たかひさ
- 智陽 ちおき
- 陽生 はるき
- 陽翔 はると
- 史陽 ふみお
- 陽輔 ようすけ

女の子
- 陽葉 あきは
- 陽恵 きよえ
- 心陽 こはる
- 陽日 はるひ
- 陽愛 ひな
- 茉陽 まなか
- 陽子 ようこ
- 莉陽 りお
- 陽桜里 ひおり
- 陽菜乃 ひなの

揚

ヨウ あげる
名 あき あきら たか のぶ

高く揚げる、高く揚がる、盛んになるの意味。明らかにする意も。向上心の旺盛《おうせい》な子に育つように。

ヒント 「揚子江《ようすこう》」のように雄大なイメージも。「よう」の音でのびやかさを、「あき」の音で温かさをプラス。

男の子
- 揚 あきら
- 高揚 こうよう
- 揚之 たかゆき
- 揚路 ようじ
- 揚介 ようすけ

女の子
- 揚帆 あきほ
- 揚海 あきみ
- 揚芭 あげは
- 偲揚 しのぶ
- 揚子 ようこ

葉

ヨウ は
名 くに すえ のぶ ば ふさ よ

草木の葉のほか、薄いものを数えるのにも使う。フレッシュで生命力にあふれ、可憐《かれん》なイメージの字。

ヒント 「よう」と読むと陽《ひ》だまりのようにくつろいだ雰囲気が、「は」と読むと軽快さや潔さが加わる。

男の子
- 葉 よう
- 蒼葉 あおば
- 葉留 はる
- 葉介 ようすけ
- 葉達 ようたつ

女の子
- 青葉 あおば
- 依葉 いくに
- 彩葉 いろは
- 早葉 さよ
- 葉実 のぶみ
- 葉月 はづき
- 葉那 はな
- 葉莉 ふさり
- 万葉 まは
- 耶葉 やすえ
- 康葉 やすは
- 葉胡 ようこ
- 李葉 りよ
- 若葉 わかば
- 木乃葉 このは

嵐

ラン あらし

「山」＋「風」で大風を表し、あらしの意味に使う。山にたちこめる青々とした気も表す。情熱的な人に。

ヒント さわやかなイメージもある字。「らん」と読むと、華やかで大胆な印象がさらに加わる。男の子に。

男の子
- 嵐 あらし
- 嵐志 あらし
- 阿嵐 あらん
- 衣嵐 いらん
- 雄嵐 ゆらん
- 嵐児 らんじ
- 嵐真 らんま
- 嵐馬 らんま
- 嵐丸 らんまる
- 嵐太郎 らんたろう

椋

リョウ むくのき
名 くら

樹木のムクノキを表す。実は食用になり、材は堅く車輪に使われる。社会のために役立つ人になるように。

ヒント 「りょう」の音は気品と賢さを、「くら」の音は奥行きを感じさせる。「涼」と間違わないよう注意。

男の子
- 椋 りょう
- 汰椋 たくら
- 椋芽 りょうが
- 椋亮 りょうすけ
- 椋平 りょうへい

女の子
- 椋芭 くらは
- 椋来 くらら
- 咲椋 さくら
- 美椋 みくら
- 椋香 りょうか

琳

リン
名 たま

美しい玉の名。また、玉がふれ合って鳴る音を表す。玉のように美しく輝く人にぴったりの字。

ヒント 意味も字形も美しく、高貴な印象の字。「りん」の音でさらにキュートで華やかな輝きをはなつ印象に。

男の子
- 琳 りん
- 希琳 きりん
- 琳軌 たまき
- 琳音 りんと
- 琳太郎 りんたろう

女の子
- 佳琳 かりん
- 瑚琳 こりん
- 琳夏 たまか
- 茉琳 まりん
- 未琳 みりん

塁

ルイ
名 かさ たか
旧 壘

もとは土嚢《どのう》で築いたとりでのこと。現在では野球のベースの意味。野球少年にぴったりの字。

ヒント 「るい」と読むと知性と天真爛漫《てんしんらんまん》さを兼ねそなえた印象、「たか」と読むと頂点を極《きわ》める印象に。

男の子
- 塁 るい
- 和塁 かずたか
- 塁基 たかき
- 智塁 ともたか
- 心塁 みかさ
- 守塁 もりたか
- 塁偉 るい
- 塁輝 るいき
- 塁治 るいじ
- 塁斗 るいと

13画

愛

アイ　めでる

名 あ　え　な　ひで　まな　めぐむ　よし　より　ら

去ろうとして後ろに残る心で、いつくしむの意味。好き、大切にする、惜しむの意味もある。愛し愛される人に。

ヒント 女の子に大人気。はつらつとした「あい」、元気な「めぐ」、充実感に満ちた「まな」などの音で。

男の子

- 愛輝 あいき
- 朋愛 ともひで
- 仁愛 ひとより
- 愛斗 まなと
- 輝愛斗 きらと

女の子

- 愛空 あいく
- 愛紗 あいしゃ
- 愛奈 あいな
- 愛梨 あいり
- 愛結 あゆ
- 愛美 えみ
- 聖愛 せいら
- 愛歌 ひでか
- 陽愛 ひより
- 愛可 まなか
- 珠愛 みな
- 愛夢 めぐむ
- 愛琉 めぐる
- 愛乃 よしの
- 愛美花 えみか

葦

イ　あし　よし

水草のアシ、ヨシ。茎は簾《すだれ》の材料。「人間は考える葦である」は有名。素朴《そぼく》な強さを願って。

ヒント 癒《いや》しに満ちた「よし」の音で先頭字に、一途《いちず》ながんばり屋を思わせる「い」の音で止め字や万葉仮名風に。

男の子

- 加葦 かい
- 貴葦 きよし
- 葦生 よしき
- 葦人 よしと
- 流葦 るい

女の子

- 葦菜 あしな
- 葦音 いおん
- 芽葦 めい
- 結葦 ゆい
- 葦埜 よしの

意

イ　こころ　おもう

名 お　おき　おさ　のり　むね　もと　よし

ことばになる前の心中の思い、心のはたらきを表す。意志の意味も。心の中の思いを遂げる人になるように。

ヒント 使用例は少ないが、使いやすい読みが多い字。一途《いちず》にがんばる印象の「い」で止め字にしても新鮮。

男の子

- 意霧 おさむ
- 譲意 じょうい
- 澄意 すみお
- 陽意 はるおき
- 雅意 まさむね

女の子

- 亜意 あい
- 意那 おきな
- 意沙 のりさ
- 意帆 もとほ
- 莉意菜 りいな

園

エン　その

旧 薗

庭園、庭のほか、野菜・果樹・花などの畑の意味を表す。美しさとともに、すくすく育つイメージがある字。

ヒント 「その」の音はさわやかで温かい印象。「えん」の「え」の音を活かして、万葉仮名風に使っても。

男の子

- 園亮 えんすけ
- 園仁 えんと
- 園杜 えんと
- 園己 そのき
- 友園 ゆうえん

女の子

- 園菜 えな
- 園依 そのえ
- 園花 そのか
- 美園 みその
- 千園実 ちえみ

雅

ガ

名 ただ　ただし　なり　のり　まさ　まさし　みやび　もと

もとはカラスのことで、雅《みやび》やか、風流な様子を表す。優雅で気品のある人になるように。

ヒント 定番の「まさ」の音は、優しくさわやかな印象。「が」で終わる名前はゴージャスでスイートな印象に。

男の子

- 雅 ただし
- 永雅 えいが
- 大雅 たいが
- 雅洋 のりひろ
- 風雅 ふうが
- 雅樹 まさき
- 雅成 まさなり
- 道雅 みちなり
- 雅夢 もとむ
- 頼雅 よりまさ

女の子

- 雅 みやび
- 小雅 こなり
- 雅乃 ただの
- 雅珂 のりか
- 雅姫 まさき
- 雅子 まさこ
- 雅美 まさみ
- 雅女 まさめ
- 雅代 もとよ
- 雅由子 まゆこ

楽

ガク　ラク　たのしい

名 ささ　もと　よし　ら

旧 樂

手鈴の形で、音楽の意味。のちに、楽しい、たやすいの意味になった。楽しさにあふれる人生を願って。

ヒント 「ら」の音で止め字にすると使いやすい。「ら」で終わる名前は、強く、華やかな印象に。

男の子

- 楽 がく
- 楽都 がくと
- 想楽 そら
- 楽志 もとし
- 侑楽 ゆら

女の子

- 娃楽 あいら
- 綺楽 きら
- 楽女 ささめ
- 楽名 よしな
- 真由楽 まゆら

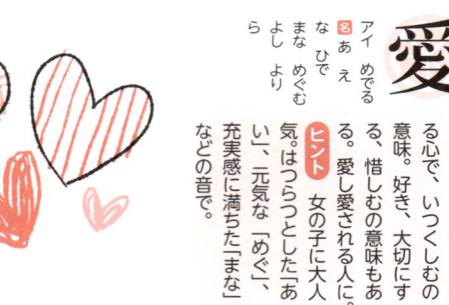

寛

カン
名 お とも のぶ のり ひろ ひろし もと よし
旧 寬

廟《びょう》の中で巫女《みこ》が祈る形からできた字で、ゆるやか、ゆったり、広いの意味。のびのび育つように。

ヒント 「ひろ」の音で情熱と力強さをさらにプラス。「かん」の音は、茶目《ちゃめ》っ気《け》と頼りがいをあわせもつ印象。

男の子

寛	ひろし
寛慈	かんじ
寛大	かんた
智寛	ともお
寛紀	のぶき
寛人	ひろと
寛佑	もとすけ
幸寛	ゆきのり
寛紀	よしき
芳寛	よしとも

女の子

寛那	かんな
知寛	ちひろ
寛心	ともみ
羽寛	はのり
寛海	ひろみ
真寛	まひろ
美寛	みのぶ
珠寛	みひろ
寛子	よしこ
寛代子	かよこ

幹

カン みき
名 き たかし とも まさ み もと もとき

木の幹のほか、物事の大事な部分、強い、優れているなどの意味がある。グループの中心になる人に。

ヒント "気は優しくて力持ち"の「かん」、イキイキした「みき」の音で。「き」や「み」の音で止め字にも。

男の子

幹	もとき
幹悟	かんご
幹士	たかし
匠幹	たくみ
汰幹	たみき
徹幹	てつかん
幹陽	ともはる
那幹	なみき
洋幹	ひろもと
柾幹	まさき
幹海	まさみ
幹登	みきと
幹旺	もとお
幹夢	もとむ
結幹	ゆみき

女の子

幹	みき
幹美	ともみ
茉幹	まき
幹帆	みきほ
結幹子	ゆみこ

暉

キ かがやく
名 あき あきら てる

日の光のことをいい、輝く、光る、照るなどの意味を表す。日光のように明るく輝かしい将来を願って。

ヒント 「き」の音で止め字にすると自分をしっかりもつ印象に。「あき」と読むと、キュートで輝く名前に。

男の子

暉	あきら
一暉	いっき
琥暉	こてる
真暉	まさあき
勇暉	ゆうき

女の子

亜暉	あき
暉帆	あきほ
暉南	きな
咲暉	さき
暉海	てるみ

義

ギ
名 あき しげ ただし つとむ とも のり みち よし

正しい、よい、道にかなっているのほか、わけ、意味などの意味を表す。行いの正しい人になるように。

ヒント さわやかで快活な「よし」の音で。「ぎ」と読んで止め字にすると、ゴージャスでスイートな印象。

男の子

義	ただし
義海	あきみ
一義	かずよし
勝義	かつのり
義都	しげと
義琉	しげる
正義	せいぎ
義夢	つとむ
義道	ともみち
那義	なぎ
義帆	みちほ
武義	むぎ
勇義	ゆうぎ
義貴	よしき
義弥	よしみ

女の子

義佳	のりか
義那	みちな
義乃	よしの
義穂	よしほ
那義子	なぎこ

継

ケイ つぐ
名 つね ひで

糸に糸を加える形で、つなぐ、継ぐ、受け継ぐの意味を表す。多くの家族に恵まれることを願って。

ヒント 「つぐ」の音は、豊かな発想力をもっている印象。「けい」と読むと、知的でクールな印象の名前に。

男の子

継道	つねみち
倫継	ともつぐ
継生	ひでき
匡継	まさつぐ
継之介	けいのすけ

女の子

継花	けいか
継奈	けいな
継羅	けいら
継帆	つぐほ
継美	つぐみ

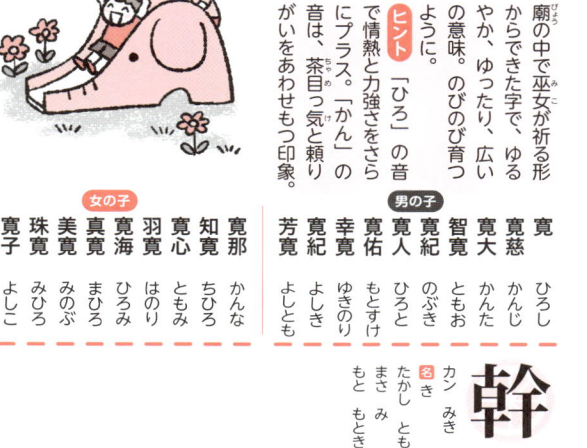

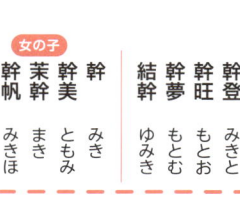

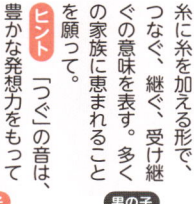

詣

ケイ　もうでる
名 まい　ゆき

天から神霊が降りる形で、至るの意味に使う。寺社に詣でる、学問などが進む意味も。探究心の強い子に。

ヒント りりしく知的な「けい」の音で先頭字に。奥ゆかしいながら、芯の強さを秘めた「ゆき」の音でも。

男の子
- 詣吾 けいご
- 詣亮 けいすけ
- 詣人 けいと
- 尚詣 なおゆき
- 詣利 まいり

女の子
- 詣 まい
- 詣華 まいか
- 美詣 みゆき
- 詣奈 ゆきな
- 詣乃 ゆきの

絹

ケン　きぬ
名 まさ

蚕《かいこ》の繭《まゆ》から採った糸、それで織った布。古風な美しさやゴージャスなイメージがある。

ヒント 「きぬ」の音は、真珠のような上品な印象。「けん」と読むと、好奇心と探究心あふれるイメージに。

男の子
- 絹 けん
- 絹布 きぬの
- 絹都 けんと
- 絹輝 まさき
- 絹路 まさみち

女の子
- 愛絹 あきぬ
- 絹香 きぬか
- 絹子 きぬこ
- 絹巴 きぬは
- 絹美 まさみ

源

ゲン　みなもと
名 はじめ　もと　よし

水の流れ出るもと、源泉から、物事のはじまるもと、根本の意味になった。源氏は武家の名門。典雅なイメージ。

ヒント 「げん」の音で覇気《はき》とりりしさをプラス。柔和《にゅうわ》なエレガントさのある「はじめ」の音で1字名にも。

男の子
- 源 はじめ
- 源吾 げんご
- 源太 げんた
- 源希 もとき
- 源一郎 げんいちろう

女の子
- 源香 もとか
- 源姫 もとき
- 源慧 よしえ
- 源乃 よしの
- 源芭 よしは

鼓

コ　つづみ

打楽器の鼓《つづみ》、太鼓。また、打つ、鼓を打つ、ふるい立たせるの意味もある。情熱的な人に。

ヒント 底知れぬ力と挑戦するエネルギーを感じさせる「つづみ」の音。若々しく機敏《きびん》な印象の「こ」の音でも。

男の子
- 鼓生 こお
- 鼓那 こな
- 鼓南 こなん
- 鼓太郎 こたろう
- 真鼓音 まこと

女の子
- 鼓 つづみ
- 鼓音 こと
- 鼓春 こはる
- 莉鼓 りこ
- 鼓茉実 こまみ

瑚

ゴ　コ

珊瑚《さんご》の意味。サンゴ虫の骨格が集積したもので、装飾品になる。南の海、島のイメージ。

ヒント 機敏《きびん》でかわいらしい「こ」、迫力がありチャーミングな「ご」の音で。使用例が少なく、新鮮。

男の子
- 圭瑚 けいご
- 航瑚 こうご
- 瑚南 こなん
- 大瑚 だいご
- 悠瑚 ゆうご

女の子
- 佳瑚 かこ
- 瑚子 ここ
- 瑚夏 こなつ
- 珊瑚 さんご
- 瑚々夏 ここな

幌

コウ　ほろ
名 あき　あきら

雨や日光を防ぐ車のほろ、とばりなどの意味を表す。北海道の地名にも使われている。心の広い献身的な人に。

ヒント 知的で繊細《せんさい》な愛らしさを感じさせる「こう」、元気で明るくキュートな「あき」の音が使いやすい。

男の子
- 幌 あきら
- 幌正 あきまさ
- 幌慈 こうじ
- 幌佑 こうすけ
- 真幌 まさあき

女の子
- 幌可 あきか
- 幌奈 あきな
- 幌李 こうり
- 麻幌 まほろ
- 美幌 みほろ

滉

コウ
名 あき　あきら　ひろ　ひろし

水が深く広い様子、水がきらめき動く様子を表す。また、水以外にも使われる。明るく活発であるよう願って。

ヒント キラキラした水の輝きを感じさせる字。「こう」「あきら」などの音で、男の子の1字名にしても。

男の子
- 滉 あきら
- 滉一 こういち
- 滉輝 こうき
- 丈滉 ひろあき
- 滉夢 ひろむ

女の子
- 滉乃 あきの
- 滉葉 あきは
- 滉帆 あきほ
- 滉夏 ひろか
- 茉滉 まひろ

煌

コウ　かがやく　きらめく
名 あき　あきら　てる

火の輝くことをいい、輝く、きらめくの意味に使う。盛ん、明らかの意味もある。神々しく華麗な印象の字。

ヒント 男の子に人気。「きら」の音で輝く宝石の印象を増して。機《き》敏《びん》さと思慮深さが共存する「こう」の音でも。

男の子
- 煌 あきら
- 煌成 あきなり
- 逸煌 いっこう
- 暉煌 ききら
- 煌都 きらと
- 煌雅 こうが
- 煌輝 こうき
- 煌佑 こうすけ
- 煌星 こうせい
- 沙煌 さきら
- 智煌 ちあき
- 煌巳 てるみ
- 芭煌 はてる
- 郁煌 ふみあき
- 真煌 まさてる

女の子
- 煌華 あきか
- 煌星 きらほ
- 煌羅 きらら
- 煌璃 きらり
- 千煌 ちあき

鉱

コウ
名 かね

もとは黄色の鉱石をいい、あらがね（掘り出したままの金属）を表す。豊かな可能性を秘めた子にぴったり。

ヒント 「こう」の音で知性と俊敏《しゅんびん》さを、「かね」の音で愛嬌《あいきょう》のある、粘り強いがんばり屋のイメージをプラス。

男の子

- 一鉱 いっこう
- 鉱斗 かねと
- 鉱瑛 こうえい
- 鉱我 こうが
- 鉱希 こうき
- 鉱起 こうき
- 鉱介 こうすけ
- 鉱和 こうわ
- 汰鉱 たかね
- 豊鉱 とよかね

嗣

シ
名 さね　つぎ　つぐ　ひで

位を継ぐ、あとを継ぐ、あと継ぎ、世継ぎなどの意味を表す。子孫が代々栄えるように願いをこめて。

ヒント 「し」の音で男の子の止め字にするほか、万葉仮名風に。「し」の音は颯爽《さっそう》とした憧《あこが》れの存在のイメージ。

男の子

- 衣嗣 いつぎ
- 圭嗣 けいし
- 朋嗣 ともつぐ
- 嗣生 ひでき
- 昌嗣 まさし

女の子

- 嗣保 しほ
- 嗣摩 しま
- 嗣実 つぐみ
- 茉嗣 まさね
- 嗣永梨 しえり

獅

シ　しし

獅子の字に使う。獅子はライオン、またはそれに似た想像上の動物のこと。強く威厳のある人になるように。

ヒント 百獣の王と呼ばれるライオンのように強い男の子に。「し」の音でさわやかさとスター性をプラスして。

男の子

- 郷獅 ごうし
- 獅温 しおん
- 獅遠 しおん
- 獅暉 しき
- 獅道 しどう
- 獅紋 しもん
- 丈獅 たけし
- 勇獅 ゆうし
- 健獅郎 けんしろう
- 獅子斗 ししと

詩

シ
名 うた

心にあることをことばにしたもの。詩や歌。漢詩を指すこともある。文学的な香りのする名前をつくれる字。

ヒント 「し」と読むと、颯爽《さっそう》とした個性ある人の印象。「うた」と読むと元気でたのもしいイメージに。

男の子

- 詠詩 えいし
- 桂詩 けいし
- 詩音 しおん
- 詩人 しと
- 詩聞 しもん

女の子

- 詩多 うた
- 詩花 うたか
- 詩姫 うたき
- 小詩 こうた
- 詩晏 しあん
- 詩衿 しえり
- 詩織 しおり
- 詩成 しなり
- 詩乃 しの
- 詩恩 しのん
- 詩歩 しほ
- 詩茉 しま
- 詩依 しより
- 詩桜里 しおり
- 詩寿玖 しずく

資

シ
名 すけ　たすく　ただ　とし　もと　やす　よし　より

財貨、もとで、生まれつきの性質や才能の意味を表す。また、助けるの意味もある。才能豊かな人に。

ヒント 「し」の音で万葉仮名風に。名乗りには先頭字や、男の子の止め字に使いたい読みがそろっている。

男の子

- 資 たすく
- 佐資 さすけ
- 資志 ただし
- 将資 まさとし
- 資生 よしき

女の子

- 資央 しお
- 資佳 もとか
- 資実 やすみ
- 資音 よりね
- 資衣菜 しいな

慈

ジ　いつくしむ
名 しげ　しげる　ちか　なり　やす　よし

子を養う心をいい、いつくしむ、かわいがるの意味になった。情け、あわれみの意味もある。愛情深い人に。

ヒント 「じ」の音は、品があり、育ちのよさを感じさせる。「しげる」「ちか」の音で1字名にも。

男の子

- 慈 しげる
- 貞慈 さだよし
- 周慈 しゅうじ
- 慈朗 じろう
- 慈照 やすてる

女の子

- 慈 ちか
- 胡慈 こなり
- 紗慈 さちか
- 慈香 しげか
- 万慈 まちか

蒔

ジ　まく
名 まき

苗を植えかえることを表し、植える、種をまくの意味になった。蒔《まき》絵《え》は華麗な装飾品で、豪華な印象もある。

ヒント 「まき」と読むと、充実感があり、パワフルな輝きを感じさせる名前に。上品な「じ」の音でも。

男の子

- 洸蒔 こうじ
- 蒔英 じえい
- 蒔人 まきと
- 勇蒔 ゆうじ
- 琉蒔 りゅうじ

女の子

- 蒔 まき
- 小蒔 こまき
- 蒔貴 まき
- 蒔絵 まきえ
- 蒔衣奈 じいな

舜

シュン
名 きよ　とし　ひとし　みつ　よし

古代中国の伝説上の聖王の名。また、つる草のヒルガオ、樹木のムクゲを表す。人の上に立つ人に。

ヒント 「しゅん」の音にはやわらかく弾《はず》むような愛らしさがある。「きよ」「みつ」などの名乗りも使いやすい。

男の子

- 舜 ひとし
- 舜壬 きよみ
- 舜祐 しゅんすけ
- 舜臣 としお
- 舜采 よしと

女の子

- 舜乃 きよの
- 舜果 しゅんか
- 舜菜 しゅんな
- 舜李 しゅんり
- 舜美 みつみ

楯

ジュン たて
名 たち

「木」＋「盾」で、たての意味。また、たてをめぐらした形から手すりの意味もある。頼りがいのある人に。

ヒント 「じゅん」の音は、人なつっこくてセクシーな印象。先頭字に使うほか、男の子、女の子の1字名にも。

男の子
- 楯 じゅん
- 楯矢 じゅんや
- 楯気 たちき
- 楯雄 たてお
- 楯乃介 じゅんのすけ

女の子
- 楯子 じゅんこ
- 楯名 じゅんな
- 楯埜 じゅんの
- 楯葉 たては
- 楯帆 たてほ

準

ジュン
名 とし のり ひとし

水平を測る器《うつわ》をいい、平らなことを表す。目安、手本などの意味もある。人の手本になるような人に。

ヒント 高級感と人なつっこさをあわせもつ「じゅん」の音。りりしいカリスマ性をもつ「ひとし」の音でも。

男の子
- 準 ひとし
- 仁準 きみとし
- 準吉 じゅんきち
- 準也 じゅんや
- 正準 まさのり

女の子
- 準子 じゅんこ
- 準奈 じゅんな
- 準加 のりか
- 羽準 はのり
- 実準 みのり

詢

ジュン
名 はかる まこと

神々にはかることから、はかる、相談するの意味。また、まこと、等しいの意味もある。誠実な人になるように。

ヒント 甘えん坊でやわらぎを感じさせる「じゅん」の音。やすらぎとパワーをあわせもつ「まこと」の音でも。

男の子
- 詢生 じゅんき
- 詢斗 じゅんと
- 詢也 じゅんや
- 正詢 せいじゅん
- 詢琉 はかる

女の子
- 詢 まこと
- 詢來 じゅら
- 詢子 じゅんこ
- 詢南 じゅんな
- 多詢 たまこ

奨

ショウ
名 すけ すすむ たすく つとむ

旧 奬

肉を神にすすめて祭ることをいい、すすめる、励ます、助けるの意味に使う。親切で優しい子になるように。

ヒント ソフトで深い光を感じさせる「しょう」の音で。「すすむ」「たすく」などの音で1字名にしても。

男の子
- 奨 すすむ
- 奨英 しょうえい
- 奨吾 しょうご
- 奨工 たすく
- 奨夢 つとむ

女の子
- 奨子 しょうこ
- 奨那 しょうな
- 奨愛 しょうな
- 奨瑠 しょうる
- 美奨 みしょう

照

ショウ てる
名 あき あきら あり とし のぶ みつ

四方を照らすことをいい、照る、輝く、照らす、照らし合わせるなどの意味を表す。明るく元気な人に。

ヒント 優しく温かい光を感じさせる「しょう」のほか、つやがあり、成熟した世界観をもつ「てる」の音で。

男の子
- 照允 あきのぶ
- 照真 しょうま
- 照暉 としき
- 由照 よしてる
- 照大朗 しょうたろう

女の子
- 照茉 ありま
- 千照 ちあき
- 照帆 てるほ
- 照葉 のぶは
- 照美 みつみ

頌

ショウ
名 うた おと つぐ のぶ よし

祖先の徳をほめたたえることをいい、ほめる、たたえるの意味に使う。ゆとりの意味も。文才を授《さず》かるように。

ヒント 「しょう」の音は、ソフトな光を感じさせるとともに、華を秘めたイメージ。使用例が少なく個性的。

男の子
- 頌麿 うたまろ
- 頌吾 しょうご
- 頌弥 のぶや
- 頌毅 よしき
- 頌人 よしと

女の子
- 頌女 おとめ
- 頌子 しょうこ
- 頌帆 つぐほ
- 頌佳 よしか
- 頌歌 よしか

慎

シン つつしむ
名 ちか のり まこと みつ よし

旧 愼

つつしむ、控えめにする、注意深くするなどの意味。まことの意味もある。謙虚で誠実な人になるように。

ヒント 「しん」の音は、逡巡《しゅんじゅん》や挫折《ざせつ》のないまっすぐな人生をおくる印象。信頼感あふれる「まこと」の音でも。

男の子
- 慎 まこと
- 慎吾 しんご
- 慎平 しんぺい
- 遥慎 はるのり
- 裕慎 ゆうしん

女の子
- 慎來 しんら
- 真慎 まちか
- 美慎 みちか
- 慎実 みつみ
- 慎葉 よしは

新

シン あたらしい あらた にい
名 あきら ちか はじめ よし わか

木を新しく切り出すことで、新しい、新しくする、はじめてなどの意味を表す。フレッシュなイメージの字。

ヒント 「しん」の音で新鮮な光のイメージをプラス。「あらた」の音には開放感と華やかさ、万能感が。

男の子
- 新 あきら
- 新浪 あらは
- 維新 いしん
- 空新 くうしん
- 新波 しんば
- 新弥 しんや
- 新哉 しんや
- 新羅 しんら
- 達新 たつよし
- 智新 ちしん
- 朋新 ともちか
- 新琉 にいる
- 新芽 はじめ
- 新都 わかと
- 新之介 しんのすけ

女の子
- 新 あらた
- 新瞳 しんめ
- 新菜 にいな
- 真新 まちか
- 新葉 わかば

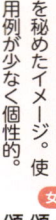

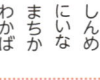

瑞

ズイ　みず
名 たま

めでたい玉を表し、めでたい、めでたいしるしの意味。みずみずしいの意味もある。幸運に恵まれるように。

ヒント 「みず」の音には、充実感、重厚感がある。「たま」と読むと、人間性豊かで優しく、たくましい名前に。

男の子

瑞貴	たまき
瑞生	みずき
瑞音	みずと
瑞穂	みずほ
瑞吏	みずり

女の子

瑞禾	たまか
瑞夏	たまな
瑞姫	みずき
瑞帆	みずほ
亜瑞渚	あずさ

嵩

スウ　かさ
名 たか
たかし　たけ

「山」＋「高い」で、高い、かさむの意味。また、中国の名山、嵩山《すうざん》。グループの中心になる人に。

ヒント 信頼感があり、リーダーの器《うつわ》の「たか」「たけ」の音で。1字名にも。「高」と間違えないよう要注意。

男の子

嵩	たかし
嵩貴	たかき
嵩志	たけし
秀嵩	ひでたけ
允嵩	みつたか

女の子

嵩那	たかな
嵩祢	たかね
嵩穂	たかほ
嵩美	たけみ
心嵩	みかさ

数

スウ　ス
かず
かぞえる
名 のり
ひら　や

責めるの意味から、数、数えるの意味になった。運命、筋道などの意味もある。神秘的な印象もある字。

ヒント たくましく、頼れるリーダーのイメージの「かず」の音。「二」や「和」より使用例が少なく新鮮。

男の子

篤数	あつひら
数希	かずき
数典	かずのり
数馬	かずま
朔数	もとや

女の子

数沙	かずさ
数帆	かずほ
数寿	すず
美数	みのり
愛数未	あすみ

聖

セイ
名 あき
あきら
きよし　さと
たかし　とし
ひじり　まさ

神の声を聞くことのできる人をいい、聖人、知恵に優れた人を表す。賢い、清らかの意味も。賢く清廉な人に。

ヒント 透明な光を思わせる「せい」の音のほか、明るい「あき」、さわやかな「まさ」の音などを活かして。

男の子

聖	きよし
聖良	あきら
聖雅	せいが
聖那	せな
聖孜	たかし
千聖	ちさと
聖巳	としみ
聖晶	まさあき
悠聖	ゆうせい
倖聖	ゆきまさ

女の子

聖	ひじり
聖椰	あきな
惟聖	いとし
聖羅	きよら
聖花	せいか
聖愛	せいら
聖奈	せな
聖女	まさめ
魅聖	みさと
聖志留	せしる

勢

セイ
いきおい
名 せ　なり

勢い、活動する力の意味を表す。また、ありさま、成り行きの意味もある。活発で元気のいい子になるように。

ヒント 「せい」の音は、清々《すがすが》しく透明感あふれる印象。気品と知性をもつ「せ」の音で万葉仮名風にも。

男の子

逸勢	いっせい
勢冴	せいご
勢矢	せいや
勢名	せな
行勢	ゆきなり

女の子

伊勢	いせ
勢南	せいな
七勢	ななせ
勢津子	せつこ
知杜勢	ちとせ

column

すっきり、きぜんとした名前

横画や縦画などの直線が多い字は、凜《りん》とした印象や、清廉で折り目正しい印象をかもし出します。強くまっすぐ生きていくよう、願いをこめて。

漢字の例

臨[18] 曜[18] 龍[16] 聞[14] 博[12] 童[12] 皐[11] 堂[11] 剛[10] 重[9] 門[8] 昌[8] 臣[7] 圭[6] 由[5] 世[5] 可[5] 士[3]

轟[21] 藍[18] 瞳[17] 輔[14] 聖[13] 晴[12] 皓[12] 理[11] 隼[10] 高[10] 皇[9] 直[8] 旺[8] 吾[7] 匡[6] 正[5] 司[5] 王[4]

男の子の名前

圭輔	けいすけ
皇世	こうせい
理司	さとし
士聞	しもん
聖吾	せいご
高皓	たかひろ
直門	なおと
博王	ひろき
昌臣	まさおみ

女の子の名前

皓	ひろ
藍里	あいり
匡可	きょうか
圭子	けいこ
早旺	さお
皐世	さよ
瞳王	ひとみ
由暉	ゆき
理重	りえ

誠

セイ　まこと
名 あきら　さと　たかし　とも　まさ　み

神に誓うときの心をいい、まこと、真心、まことにするなどの意味を表す。誠実な人になることを願って。

ヒント 定番の字。やすらぎと強いパワーを感じさせる「まこと」の音で1字名に。「まさ」や「せい」の音でも。

男の子

誠	まこと
誠來	あきら
一誠	いっせい
煌誠	こうせい
誠意	せいい
誠斗	せいと
泰誠	たいせい
誠資	たかし
誠吏	ともり
秀誠	ひでみ
誠志	まさし
茉誠	まさと
誠実	まさみ
泰誠	やすまさ
悠誠	ゆうせい

女の子

誠美	さとみ
誠夏	せいか
誠奈	せいな
真誠	まさみ
真誠子	まみこ

靖

セイ　やすい
名 おさむ　きよし　しず　のぶ　やす　やすし

儀礼の場を清めることで、やすらかにする、静かの意味に使う。平安な人生をおくれることを願って。

ヒント 清潔な癒《いや》しに満ちた「やす」の音がよく使われる。はつらつとした「やすし」の音で男の子の1字名に。

男の子

靖	やすし
靖夢	おさむ
靖詞	きよし
靖仁	のぶひと
靖史郎	せいしろう

女の子

靖羽	しずは
志靖	しのぶ
靖愛	せいら
靖和	やすな
靖葉	やすは

節

旧 節

セツ　セチ
ふし
名 たかし　たけ　のり　みさ　みね　よし

区切り、音楽の調子、時、気候の変わり目、祝日など、幅広い意味をもつ字。礼儀正しく気品のある子に。

ヒント 「せつ」の音には洗練された強い美しさがある。温かさ、豊かさ、知性のある「たかし」の音でも。

男の子

節	たかし
一節	かずのり
節彦	たかひこ
忠節	ただよし
英節	ひでたけ

女の子

瑚節	こみね
節子	せつこ
節穂	たかほ
節緒	みさお
実節	みのり

楚

ソ　いばら
名 たか

樹木のニンジンボクやイバラを表す。中国古代の国の名にも。「楚々《そそ》とした」は美しく清らかな様子。

ヒント 優しくすべてを包みこむ「そ」の音で。やる気と思いやりで頂点を極《きわ》める「たか」の音で男の子にも。

男の子

楚羽	そう
楚空	そら
楚志	たかし
楚人	たかと
史楚	ふみたか

女の子

楚葉	たかは
楚歩	たかほ
楚実	たかみ
楚乃香	そのか
水楚乃	みその

想

ソウ　ソ
おもう

思う、思いめぐらす、推し量る、思いやる、思い、イメージなどの意味。想像力豊かな、思いやりのある子に。

ヒント 「そう」の音で、潔く、颯爽《さっそう》とした印象をプラス。「そ」の音で先頭字に使っても。

男の子

想介	そうすけ
想人	そうと
想真	そうま
想瑠	そうる
想空	そら

女の子

想心	そうみ
想奈	そな
想乃	その
想愛	そら
想代風	そよか

蒼

ソウ　あおい
名 しげる　ひろ

草の青い色をいい、青、青いの意味に使う。また、青く茂る様子を表す。すくすく育つことを願って。

ヒント 「そう」の音で男の子に人気。清涼感とパワーをあわせもつ印象に。「あお」の音は、友に恵まれる印象。

男の子

蒼	しげる
蒼生	あおい
蒼惟	あおい
蒼空	あおぞら
蒼貴	そうき
蒼心	そうしん
蒼太	そうた
蒼真	そうま
天蒼	たかひろ
茉蒼	まひろ

女の子

蒼	あおい
蒼衣	あおい
蒼葉	あおば
蒼菜	そうな
知蒼	ちひろ
乃蒼	のあ
蒼希	ひろき
蒼子	ひろこ
真蒼	まひろ
心蒼	みそう

滝

旧 瀧

たき
名 たけし　よし　ろう

雨が降りこめる様子を表し、滝、急流の意味を表す。潤すの意味も。清涼感を感じさせ、癒《いや》しにつながる字。

ヒント 「たき」の音はきりっと潔く、輝きのある印象。信頼感のある「たけし」の音で男の子の1字名にも。

男の子

滝	たけし
滝路	たきじ
滝登	たきと
滝史	たけし
丈滝	たけろう

女の子

滝	たき
滝乃	たきの
滝帆	たきほ
滝夏	よしか
滝楽	ろうら

暖

ダン　あたたかい
名 あつ　のん　はる　やす

暖かい、暖めるのほか、愛情が深い、また経済状態がいい意味にも使う。愛情にも金銭にも恵まれるように。

ヒント 朗《ほが》らかで温かい「はる」の音は男女ともに人気。「のん」の音で止め字にすると自由で楽しそうな印象。

男の子
- 暖　だん
- 暖史　あつし
- 暖来　だんく
- 朋暖　ともやす
- 暖人　はると

女の子
- 暖心　あつみ
- 可暖　かのん
- 千暖　ちはる
- 暖花　はるか
- 茉暖　まのん

馳

チ　はせる
名 とし　はやし

もとは馬が速く走ることで、はせる、速く走るの意味を表す。心をはせる意味も。行動的な子になるように。

ヒント パワフルでキュートな「ち」の音で。信頼感あふれる「とし」、温かい息《い》吹《ぶき》のような「はや」の音でも。

男の子
- 馳　はやし
- 大馳　だいち
- 馳矢　としや
- 馳登　はやと
- 悠馳　はるとし

女の子
- 馳草　ちぐさ
- 馳沙　ちさ
- 馳那　ちな
- 馳埜　ちの
- 万馳　まち

跳

チョウ　はねる　とぶ

躍り上がるように激しく飛ぶことをいい、跳ぶ、跳ねる、飛び上がる、躍るの意味。活発な子になるように。

ヒント 躍動感あふれるイメージ。しっかりとした包容力を感じさせる「と」の音で止め字にすると使いやすい。

男の子
- 天跳　あまと
- 尭跳　たかと
- 跳人　はねと
- 陽跳　はると
- 悠跳　ゆうと

女の子
- 小跳　こはね
- 早跳　さと
- 跳菜　はな
- 美跳　みはね
- 夢跳　ゆと

椿

チン　つばき

チャンという樹木。日本では「春」の「木」から、ツバキを表す。椿油は有用。花も実もある人になるように。

ヒント 「つばき」と読むと、あでやかな印象の名前に。パワフルでキュートな「ち」の音で先頭字にしても。

男の子
- 椿央　ちひろ
- 椿樹　つばき
- 椿瑳　つばさ
- 椿琉　つばる
- 真椿　まつば

女の子
- 椿　つばき
- 椿乃　ちの
- 椿芳　ちほ
- 椿姫　つばき
- 実椿　みつば

禎

テイ
名 さだ　さち　ただ　ただし　つぐ　とも　よし
旧 禎

めでたいしるし、幸いの意味を表す。また、正しい、よいなどの意味もある。幸福な人生を願って。

ヒント 裏表がなく一《いち》途《ず》な「さだ」、清潔な癒《いや》しに満ちた「よし」の音で。「ただし」と読んで1字名にも。

男の子
- 禎　ただし
- 一禎　かずよし
- 禎倫　さだみち
- 禎希　ともき
- 憲禎　のりただ

女の子
- 禎　さだ
- 禎子　さちこ
- 禎寧　つぐね
- 禎実　ともみ
- 禎夏　よしか

鉄

テツ
名 かね　きみ　とし

くろがね、鉄の意味を表す。また、かたい、強いの意味もある。強い意志をもった人になることを願って。

ヒント 「てつ」の音で、男の子の先頭字に。「てつ」の音には、着実に手堅く積み上げていくイメージがある。

男の子
- 一鉄　いってつ
- 鉄仁　きみと
- 鉄慈　てつじ
- 鉄人　てつと
- 鉄平　てっぺい
- 鉄矢　てつや
- 鉄郎　てつろう
- 信鉄　のぶとし
- 義鉄　よしかね
- 鉄之進　てつのしん

楠

ナン　ダン　くすのき
名 くす

クスノキ科の常緑高木の総称。南方産。くすのきは堅くしっかりした材。木肌の細かい文様と独特の香りが特徴。

ヒント 「なん」の音で、心地よい親密感があって快活なイメージをプラスして。使用例が少なく、新鮮。

男の子
- 楠木　くすき
- 琥楠　こなん
- 楠綸　ないと
- 真楠　まくす
- 茂楠　もだん

女の子
- 杏楠　あんな
- 楠葉　くすは
- 心楠　ここな
- 千楠　ちな
- 新楠　にいな

稔

ネン　みのる
名 とし　なり　なる　のり　ゆたか

穀物が実る意味を表す。積もる、重なる、年の意味もある。物心ともに豊かな生活をおくれることを願って。

ヒント 1字名「みのる」は、豊かで懐かしく、粘り強い印象。「ねん」「とし」の音でもよく使われる。

男の子
- 稔　みのる
- 知稔　とものり
- 稔慈　ねんじ
- 真稔　まさとし
- 稔加　ゆたか

女の子
- 歌稔　かなり
- 稔恵　としえ
- 稔実　なるみ
- 稔花　のりか
- 美稔　みのり

稟

ヒン　リン　うける

穀物倉に穀物があることをいい、受ける、授《さず》かるの意味。また、生まれながらの性格の意味もある。幸運を願って。

ヒント 「りん」の音は、かわいさの中に、だれにもおもねらない自立した潔さを感じさせる。

男の子
- 稟　りん
- 康稟　こうりん
- 稟杜　りんと
- 稟哉　りんや
- 稟多郎　りんたろう

女の子
- 笑稟　えりん
- 花稟　かりん
- 万稟　まりん
- 稟聖　りせ
- 稟々奈　りりな

楓

フウ　かえで
名 か

オカツラという樹木。日本では紅葉の美しいカエデを指す。カナダの国旗にも登場。のびのびと育つように。

ヒント 「かえで」の音は、クールでしっかり者の印象。「ふう」と読むと、ふんわり感で人を癒《いや》す名前に。

男の子

楓雅	ふうが
楓太	ふうた
楓人	ふうと
楓馬	ふうま
涼楓	りょうか

女の子

楓	かえで
愛楓	あいか
楓葉	かえは
和楓	のどか
楓歌	ふうか
楓子	ふうこ
楓紗	ふうしゃ
楓菜	ふうな
楓鈴	ふうりん
町楓	まちか
美楓	みふう
萌楓	もえか
結楓	ゆうか
凛楓	りんか
瑠楓	るか

福

フク
名 さき　さち　とし　とみ　ね　もと　よ　よし

旧 福

神に酒樽を供え、幸福を祈ることをいい、幸い、天の助けの意味に使う。多くの幸運に恵まれることを願って。

ヒント 幸福な人生を歩むことを祈って使いたい字。「ふく」と読むと、豊かなものを内にもつ印象の名前に。

男の子

福弥	さちや
福希	としき
福人	ふくと
万福	まさき
福伸	よしのぶ

女の子

千福	ちさち
福椛	とみか
舞福	まいね
実福	みさき
福恵	もとえ

豊

ホウ　ゆたか
名 て　と　とよ　ひろ　ぶん　みのる　よし

もとの字は「豐」。高《たか》杯《つき》に多くの供物を盛る形から、豊か、多いの意味になった。物心ともに豊かなように。

ヒント 「ゆたか」と読むと、やわらかな雰囲気と芯の強さをもつ名前に。名乗りを活かして先頭字にも。

男の子

豊	ゆたか
豊尚	とよひさ
颯豊	はやて
豊希	ひろき
豊冴	ぶんご

女の子

豊花	とよか
豊海	とよみ
茉豊	まひろ
豊里	みのり
豊乃	よしの

睦

ボク　むつむ
名 あつし　ちか　とも　のぶ　まこと　む　むつ　よし

なごやかな目で人を見ることをいい、仲よくするの意味。うやうやしい、手厚いの意味もある。社交的な人に。

ヒント 愛情に満ち、秘めた力を感じさせる「むつ」の音。「あつし」「まこと」の音で1字名にも。

男の子

睦	あつし
歩睦	あゆむ
睦臣	ともおみ
睦生	むつき
康睦	やすのぶ

女の子

睦	まこと
愛睦	あむ
早睦	さちか
睦美	むつみ
睦羽	よしは

椰

ヤ　やし

樹木のヤシを表す。南国を象徴する木で、実はさまざまに利用される。トロピカルなイメージ。情熱的な人に。

ヒント 「や」の音で止め字や万葉仮名風に。「や」の音を使うと、親切で清潔感にあふれる名前に。

男の子

海椰	かいや
凱椰	がいや
風椰	ふうや
椰樹	やしき
渚椰人	さやと

女の子

夏椰	かや
咲椰	さや
椰矢	やや
花椰乃	かやの
美椰子	みやこ

夢

ム　ゆめ

夢、夢を見るなどの意味を表す。はかないこと、幻の意味もある。ロマンチックでよき未来を感じさせる字。

ヒント 「ゆめ」と読むと、さらに人に夢と癒《いや》しを与える名前に。思慮深く信頼感にあふれる「む」の音でも。

男の子

歩夢	あゆむ
叶夢	かなむ
采夢	とむ
望夢	のぞむ
大夢	ひろむ
拓夢	ひろむ
夢牙	むが
夢絃	むげん
夢汰	ゆめた
夢人	ゆめと

女の子

希夢	のぞむ
茉夢	まゆ
未夢	みむ
美夢	みむ
結夢	ゆめ
夢叶	ゆめか
夢乃	ゆめの
夢実	ゆめみ
夢結	ゆゆ
蕾夢	らいむ

楢

ユウ　なら
名 しゅ　しゅう　ゆ

樹木のナラを表す。どんぐりのなる木で、材は器具に、樹皮は染料に使用される。懐かしいイメージの字。

ヒント 俊敏《しゅんびん》さと落ち着きの共存する「しゅう」、やわらぎと優しさにあふれる人気の「ゆう」の音で。

男の子

楢	しゅう
楢介	しゅうすけ
楢登	ならと
楢樹	ゆうき
楢児	ゆうじ

女の子

沙楢	さゆ
楢果	しゅうか
楢奈	ゆうな
楢葉	ゆうは
楢実	ゆみ

誉

ヨ ほまれ
名 しげ たかし のり もと やす よし

みんなでほめることをいい、ほめる、たたえる、ほまれなどの意味になる。名誉ある人生をおくることを願って。

ヒント 懐《ふところ》が深い学者肌の「よ」の音で、万葉仮名風に。「ほまれ」「たかし」と読んで、1字名にしても。

男の子

誉	ほまれ
誉成	しげなり
誉志	たかし
誉己	よしき
貴誉司	きよし

女の子

万誉	まよ
心誉	みのり
誉保	もとほ
誉佳	やすか
希誉花	きよか

楊

ヨウ やなぎ
名 やす

樹木のヤナギの仲間。ヤナギを楊《よう》柳《りゅう》ともいい、悪霊をはらう力があるという。しなやかな人に。

ヒント 「よう」と読むと、のびのびとした印象に。「やす」の音は初夏の光のような清潔な癒《いや》しを感じさせる。

男の子

昂楊	こうよう
智楊	ともやす
楊紀	やすき
楊埜	やすや
楊介	ようすけ

女の子

楊	やなぎ
美楊	みよう
楊夏	やすか
楊葉	やすは
楊子	ようこ

蓉

ヨウ
名 はす よ

フヨウ（芙蓉）は観賞用の樹木。また、ハスの意味も。「芙蓉の顔《かんばせ》」は美しい顔のこと。

ヒント おおらかで思いやりあふれる印象の「よう」の音。「はす」と読むと、はかなく、幻想的な印象の名前に。

男の子

泰蓉	たいよう
蓉暉	はすき
蓉一	よういち
蓉輔	ようすけ
蓉平	ようへい

女の子

花蓉	かよ
蓉奈	はすな
蓉実	はすみ
愛蓉	まなよ
蓉子	ようこ

瑶

ヨウ たま

玉、美しい玉をいい、玉のように美しい様子も表す。音も字形も優美で、美少女、美少年にぴったりの字。

ヒント 「よう」の音でのびのびとした印象をプラス。「たま」と読むと、優しく人間性豊かな名前に。

男の子

瑶惟	たまい
董瑶	とうよう
瑶瑛	ようえい
瑶祐	ようすけ
瑶太	ようた

女の子

佳瑶	かよ
瑶姫	たまき
瑶奈	たまな
瑶子	ようこ
瑶菜	ような

雷

ライ かみなり
名 あずま いかずち

かみなり、いかずちの意味を表す。また、かみなりのような大声、激しさ、速さをいう。情熱的な人に。

ヒント 「らい」の音が使いやすい。元気はつらつとしていて躍動感があり、華やかな印象の名前に。

男の子

雷	らい
雷真	あずま
武雷	ぶらい
未雷	みらい
雷夏	らいか
雷太	らいた
雷斗	らいと
雷音	らいと
雷堂	らいどう
雷武	らいむ

稜

リョウ かど
名 いず いつ たか ろう

かどのあるもののことをいい、かど、すみの意味に使う。権勢、威光などの意味もある。毅然とした人に。

ヒント 「りょう」の音は、気品があり、賢く華やかな印象。「陵」「凌」と間違われやすいので注意。

男の子

稜	りょう
稜瑠	いずる
威稜	たけろう
光稜	みつたか
稜雅	りょうが

女の子

稜美	いずみ
稜加	いつか
稜奈	りょうな
稜波	りょうは
稜空	ろうら

鈴

レイ リン
すず

鈴の意味を表し、鈴の鳴る音の形容にも使う。呼び鈴、ベルの意味もある。心の優しい人になるように。

ヒント 甘え上手で出世する「すず」、視野が広く冷静な「れい」、透明感のある「りん」、どの音も使いやすい。

男の子

鈴哉	すずや
真鈴	まりん
鈴次	れいじ
鈴杜	れいと
鈴暖	れのん

女の子

華鈴	かりん
鈴音	すずね
鈴蘭	すずらん
美鈴	みすず
鈴紗	れいさ

零

レイ

雨が静かに降ることをいい、落ちる、ごくわずか、ゼロの意味にも使う。無限の可能性を秘めた人に。

ヒント 「れい」の音は、つつしみ深く、華やかさと知性を兼ねそなえた印象。「澪」と間違えないように。

男の子

零	れい
零貴	れいき
零汰	れいた
零都	れいと
零埜	れいや

女の子

真零	まれい
未零	みれい
零那	れいな
零來	れいら
零美	れみ

廉

レン
名 おさ きよ きよし すが すなお ただし やす ゆき

いさぎよい、欲やけがれがないのほかに、見《み》極《きわ》めるの意味もある。また、無欲の意味も。清潔感のある字。

ヒント 格調高く理知的な「れん」の音を活かして。「きよし」「すなお」「ただし」の音で1字名にも。

男の子

廉	すなお
廉武	おさむ
廉登	きよと
廉資	ただし
廉士	れんし

女の子

歌廉	かすが
花廉	かれん
廉乙	すなお
廉杷	やすは
廉奈	ゆきな

蓮

レン　はす

水草のハスの実のこと。ハスは極楽浄土に咲く花で、楚々《そそ》とした美しさのたとえにもなる。

ヒント「れん」の音で特に男の子に人気の高い字。「れん」の音は、格調高く、理知的でパワフル。

男の子

蓮	れん
亜蓮	あれん
蓮珂	はすか
蓮埜	はすや
蓮央	れお
蓮詞	れんし
蓮智	れんじ
蓮人	れんと
蓮斗	れんと
蓮太郎	れんたろう

女の子

花蓮	かれん
蓮音	はすね
蓮実	はすみ
蓮澄	はすみ
茉蓮	まれん
蓮乃	れの
蓮美	れみ
蓮夏	れんか
蓮華	れんげ
蓮子	れんこ

路

ロ　じ
名　のり　みち　ゆく

神が天からくだる道を表し、道の意味に使う。筋道、大切な地位、旅などの意味も。着実に人生を歩むように。

ヒント 可憐《かれん》なのに落ち着いた「ろ」、品のよい印象の「じ」、満ち足りて生命力あふれる「みち」の音などで。

男の子

空路	あゆく
一路	いちろ
聖路	せいじ
真路	まさみち
路葦	ろい

女の子

心路	こころ
陽路	ひろ
路花	みちか
美路	みのり
雪路	ゆきじ

column

表示しやすい漢字、表示しにくい漢字

漢字にも JIS 規格がある

2004年に実施された人名用漢字の改定により、現代の名づけでは多くの旧字も使うことができます(→P534〜535)。しかし、日常生活では注意が必要です。

パソコン、スマホなどの電子機器での漢字の扱いは、JIS 規格で定められています。JIS 漢字は第1水準から第4水準に分かれていて、常用漢字をはじめ、日常よく使われる字は第1水準に含まれます。

一方、人名用漢字には第2水準以下の漢字も含まれています。2点しんにょう(⻍)や、旧字体のしめすへん(⺭)などを使った字は、画面に正確な字形が表示されないこともあります。

表示のしやすさも考えて

最近の電子機器では、人名に使えるほとんどの漢字が表示しやすくなりました。しかし、学校や病院などでは、最新の IT 環境が整っていないこともあります。名前の漢字が正確に表示されない可能性があるのです。

名前に旧字や難しい漢字を使いたいときは、さまざまな環境で複数の電子機器に入力してみるなど、表示されやすいかどうかを確認してから決めましょう。

表示しにくい漢字の例

禰[19]　薰[17]　鞘[16]　漣[14]　榊[14]　琢[12]　葛[12]　萊[11]　梅[11]　迦[9]

鷗[22]　繡[18]　徽[17]　樋[15]　蔣[14]　楢[13]　曾[12]　逸[12]　逢[11]　祇[9]

14画

斡

アツ

めぐる、回るなどの意味を表す。また、つかさどるの意味もある。運命を感じさせる字。多くの幸運を願って。

ヒント 「あつ」の音は、自然体で包容力を感じさせる。使用例が少ないため、新鮮な印象の名前に。

男の子

斡希 あつき
斡志 あつし
斡人 あつと
斡洋 あつひろ
信斡 のぶあつ

女の子

斡胡 あつこ
斡音 あつね
斡乃 あつの
斡巴 あつは
斡美 あつみ

維

イ

名 これ しげ すみ ただ たもつ ふさ まさ ゆき

綱、筋、つなぐ、結ぶの意味。次の語を強める「これ」の意味もあり、「維新」はこの用法。友情にあつい子に。

ヒント 一途《いちず》ながんばり屋を思わせる「い」の音のほか、先頭字、止め字に使いやすい名乗りがそろう字。

男の子

維 たもつ
吾維 あすみ
維織 いおり
維新 いしん
維久 これひさ

女の子

小維 こゆき
維恵 ふさえ
維暉 まさき
毬維 まりい
由維名 ゆいな

榎

カ えのき

名 え

樹木のエノキ。初夏に薄い黄色の花が咲き、材は器具や薪《たきぎ》に使う。のびのびと育つことを願って。

ヒント クールでかっこいい「か」の音や、懐《ふところ》の深い人を思わせる「え」の音で、万葉仮名風に。

男の子

榎門 えもん
榎月 かづき
榎暖 かのん
友榎 ともえ
榎寿斗 かずと

女の子

榎里 えり
榎奈 かな
智榎 ちえ
結榎 ゆか
萌々榎 ももか

嘉

カ よい

名 ひろ よし よしみ

豊作を祈る農耕儀礼をいい、よい、ほめる意味を表す。めでたい、喜ぶの意味もある。喜びの多い人生を願って。

ヒント 「よし」の音は温かくさわやかな癒《いや》しを感じさせる。「か」の音でも。「喜」と間違えないよう注意。

男の子

嘉以 かい
真嘉 まひろ
泰嘉 やすひろ
嘉紀 よしき
嘉巳 よしみ

女の子

嘉那 かな
嘉恋 かれん
稟嘉 りんか
留嘉 るか
嘉央里 かおり

歌

カ うた

神に祈る声の調子をいい、歌う、歌の意味に使う。和歌を指すこともある。音楽や文学を愛する人に。

ヒント 「か」の音はクールなリーダーのイメージ。「うた」の音を活かすと、自然体で大舞台に立ち活躍する人に。

男の子

一歌 いちか
歌丸 うたまる
歌伊 かい
歌佑 かすけ
歌門 かもん

女の子

歌 うた
歌華 うたか
歌織 かおり
晴歌 はるか
和歌 わか

樺

カ かば

名 から かんば

樹木のカバ、カンバを表す。樹皮の白いものがシラカバで、さわやかな高原のイメージがある。

ヒント 「か」の音で万葉仮名風にすると使いやすい。フットワークが軽く、快活な印象の名前に。

男の子

樺道 かどう
多樺 たから
智樺 ちから
遥樺 はるか
樺寿生 かずき

女の子

樺純 かすみ
樺埜 かの
樺林 かりん
由樺 ゆか
和樺 わかば

魁

カイ さきがけ

名 いさお いさむ さき つとむ はじめ やす

大きなひしゃくのことをいい、優れるの意味に使う。かしら、さきがけ（真っ先）の意味もある。積極的な人に。

ヒント 「かい」の音は、好奇心にあふれる、りりしい知性派の印象。「いさお」などの音で1字名にも。

男の子

魁 いさお
魁武 いさむ
魁偉 かい
魁人 かいと
魁也 かいや
魁来 かいら
魁夢 つとむ
魁芽 はじめ
真魁 まさき
道魁 みちやす

旗

キ はた

名 たか

四角の形の軍旗をいい、旗の意味を表す。特に大将の立てる旗を指すこともある。人の上に立つ人に。

ヒント 「き」の音で生命力と個性を、「たか」の音で信頼感にあふれるリーダーの印象をさらにプラス。

男の子

旗一 きいち
旗志 たかし
旗埜 はたの
真旗 まさき
悠旗 ゆうき

女の子

旗帆 きほ
紗旗 さき
万旗 まき
亜旗子 あきこ
実優旗 みゆき

箕

キ　み

穀物を振ってごみを飛ばす農具の箕を表す。また、星の箕宿《みぼし》を表す。審美眼のある人になるように。

ヒント　生命力にあふれ、突出した個性を感じさせる「き」、みずみずしくフレッシュな「み」の音で。

男の子
箕良　きら
星箕　せいき
箕月　みつき
箕頼　みらい
泰箕　やすき

女の子
梓箕　あずみ
箕沙　きさ
美箕　みき
箕来　みく
箕々花　みみか

綺

キ　あや
名 はた

綾絹《あやぎぬ》、模様、光、美しい、きらびやかの意味。綺麗、綺羅星などのことばもある。美少女、美少年にぴったり。

ヒント　個性的で人目をひく「き」の音で。「あや」の音を使うと、無邪気でミステリアス、かつ大胆な印象に。

男の子
綺人　あやと
蒼綺　そうき
綺暉　はたき
昌綺　まさき
悠綺　ゆうき

女の子
綺　あや
宇綺　うき
彩綺　さき
優綺　ゆき
綺来々　きらら

銀

ギン
名 かね　しろがね

金属の銀のこと。また、銀色、銀のように白くて美しいものの意味もある。高貴で落ち着いた魅力のある人に。

ヒント　「ぎん」の音は、機転のきく華やかな人の印象。「かね」と読むと、愛嬌《あいきょう》たっぷりのがんばり屋の印象に。

男の子
銀斗　かねと
銀河　ぎんが
銀治　ぎんじ
銀太　ぎんた
汰銀　たかね

女の子
空銀　あかね
彩銀　あやか
銀杏　いちょう
銀珠　かねみ
銀花　ぎんか

駆

ク　かける

旧 駈 (→P374)

駆る、駆り立てる、速く走る、追う、追い払うなどの意味がある。アスリートにぴったりの字。

ヒント　「く」の音はキュートでミステリアス。優れた洞察力、集中力のある「かける」の音でも。

男の子
駆　かける
駆遠　くおん
駆堂　くどう
遥駆　はるく
力駆　りく

女の子
娃駆　あいく
駆那　かな
駆未　くみ
伊駆子　いくこ
駆楽々　くらら

綱

コウ　つな
名 つね

綱、まとめるの意味を表す。また、基本となる決まり、物事の大筋の意味もある。家族や友人を大切にする人に。

ヒント　「こう」の音は知的で繊細《せんさい》な愛らしさを感じさせる。「つな」と読むと、華があって、優しい印象に。

男の子
有綱　ありつね
維綱　いつね
綱己　こうき
綱紀　こうき
綱亮　こうすけ
綱生　こうせい
綱太　こうた
綱倭　こうわ
智綱　ともつな
頼綱　よりつな

豪

ゴウ
名 かた　かつ　すぐる　たけ　たけし　つよし　とし　ひで

毛深くて強い獣を表し、強い、優れている、すごいの意味を表す。金持ちの意味も。人生での成功を願って。

ヒント　「ごう」の音は、圧倒的に強く、偉大な印象。「ごう」「たけし」「つよし」の読みで1字名にも。

男の子
豪　ごう
豪琉　すぐる
大豪　だいごう
豪士　たけし
豪司　つよし
直豪　なおかた
豪道　ひでみち
将豪　まさかつ
優豪　まさとし
勇豪　ゆうごう

瑳

サ　みがく
名 てる　よし

玉の色の白く鮮やかな美しさをいい、鮮やか、磨くの意味。愛らしく笑う様子の意味も。輝く未来を願って。

ヒント　颯爽《さっそう》としていて人の上に立つ風格をもつ「さ」の音で。「てる」の音は成熟した技をもつ職人の印象に。

男の子
晶瑳　あきてる
瑳介　さすけ
瑳俊　さとし
瑳平　よしひら
真瑳輝　まさき

女の子
瑳衣　さえ
瑳希　さき
瑳成　さなり
瑳帆　さほ
万亜瑳　まあさ

榊

さかき

日本でつくられた字で、神の宿る木とされるサカキを表す。枝や葉を神前に供える。神秘的なイメージの字。

ヒント　「さ」の音を活かして、万葉仮名風にすると使いやすい。颯爽としたリーダーの風格がプラスされる。

男の子
榊己　さかき
榊至　さかし
榊亮　さすけ
榊月　さつき
榊利　さとし

女の子
榊　さかき
榊枝　さえ
榊希　さかき
榊姫　さかき
榊魅　さみ

颯

サッ
名 そう はや はやて

「風」＋「立」で、風の吹く音を表す。はやて、疾風の意味も。颯爽と活躍する人に。

ヒント ここ数年人気の字。「そう」は透明な光の、「はや」は温かな息吹《いぶき》の、「さつ」は静かな闘志の印象のある音。

男の子
- 颯 そう
- 一颯 かずさ
- 颯矢 さつや
- 颯太 そうた
- 颯琉 そうる
- 千颯 ちはや
- 颯汰 はやた
- 颯定 はやて
- 颯斗 はやと
- 颯一郎 そういちろう

女の子
- 颯紀 さき
- 颯希 さつき
- 颯子 さつこ
- 颯耶 さや
- 颯花 そうか
- 颯來 そうら
- 颯奈 そな
- 千颯 ちさ
- 颯美 はやみ
- 颯乃花 そのか

爾

ジ なんじ のみ
名 しか ちか に みつる

もとは美しいの意味。漢文では、なんじ、のみ、しかりなどの意味に使われる。格調高い印象の字。

ヒント 育ちのよさを感じさせる「じ」の音で、止め字に。「に」の音で万葉仮名風に使っても。

男の子
- 爾 みつる
- 莞爾 かんじ
- 聖爾 せいじ
- 悠爾 ゆうじ
- 凌爾 りょうじ

女の子
- 爾乃 ちかの
- 弐爾 にしか
- 真爾 まちか
- 爾瑠 みつる
- 久爾子 くにこ

種

シュ たね
名 おさ かず くさ しげ ふさ み

もとはおくてのイネの意味で、たねを表す。物事のもと、種類、仲間などの意味も。人の輪をつくるような人に。

ヒント さわやかな風と光のような印象の「しゅ」の読みで使うと新鮮。「くさ」や「み」の名乗りでも。

男の子
- 種実 おさみ
- 種也 かずなり
- 種杜 しげと
- 菜種 なたね
- 種貴 ふさき

女の子
- 宇種 うたね
- 咲種 えみ
- 胡種 こたね
- 種莉 しゅり
- 千種 ちぐさ

竪

ジュ たて
名 ただし たつ なお

神に仕える「しもべ」がもとの意味。立つ、たての意味に使われる。独立心の強い子になることを願って。

ヒント 使用例は少ないが、「じゅ」「ただし」など、読みは名前に使いやすい。「堅」と間違えないように。

男の子
- 竪 ただし
- 竪良 じゅら
- 竪己 たつき
- 竪紀 たつのり
- 竪人 なおと

女の子
- 杏竪 あんじゅ
- 咲竪 さなお
- 竪莉 じゅり
- 竪奈 たてな
- 竪利亜 じゅりあ

彰

ショウ
名 あき あきら あや ただ てる

「章」＋「彡」。模様や飾りをいい、明らかにする、世間に知らせるの意味に使う。ジャーナリスト向きの字。

ヒント ソフトで深い光を感じさせる「しょう」、明るく温かく、包容力のある「あき」の音がよく使われる。

男の子
- 彰 しょう
- 彰人 あきと
- 彰良 あきら
- 暢彰 のぶただ
- 宏彰 ひろあき

女の子
- 彰 あや
- 彰華 あやか
- 小彰 こてる
- 彰那 しょうな
- 知彰 ちあき

緒

ショ チョ お
名 つぐ
旧 緖

結びとめた糸の端をいい、物事のはじまり、糸口の意味。情緒など心の状態も表す。優しい人になるように。

ヒント 女の子によく使われるが、男の子にも。「お」の音は、おおらかで包容力があり、人の上に立つ印象に。

男の子
- 緒生 しょう
- 正緒 まさつぐ
- 港緒 みなお
- 吏緒 りお
- 那緒斗 なおと

女の子
- 伊緒 いお
- 緒采 おと
- 歌緒 かお
- 玉緒 たまお
- 緒実 つぐみ
- 奈緒 なお
- 花緒 はなお
- 雛緒 ひなお
- 穂緒 ほつぐ
- 麻緒 まお
- 美緒 みお
- 璃緒 りお
- 紗那緒 さなお
- 志緒里 しおり
- 菜々緒 ななお

榛

シン はしばみ はんのき
名 はり はる

樹木のハシバミをいう。茂るの意味もある。日本では、樹木のハリ、ハンノキを表す。果実を染料に使った。

ヒント 生まれたての光のような「しん」、朗《ほが》らかで温かい「はる」の音を活かすと使いやすい。

男の子
- 榛吾 しんご
- 榛平 しんぺい
- 榛真 はりま
- 榛生 はるき
- 榛登 はると

女の子
- 榛李 しんり
- 千榛 ちはる
- 榛加 はるか
- 榛名 はるな
- 榛実 はるみ

翠

スイ
かわせみ
みどり
名 あきら

鳥のカワセミをいう。水辺にすみ、魚を捕る鳥。羽の色が美しく、みどりの意味も。字形が美しい字。

ヒント 充実感と重量感、華やかさのある「みどり」の音で1字名に。「あき」と読むと元気はつらつな印象に。

男の子
- 翠 あきら
- 翠翔 あきと
- 一翠 いっすい
- 晶翠 まさあき
- 翠理 みどり

女の子
- 翠 みどり
- 翠夢 すいむ
- 翠蓮 すいれん
- 千翠 ちあき
- 妃翠 ひすい

誓

セイ ちかう
名 ちか

神に誓う意味から、誓う、誓いの意味を表す。また、つつしむの意味にも使う。誠実な人になるように。

ヒント 「せい」の音は、朝露のように清々《すがすが》しい。「ちか」と読むと、やんちゃで無邪気な印象の名前に。

男の子
- 空誓 あせい
- 一誓 いっせい
- 誓哉 せいや
- 昌誓 まさちか
- 誓志朗 せいしろう

女の子
- 紗誓 さちか
- 誓良 せいら
- 真誓 まちか
- 美誓 みちか
- 誓令那 せれな

静

セイ ジョウ
しず しずか
名 きよ
ひで やす
よし
旧 靜

静か、やすらか、静まる、静めるなどの意味を表す。正しい、清いの意味も。落ち着きのある子になるように。

ヒント 男女ともに「しずか」の音で1字名に使われる。「しず」の音は物静かながら重厚感を秘めた印象。

男の子
- 静來 きよら
- 静斗 しずと
- 静雅 せいが
- 静弥 せいや
- 静帆 ひでほ

女の子
- 静 しずか
- 静久 しずく
- 静那 せいな
- 静音 やすね
- 静慧 よしえ

碩

セキ
名 おお
ひろ みち
みちる
みつる
ゆたか

大きい、優れている、立派であるなどの意味。碩学《せきがく》は偉大な学者のこと。人から尊敬される人に。

ヒント 「ひろ」の音は、包容力があり、周囲にくつろぎを与える。「みちる」などの読みで1字名にも。

男の子
- 碩 みつる
- 碩学 ひろのり
- 真碩 まひろ
- 碩貴 みちたか
- 碩禾 ゆたか

女の子
- 碩 みちる
- 碩雅 おおが
- 碩海 ひろみ
- 碩果 みちか
- 実碩 みひろ

槍

ソウ やり
名 しょう

武器の槍の意味を表す。また、槍で突く、至る、届くの意味もある。頭も感覚も鋭い子になるように。

ヒント 透き通るようなさわやかさのある「そう」、ソフトで深い光を感じさせる「しょう」の音を活かして。

男の子
- 健槍 けんしょう
- 三槍 さんしょう
- 槍冴 しょうご
- 槍佑 しょうすけ
- 槍造 しょうぞう
- 槍司 そうじ
- 槍介 そうすけ
- 槍馬 そうま
- 槍投 やりと
- 槍太郎 そうたろう

総

ソウ
名 おさ
さ のぶ
ふさ みち

ひとまとめにする、集める、しめくくる、すべてなどの意味を表す。優れたリーダーにふさわしい字。

ヒント 「そう」の音を活かすと、透明な光のようなイメージに。颯爽《さっそう》とした「さ」の音を活かしても。

男の子
- 総霧 おさむ
- 一総 かずさ
- 総俊 さとし
- 総介 そうすけ
- 洋総 ひろのぶ

女の子
- 総依 さえ
- 総杜 さと
- 総恵 ふさえ
- 総香 みちか
- 亜総子 あさこ

聡

ソウ さとい
名 あき
あきら さ
さとし
さとる と
とし のぶ

神の声をよく理解することをいい、さとい、賢いの意味になる。頭のいい子になることを願って。

ヒント 聡明《そうめい》で温かい印象の「さと」、透明感のある「そう」の音で。「さとし」などの読みで1字名にも。

男の子
- 聡 さとし
- 聡知 あきとも
- 聡人 あきひと
- 聡良 あきら
- 壱聡 いっさ
- 聡琉 さとる
- 聡吾 そうご
- 聡智 そうち
- 聡真 そうま
- 聡海 そうみ
- 英聡 ひであき
- 雅聡 まさとし
- 箕聡 みのぶ
- 悠聡 ゆうと
- 聡史郎 そうしろう

女の子
- 聡菜 あきな
- 聡美 さとみ
- 知聡 ちさ
- 実聡 みさと
- 美聡子 みさこ

漱

ソウ
くちすすぐ
名 すすぐ
そそぐ

口をすすぐ、洗うなどの意味を表す。漱石枕《そうせきちん》流《りゅう》とは、負け惜しみの強いたとえで、夏目漱《なつめそう》石《せき》の名もこれが由来。

ヒント 「そう」の音には、透明な光のような清涼感がある。「そ」の音を活かして万葉仮名風に使っても。

男の子
- 漱我 そうが
- 漱生 そうき
- 漱佑 そうすけ
- 漱石 そうせき
- 漱登 そうと

女の子
- 漱名 そな
- 漱乃 その
- 漱世 そよ
- 漱乃花 そのか
- 里漱奈 りそな

暢

チョウ のばす

名 いたる なが のぶ のぼる まさ みつ よう

伸びる、のびやか、やわらぐの意味を表す。行き渡る、広げるの意味もある。のびのびと育つことを願って。

ヒント 甘え上手で情熱的な「のぶ」や、おおらかでゆとりを感じる「よう」の音がよく使われる。

男の子
- 暢 のぼる
- 茂暢 しげのぶ
- 暢礼 ながれ
- 暢留 みつる
- 暢介 ようすけ

女の子
- 暢 いたる
- 暢佳 のぶか
- 暢実 まさみ
- 美暢 みのぶ
- 暢子 ようこ

蔦

チョウ つた

植物のツタをいう。ツタはつる性の落葉植物で、山野に自生し、秋に美しく紅葉する。強い生命力を願って。

ヒント 「つた」の音は、たゆまぬ向上心で、豊かさを手にする印象。ツタは甲子園球場のシンボルでもある。

男の子
- 亜蔦 あつた
- 颯蔦 さつた
- 蔦悟 ちょうご
- 蔦生 つたき
- 蔦也 つたなり

女の子
- 蔦 つた
- 蔦胡 ちょうこ
- 蔦枝 つたえ
- 蔦埜 つたの
- 蔦実 つたみ

肇

チョウ はじめ

名 けい こと とし なか はつ もと

扉を開いて書を見ることをいい、はじめる、はじめの意味。正しいの意味も。フロンティア精神のもち主に。

ヒント 1字名「はじめ」は、柔和《にゅうわ》なエレガントさを感じさせる。「けい」と読むと、りりしい知性派の印象に。

男の子
- 肇 はじめ
- 肇悟 けいご
- 実肇 さねとし
- 肇彦 はつひこ
- 肇一郎 けいいちろう

女の子
- 肇杜 けいと
- 肇絵 ことえ
- 肇音 はつね
- 茉肇 まなか
- 肇波 もとは

綴

テイ テツ つづる とじる

名 せつ

つづる、つなぎ合わせる、つくろう、とじるのほか、文章をつくる意味もある。文才に恵まれるように。

ヒント 着実に手堅く積み上げるイメージの「てつ」の音で。「てい」と読むと、出世が期待できる名前に。

男の子
- 綴 つづる
- 一綴 いってつ
- 功綴 こうせつ
- 秀綴 しゅうせつ
- 綴平 てっぺい

女の子
- 沙綴 さと
- 綴子 せつこ
- 綴莉 つづり
- 綴名 ていな
- 俐綴 りつ

槙

テン まき こずえ

名 しん

旧 槇

こずえ、木の頂の意味。また日本では、庭木に植えられるマキの木を表す。すくすくと育つように。

ヒント 充実感とパワフルな輝きのある「まき」の音。「しん」の音は信じた道をひた走るイメージの名前に。

男の子
- 槙駕 しんが
- 大槙 たいしん
- 槙生 てんせい
- 槙登 まきと
- 槙之介 しんのすけ

女の子
- 槙 こずえ
- 多槙 たまき
- 槙花 まきか
- 槙葉 まきは
- 箕槙 みしん

嶋

トウ しま

「島」の異体字。渡り鳥が休む海中の山を表し、島の意味になる。人にやすらぎを与えるような優しい人に。

ヒント 「しま」の音は、ソフトな快活さと優しさをもち、しなやか。使用例が少ないので、新鮮。

男の子
- 嶋我 とうが
- 嶋瑚 とうご
- 嶋海 とうみ
- 嶋埜 とうや
- 八嶋 やしま

女の子
- 嶋 しま
- 嶋乃 しまの
- 茉嶋 ましま
- 美嶋 みしま
- 沙嶋美 さとみ

徳

トク

名 あつし ただし とみ なり のり めぐむ やす よし

旧 德

人としての正しい行いを表し、正しい、よい、恵みの意味を表す。行いの正しい、立派な人になるように。

ヒント りりしくて気品があり、華やかな「のり」、利発でちゃっかりした「とく」の音などで使って。

男の子
- 徳 あつし
- 逸徳 いっとく
- 徳至 ただし
- 徳樹 やすき
- 徳仁 よしと

女の子
- 徳花 のりか
- 羽徳 はなり
- 未徳 みとみ
- 徳実 めぐみ
- 徳芳 やすは

寧

ネイ

名 さだ しず ね やす やすし

廟《びょう》の中で神に供え物をする形からできた字。やすらか、穏《おだ》やかな様子を表す。優しい人になるように。

ヒント 「ね」の音で終わると、やすらぎと温かさを感じさせる。「やす」と読むと、清潔な癒《いや》しに満ちた印象。

男の子
- 寧 やすし
- 和寧 かずね
- 寧生 しずお
- 寧琉 しずる
- 寧希 やすき

女の子
- 絢寧 あやね
- 瑚寧 こしず
- 寧姫 さだめ
- 寧香 しずか
- 寧喜 しずき
- 寧玖 しずく
- 寧帆 しずほ
- 寧梨 しずり
- 鈴寧 すずね
- 寧々 ねね
- 陽寧 はるね
- 媛寧 ひめね
- 萌寧 もね
- 寧乃 やすの
- 寧葉 やすは

緋

ヒ　あか
名 あけ

赤色、明るく燃えるような赤を表す。また、赤色の絹の意味もある。明るく情熱的な人になるように。

ヒント 開放感に満ちた「あか」「あけ」の音で先頭字に。情熱と冷静をあわせもつ「ひ」の音でも。

男の子
緋月 あかつき
緋采 あけと
緋利 ひとし
緋奈太 ひなた
緋呂杜 ひろと

女の子
緋莉 あかり
緋埜 あけの
緋美 あけみ
緋菜 ひな
緋万梨 ひまり

聞

ブン　モン
きく
名 か　ひろ

神の声をきくの意味から、聞く、聞こえるの意味になった。名誉の意味もある。感性の鋭い人になるように。

ヒント 「ぶん」の音は元気でパワフル。まとめ上手、やりくり上手な「もん」の音で、止め字にしても。

男の子
亜聞 あもん
聞佑 かすけ
偲聞 しもん
高聞 たかひろ
達聞 たつひろ
多聞 たもん
知聞 ともひろ
聞太 ぶんた
玲聞 れいもん
聞次郎 もんじろう

碧

ヘキ
あお　みどり
名 きよ
きよし　たま

青い玉に似た石を表し、あお、みどり、あおみどりの意味。碧玉《へきぎょく》は装飾品になる。エキゾチックなイメージ。

ヒント 「あお」と読むと、おおらかで、人に愛される印象の名前に。「みどり」「きよし」の音で1字名にも。

男の子
碧 きよし
碧生 あおい
碧杜 あおと
碧輝 たまき
碧留 へきる

女の子
碧 みどり
碧衣 あおい
碧海 きよみ
碧緒 たまお
碧魅 たまみ

輔

ホ　たすける
名 すけ
たすく　ふ

車輪を補強する添え木を表し、助ける、助けの意味に使う。補佐役、友人の意味もある。友達に恵まれるように。

ヒント フットワークの軽さを感じさせる「すけ」の音で男の子の止め字の定番。「ほ」の音で万葉仮名風にも。

男の子
輔 たすく
詠輔 えいすけ
恵輔 えふ
啓輔 けいすけ
洸輔 こうすけ
翔輔 しょうすけ
大輔 だいすけ
嵩輔 たかほ
董輔 とうすけ
秀輔 ひでほ
輔史 ほし
輔昂 ほだか
輔希 ほまれ
釉輔 ゆうすけ
凜輔 りんすけ

女の子
佳輔 かほ
輔美 ふみ
友輔 ゆうほ
柚輔 ゆふ
伊輔子 いほこ

蓬

ホウ　よもぎ
名 しげ

草のヨモギを表す。ヨモギでつくる矢には邪気をはらう力があるといわれる。神秘的な力が感じられる字。

ヒント 人情味があり、パワフルな「しげ」の音を活かすと使いやすい。「ほ」の音で止め字にも。

男の子
蓬杜 しげと
蓬留 しげる
朋蓬 ともしげ
蓬芽 ほうが
芳蓬 よししげ

女の子
蓬 よもぎ
蓬花 しげか
蓬香 しげか
蓬梨 しげり
春蓬 はるほ

鳳

ホウ
おおとり
名 たか

想像上の鳥の鳳凰を表す。めでたい鳥として尊ばれた。雄を鳳、雌を凰という。神秘的なイメージの字。

ヒント 「ほう」の音で自由でのびのびした印象をプラスして。「ほ」の音で止め字にしても。

男の子
鳳志 たかし
鳳翔 たかと
悠鳳 はるたか
鳳雅 ほうが
浬鳳 りお

女の子
紗鳳 さほ
太鳳 たお
鳳帆 たかほ
鳳華 ほうか
万鳳 まほ

蜜

ミツ

みつ、はちみつを表す。はちみつは栄養価が高く、食用、薬用に用いられる。だれとでも仲よくなれる子に。

ヒント はちみつのように甘いイメージの字に、「みつ」の音で、満ち足りていてパワフルな印象をプラスして。

男の子
友蜜 ともみ
蜜季 みつき
蜜春 みつはる
蜜琉 みつる
芳蜜 よしみつ

女の子
晴蜜 はるみ
蜜柑 みかん
蜜音 みつね
蜜葉 みつは
蜜実 みつみ

遙

ヨウ　はるか
名 すみ
とお　のぶ
のり　はる
みち

「遥」の旧字。そぞろ歩きをすることで、さまよう、はるか、遠いの意味も。スケール感のある字。

ヒント 「はる」の音は朗《ほが》らかで明るく、ドラマチック。「よう」の音は、のびのびとしてゆとりある印象。

男の子
知遙 とものり
遙稀 はるき
遙都 はると
遙介 ようすけ
嘉遙 よしみち

女の子
遙 はるか
安遙 あすみ
千遙 ちはる
遙子 とおこ
遙末 のぶみ

綾

リョウ　あや

菱形《ひしがた》の模様を織り出した絹をいい、綾絹《あやぎぬ》、あやの意味。字形、音、意味ともに美しい字。

ヒント 「あや」の音は、あどけなくミステリアスな印象。気品があり、賢く華やかな「りょう」の音でも。

男の子

綾	りょう
綾貴	あやき
綾人	あやと
綾斗	あやと
綾霧	あやむ
綾祐	りょうすけ
綾辰	りょうたつ
綾平	りょうへい
綾哉	りょうや
綾太郎	りょうたろう

女の子

綾	あや
綾花	あやか
綾音	あやね
綾乃	あやの
綾愛	あやめ
綾萌	あやも
紗綾	さあや
真綾	まあや
綾空	りょうあ
綾芭	りょうは

緑

リョク　ロク
みどり
名 つか　のり
つな

旧 綠

黄と青の中間の色の緑色をいう。緑は植物、自然を象徴する色でもある。のびのびと育つことを願って。

ヒント 「みどり」と読むと充実感と重量感、華やかさがある名前に。「ろく」の音はミステリアスなイメージ。

男の子

壮緑	あきのり
緑沙	つかさ
緑樹	つなき
未緑	みろく
緑埜	りょくや

女の子

緑	みどり
希緑	きろく
緑葉	のりは
緑葡	のりほ
水緑	みのり

綸

リン　いと
名 お　くみ

糸、釣り糸、組みひもを表す。治める、つかさどるの意味も。綸子《りんず》は光沢のある絹織物。

ヒント 「りん」の音は、キュートで華やかな輝きをもつ。人気の「凜」や「凛」のかわりに使っても。

男の子

太綸	たくみ
雅綸	まさお
結綸	ゆいと
綸杜	りんと
綸太郎	りんたろう

女の子

綸	りん
伽綸	かりん
小綸	こいと
奈綸	なお
綸音	りのん

瑠

ル

瑠璃《るり》は玉の名で、紺青色の美しい宝石を表す。また、ガラスの古称でもある。エキゾチックな雰囲気の人に。

ヒント 「る」の音で、可憐《かれん》なはにかみ屋のイメージの一方、たゆまぬ努力で成功者になる可能性をプラスして。

男の子

武瑠	たける
建瑠	たける
透瑠	とおる
雅瑠	まさる
瑠維	るい
瑠粋	るいき
瑠己	るき
喜瑠斗	きると
南瑠人	なるひと
巴瑠人	はると

女の子

波瑠	はる
海瑠	みる
芽瑠	める
瑠亜	るあ
瑠依	るい
瑠加	るか
瑠華	るか
瑠美	るみ
瑠璃	るり
來瑠実	くるみ

15画

漣

レン　さざなみ
名 なみ

さざなみ、波立つ、また、涙の流れる様子を表す。透明感があり、字形、音もよく、人気の出そうな字。

ヒント 「れん」の音は、格調高く、理知的でパワフル。「なみ」の音は親しみやすくキュートな名前に。

男の子

漣	れん
七漣	ななみ
漣希	なみき
漣二	れんじ
漣音	れんと

女の子

映漣	えれん
聖漣	せれん
漣華	なみか
南漣	みなみ
漣音	れのん

駕

ガ
名 か　のり
ゆき

馬車に馬をつけることをいい、馬や馬車に乗る、使いこなす、しのぐなどの意味を表す。優雅なイメージの字。

ヒント 男の子では、迫力と甘い印象が共存する「が」の音で止め字に。女の子にはあまり使われない。

男の子

晶駕	あきのり
駕緯	かい
駕玖	がく
洸駕	こうが
鼓駕	このり
泰駕	たいが
千駕	ちゆき
悠駕	ゆうが
竜駕	りゅうが
瑠駕	るか

嬉

キ うれしい
名 よし

楽しむ、喜ぶ、うれしいのほか、遊ぶ、たわむれる、美しいの意味もある。よく遊び、のびやかに育つように。

ヒント 喜びに満ちた印象の字。個性的な「き」の音や、清潔な癒《いや》しを感じさせる「よし」の音を活かして。

男の子
- 詩嬉 しき
- 大嬉 だいき
- 昌嬉 まさき
- 友嬉 ゆうき
- 嬉斗 よしと

女の子
- 羽嬉 うき
- 嬉恵 きえ
- 万嬉 まき
- 嬉加 よしか
- 嬉歩 よしほ

輝

キ かがやく
名 あきら てる ひかる

輝く、光る、光などの意味を表す。また、輝かしい、名が上がるの意味もある。輝かしい将来を願って。

ヒント 「き」は、自分をしっかりもっている人のイメージの音。「てる」の音は、匠《たくみ》の世界で技を磨く印象。

男の子
- 輝 あきら
- 輝人 あきと
- 一輝 いっき
- 輝良 きら
- 輝真 てるま
- 輝基 てるもと
- 輝瑠 ひかる
- 優輝 まさき
- 泰輝 やすき
- 勇輝 ゆうき

女の子
- 輝 ひかる
- 輝夏 きか
- 輝紀 きき
- 輝咲 きさ
- 沙輝 さき
- 珠輝 たまき
- 輝実 てるみ
- 真輝 まき
- 心輝 みき
- 美輝 みき

毅

キ たけし つよい
名 こわし しのぶ たか たけ つよし のり

戦争のときに軍を鼓舞する儀礼を表し、強い、くじけない、決断力があるの意味になった。意志の強い人に。

ヒント 突出した個性を感じさせる「き」の音で男の子の止め字に、「たけし」「つよし」の音で1字名に。

男の子
- 毅 つよし
- 皓毅 こうき
- 毅孜 こわし
- 毅舞 しのぶ
- 毅志 たかし
- 毅采 たけと
- 毅尚 のりひさ
- 芭毅 はのり
- 英毅 ひでみ
- 正毅 まさき

槻

キ つき
名 けや

樹木のケヤキの一種。材は弓をつくるのに適している。日本ではツキと読む。きりっとした人になるように。

ヒント 潔くわが道を進む「き」の音で止め字にすると、新鮮。緻《ち》密《みつ》で知的なイメージの「つき」の音でも。

男の子
- 伊槻 いつき
- 嘉槻 かづき
- 槻紀 けやき
- 大槻 だいき
- 槻斗 つきと

女の子
- 咲槻 さき
- 槻穂 つきほ
- 帆槻 ほづき
- 万槻 まき
- 美槻 みづき

駈

ク かける

「駆」の異体字。駆ける、駆り立てる、追うなどの意味。活発で運動好きな子になるように。

ヒント 「く」の音で止め字にすると使いやすい。周囲に安心感を与えつつ、キュートさももつ名前に。

男の子
- 駈 かける
- 佐駈 たすく
- 遥駈 はるく
- 里駈 りく
- 汰駈真 たくま

女の子
- 衣駈 いく
- 希駈 きく
- 駈美 くみ
- 咲駈 さく
- 駈来々 くらら

駒

ク こま

小さな馬、若い元気な馬の意味を表す。また、若者、子どもの意味もある。元気で活発な子になるように。

ヒント 「こま」の音で名前に使える唯一の字。キュートでミステリアスな「く」の音でも使って。

男の子
- 生駒 いこま
- 駒遠 くおん
- 巴駒 はく
- 力駒 りく
- 太駒真 たくま

女の子
- 依駒 いく
- 駒祢 こまね
- 未駒 みく
- 伊駒子 いくこ
- 駒留水 くるみ

勲

クン
名 いさ いさお こと つとむ ひろ

旧 勳

いさお、手柄、功績、また、功績のある人の意味を表す。大きな事業を成し遂げる人になることを願って。

ヒント 「いさお」「つとむ」の音で、男の子の1字名としてよく使われる。「くん」の音を活かすと個性的。

男の子
- 勲 いさお
- 昭勲 あきひろ
- 功勲 あつひろ
- 勲児 くんじ
- 勲平 くんぺい
- 勲武 いさむ
- 勲眸 いさむ
- 勲夢 つとむ
- 勲臣 ひろおみ
- 真勲 まこと

憬

ケイ

さとる、はっきりとわかるの意味を表す。遠く行く様子の意味もある。広い視野をもちながら夢を追う人に。

ヒント 2010年の改定で常用漢字に加わった字。「けい」の音には、知的でりりしいイメージがある。

男の子
- 壱憬 いっけい
- 宇憬 うけい
- 憬格 けいかく
- 憬伍 けいご
- 憬丞 けいすけ

女の子
- 憬花 けいか
- 憬紗 けいしゃ
- 憬渡 けいと
- 憬奈 けいな
- 憬楽 けいら

慧

ケイ　エ
さとい
名 あきら
さと　とし
よし

さとい、賢いなどの意味を表す。知恵は智慧とも書く。仏教の悟りの意味もある。賢い子になることを願って。

ヒント 知的な雰囲気のある字で、どの読みも名前に使いやすい。「けい」「あきら」の読みで、1字名にしても。

男の子

慧 けい
慧良 あきら
安慧 あさと
一慧 いっけい
慧瑠 える
慧寿 けいじゅ
慧祐 けいすけ
慧聖 けいせい
慧璃 さとり
慧琉 さとる
慧巳 としみ
智慧 ともよし
洋慧 ひろえ
真慧 まさと
慧紀 よしき

女の子

慧奈 えな
慧佳 けいか
沙慧 さえ
千慧 ちさと
美慧 みさと

潔

ケツ
いさぎよい
名 きよ
きよし　ゆき
よし

水ではらい清めることをいい、清らか、潔い、けがれがないなどの意味を表す。身も心も清潔な人に。

ヒント 「きよし」の音で1字名にすると、潔くも優しく若々しいリーダーの印象。「ゆき」などの音を活かしても。

男の子

潔 きよし
潔史 きよし
潔仁 きよひと
雅潔 まさよし
潔人 ゆきと

女の子

潔花 きよか
潔良 きよら
小潔 こゆき
美潔 みゆき
潔葉 よしは

慶

ケイ
名 ちか
のり　みち
やす　よし

もとは裁判による勝訴を表す字で、喜び、幸い、縁起がいいなどの意味がある。多くの喜びと幸福を願って。

ヒント 「けい」の音は知的でクール、エレガントなイメージ。「よし」の音は清潔でやわらかい光のような印象。

男の子

一慶 いっけい
慶悟 けいご
慶丞 けいすけ
慶太 けいた
慶良 けいら
慈慶 しげのり
慶夏 ちかげ
朋慶 ともちか
匡慶 まさよし
慶杜 みちと
慶嵩 やすたか
慶実 やすみ
慶輝 よしき
由慶 よしのり
慶秀 よしひで

女の子

慶 けい
慶都 けいと
美慶 みちか
慶帆 やすほ
慶穂 よしほ

諏

シュ
名 す

もとは神意を問うことをいい、はかる、問う、相談するなどの意味になる。多くの友達に恵まれるように。

ヒント フレッシュなはにかみ屋さんのイメージの「す」の音で、万葉仮名風に。「しゅ」の音を使っても個性的。

男の子

諏貴 しゅき
諏門 しゅもん
諏治 すばる
諏巳人 すみと
真諏允 ますみ

女の子

有諏 ありす
諏里 しゅり
諏寿 すず
諏美 すみ
諏々菜 すずな

潤

ジュン
うるおう
名 うるう
さかえ
ひろし
まさる　ます
みつ

水がしみて広がる状態をいい、潤すの意味を表す。つややか、利益の意味も。物心ともに豊かな人生を願って。

ヒント 高級感と人なつっこさをあわせもつ「じゅん」の音で。男の子、女の子ともOKの1字名としても人気。

男の子

潤 じゅん
潤平 じゅんぺい
潤巳 まさみ
潤流 まさる
潤生 みつき

女の子

潤琉 うるる
潤栄 さかえ
潤子 じゅんこ
潤芭 みつは
美潤 みひろ

諄

ジュン
名 あつ
いたる　しげ
とも　のぶ
ふさ　まこと

供物を供えて神に祈るときの心をいい、ねんごろ、心があついの意味。助けるの意味も。人情にあつい人に。

ヒント 「じゅん」の音で使うことが多い。「淳」や「潤」のかわりに用いると個性が出る。

男の子

諄 いたる
諄己 あつき
詢諄 まこと
泰諄 やすのぶ
諄乃介 じゅんのすけ

女の子

諄 じゅん
諄心 あつみ
諄羽 しげは
諄花 ともか
諄依 ふさえ

樟

ショウ
くすのき
名 くす

樹木のクス、クスノキの意味に使う。幹に香気があり、樟《しょう》脳《のう》の原料になる。人に尽くせる人に。

ヒント 「しょう」の音はソフトで深い光を感じさせる。使用例は少ないので、人気の「翔」の字のかわりにも。

男の子

樟 しょう
希樟 きしょう
樟生 くすき
樟吾 しょうご
真樟 まくす

女の子

樟葉 くすは
樟穂 くすほ
樟花 しょうか
樟名 しょうな
樟李 しょうり

憧

ショウ　ドウ
あこがれる

心が動いて定まらないという意味から、あこがれる、慕《した》うの意味を表す。大人になっても夢を忘れない人に。

ヒント 「しょう」の音はソフトで温かい光のイメージ。気さくで朗《ほが》らかな印象の「あこ」の音を活かしても。

男の子
憧吉 しょうきち
憧真 しょうま
憧吏 しょうり
星憧 せいしょう
蘭憧 らんどう

女の子
憧 あこ
憧夢 あむ
憧魅 しょうみ
埜憧 のあ
茉憧 まあこ

穂

スイ　ほ
名 お　ひで　ひな　みのる
旧 穗

穀物の茎の実のつく部分、穂先などの意味を表す。止め字としても人気で、実り豊かなイメージ。

ヒント 根強い人気のある字。「ほ」の音を使うと、いつも温かくマイペースで、くつろいだ印象の名前に。

男の子
穂 みのる
和穂 かずほ
穂生 ひでき
広穂 ひろほ
穂高 ほだか

女の子
秋穂 あきほ
志穂 しほ
菜穂 なほ
穂花 ひでか
穂乃 ひなの
穂積 ほづみ
穂波 ほなみ
穂稀 ほまれ
茉穂 まほ
瑞穂 みずほ
穂里 みのり
雪穂 ゆきほ
梨穂 りお
穂乃花 ほのか
穂乃実 ほのみ

蔵

ゾウ　くら
名 おさむ　ただ　とし　まさ　よし
旧 藏

もとは隠す、隠れるの意で、たくわえる、しまっておく、くらの意味に使う。豊かな生活をおくれるように。

ヒント 「ぞう」の音で、男の子の止め字の定番。「くら」の読みを活かすと女の子にも使いやすい。

男の子
蔵 おさむ
蔵匡 くらまさ
蔵光 としみつ
勇蔵 ゆうぞう
蔵之助 ただのすけ

女の子
玖蔵 くら
蔵楽 くらら
咲蔵 さくら
蔵瑛 まさえ
蔵佳 よしか

澄

チョウ　すむ
名 きよ　きよし　すみ　と　とおる

澄む、澄ませる、清い、透き通っているなどの意味。水にも心にも使う。透明感のある涼しげな印象の字。

ヒント 字のもつ清らかなイメージに、「すみ」の音で、スイートながらスマートに生き抜く強さをプラスして。

男の子
澄 とおる
英澄 えいと
澄詩 きよし
澄人 きよと
真澄 ますみ

女の子
維澄 いずみ
音澄 おと
佳澄 かすみ
澄愛 きよら
澄玲 すみれ

潮

チョウ　しお
名 うしお

しお、うしおの意味。特に朝の満ち干をいう（夕方は「汐」）。時、時勢の意味も。未来への期待をこめて。

ヒント 「しお」の音で、透明感があり、颯爽《さっそう》とした印象の名前に。「ちょう」の音を使うと個性的に。

男の子
潮 うしお
宇潮 うしお
潮音 しおん
八潮 やしお
潮志郎 ちょうじろう

女の子
潮香 しおか
潮奈 しおな
潮里 しおり
千潮 ちしお
美潮 みしお

調

チョウ
しらべる
ととのえる
名 しげ　つき　つぎ　つぐ　なり　のり　みつぐ

もとは言葉を行き渡らせることで、ととのう、しらべるという意味を表す。音楽を奏でる、音色の意味もある。

ヒント 情感豊かなイメージもある字。「つぐ」の音は、発想力豊かな印象。「しらべ」などの読みで1字名にしても。

男の子
架調 かつぎ
調俊 しげとし
汰調 たつぐ
調時 ちょうじ
調海 なりみ

女の子
調 しらべ
意調 いつき
琥調 このり
調美 つぐみ
箕調 みつぐ

徹

テツ
名 あきら　いたる　おさむ　とおる　ひとし　みち　ゆき

通る、通す、突き通すのほか、達する、明らかなどの意味がある。困難に負けずやり抜く、意志の強い人に。

ヒント 落ち着きと品のある「とおる」の読みで男の子の1字名に。「てつ」の音はしっかり者で信頼できる印象。

男の子
徹 とおる
徹楽 あきら
一徹 いってつ
徹平 てっぺい
徹矢 てつや

女の子
徹瑠 いたる
徹子 てつこ
徹加 みちか
徹那 みちな
徹乃 ゆきの

播

ハ　バン
まく
名 かし　ひろ

まく、種をまくの意味を表す。うつる、動く、広く及ぼすなどの意味もある。こつこつと努力する人に。

ヒント 軽快で温かい印象の「は」、周囲にくつろぎを与える「ひろ」の音を活かして。使用例が少なく個性的。

男の子
亜播 あかし
播生 ひろき
播志 ひろし
播人 まきと
由播 よしひろ

女の子
来播 くれは
小播 こまき
知播 ちひろ
播菜 はな
美播 みひろ

幡

ハン　はた
のぼり

ひらひらと動くきれを表し、旗、のぼりをいう。ひるがえす、ひるがえるの意味も。リーダーにふさわしい字。

ヒント ふっくらと温かく、セクシーな「はん」の音を活かすと個性的。女の子は女性らしい字を組み合わせて。

男の子
- 幡流　のぼる
- 幡登　はんと
- 幡平　はんぺい
- 真幡　まはた
- 八幡　やはた

女の子
- 紅幡　くれは
- 幡乃　はたの
- 幡美　はたみ
- 幡奈　はんな
- 幡愛　はんな

範

ハン
名 すすむ　のり

手本、決まり、型などの意味を表す。また、区切り、境の意味もある。人の手本になるような人に。

ヒント 規範を守るきっちりした人のイメージ。「のり」の音で、りりしさと気品をプラスして。

男の子
- 範　すすむ
- 和範　かずのり
- 範佑　はんすけ
- 範汰　はんた
- 正範　まさのり

女の子
- 歌範　かのり
- 範花　のりか
- 範子　のりこ
- 範名　はんな
- 実範　みのり

磐

バン　いわ
名 いわお

丸い大きな岩石をいい、岩、いわおの意味。磐《ばん》石《じゃく》はどっしり動かないこと。芯の強い人に。

ヒント 「いわお」の音で1字名にも。楽しそうな印象の「わ」の音だけを活かして止め字にしても。

男の子
- 磐　いわお
- 磐緯　いわい
- 磐基　いわき
- 磐杜　いわと
- 磐登　ばんと

女の子
- 磐代　いよ
- 沙磐　さわ
- 常磐　ときわ
- 磐莉　ばんり
- 水磐　みわ

撫

ブ　なでる
名 ただ　もち　やす　よし　より

なでる、慰める、いつくしむ、かわいがるなどの意味を表す。心の広い、優しい人になるように。

ヒント 「大和《やまと》撫子《なでしこ》」のように、清楚《せいそ》で美しい女性のイメージも。かわいがられる子になることを願って。

男の子
- 和撫　かずよし
- 嵩撫　たかもち
- 撫丞　ただすけ
- 撫希　やすき
- 撫生　よしき

女の子
- 杏撫　あんな
- 撫子　なでしこ
- 陽撫　ひより
- 撫羽　やすは
- 衣撫乙　いぶき

舞

ブ　まう
まい

舞う、舞、踊るなどの意味を表す。心を弾《はず》ませる意味も。字形も音も美しく、人気のある字。

ヒント 「まい」の音は元気で一途《いちず》な印象。「ま」の音で先頭字にしても。「ぶ」の音は、パワフルで魅力的。

男の子
- 壮舞　そうま
- 舞人　まいと
- 舞瑠　まうる
- 舞旺　まお
- 舞輝　まき

女の子
- 衣舞　いぶ
- 絵舞　えま
- 胡舞　こまい
- 舞香　まいか
- 舞姫　まいき
- 舞子　まいこ
- 舞紗　まいしゃ
- 舞音　まいね
- 舞美　まいみ
- 舞楽　まいら
- 舞羽　まう
- 舞夢　まうむ
- 舞伎　まき
- 舞歩　まほ
- 舞凛　まりん

蕪

ブ
あれる　かぶ
名 しげ
しげる

草が生い茂ることをいい、荒れる、茂るの意味に使う。また、野菜のカブの意味も。元気で活発な子に。

ヒント 「しげ」の音が名前に使いやすい。「しげ」のつく名前は、人情味があり、パワフルな印象に。

男の子
- 蕪　しげる
- 一蕪　かずしげ
- 蕪杜　かぶと
- 蕪生　しげき
- 宏蕪　ひろしげ

女の子
- 癒蕪　いぶ
- 蕪姫　かぶき
- 紅蕪　くれあ
- 蕪子　しげこ
- 蕪美　しげみ

編

ヘン　あむ
名 あみ
つら　よし

文字を書いた竹のふだを並べて糸でとじたもの。組みあわせる、まとめる意味を表す。文学的なイメージ。

ヒント 「あみ」と読むと、自然体で前向き、イキイキとしたイメージが加わる。使用例が少なく、新鮮。

男の子
- 編拓　あみひら
- 編糸　あむと
- 編蕗　あむろ
- 清編　きよつら
- 吏編　りあむ

女の子
- 編衣　あみい
- 編奈　あみな
- 編莉　あみり
- 小編　こあみ
- 編乃　よしの

摩

マ
名 きよ
なず

両手をすり合わせることをいい、こする、磨く、なでるの意味を表す。近づくの意味も。神秘的な印象の字。

ヒント 「ま」の音で、万葉仮名風に。神秘的なイメージに、心優しい優等生の印象をプラスして。

男の子
- 摩士　きよし
- 拓摩　たくま
- 摩純　ますみ
- 良摩　りょうま
- 摩左斗　まさと

女の子
- 詩摩　しま
- 摩菜　なずな
- 摩琴　まこと
- 摩鈴　まりん
- 由摩　ゆま

魅

ミ

もとはたたりをなす物《もの》の怪《け》を表し、魅入る、まどわす、心をひきつけるなどの意味を表す。魅力的な人に。

ヒント みずみずしくフレッシュな「み」の音で万葉仮名風に。だれよりも魅力的な女性になることを願って。

女の子

- 映魅　えいみ
- 愛魅　まなみ
- 茉魅　まみ
- 魅亜　みあ
- 魅花　みか
- 魅玖　みく
- 魅紗　みさ
- 魅咲　みさき
- 魅美　みみ
- 魅以奈　みいな

璃

リ
名 あき

瑠《る》璃《り》は玉の名で、青色の宝石。玻《は》璃《り》はいまのガラスのこと。透明感のある美しいイメージの字。

ヒント 上品で美しい印象の字。「り」の音で、思慮深く理知にあふれ、凜《りん》とした印象をプラスして。

男の子

- 璃羅　あきら
- 悠璃　ゆうり
- 璃央　りお
- 璃貴　りき
- 璃玖　りく

女の子

- 朱璃　あかり
- 璃那　あきな
- 璃帆　あきほ
- 叶璃　かのり
- 彩璃　さり
- 篠璃　しのり
- 知璃　ちあき
- 雛璃　ひなり
- 茉璃　まり
- 璃晏　りあん
- 璃恩　りおん
- 璃子　りこ
- 璃世　りよ
- 瑛璃子　えりこ
- 瑠璃奈　るりな

劉

リュウ
名 つら
のぶ

殺す、刃物の意味を表す。また、勝つ、めぐるの意味もある。中国人の姓に多く、劉邦は漢王朝を建てた英雄。

ヒント 「りゅう」の音を活かして。躍動感があり、物事に果敢にチャレンジする強さをもつ男の子に。

男の子

- 嘉劉　かつら
- 史劉　しりゅう
- 武劉　たけのぶ
- 久劉　ひさのぶ
- 将劉　まさつら
- 柾劉　まさのぶ
- 劉一　りゅういち
- 劉我　りゅうが
- 劉生　りゅうき
- 劉勢　りゅうせい

遼

リョウ
はるか
名 とお

かがり火をたいて天を祭ったことから、はるか、遠い、めぐるなどの意味を表す。スケール感のある字。

ヒント 「りょう」の音は、気品があり、賢く華やかな印象。セクシーでドラマチックな「はる」の音でも。

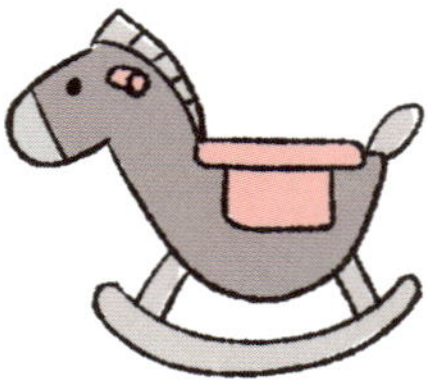

男の子

- 遼　りょう
- 成遼　せいりょう
- 高遼　たかとお
- 遼流　とおる
- 虎遼　とらはる
- 遼来　はるき
- 遼空　はるく
- 遼吾　りょうご
- 遼介　りょうすけ
- 遼太　りょうた

女の子

- 遼　はるか
- 千遼　ちはる
- 遼胡　とおこ
- 遼香　はるか
- 遼那　はるな
- 遼海　はるみ
- 美遼　みはる
- 遼花　りょうか
- 遼夏　りょうか
- 遼子　りょうこ

諒

リョウ
まこと
名 あき
あさ　すけ
まさ　みち

まこと、信じる、偽りのない人の意味を表す。明らかにする、思いやるの意味も。誠実で思いやりのある人に。

ヒント 人生に対する情熱を感じさせ、頼れる印象の「りょう」の音で使える字。「あき」「まこと」の読みでも。

男の子

- 諒　まこと
- 諒巳　あきみ
- 諒軌　あさき
- 諒人　あさと
- 圭諒　けいすけ
- 舜諒　しゅんすけ
- 大諒　はるみち
- 昌諒　まさあき
- 諒哉　まさや
- 釉諒　ゆうすけ
- 佳諒　よしあき
- 諒工　りょうく
- 諒介　りょうすけ
- 諒成　りょうせい
- 諒太郎　りょうたろう

女の子

- 諒南　あきな
- 諒羽　あきは
- 麻諒　まあさ
- 諒佳　りょうか
- 諒愛　りょうな

輪

リン　わ
名 もと

車の矢が放射状に並ぶ様子で、わ、丸いものを表す。まわるの意味も。人生に大輪の花を咲かせるように。

ヒント 「りん」の音で透明感がありキュートで華やかな印象を、「わ」の音でワクワク感のある印象をプラス。

男の子

- 洸輪　こうわ
- 輝輪　てるもと
- 輪空　りんく
- 輪都　りんと
- 輪太郎　りんたろう

女の子

- 茉輪　まりん
- 輪架　りんか
- 輪子　わこ
- 美輪子　みわこ
- 輪歌奈　わかな

凜

リン

旧 凛

寒さが厳しい様子、心が引きしまる様子。「凜《りん》とした」などと使う。字形、音とも美しく、人気の高い字。

ヒント 俗字の「凛」のほうが使用例が多いが、こちらが正字。字形の違いで、どちらの字を選ぶか検討して。

男の子

- 凜 りん
- 佑凜 ゆうり
- 凜輝 りんき
- 凜空 りんく
- 凜登 りんと

女の子

- 佳凜 かりん
- 凜乙 りお
- 凜央 りお
- 凜奈 りんな
- 凜々椛 りりか

凛

リン

「凜」の俗字。厳しい寒さ、心が引きしまる様子を表す。毅然としてりりしい印象で、人気のある字。

ヒント 「りん」の音で、輝きのある透明感や緊張感、愛らしい印象をプラス。「り」の音だけを活かしても。

男の子

- 海凛 かいり
- 希凛 きりん
- 友凛 ゆうり
- 凛駆 りく
- 凛音 りのん
- 凛生 りんせい
- 凛人 りんと
- 凛哉 りんや
- 凛太郎 りんたろう
- 凛乃介 りんのすけ

女の子

- 凛 りん
- 咲凛 えみり
- 香凛 かりん
- 朋凛 ともり
- 茉凛 まりん
- 実凛 みりん
- 凛央 りお
- 凛花 りんか
- 凛乃 りんの
- 杏凛咲 ありさ

黎

レイ くろ

名 たみ

多い、もろもろ、黒、黒いなどの意味を表す。黎明《れいめい》とは夜明けの意味である。希望に満ちた未来を願って。

ヒント 新しく何かがはじまろうとする印象の字に、「れい」の音で、華やかさと知性をプラスして。

男の子

- 黎 れい
- 黎己 くろき
- 黎央 たみお
- 黎都 たみと
- 黎明 れいめい

女の子

- 黎衣 たみい
- 茉黎 まれい
- 三黎 みれい
- 黎亜 れいあ
- 黎夏 れいか

論

ロン

名 とき のり

議論することをいい、いい争う、筋道を立てて述べる、説くなどの意味を表す。賢く弁の立つ子になるように。

ヒント 「とき」「のり」の音で、男の子の先頭字や止め字に。女の子では「ろん」の音を活かすと個性的。

男の子

- 明論 あきのり
- 亜論 あろん
- 智論 とものり
- 論彦 のりひこ
- 匡論 まさとき

女の子

- 歌論 かろん
- 論奈 ときな
- 論果 のりか
- 真論 まろん
- 論未 ろみ

16画

緯

イ

名 つかね

織物の横糸を表す。縦糸は「経」。また、地球の東西の方向のこと。予言書の意味もあり、神秘的な印象の字。

ヒント 「い」の音で万葉仮名風に。一途《いちず》ながんばり屋の印象に。止め字に使うと、潔さを感じさせる名前に。

男の子

- 緯 つかね
- 緯織 いおり
- 緯那 いな
- 緯良 いら
- 嘉緯 かい

女の子

- 緯純 いずみ
- 緯月 いつき
- 緯都 いと
- 麻緯 まい
- 愛緯 めい

叡

エイ あきらか さとい

名 え さとし ただ とし まさ よし

奥深く見える顔をいい、奥深い様子、賢い、明らかなどの意味。思慮深い子になるように。

ヒント 聡明な印象の字。「えい」の音で、飾らない優しさを、「え」の音で、懐《ふところ》の深い印象をプラスして。

男の子

- 叡 さとし
- 叡悟 えいご
- 叡人 えいと
- 叡基 ただき
- 智叡 ともまさ

女の子

- 叡未 えいみ
- 叡理 えり
- 貴叡 きえ
- 叡花 としか
- 叡乃 よしの

衛

エイ
名 ひろ　まもる　もり　よし
旧 衞

都市の周りを巡回してまもることをいい、まもる、防ぐの意味を表す。家族や友達を大切にする人に。

ヒント 優美で知的なイメージの「えい」や、温かで豊かな「まもる」の音を活かして。

男の子
- 衛 まもる
- 衛吉 えいきち
- 友衛 ともひろ
- 真衛 まもる
- 衛輝 よしてる

女の子
- 衛実 えいみ
- 衛香 ひろか
- 衛奈 ひろな
- 茉衛 まもり
- 美衛 みひろ

穏

オン
おだやか
名 しず　とし　やす　やすき

穏《おだ》やか、やすらか、静かで落ち着いている様子などの意味を表す。おっとりした優しい人になるように。

ヒント 文字どおり、穏健で温和な人になることを願って。「おん」の音で、人気の「音」のかわりに使っても。

男の子
- 瑳穏 さとし
- 至穏 しおん
- 穏哉 しずや
- 陽穏 はるやす
- 穏希 やすき

女の子
- 偉穏 いおん
- 紫穏 しおん
- 穏音 しずね
- 穏葉 やすは
- 莉穏 りおん

機

キ　はた
名 のり

細かいからくりを施した器具、「はた」を表す。きっかけ、折、かなめなどの意味も。チャンスをつかむ人に。

ヒント 「き」と読むと、生命力にあふれ、わが道を進む印象に。「のり」の音は、りりしくて気品ある印象。

男の子
- 倭機 かずき
- 機成 きなり
- 純機 じゅんき
- 哉機 としのり
- 也機 やはた

女の子
- 宇機 うき
- 機彩 きさ
- 詩機 しのり
- 機埜 はたの
- 機衣奈 きいな

橘

キツ
たちばな
名 き

樹木の名で、ミカンに似た果実をつける。文学作品に多く描かれている。日本ではミカン類の総称。

ヒント 生命力にあふれ、突出した個性をもつ「き」「きつ」の音を活かして。「橘月《たちばなづき》」とは、陰暦五月の異名。

男の子
- 橘月 きづき
- 橘太 きった
- 橘平 きっぺい
- 陽橘 はるき
- 芳橘 よしき

女の子
- 橘花 きっか
- 橘歩 きつほ
- 咲橘 さき
- 蜜橘 みつき
- 夕橘保 ゆきほ

錦

キン　にしき
名 かね

にしき、綾織を表す。五色の糸で美しい模様を織り出した織物。美しいの意味も。ゴージャスなイメージ。

ヒント 「かね」の音で、粘り強くがんばる印象をプラス。「きん」の音は、輝きと茶目っ気を感じさせる。

男の子
- 錦 にしき
- 錦斗 かねと
- 錦一 きんいち
- 錦吾 きんご
- 錦滋 きんじ

女の子
- 亜錦 あかね
- 錦水 かねみ
- 錦愛 きな
- 千錦 ちかね
- 錦姫 にしき

薫

クン　かおる
名 か　しげ　ただ　のぶ　ひで　まさ　ゆき
旧 薰

香草をいい、よい香りがする、香りの意味を表す。人をよいほうに導く意味もある。さわやかな人にぴったり。

ヒント 「かおる」と読むと、賢くりりしい知性のある名前になる。「くん」の音を使うと個性的に。

男の子
- 薫 かおる
- 和薫 かずしげ
- 薫平 くんぺい
- 薫実 のぶみ
- 薫樹 まさき

女の子
- 薫織 かおり
- 薫音 かのん
- 薫花 ひでか
- 李薫 ももか
- 薫乃 ゆきの

憲

ケン
名 あき　あきら　かず　さだ　ただし　とし　のり

刑罰で事を正す法、おきてを表し、手本、模範、賢いの意味もある。まじめで行いの正しい子になるように。

ヒント 「のり」の音は、りりしさと気品があるアイドルのよう。「けん」の音は、やんちゃな魅力がいっぱい。

男の子
- 憲 ただし
- 憲興 かずおき
- 憲也 けんや
- 憲明 のりあき
- 正憲 まさのり

女の子
- 憲奈 あきな
- 憲埜 さだの
- 知憲 ちあき
- 憲栄 としえ
- 憲佳 のりか

賢

ケン
かしこい
名 さと　さとし　たか　とし　のり　やす　よし

賢い、勝る、優れているのほかに、賢人として尊敬する意味を表す。真の知恵をもつ人に。

ヒント 「けん」の音で少年のようなやんちゃな魅力をプラス。「さとし」と読むと素朴《そぼく》な優しさを感じさせる。

男の子
- 賢 さとし
- 賢人 けんと
- 賢歩 たかほ
- 真賢 まさと
- 賢也 やすなり

女の子
- 賢理 さとり
- 賢花 としか
- 羽賢 はのり
- 美賢 みさと
- 賢恵 よしえ

興

コウ　キョウ
おこる
名 き　さかん　さき　とも　ふさ

台をかつぎ上げることから、おこす、はじまる、盛んになる、喜ぶ、楽しむの意味。喜びの多い人生を願って。

ヒント 「きょう」の音は、快活で器《うつわ》が大きい印象。生命力にあふれた「き」の音を活かして、万葉仮名風にも。

男の子
- 和興 かずき
- 興平 きょうへい
- 興毅 こうき
- 興巳 ともみ
- 真興 まさき

女の子
- 興歩 きほ
- 興佳 きょうか
- 紗興 さき
- 興絵 ふさえ
- 美興 みき

縞

コウ　しま

絹、白絹、白いの意味を表す。また「しま」と読み、縞模様の意味で使う。多くの可能性を秘めた子に。

ヒント 「こう」の音には、知的で繊細《せんさい》な愛らしさが。「しま」の音はソフトな快活さと優しさをもつ印象。

男の子
- 縞介　こうすけ
- 縞埜　こうや
- 縞輪　こうわ
- 八縞　やしま
- 縞一郎　こういちろう

女の子
- 縞　しま
- 縞美　こうみ
- 縞万　しま
- 縞乃　しまの
- 茉縞　ましま

樹

ジュ

名 いつき　き　しげ　たつ　たつき　たつる　な　みき　むら

木、立ち木、さらに植物の総称にも使う。また、植えるのほか、打ち立てるの意味も表す。森のイメージ。

ヒント 1字名として人気。「き」で終わると自分をしっかりもっている印象に。人なつっこい「じゅ」の音でも。

男の子
- 樹　いつき
- 樹祢　じゅね
- 大樹　だいき
- 樹生　たつき
- 樹瑠　たつる
- 伸樹　のぶしげ
- 春樹　はるき
- 穂樹　ひでしげ
- 樹緒　みきお
- 樹生也　なおや

女の子
- 杏樹　あんじゅ
- 樹紗　きさ
- 樹巴　しげは
- 樹音　じゅのん
- 樹里　じゅり
- 樹木　たつこ
- 奈樹　なみき
- 茉樹　まき
- 釉樹　ゆうな
- 美沙樹　みさき

薪

シン　たきぎ

たきぎ、燃料にするための木の意味を表す。また、木を切る、柴を刈るの意味も。行動的な人になるように。

ヒント 「しん」と読むと、まっすぐな人生をおくる印象に。慣用的に「まき」と読むこともある。

男の子
- 薪　しん
- 一薪　いっしん
- 薪史　しんじ
- 薪斗　しんと
- 薪來　しんら

女の子
- 薪乃　しの
- 薪音　しのん
- 薪埜　たきの
- 薪歩　まきほ
- 美薪　みしん

親

シン　おや　したしい

名 ちか　なる　み　もと　よし　より

親、身内の意味から、親しい、親しむの意味になった。また、自らの意味もある。だれからも親しまれる子に。

ヒント 「しん」の音は、まっすぐな光を感じさせる。無邪気な印象の「ちか」の音で止め字にも。

男の子
- 親佑　しんすけ
- 辰親　たつよし
- 倫親　ともみ
- 允親　まさちか
- 親哉　もとや

女の子
- 沙親　さちか
- 志親　しより
- 親美　なるみ
- 茉親　まちか
- 愛親　まなみ

整

セイ　ととのえる

名 おさむ　ただし　なり　のぶ　ひとし　まさ　よし

不ぞろいのものをそろえることをいい、整える、正すの意味を表す。気品のある子になることを願って。

ヒント 「理路整然」のとおり、筋道の通ったイメージ。「おさむ」「ひとし」などの読みで男の子の1字名にも。

男の子
- 整　ひとし
- 整夢　おさむ
- 整至　せいじ
- 整史　ただし
- 行整　ゆきなり

女の子
- 整良　せいら
- 整珂　のぶか
- 整美　まさみ
- 整佳　よしか
- 整奈　よしな

醒

セイ　さます

酒の酔いがさめることをいい、覚める、目覚めるの意味を表す。また、悟るの意味もある。聡明な子に。

ヒント 「覚醒《かくせい》」のように、さえたイメージ。「せい」の音で、朝露のような清々《すがすが》しいイメージを加えて。

男の子
- 一醒　いっせい
- 醒冴　せいご
- 醒人　せいと
- 醒也　せいや
- 裕醒　ゆうせい

女の子
- 醒花　せいか
- 醒子　せいこ
- 醒楽　せいら
- 千醒　ちせ
- 醒梨奈　せりな

操

ソウ　みさお　あやつる

名 あや　さお　もち

もつ、握る、操るのほかに、固く守る、心身をけがれなく保つ意味もある。清潔で意志の強い人になるように。

ヒント 「そう」と読むと、潔く颯爽《さっそう》とした印象に。1字名の「みさお」には、満ち足りた印象と爽快《そうかい》感がある。

男の子
- 操斗　あやと
- 操佑　そうすけ
- 操太　そうた
- 操嵐　そうらん
- 真操　まさお

女の子
- 操　みさお
- 操芽　あやめ
- 茉操　まあや
- 操稀　みさき
- 操奈　もちな

薙

テイ　なぐ

草をなぐ、刈る、髪の毛をそる、除くの意味。草薙《くさなぎ》の剣は三種の神器のひとつ。神秘的な印象の字。

ヒント 「な」の音を活かして万葉仮名風に。やわらかくのびやかなイメージがプラスされる。

男の子

草薙	そうな
薙迦	ていか
薙慈	ていじ
薙都	なぎと
薙月	なつき

女の子

礼薙	あやな
胡薙	こなぎ
薙沙	なぎさ
夕薙	ゆうな
薙々香	ななか

鮎

デン　あゆ
なまず

淡水魚のナマズをいう。日本では、淡水魚のアユを表す。夏の涼味が感じられ、「あゆ」の読みで人気がある字。

ヒント 「あゆ」の音は、自然体でありながら大胆さを感じさせる。芸術系の才能を発揮する印象も。

男の子

鮎生	あゆお
鮎機	あゆき
鮎太	あゆた
鮎登	あゆと
鮎武	あゆむ

女の子

鮎	あゆ
鮎香	あゆか
鮎美	あゆみ
鮎夢	あゆむ
鮎里	あゆり

橙

トウ
だいだい
名 と

樹木のダイダイをいう。ミカンの一種で、実は食用、薬用になる。「代々」に通じる、縁起のいい字。

ヒント 「とう」の音は、努力家で信頼感のある印象。包容力を感じさせる「と」の音で、止め字にしても。

男の子

橙	だい
橙雅	とうが
橙哉	とうや
正橙	まさと
橙時郎	とうじろう

女の子

恵橙	けいと
紗橙	さと
橙香	とうか
橙萌	とも
里橙	りと

燈

トウ　ひ
ともしび
名 あかり

「灯」の旧字。ともしび、明かり、火をともす道具の意味を表す。周囲を明るく照らすような人に。

ヒント 「とう」の音は努力家で信頼できる印象。「灯」と、字面《じづら》や組み合わせる字とのバランスで使い分けて。

男の子

朝燈	あさひ
燈雅	とうが
燈里	とうり
燈蕗	ひろ
悠燈	ゆうひ

女の子

燈	あかり
燈美	とうみ
燈芽	ひめ
紅燈	べにひ
燈奈吏	ひなり

篤

トク
名 あつ
あつし　しげ
すみ

手あつい、情愛が深い、誠実であるの意で、素《そ》朴《ぼく》で誠実なイメージの字。親切で人から慕《した》われる人に。

ヒント 「あつ」の音は、自然体で包容力を感じさせる。機転がきく印象の「とく」の音を活かしても。

男の子

篤志	あつし
篤朗	あつろう
慈篤	しげあつ
篤磨	とくま
真篤	ますみ

女の子

愛篤	あすみ
篤季	あつき
篤子	あつこ
花篤	かすみ
篤怜	すみれ

繁

ハン
名 えだ
しげ　しげる
とし

旧 繁

草木が茂る、多くなる、盛んになる、忙しいなどの意味を表す。子孫繁栄《はんえい》や商売繁盛《はんじょう》につながる字。

ヒント 「繁栄」「繁盛」のように、にぎやかで盛んなイメージ。行動力を感じさせる「しげ」の音でよく使われる。

男の子

繁	しげる
繁樹	しげき
繁杜	しげと
繁春	しげはる
繁弘	としひろ

女の子

小繁	こえだ
繁香	しげか
繁夏	しげか
繁美	しげみ
繁菜	はんな

縫

ホウ　ぬう
名 ぬい

「逢」は両方から出会う意味で、「縫」は糸でぬい合わせるという意味。とりつくろう、縫い目の意味も。

ヒント 「ぬい」の音を使うと、奥ゆかしく品のよい印象がプラスされる。「ほ」の音を活かしても新鮮。

天縫	あまぬ
晏縫	あんぬ
琹縫	かんぬ
絹縫	きぬほ
桐縫	きりぬ

女の子

詩縫	しほ
羽縫	はぬい
縫稀	ほまれ
雅縫	まさほ
美縫	みほう

磨

マ　みがく
名 おさむ
きよ

磨く、とぐ、こする、すり減るなどの意味を表す。また、物事に励むの意味もある。道を究《きわ》める人に。

ヒント 満ち足りた雰囲気の「ま」の音で、万葉仮名風に。紫色を帯びた純粋の黄金のことを、「紫磨金《しまごん》」という。

男の子

磨	おさむ
磨志	きよし
磨雅	きよまさ
洸磨	こうま
朔磨	さくま
奏磨	そうま
拓磨	たくま
磨聡	まさと
陽磨	ようま
凌磨	りょうま

女の子

恵磨	えま
磨巴	きよは
志磨	しま
磨貴	まき
磨波	まなみ
磨耶	まや
磨凛	まりん
璃磨	りま
多磨未	たまみ
磨羽路	まはろ

諭

ユ　さとす
名 さと　さとし　つぐ

人の誤りをことばで注意して直すことで、さとす、いさめる、教え導くなどの意味を表す。人を教え導く人に。

ヒント 人気の「ゆ」の音で、「由」「優」などのかわりに使っても。「ゆ」の音は、思慮深さを感じさせる。

男の子
諭　さとし
尭諭　たかつぐ
恒諭　つねさと
真諭　まさと
諭吉　ゆきち

女の子
亜諭　あゆ
諭未　さとみ
諭実　つぐみ
美諭　みさと
諭利　ゆり

謡

ヨウ　うたい　うたう
名 うた
旧 謠

祭りで神に祈ることばをいい、うた、うたうの意味になる。芸能の才に恵まれることを願って。

ヒント 「うた」の音で元気でたのもしい印象に、「よう」の音でおおらかで思いやりのある印象の名前に。

男の子
爽謡　そうた
太謡　たいよう
謡一　よういち
謡介　ようすけ
謡大朗　ようたろう

女の子
謡　うた
謡恵　うたえ
謡歌　ようか
謡子　ようこ
可謡子　かよこ

頼

ライ　たのむ　たよる
名 のり　よ　よし　より
旧 賴

功績があり財貨もあることから、たのもしい、頼む、頼るの意味になった。幸いの意味も。信頼される人に。

ヒント 「より」と読むと、やわらかい輝きのある華やかな名前に。元気ではつらつとした「らい」の音でも。

男の子
瀧頼　たきのり
信頼　のぶよし
未頼　みらい
頼己　らいき
頼夢　らいむ

女の子
哉頼　かなよ
沙頼　さより
聖頼　せいら
頼花　らいか
頼來　らいら

蕾

ライ　つぼみ

つぼみの意味を表す。前途有望だが、まだ成長途上の年ごろのたとえにもなる。花開く未来を願って。

ヒント 「らい」の音で、華やかでキラキラした印象をプラス。「つぼみ」と読んで、女の子の1字名にしても。

男の子
爽蕾　さらい
未蕾　みらい
蕾玖　らいく
蕾太　らいた
蕾実　らいみ

女の子
蕾　つぼみ
美蕾　みらい
蕾香　らいか
蕾奈　らいな
蕾良　らいら

龍

リュウ　リョウ　たつ
名 かみ　きみ　しげみ　とお　とおる　めぐむ

飾りをつけた蛇の形で、リュウを表す。雨を降らせる想像上の聖獣。不思議な力にあやかって。

ヒント 字の威厳やたくましさに、「たつ」の音で確実な行動力を、「りゅう」の音で知性と躍動感を加えて。

男の子
龍　りゅう
志龍　しりゅう
汰龍　たかみ
龍己　たつみ
龍瑠　とおる

女の子
龍華　きみか
龍実　しげみ
龍子　たつこ
龍美　たつみ
龍心　めぐみ

燎

リョウ　かがりび

「尞」はかがり火、庭で燃やす火を表し、そこからめぐる、はるか、遠いの意味に。周囲を明るく照らす人に。

ヒント 「りょう」の音は、気品があり、賢くて華やか。「瞭」の字と間違いやすいので要注意。

男の子
燎　りょう
燎牙　りょうが
燎都　りょうと
燎真　りょうま
燎也　りょうや

女の子
燎果　りょうか
燎子　りょうこ
燎奈　りょうな
燎羽　りょうは
燎灯　りょうひ

澪

レイ　みお

みお（＝水脈。川や海での船の航路）のこと。澪《みお》標《つくし》は、水路を知らせる目印の杭。頼られる人に。

ヒント 「みお」の音はパワーと包容力を、「れい」の音は華やかさと知性をもつ。「れ」の音で万葉仮名風にも。

男の子
澪　れい
芙澪　ふみお
澪斗　みおと
澪央　れお
澪一郎　れいいちろう

女の子
澪緒　みお
澪那　みおな
澪浬　みおり
澪音　みおん
澪良　れいら

錬

レン　ねる

金属を熱くしてとかし、ねりきたえる意味。文章や心身をきたえる意味も。努力を重ねて、何かを極《きわ》める人に。

ヒント 人気の「れん」の読みで使える字。「れん」の音は、華やかで格調高く、理知的なイメージ。

男の子
錬　れん
吾錬　あれん
架錬　かれん
煌錬　こうれん
翠錬　すいれん
錬我　れんが
錬慈　れんじ
錬介　れんすけ
錬都　れんと
錬俐　れんり

蕗

ロ　ふき

草のフキをいう。山野に自生し、茎と花茎は食用。ふきのとうは春のはじめのシンボル。暖かい感じの字。

ヒント 「ふき」と読むと、芽吹きのパワーに満ちた名前に。華やかさと落ち着きをあわせもつ「ろ」の音でも。

男の子
伊蕗　いぶき
蕗生　ふきお
蕗杜　ふきと
侑蕗　ゆうろ
蕗偉　ろい

女の子
蕗　ふき
心蕗　こころ
芽蕗　めぶき
蕗瑚　ろこ
蕗実　ろみ

17画

曖

アイ　かける

日がかげって薄暗いことをいい、暗い、ほの暗い、かげるの意味に使う。曖昧《あいまい》の曖。のほほんとした子に。

ヒント 人気の「愛」と同じ「あい」の音をもつ字。「あい」の音は、明るくはつらつとした印象。

男の子
- 冬曖　とあ
- 曖記　あいき
- 曖駆　あいく
- 曖都　あいと
- 曖琉　あいる

女の子
- 曖　あい
- 曖紗　あいさ
- 曖美　あいみ
- 曖良　あいら
- 李曖　りあ

霞

カ　かすみ

かすみ（＝細かい水滴で空がぼやける現象）、朝焼け、夕焼けの意味。はるか遠くの意味も。幻想的なイメージ。

ヒント 「か」の音で万葉仮名風に。「か」の音は、すばやい行動力をもつ快活なリーダーを思わせる。

男の子
- 朝霞　あさか
- 霞惟　かい
- 霞純　かずみ
- 悠霞　はるか
- 霞寿己　かずき

女の子
- 霞　かすみ
- 霞鈴　かりん
- 楓霞　ふうか
- 夕霞　ゆうか
- 百々霞　ももか

環

カン　名 たま　たまき　わ

再生を願う儀礼に使う玉（＝たまき）の意味を表す。輪やめぐるという意味もある。スケール感のある字。

ヒント 人間性豊かな「たまき」、ワクワク感いっぱいの「わ」、茶《ちゃ》目《め》っ気《け》と頼りがいのある「かん」の音で。

男の子
- 環　かん
- 環時　かんじ
- 環汰　かんた
- 環生　たまき
- 斗環　とわ

女の子
- 音環　おとわ
- 環奈　かんな
- 季環　きわ
- 紗環　さわ
- 鈴環　すずわ
- 環慧　たまえ
- 環緒　たまお
- 環珂　たまか
- 環魅　たまみ
- 環李　たまり
- 都環　とわ
- 実環　みかん
- 海環　みわ
- 優環　ゆうわ
- 環可子　わかこ

鞠

キク　まり　名 つぐ　ます　みつ

鹿革からつくったまりをいい、まり、蹴鞠、かがむの意味。調べる、育てるの意もある。雅《みやび》なイメージ。

ヒント 蹴鞠は貴族の間で行われた球技。和のイメージに、「まり」の音で華やかなまろやかさをプラスして。

男の子
- 鞠都　きくと
- 鞠平　きっぺい
- 鞠未　ますみ
- 鞠央　まりお
- 鞠留　みつる

女の子
- 鞠　まり
- 鞠穂　つぐほ
- 陽鞠　ひまり
- 鞠花　まりか
- 鞠美　みつみ

檎

キン　ゴ

リンゴは、果実は美味、「医者いらず」というほど栄養価も高い。「林檎のほっぺ」など、かわいい印象の字。

ヒント 「林檎」のように、「ご」の音で止め字に使うとよい。「ご」で終わるとゴージャスでスイートな印象に。

男の子
- 檎一　きんいち
- 圭檎　けいご
- 進檎　しんご
- 大檎　だいご
- 侑檎　ゆうご

女の子
- 一檎　いちご
- 燦檎　さんご
- 林檎　りんご
- 凛檎　りんご
- 名檎美　なごみ

謙

ケン　名 あき　かた　かね　しず　のり　ゆずる　よし

へりくだる、人にゆずる、控えめにする意味を表す。また、満ち足りる、快いの意味も。謙虚で誠実な人に。

ヒント 「けん」の音には、少年のようにやんちゃな魅力が。女の子には、りりしくて華やかな「のり」の音で。

男の子
- 謙　ゆずる
- 謙志　かたし
- 謙介　けんすけ
- 謙蔵　けんぞう
- 允謙　まさあき

女の子
- 謙歩　あきほ
- 謙音　しずね
- 千謙　ちあき
- 謙佳　のりか
- 謙乃　よしの

厳

ゲン　ゴン　おごそか　きびしい　名 いず　いつき　いわ　たか　ひろ

旧 嚴

おごそか、いかめしい、厳しいのほか、つつしむ、いましめるの意味も。落ち着きのある子になるように。

ヒント 「たか」の音は、やる気と思いやりを兼ねそなえた印象。女の子には、女性らしい字を組み合わせて。

男の子
- 厳　いつき
- 厳己　いずみ
- 厳男　いわお
- 厳貴　げんき
- 厳志　たかし

女の子
- 厳音　いずね
- 厳美　いずみ
- 厳良　たから
- 知厳　ちひろ
- 真厳　まひろ

鴻

コウ
おおとり
名 とき
ひろ ひろし

おおとり（大きな鳥）をいい、大きいの意味にも使う。盛ん、強いの意味もある。のびのびと育つように。

ヒント 「こう」の読みで知性と繊細《せんさい》な愛らしさを、「よし」の読みでやわらぎと清らかさを加えて。

男の子

鴻	ひろし
鴻喜	こうき
鴻翔	こうしょう
鴻介	こうすけ
大鴻	はるとき

女の子

千鴻	ちひろ
鴻那	ときな
鴻香	ひろか
鴻海	ひろみ
美鴻	みひろ

燦

サン
きらめく
名 あき
あきら きよ
よし

明るく輝くことをいい、輝く、きらめく、明らか、鮮やかなどの意味を表す。ゴージャスなイメージのある字。

ヒント 自然体の強さと無邪気な明るさをもつ「きら」、温かく包容力のある印象の「あき」の音を活かして。

男の子

燦	あきら
燦至	きよし
燦斗	きらと
光燦	みつあき
燦心	よしみ

女の子

燦	さん
燦夏	あきな
燦良	きよら
燦羅	きらら
燦利	きらり

駿

シュン
名 たかし
とし はやお

足が速く優れた馬をいい、優れる、優れた人、速いなどの意味を表す。スポーツの得意な子になるように。

ヒント 「しゅん」の音は、フレッシュな風のよう。確かな信頼感と知性をもつ「とし」の音は、女の子にも。

男の子

駿	はやお
早駿	さとし
駿基	しゅんき
駿介	しゅんすけ
駿偲	たかし

女の子

小駿	こはや
駿佳	しゅんか
千駿	ちはや
駿姫	としき
駿羽	としは

曙

ショ
あけぼの
名 あき
あきら あけ

空が明るくなりはじめる時刻、あけぼのの意味を表す。夜明けの光のように輝く未来を願って。

ヒント キュートで明るく、輝きのある「あき」の音を使うと、男女ともに使いやすい。先頭字にも止め字にも。

男の子

曙	あきら
曙人	あきと
曙登	あきと
曙昌	あきまさ
照曙	てるあき

女の子

曙夏	あきか
曙帆	あきほ
曙乃	あけの
曙美	あけみ
千曙	ちあき

篠

ショウ しの
名 ささ

矢をつくるのに用いる細いしの竹、ササを表す。しっとりした和風のイメージがある字。「しの」の読みで人気。

ヒント 「しの」の音でやわらかさと優しさを、「しょう」の音で深く優しい光のイメージをプラスして。

男の子

篠也	ささや
篠武	しのぶ
篠倭	しのわ
篠英	しょうえい
篠吾	しょうご

女の子

篠	しの
篠穂	ささほ
篠萌	ささめ
篠歩	しのぶ
美篠	よしの

檀

ダン まゆみ
名 せん

樹木の名で、車の材料になった。日本では、弓、こけしの材料になる樹木のマユミを表す。読みが名前向き。

ヒント 母性愛と幸福感のある「まゆみ」の音で女の子に。男の子向きの「だん」の音は、力強くリッチな印象。

男の子

檀	だん
檀矢	せんや
檀里	せんり
檀久	だんく
檀之介	せんのすけ

女の子

檀	まゆみ
檀花	せんか
檀実	まゆみ
檀良	まゆら
檀李	まゆり

瞳

トウ ドウ
ひとみ
名 あきら
め

澄んだひとみの意味から、無心に見つめる様子の意味も表す。純真で素直な子に育つことを願って。

ヒント 強い情熱とパワーをもつ「ひとみ」の音が女の子に人気。男の子には「あきら」や「とう」の音でも。

男の子

瞳	あきら
明瞳	あきと
志瞳	しどう
瞳冴	とうご
瞳夢	どうむ

女の子

瞳	ひとみ
綾瞳	あやめ
心瞳	ここみ
瞳望	ひとみ
夢瞳	ゆめ

優

ユウ
やさしい
すぐれる
名 かつ
すぐる ひろ
まさ まさる
ゆ ゆたか

優しい、上品、優れる、手あつい、ゆったりの意味のほか、「俳優」のように役者の意味もある。人気のある字。

ヒント 男女ともに大人気。定番の「ゆう」の音は思慮深く繊細《せんさい》でロマンチック。「まさ」などの読みでも。

男の子

優	ゆたか
耀優	あきまさ
優規	かつき
優琉	すぐる
天優	たかまさ
優翔	まさと
哉優	やひろ
優希	ゆうき
優斗	ゆうと
優真	ゆうま

女の子

優慧	かつえ
優梨	すぐり
千優	ちひろ
優姫	まさめ
万優	まひろ
優衣	ゆい
優花	ゆうか
優奈	ゆうな
優愛	ゆな
優美子	ゆみこ

彌

ビ ミ いや いよいよ や
名 ひさ ます みつ やす

「弥」のもとの字。久しい、遠い、大きい、行き渡るなどの意味を表す。スケール感のある字。

ヒント 優しく開放感にあふれる「や」や、みずみずしい印象の「み」の読みで、止め字や万葉仮名風に。

男の子	
聖彌	きよみ
天彌	たかます
彌至	ひろゆき
彌希	やすき
悠彌	ゆうや

女の子	
彌華	ひさか
茉彌	まみ
彌来	みく
彌美	みつみ
彌々子	ややこ

翼

ヨク つばさ
名 すけ たすく

つばさ、左右に張り出したもののほか、助ける意味も。大空を自由に飛ぶイメージ。のびのびと育つように。

ヒント 開放的な力強さと、さわやかなスター性のある「つばさ」の音で、男の子にも女の子にも。

男の子	
翼	つばさ
大翼	だいすけ
翼来	たすく
洋翼	ようすけ
龍翼	りゅうすけ

女の子	
佳翼	かよ
暉翼	きよ
翼沙	つばさ
翼姫	つばめ
茉翼	まつば

瞭

リョウ あきらか
名 あき あきら

明らか、ひとみが明るく澄んでいる意味。また、はるか彼方の意味も。目を輝かせて未来を夢見るような子に。

ヒント キュートで輝く「あき」の音で、「明」のかわりに使っても。「りょう」の音は気品があり賢く華やか。

男の子	
瞭	あきら
瞭未	あきみ
悠瞭	はるあき
瞭我	りょうが
瞭真	りょうま

女の子	
瞭那	あきな
瞭帆	あきほ
智瞭	ちあき
瞭佳	りょうか
瞭子	りょうこ

18画

嶺

レイ みね
名 ね

みね、山の頂のほか、山並み、山道、坂などの意味を表す。困難に負けない強い子になることを願って。

ヒント 理知的でスマートな「れい」、やすらぎと温かさのある「ね」の音で。女の子には優しい印象の字と一緒に。

男の子	
和嶺	かずみね
高嶺	たかね
嶺央	みねお
嶺偉	れい
嶺登	れいと

女の子	
嶺音	ねね
真嶺	まれい
萌嶺	もね
瑠嶺	るみね
嶺未	れいみ

鎧

ガイ よろい

よろい、特に金属製のよろいを表す。革製のよろいは「甲」である。自分や家族をしっかり守れる人に。

ヒント 戦いに向かう姿が目に浮かぶ、勇ましい字。「がい」の音で、力強さと集中力を感じさせる名前に。

男の子	
鎧	がい
鎧亜	がいあ
鎧人	がいと
鎧斗	がいと
鎧馬	がいま
鎧矢	がいや
鎧弥	がいや
洸鎧	こうが
世鎧	せいが
大鎧	たいが

騎

キ
名 のり

馬に乗る、またがるの意味を表す。また、馬以外に乗る意味にも使う。人生という荒馬をうまく乗りこなして。

ヒント 「き」の音は、生命力にあふれ、個性的な印象。中世の騎士のように、勇気と礼節をあわせもつ人に。

男の子	
一騎	かずき
騎良	きら
豪騎	ごうき
征騎	まさのり
勇騎	ゆうき

女の子	
騎帆	きほ
紗騎	さき
騎果	のりか
騎子	のりこ
万騎	まき

観

カン
名 あき まろ み みる

あたりを見まわすことを表し、よく見るの意味。ものの見方、考え方の意味もある。真実や事の本質を見抜く人に。

ヒント 愛らしくてフレッシュな印象の「み」の音で止め字にすると新鮮。無邪気で愛される「かん」の音でも。

男の子	
観時	かんじ
知観	ちあき
秀観	ひでみ
観我	まろか
遼観	りょうかん

女の子	
観奈	かんな
朔観	さくみ
月観	つきみ
観玖	みるく
李観	りみ

繭

ケン まゆ

蚕《かいこ》が糸をはき出して身をおおう、まゆの意味を表す。蚕のまゆは生《き》糸《いと》の原料になる。包容力のある人に。

ヒント 和の手仕事を連想させる字。「まゆ」の音で、満ち足りた充実感と優しさにあふれるイメージをプラス。

女の子	
小繭	こまゆ
繭花	まゆか
繭紀	まゆき
繭子	まゆこ
繭野	まゆの
繭帆	まゆほ
繭美	まゆみ
繭夢	まゆむ
繭來	まゆら
繭李	まゆり

顕

ケン
名 あき あきら たか てる
旧 顯

神霊の現れることをいい、明らか、明らかにする、いちじるしいの意味を表す。抜きんでた存在になるように。

ヒント 元気で明るく朗《ほが》らかな「あき」の音が使いやすい。「けん」の音には、少年のやんちゃな魅力がある。

男の子

顕	あきら
顕冴	けんご
顕登	けんと
顕埜	たかの
俊顕	としあき

女の子

顕	あき
顕希	あきこ
顕子	あきな
顕奈	ちあき
千顕	てるみ

繍

シュウ
名 あや ぬい

織物に細かい模様を入れることをいい、刺繍、縫い取りした布を表す。字形、音、意味ともに美しい字。

ヒント 「あや」の音はあどけなくミステリアス。「しゅう」の音には、俊敏《しゅんびん》さとともに落ち着きがある。

男の子

繍	しゅう
繍輝	あやき
繍人	あやと
絹繍	きぬい
繍平	しゅうへい

女の子

繍	あや
繍音	あやね
繍莉	あやり
沙繍	さあや
美繍	みしゅう

瞬

シュン
またたく

またたく、まばたくの意味から、きわめて短い時間を表す。フットワークがいい行動派にぴったりの字。

ヒント 「しゅん」の音はフレッシュな風のよう。弾《はず》むような愛らしさがあり、好奇心のままに動いて大成する。

男の子

光瞬	こうしゅん
瞬佑	しゅんすけ
瞬太	しゅんた
涼瞬	りょうしゅん
瞬一郎	しゅんいちろう

女の子

瞬	しゅん
瞬音	しゅのん
瞬夏	しゅんか
瞬那	しゅんな
瞬理	しゅんり

穣

ジョウ
みのる ゆたか
名 おさむ しげ
旧 穰

穀物が豊かに実ることをいい、豊か、実るの意味を表す。繁栄するの意味もある。実り多い人生を願って。

ヒント 温かく慈愛に満ち、包容力のある印象の「じょう」のほか、「みのる」「ゆたか」などの読みを活かして。

男の子

穣	みのる
穣霧	おさむ
穣慈	じょうじ
穣琉	みのる
穣果	ゆたか

女の子

穣穂	しげほ
穣実	しげみ
穣架	じょうか
夏穣	なゆた
穣里	みのり

織

ショク シキ
おる
名 おり はとり り

布を織る、はた織り、綾絹《あやぎぬ》、織物の意味のほかに、組み立てるの意味もある。手仕事の温かみを感じさせる字。

ヒント 「おり」と読んで、止め字にすると男女ともに使いやすい。包容力と知性を感じさせる名前に。

男の子

惟織	いおり
一織	いっしき
織人	おりと
真織	まおり
悠織	ゆうり

女の子

織	はとり
愛織	あおり
織絵	おりえ
織冴	おりざ
佳織	かおり
紗織	さおり
咲織	さり
枝織	しおり
栞織	しおり
稚織	ちおり
仁織	にしき
陽織	ひおり
美織	みおり
織空	りく
織紗	りさ

雛

スウ ひな

ひな、ひよこ、幼児の意味のほか、ひな人形の意味も表す。かわいらしさと同時に将来性を感じさせる字。

ヒント 「ひな」の音で、かわいいおひな様のイメージに、謎めいた魅力とやわらかい存在感をプラスして。

女の子

雛	ひな
雛菜	ひな
雛姫	ひなき
雛李	ひなり
雛子	ひなこ
雛多	ひなた
雛乃	ひなの
雛実	ひなみ
雛梨	ひなり
雛名子	ひなこ

藤

トウ ふじ
名 かつら つ ひさ

つる性落葉植物のフジ。薄紫色の花が房になって垂れる。また、カズラ類の総称。上品な美しさを感じさせる字。

ヒント 「ふじ」の音で想像力豊かでクリエイティブな名前に。「とう」の音で努力家で信頼感のある人に。

男の子

彬藤	あきひさ
藤雅	とうが
藤吉	とうきち
藤吾	とうご
藤丞	とうすけ

女の子

藤	かつら
藤枝	ふじえ
藤香	ふじか
藤胡	ふじこ
美藤	みつ

櫂

トウ かい
名 こずえ たく

舟をこぐ道具で、かい、さおをいう。また、船自体のことも表す。しっかり人生のかじ取りができるように。

ヒント 好奇心と行動力にあふれる「かい」、信頼厚く努力家の「とう」の音で。「曜」「燿」と間違えないように。

男の子

櫂	かい
櫂斗	かいと
櫂耶	かいや
櫂海	たくみ
櫂河	とうが

女の子

櫂	こずえ
櫂空	かいあ
櫂良	かいら
櫂帆	たくほ
櫂子	とうこ

曜

ヨウ
かがやく
名 あき
あきら　てる
ひかり

一週間のそれぞれの日を表す語のほか、輝き、明らかの意味を表す。特に日の光をいう。明るく元気な子に。

ヒント 元気で明るく朗《ほが》らかな「あき」の音や、おおらかで思いやりがあり、場をなごませる「よう」の音で。

男の子
曜 あきら
曜登 あきと
曜良 あきら
光曜 みつてる
曜助 ようすけ

女の子
曜 ひかり
曜帆 あきほ
曜海 てるみ
曜歌 ようか
曜子 ようこ

燿

ヨウ
かがやく
名 あき
あきら　てる
ひかり

輝く、光、明らかなどの意味を表す。ふつう日光を曜、火の光を燿と区別する。明るい輝きをはなつ人に。

ヒント 明るく輝くような「あき」、おおらかで優しい印象の「よう」の音で。「曜」「燿」と混同しないように。

男の子
燿 あきら
燿旺 あきお
燿生 てるき
陽燿 はるあき
燿亮 ようすけ

女の子
燿 あき
燿夏 あきか
燿名 てるな
燿璃 ひかり
燿加 ようか

臨

リン　のぞむ
名 み

上からのぞきこんで見る、のぞむの意味。おさめる、目の前にする、その時になる、の意味も。堂々と立つ人に。

ヒント 「りん」の音は、華やかで輝きをはなつイメージ。はつらつとみずみずしい「み」の音で使っても新鮮。

男の子
臨 のぞむ
崇臨 たかみ
秀臨 ひでみ
臨児 りんじ
臨帆 りんほ

女の子
臨 りん
慧臨 えりん
歌臨 かりん
臨海 のぞみ
花臨 はなみ

藍

ラン　あい

青色の染料をつくる草のアイを表す。藍色の意味も。出藍《しゅつらん》の誉れとは、弟子が師匠を超えること。

ヒント 親しみやすく愛される「あい」、美しく可憐《かれん》で華やかな「らん」の音。「愛」や「蘭」のかわりにも。

男の子
藍 らん
藍希 あいき
藍杜 あいと
藍駈 らんく
藍眞 らんま

女の子
藍 あい
藍愛 あい
藍加 あいか
藍玖 あいく
藍紗 あいしゃ
藍菜 あいな
藍乃 あいの
藍枇 あいび
藍実 あいみ
藍璃 あいり
藍澄 あすみ
鈴藍 すずらん
優藍 ゆらん
藍世 らんぜ
里藍 りらん

類

ルイ　たぐい
名 とも
なお　なし
よし

旧 類

たぐい、似たものの集まり、仲間、似る、似ているなどの意味を表す。多くの友達に恵まれるように。

ヒント 「るい」の音は、華やかさと知性をもち、気品にあふれている。「る」の音を活かして万葉仮名風にも。

男の子
類 るい
類哉 ともや
類喜 なおき
類斗 よしと
類爾 るいじ

女の子
類佳 ともか
類美 なおみ
羽類 はなし
類可 るか
類名 るな

19画

艶

エン
あでやか
つや
名 おお
もろ　よし

つや、あでやか、なまめかしい、つやっぽく美しいなどの意味を表す。魅力たっぷりの女性に。

ヒント つややかな美しさの印象の字。「つや」と読むと、あでやかさにミステリアスな雰囲気も加わる。

女の子
艶美 えみ
艶雅 おおが
艶子 つやこ
美艶 みよし
艶音 もろね
艶永 よしえ
艶栄 よしえ
艶香 よしか
艶乃 よしの
艶実 よしみ

麒

キ
名 あきら

麒麟《きりん》は、中国の伝説上の動物。縁起がいい動物とされた。また、麒麟児は才知に優れた賢い子のこと。

ヒント 麒麟のオスが麒、メスが麟とされる。個性的な印象の「き」の音で、先頭字にも止め字にも。

男の子
麒 あきら
祥麒 しょうき
天麒 たかき
優麒 ゆうき
麒之介 きのすけ

女の子
麒恵 きえ
麒更 きさら
万麒 まき
釉麒 ゆうき
麒羅利 きらり

鏡

キョウ　かがみ

名 あき　あきら　かね　とし　み

鏡、レンズ、眼鏡のほか、手本、手本にするなどの意味を表す。心の澄んだ、真実を見極《みきわ》められるような人に。

ヒント 「きょう」と読むと、目をひく個性派に。「明鏡止水《めいきょうしすい》」のことばのように、澄んだ静かな心をもつ人に。

男の子
- 鏡　あきら
- 鏡介　きょうすけ
- 瑳鏡　さとし
- 知鏡　ともみ
- 晶鏡　まさあき

女の子
- 愛鏡　あかね
- 鏡歩　あきほ
- 明鏡　あけみ
- 鏡花　きょうか
- 鏡希　みき

識

シキ

名 さと　つね　のり

しるし、しるすの意味から、知る、見分ける、知識、知り合いの意味になった。教養豊かな人になるように。

ヒント 字形の似た「織」ほど使われていない。「しき」は潔い印象、「のり」はりりしく華やかな印象の音。

男の子
- 識史　さとし
- 識人　しきと
- 弐識　にしき
- 真識　まさと
- 望識　みのり

女の子
- 識那　さとな
- 識理　さとり
- 識偲　しきし
- 芳識　はつね
- 美識　みさと

蹴

シュウ　シュク　ける

踏みつける、蹴るなどの激しい動作をいい、踏む、蹴るの意味に使う。サッカー好きにぴったりの字。

ヒント 「蹴る」の意味、「シュート」に通じる、颯爽《さっそう》とした「しゅう」の読みで、サッカー少年のイメージに。

男の子
- 佳蹴　かしゅう
- 蹴児　しゅうじ
- 蹴祐　しゅうすけ
- 蹴亮　しゅうすけ
- 蹴太　しゅうた
- 蹴人　しゅうと
- 蹴斗　しゅうと
- 蹴平　しゅうへい
- 泰蹴　たいしゅう
- 眞蹴　ましゅう

瀬

セ

旧 瀨

浅瀬、川などの浅いところや急流をいう。また、時、折、立場の意味も。順調で苦労の少ない人生を願って。

ヒント 水のように流れるイメージの字に、「せ」の音で、繊細《せんさい》な配慮ができる知的な印象をプラスして。

男の子
- 瀬伊　せい
- 瀬那　せな
- 瀬良　せら
- 早瀬　はやせ
- 百瀬　ももせ

女の子
- 瀬夏　せな
- 千瀬　ちせ
- 七瀬　ななせ
- 莉瀬　りせ
- 瀬利名　せりな

覇

ハ

名 はる

三日月の白い光を表す。長、天下をおさめる者、他にまさる者の意味を表す。何かの覇者になるよう願って。

ヒント 字のもつ抜きんでたイメージに、開放感のある「は」の音で、温かさと気風《きっぷ》のよさがプラスされる。

男の子
- 煌覇　こうは
- 芯覇　しんは
- 覇旺　はお
- 覇玖　はく
- 覇月　はづき
- 覇軌　はるき
- 覇空　はるく
- 覇翔　はると
- 陸覇　りくは
- 覇世斗　はせと

譜

フ

名 つぐ

物事を順序だって書き並べたものの意味。記す、楽譜の意味もある。音楽が好きな人に向く字。

ヒント 「ふ」と読むと、ふわりとした不思議な魅力がプラスされる。「つぐ」の音は豊かな発想力のある印象。

男の子
- 偉譜　いつぐ
- 悠譜　はるふ
- 譜羽　ふう
- 譜玖　ふく
- 譜巳人　ふみと

女の子
- 瑛譜　えふ
- 譜音　つぐね
- 譜希　ふき
- 由譜　ゆふ
- 譜宇風　ふうか

霧

ム　きり

自然現象の霧、また霧のようなもののたとえにも使う。美しくミステリアスなイメージがある字。

ヒント 「む」の音だと物静かで信頼できる印象が、「きり」の音だとエリート感と華やかさが加わる。

男の子
- 暁霧　あきむ
- 霧人　きりひと
- 霧哉　きりや
- 冴霧　さえむ
- 霧伽　むか

女の子
- 亜霧　あむ
- 霧夏　きりか
- 霧浬　きりり
- 沙霧　さぎり
- 里霧　りむ

羅

ラ

名 つら

網、網にかけてとるの意味。また、並べるのほか、薄絹、綾絹《あやぎぬ》の意味も表す。おしゃれな人にぴったりの字。

ヒント 颯爽《さっそう》としていて華やかでクレバーな雰囲気の「ら」の音で。「羅馬」はイタリアのローマのこと。

男の子
- 貴羅　きら
- 世羅　せら
- 泰羅　たいら
- 汰羅　たつら
- 羅旺　らおう

女の子
- 愛羅　あいら
- 沙羅　さら
- 聖羅　せいら
- 紅羅々　くらら
- 妃羅李　ひらり

蘭

ラン

名 か

観賞用植物のランを表す。また、秋の七草のフジバカマの意味もある。香るような美しさを感じさせる字。

ヒント 「らん」の音は、美しく可憐《かれん》で華やかな一方、大胆で鮮やかな行動をとる一面も。「か」の音を活かしても。

男の子
- 阿蘭　あらん
- 蘭偉　かい
- 蘭人　らんと
- 蘭丸　らんまる
- 蘭逗斗　かずと

女の子
- 蘭　らん
- 蘭南　かな
- 鈴蘭　すずらん
- 星蘭　せいら
- 佑蘭　ゆか

麗

レイ
うるわしい
名 あきら　かず
うらら　よし　より
れ

並んだ鹿の角の形で、うるわしい、美しい、鮮やかなどの意味を表す。美少年、美少女にぴったりの字。

ヒント つつしみ深くも華やかな「れい」や、洗練されていて憧《あこが》れの的の「れ」の音で、より美しい印象に。

男の子

麗羅	あきら
麗貴	かずき
麗二	れいじ
麗門	れいと
麗央	れお

女の子

麗	うらら
知麗	ちより
魅麗	みよし
麗來	れいら
麗音	れおん

麓

ロク　ふもと

山のふもと、すそ野をいう。また、大きな林の意味もある。山すその自然のように、心豊かな人になるように。

ヒント 「ろく」の音で、ミステリアスなイメージの名前に。「ろ」の音を活かして、万葉仮名風にも。

男の子

麓	ろく
大麓	だいろく
麓埜	ろくや
麓朗	ろくろう
麓平	ろっぺい

女の子

比麓	ひろ
美麓	みろく
麓亜	ろあ
麓花	ろくか
麓菜	ろくな

20画

巌

ガン　いわお
名 いわ　お
みち　みね
よし

旧 巖

神を祭る山上の岩場をいい、岩、いわおの意味に使う。高い、険しいの意味も。おごそかなイメージの字。

ヒント しっかりとした強い意志をもつ印象の字。「お」と読んで止め字にすると、落ち着いた印象がプラスされる。

男の子

巌	いわお
巌基	いわき
巌斗	がんと
峻巌	たかみね
丈巌	たけお
岳巌	たけお
花巌	はなみち
悠巌	ひさよし
巌道	みねみち
勇巌	ゆうがん

馨

ケイ　キョウ
かおる
かぐわしい
名 か
かおり　きよ
よし

もとは黍酒《きびざけ》の香りをいい、香り、香るの意味。いい影響や評判の意味もある。みんなに好かれる子に。

ヒント 賢くりりしい印象の「かおる」「かおり」と読む名前が人気。「きょう」「けい」などの読みも使いやすい。

男の子

馨太	きょうた
馨史	きよし
馨介	けいすけ
郁馨	ゆうか
馨鷹	よしたか

女の子

馨	かおる
馨奈	かな
馨香	きょうか
馨花	けいか
馨都	けいと

響

キョウ
ひびく
名 おと
なり　ひびき

旧 響

向かい合って共鳴する音をいい、ひびく、ひびき、音などの意味になった。打てばひびくような利発な子に。

ヒント 「きょう」と読むと輝くような強さをもつ印象に。「おと」「なり」「ひびき」の名乗りを活かしても。

男の子

響	ひびき
響輝	おとき
響也	おとや
響瑚	きょうご
響平	きょうへい
慈響	しげなり
天響	たかなり
七響	なおと
響都	なりと
響詞	なりふみ

女の子

響	きょう
響瑛	おとえ
響羽	おとは
響美	おとみ
響花	きょうか
響歌	きょうか
琥響	こなり
妃響	ひなり
響香	ひびか
響己	ひびき

護

ゴ
名 さね
まもる　もり

守る、かばう、防ぐ、守りのほかに、「護符」のようにお守りの意味もある。家族や友達を大事にする人に。

ヒント 温かで豊かな「まもる」、落ち着きと頼りがいのある「もり」、迫力と愛嬌《あいきょう》の同居する「ご」の音で。

男の子

護	まもる
啓護	けいご
護人	さねと
諄護	じゅんご
真護	まさもり

女の子

壱護	いちご
茉護	まさね
眞護	まもり
護朱	もりす
護音	もりね

譲

ジョウ ゆずる
名 せむ のり まさ よし
旧 讓

悪霊をはらい清め、責めることばをいい、ゆずる、へりくだるの意味を表す。謙虚で芯の強い子になるように。

ヒント 周囲の人から愛される「じょう」、やわらぎと重厚さのある「ゆず」の音で、さらに上品な名前に。

男の子

譲	ゆずる
晏譲	あんせむ
敬譲	たかよし
譲人	まさと
譲己	ゆずき

女の子

譲香	じょうか
譲音	まさね
美譲	みのり
譲葉	ゆずは
譲莉	ゆずり

耀

ヨウ かがやく
名 あき あきら てる ひかり

「燿」と同じ字。輝く、照る、光などの意を表す。明らかの意も。きらりと輝きをはなつ人に。

ヒント 「よう」と読むと懐《ふところ》深く包みこむ印象が、「あき」と読むと元気で明るい印象がプラスされる。

男の子

耀	あきら
大耀	たいよう
拓耀	ひろあき
耀賀	ようが
耀介	ようすけ

女の子

千耀	ちあき
耀未	てるみ
耀利	ひかり
芙耀	ふよう
耀子	ようこ

21画

櫻

オウ さくら
名 おさ

「桜」のもとの字。樹木のユスラウメをいうが、日本ではサクラを表す。サクラは日本を象徴する花。字も人気。

ヒント 「さくら」の音で女の子の1字名にはもちろん、おおらかで包容力のある「お」の音で止め字にしても。

男の子

櫻來	おうら
櫻汰	さくた
那櫻	なお
悠櫻	ゆうさく
櫻志朗	おうしろう

女の子

櫻	さくら
櫻美	さくみ
櫻子	さくらこ
詩櫻	しお
知櫻	ちさ

鶴

カク つる
名 ず たず つ

鳥のツルを表す。古来鳴き声の気高さで人気があり、また長寿のシンボルでもある。長く幸福な人生を願って。

ヒント 白い色のたとえとしても使われる字。上品さを感じさせる「ず」の音で、気高く美しい印象を増して。

男の子

鶴紀	たずき
汰鶴	たつる
鶴翼	つばさ
充鶴	みつる
和鶴斗	かずと

女の子

惟鶴	いつる
多鶴	たず
千鶴	ちづる
美鶴	みつ
亜鶴美	あつみ

轟

ゴウ とどろく
名 こう

車を三つ合わせた形で、車の音がひびき渡ることをいい、とどろく意味を表す。世に名をとどろかせるように。

ヒント 大きな音が鳴りひびくイメージ。「ごう」の音で圧倒的に強い印象を増して。男の子の名前に使いたい字。

男の子

轟	ごう
轟基	ごうき
轟毅	ごうき
轟憲	ごうけん
轟祐	ごうすけ
轟世	こうせい
轟太	ごうた
轟平	こうへい
正轟	せいごう
轟己	とどろき

露

ロ ロウ つゆ
名 あきら

つゆのほか、あらわす、あらわれるの意味に使う。また潤す、恵むの意味もある。心優しい人になるように。

ヒント しっとりとして透明感のあるイメージの字に、「ろ」の音で可憐《かれん》さと落ち着きをあわせもつ印象をプラス。

男の子

露	あきら
露良	あきら
汰露	たろ
露暉	つゆき
比露眸	ひろむ

女の子

心露	こころ
珠露	みろ
露沙	ろうさ
露来	ろうら
露美	ろみ

22画

鷗

オウ　かもめ

海鳥のカモメを表す。カモメは海、港を象徴する鳥で、鳥好きでなくても海が好きなら使ってみたくなる字。

ヒント 「おう」の音でおおらかで包容力のある印象を加えて。慣用字体の「鴎」は名づけには使えない。

男の子

鷗我	おうが
鷗来	おうき
鷗佑	おうすけ
飛鷗	ひおう
鷗太郎	おうたろう

女の子

鷗	かもめ
鷗愛	おうら
真鷗	まお
海鷗	みお
李鷗	りお

讃

サン　たたえる

名 あき

ほめる、たたえるの意味を表す。助けるの意味も。人から称賛されるようなことをやり遂げる人になるように。

ヒント 颯爽《さっそう》として快活な「さん」、キュートで明るい「あき」の音で。「さ」の音だけを活かして万葉仮名風にも。

男の子

讃牙	さんが
讃午	さんご
讃太	さんた
岳讃	たかあき
讃太郎	さんたろう

女の子

讃	あき
讃埜	あきの
知讃	ちあき
美讃	みさ
讃帆里	さほり

23画

鑑

カン　かんがみる

名 あき　しげ　あきら　み　のり　みる

「監」はもと鏡のこと、見るの意味から手本、見極《みきわ》めるの意味になった。人の手本となるような人に。

ヒント 「あき」「あきら」の音で、さらに知的で明るくのびやかな印象に。無邪気で愛される「かん」の音でも。

男の子

鑑	あきら
鑑汰	かんた
鑑己	しげき
辰鑑	たつのり
宙鑑	ひろみ

女の子

鑑絵	あきえ
明鑑	あけみ
知鑑	ちあき
鑑玖	みく
鑑空	みるく

鷲

シュウ　わし

鳥のワシを表す。猛禽《もうきん》の代表で、速さ・強さから百鳥の王とされる。強さと威厳をもつ人に。

ヒント 力強いイメージの字に、「しゅう」の音で、颯爽《さっそう》としながらも落ち着きのある印象をプラス。

男の子

鷲	しゅう
鷲翔	しゅうと
鷲矢	しゅうや
大鷲	たいしゅう
鷲緒	わしお

女の子

鷲夏	しゅうか
鷲菜	しゅうな
杜鷲	とわ
美鷲	みわ
鷲加羽	わかば

24画

鷹

ヨウ　たか

名 まさ

猛禽の代表的な鳥のタカを表す。日本では、鷹狩りは神意を問う占いであった。強く気高い人に。

ヒント 「たか」の音で、さらに信頼感のあるリーダーの印象に。おおらかで思いやりのある「よう」の音でも。

男の子

鷹飛	たかと
天鷹	たかまさ
鷹也	たかや
鷹良	たから
鷹山	ようざん

女の子

鷹奈	たかな
鷹埜	たかの
鷹絵	まさえ
鷹美	まさみ
夕鷹	ゆたか

麟

リン

中国の伝説上の動物である麒麟《きりん》を表す。吉兆として現れる霊獣。麒麟児は才知に優れた子のこと。

ヒント 光輝くさまも表す漢字。「りん」のひびきで、かわいらしさの中に理知的な印象をあわせもつ名前に。

男の子

麒麟	きりん
麟駈	りく
麟空	りんく
麟児	りんじ
麟太郎	りんたろう

女の子

麟	りん
可麟	かりん
茉麟	まりん
結麟	ゆうりん
麟愛	りら

鷺

ロ さぎ

水鳥のサギ、シラサギを表す。真っ白い色が尊ばれ、雪客《せっかく》などの異名もある。清廉なイメージの字。

ヒント 透き通るような白さを感じる字。「ろ」と読むと、かわいさと落ち着きをもつ名前に。

男の子

- 亜鷺 あさぎ
- 真鷺 しんろ
- 珀鷺 はくろ
- 灯鷺 ひろ
- 鷺杜 ろと

女の子

- 佳鷺 かろ
- 鷺里 さぎり
- 鷺美 ろみ
- 朱鷺名 ときな
- 陽衣鷺 ひいろ

column

字源より語のイメージを大切に

字源《じげん》=漢字の意味とは限らない

漢字の由来、もともとの意味を「字源」といいます。

「負」の字源は、「財宝を背にする人」です。しかし「負斗志」「負佑華」などの名前は一般的ではありません。「負債」「負傷」「負ける」といった語のイメージが強いためでしょう。漢字のもともとの意味が薄れてしまったのです。

一方、字源よりプラスの意味に変化したため、名前によく使われるようになった字もあります。

「優」は喪に服した人が悲しむ姿をかたどった字ですが、転じて「やさしい」とか「すぐれる」という意味を表すようになり、男女を問わず人気の字になりました。

現代の名づけでは語のイメージを重視して

名前にはできるだけ字源のいい字を使いたいもの。でも、「字源のいい字=名前にふさわしい字」とは限りません。字源にとらわれすぎず、漢字を使った用語の意味やイメージを思い浮かべながら、楽しく漢字を選びましょう。

漢字が名前向きかどうかは、歴史・文化や慣習による地域差や個人の感覚の差が大きく、いちがいにはいえません。しかし、子ども本人や社会に抵抗のない名前にすることは忘れず心がけたいものです。

漢字の例

- **正** 他国へ進軍して攻撃する ← 正しい
- **美** 成熟した大きい羊 ← 美しい・よい
- **益** 鉢《はち》から水があふれる様子 ← ふえる
- **魅** 物《もの》の怪《け》 ← 人の心をひきつける
- **若** 巫女《みこ》が祈る姿 ← 若い
- **不** 花のめしべをかたどったもの ← ～ではない（否定）

漢字1字の名前・漢字3字の名前

読み方によって、
凜《りん》とした印象にも優しい印象にもなる
漢字1字の名前は、
昔も今も大人気。
漢字3字の名前は、
華やかで個性的な雰囲気になります。

漢字1字の名前 男の子

1画

一 いち ひで はじめ

2画

力 ちから りき

3画

丈 じょう

大 ひろ だい まさる

4画

元 げん はじめ

仁 じん ひとし

公 ただし とも

允 まこと

友 ゆう とも

5画

玄 げん

巧 こう たくみ

正 ただし まさし

司 つかさ

汀 なぎさ

永 ひさし

央 ひろ

弘 ひろし こう

広 ひろし こう

6画

旭 あさひ あきら

在 ある

汐 うしお

圭 けい

迅 じん

匠 たくみ しょう

光 ひかる こう

有 ゆう ある

亘 わたる

7画

亨 きょう とおる すすむ

究 きわむ

秀 しゅう ひで

伸 しん

佐 たすく

作 つくる

孜 つとむ あつし

希 のぞむ

麦 ばく むぎ

邑 ゆう さとし

佑 ゆう たすく

良 りょう

伶 れい

8画

青 あお せい しょう

東 あずま

歩 あゆむ

英 えい あきら すぐる

治 おさむ

学 がく まなぶ

岳 がく たけし

弦 げん

昊 こう そら

茂 しげる

周 しゅう あまね めぐる

空 そら

卓 たく すぐる

拓 たく ひろし

武 たけし

孟 たけし

享 とおる すすむ

知 とも

尚 なお しょう ひさし

直 なお ただし

昇 のぼる しょう

斉　ひとし　ただし
拓　ひろし
実　みのる
和　やまと
侑　ゆう
怜　れい

9画

海　うみ　かい
恢　かい　ひろ
洸　こう　ひかる
柊　しゅう
俊　しゅん
洵　じゅん　まこと
信　しん　まこと
昴　すばる
奏　そう
威　たけし　たける
律　ただし　りつ
洋　ひろし　よう
柾　まさし
南　みなみ
勇　ゆう　いさみ
宥　ゆう
祐　ゆう
亮　りょう
玲　れい　あきら

10画

晃　あきら　こう
格　いたる　つとむ　こう
恭　きょう　やすし
桂　けい
拳　けん
剣　けん
耕　こう　おさむ
航　こう　わたる
剛　ごう　たけし
朔　さく
悟　さとる　さとし
修　しゅう　おさむ
隼　しゅん　じゅん
峻　しゅん　たかし
純　じゅん　すなお
将　しょう　まさ
真　しん　まこと
晋　しん　すすむ
起　たつ
造　つくる　はじめ
勉　つとむ　べん
哲　てつ　さとる
通　とおる　みち　なお
透　とおる
晄　ひかる　こう
浩　ひろし　こう
泰　やすし　ひろし
竜　りゅう
凌　りょう
連　れん

11画

彬　あきら
理　おさむ　まさる
彗　けい
啓　けい
健　けん　たけし
絃　げん
康　こう　やすし
皐　こう　すすむ
脩　しゅう　おさむ　なお
淳　じゅん　すなお
惇　じゅん　まこと
渉　しょう　わたる
章　しょう　あきら
進　しん　すすむ
逸　すぐる
爽　そう　あきら
窓　そう
崇　たかし
隆　たかし　りゅう
逞　たく
猛　たけし　たける
規　ただし　のり
強　つよし　ごう
渚　なぎさ
唯　ゆい　ただし
悠　ゆう　はる
陸　りく
崚　りょう
涼　りょう

12画

葵　あおい
朝　あした　はじめ
敦　あつし
開　かい
凱　がい
堅　けん　つよし
硯　けん　げん
港　こう　みなと
皓　こう
渾　こん
智　さとし　とも
滋　しげる
竣　しゅん　たかし
閏　じゅん
順　じゅん　すなお　なお
勝　しょう　まさる　すぐる
湘　しょう
翔　しょう　かける
尋　じん　ひろし
晴　せい　はる

漢字1字の名前

惺 せい　あきら
創 そう　つくる　はじむ
湊 そう　みなと
貴 たかし
敬 たかし　けい
温 はる　あつし
陽 はる　よう　あきら
博 ひろ　ひろし
湧 ゆう
裕 ゆう　ひろし
遊 ゆう
雄 ゆう　たけし
結 ゆう　ゆい
嵐 らん　あらし
椋 りょう
渡 わたる

13画

蒼 あお　そう
詩 うた
煌 きら　こう　あきら
源 げん　はじめ
滉 こう　あきら
舜 しゅん
詢 じゅん
新 しん　あらた
慎 しん
聖 せい　きよし
誠 せい　まこと
靖 せい　やすし
想 そう
嵩 たかし
資 たすく
雅 ただし　まさし　みやび
暖 だん
寛 ひろし　かん
誉 ほまれ
稔 みのる　ゆたか
睦 むつむ　あつし
幹 もとき　かん
豊 ゆたか
稜 りょう
蓮 れん
廉 れん　すなお

14画

碧 あお
魁 かい
駆 かける
豪 ごう
聡 さとし　そう
彰 しょう　あきら
颯 そう　はやて
輔 たすく
竪 ただし　なお
肇 はじめ　けい
聞 ぶん
寧 やすし
綾 りょう
漣 れん

15画

勲 いさお
潮 うしお
鋭 えい
駈 かける
慶 けい
慧 けい　さとし
潤 じゅん
諄 じゅん　まこと
毅 たけし
徹 てつ　とおる
輝 てる　あきら　ひかる
諒 りょう
遼 りょう
凜 りん

16画

篤 あつし
叡 えい　さとし
衛 えい　まもる
薫 かおる
憲 けん　あきら
賢 けん　さとし
諭 さとし
繁 しげる
親 しん　ちかし
整 せい　おさむ
樹 たつき　たつる　いつき
龍 りゅう
燎 りょう
錬 れん

17画

駿 しゅん
翼 つばさ　たすく
優 ゆう　すぐる　まさる
嶺 れい

18画

顕 けん　あきら
瞬 しゅん
燿 よう　かがや
臨 りん　のぞむ
類 るい

20画

響 きょう　ひびき
馨 けい　かおる
譲 じょう　ゆずる
耀 よう　あきら

21画

轟 ごう

23画

鑑 かん　あきら

漢字1字の名前 女の子

2画
- 七 なな

3画
- 与 くみ
- 夕 ゆう
- 弓 ゆみ

4画
- 天 あめ てん
- 文 あや ふみ
- 心 こころ
- 月 つき るな
- 友 とも ゆう
- 巴 ともえ
- 日 はる
- 円 まどか
- 水 みな
- 仁 めぐみ

5画
- 出 いずる
- 乎 かな
- 叶 かな
- 布 しき たえ
- 玄 しず
- 司 つかさ
- 矢 なお
- 汀 なぎさ みぎわ
- 広 ひろ
- 史 ふみ あや
- 冬 ふゆ
- 由 ゆう
- 立 りつ
- 令 れい
- 礼 れい あや

6画
- 灯 あかり
- 朱 あき
- 旭 あさひ
- 安 あん
- 糸 いと
- 衣 きぬ
- 圭 けい
- 早 さき
- 汐 しお
- 伎 たくみ
- 凪 なぎ
- 光 ひかり ひかる
- 妃 ひめ
- 百 もも
- 有 ゆう
- 如 ゆき
- 羊 よう
- 好 よしみ

7画
- 杏 あん あんず
- 初 うい
- 吟 うた
- 冴 さえ
- 里 さと
- 更 さら
- 忍 しのぶ
- 李 すもも
- 希 のぞみ
- 伸 のぶ
- 花 はな はる
- 寿 ひさ
- 麦 むぎ
- 佑 ゆう
- 邑 ゆう
- 良 りょう
- 伶 れい

8画
- 青 あお せい
- 明 あき めい
- 采 あや
- 歩 あゆみ あゆむ
- 育 いく
- 苺 いちご まい
- 弦 いと
- 祈 いのり
- 茅 かや
- 佳 けい
- 果 このみ
- 幸 さち みゆき ゆき
- 直 すなお なお
- 苑 その あや
- 空 そら
- 昊 そら
- 宙 そら ひろ
- 季 とき
- 知 とも
- 朋 とも
- 尚 なお ひさ
- 波 なみ
- 和 のどか やまと なごみ
- 典 のり
- 英 はな
- 牧 まき
- 松 まつ ときわ
- 岬 みさき
- 迪 みち
- 京 みやこ
- 芽 めい
- 侑 ゆう
- 來 ゆき
- 依 より

- 怜 れい

9画

- 娃 あい
- 茜 あかね
- 星 あかり ほし
- 秋 あき
- 映 あきら
- 郁 あや ふみ いく
- 活 いく
- 泉 いずみ
- 海 うみ
- 咲 えみ さき
- 衿 えり
- 音 おと
- 香 かおり かおる
- 風 かぜ ふう
- 奏 かな かなで
- 哉 かな
- 洵 じゅん
- 紀 のり
- 春 はる
- 洋 ひろ
- 奎 ふみ
- 紅 べに
- 柑 みかん
- 皆 みな
- 南 みなみ
- 洛 みやこ
- 祐 ゆう
- 柚 ゆず ゆう
- 美 よしみ
- 律 りつ
- 玲 れい

10画

- 紋 あや もん
- 晏 あん
- 梅 うめ
- 笑 えみ
- 恋 こい れん
- 朔 さく
- 桜 さくら
- 倖 さち ゆき
- 祥 さち
- 栞 しおり
- 純 じゅん すみ
- 紗 すず たえ
- 素 すなお
- 珠 たま たまき
- 紡 つむぎ
- 夏 なつ
- 華 はな はんな
- 晄 ひかる
- 姫 ひめ
- 紘 ひろ
- 哩 まいる
- 真 まこと さな
- 通 みち
- 恵 めぐみ けい
- 恩 めぐみ
- 桃 もも
- 透 ゆき
- 倫 りん

11画

- 梓 あずさ
- 彩 あや
- 菖 あやめ
- 庵 いおり
- 絃 いと
- 唱 うた
- 絆 きずな
- 梢 こずえ
- 埼 さき
- 皐 さつき
- 爽 さや さやか
- 雫 しずく
- 偲 しのぶ
- 涼 すず りょう
- 菫 すみれ
- 紬 つむぎ
- 渚 なぎさ
- 望 のぞみ
- 悠 はるか ゆう
- 眸 ひとみ
- 蛍 ほたる
- 毬 まり
- 都 みやこ
- 萌 もえ
- 椛 もみじ はな
- 唯 ゆい
- 雪 ゆき
- 陸 りく
- 梨 りん

12画

- 葵 あおい
- 晶 あき
- 瑛 あきら
- 椅 あづさ
- 絢 あや じゅん
- 詠 うた
- 湖 うみ
- 景 けい
- 琴 こと
- 惺 しずか
- 朝 とも あさ
- 温 のどか
- 陽 はる
- 晴 はる
- 遥 はるか

媛 ひめ
尋 ひろ
稀 まれ
道 みち
湊 みなと
港 みなと
結 ゆい ゆう
湧 ゆう わく
紫 ゆかり
葉 よう
琳 りん

13画

愛 あい かな まな めぐみ
蒼 あおい
暉 あきら
詩 うた
楓 かえで ふう
絹 きぬ
聖 さと さくら
鈴 すず りん
鼓 つづみ
椿 つばき
暖 はる のん
寛 ひろ
誉 ほまれ
蒔 まき
幹 みき
路 みち
雅 みやび
睦 むつみ
夢 ゆめ ねね

14画

碧 あおい みどり
綾 あや
綺 あや
緒 いとは
歌 うた
静 しずか
滴 しずく
颯 そよ
綴 つづる
遥 はるか
翠 みどり
緑 みどり
嘉 よしみ
綸 りん いと
瑠 るう

15画

璃 あき
編 あみ
慧 けい
憬 けい
澄 すみ
遼 はるか
舞 まい
縁 ゆかり
凜 りん
凛 りん
黎 れい

16画

燈 あかり
鮎 あゆ
憩 いこい
樹 いつき
薫 かおり かおる
穏 しず
錫 すず
蕾 つぼみ
澪 みお れい

17画

環 たまき
翼 つばさ
瞳 ひとみ
檀 まゆみ
鞠 まり
優 ゆう
嶺 れい

18画

藍 あい らん
繍 あや
雛 ひな
繭 まゆ

類 るい

19画

蘭 らん
麗 れい うらら

20画

耀 あき ひかる
馨 かおり かおる
響 ひびき

21画

櫻 さくら

漢字3字の名前 男の子

明日翔　あすと
篤斗志　あつとし
一平太　いっぺいた
勝之進　かつのしん
久仁彦　くにひこ
蔵之介　くらのすけ
憲一郎　けんいちろう
健太郎　けんたろう
晃之輔　こうのすけ
虎太郎　こたろう
琥太郎　こたろう
朔太郎　さくたろう
早十史　さとし
佐斗視　さとみ
周五郎　しゅうごろう

翔太郎　しょうたろう
大伊牙　たいが
多可士　たかし
知佳志　ちかし
翔来馬　とくま
直太朗　なおたろう
那央矢　なおや
七南斗　ななと
波也人　はやと
巴琉樹　はるき
晴比古　はるひこ
日出起　ひでき
陽出登　ひでと
陽向大　ひなた
日向冴　ひゅうご
飛雄馬　ひゅうま
比呂之　ひろゆき
楓由貴　ふゆき

眞古人　まこと
磨砂生　まさお
真佐彦　まさひこ
万佐哉　まさや
康比古　やすひこ
矢真門　やまと
雄二郎　ゆうじろう
悠之介　ゆうのすけ
由希雄　ゆきお
雪之丞　ゆきのじょう
陽一郎　よういちろう
璃希也　りきや
俐久門　りくと
隆乃介　りゅうのすけ
亮一郎　りょういちろう
遼太郎　りょうたろう
倫太郎　りんたろう
凛乃介　りんのすけ

漢字3字の名前 女の子

明日香　あすか
亜芽梨　あめり
安莉沙　ありさ
衣知花　いちか
恵美里　えみり
愛莉衣　えりい
絵梨花　えりか
愛里奈　えりな
歌衣來　かいら
佳保里　かおり
玖美子　くみこ
沙耶香　さやか
小百合　さゆり
紗里名　さりな
詩央莉　しおり

菜桜子　なおこ
夏津希　なつき
那都美　なつみ
菜々羽　ななは
野々花　ののか
杷琉香　はるか
日向子　ひなこ
陽菜乃　ひなの
向日葵　ひまわり
帆奈美　ほなみ
穂乃香　ほのか
麻衣子　まいこ
真姫帆　まきほ
茉名実　まなみ
万柚子　まゆこ
眞理子　まりこ
満理奈　まりな
海沙季　みさき

美都紀　みつき
実乃里　みのり
心芙結　みふゆ
美由紀　みゆき
実和子　みわこ
萌絵莉　もえり
萌々花　ももか
八重花　やえか
由希南　ゆきな
柚芽乃　ゆめの
友梨恵　ゆりえ
百合香　ゆりか
優里菜　ゆりな
理紗子　りさこ
莉乃芭　りのは
梨々花　りりか
瑠美奈　るみな
和可奈　わかな

PART
5

姓名の画数をもとにして

開運から名づける

基礎知識

姓名判断で運気を高める名前を贈ろう

何を手がかりに考える？

STEP1 「五運《ごうん》」を知る

まずは、「五運」と呼ばれる画数の組み合わせを知りましょう。これらを吉数に整えれば運勢のよい名前になります。

候補はいくつかあるから、いちばん運勢のよい名前にしよう

STEP2 「陰陽五行説」を知る

「五運」にこだわるだけでも充分ですが、さらに念入りに吉名をつけたい場合は、陰陽五行説《ごぎょうせつ》の観点からも名前の画数を整えてみましょう。

完璧！
五運も陰陽も五行のバランスも……

画数と組み合わせで幸運度がアップ

赤ちゃんが一生つきあっていく名前。せっかくなら運気を高める名前を贈りたいと考える人もいます。

姓名判断では、画数《かくすう》・陰陽《いんよう》・字《じ》義《ぎ》・読み（音韻《おんいん》）など、さまざまな要素の吉凶《きっきょう》を見ます。なかでも重要視されているのが画数です。

姓名を構成する画数そのものに吉凶があり、さらにそれをうまく組み合わせることで、子どもがもって生まれた運気を改善したり、これからの幸福な人生のガイドラインづくりをしたりできるとされています。

姓名判断に基づく名づけのポイントは、欲張らないこと。大吉数ばかりの大げさな姓名より、凶の要素の少ない組み立てのほうが、幸福な人生をおくることが多いようです。

運を上げるなら個性的より普通の名前

最近では、子どもに珍名・奇名に類するような名づけをする傾向が強まっているようです。

個性を求める親心は理解できますが、奇なるものは凶に通じるといわれるように、画数やひびきがどれほどいいものでも、珍名・奇名は決して吉名とはなりません。

姓名判断でも、古来「最良の名前は普通の名前の中にこそある」とされているのです。

名づけの際は、次のような名前はできるだけ避けましょう。

× 難しい名前
× 悪印象の名前
× 不自然な名前
× かたよった名前
× 性別逆転の名前

珍名・奇名は、ほとんどが親の自己満足の産物。思いこみや一時の気まぐれ、流行に流された名づけをして、あとで子どもに悲しい思いをさせないよう、充分に気をつけてください。

ラッキーネームがすぐ見つかる！

本書では、自分の姓に合った運のよい名前の画数がすぐに見つかる「姓の画数別　吉数と名前のリスト」を用意しています。日本の姓の多様さは世界一ですが、本書は全国に5000世帯以上ある姓をほぼカバーしました。8割以上の方に使っていただけます。

まずはリストを使って、赤ちゃんにぴったりのラッキーネームを見つけてみてください。

せっかくなら運のいい名前にしたいけど……
なんか大変そうだよね……
そんなことありません！　リストを見れば簡単にラッキーネームが見つかるよ！
幸せ名前事典
リストを使ってすぐ名づけに取りかかりたい方はP427へ
その前に姓名判断のしくみを知りたい方はP404へ
幸せ名前事典

＊P427～478の「姓の画数別　吉数と名前のリスト」に自分の姓の画数が載っていない場合は、P414～415の「自分で一から名づけるときの手順」を読んでください。

ラッキーネームの基本「五運」は吉数で組み立てる

姓名判断の基本「五運」を知ろう

姓名の運気を表す五つの要素を「五運《ごうん》」と呼びます。

姓名を構成するすべての文字の画数の合計が総格、姓の部分の合計が天格、名の部分の合計が地格、姓の最後の1字と名の最初の1字の合計が人格、総格から人格を引いた画数が外格です（霊数を使わない場合）。それぞれ、人生のある時期や対人関係などの運をつかさどっています。

候補名をフルネームで書いて、五運を計算してみましょう。「姓名字数別　五運早見表」（→P407）を参考にしてください。

画数は現在使われている新字体で計算

画数の数え方には諸説ありますが、本書では今日一般的に使われている新字体を基本にします。

文字は生き物であり、時代とともに変化する存在。現代に生きているわたしたちは、自分自身が普段実際に使っている字体を用いるのが自然だと考えます。

五運はできるだけ吉数を使って

名づけでは、できるだけ五運の数全部を吉数で構成するようにします。ただし、天格（＝姓の総画数）は凶数でも問題ありません。

五運はいずれも人生に大きく関わる要素ですが、音や文字を優先すると、すべてを吉数にするのは難しいかもしれません。その場合は、総格と人格を優先します。数の吉凶《きっきょう》は、「画数別の運勢」（→P416～P424）を見てください。

数にはさまざまな側面があり、長い人生では、凶数がよい働きを見せるケースもあります。しかし、生涯《しょうがい》を通じて見ると、やはり悪影響のほうが強くなるものです。

赤ちゃんの名前は、できるだけ吉数で組み立てましょう。

姓名判断の基本「五運」

姓名を構成するさまざまな文字。
その画数の組み合わせが生み出す5つの画数が「五運」です。
五運のそれぞれが表す運気や特徴をおさえておきましょう。

天格

姓の総画数。家系の運気を表す。最晩年の運気に影響を与えるが、基本的に吉凶には無関係。

別名は「祖《そ》運《うん》」。

外格

恋愛・結婚を含めた対人関係や職業運を示すほか、人格の補佐的な働きをすることも。生涯を通じて影響力をもつ。

●人格

姓の最後の文字と、名の最初の文字との合計画数。青年～中年期の運勢を示し、本人の性格や行動が最も強く表れる。

●総格

姓名の総画数。
主として中年期以降の運勢を示すが、生涯を通じてもっとも影響力の大きな数。
別名は「後年運」。

地格

名の総画数。
その人の核となる部分や、少年～青年期の運勢・性向を示す。
別名は「前運」。

それぞれに大切な意味がありますが、
特に大事なのが「総格」と「人格」です。

＊２字姓＋２字名以外の五運の計算のしかたは、P406～407 を参照してください。

姓名字数別の「五運」の数え方

五運《ごうん》の計算は2字姓2字名が基本。それ以外の人もそれに準じますが、いくつか留意点があります。

1字姓や1字名の場合

1字姓や1字名の場合は「霊数」と呼ばれる補助数を用いて算出します。たとえば石神太《いしがみふとし》さんや林柊宇也《はやししゅうや》さんの五運は、例A・Bのように計算します。霊数は仮の数なので、総格には含めません。

霊数は原則として1を補います。ただ、10歳くらいまでの子どもは、霊数なしで計算したほうが実態に即した鑑定結果が出ることもあります。このため、幼少年期の運勢を特に気にする場合は、霊数を補っても霊数なしでも吉数になるように組み立ててもよいでしょう。成人したあとの運勢は、霊数1を補って見たほうが正確です。

なお、1字姓で1字名だと、外格が2で固定してしまいます。2は不安定な数なので（↓P417）、避けたほうが無難でしょう。

3字姓や3字名の場合

3字姓や3字名では、姓の最初の2字と名の最後の2字をまとめて考えます（例C）。人格や外格の計算で迷うかもしれませんが、人格はつねに姓の最後の文字と名の最初の文字の画数の合計です。

外格は、霊数を用いる場合（姓または名が1字のとき）は総画数−《マイナス》人格+1、それ以外の場合は総画数−《マイナス》人格です。

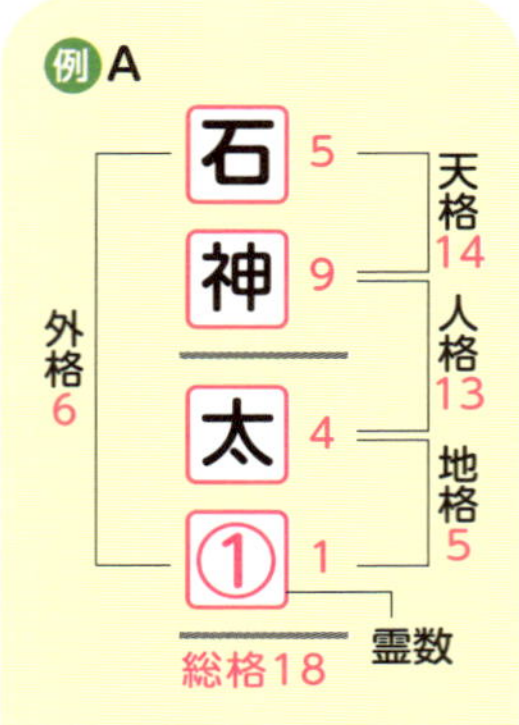

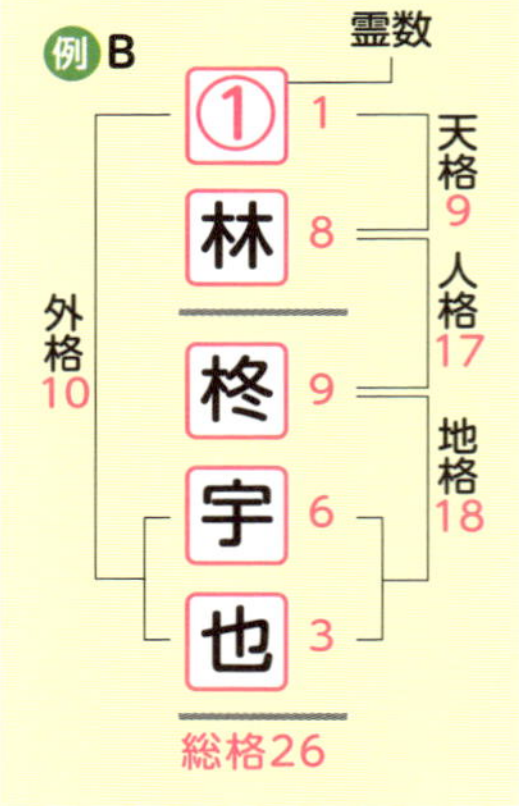

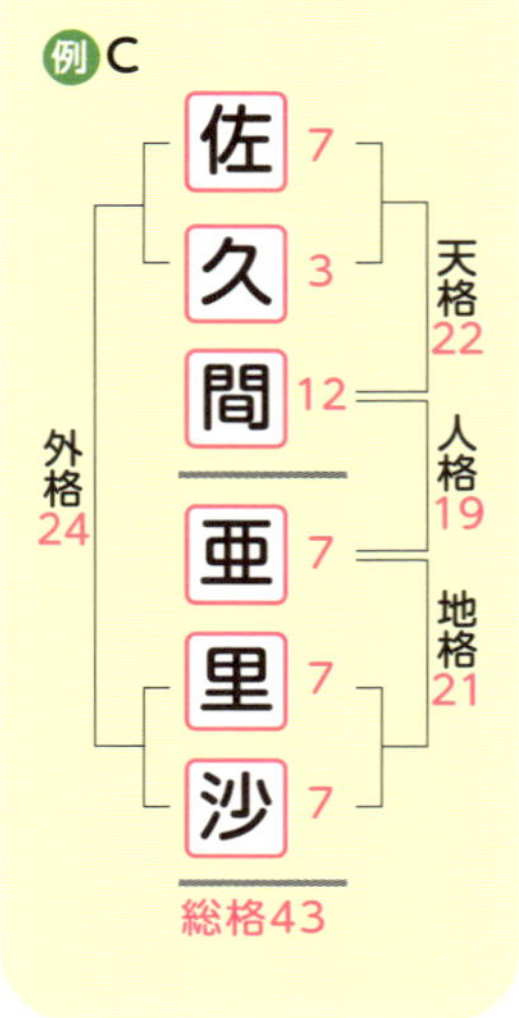

姓名字数別　五運早見表

姓が1字／名が1字

① A ― B ①（霊数）

天格①＋A　人格A＋B
地格B＋①　外格①＋①
総格A＋B

姓が1字／名が2字

① A ― B C

天格①＋A　人格A＋B
地格B＋C　外格①＋C
総格A＋B＋C

姓が1字／名が3字

① A ― B C D

天格①＋A　人格A＋B
地格B＋C＋D
外格①＋(C＋D)
総格A＋B＋C＋D

姓が2字／名が1字

A B ― C ①

天格A＋B　人格B＋C
地格C＋①　外格A＋①
総格A＋B＋C

姓が2字／名が2字

A B ― C D

天格A＋B　人格B＋C
地格C＋D　外格A＋D
総格A＋B＋C＋D

姓が2字／名が3字

A B ― C D E

天格A＋B　人格B＋C
地格C＋D＋E
外格A＋(D＋E)
総格A＋B＋C＋D＋E

姓が3字／名が1字

A B C ― D ①

天格A＋B＋C　人格C＋D
地格D＋①　外格(A＋B)＋①
総格A＋B＋C＋D

姓が3字／名が2字

A B C ― D E

天格A＋B＋C　人格C＋D
地格D＋E　外格(A＋B)＋E
総格A＋B＋C＋D＋E

姓が3字／名が3字

A B C ― D E F

天格A＋B＋C　人格C＋D
地格D＋E＋F
外格(A＋B)＋(E＋F)
総格A＋B＋C＋D＋E＋F

姓または名が４字以上（霊数を用いる場合を除く）

天格…姓の総画数　人格…姓の最後の文字の画数＋名の最初の文字の画数
地格…名の総画数　外格…総格−《マイナス》人格　総格…すべての文字の合計画数

陰陽五行説

画数だけじゃない！陰陽五行説でさらに幸運に

東洋の占いの基礎は中国の陰陽五行説

陰陽説《いんようせつ》、五行説《ごぎょうせつ》と呼ばれる二大思想が生まれたのは古代の中国。はるか数千年前のことです。陰陽説と五行説は歴史の流れの中で統合され、陰陽五行説が成立しました。完成度の高いこの思想は、後世にひじょうに大きな影響を与えたのです。

東洋の占いには、ほぼすべてこの思想が根底にあります。姓名判断も、基本的にこの陰陽五行説に基づいています。

陰陽説

陰陽説は、あらゆるものは単独で存在するのではなく、陰と陽のような、相反する2つの要素（天地・吉凶《きっきょう》・男女・精神と肉体など）によって成立すると説く。陰が極まれば陽が生じ、陽が極まれば陰がきざし、それぞれが盛衰を繰り返すとされる。

五行説

五行説は、万物《ばんぶつ》が「木・火・土・金・水」の５つの要素によって成り立っているとする考え方。それらの消長、結合、循環によって、すべての現象を説明する。

陰陽説

奇数と偶数の配分で心身の健康を保つ

姓名判断で「陰陽」と呼ばれるのは、姓名を構成する文字の奇数（陽）と偶数（陰）の配分のこと。

ほかの構成要素に問題がなくても、陰陽がかたよっていたり、気の流れを止める配置だったりすると、バランスがくずれ、心身の健康に影響するとされます。

名づけはできるだけ「安全良格」となる配分を心がけましょう。良格にできなくても「凶格」である、単《たん》一《いつ》・分裂《ぶんれつ》・双挟《そうきょう》・中折《なかおれ》にならないように注意しましょう。「分裂」以外は、姓名の切れ目は関係なく判断します。

なお、P427～478「姓の画数別　吉数と名前のリスト」は、1～2字姓、1～2字名を基準にしています。姓や名が3字以上の場合は、左記の「陰陽の安全良格と凶格の例」を参考にして陰陽もチェックしてください。

陰陽の安全良格と凶格の例

［奇数の画数の文字（陽）＝○
偶数の画数の文字（陰）＝●］

陰陽の安全良格

中央で対称にならず、陰陽が適度に混合した形が安全良格です。

姓名の合計が2字

○●　●○

姓名の合計が3字

○○●　●○○
○●●　●●○

姓名の合計が4字

○●○●　○○●○　○●○○
●○●○　●●○●　●○●●

姓名の合計が5字

○●○●●　○●○○●　○●●○●　○●●○○　○○●○●　○○●●○
●○●○○　●○●●○　●○○●○　●○○●●　●●○●○　●●○○●

＊姓名の合計が6字以上の場合もこれに準じます。

陰陽の凶格

単一《たんいつ》…文字が全部奇数か偶数

例　○○　●●●　○○○○

＊同一の陰、または陽が4字以上続く組み立ても避けましょう。

分裂《ぶんれつ》…姓と名で陰陽が二分される（計4字以上の姓名の場合）

例（姓／名）
○○／●●　●●●／○○　○○○／●●●

双挟《そうきょう》…最初と最後の陰陽が同じで、ほかの陰陽をはさむ形（計4字以上の姓名の場合）

例
●○○●　●○○○●　●○○○○●
○●●○　○●●●○　○●●●●○

中折《なかおれ》…双挟以外で上下が対称の形（計5字以上の姓名の場合）

例
●●○●●　●○●○●　●●○○●●　●○●●○●
○○●○○　○●○●○　○○●●○○　○●○○●○

陰陽の見方

姓名を構成する漢字そのものの画数を見ます。五運《ごうん》の数は関係ありません。

安全良格の例

高	10	●
橋	16	●
千	3	○
晶	12	●

総格41

凶格の例（中折）

小	3	○
椋	12	●
貫	11	○
次	6	●
郎	9	○

総格41

吉凶なしの例

安	6	●
藤	18	●
と	2	●
も	3	○

総格29

五つの要素の関わりで運勢が決まる

五行説

木《もく》・火《か》・土《ど》・金《ごん》・水《すい》の五行《ごぎょう》には相関関係があり、相手を活かす組み合わせを「相生《そうしょう》」、損なう組み合わせを「相剋《そうこく》」と呼びます。

相生…木→火→土→金→水（→木）

相剋…木→土→水→火→金（→木）

比和《ひわ》…木と木、火と火など同じ気が重なること。吉凶《きっきょう》いずれもその度合いが増す。

五運（→P405）もそれぞれが五行に分類され、相互の関係が運気に大きな影響を与えるとされています。

天格・人格・地格の五行に注目

姓名判断では、五運のうち、天格・人格・地格の五行の関係を「三才《さんざい》」

五行とその関係

数の五行《ごぎょう》

木…1・2
火…3・4
土…5・6
金…7・8
水…9・0

＊2ケタ以上の場合は一の位の数で見る。

例　15＝土　163＝火

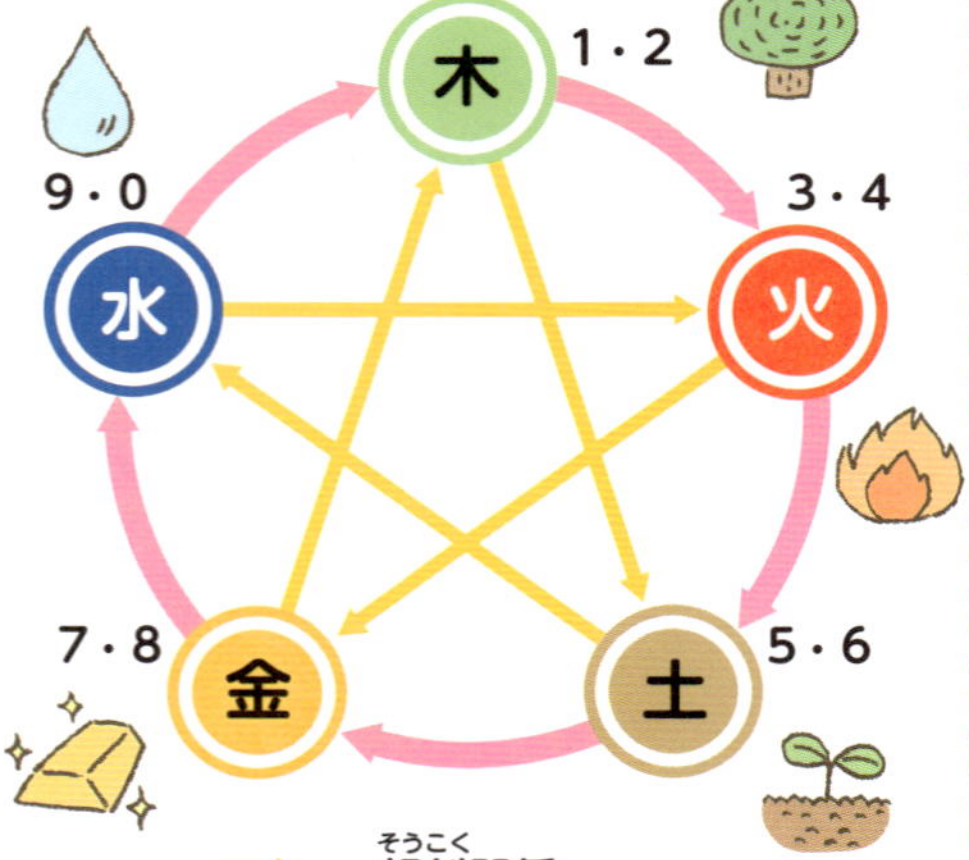

→…相生《そうしょう》関係

- **木生火**…木を燃料として火が燃える
- **火生土**…火が燃えて土（灰）が残る
- **土生金**…土中から金属や鉱物が出る
- **金生水**…金属の表面に水滴が生じる
- **水生木**…水によって植物が生育する

→…相剋《そうこく》関係

- **木剋土**…木の根が土を損なう
- **土剋水**…土が水をせき止める
- **水剋火**…水をかけて火を消す
- **火剋金**…火は熱で金属を溶かす
- **金剋木**…金属の刃物で木を切る

比和《ひわ》　木と木、火と火のように、同じ気の組み合わせが比和。吉凶《きっきょう》にかかわらず増幅する作用がある。姓名判断では、比和は中吉と考える。

として特に重要視します。

五運は、画数によって木・火・土・金・水の五行のいずれかに分類されます（数の五行）。このうちの天格・人格・地格の五行の組み合わせが「三才」です。三才には、総格や外格は関係ありません。

三才は、相性のよい組み合わせなら幸運を増幅してくれますが、相性が悪い組み合わせだと、運気の流れを止め、不運な状態を長引かせてしまいます。

特に吉凶の度合いが大きい三才を下の表にまとめました。表にない場合は「吉凶なし」で、特に問題はありません。

左の例Aでは、天格が金、人格が土、地格が火となっていて、三才は「金－土－火」の大吉格です。例Bでは、天格が木、人格が土、地格が木となっていて、三才は「木－土－木」の凶格です。

なお、三才は大きな影響力をもつ要素ですが、五運よりも優先すべきではありません。三才を吉格にすることにこだわって、五運を損なわないでください。まずは、五運が凶格にならないよう、吉数で組み立てることが先決です。三才は、そのうえでの補助的な役割と考えます。

例A

西 6
森 12
文 4
音 9

天格18（金）
人格16（土）
地格13（火）
外格15
総格31

例B

① 1（霊数）
梶 11
友 4
希 7

天格12（木）
人格15（土）
地格11（木）
外格8
総格22

三才早見表（天格・人格・地格）

大吉格

木-木-土／木-火-土／木-水-金
火-木-土／火-木-火／火-土-金
土-火-木／土-金-水／金-土-火
金-水-木／水-木-火／水-木-土
水-金-土

吉格

木-木-水／木-火-木／木-火-火
火-火-木／火-土-火／火-土-土
土-土-火／土-金-土／土-金-金
金-金-土／金-水-金／金-水-水
水-木-木／水-木-水／水-水-金

凶格

木-土-木／木-土-水／火-金-火
火-金-水／土-火-水／土-水-火
土-水-土／土-水-水／金-木-金
金-木-水／金-火-金／金-火-水
金-土-水／金-水-火／水-火-水
水-水-土

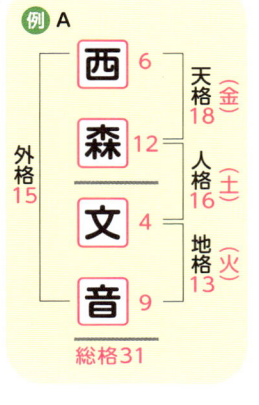

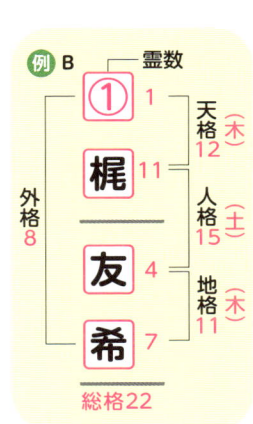

同格を避けて災いから身を守る

「同格《どうかく》」とは、姓名を構成する文字の画数や五運に同じ数字が出ることです。

同格をもつ人は、事故や災難に遭《あ》ったり、人間関係で失敗したりしやすくなるとされています。

同格と似た働きをする「天地《てんち》衝《しょう》突《とつ》」とあわせて、名づけでは避けるようにしましょう。

同格・天地衝突の例

天地同格

天格（姓）と地格（名）の画数が同じ。

例A

文字	画数
河	8
西	6
源	13
①（霊数）	1

天格14　人格19　地格14　外格9　総格27

例B

文字	画数
赤	7
松	8
末	5
桜	10

天格15　人格13　地格15　外格17　総格30

横同格

人格と外格の画数か、地格と外格の画数、または人格・地格・外格の画数がすべて同じ。

例A　人格と外格が同じ

文字	画数
川	3
崎	11
秀	7
輝	15

天格14　人格18　地格22　外格18　総格36

例B　地格と外格が同じ

文字	画数
杉	7
之	3
内	4
珠	10
栄	9

天格14　人格14　地格19　外格19　総格33

天地衝突

姓と名の最初の文字の画数が同じ。霊数は入れないで考える。

例A

文字	画数
①（霊数）	1
桂	10
剛	10
彦	9

天格11　人格20　地格19　外格10　総格29

例B

文字	画数
小	3
笠	11
原	10
万	3
梨	11
那	7

天格24　人格13　地格21　外格32　総格45

姓名判断のQ&A

Q 気に入った名前の運勢がよくなければ、変えたほうがいい？

A 凶名は変えてあげて

結論からいうと、どんなに気に入った名前でも、運勢が悪いとわかったら変えることをおすすめします。

凶名であることを知らなかったり、姓名判断をまったく信じなかったりするのならともかく、凶名と知りながら名づけてしまうのは後悔のもとです。

こだわりのある部分と、画数や字義などをすり合わせて、バランスのよい名づけをしてあげてください。

Q 同じ名前なのに本によって吉凶が違うのはなぜですか？

A 姓名判断には多くの流派があります

名前を使う占法には多くの流派や種類があります。主流は明治時代に確立された画数を用いた方法ですが、多くの占者や研究者が、独自の工夫や改良を重ねるうち、互いに矛盾が生まれ、現在では、すべての流派で吉名となる名前は存在しなくなっています。

本書は主要流派のノウハウを用いて、占いの精度を高めています。どうぞ安心してご利用ください。

Q 戸籍上は「齋藤」ですが、普段使うのは「斎藤」です。どちらで考えるべきですか？

A よく使う名前を優先して

微妙な問題です。いずれにも影響力があるので、できれば両方とも吉名となるようにしたいところですね。

あえてどちらかを選ぶなら、よく使う名前を優先しましょう。

ただし、ご質問のようなケースであれば、普段使う名の表記を戸籍と同じ「齋藤」で統一されることをおすすめします。運気の揺らぎが減って、より安定感が増すでしょう。

Q 親の名前から一文字もらうのは運勢的によくないですか？

A 運気を損なう作用はありません

確かに、中国の影響を強く受けた流派ではそうした主張もあるようです。

しかし、親や祖先、尊敬する人物の名前にちなんだ名づけをするという習慣は、日本ではごく一般的なこと。

また、ご存知のように、武家・商家・役者などが代々同じ名前を名乗ることも広く行われています。

ご懸念のように運気を損なう作用はなく、気にする必要もありません。

自分で一《いち》から名づけるときの手順

「姓の画数でわかる名前の吉数リスト」に自分の姓が載っていない人や、しっかり納得して自分で運のよい名づけをしたい人は、次の手順にしたがってみてください。ここでは、「福地」さん夫妻を例にとって説明します。

1 姓の画数を確認する

姓名判断による名づけは、まず、姓の画数の確認からスタート。「福」は13画、「地」は6画なので、天格（＝姓の画数の合計）は19画です。

2 五運を吉数にする①

福地さんの天格は19画なので、P416〜424「画数別の運勢」をもとに、20画以上でになっている数をチェック。23－19＝4、というように、総格が吉数になる地格の数を出します。

2・4・5・10・12・13・14・16・18・19・20・22・26・28・29・33・38

ここから半吉数・凶数（＝2・4・10・12・14・19・20・22・26・28・34）を削除すると、この時点の地格の候補は次の7個です。

5・13・16・18・29・33・38

3 五運を吉数にする②

2で残った地格の候補と、福地さんの天格・19画との組み合わせでできる総格は、次の通り。

24・32・35・37・48・52・57

P416〜424「画数別の運勢」で画数の特徴を見ながら、総格の画数候補を決めます。やはり最も影響が大きいのは総格。たとえば、のびのびと個性を発揮してほしいなら37画、リーダーとして活躍してほしいなら32・48画など、画数の特徴から候補を絞ります。

4 五運を吉数にする③

福地さんは個性を大切にしたいと考え、総画数を37画に決定。よって地格は18画になります。この地格を2つに分けて書き出しましょう。

1＋17、2＋16、3＋15、4＋14、5＋13、6＋12、7＋11、8＋10、9＋9、10＋8、11＋7、12＋6、13＋5、14＋4、15＋3、16＋2、17＋1、18＋①霊数

5 五運を吉数にする④

4で書き出した数字をもとに、人格と外格とが吉数になる組み合わせを出します。これらの数字を次々に地格の部分に当てはめていきましょう。

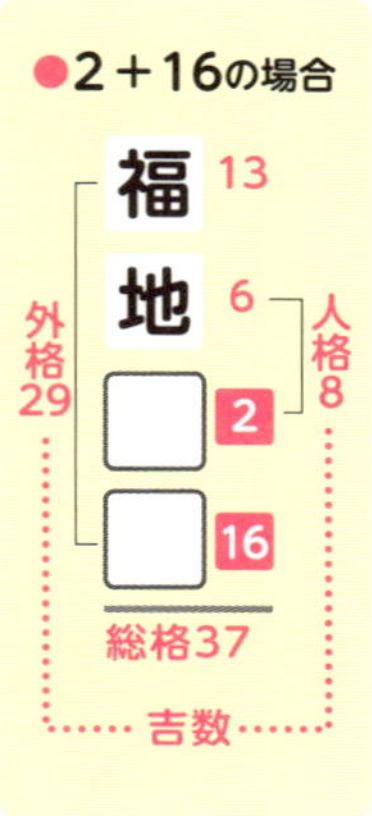

2字以上で外格・人格ともに吉数になる組み合わせは次の4通り。

2＋16（人格8・外格29）
7＋11（人格13・外格24）
10＋8（人格16・外格21）
15＋3（人格21・外格16）

3字名にするには、最後の数を2つに分けます。

6 陰陽を整える

P409の「陰陽《いんよう》の安全良格と凶格の例」を見て、文字の陰陽を整えます。凶格でなければ、無理して安全良格に変えなくても問題はありません。「福地」は奇数○＋偶数●の組み合わせ。2字名の場合は「陰陽の安全良格」の「姓名の合計が4字」のところを見てください。名が○○、○●なら安全良格、●●は吉凶《きっきょう》なし。●○は「双挟《そうきょう》」で凶格になります。

5の4つの候補では、

7＋11、15＋3	○●○○で安全良格
2＋16、10＋8	○●●●で吉凶なし

となり、どれも大丈夫です。3字名の場合も同様にチェックしましょう。

7 三才を整える

P410の「五行《ごぎょう》とその関係」やP411「三才《さんざい》早見表」を見て、三才を整えます。これも凶格でなければよしとします。

「福地」は19画で、五行は水。**5**の候補のうち7＋11だと、三才は「水ー火ー金」になります。

●7＋11の場合

文字	画数		
福	13	天格19	（水）
地	6	人格13	（火）
□	7	地格18	（金）
□	11		

ほかの候補も2＋16…「水ー金ー金」、10＋8…「水ー土ー金」、15＋3…「水ー木ー金」で、いずれもP411の早見表には載っていない「吉凶なし」です。どれも特に問題はありませんが、五行相互の相性で見ると、相生《そうしょう》と比和《ひわ》で成立する2＋16の「水ー金ー金」が最も良好だといえます。

8 同格や天地衝突を確認

P412を参照して、同格《どうかく》や天地《てんち》衝突《しょうとつ》が含まれないか確認。**5**の4つの候補は下記となります。いずれにも、同格や天地衝突はありませんので、すべて命名の候補にすることができます。

これで名前の画数候補のリストアップが完了です。

●10＋8

文字	画数	格
福	13	天19
地	6	人16
□	10	地18
□	8	

外21

●2＋16

文字	画数	格
福	13	天19
地	6	人8
□	2	地18
□	16	

外29

●15＋3

文字	画数	格
福	13	天19
地	6	人21
□	15	地18
□	3	

外16

●7＋11

文字	画数	格
福	13	天19
地	6	人13
□	7	地18
□	11	

外24

9 文字や音を整える

最後に、漢字や音を決めます。無理のある名前になっていないかよく注意しましょう。福地さん夫妻は、子どもが男の子なら「ひろき」という名前に、女の子なら花の名を入れたいと思っていました。PART2やPART4を見て試行錯誤した結果、男の子なら「宏基」に、女の子なら「桃佳」にしようと決めました。

いろいろと悩むのも、名づけの醍醐味のひとつ。愛情をこめて素敵な名前を贈りましょう。

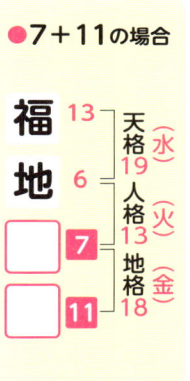

画数別の運勢

画数にはそれぞれ個性があります。
P404～407の説明にしたがって候補の名前の五運《ごうん》の数を出したら、
その画数がどのような特徴をもっているかを確かめておきましょう。
天格以外の総格、人格、地格、外格の４か所を見て判断してください。

マークの見方

 …… 4つしかない超幸運数。運気が強すぎることも。

 …… 大吉数。安定した運気をもたらす安心・安全な数。

 …… 吉数。に準じる運気のバランスのよい数。

 …… 半吉数。吉凶《きっきょう》両面の作用がある数。

 …… 凶数。名づけではできるだけ避けたい数。

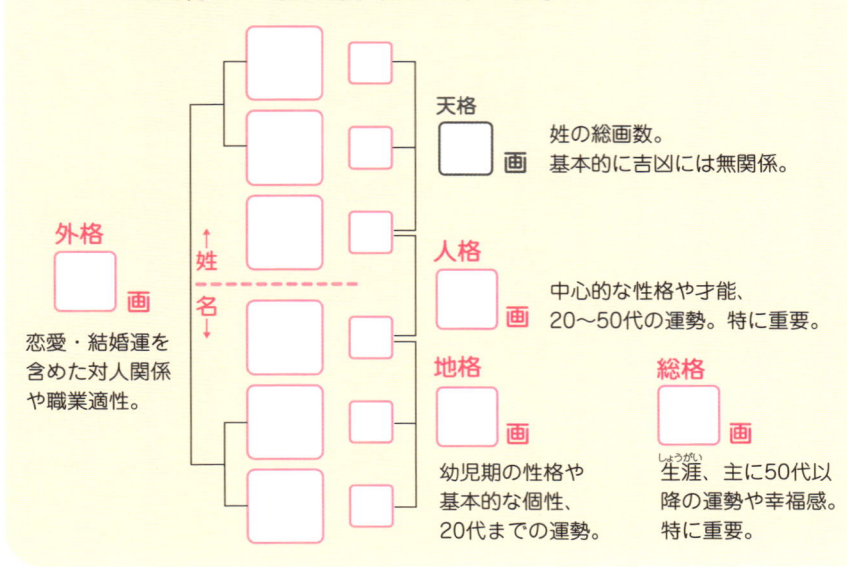

候補名の五運の数をチェック！

候補の名前をフルネームで書き、五運の数を計算して書きこみましょう。
書き方は、五運早見表（→P407）を参考にしてください。

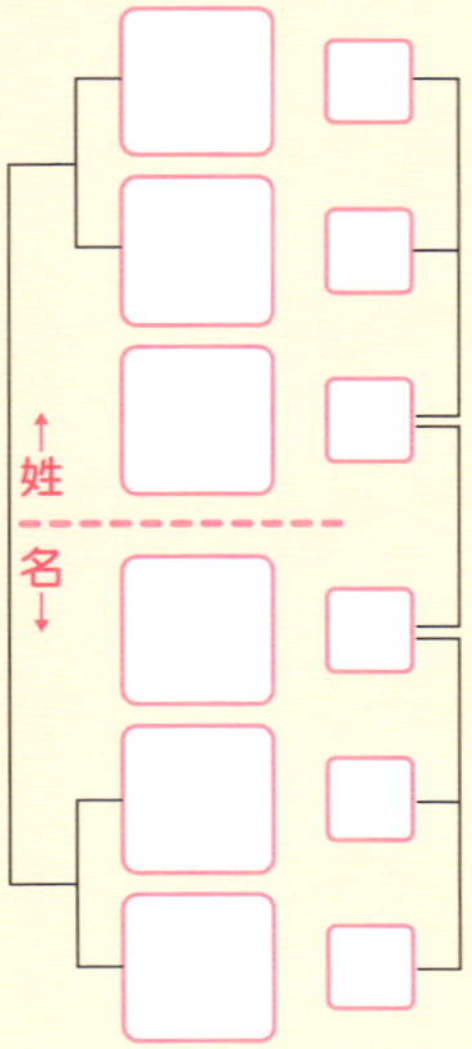

天格 □画
姓の総画数。
基本的に吉凶には無関係。

人格 □画
中心的な性格や才能、
20～50代の運勢。特に重要。

地格 □画
幼児期の性格や
基本的な個性、
20代までの運勢。

総格 □画
生涯《しょうがい》、主に50代以
降の運勢や幸福感。
特に重要。

外格 □画
恋愛・結婚運を
含めた対人関係
や職業適性。

1画 すべてのはじまり最大ラッキー数

判定は…

生命力に満ちた最高の数。本来自分がもつ運勢以上の幸運を得られる。何事も自分中心に動くと感じるため、周囲が振りまわされることが多い。

2画 対立や分裂を招く不安定数

判定は…

気力に乏《とぼ》しく、依存心が強いので、何事も流されがち。内面では激しい葛藤《かっとう》があり、思い悩むことも多い。裏方や副次的な役割で能力を発揮する。

3画 明るく楽しくポジティブに

判定は…

周囲から慕《した》われる天真爛漫《てんしんらんまん》なポジティブキャラ。早熟な人が多い。明るさや積極性が軽薄に見られることもあるが、リーダー気質ももっている。

4画 理解されずに孤立しがち

判定は…

矛盾や悩みを抱え、孤独を感じることが多い。人と距離を置きがちで、恋愛は苦手分野。公務員や得意分野の専門職につけば、精神的にも安定する。

5画 いつでもどこでもパワー全開

判定は…

エネルギーにあふれ、バイタリティも抜群。裏表がないので周囲からかわいがられるが、束縛《そくばく》されるのは苦手。熱しやすく冷めやすいのが玉にキズ。

6画 情《なさけ》は人のためならず

判定は…

幼少時は手のかからない大人びたタイプ。人や社会のために尽くすことが自分の喜びとなることが多い。多くの天分に恵まれ、ラッキー度は高い。

7画 クールで危険なモテキャラ

判定は…

実力派だが、何かと人と争いがち。強い運気を周囲との摩擦で消耗《しょうもう》しないようにしたい。特にモテる人が多く、異性関係で問題を起こすかも。

8画 やる気と根性で成功をつかむ

判定は…

困難に負けない強い意志と実行力をもつタイプ。自分に自信があり、積極的に行動する。タテ社会になじみやすく、体育会系のキャラも多い。

9画 頭はいいけど ツキはないかも

判定は…

労多くして功の少ない損な役回り。周囲から誤解され、繊細《せんさい》さや頭のよさがかえって仇《あだ》になることも多い。幼少時は病弱で、家族との縁も薄くなりがち。

10画 幸せも不幸せも 極端《きょくたん》に走りがち

判定は…

吉凶《きっきょう》ともに極端に走りやすく、波乱に富んだ人生になりがち。忍耐強く、集中力があるので、勝負事やスポーツでは才能を発揮しやすい。

11画 安定感のある 堅実な幸福

判定は…

大ブレークはなくても、温厚な人柄と堅実な努力で、安定した幸福を築いていく。男性はもちろん、女性でも家や会社を背負っていくことが多い。

12画 外見はよくても 中身はともなわず

判定は…

外見ばかり飾って、内容がなかなかともなわない。努力が嫌いで、つねに楽なほうに流れてしまう怠《なま》け者。ただし、口のうまさは天才的。

13画 才能とセンスに 恵まれた人気者

判定は…

周囲から愛され、楽しく華やかな人生をおくることができる。子どものころから利発で、クリエイティブな才能やセンスを発揮する人も多い。

14画 自分に対しても 厳しい批評家

判定は…

内にこもり、孤独を愛するタイプ。何事にも批判的で、自分自身に対しても厳しい。変化の少ない環境に身を置くことで、精神的にも安定する。

15画 人の和の中で 前向きに生きる

判定は…

周囲の人と協調しながら成功する活動家タイプ。負けず嫌いで、変化に対する適応力も高いが、穏《おだ》やかすぎる状況が続くとなまってしまうかも。

16画 大きな幸運を つかめる人

判定は…

凶を吉に、ピンチをチャンスに変える力のある超幸運数。自分の価値観を重視する一方、人や社会に奉仕することに喜びを感じる。傲《ごう》慢《まん》になると失敗する。

21画 組織の中で光るエリート

判定は…

強い意志と恵まれた才能で、自分の目標を実現していく。ワンマン気質だが、トップに立つより、むしろ組織の中で官僚的な能力を発揮するタイプ。

22画 スタミナ不足で尻すぼみ

判定は…

何事も最初は順調だが、途中で挫折《ざせつ》したり尻すぼみになったりすることが多い。ロマンチストの反面、依存心が強く、責任を負うことを避ける傾向が強い。

column 女の子には強すぎる数？

　姓名判断には、女の子に社会的な成功運が強すぎる吉数を使うと、結婚運や家族の運気に悪影響が出るとする考え方があります。パワフルで魅力的な女性の多い現代、こうした考え方はそぐわなくなっていますし、本書でも重視しません。

　しかし、女の子には幸せな結婚と家庭がいちばん大切だ、と考える場合は、総格と人格には次の画数を避けましょう。

女の子に要注意の画数	21・23・29 33・39 画

17画 モテすぎのわがままキャラ

判定は…

自信たっぷりのモテキャラ。実力もあるが、プライドが非常に高く、周囲とぶつかることも多い。自分が打ちこめるものを見つけるのが成功のポイント。

18画 強い上昇志向を実現する勝利者

判定は…

たたき上げでトップを目指すのにピッタリの数。わがままだが、子どものように素直な部分があって嫌われない。ライバルがいると実力以上の力が出る。

19画 人と距離を置く孤高の天才

判定は…

高い能力と才能に恵まれるが、アピール下手だったり、プライドが邪魔をしたりして、なかなか実力を発揮できない。孤独で家族との縁が薄いタイプ。

20画 チャンスを逃すお天気屋

判定は…

お天気屋で、気分しだいで言動が変わる。周囲の人と争うことも多いが、恋愛に関しては優柔不断。補佐や参謀《さんぼう》として相手を支えるとよい。

23画 破竹《はちく》の勢いで天下をとる

判定は…

ひじょうに強い運気をもつ超幸運数。何事にも前向きで、抜群の集中力で目的を達成。いつまでも子どもの心を失わないが、おさえつけられると強く反発する。

24画 金も知恵もある努力家

判定は…

穏《おだ》やかで勤勉。人と協調して実力をたくわえていくタイプ。努力を重ねて幸せを積み上げ、ゆとりのある毎日をおくる。努力を怠《おこた》ると無気力になりがち。

25画 個性の強さは諸刃《もろは》の剣《つるぎ》

判定は…

本来大きな成功を得られる吉数だが、人と争うことで運気が逃げる。個性は大切だが、我《が》を通そうとしすぎないこと。人との和が成功のポイント。

26画 英雄よりも小市民が幸せ

判定は…

才能に恵まれる反面、運気が乱高下《らんこうげ》する波乱運。英雄運をもつためかえって不幸になることも多い。公務員など地道な方法で社会に貢《こう》献《けん》すれば吉。

27画 わが道を行く一匹オオカミ

判定は…

根は善人で、本来の運気は高いのに、協調性に乏《とぼ》しく、好き嫌いが激しいため、親兄弟と争うことも多い。自信過剰《かじょう》にならず、知識や技術を活かせば吉。

28画 笑顔の裏には修羅《しゅら》の道

判定は…

社会的な成功運はあるが、人とのつながりに欠け、精神的に満足することは少ない。強引な言動が目立ち、しばしば誤解されて、非難や中傷で苦しむ。

29画 知恵と決断力で勝ち続ける

判定は…

早くから頭角《とうかく》を現す文武両道《ぶんぶりょうどう》の切れ者。子どものころからけっこう生意気。高い能力とフロンティア精神をもつワンマン気質で、攻めには強いが守りに弱い。

30画 天国もあれば地獄もある

判定は…

運気の変動が激しく、落差が大きい。喜怒哀《きどあい》楽《らく》が乏しいわりに、ふしぎな魅力を感じさせる。投機・ギャンブル運をもつが、天国と地獄はいつも紙一重《かみひとえ》。

31画 人格円満の充実した人生

判定は…

人の和の中で高い能力を発揮し、順調な人生を歩む。心配りもできる実力者なので人望が集まる。豊かな人脈で一国一城《いっこくいちじょう》の主となるのがベスト。

32画 運も味方にして成功する

判定は…

多少の波はあるものの、生涯《しょうがい》を通じて幸運に恵まれる。能力も高く、人づきあいもできるが、苦労知らずで成功を得られるため、わがままになりがち。

33画 野心に満ちた実力派

判定は…

勇気と集中力は天下一品だが、持続力に少々難あり。強きをくじき弱きを助ける気概《きがい》がある反面、敵もつくりやすい。恋愛や家庭生活はけっこう自分本位。

34画 報われにくい縁の下の力持ち

判定は…

内にこもりがちなタイプで、いつもはおとなしいのに、突然不機嫌になることも。大きな組織の中で、コツコツと実績を積み上げるのがベスト。

35画 芸術を楽しんで穏やかな幸せ

判定は…

温厚篤実《おんこうとくじつ》で欲のない人。人と争ったり競ったりするのは苦手。学問や文芸の才能に恵まれる。クリエイティブな自由業向きで、高望みは失敗のもと。

36画 義理人情にあつい苦労人

判定は…

細かいことによく気がつく人情家。実力も人望もあるが、気づくと損な役回りを背負っているタイプ。医者や教師など、社会に貢献する仕事が天職。

37画 個性と能力で充実の人生

判定は…

強い信念と抜群の集中力が成功のカギ。目的に集中しすぎて、ほかがおろそかになりがちなのが難。商才もあるが、技術や知識を活かせればなお可。

38画 学問や文芸で才能を発揮

判定は…

高望みをせず、自分の分に合った幸せをつかむタイプ。まじめな努力家。豊富な知識と優れたセンスをもち、家庭運もよいが、逆境に弱いのが難。

39画 強力な成功運で大きく飛躍

判定は…

実力にも運にも恵まれ、つねに場の中心で活躍する成功者。集中力が高く、勝負事やスポーツで才能を発揮するが、一般家庭の穏《おだ》やかな幸せは難しいかも。

40画 成功と失敗はコインの裏表

判定は…

リーダー格として決断力を見せるが、好不調の波が激しい。駆け引きが得意で、うまく裏と表の顔を使い分ける。日ごろから投機やギャンブルに親しむ。

41画 人もうらやむセレブな人生

判定は…

社会的にも家庭的にも安定した運気が長く続く。実力者で周囲からの信頼もあついが、プライドが高く、ワンマン化して傲慢《ごうまん》な振る舞いが目立つことも。

42画 器用貧乏なのんびり屋

判定は…

頭がよくて器用なわりに、何事にも消極的なのんびり屋。お人好しで決断力に欠け、チャンスを逃しがち。成功するには周囲のサポートが必要。

43画 ときには強情ときには弱気

判定は…

おとなしそうに見えるが、意外とわがままな内弁慶《うちべんけい》タイプ。成功運はあるが経済感覚が鈍く、人間関係で失敗しがち。クリエイティブな仕事が吉。

44画 小市民として地道に生きる

判定は…

幸運度は中の下だが、高望みしなければ安定した人生。温厚な地味キャラと奇人変人とに分かれる。いずれも恋愛に消極的で、孤独になりがち。

45画 タフな状況さえ楽しむ自信家

判定は…

個性的で前向きな実力派。しばしば根拠のない自信に基づいて行動し、周囲をハラハラさせるが、運も味方して、結局はきちんと実績を積んでいく。

46画 意外な面をもつ地味キャラ

判定は…

普段は地味で繊細《せんさい》な人と思われがちだが、大胆な言動で周囲を驚かせることがある。人や社会に尽くすことに喜びを感じ、物質的な成功は二の次。

47画 成功をつかむ明るい努力家

判定は…

まじめな努力家で、性格が明るいため友人も多い。個性派だが、人と衝突《しょうとつ》することは少ない。計画的にステップアップし、成功をつかんでゆく。

48画 頼りがいのある熱いリーダー

判定は…

統率力や実行力があり、大きな仕事をまとめることのできるリーダー。強気でアグレッシブだが、懐《ふところ》が深く、周囲に信頼感を与える。

49画 時代に合わない理想主義者

判定は…

善人だけに迷いが多く、ひとりで悩むタイプ。仕事も恋愛も受け身になりがちで、振りまわされる傾向が強い。宗教や学問にのめりこむこともある。

50画 勝ちきれない勝負師

判定は…

勇気と実力をそなえ、大当たりを出すこともあるが、ここ一番に弱い。好調時は無敵だが、スランプになると長く落ちこむ。家族との縁が薄くなりがち。

51画 大きなピンチを乗り切れば安泰

判定は…

一見リーダータイプだが、人との和を保つことで運気が安定する。人生で何度か訪れるピンチを乗り切れるかどうかがカギ。一《いち》か八《ばち》かの賭けは避けたい。

52画 夢を実現するロマンチスト

判定は…

強い意志と実行力をそなえたポジティブキャラ。トップでもサポート役でも有能だが、自分の夢をもって、その実現に向かうことが成功のカギ。

53画 大失敗はないが大成功もない

判定は…

はじめよければ尻すぼみだが、若いうちに苦労すれば大《たい》器《き》晩成《ばんせい》。よくも悪くも平均的な人生で、本人もバランス感覚を重視する。キャラのわりに異性関係は派手。

54画 能力やセンスをもてあます才人

判定は…

多彩な才能をもちながら、運やチャンス、環境に恵まれず、それをなかなか活かせない。周囲との折り合いも悪く、人間関係で悩みを抱えがち。

55画 不平を抱える気難しい賢者

判定は…

知恵はあってもツキがなく、失意の時期が長そう。神経質で優柔不断、人づきあいが苦手だが、知性を活かせる仕事と理解者を得れば長く安定する。

56画 理想は高いが現状でガマン

判定は…

親切で面倒見のよいタイプだが、正義感を押しつけることがある。意志が弱く、挫折《ざせつ》や路線変更が多い。理想と現実のギャップに悩みがち。

57画 環境適応型の有能な個性派

判定は…

知恵と勇気をそなえた個性派。自分に厳しく、周囲から信頼される実力者で、リーダーとしてもサポート役としても有能。意外と人の好き嫌いが激しい。

58画 苦労の多い大器晩成《たいきばんせい》型

判定は…

若いうちは不安定だが、しだいに運気が上昇し、努力が実を結ぶ。若いときは優柔不断な性格でも、経験や年齢によってしだいに深みを増していく。

59画 自分を愛せない引っこみ思案

判定は…

何事にも受け身で、ネガティブに行動してしまう逃げ腰キャラ。中途半端な自分のことが嫌いだが、専門分野の技術を身につけることで光明が見える。

60画 シニカルなギャンブラー

判定は…

努力や苦労が実らず、斜《しゃ》に構えた辛口の批評家キャラになりがち。一方で機《き》を見るに敏《びん》なギャンブラー気質があり、一発当てることもある。

column　特定の職業に適した画数

将来ついてほしい具体的な職業がある場合は、それに適した画数を用いてみましょう。外格もしくは人格に組みこむのがいちばん強力ですが、それ以外の部分でも一定の効果があります。

商売・貿易関連

11　13　15　18
23　31　32　33
37　41　45　48

歌手・タレント

7　13　17　23
24　27　31　32
37　42　43　47

スポーツ選手

5　8　10　15
18　20　30　33
37　40　45　48

家業を継ぐ

5　6　11　15
16　21　23　29
31　32　41　45

学者・研究者

9　12　19　22
25　28　35　36
37　38　42　47

経営者

5　11　15　16
18　31　32　33
39　41　45　48

公務員・官僚

4　14　21　24
25　26　33　34
36　39　41　44　47

教育関連

6　7　16
17　36　41
46

（幸せな結婚生活）

3　5　11　13
15　24　31　35
37　38　41　45

法律・警察関連

10　11　21
30　31　41

小説家・芸術家

13　22　24
35　37　38

医療関連

6　16　31
32　36　39

ラッキーネームを見つけよう

姓の画数でわかる

名前の吉数リスト

姓の画数別に吉数と代表的な吉名が一覧になったリストです。
自分の姓の画数を調べるだけで、姓名判断の理論やしくみがわからなくても、
ラッキーネームにたどりつくことができます。

リストの見方とラッキーネームの見つけ方

リストは姓の画数順に並んでいます。姓の画数は「漢字一覧」(→P480〜527)、
載っていないときは漢和辞典で確認してください。

姓の例

代表的な姓の例を示しています。画数が合っていれば自分の姓が載っていなくてもOK。

姓の画数

3字姓の場合は(1字目+2字目)+3字目の画数になっています(3字姓の人のための早見表→P478)。

姓に合う名の画数

この画数で名前を考えます。色文字は特に運気のバランスがいいもの。3字名の場合は1字目+(2字目+3字目)の画数。3字姓や3字名の場合は、陰陽のバランスにも注意(→P408〜409)。

名前の例

おすすめの名前の例が載っています。

1 P427〜478から、自分の姓の画数のリストを探します。

2 姓に合う名の画数(吉数)を調べます。

3 吉数をもとに、名前を考えます。PART 4の「漢字と名前のリスト」(→P258〜393)から画数に合う漢字をさがしたり、巻末の「漢字一覧」(→P480〜527)を利用して、音や読みから漢字をさがしたりすることができます。もちろん、下にある名前の例をそのままつけてもOK。

＊リストに自分の姓の画数がない場合は、「自分で一から名づけるときの手順」(→P414〜415)を参照してください。

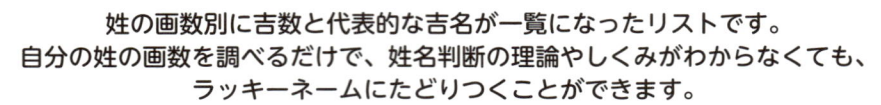

姓の画数と例 2＋4

八木　二木　など

姓に合う名の画数

1字名：7　17

2・3字名：
3+14　4+13　9+16　11+22　12+13　14+3　14+15　19+16　20+13
4+3　9+6　9+23　12+3　12+19　14+9　17+14　20+3
4+11　9+14　11+6　12+11　13+19　14+11　19+6　20+5

名前例

男の子

友也《ともや》 4 3　元康《もとやす》 4 11　心夢《ここむ》 4 13　奏吉《そうきち》 9 6
勇磨《ゆうま》 9 16　恒鷲《こうしゅう》 9 23　崇成《たかなり》 11 6　翔琉《かける》 12 11
釉雅《ゆうが》 12 13　颯澄《はやと》 14 15　優輔《ゆうすけ》 17 14　瀬名《せな》 19 6

女の子

杏《あん》 7　文子《ふみこ》 4 3　友菜《ゆうな》 4 11　香江《かえ》 9 6
音歌《おとか》 9 14　美穂佳《みほか》 9 23　麻帆《まほ》 11 6　稀子《きこ》 12 3
琴深《ことみ》 12 11　静音《しずね》 14 9　鞠歌《まりか》 17 14　蘭樹《らんじゅ》 19 16

姓の画数と例 2＋5

八田　八代　など

姓に合う名の画数

1字名：なし

2・3字名：
3+5　6+19　10+6　11+5　12+19　16+16　19+5　24+14
3+13　8+3　10+14　11+21　13+5　18+6　20+4
3+21　8+16　10+22　12+6　16+15　18+27　20+21

名前例

男の子

夕平《ゆうへい》 3 5　大雅《たいが》 3 13　匠霧《たくむ》 6 19　桜丞《おうすけ》 10 6
真徳《まさのり》 10 14　悠史《ゆうし》 11 5　陽向《ひなた》 12 6　聖史《きよし》 13 5
賢論《たかとき》 16 15　鎧有《がいあ》 18 6　譲太《じょうた》 20 4　鷹瑳《たかよし》 24 14

女の子

久代《ひさよ》 3 5　夕楓《ゆうか》 3 13　苺子《いちご》 8 3　夏帆《かほ》 10 6
純歌《すみか》 10 14　菜生《なお》 11 5　絢妃《あやき》 12 6　鈴代《すずよ》 13 5
操穂《みさお》 16 15　藍吏《あいり》 18 6　馨水《きよみ》 20 4　鷺樺《ろか》 24 14

姓の画数と例 2＋7

二村　人見　二見　など

姓に合う名の画数

1字名：4　14

2・3字名：
1+15　6+9　9+6　10+22　18+6
1+23　8+15　10+5　16+22　22+16
4+3　8+16　10+14　18+5

名前例

男の子

維《たもつ》 14　友也《ともや》 4 3　匡信《ただのぶ》 6 9　幸輝《こうき》 8 15
和憲《かずのり》 8 16　俊気《としき》 9 6　耕正《こうせい》 10 5　隼輔《しゅんすけ》 10 14
憲驍《のりたか》 16 22　顕弘《あきひろ》 18 5　瞬次《しゅんじ》 18 6　鷗汰郎《おうたろう》 22 16

女の子

心《こころ》 4　綺《あや》 14　一澄《かすみ》 1 15　公子《きみこ》 4 3
伊咲《いさき》 6 9　果凜《かりん》 8 15　美宇《みう》 9 6　恋加《れんか》 10 5
恵瑠《える》 10 14　樹理菜《じゅりな》 16 22　藍未《あいみ》 18 5　織衣《おりえ》 18 6

姓の画数と例 2＋10

二宮　八島　など

姓に合う名の画数

1字名：なし

2・3字名：
1+4　6+19　8+3　8+13　11+6　14+3　14+15　22+11　23+22
1+5　7+4　8+5　8+15　13+16　14+9　14+19　22+13
3+22　7+14　8+9　8+21　13+22　14+11　19+4　22+23

名前例

男の子

一生《いっせい》 1 5　圭羅《けいら》 6 19　克斗《かっと》 7 4　我聞《がもん》 7 14
幸也《さちや》 8 3　拓哉《たくや》 8 9　佳範《よしのり》 8 15　康気《こうき》 11 6
寛驍《ひろたか》 13 22　遙亮《ようすけ》 14 9　颯琉《そうる》 14 11　聡識《さとし》 14 19

女の子

芭月《はづき》 7 4　里緒《りお》 7 14　歩巳《あゆみ》 8 3　奈央《なお》 8 5
和穂《かずほ》 8 15　菜帆《なほ》 11 6　詩鷗《しお》 13 22　寧々《ねね》 14 3
瑠美《るみ》 14 9　誌麻《しま》 14 11　綺瀬《あやせ》 14 19　饗椛《きょうか》 22 11

3+3

姓の画数と例

山口 山下 小川 丸山 小山 川口 川上 など

姓に合う名の画数

1字名：なし

2・3字名：
2+21　5+2　10+5　12+5　13+10　14+21　15+10　20+15　21+20
4+13　5+10　10+13　12+21　13+12　15+2　15+14　21+4
4+21　5+12　10+15　13+2　13+20　15+8　18+13　21+12

名前例

男の子
- 元暉《げんき》 4+13
- 心躍《しんや》 4+21
- 史人《ふみと》 5+2
- 広葵《ひろき》 5+12
- 祥路《しょうじ》 10+13
- 喬平《きょうへい》 12+5
- 満都留《みつる》 12+21
- 慎二《しんじ》 13+2
- 滉貴《こうき》 13+12
- 漱梧朗《そうごろう》 14+21
- 遼輔《りょうすけ》 15+14
- 織雅《おりまさ》 18+13

女の子
- 心愛《ここあ》 4+13
- 礼乃《あやの》 5+2
- 冬華《ふゆか》 5+10
- 倫代《みちよ》 10+5
- 紗楽《さら》 10+13
- 智鶴《ちづる》 12+21
- 蓮乃《れんの》 13+2
- 聖恋《せれん》 13+10
- 歌緒里《かおり》 14+21
- 舞乃《まの》 15+2
- 澄歌《すみか》 15+14
- 響輝《ひびき》 20+15

3+4

姓の画数と例

山内 山中 土井 三木 大木 大内 大井 など

姓に合う名の画数

1字名：なし

2・3字名：
1+5　4+4　7+18　11+5　12+4　13+18　17+14　21+3
1+10　4+12　9+2　11+13　12+20　13+28　17+15　21+20
1+15　4+20　9+15　11+21　13+5　14+4　20+4

名前例

男の子
- 心介《しんすけ》 4+4
- 文詞《ふみのり》 4+12
- 秀顕《ひであき》 7+18
- 洋人《ひろと》 9+2
- 柊穂《しゅうほ》 9+15
- 健生《たけお》 11+5
- 渉嗣《ただつぐ》 11+13
- 康祐貴《やすゆき》 11+21
- 瑛太《えいた》 12+4
- 滉平《こうへい》 13+5
- 優彰《まさあき》 17+14
- 轟大《ごうた》 21+3

女の子
- 友巴《ともは》 4+4
- 文琶《あやは》 4+12
- 花織《かおり》 7+18
- 郁乃《いくの》 9+2
- 麻未《あさみ》 11+5
- 莱夢《らいむ》 11+13
- 望櫻《みお》 11+21
- 結月《ゆづき》 12+4
- 稟可《りんか》 13+5
- 颯月《さつき》 14+4
- 鞠歌《まりか》 17+14
- 露万《ろまん》 21+3

3+5

姓の画数と例

山本 山田 上田 大石 小田 川田 土田 など

姓に合う名の画数

1字名：なし

2・3字名：
1+4　8+15　11+2　11+12　12+3　13+10　19+4　24+5
2+15　10+3　11+4　11+14　13+4　13+12　20+3
6+15　10+13　11+10　11+22　13+8　16+15　20+13

名前例

男の子
- 安璃《あんり》 6+15
- 修也《なおや》 10+3
- 恵夢《めぐむ》 10+13
- 悠人《ゆうと》 11+2
- 貫介《かんすけ》 11+4
- 爽真《そうま》 11+10
- 隆晶《たかあき》 11+12
- 翔大《しょうだい》 12+3
- 寛太《かんた》 13+4
- 諭毅《さとき》 16+15
- 瀧太《ろうた》 19+4
- 護誉《もりたか》 20+13

女の子
- 羽魅《うみ》 6+15
- 育穂《いくほ》 8+15
- 桜子《さくらこ》 10+3
- 紗愛《さえ》 10+13
- 彩乃《あやの》 11+2
- 菜月《なつき》 11+4
- 菜名江《ななえ》 11+12
- 瑛子《えいこ》 12+3
- 夢心《ゆめこ》 13+4
- 詩桜《しお》 13+10
- 瀬月《せづき》 19+4
- 耀弓《てるみ》 20+3

3+6

姓の画数と例

大西 小池 小西 三宅 三好 大竹 川合 など

姓に合う名の画数

1字名：なし

2・3字名：
1+5　2+14　7+8　10+5　11+13　19+4　23+15
1+15　2+22　9+14　10+22　11+21　19+5
1+28　5+2　9+15　11+4　17+21　19+13

名前例

男の子
- 一正《かずまさ》 1+5
- 七綺《ななき》 2+14
- 礼人《れいと》 5+2
- 辰実《たつみ》 7+8
- 亮輔《りょうすけ》 9+14
- 兼司《けんじ》 10+5
- 真佐輝《まさき》 10+22
- 陸斗《りくと》 11+4
- 悠雅《ゆうが》 11+13
- 環梧朗《かんごろう》 17+21
- 瀧生《たきお》 19+5
- 麗嗣《れいじ》 19+13

女の子
- 乙未《おとみ》 1+5
- 乃維《のい》 2+14
- 冬乃《ふゆの》 5+2
- 邦依《くにえ》 7+8
- 律緒《りお》 9+14
- 倖代《さちよ》 10+5
- 梨予《りよ》 11+4
- 莱夢《らいむ》 11+13
- 菜美瑛《なみえ》 11+21
- 優鶴《ゆづる》 17+21
- 霧巴《きりは》 19+4
- 鏡愛《あきえ》 19+13

3＋7

姓の画数と例

川村　大谷　小沢　上村　大沢　大村　小谷　など

姓に合う名の画数

1字名：なし

2・3字名：
1+2　1+4　1+12
1+14　4+3　6+5
8+5　8+13　8+15
9+2　9+4　9+12
9+14　9+20　10+5
10+21　11+2　11+10
11+12　11+14　11+18
17+4　17+8　18+5
22+15

名前例

男の子：
乙斗《おと》（1+4）　心也《しんや》（4+3）　吉平《きっぺい》（6+5）　卓未《たくみ》（8+5）
歩夢《あゆむ》（8+13）　奎人《けいと》（9+2）　海渡《かいと》（9+12）　記駆良《きくよし》（10+21）
琢人《たくと》（11+2）　淳貴《あつき》（11+12）　清聡《きよとし》（11+14）　瞭弥《りょうや》（17+8）

女の子：
乙巴《いつは》（1+4）　友与《ともよ》（4+3）　空未《くみ》（8+5）　美月《みつき》（9+4）
春陽《はるひ》（9+12）　真以《まい》（10+5）　栞緒里《しおり》（10+21）　菊乃《きくの》（11+2）
麻緒《まお》（11+14）　優心《ゆうみ》（17+4）　環奈《かんな》（17+8）　藍加《あいか》（18+5）

3＋8

姓の画数と例

山岸　山岡　大坪　大沼　土居　小沼　三枝　など

姓に合う名の画数

1字名：なし

2・3字名：
5+13　9+12　9+15
10+8　13+5　15+3
15+26　16+5　16+8
21+3　23+14

名前例

男の子：
永遠《とわ》（5+13）　則貴《のりたか》（9+12）　保徹《やすゆき》（9+15）　晋拓《あきひろ》（10+8）
慎平《しんぺい》（13+5）　徹也《てつや》（15+3）　鞍騎於《あきお》（15+26）　憲矢《けんや》（16+5）
賢由《たかよし》（16+5）　親侑《しんすけ》（16+8）　轟士《ごうし》（21+3）　鑑爾《かんじ》（23+14）

女の子：
冬愛《ふゆな》（5+13）　奏絵《かなえ》（9+12）　香澄《かすみ》（9+15）　美穂《みほ》（9+15）
珠実《たまみ》（10+8）　愛生《まなみ》（13+5）　徹子《てつこ》（15+3）　輝織奈《きおな》（15+26）
磨由《まゆ》（16+5）　澪奈《みおな》（16+8）　櫻子《さくらこ》（21+3）　鑑玖里《あぐり》（23+14）

3＋9

姓の画数と例

久保　土屋　小泉　大城　小柳　川畑　大津　など

姓に合う名の画数

1字名：なし

2・3字名：
2+3　2+4　2+15
4+21　7+18　8+3
8+13　9+2　9+4
9+8　9+12　9+14
12+5　14+15　14+21
15+8　15+10　15+14
15+18　22+13　23+2
23+10　23+12　23+22
24+21

名前例

男の子：
力也《りきや》（2+3）　七斗《ななと》（2+4）　太轟《たいごう》（4+21）　秀顕《ひであき》（7+18）
卓也《たくや》（8+3）　昊暉《こうき》（8+13）　俊道《としみち》（9+12）　達矢《たつや》（12+5）
聡輝《そうき》（14+15）　徹治《てつじ》（15+8）　論真《ときまさ》（15+10）　驍雅《たかまさ》（22+13）

女の子：
乃子《のこ》（2+3）　七巴《ななは》（2+4）　乃璃《のり》（2+15）　水露《みろ》（4+21）
沙織《さおり》（7+18）　典子《のりこ》（8+3）　春乃《はるの》（9+2）　美弥《みよし》（9+8）
道代《みちよ》（12+5）　澄英《すみえ》（15+8）　凛華《りんか》（15+10）　讃愛《あきえ》（22+13）

3＋10

姓の画数と例

三浦　小島　大島　上原　川島　小倉　小原　など

姓に合う名の画数

1字名：なし

2・3字名：
1+4　5+3　6+2
6+26　7+4　7+28
8+10　11+5　11+13
11+21　13+3　13+5
13+12　13+22　15+3
19+5　19+13　19+20
21+14　23+2　23+12
23+22

名前例

男の子：
一斗《かずと》（1+4）　広大《こうだい》（5+3）　圭人《けいと》（6+2）　孝太《こうた》（7+4）
昇一郎《しょういちろう》（8+10）　脩平《しゅうへい》（11+5）　涼雅《りょうが》（11+13）　誠也《せいや》（13+3）
煌揮《こうき》（13+12）　慶士《けいし》（15+3）　麗史《れいじ》（19+5）　轟輔《ごうすけ》（21+14）

女の子：
乙月《いつき》（1+4）　礼子《れいこ》（5+3）　光乃《みつの》（6+2）　花月《かづき》（7+4）
和紗《かずさ》（8+10）　彩可《あやか》（11+5）　萌夢《めぐむ》（11+13）　靖子《やすこ》（13+3）
詩瑛《うたえ》（13+12）　慧子《けいこ》（15+3）　霧可《きりか》（19+5）　櫻歌《おうか》（21+14）

3+11

姓の画数と例

山崎 小野 大野 上野 川崎 川野 大崎 など

姓に合う名の画数

1字名：なし

2・3字名：
2+13 5+10 5+26 7+4 7+18 12+3 13+8 21+4 22+3
4+13 5+18 6+5 7+10 10+5 13+2 13+12 21+10
5+2 5+20 6+15 7+14 10+21 13+4 18+5 21+12

名前例

男の子
文雅《ふみまさ》 4 13　民人《たみと》 5 2　由粋《よしき》 5 10　充央《みつお》 6 5
冴斗《さえと》 7 4　克起《かつき》 7 10　竜司《りゅうじ》 10 5　凱也《がいや》 12 3
蒼介《そうすけ》 13 4　聖弥《せいや》 13 8　瞬矢《しゅんや》 18 5　鶴朗《つるお》 21 10

女の子
水暉《みずき》 4 13　令乃《れの》 5 2　礼莉《あやり》 5 10　伊代《いよ》 6 5
芹巴《せりは》 7 4　志織《しおり》 7 18　桃可《ももか》 10 5　紗緒里《さおり》 10 21
道子《みちこ》 12 3　蒼奈《そな》 13 8　雛代《ひなよ》 18 5　露紗《ろうざ》 21 10

3+12

姓の画数と例

大塚 千葉 大森 大場 小森 小椋 川越 など

姓に合う名の画数

1字名：なし

2・3字名：
1+2 4+4 5+3 9+8 11+13 13+5 17+15 19+18 23+10
1+15 4+12 5+13 9+15 12+12 13+10 17+20 21+3
1+22 4+28 6+12 11+5 13+3 13+20 19+13 21+12

名前例

男の子
文斗《あやと》 4 4　太陽《たいよう》 4 12　広大《こうだい》 5 3　弘夢《ひろむ》 5 13
光博《みつひろ》 6 12　勇毅《ゆうき》 9 15　章誠《あきまさ》 11 13　智貴《ともき》 12 12
誉朗《よしろう》 13 10　優議《まさのり》 17 20　霧雅《きりまさ》 19 13　露晶《つゆあき》 21 12

女の子
友湖《ともこ》 4 12　由万《ゆま》 5 3　加蓮《かれん》 5 13　早絢《さあや》 6 12
春河《はるか》 9 8　清未《きよみ》 11 5　景登《けいと》 12 12　鈴子《りんこ》 13 3
絹夏《きぬか》 13 10　鞠凜《まりん》 17 15　霧梨花《きりか》 19 18　露葉《つゆは》 21 12

3+13

姓の画数と例

大滝 山路 小滝 小路 など

姓に合う名の画数

1字名：なし

2・3字名：
2+15 5+2 5+18 10+3 11+2 11+12 19+2 19+22
2+21 5+8 5+20 10+5 11+4 11+14 19+10 20+5
4+3 5+12 5+26 10+15 11+10 18+3 19+12

名前例

男の子
十轟《じゅうごう》 2 21　仁也《としや》 4 3　正人《まさと》 5 2　白夜《はくや》 5 8
司道《しどう》 5 12　倫久《ともひさ》 10 3　純平《じゅんぺい》 10 5　悠馬《ゆうま》 11 10
健輔《けんすけ》 11 14　穣之《しげゆき》 18 3　霧道《むどう》 19 12　響矢《きょうや》 20 5

女の子
七南絵《ななえ》 2 21　月子《つきこ》 4 3　由乃《ゆの》 5 2　史織《しおり》 5 18
桜子《さくらこ》 10 3　真凜《まりん》 10 15　啓華《ひろか》 11 10　琉衣佳《るいか》 11 14
繭己《まゆみ》 18 3　霧夏《きりか》 19 10　麗葉《れいは》 19 12　耀加《てるか》 20 5

3+14

姓の画数と例

川端 小嶋 小関 大熊 大嶋 大関 川嶋 など

姓に合う名の画数

1字名：なし

2・3字名：
1+5 2+14 7+8 10+14 15+3 19+5 23+8
1+15 4+2 9+15 11+5 17+4 21+10 23+18
1+20 4+14 9+26 11+13 17+18 21+20

名前例

男の子
力輔《りきすけ》 2 14　元二《げんじ》 4 2　友徳《とものり》 4 14　宏門《ひろと》 7 8
宥輝《ゆうき》 9 15　航輔《こうすけ》 10 14　隆大朗《りゅうたろう》 11 13　慶大《やすひろ》 15 3
霜太《そうた》 17 4　優顕《まさあき》 17 18　繋生《けいき》 19 5　鑑季《あきとし》 23 8

女の子
しより 1 5　まこ 4 2　月歌《つきか》 4 14　希実《のぞみ》 7 8
美由栞《みゆか》 9 15　思穂理《しほり》 9 26　真綾《まあや》 10 14　萌生《めい》 11 5
悠夢《はるむ》 11 13　舞子《まいこ》 15 3　優月《ゆづき》 17 4　露結実《つゆみ》 21 20

3＋15

姓の画数と例

三輪 大槻 小幡 など

姓に合う名の画数

1字名：なし

2・3字名：1＋4　1＋20　2＋13　9＋2　9＋14　14＋15　20＋3　1＋12　1＋22　6＋5　9＋4　10＋3　16＋5　24＋5　1＋14　2＋5　8＋5　9＋12　10＋13　17＋4　24＋15

名前例

男の子

- 一斗《かずと》（1＋4）
- 力資《よしただ》（2＋13）
- 光平《こうへい》（6＋5）
- 拓未《たくみ》（8＋5）
- 則文《のりふみ》（9＋4）
- 紘之《ひろゆき》（10＋3）
- 浩太郎《こうたろう》（10＋13）
- 豪毅《ごうき》（14＋15）
- 薫平《くんぺい》（16＋5）
- 優太《ゆうた》（17＋4）
- 響也《ひびや》（20＋3）
- 鷹司《たかし》（24＋5）

女の子

- 一榎《いちか》（1＋14）
- 二三恵《ふみえ》（2＋13）
- 吏未《りみ》（6＋5）
- 采加《あやか》（8＋5）
- 律乃《りつの》（9＋2）
- 晃子《あきこ》（10＋3）
- 恵愛《えな》（10＋13）
- 歌穂《かほ》（14＋15）
- 澪央《みお》（16＋5）
- 篠巴《しのは》（17＋4）
- 響子《きょうこ》（20＋3）
- 鷺生《さぎお》（24＋5）

3＋16

姓の画数と例

大橋 小澤 三橋 大澤 土橋 小橋 など

姓に合う名の画数

1字名：なし

2・3字名：1＋5　9＋4　15＋3　21＋8　2＋4　13＋3　17＋21　21＋18　5＋13　13＋5　19＋14　23＋15

名前例

男の子

- 一央《かずお》（1＋5）
- 力太《りきた》（2＋4）
- 玄靖《ひろやす》（5＋13）
- 勇介《ゆうすけ》（9＋4）
- 慎也《しんや》（13＋3）
- 稔広《としひろ》（13＋5）
- 勲久《ひろひさ》（15＋3）
- 諒也《りょうや》（15＋3）
- 暸陽音《あきひと》（17＋21）
- 霧緒《きりお》（19＋14）
- 鶴季《つるき》（21＋8）
- 鷲司朗《しゅうじろう》（23＋15）

女の子

- 一禾《いちか》（1＋5）
- りお（2＋4）
- 由右佳《ゆうか》（5＋13）
- 美予《みよ》（9＋4）
- 夢可《ゆめか》（13＋5）
- 澄子《すみこ》（15＋3）
- 舞夕《まゆ》（15＋3）
- 優樹世《ゆきよ》（17＋21）
- 麗歌《れいか》（19＋14）
- 櫻奈《おうな》（21＋8）
- 露祐美《つゆみ》（21＋18）
- 顕魅《あきみ》（23＋15）

3＋18

姓の画数と例

工藤 大藤 など

姓に合う名の画数

1字名：なし

2・3字名：5＋3　6＋18　13＋3　14＋2　21＋3　5＋13　11＋5　13＋4　19＋5　23＋14　6＋2　11＋13　13＋5　19＋12

名前例

男の子

- 史也《ふみや》（5＋3）
- 世楽《せら》（5＋13）
- 庄二《しょうじ》（6＋2）
- 充騎《あつき》（6＋18）
- 陸央《りくお》（11＋5）
- 悠太郎《ゆうたろう》（11＋13）
- 稜士《りょうじ》（13＋3）
- 楓太《ふうた》（13＋4）
- 遙人《はると》（14＋2）
- 瀧央《よしお》（19＋5）
- 麗貴《れいき》（19＋12）
- 轟也《ごうや》（21＋3）

女の子

- 冬子《とうこ》（5＋3）
- 未園《みその》（5＋13）
- 糸乃《しの》（6＋2）
- 早唯里《さゆり》（6＋18）
- 麻由《まゆ》（11＋5）
- 梨央佳《りおか》（11＋13）
- 鈴与《すずよ》（13＋3）
- 絹代《きぬよ》（13＋5）
- 遙乃《はるの》（14＋2）
- 霧可《きりか》（19＋5）
- 艶葉《あでは》（19＋12）
- 櫻子《さくらこ》（21＋3）

3＋19

姓の画数と例

川瀬 など

姓に合う名の画数

1字名：なし

2・3字名：2＋5　4＋21　5＋10　5＋20　13＋2　13＋22　19＋4　2＋13　5＋2　5＋12　10＋13　13＋4　14＋2　22＋3　2＋15　5＋8　5＋18　12＋5　13＋12　14＋21　22＋13

名前例

男の子

- 人史《ひとし》（2＋5）
- 力寛《よしひろ》（2＋13）
- 友雄紀《ともゆき》（4＋21）
- 正人《まさと》（5＋2）
- 由展《よしのぶ》（5＋10）
- 浩暉《こうき》（10＋13）
- 凱矢《がいや》（12＋5）
- 雅人《まさと》（13＋2）
- 義仁《よしひと》（13＋4）
- 魁刀《かいと》（14＋2）
- 繋太《けいた》（19＋4）
- 驚寛《としひろ》（22＋13）

女の子

- 乃々華《ののか》（2＋13）
- 七澄《なすみ》（2＋15）
- 友理恵《ゆりえ》（4＋21）
- 冬実《ふゆみ》（5＋8）
- 世莉《せり》（5＋10）
- 真鈴《まりん》（10＋13）
- 裕可《ゆうか》（12＋5）
- 愛乃《めの》（13＋2）
- 雅稀《まさき》（13＋12）
- 綾乃《あやの》（14＋2）
- 霧月《むつき》（19＋4）
- 讃帆里《さほり》（22＋13）

4

姓の画数と例

今 中 など

姓に合う名の画数

1字名：なし

2・3字名：1+2　2+15　7+6　9+16　11+10　13+22　17+14　20+5　1+10　3+14　7+14　11+2　11+22　14+7　19+6　21+12　1+12　3+22　9+2　11+6　12+17　14+15　19+16

名前例

男の子：一刀《いっと》 1+2　一貴《かずき》 1+12　七輝《ななき》 2+15　久嘉《ひさよし》 3+14　良成《よしなり》 7+6　佑輔《ゆうすけ》 7+14　風人《ふうと》 9+2　春樹《はるき》 9+16　爽吉《そうきち》 11+6　聡市朗《そういちろう》 14+15　瀧次《たきつぐ》 19+6　鐘平《しょうへい》 20+5

女の子：レイ《れい》 1+2　乙葉《おとは》 1+12　七潮《なしお》 2+15　千歌《ちか》 3+14　花帆《かほ》 7+6　洋乃《ひろの》 9+2　香帆哩《かほり》 9+16　彩名《あやな》 11+6　裕梨衣《ゆりえ》 12+17　槙穂《まきほ》 14+15　鞠緒《まりお》 17+14　蘭樹《らんじゅ》 19+16

4+3

姓の画数と例

中山 井上 中川 木下 片山 内山 井口 など

姓に合う名の画数

1字名：10　14　22

2・3字名：2+4　5+3　8+17　12+4　13+3　14+17　18+13　20+25　22+19　2+9　5+11　10+1　12+12　13+19　14+27　18+14　21+3　2+14　5+19　10+14　12+20　14+4　15+3　20+4　22+2

名前例

男の子：豪《たけし》 14　穰《じょう》 22　人海《ひとみ》 2+9　礼己《あやき》 5+3　永進《えいしん》 5+11　英駿《ひでとし》 8+17　真聡《まさとし》 10+14　雄斗《ゆうと》 12+4　皓陽《ひろあき》 12+12　聖鏡《たかあき》 13+19　諒也《りょうや》 15+3　轟大《ごうだい》 21+3

女の子：綴《つづる》 14　鷗《かもめ》 22　七歌《ななか》 2+14　加奈子《かなこ》 5+11　実優《みゆ》 8+17　桃寧《ももね》 10+14　朝日《あさひ》 12+4　絵葉《えば》 12+12　詩子《うたこ》 13+3　綾水《あやみ》 14+4　織夢《おりむ》 18+13　響心《きょうこ》 20+4

4+4

姓の画数と例

今井 中井 井手 木戸 井戸 元木 日比 など

姓に合う名の画数

1字名：17

2・3字名：1+2　2+13　9+14　12+1　12+11　13+2　14+9　17+14　21+12　1+12　3+14　11+2　12+3　12+13　14+3　14+11　20+3　2+3　7+14　11+12　12+9　12+21　14+7　14+17　20+13

名前例

男の子：乙二《おつじ》 1+2　十也《とおや》 2+3　大輔《だいすけ》 3+14　克彰《かつあき》 7+14　奏輔《そうすけ》 9+14　章人《あきと》 11+2　博一《ひろかず》 12+1　敬大《たかひろ》 12+3　晴哉《せいや》 12+9　善康《よしやす》 12+11　遙希《はるき》 14+7　競嗣《けいじ》 20+13

女の子：一乃《かずの》 1+2　七夕《ななせ》 2+3　三綺《みき》 3+14　里歌《りか》 7+14　衿歌《えりか》 9+14　清乃《きよの》 11+2　結子《ゆいこ》 12+3　陽望《はるみ》 12+11　瑳希《さき》 14+7　歌菜《かな》 14+11　霞菜子《かなこ》 17+14　響女《おとめ》 20+3

4+5

姓の画数と例

太田 内田 中田 戸田 中本 井出 今田 など

姓に合う名の画数

1字名：6　12

2・3字名：2+4　3+12　6+1　10+14　12+3　18+20　20+12　2+14　3+13　8+7　10+28　12+12　20+3　20+28　2+27　3+21　10+13　11+21　12+20　20+4　24+14

名前例

男の子：了太《りょうた》 2+4　十徳《じっとく》 2+14　大裕《ひろみち》 3+12　光一《こういち》 6+1　和宏《かずひろ》 8+7　泰雅《たいが》 10+13　清轟《せいごう》 11+21　達也《たつや》 12+3　貴博《たかひろ》 12+12　耀士《ようじ》 20+3　響喜《ひびき》 20+12　鷹緒《たかお》 24+14

女の子：凪《なぎ》 6　葵《あおい》 12　いくみ 2+4　夕貴《ゆうき》 3+12　奈那《なな》 8+7　真愛《まな》 10+13　麻理恵《まりえ》 11+21　塔子《とうこ》 12+3　朝陽《あさひ》 12+12　雛奈絵《ひなえ》 18+20　耀子《ようこ》 20+3　響稀《ひびき》 20+12

4+6

姓の画数と例

中西　丹羽　今西　日向　中江　引地　日吉　など

姓に合う名の画数

1字名：5　15　23

2・3字名：
2+(1)　2+(13)　7+(4)　9+(14)　10+(13)　11+(4)　12+(11)　18+(3)　23+(14)
2+(3)　5+(2)　9+(4)　10+(3)　10+(19)　11+(20)　12+(13)　18+(7)
2+(11)　5+(20)　9+(12)　10+(11)　10+(21)　12+(9)　12+(17)　19+(4)

名前例

男の子
- 正《ただし》 5
- 潤《じゅん》 15
- 力一《よしかず》 2+(1)
- 巧人《たくと》 5+(2)
- 秀仁《ひでと》 7+(4)
- 海斗《かいと》 9+(4)
- 映翔《えいと》 9+(12)
- 真大《まさひろ》 10+(3)
- 泰基《やすき》 10+(11)
- 彬夫《あきお》 11+(4)
- 湘椰《しょうや》 12+(13)
- 穣宏《しげひろ》 18+(7)

女の子
- 礼《あや》 5
- 舞《まい》 15
- りつ 2+(1)
- 七夢《ななむ》 2+(13)
- 未菜美《みなみ》 5+(20)
- 沙月《さつき》 7+(4)
- 奏絵《かなえ》 9+(12)
- 紗也《さや》 10+(3)
- 菜都美《なつみ》 11+(20)
- 智美《ともみ》 12+(9)
- 藍那《あいな》 18+(7)
- 霧友《きりゆ》 19+(4)

4+7

姓の画数と例

中村　木村　今村　中尾　水谷　中谷　中沢　など

姓に合う名の画数

1字名：14

2・3字名：
6+(12)　11+(7)　17+(7)
10+(11)　14+(4)　22+(2)
10+(14)　16+(2)　24+(13)

名前例

男の子
- 誓《せい》 14
- 旭翔《あさと》 6+(12)
- 晋二郎《しんじろう》 10+(11)
- 修爾《しゅうじ》 10+(14)
- 健吾《けんご》 11+(7)
- 悠希《ゆうき》 11+(7)
- 彰仁《あきひと》 14+(4)
- 頼人《らいと》 16+(2)
- 環汰《かんた》 17+(7)
- 優邑《まさくに》 17+(7)
- 讃人《ただひと》 22+(2)
- 鷹嗣《たかし》 24+(13)

女の子
- 碧《みどり》 14
- 伊保子《いほこ》 6+(12)
- 莉菜《りな》 10+(11)
- 紘歌《ひろか》 10+(14)
- 彩希《さき》 11+(7)
- 唯花《ゆいか》 11+(7)
- 歌月《かづき》 14+(4)
- 澪乃《みおの》 16+(2)
- 曖良《あいら》 17+(7)
- 瞭芭《あきは》 17+(7)
- 鷗七《かもな》 22+(2)
- 麟愛《りあ》 24+(13)

4+8

姓の画数と例

片岡　中林　五味　中岡　丹治　中居　今枝　など

姓に合う名の画数

1字名：なし

2・3字名：
3+(2)　8+(17)　9+(12)　10+(7)　10+(19)　15+(20)　16+(9)　23+(12)　24+(11)
3+(14)　8+(25)　10+(1)　10+(11)　13+(4)　16+(1)　16+(13)　24+(1)
5+(20)　9+(2)　10+(3)　10+(13)　15+(14)　16+(7)　16+(17)　24+(9)

名前例

男の子
- 弓人《ゆうと》 3+(2)
- 由譲《よしのり》 5+(20)
- 虎汰朗《こたろう》 8+(17)
- 俊二《しゅんじ》 9+(2)
- 勇貴《ゆうき》 9+(12)
- 敏孝《としたか》 10+(7)
- 哲幹《てっかん》 10+(13)
- 想介《そうすけ》 13+(4)
- 徹爾《てつじ》 15+(14)
- 憲児《けんじ》 16+(7)
- 繁昭《しげあき》 16+(9)
- 鑑貴《あきたか》 23+(12)

女の子
- 夕乃《ゆの》 3+(2)
- 永美梨《えみり》 5+(20)
- 実優《みゆう》 8+(17)
- 柚乃《ゆの》 9+(2)
- 衿須《えりす》 9+(12)
- 桃花《ももか》 10+(7)
- 恵夢《えむ》 10+(13)
- 詩友《しゆ》 13+(4)
- 蕾花《らいか》 16+(7)
- 頼美《よりみ》 16+(9)
- 磨愛《まな》 16+(13)
- 鑑絵《あきえ》 23+(12)

4+9

姓の画数と例

内海　今泉　仁科　中垣　中畑　今津　中屋　など

姓に合う名の画数

1字名：なし

2・3字名：
2+(3)　7+(9)　9+(9)　12+(20)　14+(11)　16+(2)　20+(19)　24+(1)
6+(2)　7+(25)　12+(4)　14+(2)　14+(21)　20+(4)　22+(13)　24+(11)
7+(1)　8+(27)　12+(12)　14+(4)　15+(9)　20+(12)　23+(12)　24+(21)

名前例

男の子
- 乃也《だいや》 2+(3)
- 旬人《しゅんと》 6+(2)
- 克則《かつのり》 7+(9)
- 秀悠旗《ひでゆき》 7+(25)
- 政信《まさのぶ》 9+(9)
- 雄太《ゆうた》 12+(4)
- 陽翔《はると》 12+(12)
- 斡人《あつと》 14+(2)
- 魁都《かいと》 14+(11)
- 毅宜《たかのぶ》 15+(9)
- 輝郎《てるお》 15+(9)
- 護鏡《もりあき》 20+(19)

女の子
- ことの 2+(3)
- 糸乃《しの》 6+(2)
- 亜紀《あき》 7+(9)
- 那積美《なつみ》 7+(25)
- 斐文《ひふみ》 12+(4)
- 結香子《ゆかこ》 12+(12)
- 瑠水《るみ》 14+(4)
- 緋菜《ひな》 14+(11)
- 穂香《ほのか》 15+(9)
- 樹乃《きの》 16+(2)
- 耀瑛《あきえ》 20+(12)
- 讃友美《さゆみ》 22+(13)

4+10

姓の画数と例

中島 中原 日高 片桐 木原 中根 井原 など

姓に合う名の画数

1字名: 7

2・3字名: 3+20 6+9 7+4 8+9 11+4 13+12 14+7 14+19 22+11 / 5+12 6+17 7+14 8+13 11+20 14+1 14+9 19+4 / 6+1 6+19 8+3 8+17 13+2 14+3 14+11 22+3

名前例

男の子

正陽《まさあき》 5+12　好春《よしはる》 6+9　秀太《しゅうた》 7+4　良彰《よしあき》 7+14

和也《かずや》 8+3　知謙《とものり》 8+17　猛斗《たけと》 11+4　誉道《よしみち》 13+12

斡臣《あつたか》 14+7　徳郎《とくろう》 14+9　麒介《きすけ》 19+4　驍視《たかし》 22+11

女の子

千恵莉《ちえり》 3+20　由貴《ゆき》 5+12　如南《ゆきな》 6+9　光優《みゆ》 6+17

那月《なつき》 7+4　采音《ことね》 8+9　理予《りよ》 11+4　鈴乃《すずの》 13+2

愛等《あいら》 13+12　瑠亜《るあ》 14+7　遙香《はるか》 14+9　鏡心《あきこ》 19+4

4+11

姓の画数と例

中野 水野 天野 今野 日野 内野 丹野 など

姓に合う名の画数

1字名: 2 6 10

2・3字名: 2+1 5+3 6+2 10+7 12+4 14+2 14+19 20+12 24+9 / 2+14 5+11 6+12 10+14 12+12 14+4 18+14 20+17 / 2+21 5+27 7+11 10+27 13+11 14+9 18+19 22+11

名前例

男の子

至《いたる》 6　乃聡《ゆきさと》 2+14　由梧《ゆうご》 5+11　安登《やすと》 6+12

那於也《なおや》 7+11　泰志《たいし》 10+7　留維《るい》 10+14　絢斗《けんと》 12+4

徳郎《のりお》 14+9　闘誌《とうし》 18+14　耀貴《ようき》 20+12　驍常《としつね》 22+11

女の子

圭《けい》 6　七緒《ななお》 2+14　本子《もとこ》 5+3　永麻《えま》 5+11

百絵《ももえ》 6+12　邑梨《ゆうり》 7+11　珠緒《たまお》 10+14　紫温《しおん》 12+12

愛菜《あいな》 13+11　綾南《あやな》 14+9　雛菜子《ひなこ》 18+14　護葉《もりは》 20+12

4+12

姓の画数と例

手塚 中塚 戸塚 中森 中道 水越 犬塚 など

姓に合う名の画数

1字名: なし

2・3字名: 1+4 3+20 6+7 6+19 11+4 12+3 12+13 20+9 21+4 / 1+14 5+2 6+11 6+25 11+14 12+9 19+2 20+11 / 3+14 6+1 6+17 11+2 12+1 12+11 20+1 20+21

名前例

男の子

丈瑠《たける》 3+14　玄人《げんと》 5+2　圭佑《けいすけ》 6+7　光琉《みつる》 6+11

光麒《こうき》 6+19　悠斗《ゆうと》 11+4　貴彦《たかひこ》 12+9　満隆《みつたか》 12+11

勝義《かつよし》 12+13　響紀《ひびき》 20+9　響理《おとみち》 20+11　顧介《ただすけ》 21+4

女の子

夕梨香《ゆりか》 3+20　立乃《たつの》 5+2　凪那《なな》 6+7　妃毬《ひまり》 6+11

早羅《さら》 6+19　菜緒《なお》 11+14　晴香《はるか》 12+9　遥菜《はるな》 12+11

結愛《ゆあ》 12+13　瀬七《せな》 19+2　馨珂《きょうか》 20+9　櫻心《さくらこ》 21+4

4+13

姓の画数と例

犬飼 中園 日置 など

姓に合う名の画数

1字名: 12 22

2・3字名: 2+4 3+4 5+13 10+25 12+12 18+17 22+19 / 2+14 3+13 8+7 11+4 16+2 20+4 24+7 / 2+19 5+1 10+14 12+4 18+3 22+9 24+17

名前例

男の子

博《ひろし》 12　才斗《さいと》 3+4　広一《こういち》 5+1　正稔《まさとし》 5+13

直希《なおき》 8+7　航太朗《こうたろう》 10+14　隆文《たかふみ》 11+4　裕太《ゆうた》 12+4

瑛登《えいと》 12+12　闘誌久《としひさ》 18+17　耀太《ようた》 20+4　驍彦《たかひこ》 22+9

女の子

結《ゆい》 12　乃霧《のむ》 2+19　万椰《まや》 3+13　ほし 5+1

由莉子《ゆりこ》 5+13　和沙《かずさ》 8+7　恵瑠《える》 10+14　琴琶《ことは》 12+12

藍子《あいこ》 18+3　織霞《おりか》 18+17　耀水《あきみ》 20+4　讃南《あきな》 22+9

4+14

姓の画数と例：中嶋　比嘉　井関　手嶋　など

姓に合う名の画数

1字名：なし

2・3字名：
1+2　2+3　2+19　3+14　10+1　10+13　15+14　21+2
1+12　2+11　2+21　7+4　10+3　11+2　17+4
1+20　2+13　3+4　9+4　10+11　11+12　18+3

名前例

男の子：一登《かずと》（1+12）　人梓《ひとし》（2+11）　大輔《だいすけ》（3+14）　来斗《らいと》（7+4）　奏介《そうすけ》（9+4）　竜大朗《りゅうたろう》（10+13）　陸人《りくと》（11+2）　琉偉《るい》（11+12）　範輔《のりすけ》（15+14）　駿太《しゅんた》（17+4）　鎧也《がいや》（18+3）　轟人《ごうと》（21+2）

女の子：りか（2+3）　小綾《さあや》（3+14）　里月《りつき》（7+4）　南斗《みなと》（9+4）　倫子《りんこ》（10+3）　紗菜《さな》（10+11）　紘愛《ひろな》（10+13）　涼乃《すずの》（11+2）　萌葉《もえは》（11+12）　璃瑠《りる》（15+14）　環予《たまよ》（17+4）　襟子《えりこ》（18+3）

4+16

姓の画数と例：中澤　中橋　など

姓に合う名の画数

1字名：なし

2・3字名：
1+14　2+3　2+19　8+7　8+17　15+2　17+21
1+20　2+9　5+12　8+9　9+2　16+1　22+3
2+1　2+11　8+3　8+13　9+4　16+9　23+14

名前例

男の子：一徳《かずのり》（1+14）　力哉《りきや》（2+9）　乃麒《だいき》（2+19）　由翔《よしと》（5+12）　尭大《たかひろ》（8+3）　佳邦《よしくに》（8+7）　和哉《かずや》（8+9）　研太《けんた》（9+4）　澄人《すみと》（15+2）　憲洋《のりひろ》（16+9）　鍵登紀《かぎとき》（17+21）　驍也《としや》（22+3）

女の子：し緒《しお》（1+14）　七海《ななみ》（2+9）　乃梨《のり》（2+11）　央絵《ひろえ》（5+12）　明那《あきな》（8+7）　知保《ちほ》（8+9）　阿優《あゆ》（8+17）　美巴《よしは》（9+4）　凛乃《りんの》（15+2）　蕾祢《らいね》（16+9）　優鶴《ゆづる》（17+21）　鷗女《かもめ》（22+3）

4+18

姓の画数と例：内藤　井藤　など

姓に合う名の画数

1字名：7　17

2・3字名：
3+4　5+20　6+9　6+19　14+1　14+21　20+3
3+12　6+1　6+11　11+12　14+3　15+2　23+2
3+14　6+7　6+17　13+4　14+11　15+20　23+12

名前例

男の子：環《たまき》（17）　千翔《せんと》（3+12）　才聞《さいもん》（3+14）　永護《えいご》（5+20）　匡佑《きょうすけ》（6+7）　旬哉《しゅんや》（6+9）　成鏡《なるあき》（6+19）　紘貴《げんき》（11+12）　獅友《しゆう》（13+4）　徳康《のりやす》（14+11）　澄耀《すみあき》（15+20）　馨也《けいや》（20+3）

女の子：里《さと》（7）　さくら（3+4）　巳琴《みこと》（3+12）　由紀菜《ゆきな》（5+20）　有那《ゆうな》（6+7）　朱美《あけみ》（6+9）　萌絵《もえ》（11+12）　愛月《いつき》（13+4）　綾子《あやこ》（14+3）　綺彩《きさ》（14+11）　穂菜美《ほなみ》（15+20）　馨子《かおるこ》（20+3）

5

姓の画数と例：平　北　など

姓に合う名の画数

1字名：なし

2・3字名：
1+10　3+10　8+10　10+6　11+2　12+12　16+16　20+4
2+14　6+7　8+16　10+22　11+22　12+20　18+6　20+12
2+16　6+12　8+24　10+23　12+6　16+2　19+14　24+23

名前例

男の子：七旗《ななき》（2+14）　大悟《だいご》（3+10）　光陽《こうよう》（6+12）　知樹《ともき》（8+16）　直優希《なおゆき》（8+24）　剣成《けんせい》（10+6）　通匡《みちただ》（10+6）　時紀雅《ときまさ》（10+22）　清人《きよと》（11+2）　道行《みちゆき》（12+6）　瞬気《しゅんき》（18+6）　議智《のりとも》（20+12）

女の子：七緒《ななお》（2+14）　小桃《こもも》（3+10）　安里《あんり》（6+7）　果純《かすみ》（8+10）　佳那栄《かなえ》（8+16）　明澄美《あすみ》（8+24）　真帆《まほ》（10+6）　麻乃《まの》（11+2）　陽光《はるみ》（12+6）　結葵《ゆき》（12+12）　樹梨可《きりか》（16+16）　霧緒《きりお》（19+14）

5＋3

姓の画数と例

石川　古川　市川　田口　北川　平山　平川　など

姓に合う名の画数

1字名：なし

2・3字名：
2＋(1)　3＋(12)　8＋(13)　13＋(2)　13＋(12)　14＋(1)　15＋(8)　15＋(24)　22＋(11)
2＋(11)　3＋(20)　10＋(13)　13＋(8)　13＋(18)　15＋(2)　15＋(10)　18＋(13)
3＋(2)　4＋(13)　12＋(11)　13＋(10)　13＋(20)　15＋(6)　15＋(16)　21＋(12)

名前例

男の子

名前	画数
乃琉《ないる》	2＋(11)
丈貴《たけき》	3＋(12)
仁寛《きみひろ》	4＋(13)
英嗣《ひでつぐ》	8＋(13)
侑雅《ゆうが》	8＋(13)
泰楽《たいら》	10＋(13)
瑛都《えいと》	12＋(11)
蒼真《そうま》	13＋(10)
影次《えいじ》	15＋(6)
遼馬《りょうま》	15＋(10)
慶憲《よしのり》	15＋(16)
鶴稀《つるき》	21＋(12)

女の子

名前	画数
乃都《のと》	2＋(11)
万智《まち》	3＋(12)
日夏子《ひなこ》	4＋(13)
知聖《ちさと》	8＋(13)
紗暉《さき》	10＋(13)
朝菜《ともな》	12＋(11)
園佳《そのか》	13＋(8)
聖恋《せれん》	13＋(10)
凛桜《りお》	15＋(10)
穂奈実《ほなみ》	15＋(16)
藍鈴《あいりん》	18＋(13)
櫻久美《さくみ》	21＋(12)

5＋4

姓の画数と例

田中　石井　永井　平井　白井　玉井　正木　など

姓に合う名の画数

1字名：12　14

2・3字名：
3＋(3)　4＋(12)　11＋(12)　12＋(20)　13＋(19)　21＋(3)
3＋(13)　4＋(20)　11＋(13)　13＋(2)　19＋(19)　21＋(11)
3＋(26)　9＋(6)　11＋(27)　13＋(11)　21＋(2)　21＋(27)

名前例

男の子

名前	画数
智《さとし》	12
駆《かける》	14
大也《ひろや》	3＋(3)
小鉄《こてつ》	3＋(13)
友護《ゆうご》	4＋(20)
政充《まさみつ》	9＋(6)
康喜《やすのぶ》	11＋(12)
朝耀《ともあき》	12＋(20)
義人《よしと》	13＋(2)
稔隆《としたか》	13＋(11)
麗鏡《よしあき》	19＋(19)
纏理《てんり》	21＋(11)

女の子

名前	画数
晶《あきら》	12
静《しずか》	14
久子《ひさこ》	3＋(3)
千聖《ちさと》	3＋(13)
巴絵《ともえ》	4＋(12)
美吏《みり》	9＋(6)
深結《みゆ》	11＋(12)
絵理香《えりか》	12＋(20)
零乃《れいの》	13＋(2)
愛菜《あいな》	13＋(11)
麗羅《れいら》	19＋(19)
鶴夕《つゆ》	21＋(3)

5＋5

姓の画数と例

石田　平田　本田　永田　田辺　白石　田代　など

姓に合う名の画数

1字名：6

2・3字名：
1＋(6)　3＋(12)　6＋(19)　10＋(11)　11＋(10)　11＋(20)　13＋(10)　13＋(18)　20＋(3)
3＋(2)　3＋(18)　8＋(3)　10＋(13)　11＋(12)　12＋(3)　13＋(12)　19＋(6)
3＋(10)　6＋(1)　10＋(3)　11＋(2)　11＋(18)　13＋(8)　13＋(16)　19＋(18)

名前例

男の子

名前	画数
丈十《たけと》	3＋(2)
大貴《ひろたか》	3＋(12)
有蹴《ゆうしゅう》	6＋(19)
直之《なおゆき》	8＋(3)
倫理《ともみち》	10＋(11)
健登《けんと》	11＋(12)
猛騎《たけき》	11＋(18)
温大《あつひろ》	12＋(3)
誠博《まさひろ》	13＋(12)
稜治朗《りょうじろう》	13＋(18)
霧充《きりみつ》	19＋(6)
麗騎《れいき》	19＋(18)

女の子

名前	画数
千乃《ちの》	3＋(2)
夕葉《ゆうは》	3＋(12)
羽蘭《うらん》	6＋(19)
苑子《そのこ》	8＋(3)
真彩《まあや》	10＋(11)
梓紗《あずさ》	11＋(10)
菜々穂《ななほ》	11＋(18)
夢雨《ゆめ》	13＋(8)
詩葵《しき》	13＋(12)
楚依留《そいる》	13＋(18)
霧衣《きりえ》	19＋(6)
瀬津南《せつな》	19＋(18)

5＋6

姓の画数と例

本多　末吉　永吉　末次　本庄　加地　田仲　など

姓に合う名の画数

1字名：なし

2・3字名：
1＋(20)　11＋(10)　15＋(3)　23＋(1)
7＋(11)　11＋(13)　17＋(1)
9＋(28)　12＋(6)　18＋(6)

名前例

男の子

名前	画数
一馨《いっけい》	1＋(20)
秀基《ひでき》	7＋(11)
祐騎朗《ゆきお》	9＋(28)
崇高《むねたか》	11＋(10)
悠真《ゆうま》	11＋(10)
清雅《きよまさ》	11＋(13)
瑛吉《えいきち》	12＋(6)
雄至《ゆうじ》	12＋(6)
徹也《てつや》	15＋(3)
謙一《けんいち》	17＋(1)
穣充《しげみ》	18＋(6)
鑑一《かんいち》	23＋(1)

女の子

名前	画数
一馨《ひとか》	1＋(20)
杏菜《あんな》	7＋(11)
香織莉《かおり》	9＋(28)
雪華《ゆきか》	11＋(10)
琉留《るる》	11＋(10)
彩楽《さら》	11＋(13)
紫妃《しき》	12＋(6)
貴帆《たかほ》	12＋(6)
遼子《りょうこ》	15＋(3)
鞠乙《まりい》	17＋(1)
藍名《あいな》	18＋(6)
鑑乙《あき》	23＋(1)

5＋7

姓の画数と例

田村　北村　古谷　市村　立花　平尾　古沢　など

姓に合う名の画数

1字名：4

2・3字名：1＋②　4＋①　9＋⑯　10＋⑪　11＋⑩　11＋㉔　16＋⑲　17＋⑫　24＋⑪　1＋⑫　4＋⑬　9＋㉔　11＋②　11＋⑫　14＋③　17＋⑥　17＋⑯　1＋⑯　6＋⑲　10＋①　11＋⑥　11＋⑱　16＋⑬　17＋⑧　22＋①

名前例

男の子

- 仁《ひとし》 4 ⑫
- 乙葵《いっき》 1 ⑫
- 公一《こういち》 4 ①
- 友稔《ともなり》 4 ⑬
- 成時郎《せいじろう》 6 ⑲
- 勇樹《ゆうき》 9 ⑯
- 真梧《しんご》 10 ⑪
- 爽貴《さわたか》 11 ⑫
- 誓也《せいや》 14 ③
- 駿次《しゅんじ》 17 ⑥
- 優宗《まさむね》 17 ⑧
- 瞭磨《りょうま》 17 ⑯

女の子

- 円《まどか》 4
- 友乙《ゆい》 4 ①
- 吏瀬《りせ》 6 ⑲
- 香莉名《かりな》 9 ⑯
- 美鷹《みたか》 9 ㉔
- 姫菜《ひめな》 10 ⑪
- 唯葉《ゆいは》 11 ⑫
- 彰子《しょうこ》 14 ③
- 樹里衣《きりえ》 16 ⑬
- 懐瀬《なつせ》 16 ⑲
- 優光《まさみ》 17 ⑥
- 環実《たまみ》 17 ⑧

5＋8

姓の画数と例

平松　平岡　平林　田所　石岡　北岡　加茂　など

姓に合う名の画数

1字名：10

2・3字名：3＋②　8＋㉔　10＋⑧　13＋⑲　15＋⑩　17＋①　21＋⑱　7＋①　9＋②　13＋③　15＋①　15＋⑳　21＋③　23＋⑫　8＋⑧　9＋㉖　13＋⑪　15＋③　16＋⑧　21＋⑪　24＋⑪

名前例

男の子

- 丈人《たけと》 3 ②
- 卓弥《たくや》 8 ⑧
- 実喜雄《みきお》 8 ㉔
- 南緒貴《なおき》 9 ㉖
- 将典《まさのり》 10 ⑧
- 雅之《まさし》 13 ③
- 寛理《ひろみち》 13 ⑪
- 寛裕希《ひろゆき》 13 ⑲
- 輝己《てるき》 15 ③
- 樹幸《たつゆき》 16 ⑧
- 顧視《ただし》 21 ⑪
- 鶴麿《かくま》 21 ⑱

女の子

- えこ 3 ②
- 苺果《まいか》 8 ⑧
- 奈穂美《なほみ》 8 ㉔
- 美風優《みふゆ》 9 ㉖
- 倫佳《りんか》 10 ⑧
- 寛子《ひろこ》 13 ③
- 愛都《えと》 13 ⑪
- 澄夏《すみか》 15 ⑩
- 穂菜美《ほなみ》 15 ⑳
- 露子《つゆこ》 21 ③
- 顧和子《みわこ》 21 ⑪
- 鶴南美《かなみ》 21 ⑱

5＋9

姓の画数と例

石神　田畑　古屋　石垣　布施　玉城　石津　など

姓に合う名の画数

1字名：4　24

2・3字名：2＋⑲　6＋⑪　7＋⑱　9＋②　9＋⑯　14＋①　15＋⑥　15＋⑱　23＋⑩　4＋⑪　7＋⑧　8＋③　9＋⑧　12＋③　14＋⑪　15＋⑧　20＋③　4＋⑲　7＋⑯　8＋⑬　9＋⑫　12＋⑲　15＋⑩　15＋②　23＋⑧

名前例

男の子

- 友隆《ともたか》 4 ⑪
- 友羅《ゆうら》 4 ⑲
- 圭都《けいと》 6 ⑪
- 邦和《くにかず》 7 ⑧
- 冴磨《さえま》 7 ⑯
- 昊暉《こうき》 8 ⑬
- 祐明《ひろあき》 9 ⑧
- 臥龍《がりゅう》 9 ⑯
- 敦士《あつし》 12 ③
- 聡琉《さとる》 14 ⑪
- 蔵馬《くらま》 15 ⑩
- 耀大《ようだい》 20 ③

女の子

- 友瀬《ゆうせ》 4 ⑲
- 衣理《えり》 6 ⑪
- 宏実《ひろみ》 7 ⑧
- 杏樹《あんじゅ》 7 ⑯
- 季子《きこ》 8 ③
- 果鈴《かりん》 8 ⑬
- 美空《みく》 9 ⑧
- 稀羅《きら》 12 ⑲
- 静莱《せいら》 14 ⑪
- 嬉奈《きな》 15 ⑧
- 舞姫《まいき》 15 ⑩
- 鐘子《しょうこ》 20 ③

---

column

画数で知る性格の傾向①

姓名判断では、画数によって性格にも違いが出ると考えます。
性格の傾向別に、画数をまとめました。
特に地格や人格にこれらの数があると、その傾向が強くなります。

素直で正直
5・6・8・11・15・18・24・35・36・38・41・47・48

意志が強くわが道を行く
7・14・16・17・25・27・33・41・43・45・52

積極的で明るい
3・5・8・13・15・16・18・23・31・32・33・39・41

体育会系で上下関係を重んじる
5・8・15・18・45・48

5+10

姓の画数と例

石原　田島　田原　北原　加納　矢島　北島　など

姓に合う名の画数

1字名：なし

2・3字名：1+16　6+2　7+1　11+6　13+3　15+1　15+18　21+11　23+10　3+13　6+10　7+11　11+13　13+11　15+3　19+13　21+16　3+20　6+26　8+10　11+26　14+10　15+8　19+18　23+1

名前例

男の子

大暉《だいき》 3+13　帆人《はんと》 6+2　光記《みつき》 6+10　辰逞《たつゆき》 7+11
昇馬《しょうま》 8+10　隆次《りゅうじ》 11+6　雅也《まさや》 13+3　魁流《かいる》 14+10
徹士《てつじ》 15+3　慶朋《よしとも》 15+8　論観《のりみ》 15+18　羅以夢《らいむ》 19+18

女の子

千聖《ちさと》 3+13　夕美菜《ゆみな》 3+20　光恵《みつえ》 6+10　杏梨《あんり》 7+11
果恋《かれん》 8+10　麻衣《まい》 11+6　愛夕《あゆ》 13+3　潤子《じゅんこ》 15+3
璃実《りみ》 15+8　輝枝華《きえか》 15+18　鏡記奈《あきな》 19+18　露菜《つゆな》 21+11

5+11

姓の画数と例

平野　矢野　北野　石黒　永野　石崎　田崎　など

姓に合う名の画数

1字名：2

2・3字名：2+3　4+19　7+10　7+24　12+13　13+10　14+27　21+10　2+13　6+1　7+16　12+1　13+2　13+12　20+1　21+20　4+13　7+6　7+18　12+3　13+8　13+28　21+8　22+3

名前例

男の子

巴照《ともてる》 4+13　元麒《げんき》 4+19　圭一《けいいち》 6+1　杜安《とあ》 7+6
伸造《しんぞう》 7+10　孝治朗《こうじろう》 7+18　翔也《しょうや》 12+3　慎弥《しんや》 13+8
蒼馬《そうま》 13+10　彰悠樹《あきゆき》 14+27　顧知《ただとも》 21+8　躍馬《やくま》 21+10

女の子

水園《みその》 4+13　文羅《あやら》 4+19　早乙《さお》 6+1　良夏《よしか》 7+10
沙莉奈《さりな》 7+18　裕子《ゆうこ》 12+3　絵夢《えむ》 12+13　睦佳《むつか》 13+8
楓賀《ふうか》 13+12　瑠璃絵《るりえ》 14+27　露佳《ろか》 21+8　鶴瑞来《かずき》 21+20

5+12

姓の画数と例

本間　古賀　石塚　甲斐　平塚　石渡　平賀　など

姓に合う名の画数

1字名：6　12　20

2・3字名：3+3　4+12　11+13　13+3　17+1　21+3　3+13　6+12　11+24　13+11　19+2　23+8　3+18　9+6　12+12　13+28　19+16　23+18

名前例

男の子

三雅《みつまさ》 3+13　大顕《ひろあき》 3+18　允登《まこと》 4+12　光晴《みつはる》 6+12
海舟《かいしゅう》 9+6　習慈《しゅうじ》 11+13　雪鷹《ゆきたか》 11+24　煌都《きらと》 13+11
駿一《しゅんいち》 17+1　麗樹《れいき》 19+16　躍大《やくた》 21+3　鷲治《しゅうじ》 23+8

女の子

琴《こと》 12　そのこ 3+3　千織《ちおり》 3+18　双葉《ふたば》 4+12
凪絵《なえ》 6+12　郁帆《いくほ》 9+6　萌夢《もえむ》 11+13　勢都《せつ》 13+11
優乙《ゆい》 17+1　艶樹《よしき》 19+16　顧子《ここ》 21+3　鱒実《ますみ》 23+8

5+13

姓の画数と例

玉置　など

姓に合う名の画数

1字名：なし

2・3字名：2+1　3+2　3+18　4+11　11+2　12+1　18+3　2+11　3+10　3+20　8+3　11+10　12+11　19+2　2+19　3+12　4+3　10+3　11+12　16+13　22+1

名前例

男の子

力埜《りきや》 2+11　丈敏《たけとし》 3+10　友基《ゆうき》 4+11　武丸《たけまる》 8+3
航也《こうや》 10+3　彩人《あやひと》 11+2　清馬《せいま》 11+10　崇雄《たかお》 11+12
瑛基《えいき》 12+11　憲太郎《けんたろう》 16+13　櫂也《かいや》 18+3　瀬乃《せの》 19+2

女の子

七瀬《ななせ》 2+19　千恵《ちえ》 3+10　小雛《こひな》 3+18　巴菜《はな》 4+11
京子《きょうこ》 8+3　桃子《ももこ》 10+3　彩莉《あやり》 11+10　悠稀《ゆうき》 11+12
結季子《ゆきこ》 12+11　頼愛《らいあ》 16+13　燿子《ようこ》 18+3　蘭乃《らんの》 19+2

5+14

田端 田嶋 など

姓に合う名の画数

1字名: なし

2・3字名: 1+12、2+27、3+3、4+2、7+11、11+2、11+27、15+3、17+1、19+19、21+12、23+6、23+16

名前例

男の子
- 1+12 一渡《かずと》
- 3+3 大工《たくみ》
- 4+2 円人《のぶと》
- 7+11 邦康《くにやす》
- 11+2 彗人《すいと》
- 11+27 都輿留《とおる》
- 15+3 毅士《つよし》
- 17+1 瞭一《りょういち》
- 19+19 羅位登《らいと》
- 21+12 鶴翔《かくと》
- 23+6 鷲伍《しゅうご》
- 23+16 巖樹《いわき》

女の子
- 1+12 一絵《かずえ》
- 3+3 みゆ
- 4+2 月乃《つきの》
- 7+11 芹菜《せりな》
- 11+2 毬乃《まりの》
- 11+27 彩菜衛《さなえ》
- 15+3 輝子《きこ》
- 17+1 優乙《ゆうき》
- 19+19 艶梨奈《えりな》
- 21+12 顧葉《みよ》
- 23+6 鑑名《あきな》
- 23+16 顯花音《あかね》

5+15

生駒 など

姓に合う名の画数

1字名: なし

2・3字名: 1+12、1+20、1+24、2+13、2+19、3+2、3+8、3+10、3+18、6+11、9+2、9+6、9+8、9+12、9+16、9+28、10+1、10+3、16+1、17+8、23+2、24+13

名前例

男の子
- 2+13 力暉《りき》
- 2+19 十起彦《ときひこ》
- 3+10 大将《だいすけ》
- 3+18 小治朗《こじろう》
- 6+11 匡隆《まさたか》
- 9+6 栄光《えいこう》
- 9+12 政博《まさひろ》
- 9+16 玲樹《れいき》
- 10+3 剣士《けんし》
- 16+1 賢一《けんいち》
- 17+8 講典《こうすけ》
- 24+13 鷹稔《たかとし》

女の子
- 2+13 乃鼓《のこ》
- 2+19 九留美《くるみ》
- 3+2 えり
- 3+8 みなみ
- 3+18 夕起果《ゆきか》
- 6+11 百菜《もな》
- 9+2 咲乃《さくの》
- 9+6 香帆《かほ》
- 9+28 美優梨《みゆり》
- 10+3 莉子《りこ》
- 17+8 優奈《ゆうな》
- 24+13 鷺々華《ろろか》

5+16

石橋 本橋 古橋 市橋 古澤 田頭 など

姓に合う名の画数

1字名: 16

2・3字名: 1+10、2+16、7+1、7+11、8+16、13+3、13+11、15+1、15+2、15+3、21+3、21+10、23+1

名前例

男の子
- 2+16 七樹《ななき》
- 7+1 芳一《よしかず》
- 7+11 宏規《ひろき》
- 8+16 佳親《よしちか》
- 13+3 数也《かずや》
- 13+11 靖啓《やすはる》
- 15+1 範一《のりかず》
- 15+2 慧人《けいと》
- 15+3 諒之《あきゆき》
- 21+3 鶴也《かくや》
- 21+10 轟記《とどろき》
- 23+1 鷲一《しゅういち》

女の子
- 1+10 一華《いちか》
- 2+16 乃利香《のりか》
- 7+1 那乙《なお》
- 7+11 沙彩《さあや》
- 8+16 和可菜《わかな》
- 13+3 誠子《まさこ》
- 13+11 愛唯《あい》
- 15+1 舞乙《まお》
- 15+2 璃乃《りの》
- 15+3 廣子《ひろこ》
- 21+3 露巳《ろみ》
- 21+10 櫻莉《さり》

5+18

加藤 など

姓に合う名の画数

1字名: 15

2・3字名: 3+12、3+13、6+2、6+18、7+11、11+13、11+18、13+3、14+2、15+1、15+10、15+20、21+3、21+8、23+1、23+2、23+12

名前例

男の子
- 3+12 丈貴《たけき》
- 3+13 千誠《かずまさ》
- 6+2 旬人《しゅんと》
- 6+18 充顕《みつあき》
- 7+11 克基《かつき》
- 11+13 清雅《きよまさ》
- 11+13 教義《のりよし》
- 13+3 鉄也《てつや》
- 14+2 徳二《とくじ》
- 15+10 範倖《のりゆき》
- 21+8 鶴弥《かくや》
- 23+12 鷲翔《しゅうと》

女の子
- 3+12 万葉《まよ》
- 3+13 千亜妃《ちあき》
- 6+18 早都希《さつき》
- 7+11 花菜《かな》
- 11+18 彩織《さおり》
- 13+3 楓与《かよ》
- 14+2 綴乃《せつの》
- 15+10 輝紗《きさ》
- 15+20 舞優子《まゆこ》
- 21+3 露子《つゆこ》
- 21+8 櫻実《さくみ》
- 23+12 鱒寸美《ますみ》

姓の画数と例　5＋19

広瀬　加瀬　永瀬　古瀬　など

姓に合う名の画数

1字名：14

2・3字名：2+13　4+19　10+13　13+20　16+1　4+1　6+1　13+2　14+1　18+3　4+11　6+27　13+8　14+19

名前例

男の子

七暉《ななき》 2+13　友基《ゆうき》 4+11　文鏡《ふみあき》 4+19　旬一《しゅんいち》 6+1
有騎哉《ゆきや》 6+27　耕慈《こうじ》 10+13　準二《じゅんじ》 13+2　獅門《しもん》 13+8
誠護《せいご》 13+20　銀一《ぎんいち》 14+1　颯麒《さつき》 14+19　櫂也《かいや》 18+3

女の子

七桜子《なおこ》 2+13　きの 4+1　心菜《ここな》 4+11　友瀬《ゆうせ》 4+19
吏乙《りお》 6+1　早智穂《さちほ》 6+27　晃夢《あきむ》 10+13　蒼乃《あおの》 13+2
蓮奈《れんな》 13+8　詩保理《しほり》 13+20　綺麗《きらら》 14+19　雛子《ひなこ》 18+3

姓の画数と例　6

辻　西　芝　仲　向　など

姓に合う名の画数

1字名：なし

2・3字名：1+10　5+20　9+24　11+4　11+24　15+16　18+7　19+14　23+16　1+24　7+4　10+5　11+7　12+5　15+17　18+15　19+22　2+15　7+16　10+23　11+20　12+23　18+5　19+4　23+6

名前例

男の子

十徹《じゅってつ》 2+15　広議《ひろのり》 5+20　辰介《しんすけ》 7+4　宏樹《ひろき》 7+16
政鷹《まさたか》 9+24　倫正《のりまさ》 10+5　紗都詞《さとし》 10+23　章介《しょうすけ》 11+4
敬鑑《たかあき》 12+23　鎧毅《がいき》 18+15　蹴斗《しゅうと》 19+4　鑑匡《あきまさ》 23+6

女の子

芳巴《よしは》 7+4　亜美里《あみり》 7+16　美裕稀《みゆき》 9+24　莉央《りお》 10+5
紗理絵《さりえ》 10+23　唯巴《ゆいは》 11+4　爽花《さやか》 11+7　菜穂美《なおみ》 11+24
陽可《はるか》 12+5　織花《おりか》 18+7　鏡水《あきみ》 19+4　鑑江《あきえ》 23+6

姓の画数と例　6＋3

吉川　西川　西山　江口　竹下　池上　米山　など

姓に合う名の画数

1字名：2　14　22

2・3字名：4+2　5+11　12+11　13+19　14+18　22+2　4+12　5+19　12+12　14+1　20+18　22+10　4+25　10+5　12+26　14+10　22+1　22+26

名前例

男の子

友二《ゆうじ》 4+2　広清《こうせい》 5+11　正識《まさし》 5+19　時正《ときまさ》 10+5
裕貴《ゆうき》 12+12　登詩雅《としまさ》 12+26　誉吏義《よりよし》 13+19　槙一《しんいち》 14+1
彰造《しょうぞう》 14+10　嘉騎《よしき》 14+18　議佑基《ひろゆき》 20+18　驍朗《としろう》 22+10

女の子

まい 4+2　友結《ゆゆ》 4+12　由麻《ゆま》 5+11　未麗《みれい》 5+19
桃代《ももよ》 10+5　遥葉《はるよ》 12+12　智穂理《ちほり》 12+26　煌羅《あきら》 13+19
綺乙《きお》 14+1　寧々穂《ねねほ》 14+18　響美紀《ひびき》 20+18　讃華《あきか》 22+10

姓の画数と例　6＋4

竹内　向井　竹中　安井　臼井　吉井　池内　など

姓に合う名の画数

1字名：14

2・3字名：1+2　2+9　4+9　7+18　11+10　12+9　13+2　14+11　20+5　1+10　3+18　4+11　9+2　11+12　12+11　14+7　14+15　2+5　4+1　4+17　11+2　12+1　12+17　14+9　14+17

名前例

男の子

彰《しょう》 14　ノア《のあ》 1+2　七星《ななせ》 2+9　万顕《たかあき》 3+18
元規《もとき》 4+11　双翼《つばさ》 4+17　寿騎《としき》 7+18　涼馬《りょうま》 11+10
達彦《たつひこ》 12+9　貴優《たかまさ》 12+17　漣理《れんり》 14+11　豪駿《たけとし》 14+17

女の子

歌《うた》 14　レナ《れな》 1+2　夕起奈《ゆきな》 3+18　仁菜《にな》 4+11
志織《しおり》 7+18　悠紗《ゆうさ》 11+10　雪瑛《ゆきえ》 11+12　釉紀《ゆうき》 12+9
絢霞《あやか》 12+17　颯希《さき》 14+7　瑳埜《さや》 14+11　歌霞《うたか》 14+17

6＋5

姓の画数と例

吉田　池田　西田　安田　寺田　多田　竹田　など

姓に合う名の画数

1字名：なし

2・3字名：
1+17　10+27　13+5
2+19　12+9　16+2
8+10　12+12　19+5

名前例

男の子
一環《いっかん》 1・17　力麒《りき》 2・19　和馬《かずま》 8・10　知悦《ともよし》 8・10
夏詩緒《かしお》 10・27　敦信《あつのぶ》 12・9　智博《ともひろ》 12・12　雄貴《ゆうき》 12・12
慎平《しんぺい》 13・5　憲二《けんじ》 16・2　麒平《きへい》 19・5　繫史《けいし》 19・5

女の子
一鞠《いまり》 1・17　七稀沙《なぎさ》 2・19　朋笑《ともえ》 8・10　茉莉《まり》 8・10
真裕穂《まゆほ》 10・27　絢南《あやな》 12・9　琴絵《ことえ》 12・12　結葉《ゆうは》 12・12
園禾《そのか》 13・5　樹乃《じゅの》 16・2　瀬央《せお》 19・5　麗加《れいか》 19・5

6＋6

姓の画数と例

寺西　安西　安江　吉成　有吉　など

姓に合う名の画数

1字名：5　23

2・3字名：
1+10　2+15　7+18　10+15　12+1　12+11　17+12　18+7
2+1　2+19　9+12　10+19　12+5　12+17　17+18　18+11
2+11　5+12　10+11　11+10　12+9　15+2　18+5　18+15

名前例

男の子
巧《たくみ》 5　乃隆《のりたか》 2・11　弘貴《ひろき》 5・12　利顕《としあき》 7・18
栄稀《しげき》 9・12　哲鏡《てつあき》 10・19　智洋《ともひろ》 12・9　晴佑起《はるゆき》 12・17
諒二《りょうじ》 15・2　優騎《まさき》 17・18　瞬作《しゅんさく》 18・7　顕慶《あきよし》 18・15

女の子
冬《ふゆ》 5　八澄《やすみ》 2・15　未結《みゆ》 5・12　希観《のぞみ》 7・18
紅満《くみ》 9・12　真悠《まゆ》 10・11　紗里奈《さりな》 10・15　遊生《ゆうき》 12・5
絢霞《あやか》 12・17　環葵《たまき》 17・12　優織《ゆうり》 17・18　藍李《あいり》 18・7

6＋7

姓の画数と例

西村　吉村　西尾　竹村　吉沢　西沢　早坂　など

姓に合う名の画数

1字名：4

2・3字名：
1+7　9+7　10+25　14+10　16+9　22+2　24+11
1+15　9+23　11+7　14+18　16+19　22+10
4+1　10+1　14+2　16+2　17+7　22+17

名前例

男の子
壬《じん》 4　勇汰《ゆうた》 9・7　則鑑《のりあき》 9・23　修意智《しゅういち》 10・25
悠我《ゆうが》 11・7　徳紘《のりひろ》 14・10　嘉観《よしみ》 14・18　繁政《しげまさ》 16・9
篤識《あつし》 16・19　駿希《しゅんき》 17・7　饗造《きょうぞう》 22・10　驍優《たかまさ》 22・17

女の子
月《つき》 4　海沙《みさ》 9・7　美奈穂《みなほ》 9・23　紗緒梨《さおり》 10・25
萌那《もえな》 11・7　歌乃《かの》 14・2　綸夏《りんか》 14・10　歌織《かおり》 14・18
澪音《みおね》 16・9　樹理阿《じゅりあ》 16・19　優花《ゆうか》 17・7　響姫《ひびき》 22・10

6＋8

姓の画数と例

吉岡　伊東　西岡　寺岡　安東　竹林　吉武　など

姓に合う名の画数

1字名：10　15

2・3字名：
3+15　7+17　8+17　10+7　13+2　15+9　16+7　17+7　24+9
5+10　8+7　9+9　10+11　13+5　15+10　16+9　24+1
7+10　8+15　9+12　10+15　13+11　16+5　16+17　24+7

名前例

男の子
夕輝《ゆうき》 3・15　巧真《たくま》 5・10　快留《かいる》 7・10　志優《しゆう》 7・17
昇佑《しょうすけ》 8・7　和優《かずまさ》 8・17　星哉《せいや》 9・9　真梧《しんご》 10・11
誠隆《まさたか》 13・11　遼馬《りょうま》 15・10　龍平《りゅうへい》 16・5　瞭良《あきら》 17・7

女の子
万凛《まりん》 3・15　加純《かすみ》 5・10　沙恵《さえ》 7・10　亜優《あゆ》 7・17
苑花《そのか》 8・7　奏美《かなみ》 9・9　紗理《さり》 10・11　園禾《そのか》 13・5
愛彩《あいさ》 13・11　澪可《みおか》 16・5　樹音《じゅね》 16・9　瞳那《めな》 17・7

6＋9

姓の画数と例

大久保　守屋　小久保　西垣　安保　川久保　など

姓に合う名の画数

1字名

24

2・3字名

2+(15)　7+(1)　7+(26)　12+(5)　14+(2)　15+(9)　16+(17)　22+(10)　24+(9)

4+(12)　7+(9)　8+(10)　12+(12)　14+(10)　16+(2)　20+(12)　22+(15)

4+(19)　7+(25)　9+(9)　12+(25)　15+(2)　16+(7)　20+(17)　23+(10)

名前例

男の子

力輝《りき》 2 (15)　友博《ともひろ》 4 (12)　宏政《ひろまさ》 7 (9)　亜玖闘《あくと》 7 (25)

拓馬《たくま》 8 (10)　俊哉《としや》 9 (9)　道正《みちまさ》 12 (5)　静悟《せいご》 14 (10)

潮音《しおと》 15 (9)　衛邦《よしくに》 16 (7)　賢拓郎《けんたろう》 16 (17)　護道《もりみち》 20 (12)

女の子

心湖《みこ》 4 (12)　花音《かのん》 7 (9)　佳倫《かりん》 8 (10)　奏美《かなみ》 9 (9)

晴叶《はるか》 12 (5)　智絵《ともえ》 12 (12)　歌恋《かれん》 14 (10)　凜音《りのん》 15 (9)

橙芭《とうは》 16 (7)　磨奈美《まなみ》 16 (17)　響霞《きょうか》 20 (17)　讃穂《あきほ》 22 (15)

6＋10

姓の画数と例

吉原　西原　有馬　寺島　西島　西脇　竹原　など

姓に合う名の画数

1字名

7

2・3字名

1+(12)　3+(12)　7+(1)　8+(15)　13+(2)　14+(7)　14+(27)　22+(7)　23+(9)

3+(2)　5+(12)　8+(5)　8+(17)　13+(12)　14+(9)　15+(17)　22+(9)

3+(5)　5+(18)　8+(9)　8+(23)　14+(1)　14+(11)　21+(11)　23+(2)

名前例

男の子

快《かい》 7　久史《ひさし》 3 (5)　三陽《みつあき》 3 (12)　永翔《えいと》 5 (12)

由騎《よしき》 5 (18)　伸一《しんいち》 7 (1)　忠祐《ただひろ》 8 (9)　空摩《くうま》 8 (15)

蒼葉《あおば》 13 (12)　嘉臣《よしおみ》 14 (7)　輝優《てるまさ》 15 (17)　鶴規《つるき》 21 (11)

女の子

花《はな》 7　万陽《まよ》 3 (12)　可織《かおり》 5 (18)　希乙《きお》 7 (1)

歩生《あゆみ》 8 (5)　実南《みな》 8 (9)　愛葵《あいき》 13 (12)　綺良《きら》 14 (7)

静音《しずね》 14 (9)　舞優《まゆ》 15 (17)　鶴夕奈《つゆな》 21 (11)　讃花《あきか》 22 (7)

6＋11

姓の画数と例

吉野　安部　西野　宇野　江崎　吉崎　寺崎　など

姓に合う名の画数

1字名

12

2・3字名

4+(2)　5+(2)　7+(11)　12+(23)　14+(2)　20+(1)　22+(2)　24+(7)

4+(12)　5+(11)　10+(5)　13+(2)　14+(10)　20+(15)　22+(9)　24+(17)

4+(17)　5+(26)　12+(12)　13+(11)　14+(27)　21+(10)　22+(19)

名前例

男の子

集《しゅう》 12　文博《ふみひろ》 4 (12)　友優《ともひろ》 4 (17)　巧人《たくと》 5 (2)

良隆《よしたか》 7 (11)　航生《こうせい》 10 (5)　喜渡《よしと》 12 (12)　獅堂《しどう》 13 (11)

遙馬《ようま》 14 (10)　護慶《もりよし》 20 (15)　鶴朗《つるお》 21 (10)　驍祐《ぎょうすけ》 22 (9)

女の子

温《のどか》 12　まこ 4 (2)　心結《みゆ》 4 (12)　司乃《しの》 5 (2)

未雪《みゆき》 5 (11)　芭琉《はる》 7 (11)　莉央《りお》 10 (5)　博葉《ひろは》 12 (12)

鈴鹿《すずか》 13 (11)　瑳千甫《さちほ》 14 (10)　馨璃《かおり》 20 (15)　露恋《ろれん》 21 (10)

6＋12

姓の画数と例

五十嵐　安達　有賀　西森　伊達　多賀　羽賀　など

姓に合う名の画数

1字名

20

2・3字名

1+(2)　3+(18)　4+(11)　4+(25)　5+(10)　12+(1)　13+(10)

1+(10)　4+(1)　4+(17)　5+(1)　9+(2)　12+(9)　17+(12)

3+(10)　4+(9)　4+(19)　5+(2)　11+(2)　12+(11)　19+(2)

名前例

男の子

大修《ひろまさ》 3 (10)　久燿《ひさてる》 3 (18)　友則《とものり》 4 (9)　元徽《げんき》 4 (17)

文麗《ふみよし》 4 (19)　広起《こうき》 5 (10)　勇人《ゆうと》 9 (2)　惟力《いりき》 11 (2)

温紀《はるき》 12 (9)　智康《ともやす》 12 (11)　聖真《せいま》 13 (10)　駿開《としはる》 17 (12)

女の子

千晃《ちあき》 3 (10)　千南美《ちなみ》 3 (18)　友美《ともみ》 4 (9)　六津実《むつみ》 4 (17)

史乃《しの》 5 (2)　可恋《かれん》 5 (10)　虹乃《にじの》 9 (2)　順保《ゆきほ》 12 (9)

陽菜《ひな》 12 (11)　詩恵《しえ》 13 (10)　優葉《ゆうは》 17 (12)　麗七《れいな》 19 (2)

姓の画数と例 6＋16

吉澤　江頭　舟橋　西澤　など

姓に合う名の画数

1字名：なし

2・3字名：
1＋10　2＋9　2＋23　5＋12　8＋7　8＋17　15＋2　16＋19
2＋1　2＋11　5＋2　7＋18　8＋9　9＋2　16＋1　17＋18
2＋5　2＋15　5＋10　8＋5　8＋15　13＋10　16＋9　22＋1

名前例

男の子

- 力耶《りきや》 2＋9
- 以朔《いさく》 5＋10
- 宏顕《ひろあき》 7＋18
- 英央《ひでお》 8＋5
- 和希《かずき》 8＋7
- 拓海《たくみ》 8＋9
- 柾人《まさと》 9＋2
- 聖浪《せいら》 13＋10
- 徹二《てつじ》 15＋2
- 龍星《りゅうせい》 16＋9
- 憲鏡《のりあき》 16＋19
- 優騎《ゆうき》 17＋18

女の子

- 人美《ひとみ》 2＋9
- 永夏《えいか》 5＋10
- 由稀《ゆき》 5＋12
- 里穂子《りほこ》 7＋18
- 実右《みう》 8＋5
- 果那《かな》 8＋7
- 明穂《あきほ》 8＋15
- 宥乃《ゆうの》 9＋2
- 夢紡《むつむ》 13＋10
- 嬉乃《よしの》 15＋2
- 磨美《まみ》 16＋9
- 優騎《ゆうき》 17＋18

姓の画数と例 6＋18

伊藤　安藤　江藤　など

姓に合う名の画数

1字名：5　7　15

2・3字名：
3＋12　11＋12　14＋19
5＋10　14＋1　15＋18
7＋26　14＋7　19＋2

名前例

男の子

- 巧《たくみ》 5
- 佑《たすく》 7
- 勲《いさお》 15
- 大葵《ひろき》 3＋12
- 永時《えいじ》 5＋10
- 希視範《きみのり》 7＋26
- 郷雄《あきお》 11＋12
- 彰一《しょういち》 14＋1
- 嘉佑《かすけ》 14＋7
- 誓思朗《せいじろう》 14＋19
- 潮観《しおみ》 15＋18
- 瀬七《せな》 19＋2

女の子

- 叶《かな》 5
- 伶《れい》 7
- 慧《けい》 15
- 万稀《まき》 3＋12
- 礼華《れいか》 5＋10
- 沙優紀《さゆき》 7＋26
- 彩智《さち》 11＋12
- 瑠乙《るい》 14＋1
- 綺花《あやか》 14＋7
- 緋海夏《ひみか》 14＋19
- 穂麻里《ほまり》 15＋18
- 艶乃《よしの》 19＋2

姓の画数と例 6＋19

成瀬　百瀬　早瀬　など

姓に合う名の画数

1字名：14

2・3字名：
2＋5　4＋12　14＋19　20＋12
4＋2　14＋2　16＋7　22＋10
4＋9　14＋18　16＋17

名前例

男の子

- 魁《かい》 14
- 了司《りょうじ》 2＋5
- 介人《かいと》 4＋2
- 友彦《ともひこ》 4＋9
- 元翔《げんと》 4＋12
- 颯人《そうと》 14＋2
- 漣治朗《れんじろう》 14＋18
- 維都季《いつき》 14＋19
- 賢助《けんすけ》 16＋7
- 憲優《のりまさ》 16＋17
- 巌雄《いわお》 20＋12
- 驍記《たかのり》 22＋10

女の子

- 綾《あや》 14
- いほ 2＋5
- 巴七《はな》 4＋2
- 友紀《ゆき》 4＋9
- 文絵《ふみえ》 4＋12
- 歌七《かな》 14＋2
- 緋麻里《ひまり》 14＋18
- 歌梨奈《かりな》 14＋19
- 繁那《はんな》 16＋7
- 澪優《みゆう》 16＋17
- 耀葉《てるは》 20＋12
- 讃珠《あず》 22＋10

姓の画数と例 7

谷　角　沖　伴　沢　坂　佃　など

姓に合う名の画数

1字名：なし

2・3字名：
1＋16　6＋5　8＋24　10＋14　11＋14　14＋10　18＋6　18＋23　22＋16
4＋2　6＋10　9＋16　10＋22　11＋20　14＋17　18＋14　22＋2
4＋20　8＋16　9＋22　11＋6　14＋2　17＋24　18＋20　22＋10

名前例

男の子

- 心護《しんご》 4＋20
- 匡司《まさし》 6＋5
- 圭一郎《けいいちろう》 6＋10
- 直賢《ただたか》 8＋16
- 虹龍《こうりゅう》 9＋16
- 威驍《たけとし》 9＋22
- 敏綺《としき》 10＋14
- 悠成《ひさなり》 11＋6
- 康徳《やすのり》 11＋14
- 銀将《かねまさ》 14＋10
- 騎楽杜《きらと》 18＋20
- 驍人《たかと》 22＋2

女の子

- 巴奈絵《はなえ》 4＋20
- 早代《さよ》 6＋5
- 光紗《みさ》 6＋10
- 茉樹《まき》 8＋16
- 美沙紀《みさき》 9＋16
- 莉聡《りさ》 10＋14
- 彩綾《さあや》 11＋14
- 歌純《かすみ》 14＋10
- 瑠璃乃《るりの》 14＋17
- 繭衣《まゆい》 18＋6
- 織理美《おりみ》 18＋20
- 鷗乃《おうの》 22＋2

姓の画数と例

7+3

村上 谷口 杉山 坂口 村山 谷川 坂下 など

姓に合う名の画数

1字名

14 22

2・3字名

2+(1) 3+(4) 5+(8) 5+(18) 12+(9) 13+(10) 15+(6) 15+(14) 22+(1)

2+(9) 3+(8) 5+(10) 8+(17) 12+(11) 13+(16) 15+(8) 21+(4)

2+(11) 4+(17) 5+(16) 10+(1) 13+(8) 14+(17) 15+(10) 21+(8)

名前例

男の子

14 颯《そう》
2 (9) 二洸《にこう》
3 (8) 大知《だいち》
4 (17) 仁優《きみまさ》
5 (8) 弘国《ひろくに》
5 (16) 史龍《しりゅう》
8 (17) 阿宥武《あゆむ》
12 (9) 道信《みちのぶ》
13 (8) 獅門《しもん》
14 (17) 嘉優《よしまさ》
15 (10) 範倖《のりゆき》
21 (8) 轟弥《こうや》

女の子

14 緑《みどり》
3 (8) 夕奈《ゆうな》
4 (17) 円瞳《つぶら》
5 (8) 加奈《かな》
8 (17) 幸環《ゆきか》
12 (9) 智咲《ちさ》
12 (11) 絵菜《えな》
13 (8) 愛実《あいみ》
15 (6) 澄帆《すみほ》
15 (10) 黎華《れいか》
21 (4) 櫻心《さくらこ》
21 (8) 顧季《みき》

姓の画数と例

7+4

坂井 村井 坂元 宍戸 赤木 沢井 村木 など

姓に合う名の画数

1字名

12 14

2・3字名

1+(17) 9+(9) 13+(11) 17+(1)

2+(16) 11+(26) 13+(28) 20+(4)

3+(18) 13+(8) 14+(4)

名前例

男の子

12 嵐《あらし》
14 僚《りょう》
2 (16) 力樹《よしき》
3 (18) 夕騎《ゆうき》
9 (9) 南星《な나せ》
11 (26) 基羅杜《きらと》
13 (8) 慎弥《しんや》
13 (11) 雅都《まさと》
13 (28) 蒔騎朗《まきお》
14 (4) 瑠斗《ると》
17 (1) 嶺一《れいいち》
20 (4) 耀太《ようた》

女の子

12 葵《あおい》
14 歌《うた》
2 (16) 七積《なつみ》
3 (18) 千織《ちおり》
9 (9) 玲美《れみ》
11 (26) 菜都輝《なつき》
13 (8) 睦和《むつな》
13 (11) 瑞規《みずき》
13 (28) 詩緒歌《しおか》
14 (4) 遙予《はるよ》
17 (1) 環乙《たまき》
20 (4) 耀巴《あきは》

姓の画数と例

7+5

坂本 村田 杉本 沢田 児玉 足立 坂田 など

姓に合う名の画数

1字名

6

2・3字名

1+(4) 2+(9) 3+(18) 8+(17) 12+(9) 13+(10) 16+(1) 19+(4) 19+(14)

1+(16) 3+(10) 3+(26) 11+(14) 13+(4) 13+(16) 18+(11) 19+(6)

1+(22) 3+(14) 6+(11) 11+(22) 13+(8) 13+(22) 18+(17) 19+(10)

名前例

男の子

2 (9) 七紀《ななき》
3 (10) 丈馬《じょうま》
3 (14) 久彰《ひさあき》
6 (11) 光基《こうき》
8 (17) 知駿《ともとし》
11 (14) 悠輔《ゆうすけ》
13 (4) 愛斗《あいと》
13 (8) 寛季《ひろき》
18 (11) 櫂一朗《かいいちろう》
18 (17) 顕優《あきまさ》
19 (6) 瀬名《せな》
19 (14) 麓太朗《ろくたろう》

女の子

2 (9) 八重《やえ》
3 (10) 万莉《まり》
6 (11) 江菜《えな》
8 (17) 佳寿姫《かずき》
11 (14) 萌歌《もえか》
13 (10) 愛莉《あいり》
13 (16) 瑞樹《みずき》
18 (11) 雛雪《ひなゆき》
18 (17) 織李恵《おりえ》
19 (6) 鏡名《あきな》
19 (10) 麗華《れいか》
19 (14) 瀬怜凪《せれな》

姓の画数と例

7+6

佐竹 赤羽 住吉 近江 杉江 赤池 など

姓に合う名の画数

1字名

5

2・3字名

1+(10) 2+(6) 10+(22) 15+(1) 17+(1) 17+(28) 23+(9)

1+(17) 2+(14) 11+(24) 15+(9) 17+(8) 18+(6) 23+(16)

1+(24) 10+(6) 12+(6) 15+(17) 17+(18) 23+(1)

名前例

男の子

5 司《つかさ》
2 (6) 人成《ひとなり》
2 (14) 了輔《りょうすけ》
10 (6) 将匡《まさただ》
11 (24) 康裕貴《やすゆき》
12 (6) 喬伍《きょうご》
15 (1) 慶一《けいいち》
15 (9) 範洋《のりひろ》
15 (17) 徹志朗《てつじろう》
17 (8) 優弥《ゆうや》
17 (18) 駿闘《はやと》
18 (6) 穣充《しげみつ》

女の子

5 汀《なぎさ》
2 (14) 七樺《ななか》
10 (6) 栞名《かんな》
10 (22) 恵梨菜《えりな》
11 (24) 深緒莉《みおり》
12 (6) 満帆《まほ》
15 (1) 輝乙《きお》
15 (9) 璃祢《りね》
15 (17) 凛霞《りんか》
17 (8) 環奈《かんな》
17 (18) 優騎《ゆうき》
18 (6) 織衣《おりえ》

7+7

姓の画数と例
佐伯 志村 尾形 杉村 赤坂 谷村 角谷 など

姓に合う名の画数

1字名：4

2・3字名：

1+6	6+9	8+25	9+16	10+1	11+10	14+17	17+6	22+1
1+14	6+17	9+6	9+22	10+11	11+14	16+9	17+8	
1+16	8+9	9+14	9+24	11+6	14+1	17+4	17+16	

名前例

男の子

光春《みつはる》 6・9	政徳《まさのり》 9・14	遙一《よういち》 14・1
光徽《こうき》 6・17	俊樹《としき》 9・16	嘉徽《よしき》 14・17
和郎《かずお》 8・9	紘規《ひろのり》 10・11	龍彦《たつひこ》 16・9
栄至《えいし》 9・6	爽輔《そうすけ》 11・14	優和《まさかず》 17・8

女の子

有咲《ありさ》 6・9	美羽《みう》 9・6	留惟《るい》 10・11
安衣菜《あいな》 6・17	律寧《りつね》 9・14	悠帆《ゆうほ》 11・6
知美《ともみ》 8・9	海親《みちか》 9・16	理桜《りお》 11・10
歩優実《あゆみ》 8・25	美登莉《みどり》 9・22	箕乙《みお》 14・1

7+8

姓の画数と例
村松 村岡 赤松 坂東 花岡 我妻 別府 など

姓に合う名の画数

1字名：10

2・3字名：

3+14	8+8	10+8	13+24	16+8	17+16	23+9
5+11	8+24	13+4	15+1	17+1	21+11	23+14
5+18	9+9	13+11	15+9	17+6	21+16	

名前例

男の子

大綺《だいき》 3・14	政哉《まさや》 9・9	徹哉《てつや》 15・9
弘隆《ひろたか》 5・11	敏英《としひで》 10・8	賢明《たかあき》 16・8
永騎《えいき》 5・18	聖仁《きよひと》 13・4	優充《まさみ》 17・6
典和《のりかず》 8・8	稔章《としあき》 13・11	轟基《ごうき》 21・11

女の子

千種《ちぐさ》 3・14	紅香《べにか》 9・9	舞海《まみ》 15・9
礼彩《れいさ》 5・11	真弥《まや》 10・8	澪奈《みおな》 16・8
由梨花《ゆりか》 5・18	鈴心《すずこ》 13・4	環伎《たまき》 17・6
奈果《なか》 8・8	稟都《りんと》 13・11	顧奈子《みなこ》 21・11

column

画数で知る性格の傾向②

こんな性格に育ってほしいという願いを、
姓名判断によって割り出された画数にこめることもできます。
特に地格や人格にこれらの数があると、その傾向が強くなります。

リーダーシップを強力に発揮する	人や社会のために尽くす	親孝行	一家の大黒柱になる	海外で活躍する
16・23・32	6・16・31・36・39	11・13・15・18・21・23・24・31・39・41・45・48	8・11・15・16・18・21・23・24・25・29・31・32	5・6・8・15・16・18・23・32・45・48

文学や芸術に秀《ひい》でる	学校の成績がよい	異性にモテる	投機・ギャンブルの才能がある	酒豪になる
12・13・22・24・35・37・38	9・11・13・16・19・21・23・24・29・31・35・38	7・12・13・17・22・23・27・31・32・36・39・41	10・16・20・23・24・30・31・32・33・37・40・50	16・23・25・31・32・33

7＋10

姓の画数と例

杉浦　杉原　児島　対馬　佐原　坂根　君島　など

姓に合う名の画数

1字名：14

2・3字名：5+(1)　5+(11)　5+(16)　6+(1)　6+(10)　8+(10)　11+(4)　13+(11)　13+(22)　14+(10)　15+(1)　15+(9)　15+(26)　21+(14)　23+(1)

名前例

男の子

- 功一《こういち》 5 (1)
- 史崇《ふみたか》 5 (11)
- 旬一《しゅんいち》 6 (1)
- 在留《ある》 6 (10)
- 幸朗《さちお》 8 (10)
- 健斗《けんと》 11 (4)
- 雅啓《まさひろ》 13 (11)
- 誉師翔《よしと》 13 (22)
- 徳馬《とくま》 14 (10)
- 潤哉《じゅんや》 15 (9)
- 摩呼闘《まこと》 15 (26)
- 轟輔《ごうすけ》 21 (14)

女の子

- 滴《しずく》 14
- 由菜《ゆな》 5 (11)
- 永遠子《とわこ》 5 (16)
- 帆浪《ほなみ》 6 (10)
- 芽留《める》 8 (10)
- 望月《みつき》 11 (4)
- 暉爽《きさ》 13 (11)
- 詩穂里《しほり》 13 (22)
- 瑠位子《るいこ》 14 (10)
- 魅美《みみ》 15 (9)
- 摩優美《まゆみ》 15 (26)
- 露歌《つゆか》 21 (14)

7＋11

姓の画数と例

佐野　尾崎　杉野　坂野　日下部　杉崎　赤堀　など

姓に合う名の画数

1字名：6

2・3字名：2+(1)　2+(9)　4+(9)　4+(17)　5+(8)　5+(10)　5+(16)　5+(18)　6+(1)　6+(9)　10+(1)　12+(1)　13+(8)　13+(10)　14+(9)　18+(11)　20+(1)

名前例

男の子

- 乃彦《ゆきひこ》 2 (9)
- 友哉《ともや》 4 (9)
- 斗志記《としき》 4 (17)
- 史門《しもん》 5 (8)
- 冬馬《とうま》 5 (10)
- 巧憲《こうけん》 5 (16)
- 世藍《せら》 5 (18)
- 亘彦《のぶひこ》 6 (9)
- 蓮実《はすみ》 13 (8)
- 聖純《きよずみ》 13 (10)
- 彰亮《しょうすけ》 14 (9)
- 闘基《とうき》 18 (11)

女の子

- 光《ひかり》 6
- 七香《ななか》 2 (9)
- 円珂《まどか》 4 (9)
- 可依《かえ》 5 (8)
- 玉姫《たまき》 5 (10)
- 未蕾《みらい》 5 (16)
- 布美香《ふみか》 5 (18)
- 吉美《よしみ》 6 (9)
- 詩雨《しう》 13 (8)
- 愛姫《いつき》 13 (10)
- 瑳南《さな》 14 (9)
- 繍椛《あやか》 18 (11)

7＋12

姓の画数と例

芳賀　志賀　那須　赤塚　村越　杉森　など

姓に合う名の画数

1字名：6　12　20

2・3字名：1+(4)　1+(17)　3+(10)　5+(1)　9+(9)　13+(25)　17+(1)　21+(17)　23+(10)

名前例

男の子

- 旭《あさひ》 6
- 港《こう》 12
- 譲《ゆずる》 20
- 乙月《いつき》 1 (4)
- 一優《かずまさ》 1 (17)
- 万流《ばんる》 3 (10)
- 令一《れいいち》 5 (1)
- 紀彦《のりひこ》 9 (9)
- 靖祐樹《やすゆき》 13 (25)
- 瞭一《りょういち》 17 (1)
- 艦以智《かんいち》 21 (17)
- 鷲真《しゅうま》 23 (10)

女の子

- 凪《なぎ》 6
- 晴《はる》 12
- 響《ひびき》 20
- 一巴《かずは》 1 (4)
- 一霞《いちか》 1 (17)
- 夕夏《ゆうか》 3 (10)
- なつ 5 (1)
- 美香《みか》 9 (9)
- 愛優美《あゆみ》 13 (25)
- 徽乙《きお》 17 (1)
- 櫻那恵《さなえ》 21 (17)
- 鱒恵《ますえ》 23 (10)

7＋18

姓の画数と例

佐藤　近藤　兵藤　谷藤　など

姓に合う名の画数

1字名：なし

2・3字名：3+(4)　5+(1)　5+(8)　5+(11)　15+(1)　15+(17)　15+(18)　17+(6)　17+(16)　21+(11)　23+(9)

名前例

男の子

- 大斗《ひろと》 3 (4)
- 広一《ひろかず》 5 (1)
- 正季《まさき》 5 (8)
- 史章《ふみあき》 5 (11)
- 毅一《きいち》 15 (1)
- 毅謙《たけのり》 15 (17)
- 輝優《てるまさ》 15 (17)
- 影騎《かげき》 15 (18)
- 駿成《としなり》 17 (6)
- 謙多朗《けんたろう》 17 (16)
- 艦二郎《かんじろう》 21 (11)
- 鑑彦《あきひこ》 23 (9)

女の子

- えむ 3 (4)
- 史乙《しお》 5 (1)
- 礼季《あやき》 5 (8)
- 由芽《ゆめ》 5 (8)
- 央菜《ひろな》 5 (11)
- 澄乙《すみお》 15 (1)
- 慧玲奈《えれな》 15 (17)
- 舞理花《まりか》 15 (18)
- 優衣《ゆい》 17 (6)
- 嶺蕗《ねろ》 17 (16)
- 露菜《つゆな》 21 (11)
- 鑑音《あきね》 23 (9)

7+19

姓の画数と例

村瀬　佐瀬　など

姓に合う名の画数

1字名：6　22

2・3字名：
2+(1)　4+(9)　5+(8)　6+(1)　13+(18)
2+(9)　4+(11)　5+(10)　12+(9)　14+(1)
4+(1)　5+(6)　5+(16)　13+(8)

名前例

男の子
- 匠《たくみ》 6
- 穣《じょう》 22
- 了祐《りょうすけ》 2・9
- 心哉《しんや》 4・9
- 天彬《たかあき》 4・11
- 史匡《ふみただ》 5・6
- 主知《かずとも》 5・8
- 広能《ひろのり》 5・10
- 平次朗《へいじろう》 5・16
- 温紀《はるき》 12・9
- 蒼空《そら》 13・8
- 雅顕《まさあき》 13・18

女の子
- 糸《いと》 6
- 鷗《かもめ》 22
- 七胡《ななこ》 2・9
- 心春《こはる》 4・9
- 日毬《ひまり》 4・11
- 由衣《ゆい》 5・6
- 民奈《みな》 5・8
- 央華《おうか》 5・10
- 禾桜吏《かおり》 5・16
- 朝香《あさか》 12・9
- 照実《てるみ》 13・8
- 詩織《しおり》 13・18

8

姓の画数と例

林　東　岡　岸　牧　金　長　など

姓に合う名の画数

1字名：なし

2・3字名：
3+(2)　5+(10)　7+(10)　9+(6)　9+(22)　13+(2)　16+(7)　17+(7)
3+(10)　5+(20)　7+(16)　9+(12)　10+(7)　15+(10)　16+(17)　17+(16)
3+(22)　7+(6)　7+(17)　9+(15)　10+(15)　16+(5)　17+(6)　21+(16)

名前例

男の子
- 三朗《さぶろう》 3・10
- 広真《こうま》 5・10
- 克至《かつし》 7・6
- 志龍《しりゅう》 7・16
- 則充《のりみつ》 9・6
- 海翔《かいと》 9・12
- 紘希《ひろき》 10・7
- 桜輝《おうき》 10・15
- 穂高《ほだか》 15・10
- 諭史《さとし》 16・5
- 龍治郎《りゅうじろう》 16・17
- 翼佐《つばさ》 17・7

女の子
- 夕姫《ゆうき》 3・10
- 白峰《しらね》 5・10
- 良江《よしえ》 7・6
- 来瞳《くるみ》 7・17
- 南帆《なほ》 9・6
- 香穂《かほ》 9・15
- 恵魅《えみ》 10・15
- 夢乃《ゆめの》 13・2
- 凛桜《りお》 15・10
- 澪永《みおな》 16・5
- 操沙恵《みさえ》 16・17
- 鞠花《まりか》 17・7

8+3

姓の画数と例

金子　松下　青山　松山　岩下　松川　金山　など

姓に合う名の画数

1字名：なし

2・3字名：
2+(16)　10+(8)　14+(10)　21+(3)
3+(15)　12+(25)　14+(27)
4+(17)　14+(7)　15+(3)

名前例

男の子
- 力樹《よしき》 2・16
- 大輝《だいき》 3・15
- 久範《ひさのり》 3・15
- 元彌《もとや》 4・17
- 真典《しんすけ》 10・8
- 耕明《やすあき》 10・8
- 勝闘志《かつとし》 12・25
- 聡希《さとき》 14・7
- 彰浩《あきひろ》 14・10
- 勲巳《いさみ》 15・3
- 艦三《かんぞう》 21・3
- 轟己《ごうき》 21・3

女の子
- 七樹《ななき》 2・16
- 三穂《みつほ》 3・15
- 夕舞《ゆま》 3・15
- 心優《みゆ》 4・17
- 栞奈《かんな》 10・8
- 真実《まみ》 10・8
- 満理緒《まりお》 12・25
- 颯那《そな》 14・7
- 遙夏《はるか》 14・10
- 嬉子《きこ》 15・3
- 櫻子《さくらこ》 21・3
- 露弓《ろみ》 21・3

8+4

姓の画数と例

青木　松井　金井　岩井　茂木　武井　坪井　など

姓に合う名の画数

1字名：なし

2・3字名：
2+(3)　2+(23)　4+(13)　7+(10)　12+(21)　14+(7)　14+(21)　20+(3)　20+(13)
2+(15)　3+(8)　4+(17)　9+(16)　13+(8)　14+(9)　19+(10)　20+(5)
2+(21)　4+(9)　4+(25)　12+(13)　14+(3)　14+(15)　19+(16)　20+(9)

名前例

男の子
- 大河《たいが》 3・8
- 文郎《ふみお》 4・9
- 仁嗣《ひとし》 4・13
- 伸能《のぶよし》 7・10
- 昭頼《あきより》 9・16
- 智暉《ともき》 12・13
- 蓮河《れんが》 13・8
- 蘭馬《らんま》 19・10
- 麗樹《れいき》 19・16
- 譲也《まさや》 20・3
- 響司《きょうじ》 20・5
- 耀哉《てるや》 20・9

女の子
- 十輪《とわ》 2・15
- 心海《みみ》 4・9
- 友夢《ゆうむ》 4・13
- 冴夏《さえか》 7・10
- 咲樹《さき》 9・16
- 晴愛《はるな》 12・13
- 智鶴《ちづる》 12・21
- 誓花《せいか》 14・7
- 艶恵《よしえ》 19・10
- 霧積《むつみ》 19・16
- 耀子《ようこ》 20・3
- 響生《ひびき》 20・5

8＋5

姓の画数と例

松本　岡田　岡本　松田　和田　武田　岩田　など

姓に合う名の画数

1字名：なし

2・3字名：
1＋⑰　2＋㉓　11＋㉑　16＋⑧　18＋⑰　24＋⑧
2＋⑨　3＋⑤　12＋㉓　16＋⑯　18＋㉗　24＋⑮
2＋⑯　11＋⑤　13＋⑤　18＋⑦　19＋⑤

名前例

男の子：
一優《かずまさ》 1＋⑰　九美《ひさよし》 2＋⑨　大司《ひろし》 3＋⑤　清央《きよてる》 11＋⑤
常顧《つねただ》 11＋㉑　智由騎《ともゆき》 12＋㉓　豊弘《とよひろ》 13＋⑤　憲弥《けんや》 16＋⑧
懐樹《なつき》 16＋⑯　顕孝《あきたか》 18＋⑦　藍之輔《あいのすけ》 18＋⑰　識司《さとし》 19＋⑤

女の子：
乙優《おとゆ》 1＋⑰　十愛子《とあこ》 2＋⑯　かほ 3＋⑤　琉央《るお》 11＋⑤
彩緒里《さおり》 11＋㉑　葉都絵《はつえ》 12＋㉓　楓可《ふうか》 13＋⑤　諭和《ゆわ》 16＋⑧
澪佑紀《みゆき》 16＋⑯　藍衣菜《あいな》 18＋⑰　顕徽恵《あきえ》 18＋㉗　譜未《ふみ》 19＋⑤

8＋6

姓の画数と例

河合　河西　長江　国吉　金光　岡安　など

姓に合う名の画数

1字名：なし

2・3字名：
1＋⑩　2＋⑬　7＋⑧　9＋㉔　10＋⑮　11＋⑩　12＋⑬　18＋③　18＋⑮
1＋⑯　2＋⑮　7＋⑯　10＋⑤　10＋㉑　12＋⑤　15＋⑯　18＋⑤
2＋⑤　5＋⑯　9＋⑧　10＋⑬　10＋㉓　12＋⑨　17＋⑧　18＋⑦

名前例

男の子：
十夢《とむ》 2＋⑬　史親《ふみちか》 5＋⑯　志門《しもん》 7＋⑧　佑樹《ゆうき》 7＋⑯
俊明《としあき》 9＋⑧　晋央《ゆきお》 10＋⑤　時靖《ときやす》 10＋⑬　隼輝《しゅんき》 10＋⑮
健悟《けんご》 11＋⑩　翔哉《しょうや》 12＋⑨　貴誠《たかまさ》 12＋⑬　範親《のりちか》 15＋⑯

女の子：
七生《ななお》 2＋⑤　未樹《みき》 5＋⑯　里佳《りか》 7＋⑧　沙樹《さき》 7＋⑯
風実《かざみ》 9＋⑧　莉代《りよ》 10＋⑤　珠園《みその》 10＋⑬　夏凛《かりん》 10＋⑮
梨華《りか》 11＋⑩　朝央《あさお》 12＋⑤　琴音《ことね》 12＋⑨　穂積《ほづみ》 15＋⑯

8＋7

姓の画数と例

松尾　松村　岡村　河村　長尾　金沢　長沢　など

姓に合う名の画数

1字名：なし

2・3字名：
1＋⑦　4＋⑬　9＋⑦　11＋⑦　14＋㉓　18＋⑤　22＋⑮
1＋⑮　6＋⑩　9＋㉓　14＋③　16＋⑧　18＋⑮　24＋⑧
1＋㉓　6＋⑰　10＋⑧　14＋⑩　17＋⑦　22＋⑩　24＋⑬

名前例

男の子：
一志《かずし》 1＋⑦　友滉《ともひろ》 4＋⑬　圭馬《けいま》 6＋⑩　光嶺《みつね》 6＋⑰
祐希《ゆうき》 9＋⑦　倖治《こうじ》 10＋⑧　埜杜《のと》 11＋⑦　彰之《あきゆき》 14＋③
遙記《はるき》 14＋⑩　繁和《しげかず》 16＋⑧　謙吾《けんご》 17＋⑦　燿生《あきお》 18＋⑤

女の子：
一冴《かずさ》 1＋⑦　文愛《ふみえ》 4＋⑬　有莉《ゆうり》 6＋⑩　衣鞠《いまり》 6＋⑰
風花《ふうか》 9＋⑦　桃佳《ももか》 10＋⑧　彩良《さら》 11＋⑦　誓子《せいこ》 14＋③
綺夏《あやか》 14＋⑩　樹佳《きか》 16＋⑧　優里《ゆり》 17＋⑦　雛代《ひなよ》 18＋⑤

8＋8

姓の画数と例

松岡　若林　長岡　若松　長沼　松林　知念　など

姓に合う名の画数

1字名：なし

2・3字名：
3＋⑩　7＋⑯　10＋⑬　15＋⑩　16＋⑨　24＋⑤
5＋⑩　10＋③　10＋⑮　16＋⑤　16＋㉕　24＋⑦
7＋⑩　10＋⑦　10＋㉑　16＋⑦　17＋㉔　24＋⑰

名前例

男の子：
丈哲《たけあき》 3＋⑩　巧馬《こうま》 5＋⑩　宏親《ひろちか》 7＋⑯　恭助《きょうすけ》 10＋⑦
泰毅《たいき》 10＋⑮　時志彰《としあき》 10＋㉑　輝朗《てるお》 15＋⑩　薪平《しんぺい》 16＋⑤
憲伸《けんしん》 16＋⑦　親祐《しんすけ》 16＋⑨　樹優季《たつゆき》 16＋㉕　講爾朗《こうじろう》 17＋㉔

女の子：
ゆずな 3＋⑩　由夏《ゆか》 5＋⑩　花純《かすみ》 7＋⑩　杏樹《あんじゅ》 7＋⑯
夏子《なつこ》 10＋③　真李《まり》 10＋⑦　莉愛《りな》 10＋⑬　倖穂《さちほ》 10＋⑮
舞姫《まき》 15＋⑩　磨以《まい》 16＋⑤　樹里《じゅり》 16＋⑦　澪音《みおね》 16＋⑨

8＋9

姓の画数と例

青柳　金城　板垣　和泉　岩城　長屋　河津　など

姓に合う名の画数

1字名
なし

2・3字名
6+(10)　9+(9)　14+(21)　16+(25)
6+(15)　12+(3)　15+(9)　22+(13)
7+(9)　14+(10)　16+(8)

名前例

男の子

6 (10) 匡展《ただひろ》　6 (15) 光璃《みつあき》　7 (9) 亜星《あせい》　9 (9) 奏哉《そうや》
12 (3) 貴久《たかひさ》　14 (10) 静悟《せいご》　14 (21) 彰顧《あきただ》　15 (9) 慶亮《けいすけ》
15 (9) 徹洋《てつひろ》　16 (8) 衛知《よしとも》　16 (25) 龍輝朗《りゅうきろう》　22 (13) 鷗太郎《おうたろう》

女の子

6 (10) 朱紗《あやさ》　6 (10) 百桃《もも》　6 (15) 安佳里《あかり》　7 (9) 芙美《ふみ》
9 (9) 美咲《みさき》　12 (3) 遥己《はるみ》　14 (10) 歌恋《かれん》　14 (21) 静露《しずろ》
15 (9) 舞美《まいみ》　16 (8) 懐実《なつみ》　16 (25) 澪紗輝《みさき》　22 (13) 讃希名《あきな》

8＋10

姓の画数と例

松浦　松原　松島　長島　河原　門脇　板倉　など

姓に合う名の画数

1字名
なし

2・3字名
3+(8)　6+(7)　6+(17)　14+(9)
5+(8)　6+(9)　7+(8)　15+(8)
5+(16)　6+(15)　14+(7)　19+(10)

名前例

男の子

3 (8) 大空《おおぞら》　5 (8) 巧治《こうじ》　5 (16) 巨親《まさちか》　6 (7) 充宏《みつひろ》
6 (9) 匠海《たくみ》　6 (15) 光嬉《みつき》　6 (17) 好優《よしまさ》　7 (8) 秀実《ひでみ》
14 (7) 彰克《あきかつ》　14 (9) 網彦《あみひこ》　15 (8) 澄門《すみと》　19 (10) 識朗《しきお》

女の子

3 (8) 夕季《ゆき》　5 (8) 由芽《ゆめ》　5 (16) 史音里《しおり》　6 (7) 安寿《あんじゅ》
6 (9) 早紀《さき》　6 (15) 光穂《みつほ》　6 (17) 早渚吏《さおり》　7 (8) 亜弥《あや》
14 (7) 瑠李《るり》　14 (9) 瑠音《るね》　15 (8) 璃歩《りほ》　19 (10) 麗紗《れいさ》

8＋11

姓の画数と例

阿部　河野　岩崎　服部　岡崎　牧野　岡部　など

姓に合う名の画数

1字名
なし

2・3字名
2+(3)　10+(8)　24+(9)
2+(16)　14+(24)
4+(9)　22+(16)

名前例

男の子

2 (3) 八丈《やたけ》　2 (3) 力丸《りきまる》　2 (3) 了也《りょうや》　2 (16) 乃衣留《のいる》
4 (9) 公洋《きみひろ》　4 (9) 心哉《しんや》　4 (9) 友郎《ともお》　10 (8) 桜季《おうき》
10 (8) 敏和《としかず》　14 (24) 彰鷹《あきたか》　22 (16) 穣汰郎《じょうたろう》　24 (9) 鷹祐《たかひろ》

女の子

2 (3) いのり　2 (3) 七子《ななこ》　2 (3) りよ　2 (16) 乃橙《のと》
4 (9) 文音《あやね》　4 (9) 心美《ここみ》　4 (9) 巴南《はな》　10 (8) 紗苗《さなえ》
10 (8) 桃果《ももか》　14 (24) 瑠璃香《るりか》　22 (16) 讃樹《さき》　24 (9) 鷺香《ろか》

8＋12

姓の画数と例

金森　岩間　的場　松葉　門間　武智　など

姓に合う名の画数

1字名
なし

2・3字名
1+(10)　4+(9)　5+(10)　6+(7)　12+(3)　12+(13)
1+(24)　4+(17)　5+(16)　6+(15)　12+(5)　12+(25)
3+(10)　4+(21)　6+(5)　9+(8)　12+(9)　20+(5)

名前例

男の子

1 (10) 一馬《かずま》　3 (10) 久倖《ひさゆき》　4 (17) 円優《のぶまさ》　4 (21) 比呂誌《ひろし》
5 (10) 史竜《しりゅう》　5 (16) 央樹《ひろき》　6 (7) 圭志《けいし》　6 (15) 有輝《ゆうき》
9 (8) 柾季《まさき》　12 (5) 湘平《しょうへい》　12 (13) 童夢《どうむ》　20 (5) 耀平《ようへい》

女の子

3 (10) 小夏《こなつ》　4 (9) 水紀《みずき》　4 (17) 友梨衣《ゆりえ》　4 (21) 巴埜夏《はのか》
5 (10) 史華《ふみか》　5 (16) 玉樹《たまき》　6 (5) 帆禾《ほのか》　6 (15) 光輪《みわ》
9 (8) 紀佳《のりか》　12 (9) 朝香《あさか》　12 (13) 詠夢《えいむ》　20 (5) 馨世《かよ》

8+14

姓の画数と例

長嶋　宗像　など

姓に合う名の画数

1字名：なし

2・3字名：
1+⑯　2+㉑　4+③　4+㉑　9+⑯　10+⑦　15+⑧　19+⑯
2+⑤　2+㉓　4+⑦　7+⑧　10+③　10+⑬　18+⑦
2+⑬　3+⑧　4+⑨　7+⑩　10+⑤　10+⑮　18+⑰

名前例

男の子
- 2 七暉《ななき》 ⑬
- 3 丈明《たけあき》 ⑧
- 4 友哉《ともや》 ⑨
- 7 良昌《よしあき》 ⑧
- 7 志狼《しろう》 ⑩
- 9 玲樹《れいき》 ⑯
- 10 晋也《しんや》 ③
- 10 真史《まさし》 ⑤
- 10 将澄《まさずみ》 ⑮
- 15 慧門《けいと》 ⑧
- 18 顕汰《けんた》 ⑦
- 19 霧衛《きりえ》 ⑯

女の子
- 2 ひより ⑤
- 4 はづき ⑦
- 4 心海《ここみ》 ⑨
- 7 亜季《あき》 ⑧
- 9 美操《みさお》 ⑯
- 10 紗夕《さゆ》 ③
- 10 珠未《たまみ》 ⑤
- 10 桃花《ももか》 ⑦
- 10 笑璃《えみり》 ⑮
- 15 穂波《ほなみ》 ⑧
- 18 襟亜《えりあ》 ⑦
- 19 霧積《むつみ》 ⑯

8+16

姓の画数と例

板橋　松橋　金澤　岩橋　長澤　松澤　など

姓に合う名の画数

1字名：なし

2・3字名：
1+⑩　2+⑨　7+⑧　16+⑰
2+③　2+⑮　9+㉔　17+⑯
2+⑤　5+⑩　16+⑤

名前例

男の子
- 1 一流《いちる》 ⑩
- 2 力也《りきや》 ③
- 2 人史《ひとし》 ⑤
- 2 乃軌《だいき》 ⑨
- 2 七輝《ななき》 ⑮
- 5 玄悟《げんご》 ⑩
- 5 司朗《しろう》 ⑩
- 7 邦忠《くにただ》 ⑧
- 9 紀鷹《のりたか》 ㉔
- 16 憲史《のりふみ》 ⑤
- 16 親優《ちかまさ》 ⑰
- 17 優樹《ゆうき》 ⑯

女の子
- 1 乙姫《おとき》 ⑩
- 2 七子《ななこ》 ③
- 2 乃映《のえ》 ⑨
- 2 二嬉《にき》 ⑮
- 5 可恋《かれん》 ⑩
- 5 左恵《さえ》 ⑩
- 5 冬華《ふゆか》 ⑩
- 7 李空《りく》 ⑧
- 9 美鷺《みろ》 ㉔
- 16 鮎生《あゆみ》 ⑤
- 16 磨彌《まや》 ⑰
- 17 優香里《ゆかり》 ⑯

8+18

姓の画数と例

斉藤　武藤　松藤　など

姓に合う名の画数

1字名：なし

2・3字名：
3+⑧　6+⑤　6+⑮　14+⑰
5+⑧　6+⑦　13+⑧
5+⑩　6+⑨　14+⑦

名前例

男の子
- 3 夕季《ゆうき》 ⑧
- 5 功和《のりかず》 ⑧
- 5 玄夏《げんか》 ⑩
- 6 早玄《そうげん》 ⑤
- 6 好央《よしお》 ⑤
- 6 圭吾《けいご》 ⑦
- 6 匠海《たくみ》 ⑨
- 6 伊皐斗《いさと》 ⑮
- 13 寛季《ひろき》 ⑧
- 13 廉門《れんと》 ⑧
- 14 漣汰《れんた》 ⑦
- 14 颯嶺《はやみね》 ⑰

女の子
- 3 かなえ ⑧
- 5 未苑《みその》 ⑧
- 5 由真《ゆま》 ⑩
- 6 百禾《ももか》 ⑤
- 6 吏那《りな》 ⑦
- 6 汐音《しおね》 ⑨
- 6 早穂《さほ》 ⑮
- 6 有璃《ゆり》 ⑮
- 13 詩佳《うたか》 ⑧
- 13 嗣実《つぐみ》 ⑧
- 14 綾沙《あやさ》 ⑦
- 14 遙嶺《はるね》 ⑰

8+19

姓の画数と例

岩瀬　長瀬　など

姓に合う名の画数

1字名：なし

2・3字名：
2+⑨　10+⑧　16+⑮　22+③
4+㉑　12+⑨　18+③
6+⑤　13+⑧　18+⑬

名前例

男の子
- 2 了哉《りょうや》 ⑨
- 4 友貴郎《ゆきお》 ㉑
- 6 匠平《しょうへい》 ⑤
- 10 悦弥《えつや》 ⑧
- 10 通典《みちのり》 ⑧
- 10 泰幸《やすゆき》 ⑧
- 12 裕哉《ゆうや》 ⑨
- 13 義長《よしなが》 ⑧
- 16 龍輝《りゅうき》 ⑮
- 18 顕之《あきゆき》 ③
- 18 観慈《かんじ》 ⑬
- 22 讃士《さんじ》 ③

女の子
- 2 乃香《のか》 ⑨
- 4 水緒那《みおな》 ㉑
- 6 早永《さえ》 ⑤
- 10 笑怜《えれん》 ⑧
- 10 莉佳《りか》 ⑧
- 12 絢香《あやか》 ⑨
- 12 陽紀《はるき》 ⑨
- 13 詩歩《しほ》 ⑧
- 16 鮎輝《あゆき》 ⑮
- 18 藍子《あいこ》 ③
- 18 繍愛《あやな》 ⑬
- 22 讃子《あきこ》 ③

9

姓の画数と例

南　星　泉　畑　柳　神　城　など

姓に合う名の画数

1字名　なし

2・3字名
- 2+(4)　4+(4)　6+(17)　12+(4)　14+(10)　20+(4)　23+(16)
- 2+(5)　6+(2)　7+(16)　12+(12)　16+(7)　20+(12)　24+(14)
- 2+(22)　6+(10)　8+(7)　14+(2)　16+(16)　22+(10)

名前例

男の子
- 力斗《りきと》 2+(4)　元太《げんた》 4+(4)　匡人《まさと》 6+(2)　充高《みつたか》 6+(10)
- 秀諭《ひでさと》 7+(16)　享助《きょうすけ》 8+(7)　創太《そうた》 12+(4)　博道《ひろみち》 12+(12)
- 颯真《そうま》 14+(10)　賢之介《けんのすけ》 16+(7)　響太《きょうた》 20+(4)　懸三郎《けんざぶろう》 20+(12)

女の子
- ろま 2+(4)　ねね 4+(4)　伊純《いずみ》 6+(10)　有季美《ゆきみ》 6+(17)
- 花沙音《かさね》 7+(16)　茉李《まり》 8+(7)　葉月《はづき》 12+(4)　裕美子《ゆみこ》 12+(12)
- 彰恵《あきえ》 14+(10)　鮎希《あゆき》 16+(7)　樹玖香《きくか》 16+(16)　響水《おとみ》 20+(4)

9+3

姓の画数と例

秋山　前川　荒川　皆川　神山　相川　香川　など

姓に合う名の画数

1字名　なし

2・3字名
- 3+(2)　3+(22)　5+(12)　8+(9)　13+(20)　15+(6)　15+(20)　21+(2)　21+(12)
- 3+(14)　4+(7)　5+(16)　10+(15)　14+(7)　15+(8)　20+(9)　21+(4)
- 3+(20)　5+(8)　5+(24)　13+(12)　15+(2)　15+(14)　20+(15)　21+(8)

名前例

男の子
- 丈輔《じょうすけ》 3+(14)　公佑《こうすけ》 4+(7)　正樹《まさき》 5+(16)　直紀《なおき》 8+(9)
- 素輝《もとき》 10+(15)　雅稀《まさき》 13+(12)　斡志《あつし》 14+(7)　慧時朗《けいじろう》 15+(20)
- 響紀《ひびき》 20+(9)　艦人《かんと》 21+(2)　轟介《ごうすけ》 21+(4)　躍登《やくと》 21+(12)

女の子
- 夕歌《ゆうか》 3+(14)　文那《あやな》 4+(7)　冬実《ふゆみ》 5+(8)　由樹《ゆき》 5+(16)
- 歩美《あゆみ》 8+(9)　紡槻《つむき》 10+(15)　楓賀《ふうか》 13+(12)　綾希《あやき》 14+(7)
- 澄珠華《すみか》 15+(20)　露乃《つゆの》 21+(2)　鶴巴《つるは》 21+(4)　顧智《みち》 21+(12)

9+4

姓の画数と例

荒木　荒井　浅井　柏木　畑中　秋元　春日　など

姓に合う名の画数

1字名　なし

2・3字名
- 1+(2)　1+(23)　3+(15)　4+(12)　14+(4)　17+(28)　19+(26)
- 1+(7)　2+(16)　3+(22)　12+(4)　17+(7)　19+(6)　20+(4)
- 1+(15)　3+(8)　4+(4)　12+(20)　17+(15)　19+(16)

名前例

男の子
- 一力《かずよし》 1+(2)　一佐《かずさ》 1+(7)　一徹《いってつ》 1+(16)　才蔵《さいぞう》 3+(15)
- 太牙《たいが》 4+(4)　友尋《ともひろ》 4+(12)　翔太《しょうた》 12+(4)　颯太《そうた》 14+(4)
- 鍵吾《けんご》 17+(7)　謙ノ輔《けんのすけ》 17+(15)　蘭次朗《らんじろう》 19+(16)　耀介《ようすけ》 20+(4)

女の子
- のり 1+(2)　乙希《いっき》 1+(7)　一魅《ひとみ》 1+(15)　乃磨《のま》 2+(16)
- あやな 3+(8)　万凛《まりん》 3+(15)　友月《ゆづき》 4+(4)　友貴《ゆき》 4+(12)
- 満友《まゆ》 12+(4)　翼沙《つばさ》 17+(7)　霞寿実《かずみ》 17+(15)　麗以菜《れいな》 19+(16)

9+5

姓の画数と例

前田　神田　津田　浅田　柳田　秋田　飛田　など

姓に合う名の画数

1字名　なし

2・3字名
- 1+(6)　2+(15)　3+(14)　8+(15)　10+(23)　11+(14)　13+(4)　16+(15)　19+(4)
- 1+(14)　3+(4)　6+(15)　10+(7)　11+(4)　11+(20)　13+(8)　18+(7)
- 1+(16)　3+(12)　8+(7)　10+(14)　11+(12)　11+(22)　13+(12)　19+(2)

名前例

男の子
- 丈遙《たけはる》 3+(14)　有勲《ありひろ》 6+(15)　空吾《くうご》 8+(7)　幸多郎《こうたろう》 8+(15)
- 晋助《しんすけ》 10+(7)　晃輔《こうすけ》 10+(14)　渉太《しょうた》 11+(4)　隆晶《たかあき》 11+(12)
- 照雄《てるお》 13+(12)　親慶《ちかよし》 16+(15)　瞬佑《しゅんすけ》 18+(7)　霧仁《きりひと》 19+(4)

女の子
- 千尋《ちひろ》 3+(12)　朱魅《あけみ》 6+(15)　苺花《まいか》 8+(7)　莉沙《りさ》 10+(7)
- 真緒《まお》 10+(14)　悠友《ゆうゆ》 11+(4)　清絵《きよえ》 11+(12)　園巴《そのは》 13+(4)
- 詩歩《しほ》 13+(8)　蒔絵《まきえ》 13+(12)　樹里奈《じゅりな》 16+(15)　藍伽《あいか》 18+(7)

姓の画数と例 9＋6

秋吉
春名
など

姓に合う名の画数

1字名 なし

2・3字名
1+⑦　1+㉓　2+㉒　7+⑯　11+⑦　15+⑨　18+⑥　23+⑨
1+⑮　2+⑥　5+⑫　10+⑥　12+⑥　15+㉒　19+④　23+⑭
1+⑯　2+⑭　7+⑨　10+㉒　15+②　17+⑦　19+⑭

名前例

男の子
- 力充《よしみ》 2 ⑥
- 史温《しおん》 5 ⑫
- 克洋《かつひろ》 7 ⑨
- 芳樹《よしき》 7 ⑯
- 剛気《ごうき》 10 ⑥
- 悠作《ゆうさく》 11 ⑦
- 湘伍《しょうご》 12 ⑥
- 輝海《てるみ》 15 ⑨
- 駿辰《しゅんたつ》 17 ⑦
- 顕吉《けんきち》 18 ⑥
- 鏡介《きょうすけ》 19 ④
- 麗爾《れいじ》 19 ⑭

女の子
- 乃羽《のわ》 2 ⑥
- 由葉《よしは》 5 ⑫
- 花音《かのん》 7 ⑨
- 邑樹《ゆうき》 7 ⑯
- 真妃《まき》 10 ⑥
- 紗理菜《さりな》 10 ㉒
- 唯里《ゆり》 11 ⑦
- 智衣《ちえ》 12 ⑥
- 舞香《まいか》 15 ⑨
- 嶺花《れいか》 17 ⑦
- 雛妃《ひなき》 18 ⑥
- 麗巴《れいは》 19 ④

9＋7

神谷
柳沢
相沢
保坂
浅見
染谷
津村
など

1字名 なし

2・3字名
1+④　1+⑭　1+㉒　6+⑨　11+②　11+⑭　17+④　17+⑫
1+⑥　1+⑯　1+㉘　8+⑨　11+⑥　11+⑳　17+⑥　17+㉔
1+⑫　1+⑳　4+⑨　8+⑮　11+⑫　16+⑨　17+⑧　18+㉓

男の子
- 文彦《ふみひこ》 4 ⑨
- 旬亮《しゅんすけ》 6 ⑨
- 朋耶《ともや》 8 ⑨
- 英毅《ひでき》 8 ⑮
- 康光《やすみつ》 11 ⑥
- 悠喜《ゆうき》 11 ⑫
- 蛍太朗《けいたろう》 11 ⑭
- 龍星《りゅうせい》 16 ⑨
- 謙斗《けんと》 17 ④
- 瞭次《りょうじ》 17 ⑥
- 鞠雄《きくお》 17 ⑫
- 麿理雄《まりお》 18 ㉓

女の子
- 友映《ともえ》 4 ⑨
- 光保《みほ》 6 ⑨
- 果音《かのん》 8 ⑨
- 佳凛《かりん》 8 ⑮
- 麻衣《まい》 11 ⑥
- 菜満《なみ》 11 ⑫
- 悠歌《ゆうか》 11 ⑭
- 澪南《みおな》 16 ⑨
- 優月《ゆづき》 17 ④
- 瞳実《ひとみ》 17 ⑧
- 優稀《ゆき》 17 ⑫
- 繭裕理《まゆり》 18 ㉓

姓の画数と例 9＋8

浅沼
重松
柿沼
柳沼
神林
浅岡
香取
など

姓に合う名の画数

1字名 なし

2・3字名
3+⑮　8+⑧　15+⑨　17+⑦
7+⑨　10+⑧　15+⑳　17+㉔
7+⑭　13+②　16+⑧　23+⑫

名前例

男の子
- 大輝《だいき》 3 ⑮
- 克省《かつみ》 7 ⑨
- 伸太朗《しんたろう》 7 ⑭
- 幸季《こうき》 8 ⑧
- 素直《すなお》 10 ⑧
- 愛乃《あいの》 13 ②
- 潤昭《みつあき》 15 ⑨
- 慶護《けいご》 15 ⑳
- 憲治《けんじ》 16 ⑧
- 環汰《かんた》 17 ⑦
- 厳祐輝《たかゆき》 17 ㉔
- 鷲雄《わしお》 23 ⑫

女の子
- 万里依《まりえ》 3 ⑮
- 宏美《ひろみ》 7 ⑨
- 沙綺《さき》 7 ⑭
- 奈歩《なほ》 8 ⑧
- 恵実《えみ》 10 ⑧
- 詩乃《しの》 13 ②
- 魅星《みほ》 15 ⑨
- 凜緒名《りおな》 15 ⑳
- 樹未子《きみこ》 16 ⑧
- 環李《たまき》 17 ⑦
- 霞澄美《かすみ》 17 ㉔
- 鑑己美《あきみ》 23 ⑫

9＋9

神保
保科
荒巻
など

1字名 なし

2・3字名
2+⑮　6+⑮　7+⑭　15+⑥
4+⑦　7+⑥　7+⑯　15+⑧
6+⑦　7+⑧　8+⑦　20+⑨

男の子
- 力蔵《りきぞう》 2 ⑮
- 仁志《ひとし》 4 ⑦
- 壮助《そうすけ》 6 ⑦
- 吉澄《よしずみ》 6 ⑮
- 伸吉《しんきち》 7 ⑥
- 亜門《あもん》 7 ⑧
- 宏輔《こうすけ》 7 ⑭
- 壱龍《いちりゅう》 7 ⑯
- 京助《きょうすけ》 8 ⑦
- 輝成《てるなり》 15 ⑥
- 遼弥《りょうや》 15 ⑧
- 響紀《ひびき》 20 ⑨

女の子
- 七魅《ななみ》 2 ⑮
- 月花《つきか》 4 ⑦
- 早良《さら》 6 ⑦
- 光穂《みつほ》 6 ⑮
- 邑吏《ゆうり》 7 ⑥
- 沙夜《さや》 7 ⑧
- 杏蜜《あみ》 7 ⑭
- 亜季奈《あきな》 7 ⑯
- 和花《わか》 8 ⑦
- 慧帆《えほ》 15 ⑥
- 穂果《ほのか》 15 ⑧
- 響海《きょうみ》 20 ⑨

9+10

姓の画数と例

相馬　相原　前原　柳原　柏原　前島　神原　など

姓に合う名の画数

1字名：なし

2・3字名：
1+(4)　3+(15)　11+(7)
1+(12)　5+(8)　15+(23)
3+(2)　6+(23)　22+(7)

名前例

男の子
- 1(4) 一太《いちた》
- 1(4) 乙斗《おっと》
- 1(12) 一雄《かずお》
- 3(2) 丈二《じょうじ》
- 3(2) 大乃《ひろゆき》
- 3(15) 夕輝《ゆうき》
- 5(8) 四季《しき》
- 6(23) 充鑑《みつあき》
- 11(7) 章秀《あきひで》
- 11(7) 悠作《ゆうさく》
- 15(23) 摩鷲《ましゅう》
- 22(7) 驍助《きょうすけ》

女の子
- 1(4) しお
- 1(4) レイナ《れいな》
- 1(12) 乙稀《いっき》
- 3(2) えり
- 3(2) 万乃《まの》
- 3(15) 夕希英《ゆきえ》
- 5(8) 加奈《かな》
- 6(23) 有璃佳《ゆりか》
- 11(7) 彩那《あやな》
- 11(7) 清花《きよか》
- 15(23) 摩都葉《まつば》
- 22(7) 讃希《あき》

9+11

姓の画数と例

浅野　星野　草野　狩野　海野　神野　神崎　など

姓に合う名の画数

1字名：なし

2・3字名：
2+(9)　5+(8)　6+(9)　7+(6)　13+(2)　13+(12)
2+(23)　5+(16)　6+(15)　7+(14)　13+(4)　13+(24)
4+(9)　5+(20)　7+(4)　10+(7)　13+(8)　21+(4)

名前例

男の子
- 4(9) 文哉《ふみや》
- 5(8) 正和《まさかず》
- 5(16) 広樹《ひろき》
- 6(9) 安則《やすのり》
- 6(15) 圭澄《けいと》
- 7(4) 佑太《ゆうた》
- 7(6) 芳行《よしゆき》
- 7(14) 秀彰《ひであき》
- 10(7) 航汰《こうた》
- 13(4) 幌斗《ほろと》
- 13(12) 蒼二朗《そうじろう》
- 21(4) 轟斗《ごうと》

女の子
- 4(9) 仁美《ひとみ》
- 5(8) 未奈《みな》
- 5(16) 由香里《ゆかり》
- 6(9) 凪保《なぎほ》
- 6(15) 安澄《あすみ》
- 7(6) 亜衣《あい》
- 7(14) 佑歌《ゆうか》
- 10(7) 夏希《なつき》
- 13(4) 想友《そゆ》
- 13(8) 瑞季《みずき》
- 13(12) 照詠《てるえ》
- 21(4) 露水《ろみ》

9+12

姓の画数と例

秋葉　風間　南雲　柘植　城間　草間　など

姓に合う名の画数

1字名：なし

2・3字名：
1+(2)　1+(23)　4+(12)　6+(12)　17+(7)
1+(7)　3+(14)　5+(6)　11+(7)
1+(15)　4+(4)　5+(26)　12+(12)

名前例

男の子
- 1(2) 乙十《いっと》
- 1(7) 乙希《いつき》
- 1(15) 一潔《かずゆき》
- 1(23) 一寿樹《かずき》
- 3(14) 大徳《ひろのり》
- 4(4) 友介《ゆうすけ》
- 4(12) 仁敬《としたか》
- 5(6) 由行《よしゆき》
- 6(12) 好尋《よしひろ》
- 11(7) 隆志《たかし》
- 12(12) 富雄《とみお》
- 17(7) 優希《ゆうき》

女の子
- 1(2) のい
- 1(7) しほり
- 1(15) 一慧《かずえ》
- 1(23) 乙璃英《おりえ》
- 3(14) 千歌《ちか》
- 4(4) 双巴《ふたば》
- 4(12) 水森《みもり》
- 5(6) 礼帆《あやほ》
- 6(12) 百葉《ももは》
- 11(7) 雪那《ゆきな》
- 12(12) 博絵《ひろえ》
- 17(7) 環那《かんな》

9+16

姓の画数と例

相澤　柳澤　など

姓に合う名の画数

1字名：なし

2・3字名：
1+(6)　5+(2)　17+(15)　19+(14)
1+(7)　7+(6)　17+(16)　23+(9)
2+(4)　7+(9)　19+(4)

名前例

男の子
- 1(6) 一旬《かずとき》
- 1(7) 一志《かずし》
- 2(4) 了斗《りょうと》
- 5(2) 弘二《こうじ》
- 7(6) 芳光《よしみつ》
- 7(9) 伸彦《のぶひこ》
- 17(15) 優爽斗《まさと》
- 17(16) 謙繁《のりしげ》
- 19(4) 蹴斗《しゅうと》
- 19(4) 麗太《れいた》
- 19(14) 蹴輔《しゅうすけ》
- 23(9) 鷲郎《わしお》

女の子
- 1(6) 乙衣《おとえ》
- 1(7) 一花《いちか》
- 2(4) 二月《きさら》
- 5(2) 史乃《しの》
- 7(6) 亜有《あゆ》
- 7(9) 那南《なな》
- 17(15) 優穂《ゆうほ》
- 17(16) 篠磨《しのま》
- 19(4) 霧巴《きりは》
- 19(4) 瀬月《せづき》
- 19(14) 麗歌《れいか》
- 23(9) 鱒美《ますみ》

9＋18

姓の画数と例

後藤 など

姓に合う名の画数

1字名：なし

2・3字名：
3+8　7+4　17+14　23+2
3+28　11+7　19+2
5+20　13+8　19+12

名前例

男の子：
大和《やまと》 3+8　夕鶴希《ゆづき》 3+28　玄護《げんご》 5+20　宏太《こうた》 7+4
郷志《きょうじ》 11+7　啓助《けいすけ》 11+7　継治《つぐはる》 13+8　慎知《よしちか》 13+8
鴻輔《こうすけ》 17+14　蹴二《しゅうじ》 19+2　瀧雄《たきお》 19+12　鑑二《かんじ》 23+2

女の子：
弓佳《ゆみか》 3+8　小優梨《さゆり》 3+28　由唯香《ゆいか》 5+20　初日《はつひ》 7+4
彩希《さき》 11+7　雪花《ゆきか》 11+7　愛弥《あや》 13+8　夢奈《ゆめな》 13+8
霞漣《かれん》 17+14　鏡乃《きょうの》 19+2　麗瑛《よしえ》 19+12　鱒乃《ますの》 23+2

10

姓の画数と例

原　島　秦　浜　浦　桂　脇 など

姓に合う名の画数

1字名：なし

2・3字名：
1+4　1+12　3+22　8+5　13+2　14+7　19+4　21+16　23+12
1+5　3+2　6+17　8+15　13+12　14+15　19+10　22+7
1+6　3+5　7+14　11+4　13+16　15+23　21+14　23+2

名前例

男の子：
一平《いっぺい》 1+5　あつし 3+2　安覧《あらん》 6+17　利駆《りく》 7+14
幸平《こうへい》 8+5　知輝《ともき》 8+15　悠太《ゆうた》 11+4　慎二朗《しんじろう》 13+12
遙伸《はるのぶ》 14+7　豪毅《ごうき》 14+15　麗時《れいじ》 19+10　轟龍《ごうりゅう》 21+16

女の子：
しほ 1+5　あかり 3+5　羽優《はゆ》 6+17　亜伊実《あいみ》 7+14
明可《あきか》 8+5　波輝《なみき》 8+15　萌心《もえみ》 11+4　詩貴《しき》 13+12
爾那《にな》 14+7　歌凜《かりん》 14+15　霧友《むゆ》 19+4　顧緒《みお》 21+14

10＋3

姓の画数と例

高山　宮下　宮川　畠山　浜口　原口　栗山 など

姓に合う名の画数

1字名：2　22

2・3字名：
2+1　2+22　4+14　5+11　14+21　18+14　20+15
2+6　3+15　4+28　13+3　15+3　18+27　20+25
2+14　4+7　5+3　13+19　18+6　20+5　21+3

名前例

男の子：
力《りき》 2　刀爾《とうじ》 2+14　丈毅《たけし》 3+15　太助《たすけ》 4+7
友輔《ゆうすけ》 4+14　可悠《よしひさ》 5+11　睦之《ちかし》 13+3　雅深知《まさみち》 13+19
瑠貴哉《るきや》 14+21　慶士《けいじ》 15+3　顕次《けんじ》 18+6　譲毅《じょうき》 20+15

女の子：
乃《のり》 2　乃瑠《のる》 2+14　巳輝《みき》 3+15　友里《ゆり》 4+7
央子《ひろこ》 5+3　未彩《みさ》 5+11　蓉子《ようこ》 13+3　楓樹子《ふきこ》 13+19
澄与《すみよ》 15+3　織江《おりえ》 18+6　雛嘉《ひなか》 18+14　響輝《ひびき》 20+15

10＋4

姓の画数と例

佐々木　酒井　高木　桜井　宮内　高井　畠中 など

姓に合う名の画数

1字名：17

2・3字名：
2+5　3+8　4+11　9+6　12+3　13+8　14+11　20+5
2+13　3+14　4+13　9+14　12+11　14+3　17+14
2+15　4+3　7+14　11+6　12+13　14+7　19+6

名前例

男の子：
七弘《ななひろ》 2+5　大河《たいが》 3+8　丈瑠《たける》 3+14　友悠《ともはる》 4+11
仁嗣《ひとし》 4+13　佑輔《ゆうすけ》 7+14　勇気《ゆうき》 9+6　俊輔《しゅんすけ》 9+14
盛行《しげゆき》 11+6　遥大《はるた》 12+3　翔埜《しょうや》 12+11　颯汰《そうた》 14+7

女の子：
りほ 2+5　七夢《ななむ》 2+13　夕季《ゆき》 3+8　月子《つきこ》 4+3
巴萌《ともえ》 4+11　亜綺《あき》 7+14　海帆《みほ》 9+6　風歌《ふうか》 9+14
悠吏《ゆうり》 11+6　満久《みく》 12+3　颯希《さき》 14+7　鞠歌《まりか》 17+14

10＋5

姓の画数と例

原田　柴田　宮本　高田　島田　浜田　宮田　など

姓に合う名の画数

1字名：6　16

2・3字名：
2＋⑥　2＋㉒　3＋㉑　8＋⑮　12＋⑥　16＋⑧　20＋③
2＋⑭　3＋⑤　6＋⑪　11＋⑤　13＋⑤　18＋⑥　20＋⑬
2＋⑮　3＋⑬　8＋⑧　11＋㉑　16＋①　19＋⑤　24＋⑧

名前例

男の子：
整《ただし》16　三平《さんぺい》3⑤　千馳《かずとし》3⑬　充基《みつき》6⑪
直幸《なおゆき》8⑧　英輝《ひでき》8⑮　理央《みちひろ》11⑤　陽充《はるみつ》12⑥
雷矢《らいや》13⑤　頼典《よりのり》16⑧　闘気《とうき》18⑥　議寛《のりひろ》20⑬

女の子：
万由《まゆ》3⑤　千莉子《ちりこ》3⑬　安梨《あんり》6⑪　采奈《あやな》8⑧
和佳那《わかな》8⑮　麻結香《まゆか》11㉑　勝江《まさえ》12⑥　愛代《まなよ》13⑤
鮎奈《あゆな》16⑧　藍妃《あいき》18⑥　鏡禾《きょうか》19⑤　護愛《もりな》20⑬

10＋6

姓の画数と例

宮地　桑名　など

姓に合う名の画数

1字名：なし

2・3字名：
1＋㉘　2＋⑪　2＋⑲　5＋⑧　9＋⑭　12＋⑪　17＋⑧　18＋⑦
2＋③　2＋⑬　2＋㉑　7＋⑧　12＋①　12＋⑬　18＋③　18＋㉓
2＋⑤　2＋⑮　2＋㉗　9＋⑧　12＋⑤　12＋⑲　18＋⑤　19＋㉒

名前例

男の子：
了平《りょうへい》2⑤　十夢《とむ》2⑬　巧実《たくみ》5⑧　伸幸《のぶゆき》7⑧
郁弥《ふみや》9⑧　俊輔《しゅんすけ》9⑭　陽正《はるまさ》12⑤　雄三朗《ゆうざぶろう》12⑬
駿季《しゅんき》17⑧　顕之《てるゆき》18③　穣悠貴《としゆき》18㉓　鏡驍《あきたか》19㉒

女の子：
アオイ《あおい》2⑤　乃愛《のあ》2⑬　未苑《みその》5⑧　良実《よしみ》7⑧
柊佳《しゅうか》9⑧　星歌《せいか》9⑭　智世《ちせ》12⑤　紫野《しの》12⑪
結暖《ゆのん》12⑬　優芽《ゆめ》17⑧　藤子《ふじこ》18③　霧穂里《きほり》19㉒

10＋7

姓の画数と例

宮沢　高村　高見　島村　高尾　宮坂　梅村　など

姓に合う名の画数

1字名：14

2・3字名：
1＋⑦　8＋⑧　11＋⑦　16＋⑲　18＋㉓
1＋⑮　8＋⑬　14＋①　17＋⑦　24＋⑪
1＋㉓　9＋⑦　16＋⑧　18＋⑥

名前例

男の子：
遙《はる》14　一宏《かずひろ》1⑦　一範《かずのり》1⑮　卓門《たくと》8⑧
旺雅《おうが》8⑬　俊秀《としひで》9⑦　渓汰《けいた》11⑦　賢明《たかあき》16⑧
諭記郎《ゆきお》16⑲　謙志《けんじ》17⑦　曜充《あきみ》18⑥　闘誌哉《としや》18㉓

女の子：
緑《みどり》14　一沙《かずさ》1⑦　一穂《かずほ》1⑮　若奈《わかな》8⑧
歩夢《あゆむ》8⑬　美希《みき》9⑦　琉杜《ると》11⑦　薫歩《かほ》16⑧
鮎遊里《あゆり》16⑲　優亜《ゆあ》17⑦　雛多《ひなた》18⑥　織理絵《おりえ》18㉓

10＋8

姓の画数と例

高松　根岸　高岡　栗林　高林　宮武　宮岡　など

姓に合う名の画数

1字名：15

2・3字名：
5＋⑥　8＋⑤　8＋⑮　16＋⑦
7＋⑥　8＋⑦　9＋⑥　17＋⑥
7＋⑭　8＋⑬　16＋⑤　21＋⑧

名前例

男の子：
毅《たけし》15　正好《まさよし》5⑥　伸次《しんじ》7⑥　良輔《りょうすけ》7⑭
治正《はるまさ》8⑤　和希《かずき》8⑦　拓夢《たくむ》8⑬　佳次郎《けいじろう》8⑮
洸気《こうき》9⑥　賢吾《けんご》16⑦　瞭多《りょうた》17⑥　纏明《てんめい》21⑧

女の子：
慧《けい》15　由宇《ゆう》5⑥　芹名《せりな》7⑥　君歌《きみか》7⑭
弥永《やえ》8⑤　波希《なみき》8⑦　和愛《かずな》8⑬　茉利果《まりか》8⑮
玲名《れいな》9⑥　鮎生《あゆみ》16⑤　樹希《いつき》16⑦　彌早《みさ》17⑥

10＋9

姓の画数と例

宮城　高柳　梅津　倉持　島津　高畑　高津　など

姓に合う名の画数

1字名：4　14

2・3字名：
2＋3　4＋14　12＋6
2＋11　6＋7　16＋22
4＋1　6＋27　24＋14

名前例

男の子

仁《じん》 4
魁《かい》 14
八丈《やたけ》 2 3
力埜《りきや》 2 11
心一《しんいち》 4 1
友太朗《ゆうたろう》 4 14
旬作《しゅんさく》 6 7
成孝《なりたか》 6 7
吏維馳《りいち》 6 27
智充《ともみ》 12 6
融基郷《ゆきさと》 16 22
鷹輔《ようすけ》 24 14

女の子

文《あや》 4
槙《こずえ》 14
りりの 2 3
乃梨《のり》 2 11
心乙《こい》 4 1
友維《ゆい》 4 14
帆花《ほのか》 6 7
百亜《もあ》 6 7
光優記《みゆき》 6 27
葵江《きえ》 12 6
薫穂里《かほり》 16 22
麟歌《りんか》 24 14

10＋10

姓の画数と例

栗原　桑原　高島　荻原　宮島　高原　宮脇　など

姓に合う名の画数

1字名：なし

2・3字名：
3＋8　6＋7　7＋8　8＋5　14＋1　14＋11
3＋22　6＋15　7＋14　8＋13　14＋3　14＋23
5＋8　6＋19　8＋3　11＋6　14＋7　22＋3

名前例

男の子

大和《やまと》 3 8
礼治《れいじ》 5 8
圭蔵《けいぞう》 6 15
安記彦《あきひこ》 6 19
宏幸《ひろゆき》 7 8
寿徳《ひさのり》 7 14
典世《のりよ》 8 5
幸暉《こうき》 8 13
涼吉《りょうきち》 11 6
彰吾《しょうご》 14 7
綱基《つなき》 14 11
穣大《じょうた》 22 3

女の子

小南愛《さなえ》 3 22
史奈《ふみな》 5 8
早希《さき》 6 7
多穂《たほ》 6 15
有実菜《ゆみな》 6 19
里雨《りう》 7 8
冴嘉《さえか》 7 14
苑禾《そのか》 8 5
明日香《あすか》 8 13
椛衣《かえ》 11 6
歌菜《かな》 14 11
讃子《あきこ》 22 3

10＋11

姓の画数と例

宮崎　高野　荻野　島崎　浜崎　浜野　柴崎　など

姓に合う名の画数

1字名：2　12

2・3字名：
2＋1　2＋22　5＋11　7＋11　18＋6
2＋6　4＋13　6＋5　12＋6
2＋14　5＋3　6＋25　13＋11

名前例

男の子

了《りょう》 2
貴《たかし》 12
りく 2 1
九嘉《ひさよし》 2 14
公靖《きみやす》 4 13
由久《よしひさ》 5 3
史康《ふみやす》 5 11
旬矢《しゅんや》 6 5
来堂《らいどう》 7 11
裕丞《ゆうすけ》 12 6
義都《よしと》 13 11
藍成《らんせい》 18 6

女の子

乃《ゆき》 2
晴《はる》 12
ひの 2 1
七帆《ななほ》 2 6
水楽《みら》 4 13
弘子《ひろこ》 5 3
由菜《ゆな》 5 11
妃代《きよ》 6 5
杏梨《あんり》 7 11
陽向《ひなた》 12 6
蓮菜《れんな》 13 11
顕帆《あきほ》 18 6

10＋12

姓の画数と例

馬場　佐久間　高森　高須　高塚　鬼塚　能登　など

姓に合う名の画数

1字名：なし

2・3字名：
1＋14　4＋3　4＋21　6＋5　6＋19　11＋14　12＋5　17＋6　21＋14
1＋22　4＋11　5＋6　6＋7　9＋6　12＋1　12＋11　20＋5
3＋14　4＋19　6＋1　6＋11　9＋8　12＋3　12＋13　20＋15

名前例

男の子

夕輔《ゆうすけ》 3 14
仁崇《ひとし》 4 11
弘次《こうじ》 5 6
匠未《たくみ》 6 5
安隆《やすたか》 6 11
宥吏《ゆうり》 9 6
星河《せいが》 9 8
健輔《けんすけ》 11 14
晴士《せいじ》 12 3
竣暉《しゅんき》 12 13
駿庄《としまさ》 17 6
巌毅《よしき》 20 15

女の子

夕歌《ゆうか》 3 14
巴梛《はな》 4 11
心麗《みれい》 4 19
未帆《みほ》 5 6
光世《みつよ》 6 5
早祐莉《さゆり》 6 19
柚吏《ゆり》 9 6
唯歌《ゆいか》 11 14
琳子《りんこ》 12 3
絢夢《あやむ》 12 13
優帆《ゆうほ》 17 6
耀穂《あきほ》 20 15

10＋16

姓の画数と例

高橋 鬼頭 倉橋 宮澤 真壁 など

姓に合う名の画数

1字名：なし

2・3字名：1+(6)　2+(3)　2+(19)　7+(8)　8+(7)　16+(5)　1+(14)　2+(5)　5+(6)　8+(3)　8+(13)　16+(15)　2+(1)　2+(11)　7+(6)　8+(5)　15+(6)

名前例

男の子

2(3) 八也《はちや》　2(5) いさと　5(6) 半伍《はんご》　7(6) 壱成《いっせい》

7(8) 佑季《ゆうき》　8(3) 岳士《たけし》　8(5) 周平《しゅうへい》　8(7) 幸児《こうじ》

8(13) 明夢《あきむ》　15(6) 慶多《けいた》　16(5) 叡史《えいじ》　16(15) 繁蔵《はんぞう》

女の子

2(3) トキ《とき》　2(5) ひかり　5(6) 史帆《しほ》　7(6) 佐妃《さき》

7(8) 希季《きき》　8(3) 治子《はるこ》　8(5) 和代《かずよ》　8(7) 知花《ともか》

8(13) 実幌《みほろ》　15(6) 舞羽《まう》　16(5) 憲代《のりよ》　16(15) 磨貴子《まきこ》

10＋17

姓の画数と例

真鍋 など

姓に合う名の画数

1字名：20

2・3字名：1+(5)　6+(19)　14+(7)　20+(11)　4+(7)　8+(3)　18+(13)　24+(1)　4+(27)　12+(6)　20+(1)

名前例

男の子

20 護《まもる》　1(5) 一史《かずふみ》　4(7) 友吾《ゆうご》　4(27) 元悠樹《もとゆき》

6(19) 充佐登《みつさと》　8(3) 岳也《がくや》　12(6) 順吉《じゅんきち》　14(7) 賑吾《しんご》

18(13) 曜太郎《ようたろう》　20(1) 響一《きょういち》　20(11) 耀都《ようと》　24(1) 鷹乙《たかお》

女の子

20 耀《ひかる》　1(5) 乙冬《おと》　4(7) 月花《つきか》　4(27) 文優姫《ふゆき》

6(19) 百蘭《ももか》　8(3) 阿弓《あゆみ》　12(6) 琴名《ことな》　14(7) 瑠杏《るあん》

18(13) 顕誉《あきよ》　20(1) 譲乙《ゆずき》　20(11) 耀菜《あきな》　24(1) 麟乙《りお》

column

名前の音で相性診断！

姓名判断の基本となる中国の五行説《ごぎょうせつ》では、あらゆるものを木・火・土・金・水に振り分けます（→P408）。

ここでは、音の五行を使った相性診断を紹介します。ポイントは名前の最初の音です。

藤原豪《ふじわらごう》くんは「ご」でカ行、橘《たちばな》りょうさんは「り」でラ行です（濁音《だくおん》や半濁音は点や丸のないもとの音にします）。

音の五行は次の通り。

ア行…土　カ行…木　サ行…金　タ行…火
ナ行…火　ハ行…水　マ行…水　ヤ行…土
ラ行…火　ワ行…土

右の表で60以上ならば好相性、それより下は努力を要する相性。藤原豪くんと橘りょうさんの相性は木と火で80！文句なしの好相性です。

同性の相性は、年長者や上の立場の人を横の段で見ます。同様に、親と子、上司と部下なども判断できます。

親子の場合、数値が低いと、親が子に厳しくしすぎたり、子が親を軽んじたりする傾向が強くなりやすいといわれます。

〈親・年長者・男性〉（横）／〈子ども・年少者・女性〉（縦）

		木（カ行）	火（タ行 ナ行 ラ行）	土（ア行 ヤ行 ワ行）	金（サ行）	水（ハ行 マ行）
カ行	木	60	70	50	50	80
タ行 ナ行 ラ行	火	80	60	70	40	50
ア行 ヤ行 ワ行	土	60	80	60	70	50
サ行	金	40	40	80	50	70
ハ行 マ行	水	70	50	50	80	60

姓の画数と例：10+19

高瀬 など

姓に合う名の画数

1字名：2、6

2・3字名：2+(1)、2+(6)、2+(14)、4+(14)、5+(3)、12+(6)、13+(3)、16+(7)

名前例

男の子

- 力《ちから》 2
- 考《こう》 6
- 十乙《じゅういち》 2+(1)
- 乃一《だいち》 2+(1)
- 力多《りきた》 2+(6)
- 乃彰《のりあき》 2+(14)
- 巴綺《ともき》 4+(14)
- 史也《ふみや》 5+(3)
- 皓庄《ひろまさ》 12+(6)
- 慎也《しんや》 13+(3)
- 廉之《やすゆき》 13+(3)
- 鋼希《こうき》 16+(7)

女の子

- 百《もも》 6
- うの 2+(1)
- りく 2+(1)
- いおり 2+(6)
- 七歌《なか》 2+(14)
- 八菜子《はなこ》 2+(14)
- 文樺《ふみか》 4+(14)
- 由女《ゆめ》 5+(3)
- 絢羽《あやは》 12+(6)
- 晴名《はるな》 12+(6)
- 楓子《ふうこ》 13+(3)
- 蕗花《ろか》 16+(7)

姓の画数と例：11

堀　菅　梶 など

姓に合う名の画数

1字名：なし

2・3字名：2+(16)、4+(2)、4+(17)、4+(20)、5+(2)、6+(12)、6+(15)、7+(6)、7+(14)、10+(14)、12+(6)、12+(12)、13+(24)、13+(28)、14+(4)、14+(10)、18+(6)、20+(17)、21+(20)、22+(2)

名前例

男の子

- 双翼《つばさ》 4+(17)
- 太耀《たいよう》 4+(20)
- 共博《ともひろ》 6+(12)
- 亨丞《こうすけ》 7+(6)
- 恭彰《やすあき》 10+(14)
- 智光《さとみ》 12+(6)
- 晶翔《あきと》 12+(12)
- 雅裕樹《まさゆき》 13+(28)
- 颯斗《はやと》 14+(4)
- 徳馬《とくま》 14+(10)
- 轟鐘《ごうしょう》 21+(20)
- 穰人《しげと》 22+(2)

女の子

- きこ 4+(2)
- 月霞《つきか》 4+(17)
- 帆那実《ほなみ》 6+(15)
- 志帆《しほ》 7+(6)
- 紗綺《さき》 10+(14)
- 媛葉《ひめは》 12+(12)
- 鼓端瑠《こはる》 13+(28)
- 緋友《ひゆう》 14+(4)
- 翠莉《みどり》 14+(10)
- 燿妃《あき》 18+(6)
- 耀誌子《よしこ》 20+(17)
- 讃乃《あきの》 22+(2)

姓の画数と例：11+3

野口　細川　黒川　堀川　堀口　亀山　野上 など

姓に合う名の画数

1字名：なし

2・3字名：3+(4)、3+(12)、3+(14)、3+(20)、4+(7)、5+(2)、5+(10)、5+(12)、8+(13)、10+(5)、10+(13)、12+(5)、13+(2)、13+(10)、13+(12)、13+(18)、14+(4)、14+(7)、15+(2)、15+(6)、15+(10)、18+(13)、20+(5)、21+(4)、21+(12)

名前例

男の子

- 千太《かずた》 3+(4)
- 丈二朗《じょうじろう》 3+(12)
- 太志《たいし》 4+(7)
- 史将《ふみまさ》 5+(10)
- 英睦《ひでのぶ》 8+(13)
- 恵夢《めぐむ》 10+(13)
- 達弘《たつひろ》 12+(5)
- 靖起《やすき》 13+(10)
- 漣太《れんた》 14+(4)
- 諒吉《りょうきち》 15+(6)
- 黎馬《れいま》 15+(10)
- 燿雅《ようが》 18+(13)

女の子

- あんり 3+(4)
- 千尋《ちひろ》 3+(12)
- 加純《かすみ》 5+(10)
- 史絵《しえ》 5+(12)
- 波留子《はるこ》 8+(13)
- 真詩《まうた》 10+(13)
- 琳可《りんか》 12+(5)
- 愛姫《あき》 13+(10)
- 翠里《みどり》 14+(7)
- 舞帆《まほ》 15+(6)
- 観由季《みゆき》 18+(13)
- 露心《ろみ》 21+(4)

姓の画数と例：11+4

清水　望月　堀内　黒木　野中　亀井　笠井 など

姓に合う名の画数

1字名：なし

2・3字名：1+(2)、1+(5)、1+(7)、1+(22)、3+(5)、3+(13)、3+(14)、3+(21)、4+(4)、4+(12)、4+(20)、7+(10)、9+(7)、9+(14)、12+(4)、12+(20)、13+(5)、14+(4)、17+(7)、17+(20)、19+(5)、20+(4)、21+(2)、21+(12)

名前例

男の子

- 千広《ちひろ》 3+(5)
- 三義《みつよし》 3+(13)
- 大亜綺《ひろあき》 3+(21)
- 文斗《あやと》 4+(4)
- 元貴《もとき》 4+(12)
- 秀馬《しゅうま》 7+(10)
- 恒臣《つねおみ》 9+(7)
- 創斗《そうと》 12+(4)
- 煌矢《てるや》 13+(5)
- 優汰《ゆうた》 17+(7)
- 蹴矢《しゅうや》 19+(5)
- 馨斗《けいと》 20+(4)

女の子

- みほ 3+(5)
- 千聖《ちさと》 3+(13)
- 心水《ここみ》 4+(4)
- 水琶《みずは》 4+(12)
- 文優子《ふゆこ》 4+(20)
- 里莉《りり》 7+(10)
- 柑那《かんな》 9+(7)
- 風歌《ふうか》 9+(14)
- 葵月《きづき》 12+(4)
- 夢可《ゆめか》 13+(5)
- 曖花《あいか》 17+(7)
- 耀心《てるみ》 20+(4)

11＋5

姓の画数と例

野田　黒田　堀田　冨田　細田　亀田　野本　など

姓に合う名の画数

1字名：なし

2・3字名：
1＋(4)　1＋(22)　3＋(4)　3＋(14)　8＋(7)　13＋(4)　13＋(18)　19＋(4)　20＋(21)
1＋(6)　2＋(27)　3＋(10)　3＋(26)　10＋(7)　13＋(10)　18＋(7)　19＋(6)
1＋(14)　3＋(2)　3＋(12)　6＋(7)　10＋(13)　13＋(12)　19＋(2)　19＋(22)

名前例

男の子

- 3(4) 大介《だいすけ》
- 3(12) 久喜《ひさき》
- 6(7) 庄冴《しょうご》
- 8(7) 拓杜《たくと》
- 10(7) 隼助《しゅんすけ》
- 10(13) 真詩《まさし》
- 13(4) 誉斗《よしと》
- 13(12) 義智《よしとも》
- 13(18) 照顕《てるあき》
- 18(7) 闘児《とうじ》
- 19(6) 瀧次《たきつぐ》
- 20(21) 護緋呂《もりひろ》

女の子

- 3(4) あき
- 3(12) 千温《ちはる》
- 6(7) 早希《さき》
- 8(7) 明里《あかり》
- 10(7) 桜花《おうか》
- 13(4) 雅予《まさよ》
- 13(10) 瑞姫《みずき》
- 13(12) 楓琳《かりん》
- 13(18) 愛奈珠《まなみ》
- 18(7) 雛那《ひな》
- 19(6) 瀬吏《せり》
- 20(21) 響裕香《きょうか》

11＋6

姓の画数と例

菊地　菊池　堀江　鳥羽　など

姓に合う名の画数

1字名：なし

2・3字名：
1＋(5)　2＋(6)　7＋(28)　10＋(6)　17＋(18)　19＋(22)
1＋(7)　2＋(14)　9＋(7)　12＋(6)　18＋(6)
1＋(20)　2＋(22)　9＋(12)　17＋(7)　19＋(5)

名前例

男の子

- 1(5) 一左《いっさ》
- 2(14) 乃瑠《のる》
- 7(28) 克裕樹《かつゆき》
- 9(7) 亮汰《りょうた》
- 9(12) 皇葵《こうき》
- 10(6) 時光《じこう》
- 12(6) 尊充《たかみつ》
- 17(7) 謙作《けんさく》
- 17(18) 瞭治朗《りょうじろう》
- 18(6) 顕成《あきなり》
- 19(5) 瀬央《せお》
- 19(22) 譜優生《ふゆき》

女の子

- 1(5) しえり
- 2(14) 七樺《ななか》
- 7(28) 亜優彩《あゆさ》
- 9(7) 美花《みか》
- 9(12) 咲絵《さきえ》
- 10(6) 紗帆《さほ》
- 12(6) 陽名《はるな》
- 17(7) 檀李《まゆり》
- 17(18) 優実華《ゆみか》
- 18(6) 藍名《あいな》
- 19(5) 麗未《れみ》
- 19(22) 鏡樹衣《あきえ》

11＋7

姓の画数と例

野村　渋谷　黒沢　深沢　野沢　細谷　深谷　など

姓に合う名の画数

1字名：なし

2・3字名：
1＋(2)　1＋(12)　1＋(22)　8＋(5)　9＋(6)　10＋(5)　18＋(5)
1＋(4)　1＋(14)　1＋(28)　8＋(13)　9＋(12)　17＋(4)
1＋(6)　1＋(20)　6＋(5)　9＋(4)　9＋(14)　17＋(6)

名前例

男の子

- 1(4) 一友《かずとも》
- 6(5) 圭市《けいいち》
- 8(5) 英世《ひでよ》
- 8(13) 宗煌《むねあき》
- 9(4) 風仁《ふひと》
- 9(6) 秋吉《あきよし》
- 9(12) 宣裕《のぶひろ》
- 9(14) 俊徳《としのり》
- 10(5) 修司《しゅうじ》
- 17(4) 厳斗《げんと》
- 17(6) 優充《まさみつ》
- 18(5) 織正《おりまさ》

女の子

- 1(4) つき
- 6(5) 有加《ゆか》
- 8(5) 茉白《ましろ》
- 8(13) 佳鈴《かりん》
- 9(4) 美友《みゆう》
- 9(6) 香帆《かほ》
- 9(12) 美稀《みき》
- 9(12) 保葉《やすは》
- 10(5) 純可《すみか》
- 17(4) 優水《ゆみ》
- 17(6) 環妃《たまき》
- 18(5) 繭未《まゆみ》

11＋8

姓の画数と例

鳥居　黒岩　菅沼　猪股　笹岡　笠松　菱沼　など

姓に合う名の画数

1字名：なし

2・3字名：
3＋(2)　5＋(13)　13＋(5)　23＋(10)
3＋(10)　7＋(6)　17＋(21)　24＋(14)
3＋(26)　7＋(26)　23＋(6)

名前例

男の子

- 3(2) 丈乃《たけのり》
- 3(10) 士馬《しま》
- 3(26) 万綺雄《まきお》
- 5(13) 弘士朗《こうしろう》
- 7(6) 秀光《ひでみつ》
- 7(26) 亜夢路《あむろ》
- 13(5) 睦央《むつお》
- 13(5) 靖司《やすし》
- 17(21) 謙能理《かねのり》
- 23(6) 鷲次《しゅうじ》
- 23(10) 鑑朗《あきお》
- 24(14) 麟太朗《りんたろう》

女の子

- 3(2) 千七《ちな》
- 3(10) 夕華《ゆうか》
- 3(26) 久美霞《くみか》
- 5(13) 広愛《ひろな》
- 5(13) 末聖《みさと》
- 7(6) 沙帆《さほ》
- 7(26) 亜優美《あゆみ》
- 13(5) 詩央《しお》
- 17(21) 優樹世《ゆきよ》
- 23(6) 鱒帆《ますほ》
- 23(10) 鑑恵《あきえ》
- 24(14) 麟歌《りんか》

11＋9

姓の画数と例

阿久津　猪俣　猪狩　船津　鳥海　深津　など

姓に合う名の画数

1字名：なし

2・3字名：
4+7　4+21　6+7　7+6　7+14　7+18　8+7　9+2　9+4　9+12　9+28　12+5　15+2　15+6　15+10　15+22　23+2

名前例

男の子

文作《ぶんさく》 4+7　匡男《まさお》 6+7　良行《よしゆき》 7+6　亜瑠《ある》 7+14

吾櫂《あかい》 7+18　卓志《たくし》 8+7　紀尋《のりひろ》 9+12　晶正《あきまさ》 12+5

範行《のりゆき》 15+6　慧記《さとき》 15+10　慶都基《よしときき》 15+22　鷲人《しゅうと》 23+2

女の子

心李《みり》 4+7　充伶《みれい》 6+7　里帆《りほ》 7+6　沙綺《さき》 7+14

亜花梨《あかり》 7+18　青那《せな》 8+7　柚月《ゆづき》 9+4　美琴《みこと》 9+12

勝世《まさよ》 12+5　舞衣《まい》 15+6　輝莉《きり》 15+10　鑑乃《あきの》 23+2

11＋10

姓の画数と例

菅原　笠原　梶原　野原　曽根　野島　笹原　など

姓に合う名の画数

1字名：なし

2・3字名：
3+5　3+13　3+21　5+12　6+2　6+10　7+4　7+24　8+10　13+5　14+10　19+5

名前例

男の子

久生《ひさお》 3+5　大義《たいぎ》 3+13　三都留《みつる》 3+21　民雄《たみお》 5+12

光二《こうじ》 6+2　匡浩《まさひろ》 6+10　孝太《こうた》 7+4　利鷹《としたか》 7+24

拓馬《たくま》 8+10　鉄平《てっぺい》 13+5　彰眞《しょうま》 14+10　識司《しるし》 19+5

女の子

えみり 3+5　久誉《ひさよ》 3+13　千鈴奈《ちりな》 3+21　玉葉《きよは》 5+12

朱乃《あけの》 6+2　吏真《りま》 6+10　亜友《あゆ》 7+4　苑華《そのか》 8+10

鈴可《すずか》 13+5　歌姫《うたき》 14+10　碧留《へきる》 14+10　蘭禾《らんか》 19+5

11＋11

姓の画数と例

菅野　野崎　清野　細野　黒崎　紺野　鹿野　など

姓に合う名の画数

1字名：なし

2・3字名：
2+13　2+21　4+13　5+2　5+10　5+18　5+20　6+5　7+4　7+6　7+10　7+18　7+28　10+5　10+7　12+13　13+2　13+4　13+10　18+5　21+4　21+14　22+13

名前例

男の子

友寛《ともひろ》 4+13　正晃《まさあき》 5+10　弘穣《ひろしげ》 5+18　旬矢《しゅんや》 6+5

杜夫《もりお》 7+4　秀記《ひでき》 7+10　航司《こうじ》 10+5　貴吉志《きよし》 12+13

暖人《はると》 13+2　資朗《しろう》 13+10　闘矢《とうや》 18+5　顧太朗《こたろう》 21+14

女の子

心夢《ここむ》 4+13　加織《かおり》 5+18　好永《よしえ》 6+5　希予《きよ》 7+4

更紗《さらさ》 7+10　芳織《かおり》 7+18　恵生《めぐみ》 10+5　紫園《しおん》 12+13

詩乃《しの》 13+2　鈴華《すずか》 13+10　織永《おりえ》 18+5　露歌《つゆか》 21+14

11＋12

姓の画数と例

堀越　野間　船越　鳥越　黒須　など

姓に合う名の画数

1字名：なし

2・3字名：
1+7　1+14　1+24　3+5　3+13　3+21　4+4　4+12　5+10　5+13　6+12　9+6　9+7　12+12　13+5　17+7　17+12　21+4　21+14

名前例

男の子

大永《ひろひさ》 3+5　大夢《ひろむ》 3+13　心介《しんすけ》 4+4　允翔《まさと》 4+12

主馬《かずま》 5+10　光翔《みつと》 6+12　海舟《かいしゅう》 9+6　奎吾《けいご》 9+7

晴貴《はるき》 12+12　聖矢《せいや》 13+5　翼佐《つばさ》 17+7　優翔《ゆうと》 17+12

女の子

万央《まお》 3+5　久未果《くみか》 3+13　友月《ゆづき》 4+4　公美子《くみこ》 4+12

可鈴《かりん》 5+13　早由利《さゆり》 6+12　秋江《あきえ》 9+6　風花《ふうか》 9+7

陽葉《はるよ》 12+12　霞甫《かほ》 17+7　嶺偉《れい》 17+12　櫻歌《おうか》 21+14

姓の画数と例

11+16

都築 黒澤 船橋 深澤 八重樫 野澤 など

姓に合う名の画数

1字名
なし

2・3字名
1+5 1+7 1+10
1+20 2+4 5+6
5+26 7+18 9+2
13+5 15+6 19+12
21+10

名前例

男の子
1+5 一司《かずし》　1+7 乙志《おつし》　1+10 一起《いっき》　2+4 ひさし
5+6 永吉《えいきち》　5+26 未樹朗《みきお》　7+18 来騎《らいき》　9+2 研人《けんと》
13+5 鉄平《てっぺい》　15+6 範行《のりゆき》　19+12 麗二朗《れいじろう》　21+10 轟馬《ごうま》

女の子
1+5 しず　1+7 乙芭《おとは》　1+10 一姫《かずき》　2+4 ナツノ《なつの》
5+6 由羽《ゆう》　5+26 布優美《ふゆみ》　7+18 沙里菜《さりな》　9+2 春乃《はるの》
13+5 睦可《むつか》　15+6 慶江《よしえ》　19+12 霧葉《きりは》　21+10 露華《ろか》

姓の画数と例

11+18

斎藤 進藤 など

姓に合う名の画数

1字名
なし

2・3字名
3+5 3+13 5+13
5+24 6+2 13+5
14+2 17+6

名前例

男の子
3+5 大生《だいき》　3+13 久詩《ひさし》　3+13 大夢《ひろむ》　5+13 永靖《ながやす》
5+13 広大朗《こうたろう》　5+24 央鷹《ひろたか》　6+2 光二《こうじ》　13+5 誠示《せいじ》
13+5 雅史《まさふみ》　14+2 静二《せいじ》　14+2 颯人《はやと》　17+6 優多《ゆうた》

女の子
3+5 三冬《みふゆ》　3+13 小夢《こゆめ》　3+13 夕楽《ゆら》　5+13 広愛《ひろな》
5+13 未聖《みさと》　5+24 左綺恵《さきえ》　6+2 吉乃《よしの》　13+5 鈴央《すずお》
13+5 楓加《ふうか》　14+2 肇人《けいと》　14+2 瑠十《ると》　17+6 鞠江《まりえ》

姓の画数と例

11+19

猪瀬 黒瀬 野瀬 深瀬 など

姓に合う名の画数

1字名
なし

2・3字名
2+5 2+13 5+2
5+6 5+10 5+12
6+5 10+13 12+5
13+2 13+4

名前例

男の子
2+5 七平《しちへい》　2+13 了太郎《りょうたろう》　5+2 央人《ひろと》　5+6 冬丞《とうすけ》
5+6 広年《ひろとし》　5+10 正泰《まさやす》　5+12 仙道《のりみち》　6+5 壮史《たけし》
10+13 泰雅《たいが》　12+5 湧史《ゆうじ》　13+2 楽人《がくと》　13+4 滉介《こうすけ》

女の子
2+5 ひみこ　2+13 乃楽《のら》　5+2 礼七《れな》　5+6 白羽《しらは》
5+6 由衣《ゆい》　5+10 可桜《かお》　5+12 未稀《みき》　6+5 帆央《ほお》
10+13 華鈴《かりん》　12+5 結加《ゆか》　13+2 稟乃《りんの》　13+4 夢水《ゆめみ》

姓の画数と例

12

森 堤 奥 湊 堺 巽 など

姓に合う名の画数

1字名
なし

2・3字名
1+2 1+4 1+10
1+22 1+24 3+20
4+17 5+6 6+5
6+15 9+2 11+14
11+24 13+10 13+20
17+6 17+12 19+2
19+16 20+5 20+15
21+12 21+14 21+24
23+10

名前例

男の子
3+20 夕護《ゆうご》　4+17 斗希朗《ときお》　5+6 由光《よしみつ》　6+5 安民《やすたみ》
6+15 匡論《ただとき》　9+2 柚二《ゆうじ》　11+14 雪緒《ゆきお》　13+10 義倖《よしゆき》
13+20 豊時朗《とよじろう》　17+6 謙吉《けんきち》　19+16 繋磨《けいま》　20+15 耀蔵《ようぞう》

女の子
3+20 千菜津《ちなつ》　4+17 公美佳《くみか》　5+6 白羽《しらは》　6+15 早穂《さほ》
11+14 萌瑠《める》　13+10 愛留《あいる》　13+20 夢綴羽《むつは》　17+6 鞠名《まりな》
17+12 環葵《たまき》　19+16 麗磨《れま》　20+15 響右華《きょうか》　21+14 鶴都子《かつこ》

12＋3

姓の画数と例

森下　森山　森川　奥山　森口　富山　湯川　など

姓に合う名の画数

1字名

2　22

2・3字名

2+(1)　2+(4)　2+(6)　2+(21)　4+(4)　4+(12)　4+(13)　4+(20)　5+(3)　5+(11)　5+(19)　8+(9)　10+(6)　10+(13)　13+(3)　13+(19)　14+(4)　15+(3)　18+(6)　18+(19)　20+(4)　21+(3)　22+(1)　22+(11)

名前例

男の子

允介《のぶすけ》 4+(4)　仁貴《ひとき》 4+(12)　由也《ゆうや》 5+(3)　仙鏡《のりあき》 5+(19)

佳柾《よしまさ》 8+(9)　純聖《すみたか》 10+(13)　雅之《まさゆき》 13+(3)　聞太《ぶんた》 14+(4)

鎧有《がいあ》 18+(6)　騎里登《きりと》 18+(19)　響介《きょうすけ》 20+(4)　轟己《ごうき》 21+(3)

女の子

いくみ 2+(4)　日文《ひふみ》 4+(4)　巴絵《ともえ》 4+(12)　可子《かこ》 5+(3)

礼瀬《あやせ》 5+(19)　祈吏子《きりこ》 8+(9)　紗帆《さほ》 10+(6)　園子《そのこ》 13+(3)

聡巴《さわ》 14+(4)　慧子《けいこ》 15+(3)　繍妃《あやき》 18+(6)　響水《おとみ》 20+(4)

12＋4

姓の画数と例

筒井　植木　森井　朝日　奥井　津久井　など

姓に合う名の画数

1字名

17

2・3字名

1+(12)　2+(3)　2+(5)　2+(13)　4+(1)　4+(3)　4+(9)　4+(11)　4+(13)　4+(17)　4+(25)　7+(6)　9+(6)　11+(6)　11+(12)　14+(3)　14+(9)　14+(11)　14+(17)　19+(6)　20+(1)　20+(3)　20+(5)　20+(9)　20+(21)

名前例

男の子

仁一《じんいち》 4+(1)　元己《げんき》 4+(3)　心太郎《しんたろう》 4+(13)　克行《かつゆき》 7+(6)

昭伍《しょうご》 9+(6)　隆向《たかひさ》 11+(6)　陸渡《りくと》 11+(12)　魁星《かいせい》 14+(9)

彰優《あきひろ》 14+(17)　麗光《よしみつ》 19+(6)　馨一《けいいち》 20+(1)　護彦《もりひこ》 20+(9)

女の子

はの 4+(1)　まみ 4+(3)　仁愛《みな》 4+(13)　亜衣《あい》 7+(6)

玲安《れいあ》 9+(6)　椛衣《かえ》 11+(6)　涼葉《すずは》 11+(12)　銀星《ぎんせい》 14+(9)

瑠李華《るりか》 14+(17)　艶帆《あでほ》 19+(6)　馨乙《かお》 20+(1)　響美《おとみ》 20+(9)

12＋5

姓の画数と例

渡辺　森田　飯田　久保田　森本　奥田　富田　など

姓に合う名の画数

1字名

なし

2・3字名

1+(17)　2+(4)　2+(6)　2+(19)　3+(5)　3+(13)　3+(21)　8+(27)　10+(6)　10+(11)　11+(5)　13+(5)　18+(6)　18+(17)　19+(5)　20+(4)　20+(21)

名前例

男の子

刀牙《とうが》 2+(4)　二海記《ふみき》 2+(19)　大由《ひろよし》 3+(5)　三雅《みつまさ》 3+(13)

大轟《だいごう》 3+(21)　知雄輝《ともゆき》 8+(27)　晃次《こうじ》 10+(6)　煌平《こうへい》 13+(5)

櫂乃介《かいのすけ》 18+(6)　藤治郎《とうじろう》 18+(17)　響太《きょうた》 20+(4)　護雄紀《もりゆき》 20+(21)

女の子

ろね 2+(4)　乃蘭《のらん》 2+(19)　万未《まみ》 3+(5)　久夢《ひさむ》 3+(13)

奈緒愛《なおえ》 8+(27)　恵菜《えな》 10+(11)　梨加《りか》 11+(5)　靖代《やすよ》 13+(5)

織早《おりさ》 18+(6)　観能里《みのり》 18+(17)　霧可《きりか》 19+(5)　耀水《あきみ》 20+(4)

12＋6

姓の画数と例

落合　葛西　喜多　椎名　など

姓に合う名の画数

1字名

5　15　23

2・3字名

1+(20)　2+(1)　2+(3)　2+(5)　2+(11)　2+(13)　2+(19)　2+(21)　2+(27)　7+(4)　9+(4)　9+(12)　10+(3)　10+(5)　10+(11)　10+(13)　11+(4)　18+(3)　18+(5)　18+(11)　19+(4)　23+(6)

名前例

男の子

徹《とおる》 15　十雅《とおが》 2+(13)　良仁《よしひと》 7+(4)　海斗《かいと》 9+(4)

奏貴《そうき》 9+(12)　航大《こうた》 10+(3)　浩章《ひろあき》 10+(11)　修資《しゅうすけ》 10+(13)

理仁《りと》 11+(4)　瞬己《しゅんき》 18+(3)　観斎《かんさい》 18+(11)　麗太《れいた》 19+(4)

女の子

黎《れい》 15　ことの 2+(3)　乃己留《のいる》 2+(13)　希水《のぞみ》 7+(4)

南友《なゆ》 9+(4)　美陽《みはる》 9+(12)　眞弓《まゆみ》 10+(3)　桃代《ももよ》 10+(5)

夏鈴《かりん》 10+(13)　彩天《あめ》 11+(4)　藍彩《あいさ》 18+(11)　霧巴《きりは》 19+(4)

12+7

姓の画数と例

奥村　植村　森谷　富沢　飯村　須貝　奥谷　など

姓に合う名の画数

1字名：4　14

2・3字名：4+(1)　4+(9)　6+(12)　8+(5)　8+(25)　14+(4)　16+(13)

名前例

男の子

- 允《まこと》 4
- 総《そう》 14
- 太一《たいち》 4+(1)
- 公郎《きみお》 4+(9)
- 仁海《ひとみ》 4+(9)
- 充喜《みつき》 6+(12)
- 行雄《ゆきお》 6+(12)
- 幸弘《さちひろ》 8+(5)
- 虎応騎《こおき》 8+(25)
- 豪太《ごうた》 14+(4)
- 碩仁《ひろと》 14+(4)
- 繁禎《しげよし》 16+(13)

女の子

- 心《こころ》 4
- 遙《はるか》 14
- まの 4+(1)
- 心音《ここね》 4+(9)
- 水咲《みさき》 4+(9)
- 早稀《さき》 6+(12)
- 吏温《りおん》 6+(12)
- 実由《みゆ》 8+(5)
- 茉莉穂《まりほ》 8+(25)
- 颯月《さつき》 14+(4)
- 鳴月《なつき》 14+(4)
- 澪央奈《みおな》 16+(13)

12+8

姓の画数と例

森岡　植松　富岡　飯沼　など

姓に合う名の画数

1字名：15

2・3字名：5+(6)　5+(20)　7+(6)　8+(5)　8+(13)　8+(17)　9+(6)　9+(12)　10+(1)　10+(3)　10+(11)　13+(4)　16+(1)　16+(5)　16+(9)　16+(21)　24+(1)

名前例

男の子

- 輝《あきら》 15
- 功成《こうせい》 5+(6)
- 正護《しょうご》 5+(20)
- 佑吏《ゆうり》 7+(6)
- 昂市《こういち》 8+(5)
- 明椰《あきや》 8+(13)
- 昇鴻《しょうこう》 8+(17)
- 恒達《こうたつ》 9+(12)
- 修基《しゅうき》 10+(11)
- 寛太《かんた》 13+(4)
- 樹生《たつお》 16+(5)
- 篤則《あつのり》 16+(9)

女の子

- 諒《りょう》 15
- 未妃《みき》 5+(6)
- 里名《りな》 7+(6)
- 采可《あやか》 8+(5)
- 和夢《かずむ》 8+(13)
- 幸霞《ゆきか》 8+(17)
- 美結《みゆ》 9+(12)
- 夏菜《かな》 10+(11)
- 真唯《まい》 10+(11)
- 愛月《いつき》 13+(4)
- 鮎美《あゆみ》 16+(9)
- 橙季愛《ときえ》 16+(21)

12+9

姓の画数と例

湯浅　結城　渥美　など

姓に合う名の画数

1字名：14　24

2・3字名：4+(4)　4+(12)　4+(20)　6+(11)　7+(1)　7+(9)　8+(3)　8+(23)　9+(9)　14+(4)　15+(9)　20+(4)

名前例

男の子

- 竪《ただし》 14
- 公仁《きみひと》 4+(4)
- 太椋《たくら》 4+(12)
- 友騎人《ゆきと》 4+(20)
- 光都《みつと》 6+(11)
- 克洋《かつひろ》 7+(9)
- 欣士《きんじ》 8+(3)
- 知鑑《ともあき》 8+(23)
- 柘春《つぐはる》 9+(9)
- 綾仁《あやひと》 14+(4)
- 澄昭《きよあき》 15+(9)
- 護夫《もりお》 20+(4)

女の子

- 颯《そよ》 14
- 円水《まどみ》 4+(4)
- 友渡《ゆと》 4+(12)
- 衣都《えと》 6+(11)
- 沙乙《さき》 7+(1)
- 佑美《ゆみ》 7+(9)
- 奈々《なな》 8+(3)
- 奈緒美《なおみ》 8+(23)
- 星南《せいな》 9+(9)
- 瑠水《るみ》 14+(4)
- 凛音《りのん》 15+(9)
- 護水《もりみ》 20+(4)

12+10

姓の画数と例

萩原　飯島　朝倉　塚原　森脇　森島　奥原　など

姓に合う名の画数

1字名：7

2・3字名：1+(6)　1+(12)　3+(12)　5+(11)　5+(12)　6+(1)　6+(9)　6+(17)　6+(19)　7+(4)　8+(3)　8+(5)　8+(9)　8+(17)　11+(4)　11+(6)　13+(12)　14+(1)　14+(3)　14+(9)　14+(11)　19+(4)　22+(3)　22+(13)　23+(12)

名前例

男の子

- 弓登《ゆみと》 3+(12)
- 甲基《こうき》 5+(11)
- 広陽《ひろあき》 5+(12)
- 多津弥《たつや》 6+(17)
- 杏介《きょうすけ》 7+(4)
- 征彦《まさひこ》 8+(9)
- 忠優《ただまさ》 8+(17)
- 康太《こうた》 11+(4)
- 聖貴《まさき》 13+(12)
- 聡哉《さとや》 14+(9)
- 彰教《あきのり》 14+(11)
- 霧夫《きりお》 19+(4)

女の子

- 千晶《ちあき》 3+(12)
- 永菜《えいな》 5+(11)
- 光美《こうみ》 6+(9)
- 江莉香《えりか》 6+(19)
- 果南《かな》 8+(9)
- 奈優《なゆ》 8+(17)
- 琉水《るみ》 11+(4)
- 毬衣《まりい》 11+(6)
- 睦葉《むつよ》 13+(12)
- 綺香《あやか》 14+(9)
- 緋那水《ひなみ》 14+(11)
- 瀧予《たきよ》 19+(4)

12＋11

姓の画数と例

渡部　奥野　飯野　森崎　植野　森野　萩野　など

姓に合う名の画数

1字名

6　10

2・3字名

2＋⑥　4＋④　5＋③　6＋⑫　10＋⑥　18＋⑥　22＋⑬

2＋⑬　4＋⑫　5＋⑪　7＋⑪　13＋⑪　18＋⑪

2＋㉓　4＋⑳　6＋⑨　10＋⑤　14＋④　22＋③

名前例

男の子

紘《ひろし》 10　日介《あきすけ》 4＋④　友尋《ともひろ》 4＋⑫　主大《かずひろ》 5＋③

正望《まさみ》 5＋⑪　光軌《こうき》 6＋⑨　好雄《よしお》 6＋⑫　伸唯《のぶただ》 7＋⑪

将央《まさお》 10＋⑤　想基《そうき》 13＋⑪　魁斗《かいと》 14＋④　藤吉《とうきち》 18＋⑥

女の子

真《まこと》 10　友巴《ともは》 4＋④　斗紀子《ときこ》 4＋⑫　冬深《ふゆみ》 5＋⑪

成美《なりみ》 6＋⑨　多香子《たかこ》 6＋⑫　沙彩《さあや》 7＋⑪　倭加《わか》 10＋⑤

鈴椛《すずか》 13＋⑪　綺水《きみ》 14＋④　織名《おりな》 18＋⑥　櫂都《かいと》 18＋⑪

12＋12

姓の画数と例

飯塚　越智　須賀　塚越　など

姓に合う名の画数

1字名

なし

2・3字名

1＋④　4＋③　4＋⑰　6＋①　9＋⑥　17＋⑥　21＋⑫

3＋⑳　4＋⑨　4＋⑲　6＋⑤　11＋④　20＋①

4＋①　4＋⑪　5＋⑥　6＋⑰　13＋⑳　20＋⑬

名前例

男の子

友之《ともゆき》 4＋③　元哉《もとや》 4＋⑨　日陸《あきむ》 4＋⑪　弘行《ひろゆき》 5＋⑥

向一《こういち》 6＋①　有司《ゆうじ》 6＋⑤　匡嶺《まさね》 6＋⑰　荘次《まさつぐ》 9＋⑥

琉介《りゅうすけ》 11＋④　意武貴《いぶき》 13＋⑳　優吉《ゆうきち》 17＋⑥　響以知《きょういち》 20＋⑬

女の子

まゆ 4＋③　巴映《ともえ》 4＋⑨　水唯《みい》 4＋⑪　史帆《しほ》 5＋⑥

帆白《ほしろ》 6＋⑤　名緒子《なおこ》 6＋⑰　美在《みあ》 9＋⑥　悠心《ゆうみ》 11＋④

聖梨香《せりか》 13＋⑳　瞳妃《ひとき》 17＋⑥　護愛《もりな》 20＋⑬　鶴南子《かなこ》 21＋⑫

12＋16

姓の画数と例

富樫　棚橋　など

姓に合う名の画数

1字名

なし

2・3字名

1＋⑥　2＋⑨　5＋⑥　8＋⑤　16＋⑬

2＋①　2＋⑪　7＋⑥　9＋④　23＋⑥

2＋⑤　2＋㉗　8＋③　16＋①

名前例

男の子

一光《かずみつ》 1＋⑥　人一《ひとかず》 2＋①　七央《ななお》 2＋⑤　了俊《りょうしゅん》 2＋⑨

十季也《ときや》 2＋⑪　玄気《げんき》 5＋⑥　秀充《ひでみつ》 7＋⑥　卓也《たくや》 8＋③

武史《たけし》 8＋⑤　省太《しょうた》 9＋④　龍一《りゅういち》 16＋①　鷲丞《しゅうすけ》 23＋⑥

女の子

つぐみ 1＋⑥　ひとみ 2＋⑤　乃娃《のあ》 2＋⑨　七菜《なな》 2＋⑪

未早《みはや》 5＋⑥　沙帆《さほ》 7＋⑥　來々《らら》 8＋③　季未《きみ》 8＋⑤

美心《みみ》 9＋④　薫乙《かお》 16＋①　樹代実《きよみ》 16＋⑬　顯名《あきな》 23＋⑥

12＋18

姓の画数と例

須藤　など

姓に合う名の画数

1字名

5　7　15　17

2・3字名

3＋④　6＋⑤　7＋④　14＋③

3＋⑫　6＋⑨　13＋④

6＋①　6＋⑪　14＋①

名前例

男の子

司《つかさ》 5　克《すぐる》 7　駈《かける》 15　丈斗《たけと》 3＋④

之道《しどう》 3＋⑫　壮史《そうじ》 6＋⑤　有祐《ゆうすけ》 6＋⑨　吉康《よしやす》 6＋⑪

邦友《くにとも》 7＋④　舜介《しゅんすけ》 13＋④　徳一《のりかず》 14＋①　遙大《はるひろ》 14＋③

女の子

礼《あや》 5　花《はな》 7　凛《りん》 15　えま 3＋④

万偉《まい》 3＋⑫　帆禾《ほのか》 6＋⑤　百南《ももな》 6＋⑨　有彩《ありさ》 6＋⑪

杏月《あづき》 7＋④　睦心《むつみ》 13＋④　歌一《かい》 14＋①　寧々《ねね》 14＋③

13

姓の画数と例

楠 滝 椿 塙 新 など

姓に合う名の画数

1字名: なし

2・3字名:
2+(6) 4+(7) 8+(10) 10+(14) 12+(4) 16+(2) 18+(17) 20+(4) 20+(15)
3+(2) 4+(14) 8+(16) 10+(15) 12+(6) 16+(16) 19+(6) 20+(5)
4+(4) 5+(6) 10+(6) 11+(14) 12+(12) 18+(14) 19+(16) 20+(12)

名前例

男の子

力丞《りきすけ》 2+(6)　元斗《げんと》 4+(4)　公徳《きみのり》 4+(14)　玄気《げんき》 5+(6)
宗一郎《そういちろう》 8+(10)　泰地《たいち》 10+(6)　恭輔《きょうすけ》 10+(14)　欽太《きんた》 12+(4)
敬次《けいじ》 12+(6)　翔三郎《しょうざぶろう》 12+(12)　龍磨《りゅうま》 16+(16)　顕優《あきまさ》 18+(17)

女の子

ひかる 2+(6)　たまみ 4+(7)　文緒《ふみお》 4+(14)　由宇《ゆう》 5+(6)
佳恋《かれん》 8+(10)　英里南《えりな》 8+(16)　真緒《まお》 10+(14)　梨歌《りか》 11+(14)
結巴《ゆいは》 12+(4)　紫帆《しほ》 12+(6)　満智《まち》 12+(12)　霧衣《きりえ》 19+(6)

13+3

姓の画数と例

溝口 福山 遠山 滝口 滝川 福士 小宮山 など

姓に合う名の画数

1字名: なし

2・3字名:
2+(11) 3+(12) 4+(25) 5+(10) 5+(24) 12+(11) 15+(10) 21+(2) 21+(20)
3+(2) 3+(20) 5+(2) 5+(12) 8+(5) 15+(2) 15+(16) 21+(4)
3+(4) 3+(22) 5+(8) 5+(16) 12+(5) 15+(8) 20+(5) 21+(8)

名前例

男の子

大牙《だいが》 3+(4)　仙二《せんじ》 5+(2)　功将《あつまさ》 5+(10)　永翔《えいと》 5+(12)
虎ノ介《とらのすけ》 8+(5)　晴生《はるお》 12+(5)　敬惟《たかのぶ》 12+(11)　蔵人《くろうど》 15+(2)
穂高《ほだか》 15+(10)　黎次朗《れいじろう》 15+(16)　響生《ひびき》 20+(5)　鶴文《つるふみ》 21+(4)

女の子

みこと 3+(4)　三奈貴《みなき》 3+(20)　なこ 5+(2)　汀和《みぎわ》 5+(8)
由莉《ゆり》 5+(10)　加葉《かよ》 5+(12)　弥央《みお》 8+(5)　景都《けいと》 12+(11)
舞佳《まいか》 15+(8)　魅浪《みなみ》 15+(10)　馨可《きょうか》 20+(5)　櫻友《おうゆ》 21+(4)

13+4

姓の画数と例

鈴木 新井 福井 照井 福元 碓井 など

姓に合う名の画数

1字名: なし

2・3字名:
1+(5) 3+(5) 4+(4) 9+(26) 12+(4) 19+(16) 21+(20)
2+(16) 3+(18) 4+(12) 11+(5) 14+(4) 20+(4)
3+(3) 3+(28) 4+(20) 11+(10) 19+(5) 21+(3)

名前例

男の子

十樹《とおき》 2+(16)　久之《ひさし》 3+(3)　万箕斗《まきと》 3+(18)　元介《げんすけ》 4+(4)
友陽《ともはる》 4+(12)　比砂都《ひさと》 4+(20)　悠平《ゆうへい》 11+(5)　琉悟《りゅうご》 11+(10)
硯斗《けんと》 12+(4)　綾仁《あやひと》 14+(4)　繫磨《けいま》 19+(16)　鶴護《かくご》 21+(20)

女の子

みわ 3+(3)　小織《さおり》 3+(18)　文月《ふづき》 4+(4)　巴琶《ともは》 4+(12)
日愛汰《ひなた》 4+(20)　美都穂《みつほ》 9+(26)　麻広《まひろ》 11+(5)　望留《みる》 11+(10)
朝日《あさひ》 12+(4)　鏡禾《きょうか》 19+(5)　瀬莉名《せりな》 19+(16)　耀巴《あきは》 20+(4)

13+5

姓の画数と例

福田 豊田 新田 福本 福永 園田 塩田 など

姓に合う名の画数

1字名: なし

2・3字名:
1+(4) 1+(22) 3+(4) 3+(18) 8+(3) 11+(2) 11+(12) 19+(4)
1+(10) 2+(19) 3+(10) 3+(20) 10+(3) 11+(4) 12+(3) 20+(3)
1+(16) 3+(2) 3+(12) 3+(26) 10+(11) 11+(10) 19+(2) 24+(5)

名前例

男の子

八鏡《やつあき》 2+(19)　大起《だいき》 3+(10)　三顕《みつあき》 3+(18)　昂大《こうだい》 8+(3)
哲也《てつや》 10+(3)　倖啓《ゆきひろ》 10+(11)　脩人《しゅうと》 11+(2)　清高《きよたか》 11+(10)
嵩貴《たかき》 11+(12)　萱士《けんじ》 12+(3)　麗仁《よしひと》 19+(4)　競三《けいぞう》 20+(3)

女の子

十樹子《ときこ》 2+(19)　千紗《ちさ》 3+(10)　三琴《みこと》 3+(12)　幸子《さちこ》 8+(3)
純与《すみよ》 10+(3)　真菜《まな》 10+(11)　啓乃《けいの》 11+(2)　蛍夏《けいか》 11+(10)
理結《りゆ》 11+(12)　遥弓《はるみ》 12+(3)　霧巴《きりは》 19+(4)　響子《きょうこ》 20+(3)

13＋7

姓の画数と例

滝沢　新谷　塩谷　塩見　新里　鈴村　宇佐見　など

姓に合う名の画数

1字名：なし

2・3字名：
1+2　1+16　8+5　9+16　11+2　16+2　17+20
1+4　1+20　9+4　9+28　11+10　17+4
1+12　6+5　9+12　10+5　14+3　17+8

名前例

男の子：
一夫《かずお》 1+4　好広《よしひろ》 6+5　知生《ともき》 8+5　保仁《やすと》 9+4
洋道《ひろみち》 9+12　恒賢《つねたか》 9+16　敏矢《としや》 10+5　章倫《あきのり》 11+10
幹大《あつひろ》 14+3　優斗《ゆうと》 17+4　謙治《けんじ》 17+8　駿護《しゅんご》 17+20

女の子：
しま 1+4　百可《ももか》 6+5　朋未《ともみ》 8+5　咲月《さつき》 9+4
美琴《みこと》 9+12　南津希《なつき》 9+16　華永《はなえ》 10+5　渚紗《なぎさ》 11+10
翠子《みどりこ》 14+3　環中《わなか》 17+4　鞠果《まりか》 17+8　優馨《ゆうか》 17+20

13＋8

姓の画数と例

福岡　新妻　豊岡　など

姓に合う名の画数

1字名：なし

2・3字名：
5+3　7+10　9+22　16+8
5+11　8+8　10+8　21+3
5+19　9+2　15+3　21+16

名前例

男の子：
民己《たみき》 5+3　広基《ひろき》 5+11　加津馬《かずま》 5+19　完時《かんじ》 7+10
拓弥《たくや》 8+8　亮人《りょうと》 9+2　南偉流《ないる》 9+22　峻岳《しゅんがく》 10+8
黎也《れいや》 15+3　賢宜《たかのぶ》 16+8　躍久《やくひさ》 21+3　轟憲《ごうけん》 21+16

女の子：
未千《みち》 5+3　永都《えと》 5+11　由香莉《ゆかり》 5+19　花純《かすみ》 7+10
実來《みらい》 8+8　思乃《しの》 9+2　香穂里《かほり》 9+22　真歩《まほ》 10+8
慧子《けいこ》 15+3　磨弥《まや》 16+8　露万《ろまん》 21+3　鶴保里《かほり》 21+16

13＋9

姓の画数と例

宇佐美　新垣　新保　新美　照屋　新城　新海　など

姓に合う名の画数

1字名：なし

2・3字名：
2+5　4+19　7+16　9+2　9+16　12+5　15+8　23+2
2+11　6+11　7+18　9+4　9+26　14+11　15+10　23+12
4+11　7+8　8+3　9+8　12+3　15+2　20+3　24+11

名前例

男の子：
乃由《のりよし》 2+5　文都《あやと》 4+11　友麒《ともき》 4+19　圭梧《けいご》 6+11
秀和《ひでかず》 7+8　芳諭《よしつぐ》 7+16　信太《しんた》 9+4　柾樹《まさき》 9+16
裕也《ゆうや》 12+3　徳崇《のりたか》 14+11　範朗《のりお》 15+10　響己《ひびき》 20+3

女の子：
七都《なつ》 2+11　心陸《みむ》 4+11　巴南恵《はなえ》 4+19　早菜《さな》 6+11
佑奈《ゆうな》 7+8　泉水《いずみ》 9+4　咲樹《さき》 9+16　翔子《しょうこ》 12+3
聡彗《さとえ》 14+11　魅雨《みう》 15+8　璃恵《りえ》 15+10　馨子《かおるこ》 20+3

13＋10

姓の画数と例

福島　福原　豊島　福留　嵯峨　など

姓に合う名の画数

1字名：なし

2・3字名：
1+5　3+12　5+11　6+10　7+28　11+5　19+5　23+12
1+24　3+22　5+19　7+8　8+10　14+10　19+10
3+5　5+3　6+2　7+11　11+4　15+3　23+2

名前例

男の子：
久敬《ひさたか》 3+12　巧也《たくや》 5+3　正盛《まさもり》 5+11　可志雄《かしお》 5+19
早馬《そうま》 6+10　克弥《かつや》 7+8　来都《らいと》 7+11　和真《かずま》 8+10
健司《けんじ》 11+5　綺起《あやき》 14+10　蹴平《しゅうへい》 19+5　麗真《よしまさ》 19+10

女の子：
みさと 3+5　久絵《ひさえ》 3+12　正与《まさよ》 5+3　未爽《みさ》 5+11
由津姫《ゆづき》 5+19　衣里子《えりこ》 6+10　佑雨《ゆう》 7+8　沙雪《さゆき》 7+11
知華《ちか》 8+10　琉可《るか》 11+5　静恵《しずえ》 14+10　麗加《れいか》 19+5

13＋11

姓の画数と例

塩崎　塩野　園部　新野　溝渕　など

姓に合う名の画数

1字名：なし

2・3字名：2＋(3)　4＋(19)　5＋(2)　5＋(8)　5＋(10)　5＋(16)　5＋(18)　6＋(5)　7＋(4)　7＋(10)　10＋(5)　12＋(3)　14＋(19)　21＋(12)　22＋(11)

名前例

男の子

刀也《とうや》 2(3)　允麒《まさき》 4(19)　正二《せいじ》 5(2)　巧実《たくみ》 5(8)

仙乃輔《せんのすけ》 5(16)　光由《みつよし》 6(5)　宏支《ひろし》 7(4)　邦泰《くにやす》 7(10)

哲平《てっぺい》 10(5)　弾久《だんく》 12(3)　瑠綺矢《るきや》 14(19)　轟陽《ごうよう》 21(12)

女の子

乃子《のこ》 2(3)　水麗《みれい》 4(19)　史乃《しの》 5(2)　礼阿《れいあ》 5(8)

礼華《あやか》 5(10)　可愛子《かなこ》 5(16)　希心《きこ》 7(4)　里恵《りえ》 7(10)

真世《まよ》 10(5)　絵子《えこ》 12(3)　瑳菜枝《さなえ》 14(19)　露賀《ろか》 21(12)

13＋12

姓の画数と例

猿渡　新開　福富　など

姓に合う名の画数

1字名：なし

2・3字名：1＋(22)　3＋(3)　3＋(5)　3＋(10)　3＋(20)　4＋(4)　4＋(12)　4＋(28)　5＋(2)　5＋(3)　11＋(2)　11＋(5)　21＋(11)　21＋(12)　23＋(10)

名前例

男の子

丈大《たけひろ》 3(3)　弓平《ゆみへい》 3(5)　丈哲《たけあき》 3(10)　巳奈渡《みなと》 3(20)

巴夫《ともお》 4(4)　友翔《ゆうと》 4(12)　巴留騎《はるき》 4(28)　平二《へいじ》 5(2)

旦久《かずひさ》 5(3)　清正《きよまさ》 11(5)　鶴規《つるき》 21(11)　顧道《ただみち》 21(12)

女の子

あみ 3(3)　千可《ちか》 3(5)　久姫《ひさき》 3(10)　巴水《ともみ》 4(4)

心稀《みき》 4(12)　巴留観《はるみ》 4(28)　未十《みと》 5(2)　由子《ゆうこ》 5(3)

萌乃《もえの》 11(2)　紹代《あきよ》 11(5)　顧和子《みわこ》 21(11)　露満《ろまん》 21(12)

13＋18

姓の画数と例

遠藤　新藤　など

姓に合う名の画数

1字名：なし

2・3字名：3＋(4)　3＋(5)　5＋(3)　5＋(11)　6＋(2)　11＋(5)　14＋(2)　19＋(2)

名前例

男の子

大牙《たいが》 3(4)　夕介《ゆうすけ》 3(4)　大永《ひろひさ》 3(5)　央丈《ひろたけ》 5(3)

巧基《こうき》 5(11)　広望《ひろみ》 5(11)　匠二《しょうじ》 6(2)　琢矢《たくや》 11(5)

悠平《ゆうへい》 11(5)　魁人《かいと》 14(2)　碧人《きよひと》 14(2)　麗人《れいと》 19(2)

女の子

久水《くみ》 3(4)　三月《みづき》 3(4)　えみり 3(5)　加子《かこ》 5(3)

可梨《かりん》 5(11)　史椛《ふみか》 5(11)　汐七《しおな》 6(2)　雪代《ゆきよ》 11(5)

理世《りせ》 11(5)　綺乃《あやの》 14(2)　瑠七《るな》 14(2)　霧乃《きりの》 19(2)

14

姓の画数と例

関　境　榊　嶋　榎　など

姓に合う名の画数

1字名：なし

2・3字名：1＋(2)　1＋(16)　2＋(5)　3＋(4)　3＋(15)　4＋(7)　7＋(4)　7＋(10)　7＋(17)　9＋(15)　9＋(16)　10＋(7)　10＋(15)　11＋(7)　11＋(12)　17＋(4)　17＋(7)　18＋(7)　18＋(15)　19＋(5)　19＋(6)　19＋(14)　21＋(10)　21＋(12)　23＋(15)

名前例

男の子

しん 1(2)　三太《さんた》 3(4)　丈次郎《じょうじろう》 3(15)　仁志《ひとし》 4(7)

宏斗《ひろと》 7(4)　辰之輔《たつのすけ》 7(17)　柚輝《ゆずき》 9(15)　健裕《けんすけ》 11(12)

瞭汰《りょうた》 17(7)　顕慶《あきよし》 18(15)　繋成《けいせい》 19(6)　纏起《まとおき》 21(10)

女の子

のん 1(2)　夕日《ゆうひ》 3(4)　弓穂《ゆみほ》 3(15)　文花《ふみか》 4(7)

邑夏《ゆうか》 7(10)　香歩里《かほり》 9(15)　留那《るな》 10(7)　彩葉《あやは》 11(12)

優里《ゆり》 17(7)　観沙《みさ》 18(7)　顕穂《あきほ》 18(15)　麗名《れいな》 19(6)

14＋3

姓の画数と例

関口　増子　増山　緑川　徳山　関川　稲川　など

姓に合う名の画数

1字名：22

2・3字名：2＋4　4＋4　5＋3　10＋25　13＋3　20＋15　22＋19　3＋15　4＋17　5＋11　12＋4　15＋3　21＋3　4＋2　4＋27　5＋19　12＋9　20＋4　22＋2

名前例

男の子：穣《じょう》(22)　夕毅《ゆうき》(3＋15)　介二《かいじ》(4＋2)　友駿《ゆうと》(4＋17)　広之《ひろゆき》(5＋3)　巧都《たくと》(5＋11)　陽斗《ようと》(12＋4)　善彦《よしひこ》(12＋9)　遼大《りょうた》(15＋3)　競太《けいた》(20＋4)　耀璃《てるあき》(20＋15)　鶴丸《つるまる》(21＋3)

女の子：讃《あき》(22)　久魅《くみ》(3＋15)　月乃《つきの》(4＋2)　水優《みゆ》(4＋17)　加梛《かな》(5＋11)　由樹子《ゆきこ》(5＋19)　遊月《ゆづき》(12＋4)　琴美《ことみ》(12＋9)　夢女《ゆめ》(13＋3)　範子《のりこ》(15＋3)　響心《きょうこ》(20＋4)　鶴子《かこ》(21＋3)

14＋4

姓の画数と例

緒方　増井　堀之内　関戸　綿引　熊木　など

姓に合う名の画数

1字名：なし

2・3字名：1＋2　2＋9　3＋18　4＋11　4＋25　11＋10　12＋9　19＋10　21＋2　1＋10　2＋15　4＋3　4＋17　9＋2　12＋1　12＋11　20＋1　2＋3　2＋21　4＋9　4＋19　11＋2　12＋3　13＋2　20＋3

名前例

男の子：二郎《じろう》(2＋9)　大騎《だいき》(3＋18)　文彦《ふみひこ》(4＋9)　元埜《もとや》(4＋11)　政二《せいじ》(9＋2)　彪起《ひょうき》(11＋10)　葵一《きいち》(12＋1)　雄也《ゆうや》(12＋3)　勝政《かつまさ》(12＋9)　達琉《たつる》(12＋11)　蘭馬《らんま》(19＋10)　議大《のりひろ》(20＋3)

女の子：りおな(2＋9)　小波留《こはる》(3＋18)　巴香《ともか》(4＋9)　心彩《みさ》(4＋11)　友紀恵《ゆきえ》(4＋19)　思乃《しの》(9＋2)　麻浬《まり》(11＋10)　遥己《はるみ》(12＋3)　智香《ともか》(12＋9)　絢椛《あやか》(12＋11)　霧夏《きりか》(19＋10)　響子《きょうこ》(20＋3)

14＋5

姓の画数と例

増田　榎本　徳永　窪田　嶋田　稲田　小野田　など

姓に合う名の画数

1字名：6　12

2・3字名：1＋17　6＋7　10＋23　2＋4　8＋10　16＋2　2＋27　10＋3　20＋18

名前例

男の子：光《ひかる》(6)　凱《がい》(12)　一嶺《かずみね》(1＋17)　刀午《とうご》(2＋4)　七音闘《なおと》(2＋27)　圭佑《けいすけ》(6＋7)　尚哲《たかあき》(8＋10)　知倫《とものり》(8＋10)　竜也《りゅうや》(10＋3)　真樹治《まきや》(10＋23)　篤二《あつじ》(16＋2)　耀治朗《ようじろう》(20＋18)

女の子：旭《あさひ》(6)　結《ゆい》(12)　一鞠《いまり》(1＋17)　いお(2＋4)　七奈瀬《ななせ》(2＋27)　江里《えり》(6＋7)　朋恵《ともえ》(8＋10)　実華《みか》(8＋10)　梅子《うめこ》(10＋3)　真梨絵《まりえ》(10＋23)　澪乃《れいの》(16＋2)　耀佳莉《あかり》(20＋18)

14＋6

姓の画数と例

小野寺　など

姓に合う名の画数

1字名：5　15

2・3字名：1＋10　2＋3　2＋19　9＋4　10＋15　11＋10　15＋2　18＋19　1＋24　2＋11　7＋4　10＋3　10＋27　12＋1　18＋3　2＋1　2＋15　7＋18　10＋11　11＋4　12＋9　18＋7

名前例

男の子：仙《たかし》(5)　潔《きよし》(15)　七也《ななや》(2＋3)　人基《ひとき》(2＋11)　佐介《さすけ》(7＋4)　佑騎《ゆうき》(7＋18)　柊斗《しゅうと》(9＋4)　通教《みちたか》(10＋11)　隆太《りゅうた》(11＋4)　澄人《すみと》(15＋2)　観吾《かんご》(18＋7)　観佐雄《みさお》(18＋19)

女の子：史《ふみ》(5)　潮《うしお》(15)　りさ(2＋3)　伴予《ともよ》(7＋4)　沙織《さおり》(7＋18)　咲月《さつき》(9＋4)　純子《じゅんこ》(10＋3)　恵麻《えま》(10＋11)　雪巴《ゆきは》(11＋4)　雛子《ひなこ》(18＋3)　曜希《あき》(18＋7)　藍羅《あいら》(18＋19)

14＋7

姓の画数と例

熊谷　関谷　熊沢　稲村　野々村　嶋村　稲見　など

姓に合う名の画数

1字名：4　17

2・3字名：1＋(7)　1＋(15)　1＋(23)　6＋(2)　6＋(10)　6＋(18)　8＋(9)　9＋(7)　10＋(1)　10＋(21)　11＋(7)　16＋(2)　17＋(7)　18＋(19)　22＋(2)

名前例

男の子

- 4 友《ゆう》
- 17 翼《つばさ》
- 6(2) 旭人《あさと》
- 6(10) 充浩《みつひろ》
- 6(18) 伊織《いおり》
- 8(9) 武海《たけみ》
- 9(7) 恒作《こうさく》
- 10(21) 竜登信《たつとし》
- 11(7) 康助《こうすけ》
- 16(2) 澪人《れいと》
- 17(7) 駿汰《しゅんた》
- 18(19) 闘旗生《ときお》

女の子

- 4 月《つき》
- 17 優《ゆう》
- 6(2) 如乃《ゆきの》
- 6(10) 安恋《あこ》
- 6(18) 伊織《いおり》
- 8(9) 和音《かずね》
- 9(7) 春花《はるか》
- 10(21) 真輝衣《まきえ》
- 11(7) 毬那《まりな》
- 16(2) 樹七《じゅな》
- 17(7) 環那《かんな》
- 18(19) 藍羅《あいら》

14＋9

姓の画数と例

稲垣　鳴海　など

姓に合う名の画数

1字名：15　16　24

2・3字名：2＋(4)　2＋(23)　4＋(4)　4＋(11)　4＋(21)　4＋(25)　6＋(2)　6＋(10)　6＋(18)　7＋(1)　7＋(9)　8＋(7)　8＋(10)　8＋(27)　9＋(9)　12＋(3)　12＋(4)　15＋(9)　16＋(2)　20＋(4)　20＋(9)　24＋(1)　24＋(11)

名前例

男の子

- 15 潤《じゅん》
- 16 樹《たつき》
- 2(4) 乃介《だいすけ》
- 4(4) 仁太《じんた》
- 4(11) 元都《げんと》
- 6(10) 庄純《まさずみ》
- 7(1) 臣一《しんいち》
- 7(9) 志郎《しろう》
- 8(10) 幸記《こうき》
- 12(3) 幾之《のりゆき》
- 15(9) 諒乃助《りょうのすけ》
- 20(9) 懸祐《けんすけ》

女の子

- 15 舞《まい》
- 16 薫《かおる》
- 2(4) 十予《とよ》
- 4(4) まりん
- 4(11) 巴萌《ともえ》
- 6(18) 早織《さおり》
- 7(1) 里乙《りお》
- 8(7) 祈沙《きさ》
- 8(10) 幸恵《さちえ》
- 12(3) 董子《とうこ》
- 15(9) 舞紀《まいき》
- 20(4) 響心《きょうこ》

14＋10

姓の画数と例

小笠原　関根　榊原　熊倉　仲宗根　漆原　など

姓に合う名の画数

1字名：7

2・3字名：1＋(4)　3＋(2)　5＋(18)　6＋(1)　6＋(7)　6＋(9)　6＋(15)　6＋(17)　6＋(27)　7＋(4)　8＋(3)　8＋(9)　8＋(15)　11＋(4)　13＋(2)　15＋(18)　19＋(4)　22＋(11)　23＋(10)

名前例

男の子

- 3(2) 才人《さいと》
- 5(18) 史麿《ふみまろ》
- 6(1) 匠一《しょういち》
- 6(7) 亘佑《こうすけ》
- 6(17) 伊汰留《いたる》
- 7(4) 芳文《よしふみ》
- 8(9) 治哉《はるや》
- 8(15) 幸駕《こうが》
- 11(4) 唱太《しょうた》
- 11(4) 悠斗《ゆうと》
- 15(18) 毅顕《たけあき》
- 19(4) 鏡太《きょうた》

女の子

- 5(18) 史穂子《しほこ》
- 6(1) 汐乙《しお》
- 6(7) 充希《みつき》
- 6(15) 江澄《えすみ》
- 6(17) 名美佳《なみか》
- 7(4) 那友《なゆ》
- 8(3) 怜子《れいこ》
- 8(9) 明南《あきな》
- 8(15) 茉里依《まりえ》
- 11(4) 麻予《まよ》
- 15(18) 穂南美《ほなみ》
- 19(4) 霧月《むつき》

14＋11

姓の画数と例

波多野　熊野　二階堂　綿貫　嶋崎　熊崎　綾部　など

姓に合う名の画数

1字名：6　10　12

2・3字名：2＋(21)　4＋(2)　4＋(4)　4＋(9)　4＋(19)　5＋(3)　5＋(11)　5＋(27)　6＋(1)　6＋(2)　12＋(1)　12＋(4)　12＋(11)　12＋(21)　22＋(11)

名前例

男の子

- 6 汎《ひろし》
- 10 峻《しゅん》
- 12 晶《あきら》
- 4(4) 文太《ぶんた》
- 4(9) 仁則《きみのり》
- 5(3) 玄也《げんや》
- 5(11) 由康《よしやす》
- 6(2) 守人《もりと》
- 12(4) 博斗《ひろと》
- 12(21) 翔鶴《しょうかく》
- 12(21) 貴裕紀《たかゆき》
- 22(11) 讃常《あきつね》

女の子

- 6 有《ゆう》
- 10 華《はな》
- 12 葵《あおい》
- 4(4) 允予《いよ》
- 4(9) 文香《あやか》
- 5(3) 未夕《みゆ》
- 5(11) 史菜《ふみな》
- 6(2) 帆乃《ほの》
- 12(4) 朝水《あさみ》
- 12(11) 紫野《しの》
- 12(21) 結鶴《ゆづる》
- 22(11) 讃理《あかり》

14＋12

姓の画数と例：稲葉 など

姓に合う名の画数

1字名：12

2・3字名：
1+(2)　4+(1)　4+(11)　5+(2)　6+(7)　9+(2)　12+(1)　19+(2)
1+(4)　4+(3)　4+(17)　5+(10)　6+(15)　11+(2)　12+(3)　20+(1)
1+(10)　4+(9)　4+(27)　6+(1)　6+(25)　11+(4)　12+(9)　20+(11)

名前例

男の子

- 敦《あつし》 12
- 太郎《たろう》 4+(9)
- 元基《もとき》 4+(11)
- 広二《こうじ》 5+(2)
- 央記《ひろき》 5+(10)
- 匡吾《きょうご》 6+(7)
- 向輝《こうき》 6+(15)
- 健太《けんた》 11+(4)
- 雄大《ゆうだい》 12+(3)
- 翔哉《しょうや》 12+(9)
- 霧人《きりひと》 19+(2)
- 巌二郎《がんじろう》 20+(11)

女の子

- 湊《みなと》 12
- まや 4+(3)
- 木胡《きこ》 4+(9)
- 心真希《こまき》 4+(17)
- 未七《みな》 5+(2)
- 民倫《みのり》 5+(10)
- 百那《ももな》 6+(7)
- 充穂《みほ》 6+(15)
- 咲乃《さくの》 9+(2)
- 智耶《ちか》 12+(9)
- 瀬十《せと》 19+(2)
- 護菜《もりな》 20+(11)

14＋18

姓の画数と例：齊藤 など

姓に合う名の画数

1字名：5　7　15

2・3字名：
3+(4)　6+(7)　15+(10)
5+(10)　6+(9)　23+(2)
6+(1)　6+(19)

名前例

男の子

- 平《たいら》 5
- 努《つとむ》 7
- 遼《りょう》 15
- 千介《せんすけ》 3+(4)
- 冬馬《とうま》 5+(10)
- 成一《せいいち》 6+(1)
- 伊吹《いぶき》 6+(7)
- 光紀《みつき》 6+(9)
- 行祐《ゆきひろ》 6+(9)
- 多駈斗《たくと》 6+(19)
- 慶悟《けいご》 15+(10)
- 鷲人《しゅうと》 23+(2)

女の子

- 由《ゆう》 5
- 更《さら》 7
- 舞《まい》 15
- あいり 3+(4)
- 加恵《かえ》 5+(10)
- 衣乙《いお》 6+(1)
- 光来《みき》 6+(7)
- 朱音《あかね》 6+(9)
- 百香《ももか》 6+(9)
- 伊都実《いつみ》 6+(19)
- 穂夏《ほのか》 15+(10)
- 鷲乃《しゅうの》 23+(2)

15＋3

姓の画数と例：長谷川　横山　樋口　影山 など

姓に合う名の画数

1字名：14

2・3字名：
2+(1)　3+(8)　3+(26)　5+(8)　5+(18)　12+(1)　13+(8)　21+(2)
2+(9)　3+(14)　4+(17)　5+(10)　5+(24)　12+(9)　13+(10)　22+(1)
3+(2)　3+(20)　5+(2)　5+(16)　10+(1)　13+(2)　14+(1)

名前例

男の子

- 肇《はじめ》 14
- 力哉《りきや》 2+(9)
- 夕弥《ゆうや》 3+(8)
- 大耀《ひろあき》 3+(20)
- 太駿《たいしゅん》 4+(17)
- 平造《へいぞう》 5+(10)
- 正顕《まさあき》 5+(18)
- 翔一《しょういち》 12+(1)
- 勝信《まさのぶ》 12+(9)
- 雅和《まさかず》 13+(8)
- 蓮真《れんま》 13+(10)
- 鶴二《かくじ》 21+(2)

女の子

- ひなた 2+(9)
- 小夜《さよ》 3+(8)
- 千彰《ちあき》 3+(14)
- 万樹水《まなみ》 3+(20)
- 文霞《あやか》 4+(17)
- 由真《ゆま》 5+(10)
- 可純実《かずみ》 5+(18)
- 稀乙《きお》 12+(1)
- 絵美《えみ》 12+(9)
- 蒼佳《あおか》 13+(8)
- 愛莉《あいり》 13+(10)
- 露七《つゆな》 21+(2)

15＋4

姓の画数と例：横井　横内 など

姓に合う名の画数

1字名：14

2・3字名：
1+(17)　3+(26)　11+(2)　21+(17)
2+(16)　7+(6)　11+(22)
3+(3)　9+(9)　17+(1)

名前例

男の子

- 緑《ろく》 14
- 一謙《かずよし》 1+(17)
- 二龍《じりゅう》 2+(16)
- 夕也《ゆうや》 3+(3)
- 三都慶《みつよし》 3+(26)
- 辰吉《たつよし》 7+(6)
- 昭政《あきまさ》 9+(9)
- 春秋《はるあき》 9+(9)
- 崇人《たかひと》 11+(2)
- 健優生《たけゆき》 11+(22)
- 鴻一《こういち》 17+(1)
- 顧優《ただまさ》 21+(17)

女の子

- 綸《りん》 14
- 乙瞳《おとめ》 1+(17)
- 七積《なつみ》 2+(16)
- えみ 3+(3)
- 小優美《さゆみ》 3+(26)
- 芙有《ふゆ》 7+(6)
- 郁美《いくみ》 9+(9)
- 美咲《みさき》 9+(9)
- 梨乃《りの》 11+(2)
- 悠理菜《ゆりな》 11+(22)
- 彌乙《みお》 17+(1)
- 露美奈《ろみな》 21+(17)

15＋5

姓の画数と例

横田　廣田　駒田　など

姓に合う名の画数

1字名　なし

2・3字名

1+⑩　1+㉔　3+②　3+⑱　10+③　11+⑭　12+⑨　19+②
1+⑭　2+⑨　3+⑩　8+③　11+②　11+㉖　13+⑧　19+⑥
1+⑯　2+㉓　3+⑭　8+⑨　11+⑩　12+③　16+①　19+⑱

名前例

男の子

2 七紀《ななき》 ⑨　3 夕人《ゆうと》 ②　3 久聡《ひさと》 ⑭　8 拓也《たくや》 ③
8 治郎《はるろう》 ⑨　10 哲也《てつや》 ③　11 惇紘《あつひろ》 ⑩　12 喬之《たかゆき》 ③
12 達哉《たつや》 ⑨　13 靖忠《やすただ》 ⑧　19 蹴吉《しゅうきち》 ⑥　19 鏡観《あきみ》 ⑱

女の子

2 七帆子《なほこ》 ⑨　3 ゆい ②　3 万維《まい》 ⑭　8 祈子《きこ》 ③
8 茉己《まみ》 ③　8 和美《かずみ》 ⑨　10 夏女《なつめ》 ③　11 深緒《みお》 ⑭
12 智弓《ともみ》 ③　12 登乃花《とのか》 ⑨　13 詩夜《しょ》 ⑧　19 鏡光《あきみ》 ⑥

15＋7

姓の画数と例

横尾　海老沢　横沢　など

姓に合う名の画数

1字名　なし

2・3字名

1+②　1+⑯　4+⑨　8+⑧　9+⑭　11+②　11+㉔　16+⑨　22+①
1+⑥　1+㉒　6+⑨　8+⑨　9+⑯　11+⑥　14+①　17+⑥
1+⑭　4+③　6+⑰　9+⑥　10+①　11+⑭　14+③　17+⑧

名前例

男の子

4 元也《もとや》 ③　4 友彦《ともひこ》 ⑨　6 光俊《みつとし》 ⑨　6 有瞳《うどう》 ⑰
8 拓実《たくみ》 ⑧　9 洸気《こうき》 ⑥　9 星次朗《せいじろう》 ⑯　11 惇成《じゅんせい》 ⑥
14 総一《そういち》 ①　16 龍祐《りゅうすけ》 ⑨　17 優丞《ゆうすけ》 ⑥　17 講典《こうすけ》 ⑧

女の子

4 月子《つきこ》 ③　4 文音《あやね》 ⑨　6 朱海《あけみ》 ⑨　6 有優《ゆうゆ》 ⑰
8 幸歩《さちほ》 ⑧　9 美羽《みう》 ⑥　9 秋衛《あきえ》 ⑯　11 菜々子《ななこ》 ⑥
14 維乙《いお》 ①　16 樹祢《じゅね》 ⑨　17 霞帆《かほ》 ⑥　17 瞭佳《りょうか》 ⑧

15＋10

姓の画数と例

海老原　など

姓に合う名の画数

1字名　7　14

2・3字名

1+⑥　5+②　5+⑱　6+㉖　14+②　23+⑩
3+⑳　5+③　6+②　7+①　14+⑱
5+①　5+⑧　6+⑩　13+③　23+⑨

名前例

男の子

7 孝《たかし》　14 聡《さとる》　3 大耀《たいよう》 ⑳　5 功士《こうじ》 ③
5 弘幸《ひろゆき》 ⑧　6 圭悟《けいご》 ⑩　7 希一《きいち》 ①　13 奨三《しょうぞう》 ③
14 魁人《かいと》 ②　14 遙思郎《ようじろう》 ⑱　23 巖威《いわたけ》 ⑨　23 鷲一郎《しゅういちろう》 ⑩

女の子

7 杏《あん》　14 翠《みどり》　3 千愛希《ちあき》 ⑳　5 弘子《ひろこ》 ③
5 可奈《かな》 ⑧　5 由佳莉《ゆかり》 ⑱　6 吏紗《りさ》 ⑩　7 冴乙《さき》 ①
13 雅子《まさこ》 ③　14 聡乃《あきの》 ②　14 歌南海《かなみ》 ⑱　23 鷲珈《しゅうか》 ⑨

15＋11

姓の画数と例

長谷部　諏訪　など

姓に合う名の画数

1字名　6　12

2・3字名

2+①　4+⑨　5+⑩　6+①　7+⑭　12+①　13+⑧
2+③　4+⑰　5+⑯　6+⑨　7+㉔　12+③　20+①
2+⑨　5+②　5+㉖　7+⑥　10+①　13+②　21+⑩

名前例

男の子

6 旬《しゅん》　12 湘《しょう》　2 二郎《じろう》 ⑨　4 文彦《ふみひこ》 ⑨
4 支優《しゅう》 ⑰　5 正悟《しょうご》 ⑩　5 永多朗《えいたろう》 ⑯　6 考一《こういち》 ①
6 伍郎《ごろう》 ⑨　7 良多《りょうた》 ⑥　13 慎和《よしかず》 ⑧　21 顧朗《ただお》 ⑩

女の子

6 朱《あき》　12 順《ゆき》　2 乃胡《のこ》 ⑨　4 巴香《ともか》 ⑨
4 比環《ひわ》 ⑰　5 史莉《みり》 ⑩　5 未操《みさお》 ⑯　6 有乙《ゆい》 ①
6 早保《さほ》 ⑨　7 志緒《しお》 ⑭　13 楓奈《ふうな》 ⑧　21 鶴恵《かえ》 ⑩

姓の画数と例 15+12

大須賀
樋渡
など

姓に合う名の画数

1字名: 6　12　20

2・3字名:
1+(10)　1+(17)　1+(24)
3+(3)　3+(18)　4+(1)
5+(1)　5+(3)　5+(6)
5+(16)　9+(2)　9+(9)
9+(22)　11+(14)　17+(1)
19+(2)

名前例

男の子
旭《あさひ》 6
暁《あきら》 12
響《ひびき》 20
一嶺《かずね》 1+(17)
一鷹《かずたか》 1+(24)
大燿《たいよう》 3+(18)
永吉《えいきち》 5+(6)
可以琉《かいる》 5+(16)
春彦《はるひこ》 9+(9)
度記雄《ときお》 9+(22)
章徳《あきのり》 11+(14)
蹴人《しゅうと》 19+(2)

女の子
凪《なぎ》 6
琴《こと》 12
耀《あき》 20
乙都羽《おとは》 1+(17)
乙理愛《おりえ》 1+(24)
かのん 3+(3)
三輝子《みきこ》 3+(18)
玉妃《たまき》 5+(6)
由美那《ゆみな》 5+(16)
南美《なみ》 9+(9)
美紗登《みさと》 9+(22)
琉歌《るか》 11+(14)

姓の画数と例 16

橘
など

姓に合う名の画数

1字名: なし

2・3字名:
1+(6)　1+(7)　1+(14)
2+(5)　2+(23)　5+(10)
7+(6)　8+(5)　8+(7)
8+(15)　8+(17)　9+(4)
9+(7)　9+(14)　13+(10)
13+(16)　15+(6)　15+(17)
17+(15)　19+(4)　19+(12)
19+(13)　21+(10)　22+(7)
23+(6)

名前例

男の子
力央《りきお》 2+(5)
七都貴《なつき》 2+(23)
弘貢《ひろつぐ》 5+(10)
沙吉《さきち》 7+(6)
昂平《こうへい》 8+(5)
郁斗《いくと》 9+(4)
海輔《かいすけ》 9+(14)
数馬《かずま》 13+(10)
誠多朗《せいたろう》 13+(16)
璃季哉《りきや》 15+(17)
優範《まさのり》 17+(15)
鏡照《あきてる》 19+(13)

女の子
りほ 2+(5)
乃埜葉《ののは》 2+(23)
杏名《あんな》 7+(6)
奈那《なな》 8+(7)
茉莉花《まりか》 8+(17)
紅巴《べには》 9+(4)
飛奈妃《ひなき》 9+(14)
愛紗《あいさ》 13+(10)
夢積《むつみ》 13+(16)
璃帆《りほ》 15+(6)
嶺魅《れみ》 17+(15)
櫻莉《さり》 21+(10)

姓の画数と例 16+3

橋口
など

姓に合う名の画数

1字名: 2　10　22

2・3字名:
2+(16)　3+(15)　4+(2)
4+(25)　8+(5)　10+(8)
12+(21)　22+(16)

名前例

男の子
力《りき》 2
勉《まさる》 10
驍《ぎょう》 22
了磨《りょうま》 2+(16)
小次郎《こじろう》 3+(15)
太二《たいじ》 4+(2)
友輝朗《ゆきお》 4+(25)
昇平《しょうへい》 8+(5)
卓矢《たくや》 8+(5)
烈治《れつじ》 10+(8)
雄貴郎《ゆきお》 12+(21)
驍樹《としき》 22+(16)

女の子
九《ここの》 2
紡《つむぎ》 10
讃《あき》 22
七親《なちか》 2+(16)
万侑花《まゆか》 3+(15)
おと 4+(2)
巴菜緒《はなお》 4+(25)
奈央《なお》 8+(5)
実以《みい》 8+(5)
夏奈《かな》 10+(8)
陽真梨《ひまり》 12+(21)
讃樹《さき》 22+(16)

姓の画数と例 16+4

橋爪
薄井
田部井
など

姓に合う名の画数

1字名: 17

2・3字名:
1+(2)　2+(9)　2+(13)
2+(15)　2+(23)　3+(8)
3+(22)　4+(1)　4+(9)
4+(13)　4+(17)　9+(2)
9+(16)　11+(2)　11+(21)
12+(1)　12+(9)　12+(13)
12+(25)　13+(2)　13+(8)
14+(7)　20+(1)　20+(5)
20+(17)

名前例

男の子
優《まさる》 17
人嗣《ひとし》 2+(13)
久季《ひさき》 3+(8)
心哉《しんや》 4+(9)
友希高《ゆきたか》 4+(17)
奎磨《けいま》 9+(16)
崇由樹《たかゆき》 11+(21)
達寛《たつひろ》 12+(13)
継人《けいと》 13+(2)
義英《よしひで》 13+(8)
豪佑《ごうすけ》 14+(7)
響治郎《きょうじろう》 20+(17)

女の子
環《たまき》 17
乃鼓《のこ》 2+(13)
友香《ともか》 4+(9)
水暉《みずき》 4+(13)
円霞《まどか》 4+(17)
美操《みさお》 9+(16)
麻理恵《まりえ》 11+(21)
敬音《たかね》 12+(9)
絵夢《えむ》 12+(13)
鈴乃《すずの》 13+(2)
想奈《そな》 13+(8)
懸維子《けいこ》 20+(17)

16＋5

姓の画数と例
橋本　澤田　橋田　など

姓に合う名の画数
1字名：なし
2・3字名：1+⑰　2+⑨　2+⑮　2+⑯　2+㉒　3+⑤　3+⑬　3+㉑　8+⑧　8+⑯　10+⑦　11+⑤　12+⑲　13+⑤　19+⑤

名前例
男の子
- 七星《ななせ》 2 ⑨
- 乃毅《だいき》 2 ⑮
- 丈央《たけお》 3 ⑤
- 大寛《はるひろ》 3 ⑬
- 夕紀雄《ゆきお》 3 ㉑
- 和茂《かずしげ》 8 ⑧
- 明憲《あきのり》 8 ⑯
- 剛志《たけし》 10 ⑦
- 琉平《りゅうへい》 11 ⑤
- 翔起郎《ときお》 12 ⑲
- 雅史《まさふみ》 13 ⑤
- 麗生《れいき》 19 ⑤

女の子
- 乃南《のな》 2 ⑨
- 九楽々《くらら》 2 ⑯
- 千央《ちひろ》 3 ⑤
- 万愛《まな》 3 ⑬
- 三櫻《みお》 3 ㉑
- 果歩《かほ》 8 ⑧
- 弥知佳《みちか》 8 ⑯
- 真里《まり》 10 ⑦
- 章代《あきよ》 11 ⑤
- 絵美留《えみる》 12 ⑲
- 絹可《きぬか》 13 ⑤
- 譜未《ふみ》 19 ⑤

16＋18

姓の画数と例
衛藤　錦織　など

姓に合う名の画数
1字名：5　7
2・3字名：3+⑧　5+⑧　6+①　6+⑤　6+⑦　6+⑰　7+⑯

名前例
男の子
- 巧《たくみ》 5
- 佑《たすく》 7
- 努《つとむ》 7
- 大空《おおぞら》 3 ⑧
- 丈治《じょうじ》 3 ⑧
- 史弥《ふみや》 5 ⑧
- 考一《こういち》 6 ①
- 庄司《しょうじ》 6 ⑤
- 好央《よしお》 6 ⑤
- 光汰《こうた》 6 ⑦
- 亘優《のぶまさ》 6 ⑰
- 克磨《かつま》 7 ⑯

女の子
- 冬《ふゆ》 5
- 杏《あん》 7
- 希《のぞみ》 7
- 万実《まみ》 3 ⑧
- 夕果《ゆうか》 3 ⑧
- 左季《さき》 5 ⑧
- 旭乙《あさお》 6 ①
- 早央《さお》 6 ⑤
- 百可《ももか》 6 ⑤
- 凪沙《なぎさ》 6 ⑦
- 帆奈美《ほなみ》 6 ⑰
- 亜樹《あき》 7 ⑯

17＋5

姓の画数と例
篠田　など

姓に合う名の画数
1字名：16
2・3字名：1+⑥　1+⑭　1+⑯　1+㉒　1+㉔　2+⑮　3+④　3+⑫　3+⑭　3+⑳　6+⑦　8+⑦　8+⑮　10+⑦　11+④　11+⑫　11+⑭　13+④　13+⑫　13+㉒　16+①　18+⑦　19+④　19+⑥

名前例
男の子
- 賢《けん》 16
- 力多郎《りきたろう》 2 ⑮
- 丈斗《たけと》 3 ④
- 三斗留《さとる》 3 ⑭
- 守里《まもり》 6 ⑦
- 和来《かずき》 8 ⑦
- 宗論《むねとき》 8 ⑮
- 絆爾《はんじ》 11 ⑭
- 誉裕《たかひろ》 13 ⑫
- 顕秀《あきひで》 18 ⑦
- 瀬斗《せと》 19 ④
- 麗至《れいし》 19 ⑥

女の子
- 澪《みお》 16
- 夕稀《ゆうき》 3 ⑫
- 千沙希《ちさき》 3 ⑭
- 百花《ももか》 6 ⑦
- 明里《あかり》 8 ⑦
- 茉凛《まりん》 8 ⑮
- 純那《じゅんな》 10 ⑦
- 梓水《あずみ》 11 ④
- 深結《みゆ》 11 ⑫
- 織那《おりな》 18 ⑦
- 霧月《むつき》 19 ④
- 瀬吏《せり》 19 ⑥

17＋7

姓の画数と例
磯村　など

姓に合う名の画数
1字名：14
2・3字名：1+④　1+⑥　1+⑭　1+⑯　1+⑳　4+①　8+⑮　9+④　9+⑥　9+⑫　9+⑭　9+㉔　10+①　11+⑥　14+①　18+⑮　22+①

名前例
男の子
- 碧《きよし》 14
- 一行《かずゆき》 1 ⑥
- 一翠《いっすい》 1 ⑭
- 和毅《かずき》 8 ⑮
- 亮介《りょうすけ》 9 ④
- 昭吉《しょうきち》 9 ⑥
- 奏翔《かなと》 9 ⑫
- 柾嘉《まさよし》 9 ⑭
- 美優児《みゆじ》 9 ㉔
- 基安《もとやす》 11 ⑥
- 聡一《そういち》 14 ①
- 瞬輝《しゅんき》 18 ⑮

女の子
- 綾《あや》 14
- くるみ 1 ⑥
- 一歌《いちか》 1 ⑭
- 実穂《みほ》 8 ⑮
- 星巴《ほしは》 9 ④
- 律帆《りつほ》 9 ⑥
- 郁瑛《いくえ》 9 ⑫
- 南緒《なお》 9 ⑭
- 祐騎帆《ゆきほ》 9 ㉔
- 彩帆《さほ》 11 ⑥
- 綴乙《つづき》 14 ①
- 藍澄《あすみ》 18 ⑮

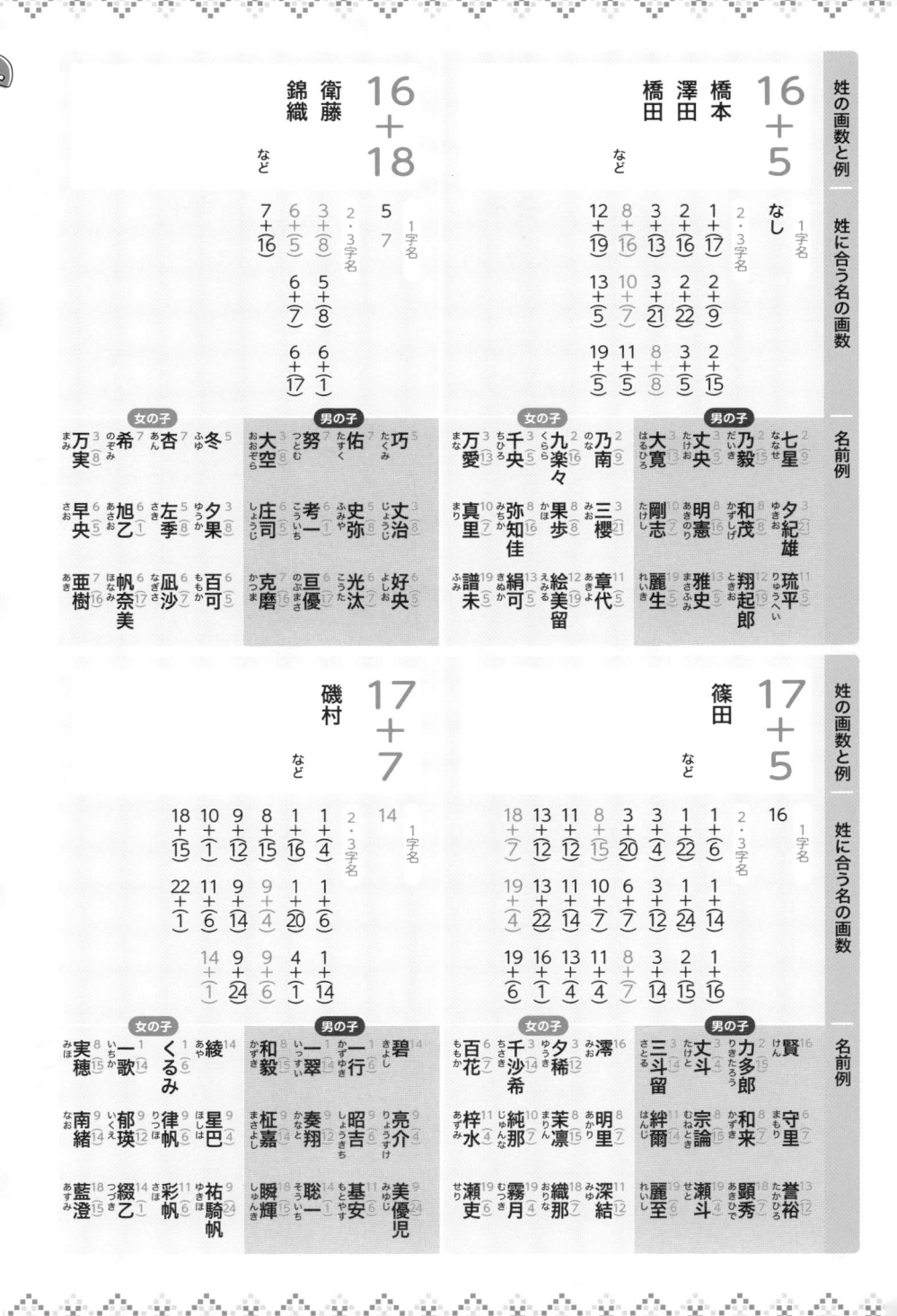

17+8

姓の画数と例

東海林 など

姓に合う名の画数

1字名：10

2・3字名：3+(4)　5+(18)　7+(1)　7+(6)　7+(16)　8+(8)　8+(24)　15+(1)

名前例

男の子

- 竜《りゅう》 10
- 弓太《ゆみた》 3+4
- 世至雄《よしお》 5+18
- 完一《かんいち》 7+1
- 快吏《かいり》 7+6
- 伶次《れいじ》 7+6
- 佐頼《さらい》 7+16
- 宏繁《ひろしげ》 7+16
- 典弥《のりや》 8+8
- 征和《まさかず》 8+8
- 奈衣闘《ないと》 8+24
- 慧一《けいいち》 15+1

女の子

- 桃《もも》 10
- かりん 3+4
- 未知夏《みちか》 5+18
- 希乙《きき》 7+1
- 佐帆《さほ》 7+6
- 佑衣《ゆい》 7+6
- 花寿美《かすみ》 7+16
- 希咲良《きさら》 7+16
- 果歩《かほ》 8+8
- 実雨《みう》 8+8
- 奈穂美《なほみ》 8+24
- 摩乙《まお》 15+1

17+10

姓の画数と例

篠原　宇都宮　鮫島　鍋島 など

姓に合う名の画数

1字名：14

2・3字名：1+(4)　1+(20)　1+(24)　3+(8)　3+(15)　3+(22)　5+(1)　5+(16)　7+(1)　7+(4)　7+(14)　7+(24)　11+(7)　11+(20)　13+(12)

名前例

男の子

- 肇《はじめ》 14
- 一巴《かずとも》 1+4
- 大知《だいち》 3+8
- 久慶《ひさよし》 3+15
- 夕讃《ゆうすけ》 3+22
- 永一《えいいち》 5+1
- 広親《ひろちか》 5+16
- 来太《らいた》 7+4
- 秀彰《ひであき》 7+14
- 爽佑《そうすけ》 11+7
- 健護《けんご》 11+20
- 聖道《きよみち》 13+12

女の子

- 滴《しずく》 14
- 夕來《ゆうら》 3+8
- 千穂《ちほ》 3+15
- 久蘭々《くらら》 3+22
- 未乙《みお》 5+1
- 礼依奈《れいな》 5+16
- 李友《りゆ》 7+4
- 希緒《きお》 7+14
- 亜輝海《あきみ》 7+24
- 菜花《なか》 11+7
- 彩耀《さよ》 11+20
- 愛結《あゆ》 13+12

17+11

姓の画数と例

篠崎　磯部　磯野　磯崎 など

姓に合う名の画数

1字名：10

2・3字名：2+(1)　5+(8)　6+(1)　7+(4)　7+(6)　7+(22)　10+(1)　12+(1)　13+(4)　13+(16)　21+(8)

名前例

男の子

- 連《れん》 10
- 力一《よしかず》 2+1
- 広尚《ひろなお》 5+8
- 成一《せいいち》 6+1
- 来斗《らいと》 7+4
- 壱成《いっせい》 7+6
- 宏遊起《ひろゆき》 7+22
- 純一《じゅんいち》 10+1
- 創一《そういち》 12+1
- 慎太《しんた》 13+4
- 獅龍《しりゅう》 13+16
- 鶴弥《かくや》 21+8

女の子

- 栞《しおり》 10
- りの 2+1
- 史苑《しおん》 5+8
- 汐乙《しお》 6+1
- 冴月《さつき》 7+4
- 来帆《くるほ》 7+6
- 伽穂里《かほり》 7+22
- 恋乙《こい》 10+1
- 満乙《まお》 12+1
- 聖允《きよみ》 13+4
- 想依佳《そよか》 13+16
- 顧奈《みな》 21+8

17+18

姓の画数と例

齋藤 など

姓に合う名の画数

1字名：6　23

2・3字名：3+(14)　5+(1)　5+(8)　7+(16)　11+(6)　13+(4)

名前例

男の子

- 守《まもる》 6
- 巖《いわお》 23
- 大聡《ひろとし》 3+14
- 史一《ふみかず》 5+1
- 司門《しもん》 5+8
- 広実《ひろみ》 5+8
- 克憲《かつのり》 7+16
- 希良音《きらと》 7+16
- 渉次《しょうじ》 11+6
- 琉至《りゅうじ》 11+6
- 滉介《こうすけ》 13+4
- 雷斗《らいと》 13+4

女の子

- 凪《なぎ》 6
- 鑑《あき》 23
- 万緒《まお》 3+14
- なつ 5+1
- 広佳《ひろか》 5+8
- 布弥《ふみ》 5+8
- 亜佐美《あさみ》 7+16
- 里左都《りさと》 7+16
- 章名《あきな》 11+6
- 雪帆《ゆきほ》 11+6
- 雅水《まさみ》 13+4
- 睦予《むつよ》 13+4

18＋3

姓の画数と例
藤川 藤山 など

姓に合う名の画数

1字名：なし

2・3字名：
2＋6　2＋14　3＋15　4＋7　4＋13　4＋14　4＋20　4＋27　5＋3　5＋11　5＋19　10＋6　10＋14　12＋5　13＋3　14＋17　15＋3　21＋3

名前例

男の子
- 3＋15 小次郎《こじろう》
- 4＋7 友汰《ゆうた》
- 4＋13 心義《しんぎ》
- 4＋20 元悠紀《もとゆき》
- 5＋3 功士《こうじ》
- 5＋11 正琉《まさる》
- 5＋19 加津馬《かずま》
- 10＋6 将充《まさみ》
- 10＋14 剛徳《たけのり》
- 12＋5 翔永《しょうえい》
- 14＋17 聡治郎《そうじろう》
- 15＋3 輝久《てるひさ》

女の子
- 3＋15 千穂《ちほ》
- 4＋7 文花《ふみか》
- 4＋13 友楽《ゆら》
- 4＋20 水悠紀《みゆき》
- 5＋3 未久《みく》
- 5＋11 可梨《かりん》
- 10＋6 留名《るな》
- 10＋14 紗矢香《さやか》
- 12＋5 絢加《あやか》
- 14＋17 歌奈美《かなみ》
- 15＋3 黎子《れいこ》
- 21＋3 露巳《ろみ》

18＋4

姓の画数と例
藤井 藤木 など

姓に合う名の画数

1字名：なし

2・3字名：
2＋5　2＋13　2＋15　2＋21　2＋23　3＋14　4＋3　4＋11　4＋13　4＋19　7＋6　9＋6　9＋14　11＋6　12＋3　12＋11　12＋13　14＋3　14＋11　14＋21　19＋6　20＋3　20＋5

名前例

男の子
- 2＋5 力矢《りきや》
- 3＋14 大豪《ひろたけ》
- 4＋3 元己《げんき》
- 4＋13 文靖《ふみやす》
- 7＋6 秀至《しゅうじ》
- 9＋6 祐丞《ゆうすけ》
- 9＋14 省輔《しょうすけ》
- 11＋6 琉吉《りゅうきち》
- 12＋11 晴悠《はるひさ》
- 14＋11 遙都《はると》
- 19＋6 識充《のりみ》
- 20＋3 響士《きょうじ》

女の子
- 2＋5 七加《ななか》
- 2＋15 乃凛《のりん》
- 4＋11 仁菜《にな》
- 4＋13 文勢《あやせ》
- 7＋6 沙帆《さほ》
- 9＋6 南名《なな》
- 9＋14 美緒《みお》
- 11＋6 彩帆《さほ》
- 12＋11 絵梨《えり》
- 19＋6 霧衣《きりえ》
- 20＋3 馨子《かおるこ》
- 20＋5 耀加《ようか》

18＋5

姓の画数と例
藤田 藤本 鎌田 織田 藤平 藤永 など

姓に合う名の画数

1字名：なし

2・3字名：
1＋17　2＋6　2＋14　2＋23　3＋5　3＋13　6＋19　8＋7　8＋17　8＋27　10＋6　10＋14　11＋5　12＋3　12＋6　12＋23　13＋5　19＋5　24＋5

名前例

男の子
- 2＋6 了成《りょうせい》
- 3＋13 大路《ひろみち》
- 6＋19 伊瑳民《いさみ》
- 8＋7 幸助《こうすけ》
- 8＋17 侑駿《ゆうしゅん》
- 10＋6 恭伍《きょうご》
- 10＋14 泰輔《たいすけ》
- 11＋5 紳矢《しんや》
- 12＋3 嵐丸《らんまる》
- 12＋6 貴壮《たかまさ》
- 13＋5 聖央《たかお》
- 19＋5 羅央《らおう》

女の子
- 2＋14 乃梨子《のりこ》
- 3＋5 ゆきの
- 6＋19 早莉南《さりな》
- 8＋7 苑花《そのか》
- 8＋17 奈緒子《なおこ》
- 10＋6 留伊《るい》
- 10＋14 恵理子《えりこ》
- 11＋5 窓禾《まどか》
- 12＋6 朝凪《ともな》
- 12＋23 貴緒美《きおみ》
- 13＋5 睦生《むつみ》
- 19＋5 麗加《れいか》

18＋7

姓の画数と例
藤沢 など

姓に合う名の画数

1字名：なし

2・3字名：
1＋7　1＋15　4＋3　6＋17　8＋5　8＋15　9＋7　9＋23

名前例

男の子
- 1＋7 一希《かずき》
- 1＋15 一慧《いっけい》
- 1＋15 一徹《いってつ》
- 4＋3 友大《ゆうだい》
- 6＋17 光治郎《こうじろう》
- 8＋5 季市《きいち》
- 8＋5 武史《たけし》
- 8＋15 和毅《かずき》
- 8＋15 幸輝《こうき》
- 8＋15 尚蔵《しょうぞう》
- 9＋7 俊孝《としたか》
- 9＋23 美都雄《みつお》

女の子
- 1＋7 しのぶ
- 1＋15 乙穂《おとほ》
- 1＋15 一凛《かりん》
- 4＋3 ふゆ
- 6＋17 早季栄《さきえ》
- 8＋5 茉未《まみ》
- 8＋5 実加《みか》
- 8＋15 奈穂《なほ》
- 8＋15 実摩《みま》
- 8＋15 芽衣香《めいか》
- 9＋7 映見《えみ》
- 9＋23 南都貴《なつき》

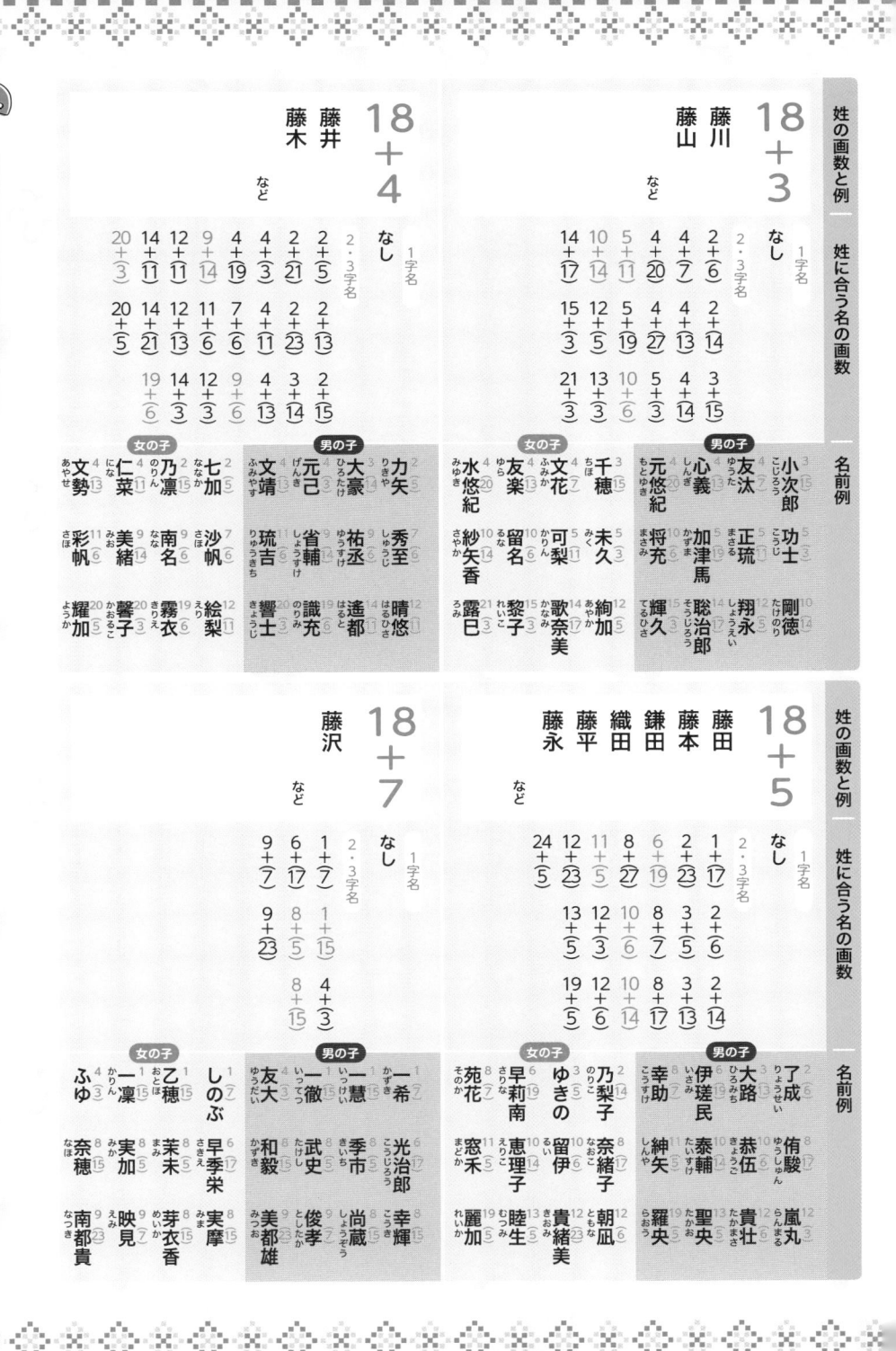

姓の画数と例

18+8

藤岡 難波 藤枝 など

姓に合う名の画数

1字名

なし

2・3字名

5+(6) 7+(6) 7+(14)
8+(5) 8+(7) 8+(13)
8+(23) 9+(6) 10+(3)
10+(11) 10+(21) 16+(5)
24+(7)

名前例

男の子

正充《まさみ》 5+(6)　伸至《のぶゆき》 7+(6)　宋輔《そうすけ》 7+(14)　怜央《れお》 8+(5)

青冴《せいご》 8+(7)　虎太郎《こたろう》 8+(13)　佳寿磨《かずま》 8+(23)　春光《はるみつ》 9+(6)

隼也《しゅんや》 10+(3)　託視《たくみ》 10+(11)　真祐貴《まさゆき》 10+(21)　樹史《たつし》 16+(5)

女の子

由伊《ゆい》 5+(6)　李早《りさ》 7+(6)　花緒《かお》 7+(14)　実加《みか》 8+(5)

和花《わか》 8+(7)　奈桜子《なおこ》 8+(13)　佳瑞恵《かずえ》 8+(23)　奏衣《かなえ》 9+(6)

倫弓《ともみ》 10+(3)　恵麻《えま》 10+(11)　紗登美《さとみ》 10+(21)　蕗禾《ろか》 16+(5)

姓の画数と例

18+10

藤原 藤島 鎌倉 藤倉 など

姓に合う名の画数

1字名

なし

2・3字名

6+(7) 6+(23)
8+(5) 8+(21) 8+(3)

名前例

男の子

共壱《きょういち》 6+(7)　迅冴《じんご》 6+(7)　吏玖《りく》 6+(7)　迅鑑《としあき》 6+(23)

宇望登《うみと》 6+(23)　多嘉彦《たかひこ》 6+(23)　和也《かずや》 8+(3)　斉久《としひさ》 8+(3)

和央《かずお》 8+(5)　昌平《しょうへい》 8+(5)　空鶴《くうかく》 8+(21)　英雄紀《ひでゆき》 8+(21)

女の子

圭杜《けいと》 6+(7)　朱里《しゅり》 6+(7)　旬那《しゅんな》 6+(7)　安美歌《あみか》 6+(23)

伊穂奈《いおな》 6+(23)　早季穂《さきほ》 6+(23)　茉己《まみ》 8+(3)　実夕《みゆ》 8+(3)

歩生《あゆみ》 8+(5)　怜可《れいか》 8+(5)　知鶴《ちづる》 8+(21)　奈都記《なつき》 8+(21)

姓の画数と例

18+11

藤野 藤崎 曽我部 など

姓に合う名の画数

1字名

なし

2・3字名

2+(6) 2+(14) 2+(21)
4+(19) 5+(3) 5+(11)
7+(11) 10+(6) 12+(6)
12+(17)

名前例

男の子

十伍《とおご》 2+(6)　七綺《ななき》 2+(14)　乃轟《だいごう》 2+(21)　比翔希《ひとき》 4+(19)

巧也《たくや》 5+(3)　永丈《のぶひろ》 5+(3)　弘章《ひろあき》 5+(11)　佑基《ゆうき》 7+(11)

真吉《しんきち》 10+(6)　耕充《やすみつ》 10+(6)　敬圭《たかよし》 12+(6)　皓治郎《こうじろう》 12+(17)

女の子

七帆《ななほ》 2+(6)　乃里花《のりか》 2+(14)　七結香《なゆか》 2+(21)　月瀬《つきせ》 4+(19)

加子《かこ》 5+(3)　未夕《みゆう》 5+(3)　礼菜《れいな》 5+(11)　佑梨《ゆり》 7+(11)

純名《じゅんな》 10+(6)　珠妃《たまき》 10+(6)　晶妃《あき》 12+(6)　満優《まゆ》 12+(17)

姓の画数と例

18+12

藤森 藤間 など

姓に合う名の画数

1字名

なし

2・3字名

1+(14) 3+(14) 4+(3)
4+(11) 5+(6) 6+(5)
6+(11) 9+(6) 12+(3)
12+(5)

名前例

男の子

一聡《かずとし》 1+(14)　三徳《みつのり》 3+(14)　文久《ふみひさ》 4+(3)　太基《たいき》 4+(11)

広光《ひろみつ》 5+(6)　玄行《ひろゆき》 5+(6)　壮生《たけお》 6+(5)　匡教《ただのり》 6+(11)

奎至《けいし》 9+(6)　荘丞《そうすけ》 9+(6)　敦士《あつし》 12+(3)　翔平《しょうへい》 12+(5)

女の子

一綺《かずき》 1+(14)　夕里亜《ゆりあ》 3+(14)　心々《ここ》 4+(3)　文都《あやと》 4+(11)

友菜《ゆうな》 4+(11)　可帆《かほ》 5+(6)　由吏《ゆり》 5+(6)　有以《ゆい》 6+(5)

咲帆《さほ》 9+(6)　美汐《みしお》 9+(6)　結万《ゆま》 12+(3)　葉加《ようか》 12+(5)

19+3

姓の画数と例

瀬川 など

姓に合う名の画数

1字名：なし

2・3字名：
3+4　3+20　5+2　5+18　10+13　13+10　15+10　21+2
3+12　3+22　5+10　8+5　12+5　13+12　15+20　21+4
3+14　4+13　5+12　10+5　13+2　15+2　20+5

名前例

男の子
夕葵《ゆうき》 3+12　大響《だいき》 3+20　公暉《こうき》 4+13　央記《ひろき》 5+10
由紀郎《ゆきお》 5+18　哲史《てつじ》 10+5　倫靖《のりやす》 10+13　蓮二朗《れんじろう》 13+12
毅朗《たけお》 15+10　鞍護《あんご》 15+20　響平《きょうへい》 20+5　纏斗《まきと》 21+4

女の子
あゆ香《あゆか》 3+12　文勢《あやせ》 4+13　未紗《みさ》 5+10　知世《ともよ》 8+5
真礼《まあや》 10+5　紡誉《つむよ》 10+13　朝代《ともよ》 12+5　寛乃《ひろの》 13+2
愛華《あいか》 13+10　嬉恵《きえ》 15+10　耀代《あきよ》 20+5　鶴友《つゆ》 21+4

19+4

姓の画数と例

瀬戸 など

姓に合う名の画数

1字名：なし

2・3字名：
1+5　3+13　4+12　9+16　11+13　13+5　20+4
2+16　3+22　7+18　9+26　12+4　13+22
3+5　4+4　9+6　11+5　13+2　14+4

名前例

男の子
一矢《かずや》 1+5　乃樹《だいき》 2+16　大雅《たいが》 3+13　允登《まこと》 4+12
那津郎《なつお》 7+18　信光《のぶみつ》 9+6　保憲《やすのり》 9+16　健史《けんじ》 11+5
康継《やすつぐ》 11+13　瑛太《えいた》 12+4　晴斗《はると》 12+4　巌太《がんた》 20+4

女の子
一可《いちか》 1+5　久世《ひさよ》 3+5　小夢《こゆめ》 3+13　水渡《みと》 4+12
花里菜《かりな》 7+18　奏衣《かなえ》 9+6　菜央《なお》 11+5　悠可《ゆうか》 11+5
淳愛《じゅんな》 11+13　裕巴《ゆうは》 12+4　詩央《しお》 13+5　耀心《てるみ》 20+4

19+7

姓の画数と例

瀬尾 など

姓に合う名の画数

1字名：なし

2・3字名：
1+2　1+12　6+5　9+4　9+22　11+10
1+4　1+14　8+5　9+6　10+5　11+20
1+6　1+20　8+13　9+12　11+2　17+4

名前例

男の子
一登《かずと》 1+12　匡矢《まさや》 6+5　怜司《れいじ》 8+5　拓継《ひろつぐ》 8+13
風太《ふうた》 9+4　省自《せいじ》 9+6　海翔《かいと》 9+12　亮驍《あきとし》 9+22
倖央《さちお》 10+5　隆浩《たかひろ》 11+10　啓耀《ひろあき》 11+20　駿介《しゅんすけ》 17+4

女の子
充代《みつよ》 6+5　青以《あおい》 8+5　季莉子《きりこ》 8+13　奏巴《かなは》 9+4
香名《かな》 9+6　衿須《えりす》 9+12　玲緒奈《れおな》 9+22　紘加《ひろか》 10+5
偲乃《しの》 11+2　麻夏《あさか》 11+10　麻亜鈴《まありん》 11+20　鞠予《まりよ》 17+4

21+4

姓の画数と例

櫻井　露木 など

姓に合う名の画数

1字名：なし

2・3字名：
1+12　4+12　11+12
3+3　9+14　12+4
4+4　11+2　12+20

名前例

男の子
一晶《かずあき》 1+12　千也《かずや》 3+3　元介《げんすけ》 4+4　友貴《ともき》 4+12
允翔《まさと》 4+12　信輔《しんすけ》 9+14　琉二《りゅうじ》 11+2　清道《きよみち》 11+12
常裕《つねひろ》 11+12　悠三郎《ゆうざぶろう》 11+12　翔太《しょうた》 12+4　堅護《けんご》 12+20

女の子
一稀《かずき》 1+12　小夕《さゆ》 3+3　文巴《あやは》 4+4　友月《ゆづき》 4+4
巴絵《ともえ》 4+12　水結《みゆ》 4+12　美都子《みつこ》 9+14　彩乃《あやの》 11+2
雪乃《ゆきの》 11+2　麻以花《まいか》 11+12　遊月《ゆづき》 12+4　裕貴弥《ゆきみ》 12+20

姓の画数と例	姓に合う名の画数
21+5 鶴田 など	1字名：なし 2・3字名：1+④　1+⑩　1+⑭　3+②　3+④　3+⑩　3+⑫　3+⑱　8+③　10+③　10+⑪　11+②　11+④　11+⑩　11+⑳　12+③　13+⑧　13+⑱　19+②
23+7 鷲見 鷲尾 など	1字名：なし 2・3字名：1+②　1+⑥　1+⑭　1+⑯　4+①　6+⑨　8+⑨　9+⑥　10+①　11+⑥　14+①

名前例

21+5

男の子

也人《なりと》 3・②　久真《きゅうま》 3・⑩　大翔《だいと》 3・⑫　夕闘《ゆうと》 3・⑱
知久《ともひさ》 8・③　航大《こうだい》 10・③　将埜《まさや》 10・⑪　悠介《ゆうすけ》 11・④
博也《ひろや》 12・③　数季《かずき》 13・⑧　義観《よしみ》 13・⑱　繋人《けいと》 19・②

女の子

ゆり 3・②　万哩《まり》 3・⑩　巳紗十《みさと》 3・⑫　久美香《くみか》 3・⑱
芽子《めいこ》 8・③　紘菜《ひろな》 10・⑪　彩月《さつき》 11・④　淑夏《よしか》 11・⑩
陽弓《はるみ》 12・③　愛佳《まなか》 13・⑧　詩保美《しほみ》 13・⑱　識乃《しきの》 19・②

23+7

男の子

一力《いちりき》 1・②　一亘《かずのぶ》 1・⑥　乙瑳《いっさ》 1・⑭　一龍《いちりゅう》 1・⑯
元一《もとかず》 4・①　早俊《さとし》 6・⑨　英紀《ひでき》 8・⑨　海至《かいじ》 9・⑥
星巡《せいじゅん》 9・⑥　泰乙《たいち》 10・①　康光《やすみつ》 11・⑥　槙一《しんいち》 14・①

女の子

のん 1・②　乙帆《いっほ》 1・⑥　一菜子《ひなこ》 1・⑭　一美花《ひみか》 1・⑯
まの 4・①　光咲《みさき》 6・⑨　弥南《みな》 8・⑨　春帆《はるほ》 9・⑥
柚妃《ゆき》 9・⑥　華乙《かお》 10・①　萌名《もな》 11・⑥　静乙《しずき》 14・①

column

3字姓の人のための早見表

本書の吉数と名前のリストでは、3字姓の画数は（1字目+2字目）+3字目の画数で示されています。たとえば日比野さんの場合、日=4　比=4　野=11　で、「8+11」の吉数リストを見ればいいことになります。

以下に、主な3字姓の吉数リストの早見表を載せました。

姓	参照する吉数リスト	姓	参照する吉数リスト	姓	参照する吉数リスト
佐々木	10+4	阿久津	11+9	日下部	7+11
長谷川	15+3	小野田	14+5	小山田	6+5
五十嵐	6+12	宇都宮	17+10	大河原	11+10
久保田	12+5	大和田	11+5	小山内	6+4
大久保	6+9	波多野	14+11	小田島	8+10
小野寺	14+6	海老原	15+10	小宮山	13+3
小笠原	14+10	小久保	6+9	加賀谷	17+7
佐久間	10+12	日比野	8+11	竹之内	9+4
長谷部	15+11	東海林	17+8	仲宗根	14+10
宇佐美	13+9	宇田川	11+3	曽我部	18+11

名づけのお役立ち情報

文字資料

音のひびき・読みから引ける

漢字一覧

この音にはどんな漢字を当てよう？
そんなときは、この漢字一覧が便利。赤ちゃんの名前に使える常用漢字と人名用漢字を、一般的な読みと名前によく使われる読みから調べられるよう、50音順に並べました。漢字の画数がわからないときにも役立ちます。

漢字一覧の見方と使い方

リストは50音順に並んでいます。

漢字の読み
一般的な読みや名乗《なの》り（名前特有の読み）で引くことができます。

漢字の画数

あ

読み	漢字（画数）
あ	安 6　在 6　亜 7　吾 7　空 8
	阿 8　亞 8　愛 13
あい	合 6　和 8　娃 9　相 9　挨 10
	愛 13　曖 17　藍 18
あいだ	間 12
あう	会 6　合 6　逢 11　遭 14
あお	青 8　碧 14
あおい	青 8　葵 12　蒼 13
あおぎり	梧 11
あおぐ	仰 6
あか	丹 4　朱 6　赤 7　紅 9　緋 14
あかい	赤 7

同じ読みの中は、画数順に並んでいます。

黒い文字は「名前にふさわしい漢字と名前のリスト」で取り上げていない漢字です。一般的な読みを中心に掲載しています。

色の文字は、PART4 の「名前にふさわしい漢字と名前のリスト」（→P258〜393）で取り上げた、特に名前にふさわしい漢字です。一般的な読みや名乗りから探せます。

＊名前には避けたい漢字（→P536）は省略しています。

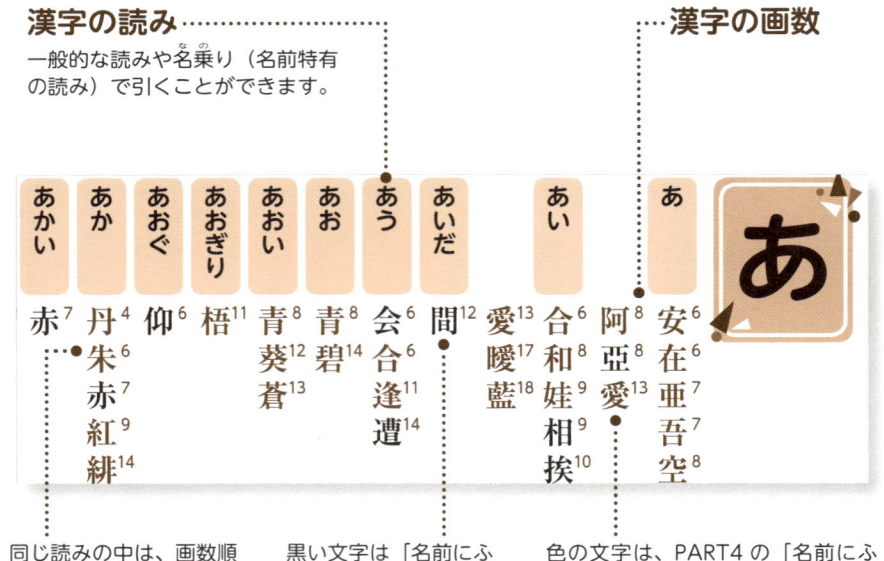

あ

- あ：安6 在6 亜7 吾7 空8 阿8 亞8 愛13
- あい：合6 和8 娃9 相9 挨10 愛13 曖17 藍18
- あいだ：間12
- あう：会6 合6 逢11 遭14
- あお：青8 碧14
- あおい：青8 葵12 蒼13
- あおぎり：梧11
- あおぐ：仰6
- あか：丹4 朱6 赤7 紅9 緋14
- あかい：赤7
- あかざ：莱11
- あかし：丹4
- あかつき：暁12 曉16
- あかね：茜9
- あかり：灯6 明8 燈16
- あがる：上3
- あかるい：明8
- あき：士3 介4 日4 夫4 右5 旦5 白5 礼5 旭6 光6 在6 壮6 亨7 吟7 見7 壮7 旺8 茅8 享8 尭8 昂8 昌8 知8 昊8 映9 紀9 研9 秋9 昭9 玲9 晃10 晄10 高10 晋10 哲10 紋10 朗10 菊11 郷11 淳11 章11 紹11 爽11 彬11 晨11 朗11 瑛12 覚12 暁12 敬12 景12 晶12 揚12 陽12 皓12 堯12 義13 照13 聖13 幌13 暉13 滉13 煌13 彰14 聡14 璃15 諒15 憲16 曉16 謙17 燦17 曙17 瞭17 観18 顕18 曜18 燿18 禮18 鏡19 耀20 讃22 鑑23 顯23
- あきなう：商11
- あきら：丹4 央5 旦5 白5 旭6 成6 名6 亨7 吟7 見7 良7 英8 旺8 果8 学8 享8 昂8 昌8 知8 東8 昊8 威9 映9 秋9 昭9 省9 亮9 玲9 剣10 晃10 晄10 高10 祥10 泰10 哲10 敏10 烈10 朗10 晟10 郷11 章11 爽11 彪11 彬11 敏11 朗11 祥11 瑛12 覚12 卿12 暁12 景12 晶12 智12 斐12 揚12 惺12 皓12 照13 新13 聖13 誠13 幌13 暉13 滉13 煌13 彰14 翠14 聡14 輝15 慧15 徹15 劍15 憲16 曉16 燦17 曙17 瞳17 瞭17 顕18 曜18 燿18 鏡19 麗19 麒19 耀20 露21 鑑23 顯23
- あきらか：明8 亮9 晃10 晄10 晟10 叡16 瞭17
- あく：空8 握12 渥12 開12
- あくた：芥7
- あけ：旦5 朱6 南9 暁12 緋14 曉16 曙17

- あけぼの：曙17
- あけみ：朱6
- あげる：挙10 揚12
- あご：顎18
- あこがれる：憧15
- あさ：元4 旦5 旭6 麻11 晨11 滋12 朝12 諒15
- あざ：字6
- あさい：浅9
- あさひ：旭6
- あざやか：鮮17
- あし：疋5 芦7 足7 脚11 葦13
- あじ：味8
- あした：晨11 朝12
- あずける：預13
- あずさ：梓11

- あずま：東8 春9 雷13
- あせ：汗6
- あせる：焦12
- あそぶ：遊12
- あたい：価8 値10 價15
- あたえる：与3 與14
- あたかも：恰9
- あたたかい：温12 暖13 溫13
- あたま：頭16
- あたらしい：新13
- あたり：辺5
- あたる：勾4 中4 当6 能10
- あつ：功5 充6 孝7 宏7 孜7 京8 忠8 重9 春9 純10 凉10 強11 陸11 涼11 温12 貴12 敦12 暖13 溫13 斡14 諄15 篤16

- あつい：厚9 淳11 惇11 渥12 暑12 敦12 暑13 醇15 熱15
- あつかう：扱6
- あづさ：椅12
- あつし：忠8 重9 渥12 温12 睦13 溫13 徳14 德15 篤16
- あつむ：伍6 侑8
- あつめる：集12 蒐13 鳩13 輯16 纂20
- あて：宛8
- あでやか：艶19
- あてる：充6
- あと：与3 後9 跡13 與14 蹟18
- あな：窟13
- あに：兄5
- あね：姉8

- あひる：鴨16
- あびる：浴10
- あふれる：溢13
- あま：天4 雨8 海9 海10
- あまい：甘5
- あまね：周8
- あまる：余7
- あみ：天4 網14 編15
- あむ：編15
- あめ：天4 雨8 穹8
- あや：文4 史5 礼5 朱6 英8 苑8 采8 郁9 恵10 紋10 彩11 章11 琢11 彬11 理11 絢12 順12 琢12 斐12 惠12 綾14 彰14 綺14 操16 禮18 繍18

あやうい　殆9
あやしい　妖7
あやつる　操16
あやまる　謝17
あやめ　菖11
あゆ　鮎16
あゆみ　歩8
あゆむ　歩7 歩8
あらい　荒9
あらう　洗9
あらし　嵐12
あらた　新13
あらためる　改7
あらわす　表8 現11 著11 著12
あり　也3 可5 在6 作7 杜7 益10 惟11 満12 照13

ある　在6 有6 或8
あるく　歩7 歩8
あれる　荒9 蕪15
あわ　沫8 粟12
あわい　淡11
あわせる　併8
あわれむ　怜8 憐16
あん　安6 行6 杏7 按9 案10 晏10 庵11 鞍15
あんず　杏7

い

い　己3 已3 井4 允4 五4 比4 以5 伊6 夷6 衣6 亥6 位7 囲7 医7 依8 委8 易8 威9 為9 畏9 祝9 泉9 莞10 祝10 尉11 惟11 異11 移11 猪11 唯11 偉12 椅12 爲12 猪12 葦13 意13 彙13 維14 慰15 遺15 緯16 謂16
いう　云4 言7 謂16
いえ　家10
いお　庵11
いおり　庵11
いかずち　雷13
いかのぼり　凧5
いかん　奈8
いき　粋10 息10 域11 粹14
いきおい　勢13
いきる　生5

いく　生5 行6 如6 育8 侑8 郁9 活9 幾12
いぐさ　莞10
いけ　池6
いこい　憩16
いさ　功5 伊6 沙7 武8 勲15 勳16
いさお　力2 功5 勇9 烈10 魁14 勲15 勳16
いさぎよい　屑10 潔15
いさご　砂9
いささか　些8
いさみ　勇9 敢12
いさむ　力2 武8 勇9 浩10 偉12 敢12 湧12 魁14
いし　石5

- いしずえ　礎[18]
- いず　五[4] 稜[13] 厳[17] 嚴[20]
- いずくんぞ　烏[10]
- いずみ　泉[9]
- いそ　磯[17]
- いそぐ　急[9]
- いそし　克[7]
- いた　板[8]
- いだく　抱[8]
- いたす　致[10]
- いただき　頂[11] 顛[19]
- いただく　頂[11] 戴[17]
- いたむ　戚[11]
- いたる　至[6] 周[8] 到[8] 格[10] 造[10] 致[10] 暢[14] 徹[15] 諄[15]
- いち　一[1] 乙[1] 市[5] 壱[7] 都[11] 都[12]
- いちご　苺[8]
- いちじるしい　著[11] 著[12]
- いつ　一[1] 乙[1] 伍[6] 逸[11] 逸[12] 溢[13] 稜[13]
- いつき　樹[16] 厳[17] 嚴[20]
- いつくしむ　慈[13]
- いつつ　五[4]
- いと　文[4] 糸[6] 弦[8] 純[10] 絃[11] 綸[14]
- いとなむ　営[12]
- いどむ　挑[9]
- いな　稲[14] 稻[15]
- いぬ　犬[4]
- いね　禾[5] 稲[14] 稻[15]
- いのしし　猪[11] 豬[12]
- いのち　命[8]
- いのる　祈[8] 祈[9] 祷[11] 禱[19]
- いばら　茨[9] 楚[13]
- いま　今[4] 未[5]
- いもうと　妹[8]
- いや　未[5] 弥[8] 彌[17]
- いやす　癒[18]
- いよいよ　弥[8] 彌[17]
- いる　入[2] 居[8] 要[9] 射[10] 煎[13] 鋳[15] 鑄[22]
- いれる　入[2]
- いろ　色[6] 采[8] 紅[9]
- いろどる　彩[11]
- いわ　岩[8] 磐[15] 厳[17] 巌[20] 嚴[20] 巖[23]
- いわう　祝[9] 祝[10]
- いわお　磐[15] 巌[20] 巖[23]
- いわし　鰯[21]
- いわや　窟[13]
- いん　允[4] 引[4] 印[6] 因[6] 姻[9] 胤[9] 音[9] 員[10] 院[10] 寅[11] 飲[12] 蔭[14] 韻[19]

う

- う　右[5] 卯[5] 生[5] 宇[6] 羽[6] 有[6] 迂[7] 臣[7] 雨[8] 遊[12] 鵜[18]
- うい　初[7]
- うえ　上[3] 於[8]
- うえる　植[12]
- うお　魚[11]

- うかがう　伺 7　窺 16
- うがつ　穿 9
- うかぶ　汎 6
- うく　浮 10
- うけたまわる　承 8
- うける　受 8　稟 13　請 15
- うごく　動 11
- うさぎ　兎 7
- うし　丑 4　牛 4
- うじ　氏 4
- うしお　汐 6　潮 15
- うしろ　後 9
- うす　臼 6　碓 13
- うず　渦 12
- うすい　薄 16
- うすぎぬ　紗 10

- うずたかい　堆 11
- うすめる　薄 16
- うずめる　填 13
- うた　吟 7　唄 10　唱 11　詠 12　詩 13　頌 13　歌 14　謡 16　謠 17
- うたい　謡 16　謠 17
- うたう　謡 16　謠 17
- うち　内 4　裡 12
- うつ　打 5
- うつくしい　美 9
- うつる　写 5　映 9　移 11
- うつわ　器 15　器 16
- うで　腕 12
- うな　海 9　海 10
- うながす　促 9
- うね　采 8　畝 10

- うぶ　産 11
- うま　馬 10
- うまや　厩 14
- うまれる　生 5　産 11
- うみ　海 9　洋 9　海 10　湖 12
- うめ　梅 10　梅 11
- うやうやしい　恭 10
- うやまう　欽 12　敬 12
- うら　心 4　浦 10　裡 12　裏 13
- うらなう　卜 2　占 5
- うらやむ　羨 13
- うらら　麗 19
- うり　瓜 6
- うる　売 7　得 11　賣 15
- うるう　閏 12　潤 15
- うるおう　潤 15

- うるし　漆 14
- うるわしい　麗 19
- うれい　愁 13
- うれえる　戚 11
- うれしい　嬉 15
- うれる　熟 15
- うろこ　鱗 24
- うわ　上 3
- うわぐすり　釉 12
- うわさ　噂 15
- うん　云 4　運 12　雲 12

え

- え　永 5　衣 6　会 6　回 6　江 6　守 6　依 8　英 8　枝 8　苗 8

映9 栄9 廻9 重9 柄9 恵10 笑10 彗11 瑛12 詠12 絵12 惠12 愛13 榎14 榮14 慧15 叡16

えい 永5 曳6 泳8 英8 映9 栄9 哉9 営12 瑛12 詠12 榮14 影15 鋭15 叡16 衛16 衞16

えがく 描11

えき 亦6 役7 易8 益10 駅14

えだ 枝8 繁16 繁17

えつ 悦10 越12 謁15 閲15 謁16

えのき 榎14

えび 蝦15

えびす 夷6 胡9 蕃15

えみ 咲9 笑10

えむ 笑10

えらい 偉12

えらぶ 撰15 選15

えり 衿9 襟18

える 得11 獲16

えん 円4 宛8 奄8 延8 沿8 炎8 苑8 宴10 俺10 淵11 堰12 援12 焔12 媛12 園13 煙13 猿13 遠13 鉛13 塩13 圓13 演14 鳶14 縁15 緣15 燕16 薗16 艶19

お

お 乙1 力2 士3 小3 大3 王4 水4 夫4 央5 巨5 乎5 広5 弘5 生5 壮6 百6 牡7 均7 臣7 男7 尾7 良7 壮7 於8 旺8 弦8 和8 音9 彦9 保9 郎9 烏10 桜10 峰10 峯10 朗10 郎10 絃11 渚11 麻11 隆11 凰11 朗11 渚12 雄12 陽12 意13 寛13 緒14 綸14 寛14 穂15 廣15 緒15 輿17 穂17 巌20 櫻21 巖23

おい 姪9 笈10 甥12

おいて 於8

おう 王4 央5 生5 応7 往8 押8 旺8 欧8 皇9 追9 翁10 桜10 黄11 凰11 奥12 黄12 奥13 横15 横16 鴨16 應17 襖18 櫻21 鷗22

おうい 於8

おうぎ 扇10

おえる 竣12

おお 大3 太4 碩14 艶19

おおい 多6

おおう 蓋13 蔽15

おおかみ 狼10

おおきい 大3 巨5

おおせ 仰6

おおとり 凰11 鳳14 鴻17 鵬19

おおやけ 公4

おか 丘5 岡8 岳8 阜8

おかす 冒9

おがむ 拝8 拜9

おき 気6 沖7 宋7 宙8 恩10

致[10] 氣[10] 隆[11] 幾[12] 陽[12]

意[13]

おぎ　荻[10]

おぎなう　補[12]

おきる　起[10]

おく　屋[9] 奥[12] 置[13] 奧[13] 億[15]

憶[16] 臆[17]

おくる　送[9] 贈[18] 贈[19]

おくれる　後[9]

おけ　桶[11]

おごそか　厳[17] 嚴[20]

おこなう　行[6]

おこる　興[16]

おさ　正[5] 吏[6] 長[8] 政[9] 容[10]

意[13] 廉[13] 種[14] 総[14]

おさえる　押[8]

おさない　幼[5]

おさむ　乃[2] 京[8] 治[8] 紀[9] 耕[10]

修[10] 倫[10] 経[11] 惣[12] 統[12]

道[12] 敦[12] 靖[13] 蔵[15] 徹[15]

整[16] 磨[16] 藏[17] 穣[18] 穰[22]

おさめる　収[4] 收[6] 治[8] 修[10] 納[10]

脩[11] 理[11]

おし　忍[7]

おしえる　教[11]

おしはかる　臆[17]

おしむ　惜[11]

おす　牡[7] 押[8] 推[11] 捺[11] 雄[12]

おそい　晏[10]

おそれる　畏[9]

おそわる　教[11]

おだやか　穏[16]

おつ　乙[1]

おっと　夫[4]

おと　乙[1] 己[3] 吟[7] 呂[7] 音[9]

律[9] 頌[13] 響[20] 響[22]

おとうと　弟[7]

おとこ　男[7]

おとずれる　訪[11]

おどる　踊[14] 躍[21]

おどろく　驚[22]

おなじ　同[6]

おに　鬼[10]

おの　斧[8]

おのおの　各[6]

おのれ　己[3]

おび　帯[10] 紳[11] 帶[11]

おびやかす　劫[7]

おびる　帯[10] 帶[11]

おぼえる　覚[12]

おみ　匡[6] 臣[7]

おも　主[5] 面[9]

おもい　重[9]

おもう　思[9] 惟[11] 意[13] 想[13] 謂[16]

おもて　表[8] 面[9]

おもねる　阿[8]

おもむき　趣[15]

おもむく　赴[9]

おや　親[16]

およぐ　泳[8]

およぶ　及[3]

おり　織[18]

おりる　下[3]

おる　織[18]

おれ　俺[10]

おろし　卸[9]

おわる　畢[11]

おん　苑[8] 音[9] 恩[10] 温[12] 御[12] 遠[13] 溫[13] 穏[16]

おんな　女[3]

か

か　力[2] 下[3] 化[4] 火[4] 日[4] 加[5] 可[5] 禾[5] 叶[5] 乎[5] 甲[5] 瓜[6] 仮[6] 圭[6] 何[7] 伽[7] 花[7] 芳[7] 価[8] 佳[8] 果[8] 河[8] 茄[8] 庚[8] 郁[9] 科[9] 架[9] 珂[9] 迦[9] 香[9] 哉[9] 耶[9] 珈[9] 神[9] 夏[10] 家[10] 荷[10] 華[10] 栞[10] 菓[11] 貨[11] 椛[11] 鹿[11] 渦[12] 賀[12] 嫁[13] 暇[13] 嘩[13] 靴[13] 楓[13] 榎[14] 嘉[14] 歌[14] 箇[14] 樺[14] 聞[14] 稼[15] 蝦[15] 課[15] 駕[15] 價[15] 薫[16] 霞[17] 鍋[17] 薰[17] 蘭[19] 馨[20]

が　牙[4] 瓦[5] 伽[7] 我[7] 河[8] 画[8] 芽[8] 俄[9] 臥[9] 峨[10] 賀[12] 雅[13] 駕[15]

かい　介[4] 会[6] 回[6] 灰[6] 合[6] 快[7] 改[7] 芥[7] 貝[7] 廻[9] 恢[9] 海[9] 界[9] 皆[9] 海[10] 桧[10] 晦[11] 械[11] 絵[12] 開[12] 階[12] 街[12] 堺[12] 解[13] 塊[13] 楷[13] 魁[14] 諧[16] 懐[16] 檜[17] 櫂[18] 蟹[19] 懷[19]

がい　外[5] 亥[6] 崖[11] 涯[11] 凱[12] 街[12] 慨[13] 蓋[13] 該[13] 概[14] 鎧[18]

かいこ　蚕[10]

かいり　浬[10]

かう　買[12] 飼[13]

かえす　返[7]

かえで　楓[13]

かえりみる　省[9] 顧[21]

かえる　帰[10] 換[12] 替[12]

かお　貌[14] 顔[18]

かおり　香[9] 馨[20]

かおる　芳[7] 郁[9] 香[9] 薫[16] 薰[17] 馨[20]

かが　香[9]

かかえる　抱[8]

かかげる　掲[11] 揭[12]

かがみ　鏡[19]

かがやく　暉[13] 煌[13] 輝[15] 曜[18] 燿[18] 耀[20]

かかり　係[9]

かがりび　燎[16]

かかる　係[9] 掛[11] 斯[12] 繫[19]

かかわる　関[14]

かき　垣[9] 柿[9] 堵[12]

かぎ　勾[4] 鍵[17]

かく　各[6] 此[6] 角[7] 画[8] 拡[8] 革[9] 客[9] 格[10] 核[10] 書[10] 殻[11] 郭[11] 描[11] 覚[12] 較[13] 閣[14] 摑[14] 確[15] 獲[16] 穫[18] 鶴[21]

- がく：学(8) 岳(8) 楽(13) 樂(15) 額(18) 顎(18)
- かぐわしい：馨(20)
- かげ：景(12) 蔭(14) 影(15)
- がけ：崖(11)
- かける：架(9) 翔(12) 駆(14) 駈(15) 賭(16) 曖(17) 懸(20)
- かご：籠(22)
- かこむ：囲(7)
- かさ：笠(11) 傘(12) 堲(12) 蓋(13) 嵩(13) 壘(18)
- かざ：風(9)
- かさねる：重(9)
- かざる：飾(13)
- かし：播(15) 樫(16)
- かじ：梶(11) 舵(11)

- かしこい：賢(16)
- かしら：頭(16)
- かしわ：柏(9)
- かす：春(9) 貸(12)
- かず：一(1) 九(2) 七(2) 十(2) 二(2) 八(2) 千(3) 万(3) 五(4) 司(5) 主(5) 旦(5) 冬(5) 多(6) 年(6) 壱(7) 寿(7) 良(7) 宗(8) 知(8) 法(8) 和(8) 紀(9) 研(9) 重(9) 春(9) 起(10) 兼(10) 航(10) 倭(10) 教(11) 葛(12) 順(12) 雄(12) 萬(12) 数(13) 種(14) 壽(14) 憲(16) 麗(19)
- かすみ：霞(17)
- かすめる：掠(11)
- かぜ：吹(7) 風(9)
- かせぐ：稼(15)

- かぞえる：数(13)
- かた：片(4) 方(4) 名(6) 形(7) 肩(8) 型(9) 兼(10) 崇(11) 結(12) 犀(12) 豪(14) 潟(15) 謙(17)
- かたい：固(8) 堅(12) 硬(12)
- かたし：介(4) 拳(10) 剛(10) 堅(12)
- かたち：形(7) 貌(14)
- かたな：刀(2)
- かたまり：塊(13)
- かたまる：固(8)
- かたる：語(14)
- かたわら：傍(12)
- かつ：一(1) 万(3) 且(5) 甲(5) 克(7) 括(9) 活(9) 勉(9) 亮(9) 桂(10) 勉(10) 強(11) 健(11) 捷(11) 凱(12) 割(12) 葛(12) 勝(12) 筈(12) 雄(12) 萬(12) 滑(13) 褐(13) 豪(14) 轄(17) 優(17)

- かっ：合(6)
- がつ：月(4)
- がっ：合(6)
- かつぐ：担(8)
- かつて：曽(11) 曾(12) 嘗(14)
- かつみ：克(7)
- かつら：桂(10) 葛(12) 藤(18)
- かて：糧(18)
- かど：圭(6) 角(7) 門(8) 葛(12) 稜(13)
- かな：乎(5) 金(8) 哉(9) 奏(9)
- かなう：叶(5)
- かなえ：鼎(13)
- かなでる：奏(9)
- かなめ：要(9)

- かならず：必 5
- かに：蟹 19
- かね：金 8、宝 8、兼 10、詠 12、鉱 13、鉄 13、銀 14、錦 16、謙 17、鏡 19、鐘 20
- かねる：兼 10
- かの：彼 8
- かのえ：庚 8
- かば：椛 11、樺 14
- かばう：庇 7
- かばん：鞄 14
- かぶ：株 10、蕪 15
- かぶと：兜 11
- かべ：壁 16
- かま：釜 10、窯 15、鎌 18
- がま：蒲 13
- かまえる：構 14
- かまびすしい：喧 12、嘩 13、噌 15
- かみ：上 3、天 4、守 6、昇 8、省 9、神 9、紙 10、竜 10、神 10、髪 14、髪 15、龍 16
- かみなり：雷 13
- かむ：神 9
- かめ：亀 11
- かも：鴨 16
- かもしか：羚 11
- かもす：醸 20、釀 24
- かもめ：鷗 22
- かや：茅 8、草 9、萱 12
- かゆ：粥 12
- かよう：通 10
- から：空 8、唐 10、殻 11、樺 14
- がら：柄 9
- からい：辛 7
- からす：烏 10
- からだ：体 7
- からむ：絡 12
- かり：仮 6、雁 12
- かる：刈 4、狩 9
- かるい：軽 12
- かれ：彼 8
- かろやか：軽 12
- かわ：川 3、皮 5、河 8、革 9
- がわ：側 11
- かわく：乾 11
- かわす：交 6
- かわせみ：翠 14
- かわら：瓦 5
- かわる：代 5
- かん：干 3、刊 5、甘 5、甲 5、汗 6、缶 6、完 7、肝 7、串 7、侃 8、官 8、函 8、巻 8、冠 9、巻 9、柑 9、看 9、竿 9、神 9、莞 10、栞 10、神 10、乾 11、勘 11、貫 11、菅 11、紺 11、寒 12、喚 12、堪 12、換 12、敢 12、款 12、間 12、閑 12、勧 13、寛 13、幹 13、感 13、漢 13、慣 14、漢 14、管 14、関 14、寛 14、歓 15、監 15、緩 15、憾 16、還 16、館 16、環 17、簡 18、観 18、韓 18、艦 21、鑑 23
- がん：丸 3、元 4、含 7、岸 8、玩 8、岩 8、眼 11、雁 12、頑 13、顔 18、願 19、巌 20、巖 23

かんがえる 考[6]

かんがみる 鑑[23]

かんなぎ 巫[7]

かんば 樺[14]

かんばしい 芳[7]

かんむり 冠[9]

き

き 己[3] 王[4] 木[4] 甲[5] 生[5] 企[6] 伎[6] 机[6] 気[6] 吉[6] 行[6] 妃[6] 岐[7] 希[7] 汽[7] 芹[7] 玖[7] 芸[7] 来[7] 李[7] 奇[8] 祈[8] 季[8] 宜[8] 祁[8] 枝[8] 其[8] 東[8] 林[8] 來[8] 祈[9] 紀[9] 軌[9] 祇[9] 城[9] 既[10] 帰[10] 記[10] 起[10] 鬼[10] 桔[10] 姫[10] 氣[10] 黄[11] 基[11] 寄[11] 規[11] 亀[11] 埼[11] 章[11] 絆[11] 葵[12] 黄[12] 喜[12] 幾[12] 揮[12] 期[12] 棋[12] 稀[12] 貴[12] 幹[13] 暉[13] 旗[14] 箕[14] 綺[14] 器[15] 嬉[15] 毅[15] 畿[15] 輝[15] 槻[15] 熙[15] 窺[16] 器[16] 機[16] 橘[16] 興[16] 樹[16] 磯[17] 徽[17] 騎[18] 藝[18] 麒[19]

ぎ 伎[6] 技[7] 芸[7] 宜[8] 祇[9] 義[13] 儀[15] 戯[15] 誼[15] 戲[17] 藝[18] 議[20]

きく 利[7] 効[8] 掬[11] 菊[11] 聞[14] 鞠[17] 聴[17] 聽[22]

きざし 兆[6]

きざす 萌[11] 萠[11]

きざむ 刻[8]

きし 岸[8] 研[9]

きずく 築[16]

きずな 絆[11]

きそう 競[20]

きた 北[5] 朔[10]

きたえる 鍛[17]

きたる 来[7] 來[8]

きち 吉[6]

きつ 吉[6] 迄[7] 桔[10] 喫[12] 詰[13] 橘[16]

きっさき 鋒[15]

きぬ 衣[6] 絹[13]

きぬた 砧[10]

きね 杵[8]

きのこ 茸[9]

きのと 乙[1]

きば 牙[4]

きびしい 厳[17] 嚴[20]

きみ 王[4] 公[4] 仁[4] 江[6] 君[7] 竜[10] 乾[11] 淑[11] 卿[12] 鉄[13] 龍[16]

きめる 決[7]

きも 肝[7]

きゃく 客[9] 脚[11]

きゅう 九[2] 久[3] 及[3] 弓[3] 丘[5] 旧[5] 臼[6] 休[6] 吸[6] 求[7] 汲[7] 灸[7] 究[7] 玖[7] 穹[8] 急[9] 級[9] 宮[10] 笈[10] 赳[10] 救[11] 球[11] 毬[11] 給[12] 鳩[13] 厩[14]

ぎゅう 牛4

きよ 人2 心4 玉5 白5 圭6 汐6 青8 斉8 研9 神9 政9 洋9 粋10 淑11 雪11 陽12 舜13 廉13 静14 碧14 粋14 齊14 潔15 澄15 摩15 磨16 靜16 燦17 馨20

きょ 去5 巨5 居8 拠8 挙10 許11 距12 裾13 鋸16

ぎょ 魚11 御12 漁14

きよい 清11

きょう 叶5 兄5 共6 匡6 杏7 亨7 享8 京8 供8 協8 況8 恰9 俠9 峡9 挟9 香9 恭10 峽10 強11 教11 郷11 経11 梗11 卿12 喬12 境14 蕎15 橋16 興16 頬16 鏡19 馨20 競20 響20 響22 饗22 驚22

ぎょう 仰6 行6 形7 尭8 暁12 堯12 業13 凝16 曉16 驍22

きょく 旭6 曲6 局7 極12

ぎょく 玉5

きよし 圭6 忠8 泉9 浩10 純10 健11 清11 晴12 聖13 靖13 廉13 碧14 潔15 澄15

きよみ 雪11

きら 晃10 晄10

きらめく 煌13 燦17

きり 桐10 錐16 霧19

きる 斬11 着12

きわ 際14

きわめる 究7 極12

きん 巾3 斤4 今4 均7 芹7 近7 君7 臣7 欣8 金8 衿9 菫11 勤12 欽12 琴12 筋12 僅13 勤13 緊15 錦16 謹17 檎17 襟18 謹18

ぎん 吟7 銀14

く

く 九2 久3 口3 工3 区4 公4 句5 功5 巧5 玖7 来7 供8 空8 來8 穹8 紅9 宮10 矩10 庫10 貢10 琥12 駆14 駈15 駒15

ぐ 弘5 具8 倶10

くい 杭8

くう 久3 空8 食9

ぐう 宮10 偶11 寓12 遇12 隅12

くき 茎8

くぎ 釘10

くさ 草9 種14

くさむら 叢18

くし 串7 櫛19

くじら 鯨19

くしろ 釧11

くす 楠13 樟15

くず 屑10 葛12

くすのき 楠13 樟15

くすり 薬16 藥18

くだ 管14

くだる 下3

- くち：口3
- くちすすぐ：漱14
- くつ：沓8 掘11 窟13 靴13
- くに：乙1 州6 地6 呉7 宋7 邦7 邑7 国8 郁9 恕10 晋10 都11 國11 葉12 都12
- くばる：配10
- くび：首9
- くぼむ：窪14
- くま：阿8 隈12 熊14
- くみ：与3 伍6 組11 綸14 與14
- くむ：汲7 酌10 組11
- くも：雲12
- くもる：曇16
- くら：倉10 椋12 鞍15 蔵15 藏17
- くらい：位7 昧9 冥10 晦11 蒙13
- くらす：暮14
- くらべる：比4
- ぐらむ：瓦5
- くり：栗10
- くりや：厨12
- くる：来7 來8 徠11 繰19
- くるま：車7
- くれ：伎6 呉7 紅9
- くれない：紅9
- くろ：玄5 黒11 黑12 黎15
- くわ：桑10 鍬17
- くわえる：加5
- くわしい：詳13
- くわだてる：企6
- くん：君7 訓10 勲15 薫16 勳16 薰17
- ぐん：軍9 郡10 群13

け

- け：化4 斗4 仮6 気6 圭6 架9 家10 華10 氣10 袈11 稀12 懸20
- げ：下3 外5 夏10 解13
- けい：兄5 圭6 形7 系7 佳8 京8 径8 茎8 係9 型9 契9 計9 勁9 奎9 恵10 桂10 啓11 掲11 渓11 経11 蛍11 頃11 彗11 卿12 揭12 敬12 景12 軽12 惠12 携13 継13 詣13 境14 肇14 慶15 慧15 稽15 憬15 憩16 繫19 警19 鶏19 馨20 競20 鷄21
- げい：芸7 迎7 藝18 鯨19
- げき：戟12 隙13 劇15 激16
- けさ：祇9
- けた：桁10
- けだし：蓋13
- けつ：決7 頁9 訣11 結12 傑13 潔15 蕨15
- げつ：月4
- けむい：煙13
- けむり：煙13
- けや：槻15
- ける：蹴19
- けわしい：峻10 険11 險16
- けん：犬4 件6 見7 券8 肩8 建9 研9 県9 倹10 兼10

剣10 拳10 軒10 栞10 健11 捲11 牽11 険11 萱11 圏11 絢12 萱12 間12 喧12 圏12 堅12 検12 硯12 献13 絹13 遣13 権15 儉15 劍15 憲16 賢16 縣16 險16 謙17 鍵17 檢17 顕18 験18 繭18 懸20 顯23 驗23

げん

元4 幻4 玄5 言7 弦8 彦9 原10 眼11 現11 絃11 舷11 硯12 源13 諺16 厳17 験18 嚴20 驗23

こ

こ

己3 子3 女3 小3 戸4 公4 木4 去5 乎5 古5 仔5 君7 児7 来7 呼8 固8 虎8 來8 兒8 弧9 故9 胡9 個10 庫10 粉10 黄11 袴11 黃12 湖12 雇12 琥12 誇13 跨13 鼓13 瑚13 糊15 顧21

ご

五4 互4 午4 伍6 呉7 吾7 冴7 胡9 後9 娯10 悟10 梧11 期12 御12 瑚13 碁13 語14 醐16 檎17 護20

こい

恋10 濃16 鯉18

こいねがう

倖10

こう

口3 工3 公4 勾4 孔4 功5 巧5 広5 弘5 甲5 匡6 仰6 交6 光6 向6 后6 好6 江6 考6 行6 亘6 亙6 亨7 坑7 孝7 宏7 攻7 更7 劫7 穹8 岡8 効8 幸8 庚8 昂8 杭8 肯8 肴8 昊8 恰9 後9 侯9 厚9 巷9 恒9 恆9 洪9 皇9 紅9 荒9 郊9 香9 神9 虹9 洸9 格10 桁10 候10 倖10 晃10 晄10 校10 浩10 紘10 耕10 航10 貢10 高10 恋10 神10 黄11 康11 梗11 皐11 黃12 港12 硬12 項12 皓12 溝13 鉱13 塙13 幌13 滉13 煌13 構14 綱14 酵14 閤14 稿15 請15 廣15 興16 衡16 鋼16 縞16 講17 購17 鴻17 藁17 轟21

ごう

号5 合6 劫7 昂8 剛10 強11 郷11 業13 豪14 壕17 轟21

こうむる

蒙13

こえ

吟7 声7

こえる

越12 超12

こおり

氷5

こおる

冴7 凍10

こがれる

焦12

こく

石5 克7 告7 谷7 刻8 国8 黒11 國11 黑12 穀14 穀15

こぐ

漕14

ごく

極12

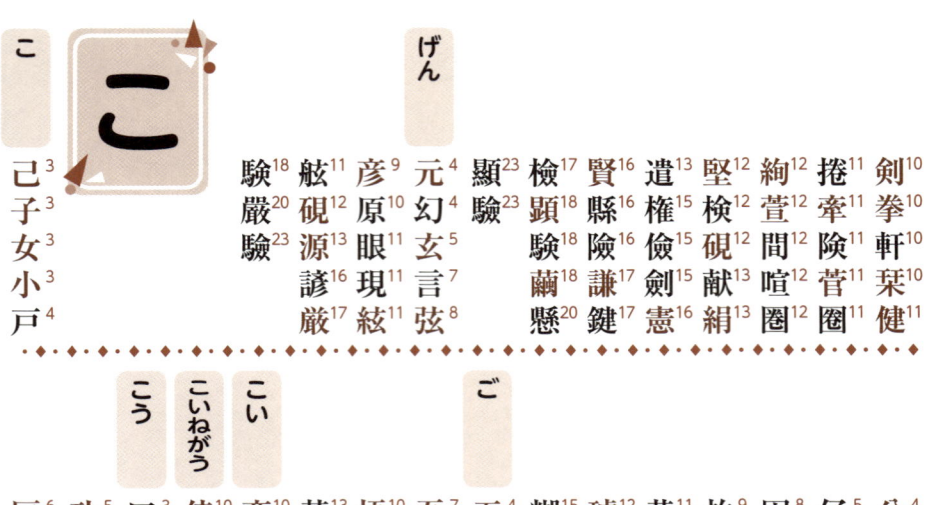

読み	漢字 画数
こけ	苔 8
ここ	心 4、此 6、斯 12
こごえる	凍 10
ここのつ	九 2
こころ	心 4、意 13
こころざし	志 7
こころざす	志 7
こころみる	試 13
こころよい	快 7
こし	輿 17
こずえ	梶 11、梢 11、槙 14、槇 14、櫂 18
こたえ	答 12
こたえる	応 7
こち	東 8
こつ	忽 8、惚 11、滑 13
こと	士 3、功 5、言 7、采 8、事 8、信 9、殊 10、異 11、琴 12、詞 12、肇 14、勲 15、勳 16
ことごとく	悉 11、畢 11
ことぶき	寿 7、壽 14
ことわざ	諺 16
ことわり	理 11
こな	粉 10
この	之 3、此 6、斯 12
このむ	好 6、喜 12
こはく	琥 12
こぶし	拳 10
こま	駒 15
こまかい	細 11
こむ	込 5、混 11
こめ	米 6
こもる	籠 22
こよみ	暦 14、曆 16
こる	凝 16
これ	之 3、比 4、以 5、右 5、伊 6、此 6、是 9、荘 9、時 10、莊 10、惟 11、斯 12、維 14
ころ	頃 11
ころぶ	転 11、轉 18
ころも	衣 6
こわ	声 7
こわし	毅 15
こん	今 4、金 8、昆 8、建 9、根 10、婚 11、混 11、紺 11、渾 12、献 13、魂 14、墾 16、懇 17
ごん	言 7、勤 12、勤 13、権 15、厳 17、嚴 20

さ

読み	漢字 画数
さ	二 2、叉 3、三 3、小 3、左 5、再 6、早 6、佐 7、沙 7、冴 7、作 7、些 8、査 9、砂 9、茶 9、差 10、桜 10、紗 10、彩 11、皐 11、渚 11、爽 11、渚 12、善 12、朝 12、嵯 13、裟 13、蓑 13、瑳 14、総 14、聡 14、櫻 21
ざ	三 3、坐 7、座 10
さい	才 3、再 6、西 6、妻 8、采 8、哉 9、宰 10、栽 10、財 10、晒 10、柴 10、凄 10、彩 11、採 11、済 11、砦 11、祭 11、斎 11、細 11、菜 11、最 12、犀 12、裁 12、催 13、塞 13

- 歳13 載13 際14
- ざい　在6 材7 剤10 財10
- さいわい　幸8 倖10
- さえ　冴7 朗10 朗11
- さえる　冴7
- さお　竿9 操16
- さか　坂7 阪7
- さかい　界9 堺12 境14
- さかえ　光6 秀7 昌8 潤15
- さかえる　栄9 榮14
- さかき　榊14
- さがす　捜10 探11 搜12
- さかずき　杯8 盃9
- さかな　肴8 魚11
- さかのぼる　遡14
- さがる　下3

- さかん　昌8 盛11 興16
- さき　先6 早6 幸8 岬8 咲9 祥10 閃10 崎11 埼11 祥11 福13 魁14 福14 興16
- さぎ　鷺24
- さきがけ　魁14
- さく　冊5 作7 咲9 昨9 柵9 朔10 窄10 索10 開12 割12 策12 酢12
- さくら　桜10 櫻21
- さぐる　探11
- さけ　酒10
- さげる　提12
- ささ　小3 笹11 楽13 樂15 篠17
- ささえる　支4
- ささげる　捧11

- さざなみ　漣14
- さしがね　矩10
- さす　指9 差10 挿10
- さずける　授11
- さそう　誘14
- さた　究7
- さだ　安6 成6 究7 治8 信9 貞9 真10 眞10 晏10 渉10 渉11 覚12 禎13 禎14 寧14 憲16
- さだめる　定8
- さち　士3 吉6 幸8 征8 祐9 倖10 祥10 祐10 祥11 葛12 禎13 福13 禎14 福14
- さつ　冊5 札5 刷8 刹8 拶9 察14 颯14 撮15 薩17

- さっ　早6
- ざつ　雑14 雜18
- さと　公4 吏6 邑7 利7 里7 学8 知8 彦9 敏10 郷11 啓11 都11 敏11 理11 智12 都12 聖13 誠13 慧15 賢16 論16 識19
- さとい　怜8 俐9 智12 惺12 聡14 慧15 叡16
- さとし　邑7 里7 怜8 恵10 悟10 哲10 敏10 捷11 敏11 暁12 敬12 達12 恵12 聡14 叡16 賢16 論16 曉16
- さとす　諭16
- さとる　知8 悟10 哲10 覚12 暁12 聡14 曉16

さな 真10 眞10

さね 心4 以5 守6 壱7 志7 実8 嗣13 實14 護20

さばく 裁12

さび 錆16

さぶ 三3

さま 様14 樣15

さます 覚12 醒16

さむい 寒12

さむらい 侍8

さめ 雨8

さめる 冷7

さや 清11 爽11 鞘16

さやか 爽11

さら 皿5 更7

さらう 掠11

さらす 晒10

さる 去5 猿13

さわ 沢7

さわやか 爽11

さん 三3 山3 参8 珊9 桟10 蚕10 産11 傘12 算14 撒15 賛15 燦17 纂20 讃22

ざん 斬11 暫15

し

し 士3 子3 之3 巳3 支4 止4 氏4 仕5 仔5 司5 史5 四5 市5 示5 只5 白5 矢5 伎6 此6 旨6 糸6 至6 次6 自6 伺7 志7 孜7 私7 芯7 使8 始8 姉8 枝8 祉8 茂8 茨9 柿9 祇9 姿9 思9 指9 施9 祉9 信9 師10 紙10 砥10 恣10 梓11 視11 偲11 崇11 斯12 紫12 視12 詞12 嗣13 獅13 詩13 試13 資13 飼13 誌14 雌14 賜15 摯15 諮16

じ 二2 仕5 示5 字6 寺6 次6 而6 耳6 自6 地6 似7 児7 事8 侍8 治8 兒8 持9 時10 滋12 智12 慈13 蒔13 路13 爾14 磁14 璽19

しあわせ 幸8

しい 椎12

しいる 強11

しお 汐6 塩13 潮15

しおり 栞10

しか 鹿11 然12 爾14

しかして 而6

しき 布5 式6 色6 織18 識19

じき 直8 食9

しく 敷15

じく 竺8 軸12

しげ 十2 木4 以5 成6 孜7 臣7 苑8 枝8 茂8 林8 栄9 重9 草9 荘9 恵10 莊10 盛11 賀12 滋12 森12 達12 惠12 義13 慈13 誉13 維14 種14 蓬14 榮14 調15

	蕪15 諄15 薫16 樹16 篤16
	繁16 繁17 薫17 穣18 穰22
	鑑23
しげみ	竜10 龍16
しげる	秀7 茂8 盛11 莢11 滋12
	森12 董12 慈13 蒼13 蕃15
	蕪15 繁16 繁17
しこうして	而6
しし	鹿11 獅13
しず	玄5 倭10 康11 靖13 静14
	寧14 穏16 靜16 謙17
しずか	康11 惺12 静14 靜16
しずく	雫11 滴14
しずめる	鎮18 鎭18
した	下3
しだ	恩10
したう	慕14
したがう	従10 從11
したしい	親16
したたる	滴14
しち	七2 質15
しつ	室9 疾10 執11 悉11 湿12
	漆14 質15 濕17 櫛19
じつ	日4 実8 實14
じっ	十2
しな	枝8 信9 品9 等12
しの	忍7 神9 要9 篠17
しのぎ	凌10
しのぐ	凌10
しのぶ	忍7 恕10 偲11 毅15
しば	芝6 柴10
しぶ	渋11 澁15
しぶき	沫8
しま	島10 嶋14 縞16
しみ	染9
しみる	染9
しめす	示5
しめる	占5 湿12 締15 濕17
しも	下3 霜17
しゃ	写5 沙7 社7 車7 舎8
	社8 者8 砂9 者9 柘9
	射10 紗10 赦11 斜11 這11
	煮12 煮13 謝17
しゃく	勺3 尺4 石5 灼7 赤7
	昔8 酌10 釈11 錫16 爵17
じゃく	若8 雀11 惹12 着12
しゃべる	喋12
しゅ	手4 主5 守6 朱6 取8
	狩9 首9 殊10 珠10 酒10
	修10 衆12 須12 楢13 種14
	趣15 諏15
じゅ	朱6 寿7 受8 珠10 従10
	授11 從11 就12 需14 竪14
	壽14 儒16 樹16 濡17
しゅう	収4 州6 舟6 收6 秀7
	周8 宗8 拾9 洲9 秋9
	祝9 柊9 修10 祝10 袖10
	執11 習11 週11 脩11 就12
	衆12 集12 萩12 葺12 愁13
	蒐13 酬13 楢13 輯16 鍬17
	繡18 蹴19 鷲23
じゅう	十2 廿4 汁5 充6 住7
	拾9 柔9 重9 従10 渋11
	從11 銃14 澁15 縦16 縱17

しゅく
叔8 祝9 祝10 宿11 淑11 粛11 粥12 縮17 蹴19

じゅく
塾14 熟15

しゅつ
出5

じゅつ
述8 術11

しゅん
旬6 俊9 春9 峻10 隼10 准10 淳11 竣12 舜13 駿17 瞬18

じゅん
旬6 巡6 盾9 洵9 准10 純10 隼10 淳11 惇11 絢12 閏12 循12 順12 楯13 準13 馴13 詢13 潤15 遵15 醇15 諄15

しょ
処5 初7 杵8 所8 書10 恕10 渚11 庶11 埜11 暑12 渚12 暑13 署13 緒14 署14 諸15 緒15 諸16 曙17

じょ
女3 丈3 汝6 如6 助7 序7 叙9 徐10 恕10 敍11

しょう
小3 上3 井4 升4 少4 召5 正5 生5 匠6 庄6 床7 抄7 肖7 声7 尚8 承8 招8 昇8 昌8 松8 沼8 姓8 青8 昭9 省9 政9 星9 荘9 相9 従10 哨10 宵10 将10 祥10 称10 笑10 渉10 商11 唱11 捷11 梢11 渉11 章11 紹11 菖11 訟11 清11 將11 從11 笙11 祥11 勝12 掌12 晶12 湘12 焦12 硝12 粧12 証12 詔12 象12 装12 翔12 奨13 照13 詳13 裝13 頌13 嘗14 彰14 裳14 摺14 精14 槍14 獎14 蔣14 樟15 蕉15 賞15 憧15 鞘16 篠17 礁17 醬18 鐘20

じょう
上3 丈3 丞6 成6 条7 杖7 状7 狀8 帖8 定8 乗9 城9 浄9 茸9 乘10 剰11 常11 情11 盛11 條11 淨11 場12 畳12 剩12 蒸13 嘗14 静14 縄15 壌16 嬢16 錠16 靜16 穣18 譲20 醸20 孃20 疊22 穰22 讓24 釀24

しょく
色6 食9 埴11 植12 殖12 飾13 嘱15 燭17 織18 職18

しら
白5

しらべる
調15

しる
汁5 知8

しるし
印6 徽17

しるす
記10 疏12

しろ
代5 白5 城9 素10

しろい
白5 皓12

しろがね
銀14

しん
心4 申5 伸7 臣7 芯7 身7 辛7 辰7 信9 神9 津9 振10 晋10 真10 眞10 秦10 針10 神10 深11 紳11 進11 晨11 森12 診12 寝13 慎13 愼13 新13 榛14 賑14 槙14 槇14 寢14 審15 震15 請15 薪16 親16

じん
人2 刃3 仁4 壬4 尽6 迅6 臣7 神9 甚9 訊10

陣10 神10 尋12 盡14

す

す　子3 主5 守6 朱6 州6 沙7 寿7 洲9 津9 珠10 素10 進11 雀11 巣11 巢11 須12 酢12 棲12 数13 壽14 諏15

ず　寿7 図7 豆7 事8 津9 逗11 壽14 頭16 鶴21

すい　水4 出5 吹7 垂8 炊8 帥9 珀9 粋10 推11 酔11 彗11 遂12 睡13 翠14 粹14 誰15 穂15 醉15 錐16 錘16 穗17

ずい　随12 瑞13 髄19

すう　吸6 枢8 崇11 嵩13 数13 雛18

すえ　与3 末5 君7 秀7 宋7 季8 梶11 淑11 梢11 陶11 堅12 葉12 與14

すえる　据11

すが　菅11 清11 廉13

すがた　姿9

すき　隙13 鍬17

すぎ　杉7

すく　好6 透10

すくう　匡6 掬11 救11

すくない　少4

すぐる　克7 英8 卓8 俊9 逸11 捷11 逸12 勝12 豪14 優17

すぐれる　優17

すけ　允4 介4 夫4 友4 右5 左5 丞6 佐7 助7 扶7 甫7 佑7 育8 昌8 典8 侑8 哉9 毘9 宥9 祐9 亮9 恭10 高10 将10 祐10 凉10 理11 涼11 將11 脩11 喬12 裕12 資13 奨13 輔14 奬14 諒15 翼17

すげ　菅11

すこし　少4

すこぶる　頗14

すこやか　健11

すさまじい　凄10

すじ　筋12

すす　煤13

すず　紗10 清11 鈴13 錫16

すすぐ　漱14

すずしい　凉10 涼11

すすむ　二2 万3 丞6 亨7 歩7 延8 享8 昇8 歩8 侑8 迪8 貢10 将10 晋10 乾11 皐11 進11 將11 萬12 奨13 奬14 範15

すずめ　雀11

すすめる　侑8 勧13 薦16

すずり　硯12

すそ　裾13

すだれ　簾19

ずつ　宛8

すでに　既10

すな　沙7 砂9

すなお　忠8 直8 是9 純10 素10 淳11 惇11 順12 廉13
すなわち　乃2 曽11 曾12
すばる　昴9
すべ　皇9
すべて　全6
すべる　統12 滑13 綜14
すぼむ　窄10
すみ　好6 在6 有6 究7 邑7 宜8 宣9 炭9 純10 淑11 逗11 清11 隅12 統12 遥12 維14 墨14 遙14 澄15 墨15 篤16
ずみ　泉9
すみやか　速10
すみれ　菫11

すむ　住7 栖10 済11 棲12 澄15
すめら　皇9
すもも　李7
する　刷8 摺14
するどい　鋭15
すわる　坐7 座10
すん　寸3

せ

せ　世5 汐6 施9 勢13 瀬19 瀬19
ぜ　是9
せい　井4 世5 正5 生5 成6 西6 声7 制8 姓8 征8 青8 斉8 省9 政9 星9 凄10 栖10 晟10 情11 清11 盛11 甥12 晴12 棲12 婿12 貰12 惺12 歳13 勢13 聖13 誠13 靖13 精14 製14 誓14 静14 齊14 請15 錆16 整16 醒16 靜16
ぜい　税12 説14
せき　夕3 石5 汐6 赤7 昔8 析8 隻10 席10 脊10 惜11 戚11 責11 堰12 跡13 関14 碩14 積16 績17 蹟18 籍20
せち　節13 節15
せつ　拙8 刹8 屑10 接11 設11 雪11 摂13 節13 説14 綴14 節15 攝21
ぜに　銭14

せまい　窄10
せまる　迫8
せみ　蟬18
せめる　攻7 責11 譲20 讓24
せり　芹7
せる　競20
せん　千3 川3 仙5 占5 先6 尖6 亘6 亙6 串7 茜9 宣9 専9 泉9 浅9 洗9 染9 穿9 扇10 栓10 閃10 釧11 旋11 船11 專11 揃12 煎13 羨13 詮13 践13 銭14 銑14 箋14 撰15 潜15 線15 選15 遷15 薦16 繊17 鮮17 檀17 蟬18 纖23
ぜん　全6 前9 善12 然12 禅13

漸 14　膳 16　禪 17　繕 18

そ

そ
十 2　三 3　双 4　衣 6　征 8
狙 8　祖 9　祖 10　租 10　素 10
措 11　曽 11　組 11　曾 12　疏 12
塑 13　楚 13　想 13　遡 14　噌 15
礎 18　蘇 19

そう
双 4　爪 4　壮 6　早 6　宋 7
走 7　壮 7　沿 8　宗 8　奏 9
相 9　草 9　荘 9　送 9　桑 10
倉 10　捜 10　挿 10　莊 10　曽 11
爽 11　掃 11　曹 11　巣 11　巢 11
窓 11　添 11　曾 12　創 12　惣 12
装 12　湊 12　搜 12　僧 13　想 13
蒼 13　裝 13　僧 14　層 14　槍 14
漕 14　総 14　綜 14　聡 14　遭 14
漱 14　颯 14　噌 15　層 15　槽 15
踪 15　操 16　燥 17　霜 17　叢 18
贈 18　藻 19　贈 19

ぞう
三 3　造 10　象 12　雑 14　像 14
増 14　增 15　蔵 15　藏 17　贈 18
雜 18　贈 19

そうろう
候 10

そえる
添 11

そく
即 7　束 7　足 7　促 9　則 9
卽 9　息 10　捉 10　速 10　側 11
測 12　塞 13

ぞく
族 11　粟 12　属 12　続 13

そこ
底 8

そそぐ
注 8　漱 14

そぞろに
坐 7

そだつ
育 8

そつ
卒 8　率 11

そで
袖 10

そと
外 5

そなえる
供 8　備 12

そなわる
詮 13

その
苑 8　其 8　園 13　薗 16

そば
蕎 15

そまる
染 9

そめる
初 7

そら
天 4　空 8　宙 8　昊 8　穹 8

そる
反 4

それ
其 8

そろう
揃 12

そん
存 6　村 7　孫 10　尊 12　巽 12
遜 14　噂 15　樽 16　鱒 23

ぞん
存 6

た

た
大 3　手 4　太 4　玉 5　他 5
旦 5　田 5　北 5　民 5　多 6
汰 7　詫 13

だ
打 5　陀 8　舵 11　梛 11　楕 13

たい
大 3　太 4　代 5　台 5　体 7
汰 7　対 7　苔 8　耐 9　待 9
殆 9　帯 10　泰 10　堆 11　袋 11
帶 11　替 12　貸 12　隊 12　碓 13
態 14　黛 16　戴 17　鯛 19

だい
乃 2　大 3　内 4　代 5　台 5
弟 7　第 11　醍 16　題 18

だいだい
橙16

たいら
水4 平5 坦8

たいらげる
夷6

たう
忍7

たえ
巧5 布5 糸6 克7 妙7 紗10

たえる
耐9 堪12

たか
乙1 子3 女3 万3 王4 公4 太4 天4 比4 右5 立5 宇6 共6 好6 考6 竹6 孝7 臣7 良7 学8 岳8 享8 尭8 空8 昂8 尚8 卓8 宝8 茂8 和8 威9 栄9 香9 俊9 荘9 飛9 能10 峰10 峯10 莊10 渉10 旅10 教11 啓11 皐11 梢11 渉11 章11 崇11 琢11 堂11 猛11 陸11 隆11 貴12 敬12 堅12 竣12 尊12 琢12 登12 等12 雄12 揚12 陽12 塁12 萬12 堯12 嵩13 楚13 稜13 旗14 鳳14 榮14 毅15 賢16 厳17 顕18 壘18 嚴20 驍22 顯23 鷹24

たかい
尭8 昂8 高10 峻10 喬12 堯12

たがい
互4

たかし
天4 仙5 立5 充6 孝7 岳8 京8 尭8 宗8 卓8 宝8 郁9 俊9 荘9 恭10 高10 剛10 峻10 峰10 峯10 莊10 皐11 崇11 堂11 隆11 崚11 貴12 敬12 竣12 尊12 堯12 幹13 嵩13 聖13 誠13 節13 誉13 節15 駿17

たがやす
耕10

たから
宝8

たき
滝13 瀧19

たきぎ
薪16

たく
宅6 托6 択7 沢7 炊8 卓8 拓8 度9 啄10 託10 琢11 琢12 焚12 濯17 櫂18

だく
抱8 諾15

たぐい
類18

たくましい
逞11

たくみ
工3 巧5 伎6 匠6

たけ
丈3 広5 壮6 竹6 壯7 岳8 虎8 長8 武8 宝8 孟8 威9 建9 茸9 勇9 高10 剛10 烈10 赳10 強11 健11 崇11 盛11 猛11 偉12 貴12 嵩13 節13 豪14 毅15 節15 廣15

たけお
猛11

たけし
壮6 壯7 岳8 武8 孟8 威9 建9 勇9 洸9 剛10 馬10 烈10 赳10 乾11 健11 梗11 彪11 猛11 雄12 滝13 豪14 毅15 瀧19

たける
武8 威9 建9 猛11 尊12

たこ
凧5

たしか
確15

たす
足7

たず
鶴21

- **だす** 出5
- **たすく** 介4 右5 匡6 佐7 助7 佑7 将10 將11 資13 奨13 輔14 奬14 翼17
- **たすける** 丞6 助7 佑7 侑8 毘9 祐9 祐10 輔14
- **たずさえる** 携13
- **たずねる** 訊10 訪11 尋12
- **ただ** 九2 十2 工3 士3 也3 只5 矢5 由5 伊6 匡6 江6 考6 旬6 地6 均7 伸7 妙7 周8 忠8 迪8 祇9 貞9 柾9 格10 祥10 粋10 渉10 惟11 規11 涉11 唯11 祥11 萱12 喬12 達12 渡12 雅13 資13 禎13 維14 彰14 禎14 粹14 蔵15 撫15 叡16 薫16 藏17 薰17
- **たたえる** 湛12 讃22
- **たたかう** 闘18
- **たたく** 啄10
- **ただし** 公4 旦5 匡6 但7 征8 斉8 忠8 是9 政9 荘9 貞9 律9 格10 将10 莊10 規11 淳11 理11 將11 覚12 善12 董12 道12 雅13 義13 禎13 廉13 竪14 禎14 徳14 齊14 德15 憲16 整16
- **ただしい** 正5
- **ただす** 匡6 孜7 治8 征8 律9
- **ただちに** 直8
- **たたみ** 畳12 疊22
- **たたむ** 畳12 疊22
- **ただよう** 漂14
- **たち** 立5 楯13
- **たちばな** 橘16
- **たちまち** 奄8 忽8
- **たつ** 立5 辰7 武8 建9 起10 竜10 琢11 裁12 琢12 達12 竪14 樹16 龍16
- **だつ** 捺11
- **たつき** 樹16
- **たっとい** 貴12 尊12
- **たつみ** 巽12
- **たつる** 建9 樹16
- **たて** 立5 盾9 楯13 竪14 縦16 縱17
- **たてまつる** 奉8
- **たとえる** 例8
- **たどる** 辿7
- **たな** 棚12
- **たに** 谷7
- **たね** 苗8 胤9 留10 種14
- **たのし** 喜12
- **たのしい** 楽13 樂15
- **たのむ** 頼16 賴16
- **たば** 束7
- **たび** 度9 旅10
- **たべる** 食9
- **たま** 玉5 圭6 玖7 珂9 珊9 玲9 珀9 珠10 球11 瑛12 弾12 琳12 琥12 瑞13 瑶13 碧14 霊15 彈15 環17
- **たまき** 珠10 環17

たまご 卵7

たましい 魂14

たまる 溜13

だまる 黙15 默16

たまわる 賜15

たみ 人2 民5 在6 彩11 黎15

ため 糸6

ためす 試13

たもつ 扶7 保9 惟11 維14

たゆ 妙7

たよる 頼16 賴16

たらす 垂8

たりる 足7

たる 立5 善12 樽16

だれ 誰15

たわむれる 戯15 戲17

たわら 俵10

たん 丹4 反4 旦5 坦8 担8 単9 炭9 耽10 探11 淡11 湛12 短12 單12 端14 綻14 誕15 壇16 鍛17 簞18 灘22

だん 団6 男7 段9 弾12 暖13 楠13 團14 談15 彈15 壇16 檀17

ち

ち 千3 市5 地6 池6 茅8 治8 知8 祐9 値10 致10 祐10 智12 道12 稚13 置13 馳13 質15 緻16

ちいさい 小3

ちか 九2 子3 元4 比4 央5 史5 矢5 考6 至6 次6 年6 見7 京8 実8 周8 知8 直8 恒9 恆9 恭10 時10 峻10 真10 眞10 規11 務11 悠11 幾12 尋12 慈13 慎13 愼13 新13 睦13 爾14 誓14 實14 慶15 親16

ちかい 近7

ちかう 誓14

ちかし 周8

ちから 力2

ちぎる 契9

ちく 竹6 逐10 筑12 築16

ちち 父4

ちぢむ 縮17

ちつ 秩10

ちまた 巷9

ちゃ 茶9

ちゃく 着12 嫡14

ちゅう 丑4 中4 仲6 虫6 沖7 宙8 忠8 抽8 注8 昼9 柱9 衷10 酎10 紐10 紬11 晝11 厨12 註12 鋳15 駐15 鑄22

ちょ 猪11 著11 著12 貯12 猪12 緒14 箸15 緖15 儲18

ちょう 丁2 庁5 兆6 町7 帖8 長8 重9 挑9 挺10 帳11 張11 彫11 眺11 頂11 鳥11 釣11 喋12 朝12 超12 貼12 牒13 跳13 徴14 暢14 蔦14

肇[14] 澄[15] 徴[15] 潮[15] 蝶[15] 調[15] 聴[17] 鯛[19] 寵[19] 聽[22] 廳[25]

ちょく 直[8] 勅[9] 捗[10]

ちん 枕[8] 珍[9] 砧[10] 陳[11] 椿[13] 塡[13] 鎮[18] 鎭[18]

つ

つ 津[9] 柘[9] 通[10] 紬[11] 都[11] 都[12] 藤[18] 鶴[21]

つい 対[7] 追[9] 堆[11] 椎[12] 槌[14]

ついたち 朔[10]

ついばむ 啄[10]

つう 通[10]

つえ 杖[7]

つか 塚[12] 緑[14] 綠[14]

つかう 使[8]

つかえる 仕[5]

つかさ 士[3] 司[5] 主[5] 吏[6] 長[8] 典[8] 政[9]

つかね 緯[16]

つかむ 摑[14]

つかわす 遣[13]

つき 月[4] 晋[10] 槻[15] 調[15]

つぎ 乙[1] 月[4] 世[5] 次[6] 亜[7] 亞[8] 連[10] 紹[11] 嗣[13] 調[15]

つきる 尽[6] 盡[14]

つく 付[5] 突[8] 突[9] 就[12] 着[12] 撞[15]

つぐ 二[2] 世[5] 次[6] 亜[7] 更[7] 庚[8] 亞[8] 紀[9] 貢[10] 倫[10] 接[11] 皓[12] 継[13] 嗣[13] 禎[13] 頌[13] 緒[14] 禎[14] 緒[15] 調[15] 論[16] 鞠[17] 譜[19]

つくえ 机[6]

つくだ 佃[7]

つくる 作[7] 造[10] 創[12]

つくろう 繕[18]

つげ 柘[9]

つける 付[5] 漬[14]

つげる 告[7]

つじ 辻[6]

つた 蔦[14]

つたえる 伝[6] 傳[13]

つたない 拙[8]

つち 土[3] 槌[14]

つちかう 培[11]

つちのえ 戊[5]

つつ 土[3] 筒[12]

つづく 続[13]

つつしむ 欽[12] 慎[13] 愼[13] 謹[17] 謹[18]

つつみ 堤[12]

つづみ 鼓[13]

つつむ 包[5]

つづら 葛[12]

つづる 綴[14]

つどう 集[12]

つとむ 力[2] 工[3] 孜[7] 努[7] 励[7] 孟[8] 勉[9] 格[10] 剣[10] 拳[10] 耕[10] 勉[10] 乾[11] 惇[11] 務[11] 敦[12] 義[13] 奨[13] 魁[14] 奬[14] 勲[15] 劍[15] 勳[16]

つとめる 孜[7] 努[7] 務[11] 勤[12] 勤[13]

つな 是9 統12 綱14 緑14 綠14
つなぐ 繫19
つね 久3 玄5 長8 法8 恒9 恆9 則9 倫10 経11 常11 曽11 庸11 尋12 曾12 統12 継13 綱14 識19
つの 角7
つのる 募12
つばき 椿13
つばさ 翼17
つばめ 燕16
つぶ 粒11
つぶさに 悉11
つぶら 円4 圓13
つぼ 坪8
つぼみ 蕾16

つま 妻8
つむ 紡10 摘14 錘16 積16
つむぎ 紡10 紬11
つむぐ 紡10
つめ 爪4
つめたい 冷7
つめる 詰13
つもる 積16
つや 釉12 艶19
つゆ 露21
つよ 勇9 烈10 務11
つよい 侃8 勁9 強11 毅15
つよし 威9 剛10 赳10 強11 健11 梗11 彪11 猛11 敢12 堅12 豪14 毅15
つら 定8 面9 航10 陣10 編15 劉15 羅19
つらなる 連10
つらぬく 貫11
つる 弦8 絃11 釣11 敦12 蔓14 鶴21
つるぎ 剣10 劍15
つれ 然12
つれる 連10

て

て 手4 豊13
で 弟7
てい 丁2 汀5 体7 呈7 廷7 弟7 定8 底8 邸8 亭9 貞9 帝9 訂9 庭10 悌10 挺10 逓10 釘10 停11 偵11 梯11 逞11 堤12 提12 程12 禎13 艇13 鼎13 綴14 禎14 締15 鄭15 蹄16 薙16 鵜18
でい 祢9 禰19
てき 的8 迪8 荻10 笛11 摘14 滴14 適14 擢17
てつ 姪9 哲10 鉄13 綴14 徹15 撤15
てら 寺6
てる 央5 旭6 光6 英8 明8 映9 珂9 昭9 毘9 晃10 晄10 晟10 瑛12 晶12 晴12 皓12 釉12 照13 暉13 煌13 瑳14 彰14 輝15 顕18 曜18 燿18 耀20 顯23

でる
出5

てん
天4 辿7 典8 店8 点9 展10 添11 転11 貼12 塡13 殿13 槙14 槇14 轉18 顚19 纏21

でん
田5 伝6 佃7 淀11 殿13 電13 傳13 鮎16

と

と
乙1 十2 人2 己3 士3 土3 戸4 仁4 太4 斗4 冬5 年6 百6 図7 兎7 杜7 利7 門8 音9 度9 徒10 途10 敏10 鳥11 都11 敏11 堵12 渡12 登12 翔12 都12 塗13 豊13 聡14 澄15 賭16 頭16 橙16

ど
土3 奴5 努7 度9 渡12

とい
問11 樋15

とう
刀2 永5 冬5 灯6 当6 投7 豆7 延8 沓8 宕8 東8 到8 桐10 純10 党10 凍10 唐10 套10 島10 桃10 透10 納10 能10 桶11 兜11 逗11 陶11 萄11 祷11 勝12 登12 塔12 棟12 湯12 等12 答12 筒12 統12 董12 道12 稲14 嶋14 読14 踏15 樋15 稻15 燈16 糖16 頭16 橙16 謄17 瞳17 藤18 闘18 櫂18 禱19 騰20

どう
同6 洞9 桐10 動11 堂11 萄11 童12 道12 働13 銅14 導15 憧15 撞15 瞳17

とうげ
峠9

とうとい
貴12 尊12

とお
十2 玄5 在6 更7 昊8 竜10 深11 野11 埜11 遥12 遙14 遼15 龍16

とおい
遠13

とおる
亘6 亙6 亨7 亮9 泰10 通10 透10 竜10 貫11 達12 博12 澄15 徹15 龍16

とがめる
尤4

とがる
尖6

とき
可5 世5 旬6 迅6 辰7 季8 国8 斉8 怜8 秋9 祝9 春9 則9 時10 祝10 朗10 牽11 常11 隆11 國11 晨11 朗11 凱12 暁12 朝12 齊14 論15 曉16 鴻17

とぎ
伽7

ときわ
松8 常11

とく
啄10 匿10 特10 得11 解13 督13 説14 徳14 読14 德15 篤16

とぐ
研9 砥10

どく
独9 読14

とける
冶7 解13 溶13

とげる 遂(12)

とこ 床(7) 常(11)

ところ 所(8)

とし 子(3) 仁(4) 世(5) 代(5) 冬(5) 平(5) 考(6) 迅(6) 年(6) 亨(7) 寿(7) 甫(7) 利(7) 伶(7) 英(8) 季(8) 宗(8) 斉(8) 紀(9) 哉(9) 秋(9) 俊(9) 信(9) 星(9) 勇(9) 要(9) 記(10) 恵(10) 峻(10) 隼(10) 敏(10) 倫(10) 逸(11) 健(11) 牽(11) 淑(11) 淳(11) 捷(11) 章(11) 惇(11) 捺(11) 敏(11) 理(11) 逞(11) 逸(12) 暁(12) 敬(12) 惣(12) 智(12) 等(12) 敦(12) 惠(12) 歳(13) 資(13) 舜(13) 準(13) 照(13) 聖(13) 馳(13) 鉄(13) 福(13) 稔(13) 豪(14) 聡(14) 肇(14) 壽(14) 齊(14) 福(14) 慧(15) 蔵(15) 叡(16) 穏(16) 憲(16) 賢(16) 繁(16) 曉(16) 駿(17) 繁(17) 藏(17) 鏡(19)

とじる 綴(14)

とせ 年(6)

とち 栃(9)

とつ 突(8) 突(9)

とつぐ 嫁(13)

とどく 届(8)

ととのえる 調(15) 整(16)

とどまる 逗(11)

とどろく 轟(21)

となえる 唱(11)

となり 隣(16)

との 殿(13)

どの 殿(13)

とび 鳶(14)

とびら 扉(12)

とぶ 飛(9) 翔(12) 跳(13)

とまる 止(4) 泊(8)

とみ 十(2) 吉(6) 多(6) 臣(7) 宝(8) 美(9) 冨(11) 登(12) 富(12) 福(13) 徳(14) 賑(14) 福(14) 德(15)

とみに 頓(13)

とむ 冨(11) 富(12)

とめ 徠(11)

とめる 留(10)

とも 丈(3) 与(3) 公(4) 巴(4) 比(4) 文(4) 友(4) 以(5) 叶(5) 共(6) 伍(6) 有(6) 作(7) 那(7) 呂(7) 供(8) 始(8) 知(8) 宝(8) 朋(8) 茂(8) 孟(8) 皆(9) 毘(9) 侶(9) 兼(10) 致(10) 流(10) 倫(10) 寅(11) 智(12) 朝(12) 登(12) 等(12) 寛(13) 幹(13) 義(13) 誠(13) 禎(13) 睦(13) 禎(14) 賑(14) 與(14) 寬(14) 諄(15) 興(16) 類(18) 類(19)

ともえ 巴(4)

ともしび 燈(16) 燭(17)

ともなう 伴(7)

ともに 倶(10)

とよ 茂(8) 冨(11) 晨(11) 富(12) 豊(13)

とら 虎(8) 寅(11) 彪(11)

とらえる 捉(10)

とり 酉(7) 鳥(11)

とりで 砦(11) 塞(13)

とる 采(8) 取(8) 採(11) 執(11) 撮(15)

とん 屯(4) 団(6) 沌(7) 惇(11) 問(11)

敦12 遁13 頓13 團14

どん 丼5 呑7 曇16

どんぶり 丼5

な

な 七2 己3 水4 永5 多6 凪6 名6 那7 来7 奈8 林8 來8 南9 納10 菜11 梛11 捺11 愛13 樹16

ない 乃2 内4 祢9 無12 禰19

なえ 苗8

なお 巨5 正5 矢5 多6 如6 有6 均7 君7 作7 実8 若8 尚8 斉8 修10 真10 眞10 通10 梗11 野11 埜11 脩11 順12 董12 竪14 實14 齊14 類18 類19

なおす 直8

なおる 治8

なか 心4 中4 央5 仲6 務11 極12 陽12 肇14

なが 久3 市5 呂7 延8 直8 孟8 祥10 隆11 脩11 祥11 詠12 斐12 遊12 暢14

ながい 永5 長8

なかば 半5

ながめる 眺11

なかれ 勿4 莫10

ながれる 流10

なぎ 凪6 梛11

なぎさ 汀5 渚11 渚12

なく 鳴14

なぐ 薙16

なぐさめる 慰15

なげる 投7

なごむ 和8

なさけ 情11

なし 梨11 類18 類19

なす 茄8

なず 摩15

なぞ 謎17

なぞらえる 准10

なだ 灘22

なだめる 宥9

なつ 夏10 捺11

なっ 納10

なつかしい 懐16 懷19

なつく 懐16 懷19

なでる 撫15

なな 七2

ななつ 七2

ななめ 斜11

なに 何7 奈8

なの 七2

なべ 鍋17

なまず 鮎16

なまめく 妖7

なまり 鉛13

なみ 双4 比4 次6 汎6 波8 並8 南9 洋9 浪10 漣14

なめらか 滑13

なめる 嘗14

なら 楢13

読み	漢字
ならう	倣[10] 習[11]
ならべる	並[8]
なり	也[3] 功[5] 平[5] 令[5] 礼[5] 考[6] 成[6] 有[6] 亨[7] 均[7] 孝[7] 克[7] 作[7] 育[8] 宜[8] 周[8] 斉[8] 忠[8] 苗[8] 威[9] 音[9] 哉[9] 記[10] 造[10] 容[10] 規[11] 教[11] 曽[11] 詞[12] 晴[12] 然[12] 曾[12] 登[12] 雅[13] 慈[13] 勢[13] 稔[13] 徳[14] 齊[14] 調[15] 德[15] 整[16] 禮[18] 響[20] 響[22]
なる	功[5] 匠[6] 成[6] 育[8] 為[9] 稔[13] 鳴[14] 親[16]
なれる	馴[13] 慣[14]
なわ	苗[8] 縄[15]
なん	何[7] 男[7] 奈[8] 南[9] 納[10] 軟[11] 楠[13]
なんじ	而[6] 汝[6] 爾[14]
なんぞ	胡[9]

に

読み	漢字
に	二[2] 仁[4] 丹[4] 弐[6] 児[7] 兒[8] 荷[10] 爾[14]
にい	新[13]
におう	匂[4]
にぎる	握[12]
にぎわう	賑[14]
にし	西[6]
にじ	虹[9]
にしき	錦[16]
にち	日[4]
にな	螺[17]
になう	担[8]
にゃく	若[8]
にゅう	入[2] 柔[9]
にょ	女[3] 如[6]
にょう	女[3]
にる	亨[7] 似[7] 煮[12] 煮[13]
にわ	庭[10]
にわか	俄[9]
にわとり	鶏[19] 鷄[21]
にん	人[2] 任[6] 忍[7] 認[14]

ぬ

読み	漢字
ぬ	野[11] 埜[11]
ぬい	縫[16] 繍[18]
ぬう	縫[16]
ぬきんでる	擢[17]
ぬさ	麻[11]
ぬし	主[5]
ぬの	布[5]
ぬま	沼[8]
ぬる	塗[13]
ぬれる	濡[17]

ね

読み	漢字
ね	子[3] 年[6] 音[9] 祢[9] 根[10] 値[10] 峰[10] 峯[10] 福[13] 寧[14] 福[14] 嶺[17] 禰[19]
ねい	寧[14]
ねがう	願[19]

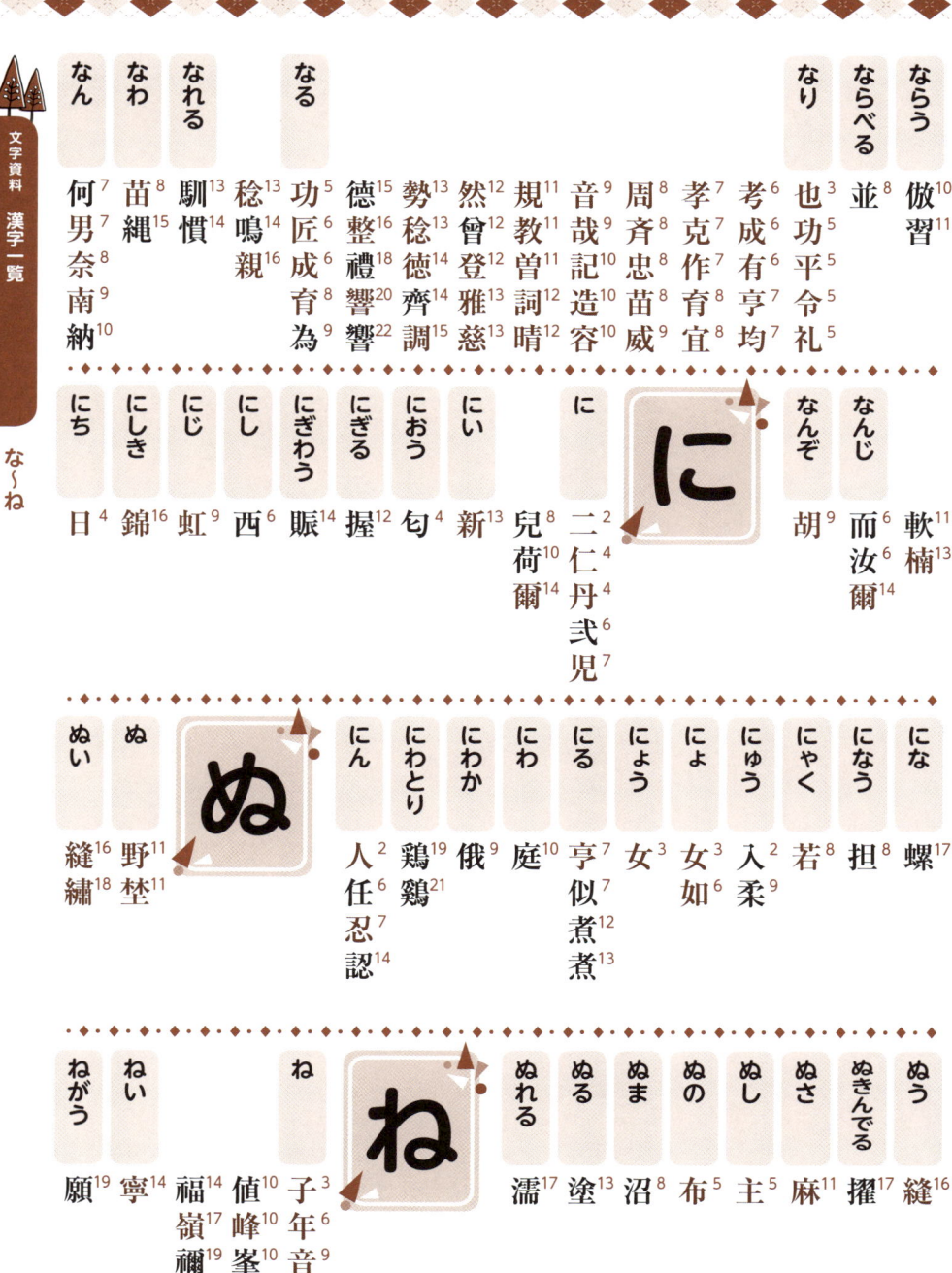

ねこ　猫11

ねじる　捻11

ねつ　熱15

ねばる　粘11

ねむる　眠10

ねらう　狙8

ねる　寝13 煉13 練14 寢14 練15 錬16

ねん　年6 念8 捻11 粘11 然12 稔13 燃16

ねんごろ　懇17

の

の　乃2 之3 能10 野11 埜11

のう　納10 能10 農13 濃16

のがれる　遁13

のき　宇6 軒10

のこぎり　鋸16

のせる　載13

のぞく　窺16

のぞみ　希7 望11

のぞむ　希7 望11 臨18

のち　後9

のっと　浬10

のどか　和8 温12 閑12 溫13

のばす　暢14

のびる　伸7 延8

のぶ　之3 与3 允4 円4 永5 布5 江6 亘6 亙6 更7 寿7 伸7 辰7 延8 宜8 長8 恒9 恆9 信9 政9 宣9 洵9 悦10 修10 将10 展10 惟11 啓11 経11 常11 進11 寅11 庸11 將11 脩11 喜12 喬12 惣12 達12 董12 敦12 揚12 葉12 遥12 寛13 照13 睦13 靖13 圓13 頌13 総14 聡14 暢14 壽14 與14 遙14 寬14 劉15 諄15 薫16 整16 薰17

のべる　述8

のぼり　幟15

のぼる　上3 昂8 昇8 登12 暢14

のみ　已3 爾14

のむ　呑7 飲12

のり　乃2 工3 士3 土3 文4 以5 玄5 功5 仙5 代5 令5 礼5 考6 行6 至6 舟6 芸7 孝7 児7 甫7 利7 里7 学8 宜8 尭8 実8 宗8 昇8 忠8 典8 法8 兒8 紀9 軌9 祇9 祝9 宣9 則9 彦9 律9 益10 格10 記10 矩10 悟10 修10 祝10 准10 恕10 致10 哲10 能10 倫10 基11 規11 教11 郷11 啓11 経11 視11 章11 庸11 理11 賀12 幾12 卿12 極12 敬12 詞12 順12 勝12 尋12 然12 智12 朝12 登12 統12 道12 雄12 遥12 堯12 意13 雅13 寛13 義13 準13 慎13 愼13 数13 節13

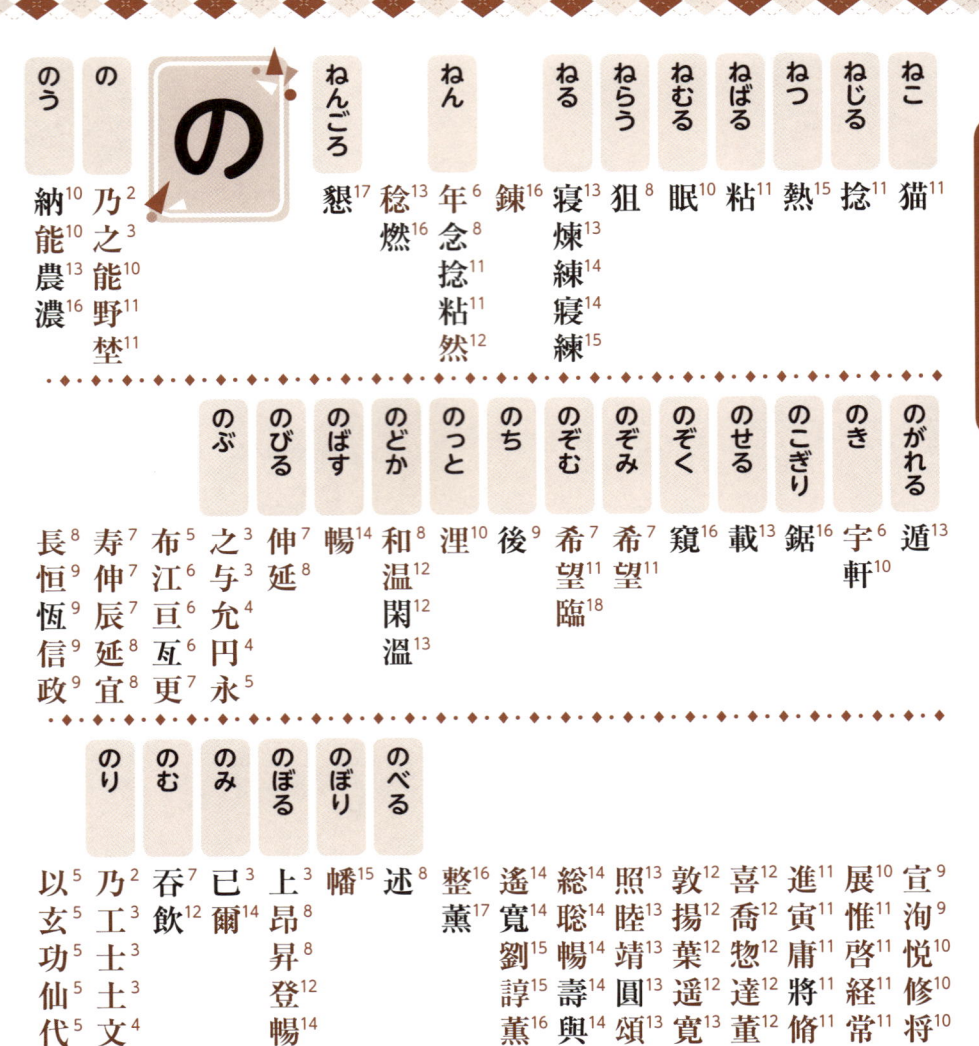

稔(13) 誉(13) 路(13) 徳(14) 緑(14) 綠(14) 實(14) 遙(14) 寛(14) 駕(15) 毅(15) 慶(15) 糊(15) 節(15) 調(15) 範(15) 論(15) 德(15) 機(16) 憲(16) 賢(16) 頼(16) 賴(16) 謙(17) 騎(18) 禮(18) 藝(18) 識(19) 讓(20) 鑑(23) 讓(24)

のる　乗(9) 乘(10)

のん　暖(13)

は

は　八(2) 刃(3) 巴(4) 羽(6) 把(7) 芭(7) 芳(7) 杷(8) 波(8) 春(9) 派(9) 華(10) 琶(12) 葉(12) 頗(14) 端(14) 播(15) 覇(19)

ば　芭(7) 杷(8) 馬(10) 場(12) 葉(12)

はい　灰(6) 拝(8) 杯(8) 盃(9) 拜(9) 俳(10) 配(10) 輩(15)

ばい　売(7) 苺(8) 唄(10) 倍(10) 梅(10) 培(11) 梅(11) 陪(11) 媒(12) 買(12) 煤(13) 賠(15) 賣(15)

はいる　入(2)

はう　這(11)

はえる　生(5) 映(9) 栄(9) 榮(14)

はか　博(12)

はがね　鋼(16)

はかま　袴(11)

はかり　秤(10)

はかる　図(7) 計(9) 測(12) 量(12) 詢(13) 諮(16)

はぎ　萩(12)

はく　白(5) 伯(7) 拍(8) 泊(8) 迫(8) 柏(9) 珀(9) 掃(11) 舶(11) 博(12) 箔(14) 履(15) 薄(16)

ばく　麦(7) 莫(10) 博(12) 漠(13) 幕(13)

はぐくむ　育(8)

はげしい　激(16)

はげむ　励(7)

ばける　化(4)

はこ　函(8) 箱(15)

はこぶ　運(12)

はさむ　挟(9)

はし　端(14) 箸(15) 橋(16)

はしご　梯(11)

はしばみ　榛(14)

はじむ　創(12)

はじめ　一(1) 元(4) 吉(6) 児(7) 初(7) 甫(7) 東(8) 始(8) 孟(8) 兒(8) 祝(9) 春(9) 朔(10) 祝(10) 素(10) 造(10) 朝(12) 源(13) 新(13) 魁(14) 肇(14)

はじめる　始(8)

はしら　柱(9)

はしる　走(7)

はす　芙(7) 蓉(13) 蓮(13)

はず　筈(12)

はずむ　弾(12) 彈(15)

はずれる　外(5)

はせる　馳(13)

はた　畑(9) 秦(10) 畠(10) 旗(14) 端(14) 綺(14) 幡(15) 機(16)

はたけ　畑(9) 畠(10) 圃(10)

はたす　果(8)

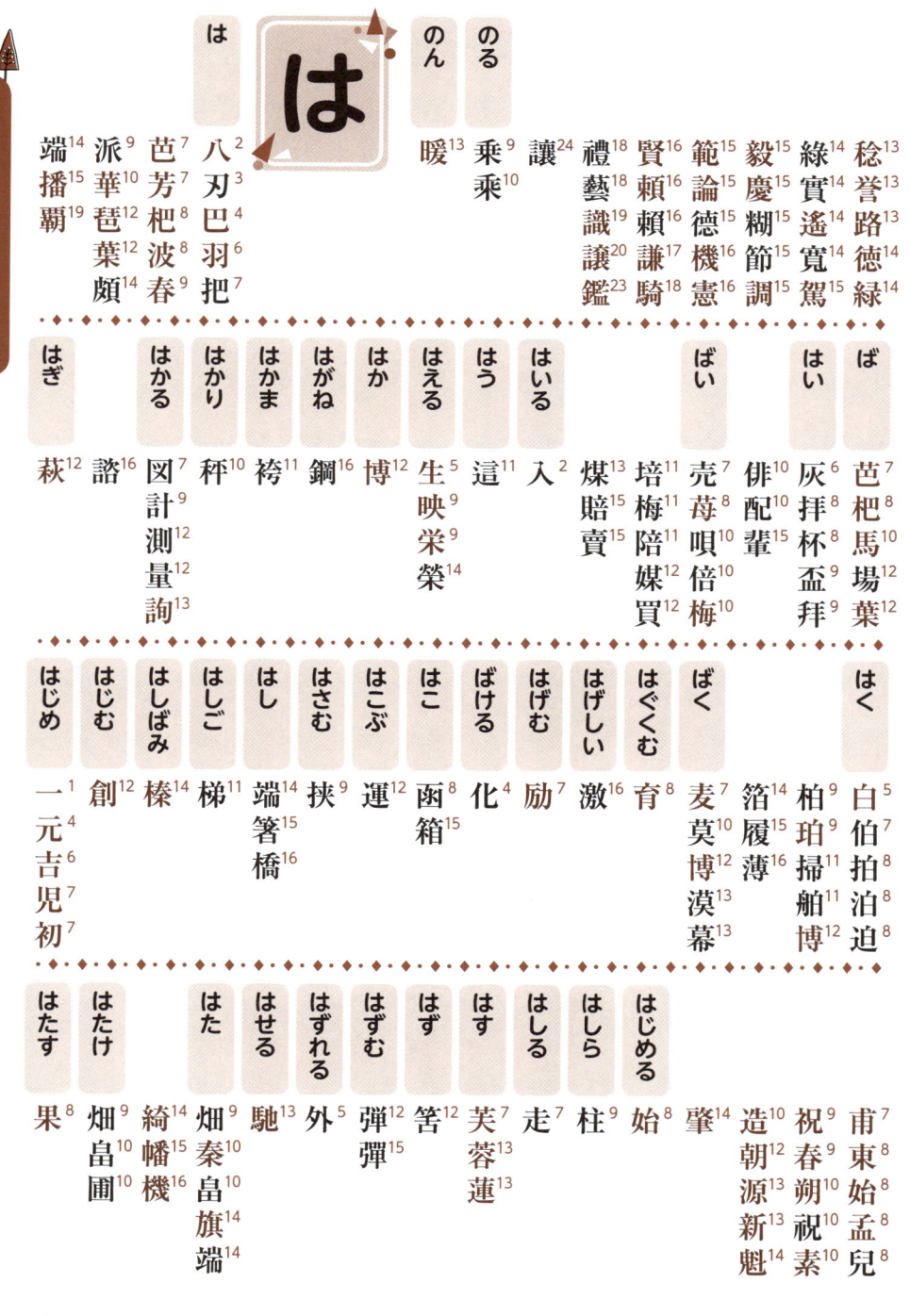

はたらく　働[13]

はち　八[2] 鉢[13] 蜂[13]

はつ　初[7] 発[9] 逸[11] 逸[12] 鉢[13] 肇[14] 髪[14] 髮[15]

はっ　法[8]

ばつ　末[5]

はて　果[8]

はと　鳩[13]

はとり　織[18]

はな　花[7] 芳[7] 英[8] 華[10] 椛[11]

はなし　話[13]

はなす　話[13]

はなつ　放[8]

はなはだ　甚[9]

はなわ　塙[13]

はに　土[3] 埴[11]

はね　羽[6]

はねる　跳[13]

はは　母[5]

はば　巾[3] 幅[12]

はぶく　省[9]

はま　浜[10]

はや　迅[6] 快[7] 勇[9] 剣[10] 隼[10] 敏[10] 逸[11] 敏[11] 逸[12] 颯[14] 劍[15]

はやい　早[6] 速[10] 捷[11]

はやお　駿[17]

はやし　林[8] 馳[13]

はやて　颯[14]

はやぶさ　隼[10]

はら　原[10]

はり　針[10] 梁[11] 榛[14]

はる　大[3] 元[4] 日[4] 玄[5] 立[5] 令[5] 合[6] 花[7] 良[7] 始[8] 治[8] 青[8] 東[8] 明[8] 孟[8] 栄[9] 春[9] 昭[9] 美[9] 華[10] 浩[10] 時[10] 敏[10] 流[10] 晏[10] 啓[11] 張[11] 敏[11] 脩[11] 悠[11] 絢[12] 温[12] 開[12] 喜[12] 晴[12] 貼[12] 遥[12] 陽[12] 暖[13] 溫[13] 榛[14] 榮[14] 遙[14] 覇[19]

はるか　永[5] 悠[11] 遥[12] 遙[14] 遼[15]

はるき　開[12]

はれる　晴[12]

はん　凡[3] 反[4] 半[5] 氾[5] 帆[6] 汎[6] 坂[7] 阪[7] 伴[7] 判[7] 板[8] 版[8] 班[10] 畔[10] 般[10] 販[11] 絆[11] 斑[12] 飯[12] 搬[13] 頒[13] 幡[15] 範[15] 繁[16] 繁[17] 藩[18]

ばん　万[3] 伴[7] 判[7] 板[8] 挽[10] 晩[11] 晚[12] 番[12] 萬[12] 播[15] 盤[15] 磐[15] 蕃[15]

はんのき　榛[14]

ひ

ひ　一[1] 火[4] 日[4] 比[4] 禾[5] 弘[5] 皮[5] 氷[5] 灯[6] 妃[6] 庇[7] 彼[8] 披[8] 枇[8] 飛[9] 毘[9] 柊[9] 秘[10] 祕[10] 桧[10] 菊[11] 啓[11] 扉[12] 斐[12] 琵[12] 陽[12] 碑[13] 碑[14] 緋[14] 樋[15] 燈[16] 檜[17]

読み	漢字（画数）
び	尾7 枇8 弥8 毘9 眉9 美9 梶11 備12 琵12 微13 彌17
ひいでる	秀7
ひいらぎ	柊9
ひえる	冷7
ひがし	東8
ひかり	光6 曜18 燿18 耀20
ひかる	玄5 光6 晃10 晄10 閃10 皓12 輝15
ひき	疋5
ひきいる	率11
ひく	引4 曳6 挽10 牽11 惹12 弾12 彈15
ひこ	人2 久3 彦9
ひさ	九2 久3 比4 永5 央5 仙5 向6 玖7 寿7 阿8 学8 尚8 長8 弥8 栄9 胡9 恒9 恆9 宣9 桐10 剛10 修10 能10 留10 常11 冨11 悠11 喜12 富12 壽14 榮14 彌17 藤18
ひざ	膝15
ひさご	瓢17
ひさし	九2 久3 永5 庇7 尚8 恒9 恆9
ひさしい	久3
ひし	菱11
ひじ	土3
ひじり	聖13
ひそむ	潜15
ひたい	額18
ひだり	左5
ひつ	必5 畢11 筆12
ひつじ	羊6
ひづめ	蹄16
ひで	一1 之3 禾5 末5 次6 成6 秀7 英8 季8 東8 栄9 毘9 淑11 彪11 彬11 瑛12 愛13 継13 嗣13 豪14 静14 榮14 穂15 薫16 靜16 穗17 薰17
ひと	一1 人2 士3 公4 仁4 史5 仙5 民5 侍8 倫10
ひとし	人2 仁4 平5 伍6 旬6 均7 斉8 恒9 恆9 洵9 結12 等12 舜13 準13 齊14 徹15 整16
ひとしい	等12
ひとつ	一1
ひとみ	眸11 瞳17
ひとり	独9
ひな	穂15 穗17 雛18
ひねる	捻11
ひのき	桧10 檜17
ひびき	響20 響22
ひびく	響20 響22
ひま	暇13
ひめ	妃6 姫10 媛12
ひめる	秘10 祕10
ひも	紐10
ひゃく	百6
びゃく	白5
ひょう	氷5 兵7 拍8 表8 俵10

豹10 彪11 票11 評12 漂14 標15 瓢17

びょう 平5 苗8 秒9 猫11 描11 廟15

ひら 平5 旬6 均7 拓8 迪8 開12 数13

ひらく 開12

ひらめく 閃10

ひる 干3 日4 昼9 晝11

ひるがえる 翻18 飜21

ひろ 丈3 大3 公4 太4 央5 玄5 広5 弘5 四5 托6 宏7 助7 宗8 拓8 宙8 明8 門8 恢9 厚9 彦9 宥9 祐9 洋9 洸9 浩10 紘10 恕10 泰10 展10 祐10

容10 啓11 梧11 都11 野11 埜11 敬12 景12 尋12 達12 博12 裕12 皓12 都12 寛13 蒼13 豊13 滉13 嘉14 碩14 閏14 寛14 勲15 播15 廣15 衛16 衞16 勳16 厳17 鴻17 優17 嚴20

ひろい 広5 汎6 宏7 浩10 廣15

ひろう 拾9

ひろし 広5 弘5 宏7 拓8 昊8 洋9 洸9 浩10 紘10 泰10 容10 湖12 尋12 博12 裕12 皓12 寛13 滉13 寛14 潤15 廣15 鴻17

ひん 品9 浜10 彬11 稟13 賓14 賓15 頻17 瀕19

びん 秤10 敏10 敏11 瓶11

ふ

ふ 二2 双4 不4 夫4 父4 付5 布5 吹7 扶7 芙7 巫7 步7 府8 斧8 阜8 附8 歩8 赴9 風9 釜10 浮10 経11 婦11 冨11 符11 富12 普12 蒲13 輔14 敷15 賦15 譜19

ぶ 不4 分4 巫7 步7 武8 歩8 奉8 部11 葡12 無12 撫15 舞15 蕪15

ふう 夫4 封9 風9 冨11 富12 楓13

ふえ 笛11

ふえる 殖12 増14 增15

ふかい 深11

ふき 吹7 蕗16

ふく 伏6 吹7 服8 副11 葺12 復12 幅12 福13 複14 福14 噴15

ふくべ 瓢17

ふくむ 含7

ふくろ 袋11

ふける 更7 耽10

ふさ 芳7 弦8 房8 林8 宣9 記10 倭10 絃11 幾12 滋12 惣12 葉12 維14 種14 総14 諄15 興16

ふさぐ 塞13

読み	漢字（画数）
ふし	節 13　節 15
ふじ	藤 18
ふす	臥 9
ふすま	襖 18
ふせぐ	防 7
ふせる	伏 6　臥 9
ふた	二 2　双 4　蓋 13
ふだ	札 5　牒 13
ふたたび	再 6
ふたつ	二 2
ふち	淵 11　縁 15　緣 15
ふつ	沸 8
ぶつ	仏 4　勿 4　佛 7　物 8
ふで	筆 12
ふとい	太 4
ふところ	懐 16　懷 19
ふとし	太 4
ふな	舟 6　船 11
ふなばた	舷 11
ふね	舟 6　船 11
ふの	史 5
ふみ	文 4　史 5　良 7　典 8　迪 8　郁 9　美 9　奎 9　記 10　章 11　詞 12
ふむ	踏 15
ふもと	麓 19
ふゆ	冬 5　那 7
ふる	雨 8　振 10
ふるい	古 5
ふるう	奮 16
ふるえる	震 15
ふん	分 4　粉 10　焚 12　雰 12　噴 15　奮 16
ぶん	分 4　文 4　豊 13　聞 14

へ

読み	漢字（画数）
べ	辺 5
へい	丙 5　平 5　兵 7　併 8　並 8　柄 9　陛 10　塀 12　幣 15　蔽 15　餅 15
べい	米 6
ぺーじ	頁 9
へき	碧 14　壁 16　璧 18
べつ	別 7　瞥 17
べに	紅 9
へりくだる	遜 14
へる	経 11
へん	片 4　辺 5　返 7　遍 12　篇 15　編 15
べん	弁 5　勉 9　勉 10

ほ

読み	漢字（画数）
ほ	火 4　帆 6　秀 7　歩 7　甫 7　芳 7　歩 8　宝 8　保 9　昴 9　圃 10　哺 10　葡 12　補 12　蒲 13　輔 14　舗 15　穂 15　穗 17
ぼ	戊 5　母 5　牡 7　莫 10　菩 11　募 12　慕 14　暮 14　模 14　簿 19
ほう	方 4　包 5　芳 7　邦 7　奉 8　宝 8　抱 8　放 8　朋 8　法 8　祝 9　封 9　祝 10　倣 10　俸 10　峰 10　峯 10　砲 10　逢 11　捧 11

萌11 蓢11 訪11 報12 蜂13
豊13 鞄14 蓬14 鳳14 褒15
鋒15 縫16 鵬19

ぼう　卯5 坊7 防7 茅8 房8 苺8 某9 冒9 昴9 紡10 望11 眸11 傍12 帽12 棒12 貿12 貌14

ほお　頬16

ほか　外5 他5

ほがらか　朗10 朗11

ほく　北5

ぼく　卜2 木4 目5 朴6 牧8 睦13 僕14 墨14 墨15

ほこ　矛5 戟12

ほこる　誇13

ほころびる　綻14

ほし　斗4 星9

ほしい　欲11

ほす　干3

ほそい　細11

ほだし　絆11

ほたる　蛍11

ほつ　発9

ほっ　法8

ぼっ　坊7

ほっする　欲11

ほど　程12

ほとけ　仏4 佛7

ほとけぐさ　菩11

ほどこす　施9

ほとんど　殆9

ほのお　炎8 焔12

ほまれ　玲9 誉13

ほめる　褒15

ほら　洞9

ほり　堀11 壕17

ほる　掘11 彫11

ほれる　惚11

ほろ　幌13

ほん　反4 本5 奔8 翻18 飜21

ぼん　凡3 盆9

ま

ま　万3 目5 守6 茉8 真10 眞10 馬10 麻11 間12 満12 萬12 摩15 磨16

まい　米6 毎6 每7 妹8 枚8 苺8 味9 詣13 舞15

まいる　参8 哩10

まう　舞15

まえ　前9

まかせる　任6

まがる　曲6

まき　牧8 卷8 巻9 蒔13 槙14 槇14

まく　卷8 巻9 捲11 蒔13 幕13 撒15 播15

まくら　枕8

まご　孫10

まこと　允4 丹4 充6 実8 周8 卓8 信9 亮9 洵9 純10 真10 眞10 淳11 惇11 董12 慎13 愼13 誠13 睦13 詢13

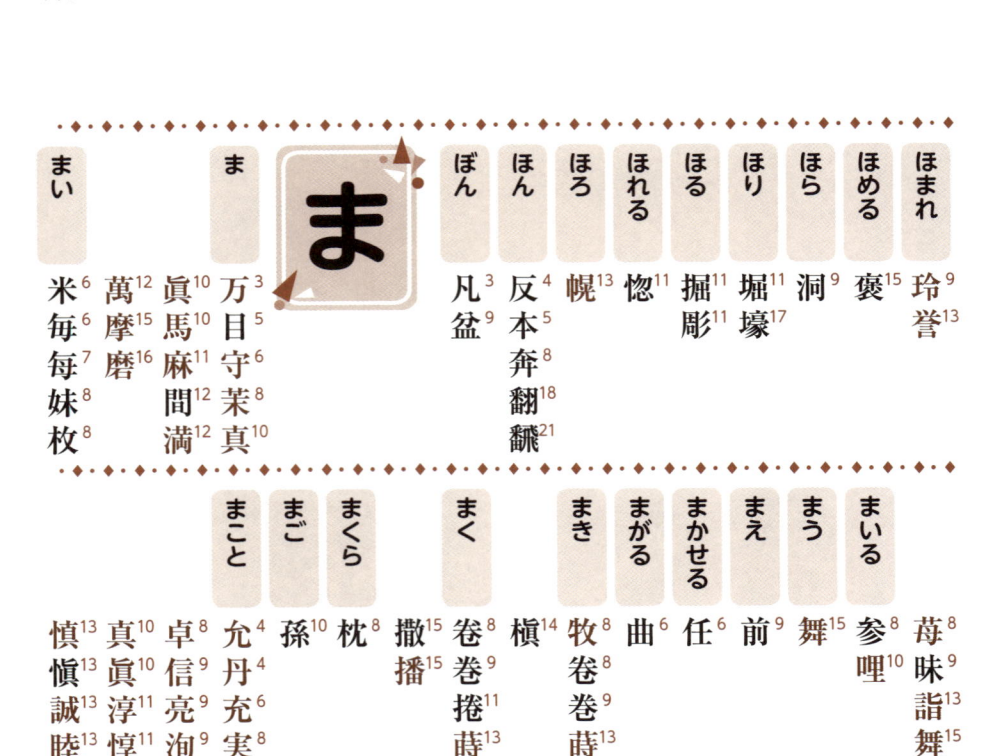

まさ
實14 諒15 諄15 允4 巨5 正5 礼5 匡6 旬6 庄6 壮6 多6 均7 芹7 芸7 甫7 利7 壯7 宜8 若8 尚8 昌8 征8 長8 直8 祇9 政9 荘9 毘9 柾9 格10 剛10 修10 将10 真10 眞10 容10 連10 倭10 晟10 莊10 逸11 理11 將11 逸12 温12 萱12 勝12 晶12 董12 道12 裕12 雅13 幹13 絹13 聖13 誠13 溫13 維14 暢14 蔵15 諒15 叡16 薫16 整16 優17 藏17 薰17 禮18 藝18 譲20 鷹24 讓24

まさし
正5 匡6 雅13

まさる
大3 甲5 平5 多6 克7 果8 卓8 俊9 勉9 将10 勉10 捷11 勝12 潤15 優17

まじる
交6 混11

まじわる
交6

ます
丈3 升4 斗4 加5 孜7 助7 尚8 松8 弥8 勉9 益10 勉10 曽11 賀12 滋12 勝12 曾12 満12 増14 潤15 增15 鞠17 彌17 鱒23

また
又2 叉3 也3 加5 亦6 俣9

またぐ
跨13

またたく
瞬18

まだら
斑12

まち
市5 町7 街12

まつ
末5 松8 沫8 茉8 待9

まったく
全6

まつり
祭11

まつりごと
政9

まで
迄7

まと
的8

まど
円4 窓11 圓13

まとう
纏21

まどか
円4 圓13

まな
愛13

まなこ
眼11

まなぶ
学8

まねく
招8

まぼろし
幻4

まめ
豆7

まもる
守6 葵12 衛16 衞16 護20

まゆ
眉9 繭18

まゆずみ
黛16

まゆみ
檀17

まり
球11 毬11 鞠17

まる
丸3

まるい
丸3 円4 圓13

まれ
希7 稀12

まろ
満12 観18 麿18

まわり
周8

まわる
回6 廻9

まん
万3 満12 萬12 漫14 蔓14

み

み
弓3 己3 三3 子3 巳3 允4 王4 心4 仁4 水4

文(4) 巨(5) 史(5) 生(5) 未(5) 民(5) 光(6) 好(6) 充(6) 究(7) 身(7) 巫(7) 甫(7) 実(8) 味(8) 弥(8) 海(9) 皆(9) 省(9) 泉(9) 眉(9) 美(9) 洋(9) 益(10) 海(10) 珠(10) 真(10) 眞(10) 規(11) 視(11) 深(11) 梶(11) 望(11) 堅(12) 登(12) 幹(13) 誠(13) 種(14) 箕(14) 實(14) 魅(15) 親(16) 彌(17) 観(18) 臨(18) 鏡(19) 顧(21) 鑑(23)

みお　澪(16)

みがく　琢(11) 琢(12) 瑳(14) 磨(16)

みかん　柑(9)

みき　幹(13) 樹(16)

みぎ　右(5)

みぎわ　汀(5)

みこ　巫(7)

みことのり　詔(12)

みさ　節(13) 節(15)

みさお　貞(9) 操(16)

みさき　岬(8)

みささぎ　陵(11)

みじかい　短(12)

みず　水(4) 泉(9) 瑞(13)

みずうみ　湖(12)

みずから　自(6)

みずのえ　壬(4)

みせ　店(8)

みそ　衣(6)

みぞ　溝(13)

みそか　晦(11)

みたす　満(12)

みたまや　廟(15)

みち　行(6) 至(6) 充(6) 花(7) 岐(7) 吾(7) 孝(7) 利(7) 学(8) 享(8) 宙(8) 典(8) 迪(8) 皆(9) 信(9) 祐(9) 峻(10) 恕(10) 通(10) 能(10) 祐(10) 倫(10) 教(11) 康(11) 進(11) 務(11) 理(11) 陸(11) 極(12) 達(12) 道(12) 裕(12) 遥(12) 義(13) 路(13) 碩(14) 総(14) 遙(14) 慶(15) 徹(15) 諒(15) 巌(20) 巖(23)

みちびく　導(15)

みちる　庚(8) 満(12) 碩(14)

みつ　三(3) 允(4) 円(4) 弘(5) 光(6) 充(6) 秀(7) 実(8) 苗(8) 明(8) 弥(8) 映(9) 架(9) 則(9) 美(9) 恭(10) 晃(10) 晄(10) 閃(10) 通(10) 密(11) 尋(12) 満(12) 舜(13) 照(13) 慎(13) 愼(13) 圓(13) 暢(14) 蜜(14) 實(14) 潤(15) 鞠(17) 彌(17)

みつぐ　貢(10) 調(15)

みっつ　三(3)

みつる　光(6) 在(6) 充(6) 庚(8) 満(12) 爾(14) 碩(14)

みとめる　認(14)

みどり　翠(14) 碧(14) 緑(14) 綠(14)

みな　水(4) 皆(9) 南(9) 倶(10)

みなと　港(12) 湊(12)

みなみ　南(9)

みなもと　源(13)

みね　峻(10) 峰(10) 峯(10) 節(13) 節(15) 嶺(17) 巌(20) 巖(23)

みの　蓑(13)

読み	漢字（画数）
みのる	年6 実8 秋9 豊13 稔13 實14 穂15 穗17 穣18 穰22
みみ	耳6
みや	宮10
みゃく	脈10
みやこ	京8 洛9 都11 都12 畿15
みやび	雅13
みゆき	幸8
みょう	名6 妙7 命8 明8 冥10
みる	見7 視11 視12 診12 瞥17 観18 鑑23
みわ	神9
みん	民5 眠10

む

読み	漢字（画数）
む	六4 矛5 牟6 巫7 武8 務11 陸11 眸11 無12 睦13 夢13 霧19
むい	六4
むかえる	迎7
むかし	昔8
むぎ	麦7
むく	向6
むくいる	報12
むくのき	椋12
むこ	婿12
むし	虫6
むす	蒸13
むすぶ	結12
むすめ	娘10
むつ	六4 陸11 睦13
むっつ	六4
むつむ	睦13
むな	棟12
むね	旨6 至6 志7 宗8 致10 棟12 意13 臆17
むら	村7 邑7 宣9 紫12 群13 樹16
むらさき	紫12
むれ	群13
むろ	室9

め

読み	漢字（画数）
め	人2 女3 目5 芽8 海9 要9 海10 梅10 姫10 梅11 萌11 萠11 雌14 瞳17
めい	名6 芽8 命8 明8 姪9 冥10 盟13 銘14 鳴14 謎17
めぐみ	仁4 恩10 恵10 萌11 萠11 惠12
めぐむ	恵10 竜10 萌11 萠11 惠12 愛13 徳14 德15 龍16
めぐる	巡6 周8 廻9
めし	飯12
めす	召5 雌14
めずらしい	珍9
めでる	愛13

めん　面[9] 綿[14] 麺[16]

も

も　木[4] 百[6] 茂[8] 萌[11] 萠[11] 望[11] 雲[12] 裳[14] 模[14] 藻[19]

もう　孟[8] 望[11] 猛[11] 蒙[13] 網[14]

もうける　設[11] 儲[18]

もうす　申[5]

もうでる　詣[13]

もえ　萌[11] 萠[11]

もえる　萌[11] 萠[11] 燃[16]

もく　木[4] 目[5] 黙[15] 默[16]

もぐる　潜[15]

もしくは　若[8]

もち　勿[4] 以[5] 四[5] 茂[8] 保[9] 時[10] 将[10] 望[11] 庸[11] 將[11] 須[12] 撫[15] 餅[15] 操[16]

もちいる　用[5]

もつ　物[8] 持[9]

もっとも　尤[4] 最[12]

もっぱら　専[9] 專[11]

もてあそぶ　玩[8]

もと　一[1] 下[3] 元[4] 心[4] 太[4] 司[5] 本[5] 民[5] 如[6] 花[7] 志[7] 初[7] 扶[7] 甫[7] 始[8] 宗[8] 征[8] 東[8] 茂[8] 孟[8] 林[8] 紀[9] 祇[9] 泉[9] 朔[10] 索[10] 素[10] 倫[10] 基[11] 規[11] 喬[12] 智[12] 統[12] 意[13] 雅[13] 楽[13] 寛[13] 幹[13] 源[13] 資[13] 福[13] 誉[13] 肇[14] 寬[14] 福[14] 樂[15] 輪[15] 親[16]

もとい　基[11]

もとき　基[11] 幹[13]

もとむ　要[9] 須[12]

もとめる　求[7]

もの　者[8] 物[8] 者[9]

もみ　紅[9] 籾[9]

もみじ　椛[11]

もも　百[6] 李[7] 桃[10]

もゆ　萌[11] 萠[11]

もよおす　催[13]

もらう　貰[12]

もり　司[5] 主[5] 守[6] 壮[6] 托[6] 名[6] 杜[7] 壯[7] 典[8] 林[8] 保[9] 容[10] 盛[11] 彬[11] 隆[11] 森[12] 衛[16] 衞[16] 護[20]

もる　盛[11]

もろ　壱[7] 旅[10] 艶[19]

もん　文[4] 門[8] 紋[10] 問[11] 聞[14]

もんめ　匁[4]

や

や　八[2] 也[3] 文[4] 乎[5] 矢[5] 冶[7] 夜[8] 弥[8] 屋[9] 哉[9] 耶[9] 家[10] 野[11] 埜[11] 数[13] 椰[13] 彌[17]

やかた　館[16]

やく　灼[7] 役[7] 約[9] 益[10] 訳[11] 焚[12] 薬[16] 藥[18] 躍[21]

やぐら　櫓[19]

やさしい　易[8] 優[17]

やし 椰13

やしなう 養15

やしろ 社7 社8

やす 子3 叶5 安6 快7 那7 育8 宜8 庚8 定8 夜8 弥8 祇9 毘9 彦9 保9 要9 恵10 耕10 祥10 泰10 能10 容10 烈10 連10 倭10 晏10 逸11 貫11 健11 康11 庸11 祥11 逸12 温12 凱12 順12 裕12 惠12 資13 慈13 暖13 靖13 誉13 楊13 廉13 溫13 魁14 静14 徳14 寧14 慶15 撫15 德15 穏16 賢16 靜16 彌17

やすい 安6 晏10 靖13

やすき 穏16

やすし 安6 欣8 保9 恭10 泰10 康11 靖13 寧14

やすむ 休6

やっつ 八2

やど 宿11

やとう 雇12 傭13

やな 梁11

やなぎ 柳9 楊13

やま 山3

やまと 和8 倭10

やまにれ 梗11

やむ 已3

やり 槍14

やわらか 柔9 軟11

やわらぐ 和8 凱12

ゆ

ゆ 弓3 夕3 水4 友4 右5 由5 有6 佑7 侑8 宥9 柚9 祐9 祐10 唯11 悠11 結12 湯12 愉12 裕12 遊12 喩12 楢13 諭16 輸16 優17 癒18

ゆい 由5 唯11 結12 遺15

ゆう 弓3 夕3 尤4 友4 右5 由5 有6 酉7 佑7 邑7 侑8 郁9 勇9 宥9 柚9 祐9 祐10 悠11 郵11 結12 湧12 猶12 裕12 遊12 雄12 釉12 楢13 熊14 誘14 融16 優17

ゆえ 故9

ゆか 床7

ゆき 乃2 千3 之3 元4 五4 以5 弘5 由5 行6 至6 如6 孝7 志7 来7 享8 幸8 征8 到8 門8 侑8 來8 是9 起10 恭10 倖10 時10 恕10 将10 晋10 致10 通10 透10 敏10 教11 進11 雪11 敏11 將11 逞11 喜12 順12 道12 遊12 詣13 廉13 維14 駕15 潔15 徹15 薫16 薰17

ゆく 之3 水4 行6 雲12 巽12 路13

ゆず 柚[9]

ゆずる 謙[17] 譲[20] 讓[24]

ゆたか 浩[10] 泰[10] 冨[11] 隆[11] 温[12] 富[12] 裕[12] 豊[13] 稔[13] 溫[13] 碩[14] 優[17] 穣[18] 穰[22]

ゆだねる 委[8]

ゆび 指[9]

ゆみ 弓[3]

ゆめ 夢[13]

ゆるす 宥[9] 恕[10] 許[11]

ゆるむ 緩[15]

ゆれる 揺[12] 搖[13]

よ

よ 与[3] 予[4] 四[5] 世[5] 代[5] 吉[6] 余[7] 依[8] 昌[8] 夜[8] 容[10] 淑[11] 葉[12] 福[13] 誉[13] 預[13] 蓉[13] 與[14] 福[14] 頼[16] 賴[16] 興[17]

よい 良[7] 宵[10] 善[12] 嘉[14]

よう 八[2] 幼[5] 用[5] 羊[6] 妖[7] 洋[9] 要[9] 容[10] 酔[11] 庸[11] 湧[12] 揚[12] 揺[12] 葉[12] 遥[12] 陽[12] 傭[13] 楊[13] 溶[13] 蓉[13] 搖[13] 瑶[13] 暢[14] 樣[14] 踊[14] 遙[14] 窯[15] 養[15] 様[15] 醉[15] 擁[16] 謡[16] 謠[17] 曜[18] 燿[18] 耀[20] 鷹[24]

よく 沃[7] 浴[10] 欲[11] 翌[11] 翼[17]

よこ 横[15] 橫[16]

よし 力[2] 工[3] 女[3] 之[3] 与[3] 允[4] 仁[4] 可[5] 巧[5] 世[5] 正[5] 布[5] 由[5] 令[5] 礼[5] 伊[6] 吉[6] 圭[6] 好[6] 考[6] 至[6] 成[6] 如[6] 芦[7] 快[7] 芹[7] 君[7] 芸[7] 孝[7] 克[7] 佐[7] 寿[7] 秀[7] 辰[7] 甫[7] 芳[7] 利[7] 良[7] 英[8] 佳[8] 宜[8] 欣[8] 幸[8] 若[8] 尚[8] 昌[8] 典[8] 到[8] 林[8] 架[9] 紀[9] 研[9] 香[9] 祝[9] 俊[9] 省[9] 是[9] 宣[9] 南[9] 美[9] 彦[9] 祐[9] 亮[9] 益[10] 悦[10] 記[10] 恭[10] 恵[10] 桂[10] 剛[10] 時[10] 祝[10] 純[10] 恕[10] 祥[10] 泰[10] 致[10] 哲[10] 能[10] 敏[10] 祐[10] 容[10] 烈[10] 惟[11] 啓[11] 康[11] 淑[11] 淳[11] 陶[11] 惇[11] 彪[11] 彬[11] 敏[11] 冨[11] 理[11] 逞[11] 祥[11] 椅[12] 温[12] 賀[12] 凱[12] 覚[12] 喜[12] 貴[12] 堅[12] 勝[12] 善[12] 達[12] 巽[12] 菫[12] 斐[12] 媛[12] 富[12] 雄[12] 惠[12] 意[13] 愛[13] 葦[13] 楽[13] 寛[13] 義[13] 源[13] 資[13] 慈[13] 舜[13] 慎[13] 愼[13] 新[13] 節[13] 滝[13] 禎[13] 福[13] 豊[13] 睦[13] 誉[13] 頌[13] 溫[13] 嘉[14] 瑳[14] 静[14] 禎[14] 徳[14] 壽[14] 與[14] 寛[14] 福[14] 嬉[15] 慶[15] 慧[15] 潔[15] 節[15] 蔵[15] 撫[15] 編[15] 樂[15] 德[15] 叡[16] 衛[16] 衞[16] 賢[16] 親[16] 整[16] 頼[16] 賴[16] 靜[16]

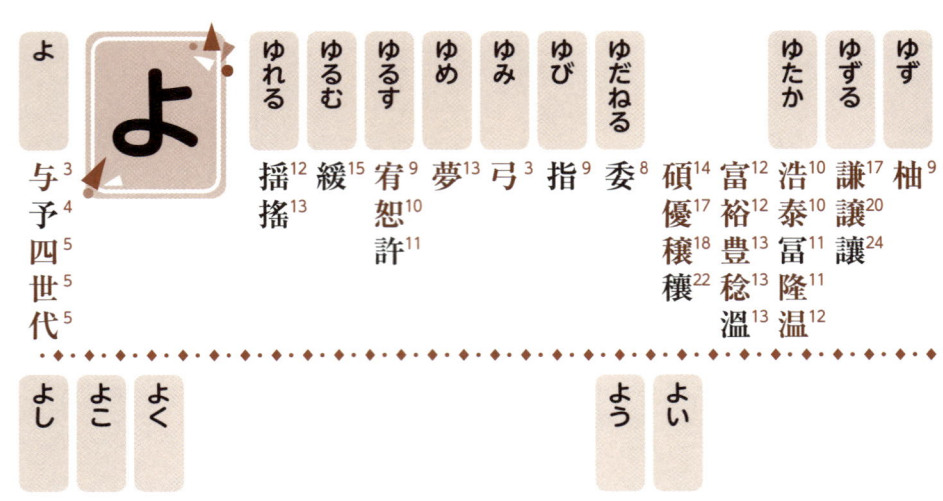

徽17 謙17 燦17 藏17 類18 禮18 藝18 艷19 瀧19 類19 麗19 馨20 巌20 譲20 巖23 讓24

よしみ 好6 美9 嘉14 誼15

よせる 寄11

よそおう 装12 裝13

よど 淀11

よぶ 呼8

よみがえる 蘇19

よむ 詠12 読14

よめ 嫁13

よもぎ 蓬14

より 以5 可5 乎5 代5 由5 糸6 依8 尚8 典8 保9 時10 偉12 賀12 順12 愛13

資13 撫15 親16 頼16 賴16 麗19

よる 因6 夜8 寄11 寓12

よろい 鎧18

よろこぶ 欣8 喜12

よろず 万3 萬12

よん 四5

ら

ら 来7 良7 空8 來8 等12 愛13 楽13 樂15 螺17 羅19

らい 礼5 来7 來8 徠11 萊11 雷13 頼16 賴16 蕾16 禮18

らく 洛9 絡12 楽13 酪13 樂15

らつ 辣14

らん 卵7 嵐12 覧17 濫18 藍18 蘭19 欄20 欄21 覽21

り

り 有6 吏6 利7 李7 里7 俐9 浬10 哩10 莉10 梨11 理11 裡12 裏13 履15 璃15 鯉18 織18

りき 力2

りく 陸11

りち 律9

りつ 立5 律9 栗10 率11

りゃく 掠11 略11

りゅう 立5 柳9 流10 留10 竜10 笠11 琉11 粒11 隆11 硫12 溜13 劉15 龍16

りょ 呂7 侶9 旅10 慮15

りょう 了2 両6 良7 亮9 竜10 凌10 料10 凉10 菱11 梁11 涼11 猟11 陵11 崚11 椋12 量12 稜13 綾14 漁14 僚14 領14 寮15 諒15 遼15 霊15 龍16 燎16 療17 瞭17 糧18

りょく 力2 緑14 綠14

りん 林8 厘9 倫10 梨11 琳12 鈴13 稟13 綸14 輪15 凜15 凛15 隣16 臨18 鱗24 麟24

る

る 光6 児7 兒8 流10 留10

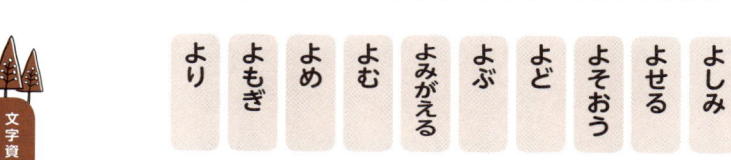

琉[11] 瑠[14]

るい
累[11] 塁[12] 類[18] 壘[18] 類[19]

れ

れ
令[5] 礼[5] 伶[7] 怜[8] 玲[9]
連[10] 禮[18] 麗[19]

れい
令[5] 礼[5] 伶[7] 冷[7] 励[7]
例[8] 怜[8] 栃[9] 玲[9] 羚[11]
鈴[13] 零[13] 霊[15] 黎[15] 澪[16]
嶺[17] 齢[17] 禮[18] 麗[19]

れき
暦[14] 歴[14] 曆[16] 歷[16]

れつ
烈[10]

れん
怜[8] 恋[10] 連[10] 廉[13] 煉[13]
蓮[13] 漣[14] 練[14] 練[15] 憐[16]
錬[16] 鍊[17] 鎌[18] 簾[19]

ろ

ろ
芦[7] 呂[7] 炉[8] 路[13] 魯[15]
蕗[16] 櫓[19] 露[21] 鷺[24]

ろう
労[7] 郎[9] 朗[10] 浪[10] 狼[10]
郎[10] 朗[11] 廊[12] 滝[13] 稜[13]
廊[13] 楼[13] 糧[18] 瀧[19] 露[21]
蠟[21] 籠[22]

ろく
六[4] 鹿[11] 禄[12] 祿[13] 緑[14]
綠[14] 録[16] 錄[16] 麓[19]

ろん
論[15]

わ

わ
八[2] 王[4] 羽[6] 我[7] 和[8]
倭[10] 話[13] 窪[14] 輪[15] 環[17]

わい
隈[12]

わか
王[4] 雀[11] 童[12] 湧[12] 新[13]

わが
吾[7]

わかい
若[8]

わかれる
別[7] 訣[11]

わく
或[8] 若[8] 沸[8] 枠[8] 湧[12]

わけ
訳[11]

わける
分[4]

わざ
伎[6] 技[7] 業[13]

わし
鷲[23]

わずか
僅[13]

わすれぐさ
萱[12]

わた
綿[14]

わたくし
私[7]

わたし
私[7]

わたる
亘[6] 互[6] 航[10] 渉[10] 涉[11]
渡[12]

わね
羽[6]

わびる
詫[13]

わら
藁[17]

わらう
笑[10]

わらび
蕨[15]

わらべ
童[12]

わらわ
童[12]

わりご
簞[18]

わる
割[12]

われ
我[7] 吾[7]

わん
椀[12] 湾[12] 腕[12] 碗[13]

ひらがな・カタカナの画数

本書で用いているひらがな・カタカナの画数です。かなの画数は簡単なようでいて勘違《かんちが》いしやすいもの。気になる人は確認しておきましょう。

ひらがな

あ 3	い 2	う 2	え 3	お 4
か 3	き 4	く 1	け 3	こ 2
さ 3	し 1	す 3	せ 3	そ 3
た 4	ち 3	つ 1	て 2	と 2
な 5	に 3	ぬ 4	ね 4	の 1
は 4	ひ 2	ふ 4	へ 1	ほ 5
ま 4	み 3	む 4	め 2	も 3
や 3		ゆ 3		よ 3
ら 3	り 2	る 3	れ 3	ろ 2
わ 3	ゐ 3		ゑ 5	を 4
ん 2				
が 5	ぎ 6	ぐ 3	げ 5	ご 4
ざ 5	じ 3	ず 5	ぜ 5	ぞ 5
だ 6	ぢ 5	づ 3	で 4	ど 4
ば 6	び 4	ぶ 6	べ 3	ぼ 7
ぱ 5	ぴ 3	ぷ 5	ぺ 2	ぽ 6

カタカナ

ア 2	イ 2	ウ 3	エ 3	オ 3
カ 2	キ 3	ク 2	ケ 3	コ 2
サ 3	シ 3	ス 2	セ 2	ソ 2
タ 3	チ 3	ツ 3	テ 3	ト 2
ナ 2	ニ 2	ヌ 2	ネ 4	ノ 1
ハ 2	ヒ 2	フ 1	ヘ 1	ホ 4
マ 2	ミ 3	ム 2	メ 2	モ 3
ヤ 2		ユ 2		ヨ 3
ラ 2	リ 2	ル 2	レ 1	ロ 3
ワ 2	ヰ 4		ヱ 3	ヲ 3
ン 2				
ガ 4	ギ 5	グ 4	ゲ 5	ゴ 4
ザ 5	ジ 5	ズ 4	ゼ 4	ゾ 4
ダ 5	ヂ 5	ヅ 5	デ 5	ド 4
バ 4	ビ 4	ブ 3	ベ 3	ボ 6
パ 3	ピ 3	プ 2	ペ 2	ポ 5

記号など

繰り返し記号	ゝ 1
	ゞ 3
	々 3
長音記号	ー 1

名前に使われる 止め字

「止め字」は、「裕太」の「太」、「拓斗」の「斗」のような名前の最後の文字のことです。名前の印象は止め字で大きく変わります。いろいろ当ててみて検討してください。

男の子の止め字

読み	漢字（数字は画数）
あき	旭6 明8 昌8 映9 秋9 昭9 亮9 晃10 章11 彬11 暁12 晶12 陽12 彰14 顕18 鑑23
い	生5 以5 衣6 伊6 依8 威9 射10 惟11 偉12 維14
いち	一1 乙1 市5 壱7
う	生5 宇6 有6
お	夫4 王4 央5 生5 男7 於8 旺8 音9 郎9 朗10 桜10 雄12 緒14
おみ	匡6 臣7
おん	音9 恩10 温12 遠13 穏16
が	牙4 伽7 我7 画8 芽8 賀12 雅13 駕15
かず	一1 寿7 和8 数13
かつ	克7 雄12 勝12 優17
き	己3 王4 木4 生5 気6 希7 来7 季8 紀9 軌9 城9 帰10 記10 起10 基11 規11 葵12 喜12 揮12 稀12 貴12 旗14 箕14 綺14 毅15 嬉15 輝15 機16 樹16 徽17 騎18 麒19
きち	吉6
く	久3 功5 玖7 穹8 駆14
くに	州6 邦7 邑7 国8
ご	午4 伍6 吾7 冴7 悟10 梧11 醐16 護20
こう	広5 光6 昂8 航10 煌13
さ	沙7 紗10 渚11 爽11 嵯13
さく	作7 朔10 索10
さと	里7 郷11 理11 智12 聡14 慧15 諭16
し	士3 仕5 司5 史5 市5 至6 志7 紫12 詞12 獅13
じ	二2 寺6 次6 児7 侍8 治8 時10 慈13 蒔13 爾14
しげ	茂8 重9 滋12 繁16
しょう	匠6 尚8 昇8 星9 祥10 笑10 章11 湘12 翔12 照13
じょう	丈3 丞6 譲20
しん	心4 信9 晋10 真10 進11
すけ	介4 丞6 佐7 助7 佑7 祐9 亮9 輔14
せい	世5 生5 成6 星9 聖13
そう	三3 造10 蔵15
た	大3 太4 多6 汰7
だい	大3 代5 醍16
たか	孝7 尭8 高10 崇11 隆11 貴12 敬12 嵩13
たけ	丈3 岳8 武8 威9 剛10 赳10 健11 猛11
ただ	忠8 貞9 柾9

つぐ：次 6　継 13　嗣 13
つね：恒 9　則 9　倫 10　庸 11
てつ：哲 10　鉄 13　徹 15
てる：光 6　照 13　輝 15　耀 20
と：人 2　刀 2　十 2　士 3　仁 4　斗 4　杜 7　音 9　途 10　都 11　渡 12　登 12　翔 12　豊 13　澄 15
ど：努 7　渡 12
どう：堂 11　萄 11　童 12　道 12
とき：季 8　祝 9　則 9　時 10　朝 12
とし：仁 4　年 6　寿 7　利 7　俊 9　敏 10　理 11　歳 13
とも：友 4　共 6　伴 7　知 8　朋 8　具 8　智 12　朝 12
とら：虎 8　寅 11　彪 11
な：凪 6　那 7　來 8　南 9　樹 16
なり：也 3　成 6　斉 8
のぶ：允 4　伸 7　延 8　信 9　展 10　暢 14
のり：典 8　法 8　紀 9　則 9　矩 10　規 11　教 11　徳 14　範 15　憲 16
はる：治 8　明 8　春 9　温 12　開 12　晴 12　遥 12　陽 12　遙 14

ひ：日 4　飛 9　毘 9　陽 12
ひこ：彦 9
ひさ：久 3　永 5　寿 7　尚 8
ひで：秀 7　英 8　栄 9
ひと：一 1　人 2　仁 4
ひろ：大 3　央 5　広 5　弘 5　宏 7　拓 8　宙 8　洋 9　浩 10　紘 10　尋 12　博 12　寛 13
ぶ：武 8　歩 8　部 11　舞 15　蕪 15
ふみ：文 4　史 5　章 11
へい：丙 5　平 5　兵 7　並 8　幣 15
ほ：帆 6　甫 7　歩 8　保 9　穂 15
ま：茉 8　真 10　眞 10　馬 10　麻 11　満 12　摩 15　磨 16
まさ：正 5　匡 6　昌 8　征 8　政 9　柾 9　将 10　真 10　眞 10　雅 13
まる：丸 3
み：己 3　三 3　巳 3　壬 4　未 5　実 8　弥 8　海 9　箕 14　彌 17

みち：充 6　迪 8　通 10　理 11　道 12　満 12　路 13
みつ：三 3　光 6　充 6　満 12
みね：峰 10　峯 10　嶺 17
む：六 4　武 8　務 11　夢 13　霧 19
むね：志 7　宗 8
もん：文 4　門 8　紋 10　聞 14
や：八 2　也 3　矢 5　冶 7　弥 8　哉 9　耶 9　埜 11　野 11　椰 13　彌 17
やす：安 6　保 9　泰 10　康 11　靖 13
ゆき：之 3　行 6　幸 8　征 8　倖 10　雪 11
よし：由 5　吉 6　好 6　芳 7　良 7　佳 8　喜 12　善 12　義 13　嘉 14
ら：良 7　来 7　楽 13　羅 19
り：吏 6　李 7　利 7　里 7　哩 10　理 11　璃 15
る：流 10　留 10　琉 11　瑠 14
ろう：労 7　郎 9　朗 10　浪 10
ろく：六 4　禄 12　緑 14　録 16　麓 19

女の子の止め字

あ
亜[7] 阿[8] 愛[13]

あき
礼[5] 光[6] 昌[8] 秋[9] 晶[12] 彰[14]

あさ
旭[6] 麻[11] 朝[12]

あや
文[4] 礼[5] 紋[10] 彩[11] 絢[12] 綾[14]

い
以[5] 伊[6] 衣[6] 依[8] 委[8] 為[9] 惟[11] 唯[11] 維[14]

う
羽[6] 雨[8]

え
永[5] 衣[6] 江[6] 依[8] 英[8] 枝[8] 映[9] 栄[9] 重[9] 恵[10] 笑[10] 瑛[12] 絵[12]

えい
永[5] 英[8] 映[9] 栄[9] 瑛[12] 詠[12] 叡[16]

えり
衿[9] 襟[18]

お
央[5] 生[5] 於[8] 桜[10] 緒[14]

おう
央[5] 旺[8] 皇[9] 桜[10] 凰[11] 櫻[21] 鷗[22]

おり
織[18]

おん（のん）
苑[8] 音[9] 恩[10] 温[12] 穏[16]

か
日[4] 加[5] 可[5] 禾[5] 伽[7] 花[7] 佳[8] 果[8] 河[8] 珂[9] 迦[9] 香[9] 耶[9] 珈[9] 夏[10] 華[10] 栞[10] 椛[11] 賀[12] 嘉[14] 歌[14] 馨[20]

かげ
影[15]

き
己[3] 生[5] 伎[6] 妃[6] 希[7] 芸[7] 芹[7] 来[7] 祈[8] 季[8] 紀[9] 姫[10] 記[10] 桔[10] 規[11] 葵[12] 喜[12] 幾[12] 稀[12] 貴[12] 暉[13] 箕[14] 綺[14] 嬉[15] 輝[15] 槻[15] 樹[16] 徽[17]

く
久[3] 玖[7] 来[7] 來[8] 空[8] 紅[9]

こ
己[3] 子[3] 古[5] 乎[5] 胡[9] 湖[12] 瑚[13]

こと
殊[10] 琴[12] 詞[12]

さ
左[5] 早[6] 佐[7] 沙[7] 冴[7] 砂[9] 茶[9] 咲[9] 紗[10] 朝[12] 嵯[13] 瑳[14]

さき
早[6] 幸[8] 咲[9] 祥[10] 福[13]

さと
里[7] 郷[11] 慧[15]

し
司[5] 史[5] 糸[6] 枝[8] 祇[9] 詞[12] 紫[12] 誌[14]

しゃ
沙[7] 紗[10]

じゅ
寿[7] 殊[10] 珠[10] 儒[16] 樹[16]

しょう
昌[8] 祥[10] 笑[10] 梢[11] 笙[11] 彰[14]

す
朱[6] 寿[7] 珠[10] 須[12]

ず
州[6] 寿[7] 洲[9] 逗[11] 瑞[13]

すみ（ずみ）
純[10] 澄[15]

せ
世[5] 畝[10] 勢[13] 瀬[19]

そら
天[4] 空[8] 宙[8] 昊[8]

た
玉[5] 多[6] 汰[7]

ち
千[3] 市[5] 地[6] 池[6] 茅[8] 知[8] 智[12]

ちか
京[8] 知[8] 恭[10] 真[10] 誓[14] 親[16]

つ（づ）
津[9] 通[10] 都[11] 鶴[21]

つき（づき）
月[4] 槻[15]

つる
弦[8] 絃[11] 鶴[21]

と
乙[1] 十[2] 土[3] 冬[5] 兎[7] 杜[7] 音[9] 都[11] 登[12] 渡[12] 翔[12] 澄[15] 橙[16]

とき
旬[6] 迅[6] 季[8] 時[10]

な
七[2] 水[4] 永[5] 名[6] 凪[6] 那[7] 奈[8] 南[9]

菜11 椰11 愛13

なえ
苗8

なお
尚8

なつ
夏10 捺11

なみ
波8 浪10

ね
音9 祢9 根10 嶺17 禰19

の
乃2 之3 能10 野11 埜11 濃16

のり
芸7 里7 典8 法8 祝9 紀9 道12
徳14 範15

(ぱ)は
巴4 羽6 芭7 芳7 杷8 波8 房8 琶12
葉12 播15 幡15

はな
花7 芳7 英8 華10 椛11

はや
迅6 早6 逸11

はる
花7 治8 春9 美9 晴12 遥12 陽12 暖13

ひ
日4 比4 妃6 枇8 飛9 桧10 陽12 斐12
緋14

ひろ
明8 祐9 紘10 尋12 豊13 嘉14

ふ
二2 布5 芙7 風9 富12

ふみ
文4 史5 記10 章11 詞12

ほ
帆6 甫7 歩8 宝8 保9 圃10 葡12 穂15

ま
万3 茉8 真10 眞10 麻11 満12 摩15 磨16

まり
毬11 鞠17

み
己3 三3 巳3 水4 允4 心4 未5 光6
見7 実8 弥8 海9 美9 泉9 珠10 深11
望11 箕14 魅15 親16 彌17

む
夢13 霧19

め
女3 芽8 海9

も
百6 茂8 萌11 裳14

や
也3 乎5 矢5 夜8 弥8 哉9 耶9 野11
埜11 椰13 彌17

ゆ
弓3 夕3 友4 右5 由5 有6 佑7 侑8

ゆう
宥9 柚9 祐9 唯11 悠11 結12 遊12 優17
夕3 友4 由5 佑7 悠11 結12 遊12 釉12
優17

ゆき
千3 幸8 雪11 潔15

よ
与3 予4 世5 代5 依8 夜8 誉13

よう
要9 容10 湧12 蓉13 遥14 謡16

ら
良7 来7 空8 楽13 羅19

り
吏6 利7 李7 里7 俐9 浬10 莉10 梨11
理11 璃15

りん
倫10 梨11 琳12 鈴13 凛15

る
流10 留10 琉11 瑠14

れい
令5 礼5 伶7 怜8 玲9 鈴13 澪16 嶺17
麗19

れん
怜8 恋10 連10 蓮13 漣14

ろ
呂7 路13 蕗16 露21 鷺24

わ
和8 倭10 輪15 環17

万葉仮名風の当て字

「波留（＝春）」のように、意味と無関係に漢字の読みを借りた当て字を、「万葉仮名《まんようがな》」といいます。印象を変えたいときや漢字にひと工夫したいときに利用してみては？

あ 安[6] 亜[7] 吾[7] 阿[8] 愛[13]

い 已[3] 井[4] 以[5] 伊[6] 夷[6] 衣[6] 位[7] 依[8] 易[8] 威[9] 為[9] 惟[11] 唯[11] 偉[12] 葦[13] 維[14]

う 右[5] 卯[5] 宇[6] 羽[6] 有[6] 烏[10] 得[11] 雲[12] 鵜[18]

え 永[5] 衣[6] 江[6] 依[8] 英[8] 枝[8] 映[9] 栄[9] 重[9] 恵[10] 笑[10] 瑛[12] 絵[12] 愛[13] 榎[14] 叡[16]

お 乙[1] 王[4] 央[5] 生[5] 応[7] 尾[7] 於[8] 旺[8] 桜[10] 緒[14]

か 甲[5] 加[5] 可[5] 伽[7] 花[7] 佳[8] 果[8] 河[8] 架[9] 珂[9] 迦[9] 香[9] 耶[9] 珈[9] 夏[10] 華[10] 賀[12] 嘉[14] 歌[14] 霞[17]

が 牙[4] 何[7] 我[7] 芽[8] 賀[12] 雅[13] 駕[15]

き 己[3] 木[4] 生[5] 気[6] 伎[6] 吉[6] 妃[6] 岐[7] 希[7] 芸[7] 来[7] 季[8] 城[9] 紀[9] 帰[10] 記[10] 起[10] 姫[10] 葵[12] 喜[12] 幾[12] 稀[12] 貴[12] 暉[13] 綺[14] 毅[15] 輝[15] 樹[16] 徽[17] 麒[19]

ぎ 伎[6] 技[7] 岐[7] 芸[7] 宜[8] 祇[9] 義[13]

く 九[2] 久[3] 丘[5] 功[5] 玖[7] 来[7] 紅[9] 倶[10] 鳩[13] 駆[14] 駈[15]

ぐ 具[8] 倶[10]

け 気[6] 圭[6] 啓[11] 袈[11] 稀[12] 結[12]

げ 芸[7] 夏[10] 樺[14]

こ 己[3] 子[3] 小[3] 木[4] 古[5] 児[7] 胡[9] 湖[12] 琥[12] 瑚[13]

ご 五[4] 伍[6] 吾[7] 冴[7] 胡[9] 悟[10] 梧[11] 御[12] 檎[17] 護[20]

さ 左[5] 早[6] 佐[7] 沙[7] 冴[7] 作[7] 草[9] 砂[9] 咲[9] 柴[10] 紗[10] 皐[11] 彩[11] 渚[11] 瑳[14]

ざ 三[3] 座[10]

し 士[3] 子[3] 之[3] 矢[5] 司[5] 史[5] 四[5] 市[5] 此[6] 旨[6] 至[6] 芝[6] 志[7] 枝[8] 思[9] 信[9] 梓[11] 視[11] 偲[11] 斯[12] 紫[12] 詞[12] 嗣[13] 資[13] 詩[13] 誌[14]

じ 二[2] 士[3] 寺[6] 次[6] 而[6] 耳[6] 自[6] 地[6] 弐[6] 児[7] 治[8] 時[10] 滋[12] 慈[13] 蒔[13] 路[13] 爾[14]

す 寸[3] 守[6] 州[6] 寿[7] 周[8] 洲[9] 栖[10] 素[10] 珠[10] 須[12] 数[13] 諏[15]

ず 図[7] 寿[7] 豆[7] 受[8] 津[9] 殊[10] 逗[11] 瑞[13] 儒[16] 頭[16]

せ 世[5] 西[6] 斉[8] 施[9] 畝[10] 栖[10] 勢[13] 瀬[19]

ぜ 是[9]

そ 十[2] 三[3] 壮[6] 苑[8] 宗[8] 所[8] 祖[9] 素[10] 曽[11] 曾[12] 楚[13] 想[13] 蘇[19]

た 大[3] 太[4] 他[5] 田[5] 多[6] 汰[7]

だ
打5 陀8 舵11 梛11

ち
千3 地6 池6 茅8 治8 知8 致10 智12 馳13 稚13

つ
津9 通10 都11 藤18 鶴21

て
天4 手4 帝9 堤12

で
出5

と
刀2 十2 人2 土3 戸4 仁4 斗4 兎7 杜7 利7 途10 鳥11 都11 渡12 登12 翔12 澄15

ど
土3 努7 度9 渡12

な
七2 名6 那7 奈8 南9 魚11 菜11 渚11 梛11

に
二2 仁4 丹4 弐6 児7 爾14

ぬ
奴5 野11 埜11

ね
子3 年6 念8 音9 祢9 根10 峰10 峯10 稲14 嶺17 禰19

の
乃2 之3 能10 野11 埜11 農13 濃16

は
八2 巴4 羽6 芭7 芳7 杷8 波8 房8 琶12 葉12

ば
芭7 杷8 馬10 葉12

ひ
日4 比4 氷5 妃6 彼8 枇8 飛9 桧10 斐12 陽12 緋14 樋15 檜17

び
枇8 弥8 毘9 美9 琵12 彌17

ふ
不4 夫4 父4 布5 巫7 扶7 芙7 甫7 阜8 歩8 風9 経11 冨11 富12 普12 輔14 賦15 譜19

ぶ
夫4 文4 巫7 武8 歩8 部11 葡12 撫15 舞15 蕪15

へ
戸4 辺5 平5 部11 経11

べ
弁5 辺5 倍10 部11

ほ
方4 帆6 甫7 歩8 宝8 朋8 保9 圃10 葡12 輔14 穂15

ぼ
菩11

ま
万3 茉8 真10 眞10 馬10 麻11 間12 満12 摩15 磨16

み
己3 三3 巳3 水4 壬4 未5 民5 見7 巫7 実8 弥8 海9 美9 視11 望11 御12 箕14 澪16 彌17

む
六4 牟6 武8 務11 陸11 眸11 夢13 睦13 蕪15 霧19

め
女3 妹8 芽8 明8 海9 要9 梅10

も
文4 母5 百6 茂8 猛11 雲12 裳14 藻19

や
八2 也3 文4 乎5 矢5 夜8 弥8 屋9 哉9 耶9 野11 埜11 椰13 彌17

ゆ
弓3 夕3 友4 右5 由5 有6 佑7 侑8 勇9 宥9 柚9 祐9 唯11 悠11 結12 裕12 雄12 遊12 諭16 優17

よ
与3 予4 四5 世5 代5 依8 夜8 容10 蓉13 輿17

ら
良7 来7 來8 郎9 等12 楽13 頼16 羅19

り
吏6 利7 李7 里7 俐9 浬10 哩10 莉10 梨11 理11 裡12 琳12 璃15 隣16

る
光6 流10 留10 琉11 塁12 瑠14 類18

れ
令5 礼5 列6 伶7 怜8 玲9 連10 羚11 麗19

ろ
呂7 侶9 楼13 路13 魯15 蕗16 露21 鷺24

わ
吾7 我7 和8 倭10 輪15 環17

名前に使える 旧字

人名に使える漢字の中には、旧字《きゅうじ》や異体字《いたいじ》と呼ばれるものが含まれています。うまく利用すれば、雰囲気を変えたり画数を調整したりすることができます。難しくなりすぎないよう、センスよく使ってください。

主に下段の字が旧字または異体字です。上の字も下の字も名づけに使えます。

エイ	イッ	イ	ア
栄9	逸11	為9	亜7
榮14	逸12	爲12	亞8

	オウ			エン	エツ	
桜10	応7	縁15	園13	円4	謁15	衛16
櫻21	應17	緣15	薗16	圓13	謁16	衞16

		カイ	カ	オン		
懐16	桧10	海9	価8	温12	横15	奥12
懷19	檜17	海10	價15	溫13	橫16	奧13

	キン		ギョウ		キョウ	ギ			キ	ガン			カン	ガク
謹17	勤12	暁12	尭8	響20	峡9	戯15	器15	祈8	気6	巌20	漢13	寛13	巻9	楽13
謹18	勤13	曉16	堯12	響22	峽10	戲17	器16	祈9	氣10	巖23	漢14	寬14	卷8	樂15

							ケン	ゲイ			ケイ		クン	ク
験18	顕18	検12	圏12	険11	剣10	倹10	県9	芸7	鶏19	掲11	恵10	薫16	勲15	駆14
驗23	顯23	檢17	圈11	險16	劍15	儉15	縣16	藝18	鷄21	揭12	惠12	薰17	勳16	駈15

ジツ	シツ	ジ		シ	ザツ			コク					コウ	ゲン
実8	湿12	児7	視11	祉8	雑14	穀14	黒11	国8	黄11	晃10	恒9	亘6	広5	厳17
實14	濕17	兒8	視12	祉9	雜18	穀15	黑12	國11	黃12	晄10	恆9	亙6	廣15	嚴20

ジョ					ショ	シュク			ジュウ	シュウ	ジュ			シャ
叙9	諸15	緒14	署13	暑12	渚11	祝9	縦16	渋11	従10	収4	寿7	煮12	者8	社7
敍11	諸16	緖15	署14	暑13	渚12	祝10	縱17	澁15	從11	收6	壽14	煮13	者9	社8

シン										ジョウ				ショウ
神9	醸20	譲20	穣18	嬢16	畳12	剰11	浄9	乗9	状7	条7	奨13	渉11	祥10	将10
神10	釀24	讓24	穰22	孃20	疊22	剩12	淨11	乘10	狀8	條11	奬14	涉10	祥11	將11

	真	10	眞	10
	寝	13	寢	14
	慎	13	愼	13
ジン	尽	6	盡	14
スイ	粋	10	粹	14
	酔	11	醉	15
	穂	15	穗	17
せ	瀬	19	瀨	19
セイ	斉	8	齊	14
	静	14	靜	16
セツ	摂	13	攝	21
	節	13	節	15
セン	専	9	專	11
	繊	17	纖	23
ゼン	禅	13	禪	17
ソ	祖	9	祖	10
ソウ	壮	6	壯	7
	荘	9	莊	10
	捜	10	搜	12
	巣	11	巢	11
	曽	11	曾	12
	装	12	裝	13
	僧	13	僧	14
	層	14	層	15
ゾウ	増	14	增	15
	蔵	15	藏	17
	贈	18	贈	19
ソク	即	7	卽	9
タイ	帯	10	帶	11
たき	滝	13	瀧	19
タク	琢	11	琢	12
タン	単	9	單	12
ダン	団	6	團	14
	弾	12	彈	15
チュウ	昼	9	晝	11
	鋳	15	鑄	22
チョ	著	11	著	12
	猪	11	猪	12
チョウ	庁	5	廳	25
	徴	14	徵	15
	聴	17	聽	22
チン	鎮	18	鎭	18
テイ	禎	13	禎	14
テン	転	11	轉	18
	槙	14	槇	14
デン	伝	6	傳	13
ト	都	11	都	12
トウ	灯	6	燈	16
	島	10	嶋	14
	祷	11	禱	19
	稲	14	稻	15
トク	徳	14	德	15
トツ	突	8	突	9
ネ	祢	9	禰	19
ハイ	拝	8	拜	9
	杯	8	盃	9
バイ	売	7	賣	15
	梅	10	梅	11
ハツ	髪	14	髮	15
ハン	繁	16	繁	17
バン	晩	12	晚	11
ヒ	秘	10	祕	10
	碑	14	碑	13
ビ	弥	8	彌	17
ヒン	賓	15	賓	14
ビン	敏	10	敏	11
フ	富	12	冨	11
フク	福	13	福	14
ブツ	仏	4	佛	7
ベン	勉	10	勉	9
ホ	歩	8	步	7
ホウ	峰	10	峯	10
	萌	11	萠	11
ボク	墨	14	墨	15
ホン	翻	18	飜	21
マイ	毎	6	每	7
マン	万	3	萬	12
モク	黙	15	默	16
ヤ	野	11	埜	11
ヤク	薬	16	藥	18
ユウ	祐	9	祐	10
ヨ	与	3	與	14
ヨウ	揺	12	搖	13
	遥	12	遙	14
	様	14	樣	15
	謡	16	謠	17
ライ	来	7	來	8
	頼	16	賴	16
ラン	覧	17	覽	21
	欄	20	欄	21
リュウ	竜	10	龍	16
リョウ	涼	11	凉	10
リョク	緑	14	綠	14
リン	凜	15	凛	15
ルイ	塁	12	壘	18
	類	18	類	19
レイ	礼	5	禮	18
レキ	暦	14	曆	16
	歴	14	歷	16
レン	練	14	練	15
	錬	16	鍊	17
ロウ	郎	9	郞	10
	朗	10	朗	11
	廊	12	廊	13
ロク	禄	12	祿	13
	録	16	錄	16

名前には避けたい
漢字

人名に使える漢字の中には、マイナスの印象が強い漢字や、身体の名称を表す漢字なども含まれています。法律上は使えても、赤ちゃんの名づけでは避けたい漢字を一覧にしました。

あ行

あ哀悪圧暗い胃萎違芋
咽淫陰隠う鬱え疫液怨
お汚凹殴虞

か行

か苛蚊過禍寡餓戒怪拐
悔潰壊劾害骸隔嚇喝渇
陥患棺き危忌飢棄毀偽
欺疑擬犠却虐逆朽泣糾
嗅窮拒虚凶叫狂狭恐胸
脅矯菌禁禽く苦惧愚屈
け刑傾撃欠穴血倦嫌限
減こ孤股枯錮誤抗拘降
控喉慌絞腔膏乞拷傲酷
獄骨困昏恨痕

さ行

さ唆詐鎖挫災砕債罪削
搾錯殺擦惨散喰酸残し
死弛刺肢脂歯辞餌叱失
嫉捨遮邪蛇借弱寂腫呪
囚臭終羞醜襲獣殉除消
症焼傷障衝償冗拭触辱
尻侵唇娠浸腎す衰せ性
牲逝斥切折窃舌絶戦腺
そ阻粗疎訴争喪葬痩騒
憎臓俗賊損

た行

た妥唾堕惰駄怠胎退逮
滞濁脱奪嘆歎断ち恥遅
痴畜窒肘弔脹腸嘲懲沈
朕賃つ墜痛て低抵諦泥
敵溺迭と吐妬怒逃倒討
悼盗痘胴毒凸豚貪鈍

な行

な難に尼肉乳尿妊の悩
脳

は行

は破婆罵背肺排敗廃剥
縛爆曝肌伐抜罰閥犯煩
蛮ひ否批肥非卑疲被悲
費罷避鼻匹泌病貧ふ怖
訃負腐膚侮腹覆払吻紛
墳憤へ閉弊癖蔑変偏便
娩鞭ほ捕姥墓泡胞崩飽
亡乏忙妨忘肪剖暴膨謀
撲没勃

ま行

ま魔埋膜抹慢め迷滅免
も毛妄盲耗

や行

や厄闇ゆ油幽憂よ腰瘍
抑

ら行

ら拉裸落乱り痢離慄虜
淋る涙れ戻隷劣裂ろ賂
老弄漏肋

わ行

わ賄脇惑

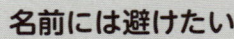

ヘボン式のローマ字表記

名づけではローマ字表記もチェックしておきたいもの。
パスポートなどに使われるヘボン式のローマ字表記を一覧にしました。

あ	A	い	I	う	U	え	E	お	O
か	KA	き	KI	く	KU	け	KE	こ	KO
さ	SA	し	SHI	す	SU	せ	SE	そ	SO
た	TA	ち	CHI	つ	TSU	て	TE	と	TO
な	NA	に	NI	ぬ	NU	ね	NE	の	NO
は	HA	ひ	HI	ふ	FU	へ	HE	ほ	HO
ま	MA	み	MI	む	MU	め	ME	も	MO
や	YA			ゆ	YU			よ	YO
ら	RA	り	RI	る	RU	れ	RE	ろ	RO
わ	WA	ゐ	I			ゑ	E	を	O
ん	N (M)								

が	GA	ぎ	GI	ぐ	GU	げ	GE	ご	GO
ざ	ZA	じ	JI	ず	ZU	ぜ	ZE	ぞ	ZO
だ	DA	ぢ	JI	づ	ZU	で	DE	ど	DO
ば	BA	び	BI	ぶ	BU	べ	BE	ぼ	BO
ぱ	PA	ぴ	PI	ぷ	PU	ぺ	PE	ぽ	PO

きゃ	KYA	きゅ	KYU	きょ	KYO
しゃ	SHA	しゅ	SHU	しょ	SHO
ちゃ	CHA	ちゅ	CHU	ちょ	CHO
にゃ	NYA	にゅ	NYU	にょ	NYO
ひゃ	HYA	ひゅ	HYU	ひょ	HYO
みゃ	MYA	みゅ	MYU	みょ	MYO
りゃ	RYA	りゅ	RYU	りょ	RYO
ぎゃ	GYA	ぎゅ	GYU	ぎょ	GYO
じゃ	JA	じゅ	JU	じょ	JO
びゃ	BYA	びゅ	BYU	びょ	BYO
ぴゃ	PYA	ぴゅ	PYU	ぴょ	PYO

ヘボン式ローマ字表記の注意点

●撥音《はつおん》(ん)→普通はNで表す。
B、M、Pの前にはMを置く。
例：げんた　GENTA
　　さんぺい　SAMPEI

●促音《そくおん》(っ)→子音を重ねて表す。
例：てっぺい　TEPPEI

●長音《ちょうおん》(伸ばす音)→普通は母音1つで表す。「お」の長音はOかOHで表す。
例：ようこ　YOKO／YOHKO
　　おおた　OTA／OHTA

＊ローマ字表記には、ほかに「し」をSIとしたり、「ち」をTIとする訓令式《くんれいしき》などがある。

覚えておきたい
出生届の書き方・出し方

赤ちゃんが生まれたら、
いま住んでいる市区町村の役所などに出生届《しゅっしょうとどけ》を提出しましょう。
赤ちゃんは「戸籍《こせき》」を取得して社会の一員となり、
憲法でうたわれている基本的な権利を保障されることになるのです。

いつまでに？

赤ちゃんの生後14日以内に提出する

出生届は、誕生した日から数えて生後14日以内に提出することが「戸籍法」で定められています。

14日目が休日のときは

生後14日目が土日や祝日で役所がお休みの場合は、休み明けが期限です。休日や夜間でも届け出じたいはできますが、母子健康手帳に押印《おういん》してもらうために、後日また窓口に行く必要があります。

届け出が遅れたら

出生届と一緒に、遅延《ちえん》理由を記入した「戸籍届出期間経過通知書」を提出します。

ただし、自然災害などの正当な理由がない場合は、５万円以下の過料《かりょう》（金銭を徴収する行政上の罰）を支払わなければならないことがあります。

必ず期限内に提出しましょう。

column

戸籍と住民票

戸籍って何？

戸籍は、出生、結婚、死亡などの身分関係を管理し、日本人であることを証明する公的文書。「夫婦と氏《うじ》（＝姓）を同じくする（未婚の）子」をまとめて登録します。戸籍を管理する市区町村が「本籍《ほんせき》（地）」です。

戸籍がないと、住民票への記載、健康保険の加入、パスポートの取得、婚姻《こんいん》届の提出などに、さまざまな支障が出やすくなります。

住民票って何？

現在の居住《きょじゅう》関係を証明するものです。運転免許証の交付のときなどに必要です。戸籍の写しではありません。

どこへ出すの？

- 赤ちゃんが生まれた地
- 親の本籍地
- 親が住民登録している地
- 親が滞在している地

上の四つのいずれかの地域の役所の窓口（生活課・戸籍係など）に提出します。

用紙はどこでもらうの？

- 市区町村の役所の窓口
- 病院・産院

出生届の右側には、出産に立ち会った医師や助産師が記入する「出生証明書」がついています。出産後なるべく早く記入・押印してもらっておくといいでしょう。

だれが出すの？

「届出人」は原則として父親か母親

「届出人」は出生の届け出の義務があり、届に署名・押印する人のことで、父もしくは母が一般的です。ただし、役所に用紙を直接もっていく人は、祖父母や同居している人など、代理人でもかまいません。代理人も、本人確認のできる身分証明書をもっていくようにしましょう。

何が必要？

- 出生届と出生証明書
- 母子健康手帳
- 届出人の印鑑
- 身分証明書
- 国民健康保険証

出生届と出生証明書

必要事項を記入したもの（→Ｐ540）を用意します。出生証明書は、出産に立ち会った人（医師や助産師）が記入します。

母子健康手帳

届の提出後、手帳の出生届済証明書に押印してもらいます。

届出人の印鑑

朱肉を使うもの。実印（印鑑登録をしたもの）でなくてもかまいません。

身分証明書

運転免許証など、本人確認ができるもの。養育者が外国人の場合は、外国人登録証も必要です。

国民健康保険証

赤ちゃんの養育者が国民健康保険に加入している場合に必要になります。

出生届の記入例

出生届《しゅっしょうとどけ》は出生証明書と一緒に1枚の用紙になっています。

出生証明書

出産に立ち会った医師や助産師が記入する書類。早めに記入・押印《おういん》してもらっておくと、あとの手続きがスムーズに進みます。

記入の注意

鉛筆や消えやすいインキで書かないでください。

子が生まれた日からかぞえて14日以内に出してください。

届書は、1通でさしつかえありません。

子の名は、常用漢字、人名用漢字、かたかな、ひらがなで書いてください。

よみかたは、戸籍には記載されません。住民票の処理上必要ですから書いてください。

□には、あてはまるものに☑のようにしるしをつけてください。

筆頭者の氏名には、戸籍のはじめに記載されている人の氏名を書いてください。

届け出られた事項は、人口動態調査（統計法に基づく指定統計第5号、厚生労働省所管）にも用いられます。

子の父または母が、まだ戸籍の筆頭者となっていない場合は、新しい戸籍がつくられますので、この欄に希望する本籍を書いてください。

◎届出人は、原則として子の父又は母です。届出人が署名押印した後、届書を持参する方は親族、その他の方でもさしつかえありません。

◎母子健康手帳と届出人の印をご持参下さい。

連絡先
電話（03）0000－0000番
自宅・勤務先・呼出　方

出 生 証 明 書

子の氏名		男女の別	1男　2女	
生まれたとき	平成　年　月　日　午前／午後　時　分			
(10) 出生したところ及びその種別	出生したところの種別	1病院　2診療所　3助産所　4自宅　5その他		
	出生したところ	番地／番　号		
	（出生したところの種別1～3）施設の名称			
(11) 体重及び身長	体重　グラム		身長　センチメートル	
(12) 単胎・多胎の別	1単胎　2多胎（　子中第　子）			
(13) 母の氏名		妊娠週数	満　週　日	
(14) この母の出産した子の数	出生子（この出生子及び出生後死亡した子を含む）　人 死産児（妊娠満22週以後）　胎			
(15) 1医師 2助産師 3その他	上記のとおり証明する。 平成　年　月　日 （住所） 番地／番　号 （氏名）　印			

記入の注意

夜の12時は「午前0時」、昼の12時は「午後0時」と書いてください。

体重及び身長は、立会者が医師又は助産師以外の者で、わからなければ書かなくてもかまいません。

この母の出産した子の数は、当該母又は家人などから聞いて書いてください。

この出生証明書の作成者の順序は、この出生の立会者が例えば医師・助産師ともに立ち会った場合には医師が書くように1、2、3の順序に従って書いてください。

最終チェック！

漢字の思い違いや名前の読みの間違いはないか

名前を記入する前に、勘違《かんちが》いがないか最終確認をしましょう。思いこみで、読みや字形を間違えているケースもあります。

漢和辞典や法務省のホームページの「戸籍《こせき》統一文字情報」を利用してもいいでしょう（→P251）。

元号《げんごう》で記入してあるか

生年月日などの年の記載には、西暦ではなく元号（平成29年など）を使う決まりになっています。

楷書《かいしょ》で読みやすく書いてあるか

書類に不備があると、受理《じゅり》をしてもらえない場合があります。わかりやすく丁寧に楷書で書いてください。記入した字が戸籍に登録されるので、似たような字（→P279、P283）や新字・旧字《きゅうじ》などを間違えないように。

出生届

届出人が記入しなければならない書類。不備がないように、下の見本を参考にしながら丁寧に記入しましょう。

●日付

役所への提出日。出生日や記入した日ではない。提出直前に記入するとよい。

●続き柄

親から見た赤ちゃんの関係を記入。「嫡出子《ちゃくしゅつし》」は、婚姻《こんいん》関係のある夫婦に生まれた子のこと（→P542）。

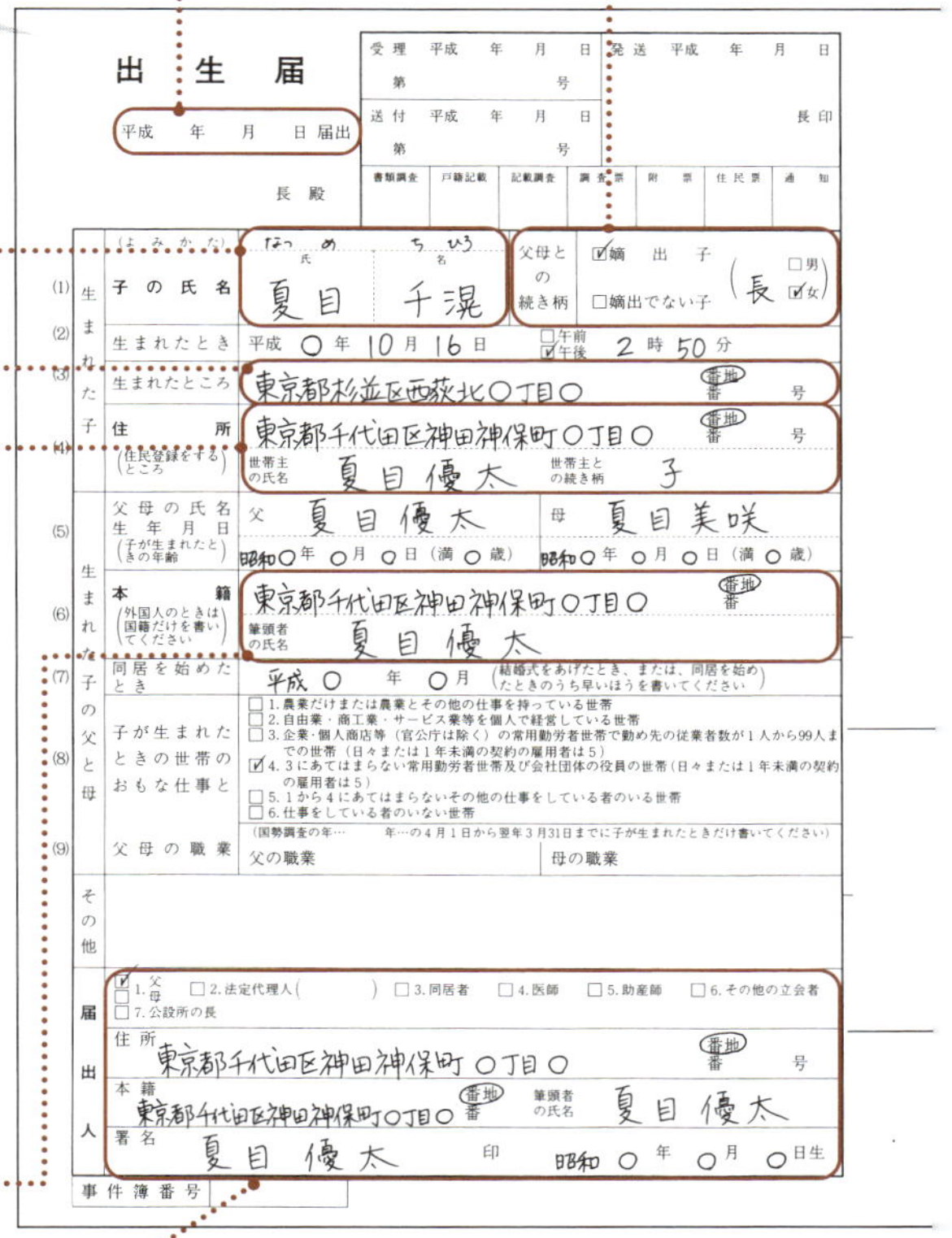

出　生　届

平成　年　月　日 届出

長 殿

受理 平成 年 月 日 第 号
送付 平成 年 月 日 第 号
発送 平成 年 月 日
長印

書類調査 | 戸籍記載 | 記載調査 | 調査票 | 附票 | 住民票 | 通知

(1) 子の氏名（よみかた）　なつめ　ちひろ　氏 夏目　名 千滉
父母との続き柄　☑嫡出子　□嫡出でない子　（長　□男　☑女）
(2) 生まれたとき　平成 ○ 年 10 月 16 日　□午前 ☑午後 2 時 50 分
(3) 生まれたところ　東京都杉並区西荻北○丁目○ 番地 番 号
(4) 住所（住民登録をするところ）　東京都千代田区神田神保町○丁目○ 番地 番 号
世帯主の氏名 夏目優太　世帯主との続き柄 子
(5) 父母の氏名 生年月日（子が生まれたときの年齢）　父 夏目優太　昭和○年 ○月 ○日（満 ○ 歳）　母 夏目美咲　昭和○年 ○月 ○日（満 ○ 歳）
(6) 本籍（外国人のときは国籍だけを書いてください）　東京都千代田区神田神保町○丁目○ 番地 番
筆頭者の氏名 夏目優太
(7) 同居を始めたとき　平成 ○ 年 ○ 月（結婚式をあげたとき、または、同居を始めたときのうち早いほうを書いてください）
(8) 子が生まれたときの世帯のおもな仕事と
□1. 農業だけまたは農業とその他の仕事を持っている世帯
□2. 自由業・商工業・サービス業等を個人で経営している世帯
□3. 企業・個人商店等（官公庁は除く）の常用勤労者世帯で勤め先の従業者数が1人から99人までの世帯（日々または1年未満の契約の雇用者は5）
☑4. 3にあてはまらない常用勤労者世帯及び会社団体の役員の世帯（日々または1年未満の契約の雇用者は5）
□5. 1から4にあてはまらないその他の仕事をしている者のいる世帯
□6. 仕事をしている者のいない世帯
(9) 父母の職業　（国勢調査の年…　年…の4月1日から翌年3月31日までに子が生まれたときだけ書いてください）　父の職業　母の職業
その他

届出人
☑1. 父 □母　□2. 法定代理人（　）　□3. 同居者　□4. 医師　□5. 助産師　□6. その他の立会者　□7. 公設所の長
住所　東京都千代田区神田神保町○丁目○ 番地 番 号
本籍　東京都千代田区神田神保町○丁目○ 番地 番　筆頭者の氏名 夏目優太
署名　夏目優太　印　昭和 ○ 年 ○ 月 ○ 日生

事件簿番号

●子の氏名

赤ちゃんの氏名と読み。読みは戸籍には不要だが、住民票の処理のために必要。

●生まれたところ

赤ちゃんが出生した病院などの施設の所在地。

●住所・世帯主

現住所と世帯主の氏名を記入。「世帯主との続き柄」は、世帯主が父や母の場合は「子」。世帯主が祖父の場合は「子の子」となる。

●本籍《ほんせき》

戸籍に記載されている住所を記入。「筆頭者《ひっとうしゃ》」とは、戸籍の最初に記載されている人のこと。本籍地が現住所と異なる場合は、戸籍謄《とう》本《ほん》か戸籍抄本《しょうほん》などで確認を。

●届出人

出生の届け出の義務がある人のことで、通常は父または母。役所に直接出生届を持参した人ではない。

●連絡先

届出人の連絡先を記入する。

出生届Q&A

こんなときはどうするの？

Q 「父母との続き柄」の書き方がわからない……

出生届の「父母との続き柄」の欄には、嫡《ちゃく》出子《しゅつし》かどうかを記入する欄と、性別を記入する欄があります。

「嫡出子」とは、法律上の婚姻《こんいん》手続きをした夫婦に生まれた子のこと。未婚のカップルやシングルマザーの子は「嫡出でない子」となります。ただし、出生届と同時に婚姻届を提出すれば、嫡出子として記載できます。くわしくは市区町村の窓口に問い合わせましょう。性別については、当てはまるほうにチェックを入れ、生まれた順を記入します。

最初の子は「長男・長女」、２番目以降の子は「二男・二女」のように漢数字を使い、男女別に数えます。たとえば男の子の次に、女の子、男の子、と生まれた場合、上から「長男、長女、二男」となります。

Q 海外で出産したらどうするの？

その国の日本大使館で出生届《しゅっしょうとどけ》の用紙をもらい、生後３か月以内に出生届と出生証明書を大使館や領事館に提出します。

期限内に日本の役所に提出してもかまいません。その場合は、出生証明書に和訳を添えてください。

赤ちゃんが出生国の国籍を取得した場合、日本国籍も保持したければ、出生届の「その他」の欄に「日本の国籍を留保する」と記入して、署名・押印《おういん》をします。

アメリカなど、出生国がそのまま国籍となるような国では、特に注意しましょう。

Q 期限までに名前が決まらない

「追完《ついかん》手続き」をしましょう。生後14日以内に出生届の「子の氏名」を書かずに提出し、後日名前が決まってから「追完届」と一緒に、名前だけ届けます。ただし、この場合は、戸《こ》籍《せき》に空白期間の記録が残ります。

名前が決まってから、「戸籍届出期間経過通知書」とあわせて出生届を提出する方法もありますが、この場合、簡易裁判所より５万円以下の過料《かりょう》を請求されることがあります。

Q 届けた名前は変更できる？

一度名前が登録されると、原則として改名はできません。改名を希望する場合は、「正当な事由」かどうかを、家庭裁判所によって裁定してもらう必要があります。

記入間違いや画数を変えたいなどの理由は、まず却下《きゃっか》されてしまいます。名づけと出生届の提出は、くれぐれも慎重に。

改名を認められる正当な事由

- 奇妙な名前や難しすぎる名前
- 周囲に同姓同名がいて不都合
- 異性や外国人とまぎらわしい
- 神官・僧侶になった、またはやめた
- 別の名前を通称として長年使用した
- 性同一性障害のため不都合　　など

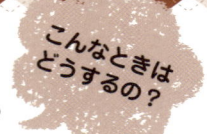

参考文献

『「名前」の漢字学』（阿辻哲次／青春出版社）
「人名漢字はいい漢字」
（阿辻哲次／『月刊戸籍』より／テイハン）
『部首のはなし』（阿辻哲次／中央公論社）
『漢字道楽』（阿辻哲次／講談社）
『音相で幸せになる赤ちゃんの名づけ』
（黒川伊保子著　木通隆行監修／青春出版社）
『イホコ先生の音韻姓名判断』
（黒川伊保子／双葉社）
『怪獣の名はなぜガギグゲゴなのか』
（黒川伊保子／新潮社）
『名前の日本史』（紀田順一郎／文藝春秋）
『訓読みのはなし　漢字文化圏の中の日本語』
（笹原宏之／光文社）
『月刊しにか　2003年7月号』（大修館書店）
『名前と人間』（田中克彦／岩波書店）
『苗字名前家紋の基礎知識』
（渡辺三男／新人物往来社）
『読みにくい名前はなぜ増えたか』
（佐藤稔／吉川弘文館）
『日本の「なまえ」ベストランキング』
（牧野恭仁雄ほか／新人物往来社）
『世界に通じるこどもの名前』
（加東研・弘中ミエ子／青春出版社）
『くらしの法律百科』（小学館）
『冠婚葬祭　暮らしの便利事典』（小学館）
『幸せを呼ぶインテリア風水』
（李家幽竹／ワニブックス）
『官報　号外213号』
『広漢和辞典』
（諸橋轍次・鎌田正・米山寅太郎／大修館書店）
『漢語新辞典』（鎌田正・米山寅太郎／大修館書店）
『常用字解』（白川静／平凡社）
『人名字解』（白川静・津崎幸博／平凡社）
『光村漢字学習辞典』
（飛田多喜雄・藤原宏監修／光村教育図書）
『漢字典』（小和田顯・遠藤哲夫他編／旺文社）
『全訳 漢辞海』
（戸川芳郎監修　佐藤進・濱口富士雄編／三省堂）
『漢字必携』（日本漢字能力検定協会）
『人名用漢字・表外漢字字体一覧』
（小林敏編／日本エディタースクール）
『ネーミングのための8か国語辞典』
（横井惠子編／三省堂）
『コンサイス人名事典－日本編－』
（上田正昭・津田秀夫他監修／三省堂）
『こども鉱物図鑑』
（八川シズエ／中央アート出版社）
『月光』（林完次／角川書店）
『読んでわかる俳句　日本の歳時記』
（春、夏、秋、冬・新年号）（宇多喜代子・西村和子・中原道夫・片山由美子・長谷川櫂編著／小学館）
『日本の色』（コロナ・ブックス編集部編／平凡社）
『暦のたしなみ～しきたり・年中行事・季節のうつろいまで～』（小笠原敬承斎／ワニブックス）
『白水社中国語辞典』（伊地智善継編／白水社）
『岩波日中辞典』
（倉石武四郎・折敷瀬興編／岩波書店）
『研究社　和露辞典』（藤沼貴編／研究社）
『タヒチ語会話集』（岩佐嘉親著／泰流社）
『NEWポータブル日韓辞典』
（民衆書林編集局／三修社）
『小学館日韓辞典』（油谷幸利ほか編／小学館）
『コンサイス和仏辞典』（重信常喜ほか編／三省堂）
『小学館　西和中辞典』（桑名一博編／小学館）
『クラウン和西辞典』
（カルロス・ルビオほか編／三省堂）
『ヒンディー語小辞典』（土井久弥編／大学書林）
『ひとり歩きの会話集27ヒンディー語』
（JTBパブリッシング）
『都道府県別　日本の地理データマップ　①日本の国土と産業データ』（宮田利幸監修／小峰書店）
『新ハワイ語 - 日本語辞典』（西沢佑／千倉書房）
『広辞苑』（新村出編／岩波書店）
『ジーニアス英和辞典』
（小西友七 ・南出康世編／大修館書店）
『知識ゼロからの百人一首』（有吉保監修／幻冬舎）

法務省ホームページ
文化庁ホームページ
外務省ホームページ
大修館書店ホームページ「漢字文化資料館」
明治安田生命ホームページ
goo辞書ホームページ

＊掲載しているデータは2017年４月現在のものです。

＊本書の漢字の扱いについて

本書の漢字の字体は、法務省令「戸籍法施行規則」で示された人名用漢字、および内閣告示「常用漢字表」の字体にできるだけ近いものを掲載しました。画数は、これらの字体と前掲した資料をもとに、監修者と相談のうえ、決定しました。

阿辻哲次（あつじ・てつじ）
1951年大阪府生まれ。京都大学文学部卒業、京都大学大学院文学研究科博士課程修了。京都大学大学院人間・環境学研究科教授を経て、同名誉教授。漢字を中心とした中国文化史を専門としている。著書に『図説 漢字の歴史』（大修館書店）、『漢字の文化史』（筑摩書房）、『漢字を楽しむ』『タブーの漢字学』（講談社現代新書）、『「名前」の漢字学』（青春新書）などがある。本書ではPART４を監修。

黒川伊保子（くろかわ・いほこ）
1959年長野県生まれ。奈良女子大学理学部物理学科卒業。メーカーでＡＩ研究に携わり、ロボットの情緒を研究したのち、語感の研究をはじめる。株式会社感性リサーチ代表取締役、日本感性工学会評議員、倉敷芸術科学大学非常勤講師。著書に『怪獣の名はなぜガギグゲゴなのか』（新潮新書）、『日本語はなぜ美しいのか』（集英社新書）、『夫婦脳』『運がいいと言われる人の脳科学』（新潮文庫）、『「しあわせ脳」に育てよう！』（講談社）ほか。本書ではPART２、PART３（P216～P231）、PART４（漢字と名前のリスト「名づけのヒント」）を監修。

九燿木秋佳（くようぎ・しゅうけい）
1960年広島県生まれ。早稲田大学第一文学部卒業。国語や歴史関連の執筆・編集を経て、陰陽道や姓名判断を中心に、各国の魔術や占法等を研究する。『カバラの秘密』（楓書店）など、関連著書多数。本書ではPART５を執筆。

●デザイン　清水真理子（TYPEFACE）
●イラスト　福場さおり　カワツナツコ　福島幸　さくま育
くどうのぞみ　中小路ムツヨ　成瀬瞳
●校正　ペーパーハウス
●編集協力　オフィス２０１（新保寛子　藤本真帆）
保田智子　安原里佳
●編集担当　澤幡明子（ナツメ出版企画）

はじめての贈《おく》りもの　赤《あか》ちゃんの幸《しあわ》せ名《な》前《まえ》事《じ》典《てん》

2017年12月７日　初版発行

監修者　阿《あ》辻《つじ》哲《てつ》次《じ》　Atsuji Tetsuji, 2017
黒《くろ》川《かわ》伊《い》保《ほ》子《こ》　Kurokawa Ihoko, 2017
発行者　田村正隆
発行所　株式会社ナツメ社
東京都千代田区神田神保町1-52　ナツメ社ビル1F（〒101-0051）
電話　03(3291)1257(代表)　FAX　03(3291)5761
振替　00130-1-58661
制　作　ナツメ出版企画株式会社
東京都千代田区神田神保町1-52　ナツメ社ビル3F（〒101-0051）
電話　03(3295)3921(代表)
印刷所　株式会社リーブルテック

ISBN978-4-8163-6363-4　Printed in Japan

本書に関するお問い合わせは、上記、ナツメ出版企画株式会社までお願いします。

（定価はカバーに表示してあります）（落丁・乱丁本はお取り替えします）